本丛书系国家社科基金"一带一路"建设研究专项"'一带一路'沿线国别研究报告"（批准号：17VDL002）的成果，并得到上海社会科学院"一带一路"建设专项经费资助

总主编 王振
副总主编 王健 李开盛 王震

"一带一路"国别研究报告
沙特阿拉伯卷

孙霞 等著

The Belt and Road Country Studies

(Kingdom of Saudi Arabia)

中国社会科学出版社

图书在版编目（CIP）数据

"一带一路"国别研究报告. 沙特阿拉伯卷 / 孙霞等著. —北京：中国社会科学出版社，2023.9
ISBN 978-7-5227-2370-9

Ⅰ.①—… Ⅱ.①孙… Ⅲ.①政治—研究报告—世界②政治—研究报告—沙特阿拉伯 Ⅳ.①D52②D738.2

中国国家版本馆 CIP 数据核字（2023）第 143771 号

出 版 人	赵剑英	
责任编辑	周晓慧	
责任校对	刘 念	
责任印制	戴 宽	

出　　版	中国社会科学出版社
社　　址	北京鼓楼西大街甲 158 号
邮　　编	100720
网　　址	http://www.csspw.cn
发 行 部	010-84083685
门 市 部	010-84029450
经　　销	新华书店及其他书店

印　　刷	北京明恒达印务有限公司
装　　订	廊坊市广阳区广增装订厂
版　　次	2023 年 9 月第 1 版
印　　次	2023 年 9 月第 1 次印刷

开　　本	710×1000　1/16
印　　张	42.25
插　　页	2
字　　数	698 千字
定　　价	229.00 元

凡购买中国社会科学出版社图书，如有质量问题请与本社营销中心联系调换
电话：010-84083683
版权所有　侵权必究

总　　序

自习近平总书记2013年分别在哈萨克斯坦和印度尼西亚提出建设"丝绸之路经济带"和"21世纪海上丝绸之路"以来，"一带一路"倡议得到了沿线国家的普遍欢迎，以政策沟通、设施联通、贸易畅通、资金融通、民心相通为代表的"五通"成为连接中国与世界的新桥梁与新通道。习近平总书记在第二届"一带一路"国际合作高峰论坛开幕式上发表的主旨演讲中特别指出：共建"一带一路"，顺应经济全球化的历史潮流，顺应全球治理体系变革的时代要求，顺应各国人民过上更好日子的强烈愿望。面向未来，我们要聚集重点、深耕细作，共同绘制精谨细腻的"工笔画"，推动共建"一带一路"沿着高质量发展方向不断前行。

2014年以来，上海社会科学院积极推进"一带一路"相关研究和国别数据库建设。2017年4月，正值第一届"一带一路"国际合作高峰论坛召开之际，我们与中国国际经济交流中心紧密合作，联合推出了智库型"丝路信息网"。在创建"一带一路"数据库的过程中，我们深感以往学术界、智库对"一带一路"沿线国家的国情、市情研究在广度和深度上都存在着明显不足。比如，传统的区域国别研究或以历史、语言等为背景，或主要局限于国际问题领域，往往缺乏国情、市情研究的多学科特点或专业性调研；对于当下"一带一路"建设中的实际需求也考虑较少。"一带一路"沿线国家各有其不同的历史文化和国情，只有深入了解和认识这些国家的国情、市情，才能为"一带一路"建设和相关决策提供较为扎实的智力保障和知识依托。

全国哲学社会科学工作办公室为推进"一带一路"国情研究，于2017年专门设立了"一带一路"国别与数据库建设研究专项，并组织上海社会科学院、中国人民大学国家发展与战略研究院、兰州大学中亚研究所三家智库组成联合课题组，系统开展"一带一路"国别研究。2018年正式启动第一期研究，三家智库根据各自专业优势，分别选择不同国家开展研究，并在合作交流中逐步形成了体现国情研究特征的国别研究框架体系。

上海社会科学院高度重视"一带一路"相关研究，并具有较为扎实的国际问题研究和国别研究基础。在王战教授（原院长）、张道根研究员（原院长）、于信汇教授（原党委书记）等原领导和权衡党委书记、王德忠院长、干春辉副院长的支持和指导下，由副院长王振研究员牵头，组成了跨部门研究团队。其中，既囊括了本院国际问题研究所、世界经济研究所、应用经济研究所、城市与人口研究所、宗教研究所、社会学研究所、本院数据中心等相关研究部门的科研骨干，还特邀上海外国语大学、同济大学、复旦大学等上海高校的学者担任国别研究首席专家。在各位首席专家的牵头下，不仅有我院各个领域的科研骨干加入各国别研究团队，还吸收了国内外的一流专家学者参与国别研究，真正形成了跨学科、跨领域的国际化研究格局。

为深化"一带一路"国别研究，有力地推动"一带一路"国别数据库建设，我们在充分总结、评估和吸收现有各类研究文献基础上，更为突出国情研究的特定类型和方式，并在课题研究和数据库建设中特别重视以下几方面特征。一是内容的相对全面性。即除了研究各个国家的资源禀赋、对外开放、人口结构、地域政治外，还要研究各个国家的综合国力、中长期战略、产业结构、市场需求、投资政策、就业政策、科教文化、政治生态、宗教文化等，同时涉及重点城市、产业园区的研究等。特别是用了较大篇幅来梳理、分析我国与这些国家关系的发展。二是调研的一线性。课题组既要收集、整理对象国政府和智库的最新报告，并动员这些国家的优秀专家参与部分研究，增强研究的客观性和实地性，又要收集、整理来自国际组织、国际著名智库的最新国别研究报告，以便多角度地进行分析和判断。三是观察的纵向时序性。课题研究中既有对发展轨迹的纵向梳理和评价，同时还包括对未来发展的基本展望和把握。四是数据库建设内容更新的可持续性与实用性。课题组既要研究国情信息来源渠道的权威性、多样性和长期性，确保国情研究和数据库建设基础内容的需要，同时还要研究如何把汇集起来的大量国情内容，经过专业人员的分析研究，形成更加符合政府、企业和学者需要的国情研究成果。

在研究过程中，课题组经过多次讨论、反复推敲，最终形成了包括基本国情、重大专题和双边关系三方面内容的基本研究框架，这一框架所蕴含的研究特色至少体现在以下三个方面：一是通过跨学科协作，突出基本国情研究的综合性。在第一篇"基本国情"部分，我们组织了来自经济学、地理学、人口学、政治学、国际关系学、宗教学等学科和领域的专家，分别从综合国力、人口结构、资源禀赋、基础设施、产业结构、政治生态、民族宗教、对外关系等方面对"一带一路"沿线国家的基本国情进行深度剖析。二是结合"一带一路"建设需要，突出重大专题研究的专业性。本书第二篇为"重大专题"，我们采取了"3+X"模式，其中"3"为各卷均需研究的基本内容，包括国家中长期战略、投资与营商环境、中心城市与区域影响力。"X"为基于各国特定国情，以及"一带一路"建设在该国的特定需要而设置的主题。三是着眼于务实合作，突出双边关系研究的纵深度。第三篇主要侧重于"双边关系"领域，我们同样采取了"3+X"模式。其中，"3"仍为各卷均需研究的基本内容，具体内容包括双边关系的历史与前瞻、对象国的"中国观"、"一带一路"与双边贸易。这些内容对于了解中国和"一带一路"沿线国家双边关系的历史与现实有着非常重要的意义。"X"则着眼于"一带一路"背景下的双边关系特色，以突出每一对双边关系中的不同优先领域。

经过科研团队的共同努力，首期6项国别研究成果（波兰、匈牙利、希腊、以色列、摩洛哥和土耳其）在2020年、2021年由中国社会科学出版社出版，并得到了学界和媒体的较高评价。第二期课题立项后，我们立即组织国内外专家分别对埃及、阿尔及利亚、印度尼西亚、巴基斯坦、菲律宾、斯里兰卡、伊朗、沙特、捷克、马来西亚10国进行了全面研究。第二期课题在沿用前述研究思路和框架的同时，还吸取了首期课题研究中的重要经验，进一步增强了研究的开放性和规范性，强化了课题研究质量管理和学术要求，力求在首期研究成果的基础上"更上一层楼"。

我们特别感谢全国哲学社会科学工作办公室智库处和国家哲学社会科学基金（以下简称"全国社科规划办"）对本项目第二期研究所给予的更大力度的资助。这不仅体现了全国社科规划办对"一带一路"国别研究和数据库建设的高度重视，也体现了对我们首期研究的充分肯定。我们要感谢上海社会科学院有关领导对本项研究的高度重视和大力支持，感谢参与这个大型研究项目的全体同仁，特别要感谢共同承担这一专项研究课题的中国人民大学和兰州大学研究团队。五年来，三家单位在各自擅长的领域共同研究、分别推进，这种同侪交流与合作既拓展了视野，也弥补了研究中可能出现的盲点，使我们获益良多。最后，还要感谢中国社会科学出版社提供的出版平台，他们的努力是这套丛书能够尽早与读者见面的直接保证。

王　振

上海社会科学院副院长、丝路信息网负责人

2022 年 2 月 25 日

本卷作者

本卷序言　李华新，前中国驻沙特阿拉伯王国大使

第一篇

第一章　周琢，上海社会科学院世界经济研究所研究员
第二章　周海旺，上海社会科学院城市与人口发展研究所研究员
　　　　郭正忠，上海社会科学院城市与人口发展研究所硕士生
第三章　邹琳，上海工程技术大学管理学院讲师
　　　　海骏娇，上海社会科学院信息研究所助理研究员
第四章　马双，上海社会科学院信息研究所副研究员
第五章　卢晓菲，江苏省社会科学院世界经济研究所助理研究员
第六章　来庆立，上海社会科学院中国马克思主义研究所副研究员
第七章　田艺琼，上海社会科学院宗教学研究所助理研究员
第八章　闫庶峰，前中国驻沙特阿拉伯大使馆馆员
　　　　上官旭峰，中国土木工程集团公司沙特分公司公共关系部经理

第二篇

第一章　陈冬梅，沙特阿拉伯阿卜杜拉国王石油研究中心（KAPSARC）研究员
第二章　廖邦固，上海师范大学环境与地理学院副教授
　　　　刘胜雪，上海师范大学环境与地理学院硕士生
　　　　邓智团，上海社会科学院城市与人口发展研究所研究员
第三章　孟繁瑜，上海社会科学院信息研究所助理翻译
第四章　李文庭，西北大学中东研究所博士生

　　　　　李福泉，西北大学中东研究所教授
第五章　[意大利]法比奥·印第奥（Fabio Indeo），韩国能源治理与安全
　　　　中心（EGS）高级研究员
　　　　　孙霞，上海社会科学院国际问题研究所副研究员
第六章　杨洋，中共菏泽市委党校讲师
　　　　　包澄章，上海外国语大学中东研究所副研究员
第七章　钮松，上海外国语大学中东研究所研究员
第八章　刘雪洁，中国社会科学院西亚非洲研究所（中国非洲研究院）
　　　　博士生
　　　　　包澄章，上海外国语大学中东研究所副研究员
第九章　包澄章，上海外国语大学中东研究所副研究员

第三篇

第一章　严昊，国科大杭州高等研究院学生工作部思政管理
第二章　宋伟涛，中国社会科学院法学研究所博士生
第三章　包澄章，上海外国语大学中东研究所副研究员
第四章　曹笑笑，浙江外国语学院阿拉伯语系副教授
第五章　侯立生，中国电建集团山东电力建设有限公司项目管理部副经理

附　录

沙特阿拉伯王室与历任国王生平（上官旭峰）

序　言

"一带一路"国别研究报告——沙特阿拉伯卷是一本聚焦于沙特国情和中国与沙特双边关系的研究报告集，作者分别来自于中国的社会科学院、大学、研究中心、党校、中资企业等方面。他们围绕沙特经济、社会、政治、外交等基本国情、所面临的一些重要问题、中沙关系的历史和现状进行了系统、深入的研究，数据翔实，分析客观，观点鲜明，结论中肯，体现了很高的学术水平和研究能力。我首先要向他们表示敬意和祝贺！

我经常感到需要了解沙特某些方面的来龙去脉和数据资料，也时常遇到别人就这些问题的问询。我深感有一部既全面解读沙特又包含最新资料的书的必要性和重要性。客观地说，在许多中国人眼里，沙特仍是一个充满神秘感的国家。我相信，这部沙特研究报告集能满足这方面的需要，它是一部关于沙特问题的论文集，是从事中东研究的专家学者、从事中沙合作人士，乃至于对沙特有兴趣的读者的资料库、参考书或读本。

"一带一路"倡议是习近平主席于2013年提出来的，是新时代中国对外开放与合作的总纲领，是人类命运共同体理念的生动实践，是习近平主席外交思想的组成部分。八年多来，"一带一路"倡议从理念化为行动，从愿景变为现实，在世界上引起了高度重视和积极响应，并已取得丰硕成果，正在朝着高标准、可持续、惠民生的目标继续推进。这本研究报告集的作者们认真学习和深刻体会习主席的思想，紧扣国家的发展战略，围绕"一带一路"重要沿线国家之一的沙特展开深入研究，形成了高质量的研究报告集，是学术研究紧密结合现实需要、服务国家战略和外交工作的极好体现，将为中国和沙特建设好"一带一路"提供更坚实的学术和信息支撑。

对沙特的研究是该书的一大部分内容。沙特的确值得深入研究。沙特在中东无论从面积还是人口来讲都是一个大国，地理位置也很重要。沙特在石油和天然气蕴藏、生产和出口方面在世界上也占有举足轻重的地位。沙特又是一个在中东地区和国际事务上具有重要地位和影响的国家，它是阿拉伯和伊斯兰世界的大国，是G20中唯一的阿拉伯成员国。沙特还是中国"一带一路"建设的支点国家和重要方向，是中国的全面战略合作伙伴。

对中沙关系的研究是该书的另一部分内容。由于工作关系，我与沙特有过不少交集。既有短期到访又有在国内接待沙方官员来访的经历，也曾两次驻沙特达6年。在我整个驻外经历中，沙特是我工作和生活时间最长的国家。套用一句人们常说的话就是，沙特是我的第二家乡。在这里，我想从个人的亲身经历出发讲述几件给我留下深刻印象的事。

中沙建立正式外交关系的过程很特殊。沙特是22个阿拉伯国家中最晚与中国建交的，其中最重要的原因是缺乏对中国的了解。两国在正式建交前先开展了良好的军事合作，之后才过渡到正式建交。这在中国外交史上不说是绝无仅有，至少也是十分罕见的事情。沙方曾亲身全程参与这一合作的哈立德亲王写道，沙特国王法赫德曾对美国特别是其驻沙大使对中沙军事合作的无理干涉给予严厉的回应，美方被迫"召回"了这位大使。多年后，我在利雅得见到也曾参与这一合作的班达尔亲王时，他以非常愉快的口吻回忆起当时的点点滴滴。我在和沙特军方朋友的交往中，时常听到他们对中国军人忠于祖国、纪律严明、精益求精、训练有素的由衷赞扬之语。军事合作促进了两国的相互信任，为双方建交和发展各领域关系奠定了坚实的基础。

中沙是1990年7月21日建交的，仅仅在十余天后的8月2日凌晨，伊拉克萨达姆总统就悍然出兵侵占并一举吞并了科威特。这一突发事件成为中沙这两个刚刚建交国家面临的难题，也可以说是一次考验。当时，一些阿拉伯国家和其他国家希望中国能出面去做萨达姆的工作，劝其从科威特主动撤军，争取通过和谈解决危机避免发生战争。在此是战是和的紧要关头，中国政府决定派钱其琛外长于1990年11月出访伊拉克，同时也访问沙特等重要阿拉伯国家，同它们就局势交换意见。我有幸成为钱外长随行代表团的一员。沙方对钱外长来访很重视，不仅通报了许多重要情况和看法，还请钱外长在面见萨达姆后再度来沙特，以及时了解伊方态度。钱外长当即同意了沙方的请求。虽然由于萨达姆执迷不悟，误判形势，最终导致战争爆发，并使伊拉克人民遭受多年制裁苦难，但中国在这次国际重大危机中所发挥的独特作用举世瞩目。中沙在延宕多年的伊拉克问题上，一直保持着密切的协调与合作。中国作为安理会常任理事国的重要地位和公正立场受到沙特的高度赞赏。

我有幸参加的中沙另一次重要双边访问是1991年7月李鹏总理在中东六国之行中访问沙特。在中沙建交仅一年后进行的这次访问受到沙方的高度重视和热烈欢迎，沙方给予了很高礼遇。沙特国王和王储分别会见李总理，与之会谈。此外，李总理还参观了沙特的经济项目，推动两国经贸特别是能源领域的合作。在此次访问后，中沙石油合作快速增长。1995年，中方从沙特直接进口石油。中沙商定的逐步增加从沙特进口石油的目标实际上一再提前达成并大大超过。进入21世纪后，沙特几乎一直是中国最大的石油来源地。

我参与的中沙之间又一次重要的双边访问是1998年10月沙特王储阿卜杜拉的中国之行。当时沙方高层访华的愿望很强烈，但王储坚持他要走在最前列（法赫德国王因病不能出访）。王储对与中方的会见与会谈安排很高兴，他代表沙方向江泽民主席和朱镕基总理授予沙特最高级别的勋章。他在访问中国伊斯兰协会时表示，一个好穆斯林，应该既信仰真主，也忠于自己的祖国；应正确理解教义，反对宗教极端主义和恐怖主义。阿卜杜拉成为国王后不到半年就于2006年1月再次访华。2008年中国发生汶川特大地震灾害后，沙方向中方提供了5000万美元现金援助和价值1000万美元的物资援助，是当时中国收到的最大单笔援助，对中国人民抗震救灾表示了很大的同情和支持。

2000年我开始第一次常驻沙特，时间长达3年，得以近距离地观察这个国家。当时，中沙合作开始向承包和劳务领域拓展，中资企业处在"走出去"的初期，面临着重重困难。沙特中资公司的员工仅有约2000人。中方石油、电信、建筑等企业通过实干逐步赢得了沙方的信任，打开了局面。

我再次到沙特常驻并担任中国驻沙特大使是在2016年。这时候恰是沙特开始经济和社会重大变革的时期，王权在向第三代过渡，启动实施

"2030愿景"，经济多元化迈出实质性步伐，社会改革举措接踵而至。习近平主席于2016年1月访沙时和萨勒曼国王一道亲自宣布将中沙关系提升为全面战略伙伴关系，并相应成立了两国高级别联合委员会。该委员会级别之高、涉及领域之广、工作效率之高（迄今为止已召开三届会议，签署数十项合作协议），在中国与中东地区各国关系中都是不多见的。沙特早已是中国在中东和非洲地区最大的贸易伙伴，中国也从2015年起成为沙特最大的贸易伙伴，中国在沙特承包工程，高峰时劳务人数达4万人。2017年3月，萨勒曼国王回访中国，中沙两国元首再次相见，达成丰富成果。特别值得一提的是，当时北京举办的沙特文物展已历时3个月，两国元首共同出席了此次文物展闭幕式并发表讲话，国王还陪同习主席逐一参观展品。此外，萨勒曼国王还接受了北京大学授予的名誉博士学位，并出席了北京大学的沙特阿卜杜勒阿齐兹国王图书馆分馆落成典礼。这些活动为此次访问增添了文化和人文交流亮点。在3年里，穆罕默德王储两次来华出席中沙高级别联合委员会会议，中方也有多位国家领导人访沙。2019年3月，在我离任沙特的那一天，萨勒曼国王会见了我，他愉快地回忆起与习主席的会见，积极评价了两国关系。按沙方惯例，国王很少会见外国离任大使。这种安排充分体现了沙方对两国高水平关系的重视和满意之情。我为自己曾为中沙关系发展做出了绵薄之力而自豪。

中沙正式外交关系已走过31年硕果累累的路程，这得益于两国最高领导人的亲自关怀和推动，以及两国政府和人民的携手努力，其中，当然包含了两国学术界的参与和贡献。未来仍然需要各方共同努力，把中沙关系不断推向新的高度。建设中沙友好合作大厦需要群策群力，这本研究报告集就是一块坚实的砖。

中国驻沙特阿拉伯王国前大使李华新
2022年3月

目 录

第一篇 基本国情研究

第一章 综合国力评估 ……………………………………………（3）
第一节 指标体系构建原则 …………………………………（3）
第二节 指标体系构建内容 …………………………………（5）
第三节 指标分类评估 ………………………………………（12）

第二章 人口结构 …………………………………………………（31）
第一节 人口发展状况 ………………………………………（31）
第二节 人口年龄结构 ………………………………………（40）
第三节 人口受教育情况及就业状况 ………………………（44）
第四节 国际移民 ……………………………………………（51）
第五节 主要城市人口情况 …………………………………（53）

第三章 资源禀赋 …………………………………………………（58）
第一节 土地资源 ……………………………………………（58）
第二节 矿产资源 ……………………………………………（65）
第三节 能源资源 ……………………………………………（75）
第四节 生物资源 ……………………………………………（84）
第五节 遗产资源 ……………………………………………（89）

第四章 基础设施概况 ……………………………………………（92）
第一节 交通基础设施 ………………………………………（92）

第二节　通信基础设施 …………………………………（106）
第三节　能源基础设施 …………………………………（112）
第四节　基础设施规划与发展 …………………………（113）

第五章　产业发展 ……………………………………………（116）
第一节　产业结构演变 …………………………………（116）
第二节　重点工业 ………………………………………（134）
第三节　重点服务业 ……………………………………（154）

第六章　政治生态 ……………………………………………（169）
第一节　政治结构 ………………………………………（170）
第二节　重要政治人物 …………………………………（176）
第三节　政治生态主要特征 ……………………………（189）

第七章　民族与宗教 …………………………………………（198）
第一节　民族的形成与现状 ……………………………（199）
第二节　宗教发展历史与现状 …………………………（204）
第三节　沙特政教关系 …………………………………（212）

第八章　对外关系 ……………………………………………（220）
第一节　与地区主要大国的关系 ………………………（220）
第二节　与域外主要大国的关系 ………………………（225）
第三节　在地区热点问题上的外交政策 ………………（231）
第四节　近期外交政策动向 ……………………………（237）

第二篇　重大专题研究

第一章　沙特中长期发展战略 ………………………………（249）
第一节　国家发展战略的演变 …………………………（249）
第二节　经济多元化战略与进展 ………………………（253）
第三节　社会发展战略与进展 …………………………（255）

第四节　区域和国际合作战略与演进 …………………………（257）

第二章　重要城市及其影响力 ……………………………………（267）
　第一节　城市化发展历史与趋势 ……………………………………（268）
　第二节　城市体系与重点城市规模的变化与趋势 …………………（271）
　第三节　首都利雅得的经济发展与区域影响 ………………………（276）
　第四节　吉达的经济发展与区域影响 ………………………………（287）

第三章　营商环境 …………………………………………………（295）
　第一节　营商环境总体概况 …………………………………………（295）
　第二节　营商环境发展 ………………………………………………（298）
　第三节　营商环境重要环节 …………………………………………（303）
　第四节　营商环境主要问题与改进 …………………………………（317）

第四章　什叶派问题的演进与前景 ………………………………（325）
　第一节　什叶派问题的缘起 …………………………………………（326）
　第二节　什叶派问题的激化 …………………………………………（329）
　第三节　什叶派问题的缓和 …………………………………………（334）
　第四节　什叶派问题的再激化 ………………………………………（340）
　第五节　什叶派问题的前景 …………………………………………（345）

第五章　能源安全与政策 …………………………………………（349）
　第一节　能源安全现状 ………………………………………………（349）
　第二节　能源安全的现有威胁 ………………………………………（354）
　第三节　能源改革 ……………………………………………………（363）

第六章　政治游说视角下的沙特与美国关系 ……………………（370）
　第一节　沙特对美国政治游说的动因 ………………………………（371）
　第二节　沙特对美国政治游说的议题和目标 ………………………（375）
　第三节　沙特对美国政治游说的模式 ………………………………（381）
　第四节　沙特对美国政治游说的特点和成效 ………………………（392）

第七章 沙特朝觐经济与国际朝觐卫生安全 (404)
 第一节 沙特的朝觐经济 (405)
 第二节 国际朝觐卫生安全 (417)
 第三节 新冠疫情背景下国际朝觐卫生安全及其对朝觐经济的影响 (429)

第八章 中东变局与沙特的国家形象构建 (437)
 第一节 国际社会对沙特国家形象的认知 (437)
 第二节 沙特构建国家形象的总体目标与危机管理 (447)
 第三节 沙特构建国家形象的现实路径 (451)
 第四节 沙特构建国家形象的成效评估 (463)

第九章 沙特阿拉伯的反恐战略 (475)
 第一节 当代沙特恐怖主义的发展 (475)
 第二节 沙特反恐战略的理念及特点 (481)
 第三节 沙特反恐战略的实践及其限度 (490)
 第四节 沙特反恐的新挑战 (498)

第三篇 中沙关系研究

第一章 中沙关系的历史与前瞻 (505)
 第一节 建交之前的中沙关系 (505)
 第二节 改革开放以来中沙关系的发展 (508)
 第三节 新时代中沙关系的发展 (517)
 第四节 中沙关系的现状与前景展望 (533)

第二章 中沙经贸合作概况 (542)
 第一节 双边贸易 (542)
 第二节 双边投资 (554)
 第三节 承包工程、劳务合作 (562)

第三章　中国与沙特的人文交流 (569)
- 第一节　中国与沙特人文交流的战略内涵 (569)
- 第二节　中国与沙特人文交流的机制与政策保障 (574)
- 第三节　中国与沙特人文交流的趋势及特点 (580)
- 第四节　中国与沙特人文交流的挑战 (583)
- 第五节　深化中国与沙特人文交流的对策建议 (587)

第四章　沙特旅游业态与中沙旅游业合作 (591)
- 第一节　沙特旅游业发展历程与现状 (591)
- 第二节　"2030愿景"下沙特旅游业定位和未来发展方向 (596)
- 第三节　沙特旅游业进一步发展面临的挑战 (599)
- 第四节　中沙旅游合作着力点分析 (603)

第五章　中国与沙特投资与产能合作 (608)
- 第一节　沙特工业化发展与能源结构 (608)
- 第二节　中国与沙特投资与产能合作发展概况 (623)
- 第三节　中资企业在沙投资与产能合作新挑战 (628)
- 第四节　中国与沙特投资与产能合作前景 (633)

附录　沙特阿拉伯王室与历任国王生平 (640)

第一篇
基本国情研究

第一章 综合国力评估

综合国力评估是对一个国家基本国情的总体判断，也是我们进行国与国之间比较的基础。综合国力是一个系统的概念，涉及基础国力、消费能力、贸易能力、创新能力和营商环境。如何将其度量、量化是本章的主要工作。本书试图通过数量化的指标体系对沙特的综合国力进行评估，进而认识沙特在"一带一路"国家中的排名和在全世界国家和地区中的排名。

第一节 指标体系构建原则

指标体系构建原则是反映一个国家在一个时期内的综合国力。本书在参考国际指标体系和竞争力指标的基础上，立足于"一带一路"国家的特点，提出了"一带一路"国家综合国力指数，旨在揭示"一带一路"国家的综合国力和基本国情，以便我们可以更好地判断"一带一路"沿线国家的现实。

从国际贸易角度出发，国际竞争力被视为比较优势。根据绝对优势理论、相对优势理论和要素禀赋理论的相关推论，一国之所以比其他国家或企业有竞争优势，主要是因为其在生产率、生产要素方面有比较优势。从企业角度出发，国际竞争力被定义为企业的一种能力，国际经济竞争实质上是企业之间的竞争。从国家角度出发，国际竞争力被视为提高居民收入和生活水平的能力。美国总统产业竞争力委员会在1985年的总统经济报告中将国家竞争力定义为："在自由和公平的市场环境下，保持和扩大其国民实际收入的能力。"[①]

---

① https://fraser.stlouisfed.org/title/economic-report-president-45/1985-8156.

裴长洪和王镭（2002）[①]指出，所谓国际竞争力，有产品竞争力、企业竞争力、产业竞争力以及国家竞争力之分。从经济学视角来看，关于各类竞争力的讨论分别对应着微观、中观和宏观层次。不同于以往的国家综合国力指数，"一带一路"国家综合国力评估立足于发展，发展是"一带一路"国家的本质特征，我们试图从基础国力、消费能力、贸易能力、创新能力和营商环境五个方面来评估"一带一路"国家发展的综合实力和潜力。

要建立一个科学、合理的"一带一路"国家国情评估体系，就需要一个明晰、明确的构建原则：

（1）系统性原则。指标体系的设置要能全面反映"一带一路"沿线各国的发展水平，形成一个层次分明的整体。

（2）通用性原则。指标体系的建立需要实现统一标准，以免指标体系混乱而导致无法对比分析，指标的选取要符合实际情况和大众的认知，要有相应的依据。

（3）实用性原则。评估的目的在于反映"一带一路"沿线各国的发展状况，为宏观调控提供可靠的依据。因此设置的评估指标数据要便于搜集和处理，要合理控制数据量，以免指标反映信息出现重叠的情况。

（4）可行性原则。在设置评估指标时，要考虑到指标数据的可获得性，需要舍弃难以获取的指标数据，采用其他相关指标进行弥补。

合理选取指标和构建"一带一路"国家综合国力指数评估体系，有利于真实、客观地反映"一带一路"国家质量与综合水平。本书在回顾既有研究成果的基础上，聚焦"国情"和"综合"，结合"一带一路"国家发展实践，提出"一带一路"国家综合国力指数的构建原则，并据此构建一套系统、科学、可操作的评估指标体系。

构建方法：第一步，将原始数据进行标准化处理；第二步，按照各级指标的内容和要求进行算术加权平均；第三步，得出相应数值，并进行排名。

本指数的基础数据主要来源于世界贸易组织（WTO）、国际竞争力报

[①] 裴长洪、王镭：《试论国际竞争力的理论概念与分析方法》，《中国工业经济》2002年第4期。

告（GCR）、联合国贸发会议（UNCTAD）、世界银行（WB）、国际货币基金组织（IMF）、世界知识产权组织（WIPO）、联合国开发计划署（UNDP）、联合国教科文组织（UNESCO）、世界能源理事会（WEC）、社会经济数据应用中心（SEDAC）以及"一带一路"数据分析平台（丝路信息网，http://www.silkroadinfo.org.cn）。

关于数据可得性的解释：指数涉及的统计指标存在缺失的情况，特别是一些欠发达国家。为了体现指数的完整性和强调指数的横向比较性，对缺失数值，我们参考过去年份的统计数据，采取插值法来使得指数更为完整。

第二节 指标体系构建内容

本章拟构建一个三级指标体系来对一个国家的综合国力进行评估。

一 一级指标

综合国力问题主要是基于"一带一路"国家的发展特点提出的，所以在选择基本指标时，倾向于关注国家的发展潜力，所以一级指标体系包括四个"力"和一个"环境"，分别为基础国力、消费能力、贸易能力、创新能力和营商环境。

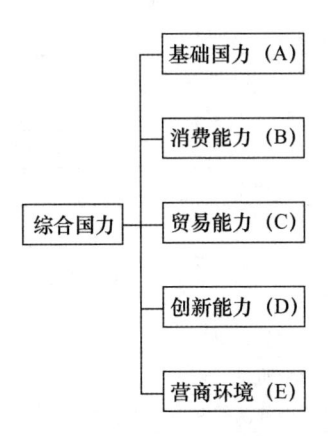

图Ⅰ-1-1 "一带一路"国家综合国力的一级指标

二 二级指标

关于基础国力（A），我们设置了四个二级指标，分别是资源禀赋（A1）、人口状况（A2）、教育水平（A3）和基础设施（A4）。

关于消费能力（B），我们设置了两个二级指标，分别是消费总量（B1）和消费结构（B2）。

关于贸易能力（C），我们设置了两个二级指标，分别是进口能力（C1）和出口能力（C2）。

关于创新能力（D），我们设置了三个二级指标，分别是创新人才（D1）、研发投入（D2）和创新成果（D3）。

关于营商环境（E），我们设置了四个二级指标，分别是制度环境（E1）、投资安全（E2）、外商政策（E3）和公共服务（E4）。

三 三级指标

本章的三级指标共有139个，具体见表Ⅰ-1-1所示。

表Ⅰ-1-1　　　　　"一带一路"国家综合国力指标

一级指标	二级指标	三级指标	三级指标代码
基础国力（A）	资源禀赋（A1）	地表面积（平方千米）	A101
		可再生内陆淡水资源总量	A102
		耕地面积（平方千米）	A103
	人口状况（A2）	总人口数	A201
		城市人口数	A202
		农村人口数	A203
		少儿人口抚养比	A204
		老龄人口扶养比	A205
	教育水平（A3）	中学教育入学率（%）	A301
		教育体系的质量	A302
		数学和科学教育质量	A303
		管理类教育质量	A304
		学校互联网普及程度	A305
		基础教育质量	A306
		基础教育入学率（%）	A307

续表

一级指标	二级指标	三级指标	三级指标代码
基础国力（A）	基础设施（A4）	总体基建水平	A401
		公路长度（千米）	A402
		铁路长度（千米）	A403
		港口效率（%）	A404
		空中运输	A405
		航线客座千米（百万千米/每周）	A406
		电力供应	A407
		手机普及程度（每百人）	A408
		固定电话数（每百人）	A409
消费能力（B）	消费总量（B1）	GDP（PPP）（百万美元）	B101
		国内市场规模指数	B102
	消费结构（B2）	人均消费（底层40%的人口）（美元/天）	B201
		人均消费（总人口）（美元/天）	B202
		人均实际消费年化增长率（底层40%的人口）（%）	B203
		人均实际消费年化增长率（总人口）（%）	B204
贸易能力（C）	进口能力（C1）	保险和金融服务（占商业服务进口的比例）（%）	C101
		商业服务进口（现价美元）	C102
		运输服务（占商业服务进口的比例）（%）	C103
		旅游服务（占商业服务进口的比例）（%）	C104
		货物进口（现价美元）	C105
		农业原料进口（占货物进口总额的比例）（%）	C106
		食品进口（占货物进口的比例）（%）	C107
		燃料进口（占货物进口的比例）（%）	C108
		制成品进口（占货物进口的比例）（%）	C109
		矿石和金属进口（占货物进口的比例）（%）	C110
		通信、计算机和其他服务（占商业服务进口的比例）（%）	C111
	出口能力（C2）	保险和金融服务（占商业服务出口的比例）（%）	C201
		商业服务出口（现价美元）	C202
		运输服务（占商业服务出口的比例）（%）	C203
		旅游服务（占商业服务出口的比例）（%）	C204
		货物出口（现价美元）	C205
		农业原料出口（占货物出口总额的比例）（%）	C206
		食品出口（占货物出口的比例）（%）	C207
		燃料出口（占货物出口的比例）（%）	C208
		制成品出口（占货物出口的比例）（%）	C209
		矿石和金属出口（占货物出口的比例）（%）	C210
		通信、计算机和其他服务（占商业服务出口的比例）（%）	C211

续表

一级指标	二级指标	三级指标	三级指标代码
创新能力（D）	创新人才（D1）	高等教育入学率（%）	D101
		留住人才能力	D102
		吸引人才能力	D103
		科学家和工程师水平	D104
		每百万人中R&D研究人员（人）	D105
		每百万人中R&D技术人员（人）	D106
	研发投入（D2）	研发支出占GDP比例（%）	D201
		最新技术有效利用程度	D202
		企业的科技运用能力	D203
		科学研究机构的质量	D204
		企业研发投入	D205
		产学研一体化程度	D206
		政府对高科技产品的采购	D207
		FDI和技术转化	D208
		互联网使用者（%人口）	D209
		固定宽带用户（每百人）	D210
		互联网带宽	D211
		移动互联网用户（每百人）	D212
	创新成果（D3）	非居民专利申请数（个）	D301
		居民专利申请数（个）	D302
		商标申请（直接申请，非居民）（个）	D303
		商标申请（直接申请，居民）（个）	D304
		商标申请合计（个）	D305
		高科技产品出口（现价美元）	D306
		在科学和技术学术期刊上发表的论文数（篇）	D307
		高科技产品出口占制成品出口的比例（%）	D308
		工业设计应用数量，非居民（个）	D309
		工业设计应用数量，居民（个）	D310
		非居民商标申请（个）	D311
		居民商标申请（个）	D312
		中高技术产品出口占制成品出口的比例（%）	D313

续表

一级指标	二级指标	三级指标	三级指标代码
营商环境（E）	制度环境（E1）	有形产权保护	E101
		知识产权保护	E102
		公共基金的多样性	E103
		政府公信力	E104
		政府的廉政性	E105
		公正裁决	E106
		政府决策偏袒性	E107
		政府支出效率	E108
		政府管制负担	E109
		争端解决机制的法律效率	E110
		改变陈规的法律效率	E111
		政府政策制定透明程度	E112
		审计和披露标准力度	E113
		公司董事会效能	E114
		金融服务便利程度	E115
		金融服务价格合理程度	E116
		股票市场融资能力	E117
		贷款便利程度	E118
		风险资本便利程度	E119
	投资安全（E2）	公安机关的信任度	E201
		恐怖事件的商业成本	E202
		犯罪和暴力的商业成本	E203
		有组织的犯罪	E204
		中小股东利益保护	E205
		投资者保护（0—10分）	E206
		银行的安全性	E207
	外商政策（E3）	当地竞争充分程度	E301
		市场的主导地位	E302
		反垄断政策力度	E303
		税率对投资刺激的有效性	E304
		总体税率（%）	E305
		开办企业的步骤	E306
		开办企业的耗时天数	E307
		农业政策成本	E308
		非关税壁垒的广泛程度	E309
		关税	E310
		外资企业产权保护	E311

续表

一级指标	二级指标	三级指标	三级指标代码
营商环境（E）	公共服务（E4）	当地供应商数量	E401
		当地供应商质量	E402
		产业集群发展	E403
		自然竞争优势	E404
		价值链宽度	E405
		国际分销控制能力	E406
		生产流程成熟度	E407
		营销的能力	E408
		授权的意愿	E409
		劳动和社会保障计划的覆盖率（占总人口的百分比）	E410
		劳动和社会保障计划的充分性（占受益家庭总福利的百分比）	E411
		20%最贫困人群的劳动和社会保障计划的受益归属（占总劳动和社会保障计划受益归属的百分比）	E412
		失业救济和积极劳动力市场计划的覆盖率（占总人口的百分比）	E413
		20%最贫困人群的失业救济和积极劳动力市场计划的受益归属（占总失业救济和积极劳动力市场计划受益归属的百分比）	E414
		社会安全网计划的覆盖率（占总人口的百分比）	E415
		社会安全网计划的充分性（占受益家庭总福利的百分比）	E416
		20%最贫困人群的社会安全网计划的受益归属（占总安全网受益归属的百分比）	E417
		社会保险计划的覆盖率（占总人口的百分比）	E418
		社会保险计划的充分性（占受益家庭总福利的百分比）	E419

从图Ⅰ-1-2中我们看到，沙特的综合国力在"一带一路"国家中排第14名，在世界141个国家和地区中排第36名。2019年，沙特国内生产总值（GDP）约为7930亿美元，按照固定价格计算的GDP约为7039亿美元。投资、消费、政府采购和净出口额占GDP的比重分别约为27.81%、38.94%、23.85%和9.41%。2019年，非油产业产值为5403

亿美元，原油产业产值为 2470 亿美元。①

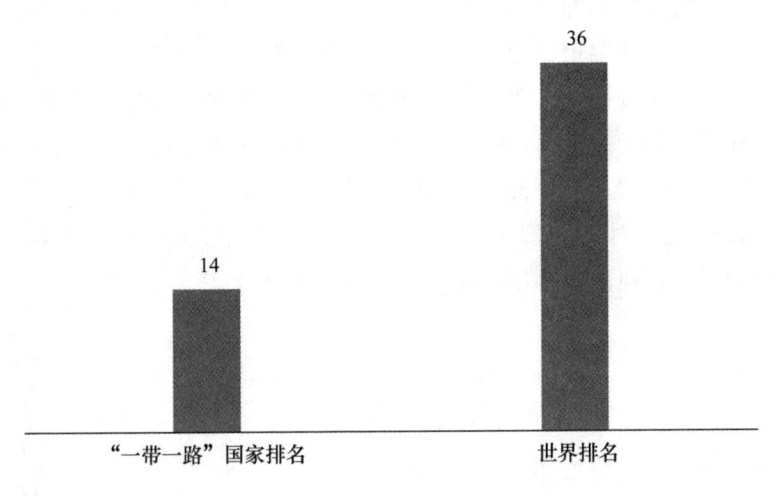

图 Ⅰ-1-2　沙特的综合国力排名（名）

资料来源：作者计算所得。

沙特位于阿拉伯半岛，国土面积为 225 万平方千米。东濒波斯湾，西临红海，平均海拔为 665 米，同约旦、伊拉克、科威特、阿联酋、阿曼、也门等国接壤，海岸线长 2437 千米，地势西高东低。首都利雅得（Riyadh）是沙特第一大城市和政治、文化中心及政府机关所在地，位于沙特中部，城区面积为 1219 平方千米，2019 年，城区人口约为 723 万人，年增长率为 2.26%，其中沙特籍人口约占 70%，外籍常住人口约占 30%。

沙特是西亚北非地区最大的经济体，也是石油输出国组（OPEC）、世界贸易组织（WTO）重要成员，在中东乃至世界范围内的政治、经济和宗教领域发挥着举足轻重的作用。2020 年是中沙两国建交 30 周年，沙特以主宾国身份举办二十国集团（G20）系列活动和领导人峰会。近年来，沙特对外资投资领域和投资比例限制逐步减少，利润可自由兑换和汇出。通信、交通、银行、保险及零售业已陆续对外国投资者开放。为减少对原油产业的过度依赖，沙特推出"2030 愿景"社会经济转型计划。

---

① 世界银行数据库，https://data.worldbank.org.cn/country/SA。

图Ⅰ-1-3为我们展现了五大分指标的排名顺序。从图Ⅰ-1-3中我们可以发现,沙特的基础国力在"一带一路"国家中排第12名,在世界141个国家和地区中排第34名。沙特的消费能力在"一带一路"国家中排第8名,在世界141个国家和地区中排第17名。沙特的贸易能力在"一带一路"国家中排第6名,在世界141个国家和地区中排第30名。沙特的创新能力在"一带一路"国家中排第13名,在世界141个国家和地区中排第36名。沙特的营商环境在"一带一路"国家中排第43名,在世界141个国家和地区中排第109名。

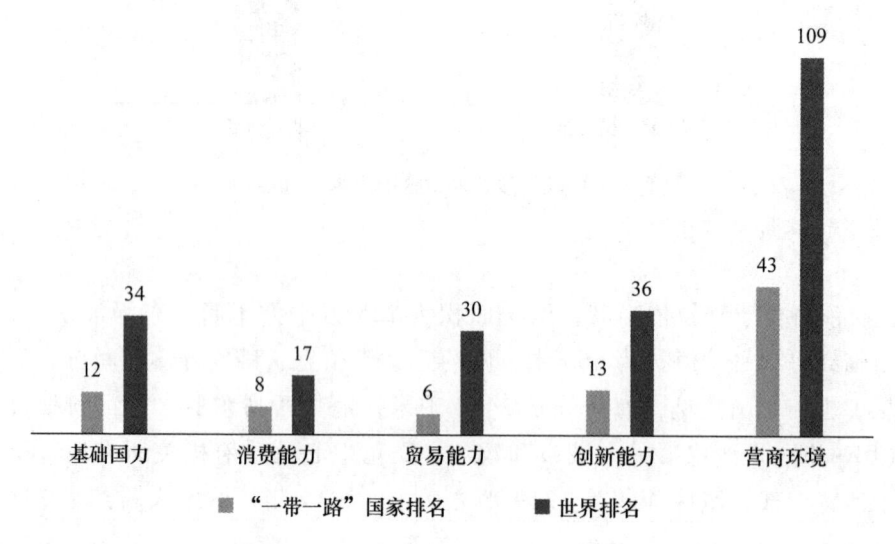

图Ⅰ-1-3 沙特综合国力一级指标排名(名)

资料来源:作者计算所得。

第三节 指标分类评估

一 基础国力评估

基础国力是衡量一国在资源禀赋、人口状况、教育水平和基础设施方面的能力。从图Ⅰ-1-7中我们可以看到,沙特的资源禀赋在"一带一路"国家中排第3名,在世界141个国家和地区中排第10名。原油探明储量为363.5亿吨,占世界储量的16%,居世界第二位。天然气储量为8.2万亿立方米,居世界第六位。此外,还拥有金、铜、铁、锡、铝、锌、磷酸盐等矿藏。沙特是世界上最大的淡化海水生产国，其海水淡化量占世界总量的20%左右。

沙特的人口状况在"一带一路"国家中排第25名，在141个国家和地区中排第55名。沙特人口约为3422万人（2019年底），其中沙特籍人口约为2120万人，外籍人口约为1302万人，沙特籍人口占比约为62%。沙特华人华侨数量约为3万人，主要居住在西部的塔伊夫、吉达、麦加等地。在沙特的华人华侨中，绝大多数为维吾尔族；其次为回族，有1000—2000人，部分人口已入沙特籍。此外，还有少量的乌兹别克、柯尔克孜、哈萨克等族。除汉族外，其余均属于穆斯林，信奉伊斯兰教。

从图Ⅰ-1-4中可以看出，沙特的失业率水平一直维持低位。在观测期内，失业率只有在新冠疫情时期才有所波动，但是基本上维持在6%，这一数据表明在有意愿找工作的人群中有6%的人员可能找不到工作。从图Ⅰ-1-5失业率结构中，可以发现女性的失业率明显高于男性，女性的失业率长年基本维持在20%—25%，而男性的失业率长年基本稳定在5%以内。按照经济学的基本定义，5%以内的失业属于摩擦性失业，沙特的男性基本上实现了充分就业。

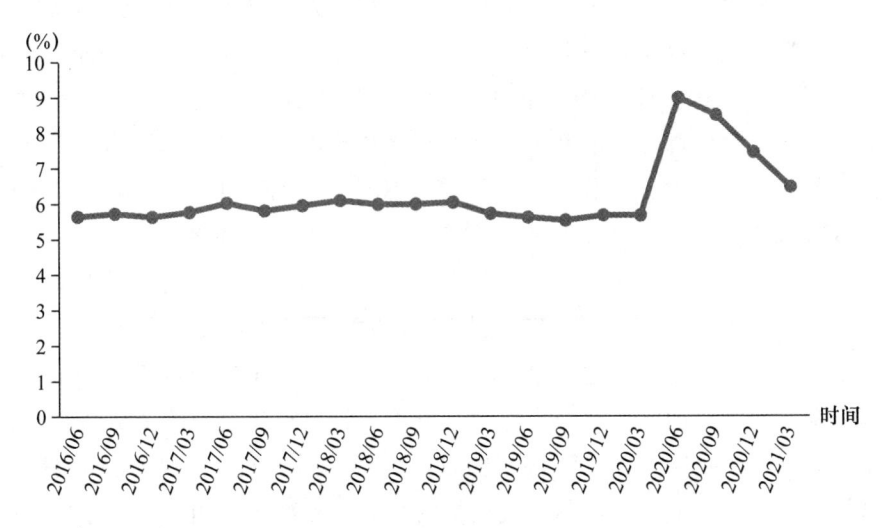

图Ⅰ-1-4 2016年6月至2021年3月沙特失业率变化

资料来源：CEIC，https://insights.ceicdata.com。

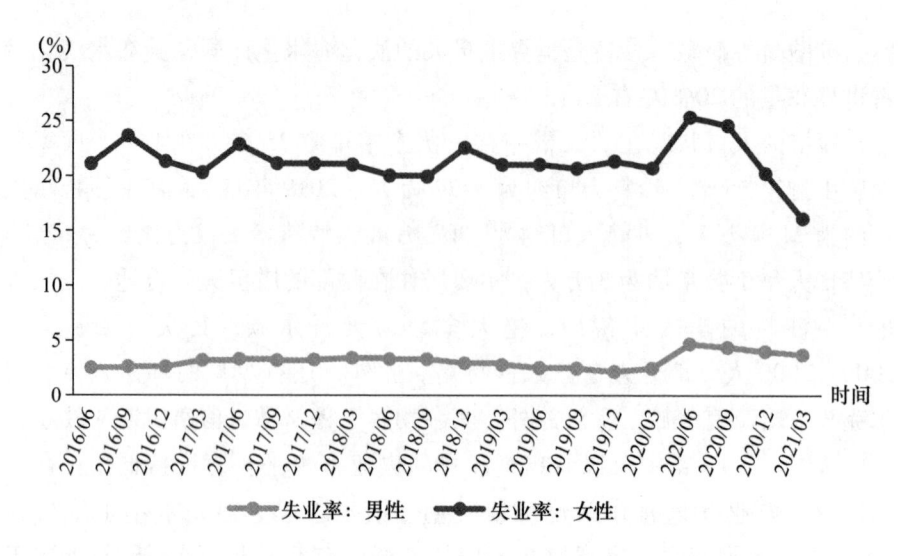

图Ⅰ-1-5　2016年6月至2021年3月沙特性别失业率情况

资料来源：CEIC, https://insights.ceicdata.com.

沙特的教育水平在"一带一路"国家中排第12名，在世界141个国家和地区中排第33名。沙特政府重视教育和人才培养，实行免费教育。包括初等教育、职业培训、各类技术教育和成人教育等，实行强制义务教育。沙特基础教育实行三阶段一贯制。6岁以上儿童上6年制小学、3年制中间学校（相当于初中）和3年制高中。负责教育发展人才培养的机构有3个：教育部、女子教育最高委员会和技术职业培训总机构。在国内读书的大学生，除免费住宿外，还享受津贴。图Ⅰ-1-6显示了沙特的文盲数量变化，从中可以发现沙特基本上实现了全民认字。

沙特的基础设施在"一带一路"国家中排第11名，在世界141个国家和地区中排第34名。公路交通是沙特的主要运输方式，道路总长达22万千米，其中高速公路总里程超过5000千米，双车道公路总长超过1.2万千米，沙特交通部正在努力将4.9万千米的单车道公路改造成双车道公路。在国际公路网方面，沙特与约旦、也门、科威特、卡塔尔、阿联酋、巴林等国相通，但受卡塔尔断交危机的影响，沙特已关闭与卡塔尔的陆路边境。此外，沙特计划升级改造现有的连接沙特和巴林两国的法赫德国王大桥（沙巴一号跨海大桥），并考虑新建与一号大桥并行的二号大桥。沙特共有27座民用机场、6座军用机场、9座沙特阿美公司内部机场。在

27座民用机场中有4座为国际机场,分别是利雅得机场(哈立德国王国际机场)、吉达机场(阿卜杜勒阿齐兹国王机场)、达曼机场(法赫德国

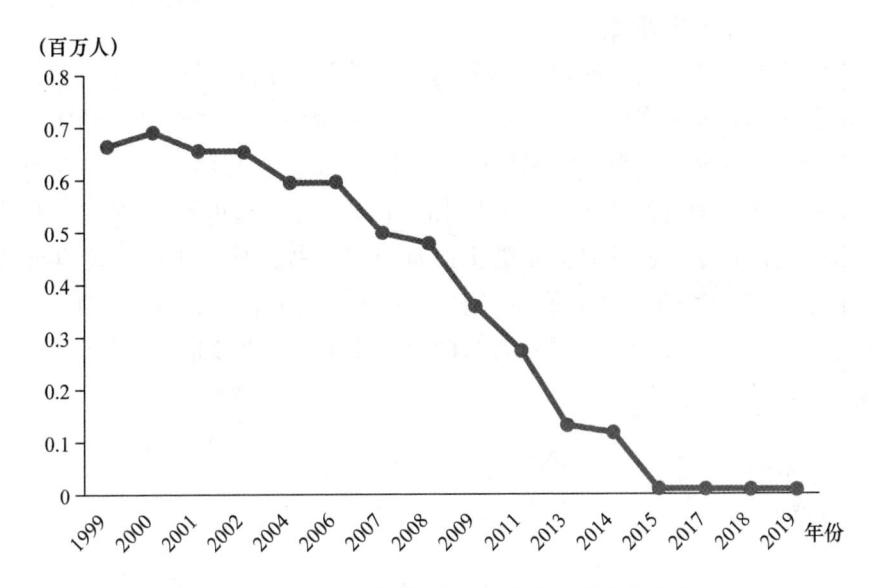

图Ⅰ-1-6 1999年至2019年沙特文盲数量变化

资料来源:CEIC,https://insights.ceicdata.com。

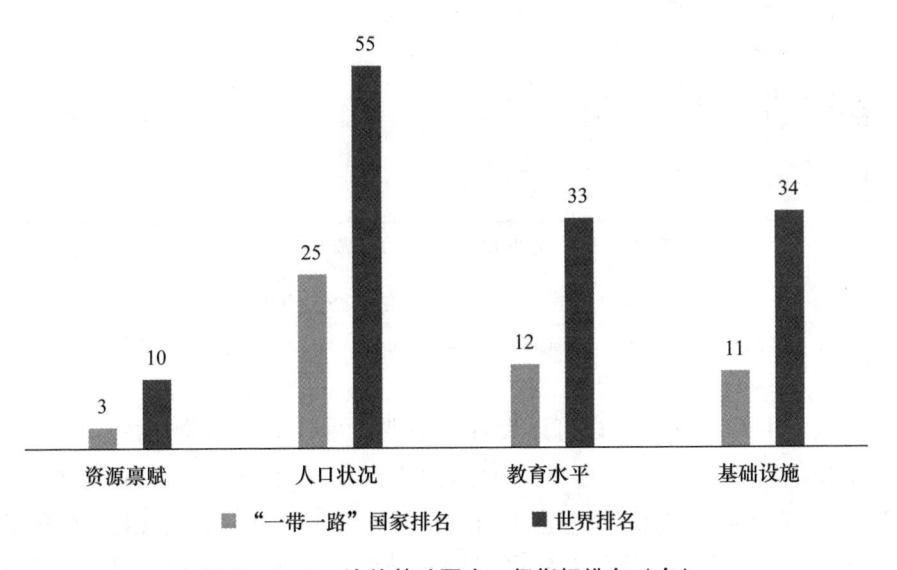

图Ⅰ-1-7 沙特基础国力二级指标排名(名)

资料来源:作者计算所得。

王国际机场)、麦地那机场(穆罕默德·本·阿卜杜勒阿齐兹亲王机场)。

二 消费能力评估

消费能力是衡量一国内需的能力,消费能力包括了市场规模、人均GDP和人均消费增长等能力。沙特的消费总量在"一带一路"国家中排第7名,在世界141个国家和地区中排第16名。沙特的消费结构在"一带一路"国家中排第8名,在世界141个国家和地区中排第17名。据世界银行统计数据,沙特绝大多数生产资料和消费品依靠进口。2019年总需求达7930亿美元,私人最终需求为3085亿美元,占比为38.94%。从图Ⅰ-1-8中可以发现,沙特每月的个人支出平均为2300沙特里亚尔左右,而且呈现上升趋势。

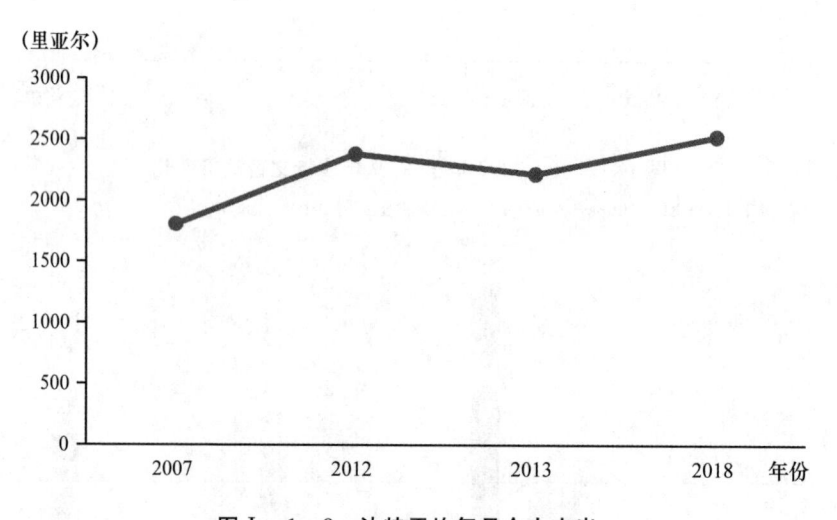

图Ⅰ-1-8 沙特平均每月个人支出

资料来源:CEIC, https://insights.ceicdata.com.

从图Ⅰ-1-9中同样可以发现按消费支出计算的沙特国内生产总值也呈现上升趋势,2011年3月的国内生产总值为2982亿里亚尔左右,2021年3月的国内生产总值上升为4790亿里亚尔,两者相比上升了60.6%。我们进一步比较沙特国内的消费结构(见图Ⅰ-1-10),可以发现私人消费在样本期内的大多数月份略微高于政府消费,为60%左右,但总体保持平稳。

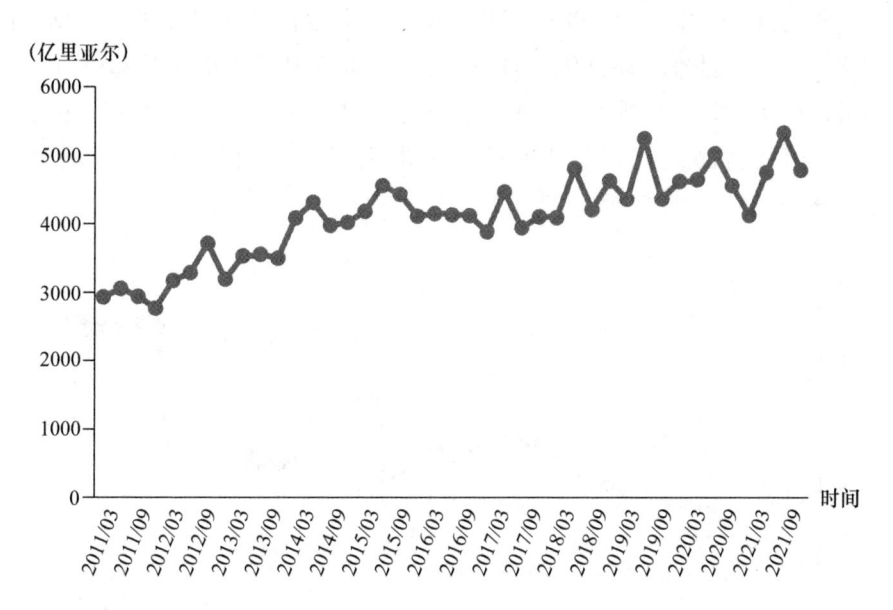

图Ⅰ-1-9　2011年3月至2021年9月沙特的国内生产总值

资料来源：CEIC，https://insights.ceicdata.com.

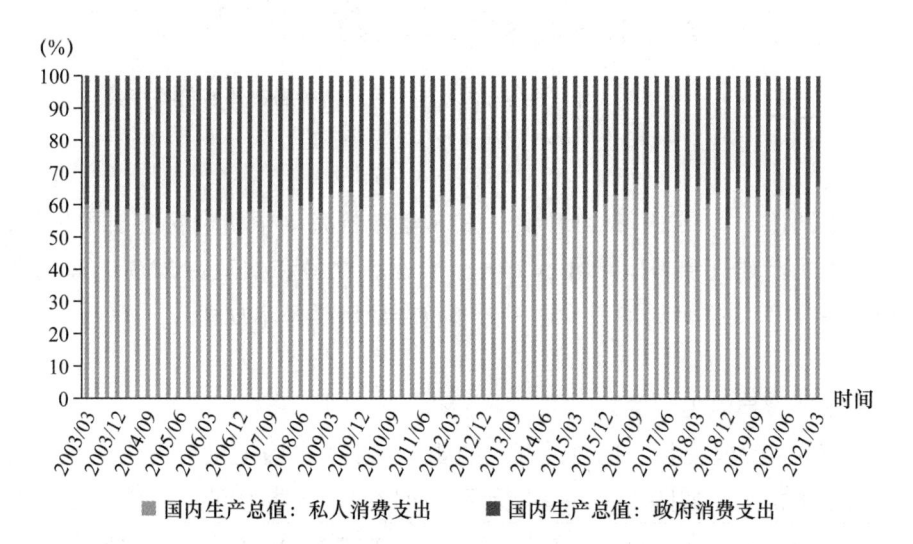

图Ⅰ-1-10　2003年3月至2021年3月沙特国内生产总值结构变化

资料来源：CEIC，https://insights.ceicdata.com.

我们再进一步看看 CPI 的变化情况，根据沙特统计局提供的数据，设 2018 年 1 月为基准，即 100，可以看到 2021 年 5 月 CPI 相对于 2013 年 1 月而言，从 92.72 上升到了 104.41，上升了 1.27% 左右，总体而言，相当平稳。新冠疫情暴发以后，沙特的 CPI 出现了一个明显的跳涨，涨幅接近 10%。

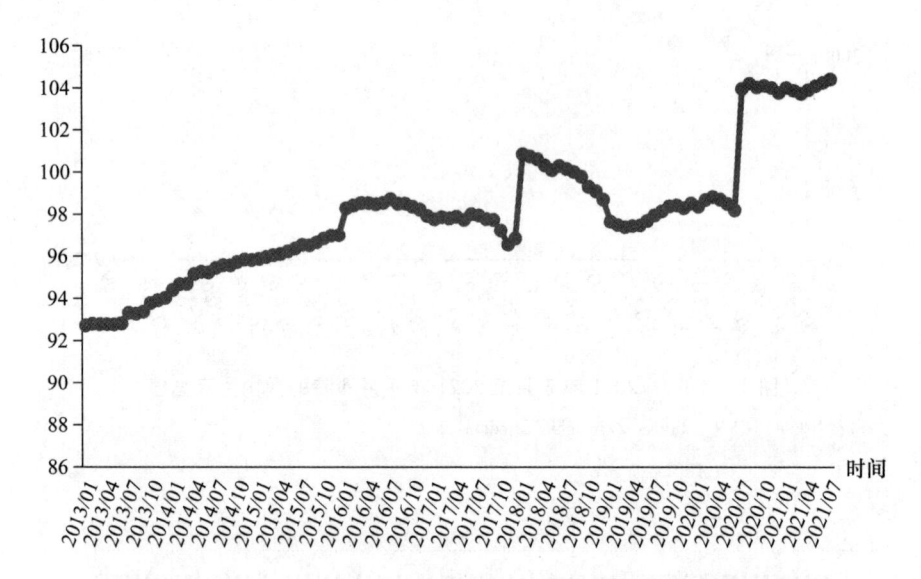

图 I-1-11　2013 年 1 月至 2021 年 7 月沙特的居民消费价格指数
资料来源：CEIC, https://insights.ceicdata.com.

从图 I-1-12 中我们看到，2018 年沙特人均生活消费支出中住房、水、电力、燃气和其他燃料占 29%；食品、饮料和烟草占 22%，运输和电信占 21%，排名居前三。这一分布符合经济学基本规律。

三　贸易能力评估

贸易能力是衡量一国对外开放的能力，是一国为全世界提供产品和消费市场的能力。如图 I-1-14 所示，沙特的进口能力在"一带一路"国家中排第 5 名，在世界 141 个国家和地区中排第 29 名。沙特的出口能力在"一带一路"国家中排第 6 名，在世界 141 个国家和地区中排第 30 名。2019 年沙特进出口总额为 3961 亿美元，同比下降 7.9%。其中，沙特出口额为 2518 亿美元，同比下降 14.1%；进口额为 1443 亿美元，同比增长 5.3%。在货物贸易方面，除石油外，聚乙烯、柠檬酸、氨水、甲醇、尿素和碳氢化合物、矿物等是沙特的主要出口商品。进口商品主要是机械设备、食品、纺织等消费品和化工产品。

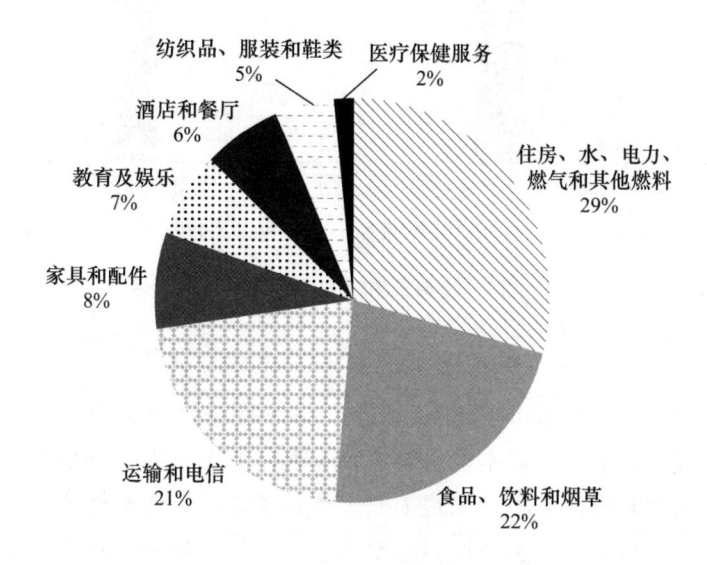

图Ⅰ-1-12　2018年沙特的居民消费构成

资料来源：CEIC，https://insights.ceicdata.com.

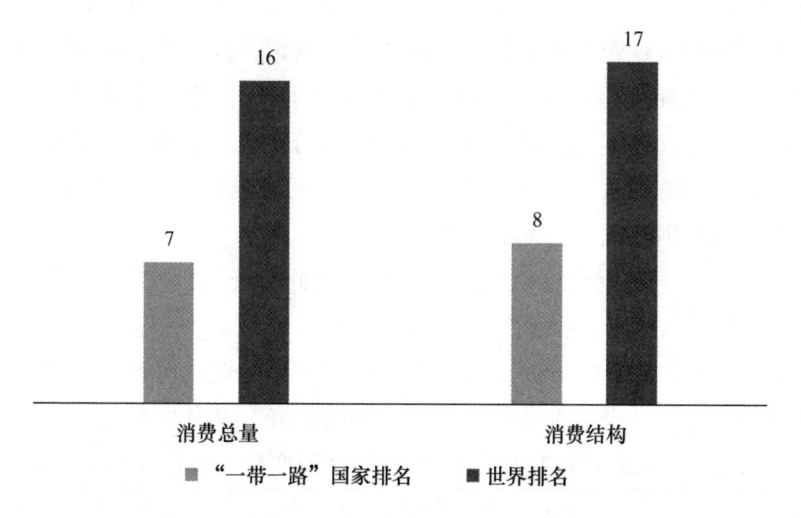

图Ⅰ-1-13　沙特消费能力二级指标排名（名）

资料来源：作者计算所得。

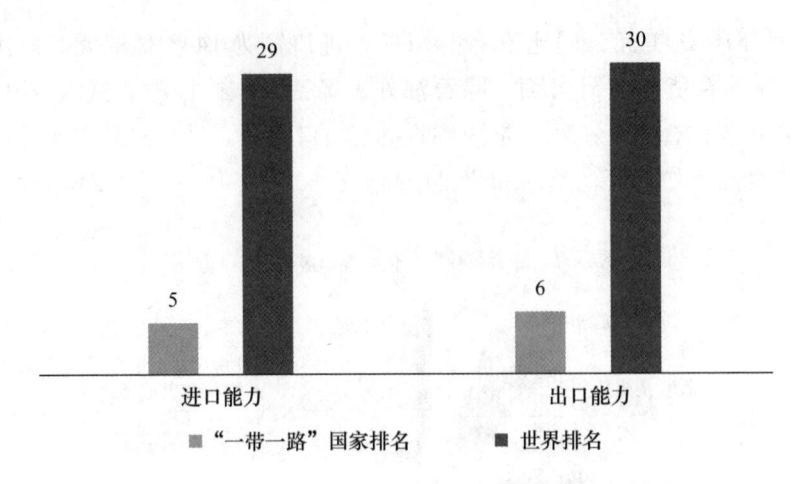

图Ⅰ-1-14 沙特贸易能力二级指标排名（名）

资料来源：作者计算所得。

2020年5月，沙特海关宣布全面上调沙特进口产品关税，并发布了最新进口产品关税清单。本次调整主要表现在如下方面：一是对食品、农业品等首次大幅提高关税；二是工业产品关税普遍上调至高位；三是医疗健康、机电设备等产品关税调整幅度较小。此外，对于某些特殊商品如钢铁、水泥、建材等商品关税的征免，以及一些商品进出口的允许与限制措施等经常会因国内市场情况而发生变动，应予以关注。沙特对进口商品要求严格，如产品及包装上必须标注原产地，空调、洗衣机、冰箱等家电产品必须加贴能耗分级标签等，所有产品都必须符合沙特标准局（SASO）的标准；出口食品、药品到沙特，必须严格符合SASO和沙特食品药品管理局的相关标准要求。此外，沙特海关会定期对进口产品进行质量抽检，若检验不合格则将面临产品召回的风险。

图Ⅰ-1-15展示了沙特的进出口商品变化情况，发现在观察期内，沙特的进出口商品基本保持平稳，没有发生较大的波动，在新冠疫情发生期间，出口商品发生了明显的下滑，但是随着疫情情况的好转，出口商品开始回归正常水平。沙特的出口额一直大于进口额，其外贸始终处于顺差状态。我们进一步来看看沙特贸易逆差的绝对额变化，如图Ⅰ-1-16所示，沙特的贸易差额一直为正，每月的顺差额基本维持在300亿—400亿里亚尔。

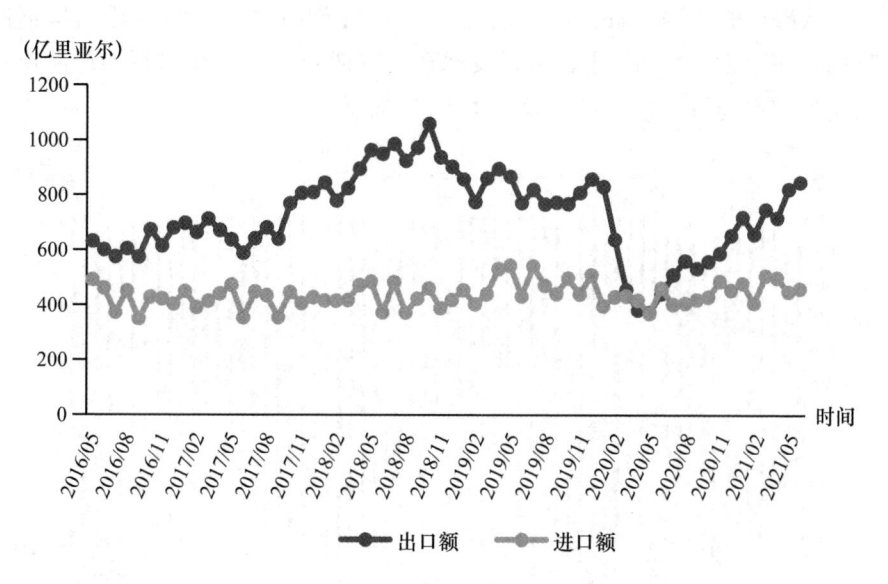

图Ⅰ-1-15 2016年5月至2021年5月沙特的进出口额变化

资料来源：IMF.

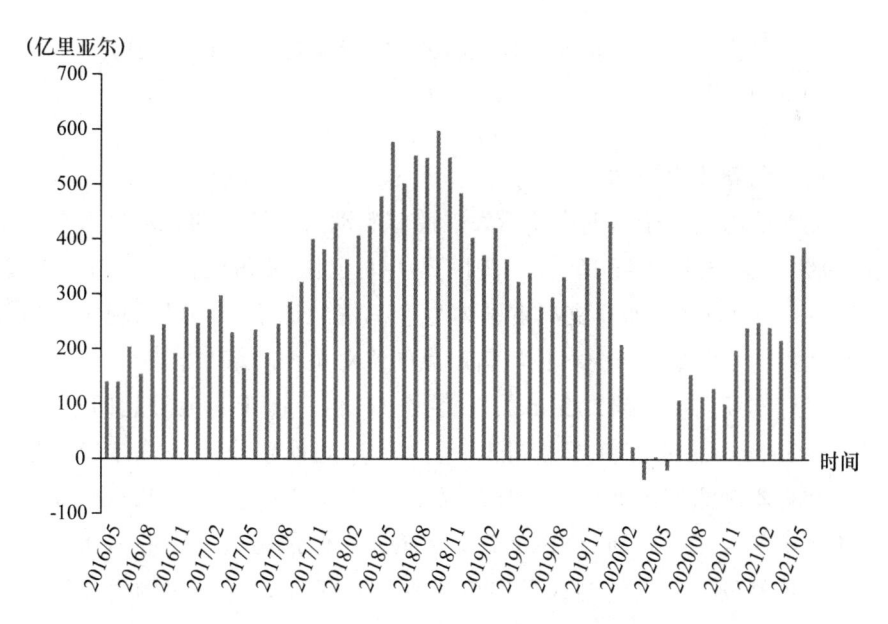

图Ⅰ-1-16 2016年5月至2021年5月沙特的贸易差额变化

资料来源：IMF.

22　第一篇　基本国情研究

从出口的结构来看，沙特的出口主要以石油为主，约占总出口额的75%。在图Ⅰ-1-17中，可以发现在观察期内，石油和非石油产品出口的比重基本维持稳定，没有发生重大的结构性变化。

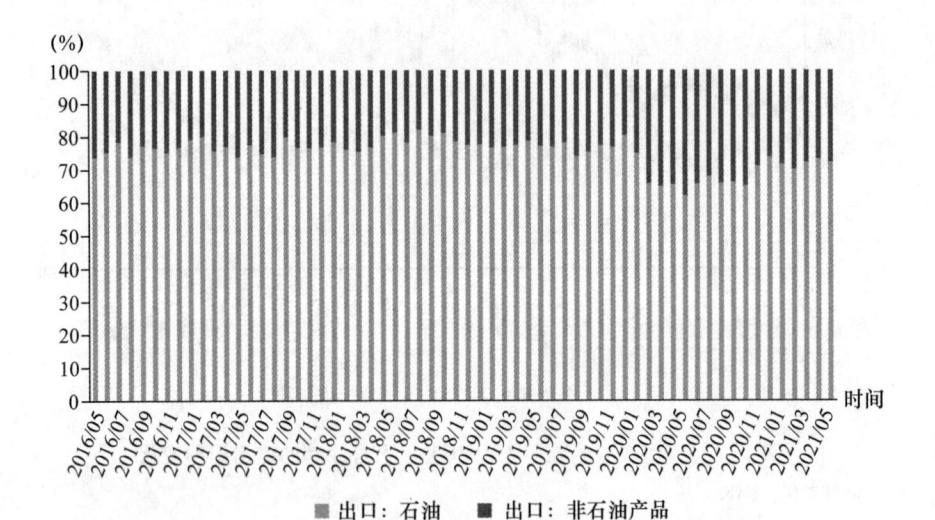

图Ⅰ-1-17　2016年5月至2021年5月沙特的出口结构变化

资料来源：IMF.

四　创新能力评估

创新能力是一个国家高质量发展的基础动力。沙特的研发投入在"一带一路"国家中排第15名，在世界141个国家和地区中排第40名。图Ⅰ-1-19为沙特研发支出占国内生产总值的比重，可以发现沙特研发支出大致为4%左右，高科技出口产品的绝对量相对较小。

在样本期内沙特研发支出的平均比重较低，低于其他发达国家水平。沙特高科技产品的出口（见图Ⅰ-1-20）规模较小。从总体趋势上分析，在样本观测期内沙特高科技产品的出口呈现为上升趋势，由2007年的不到1亿美元上升到2019年2.7亿美元。但是高科技产品占出口产品的比重依然较低，仅占制成品出口比重的0.65%，这一比例远低于其他发达国家。

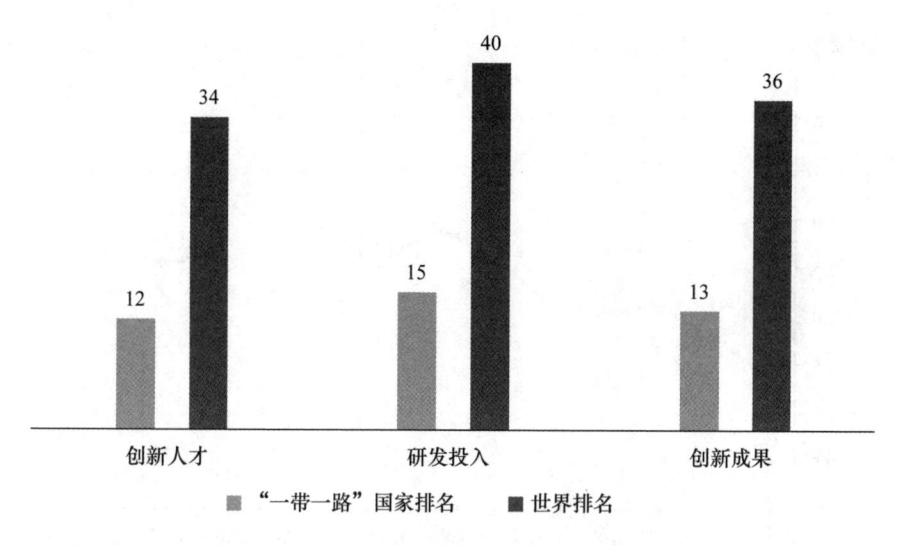

图Ⅰ-1-18 沙特创新能力二级指标排名（名）

资料来源：作者计算所得。

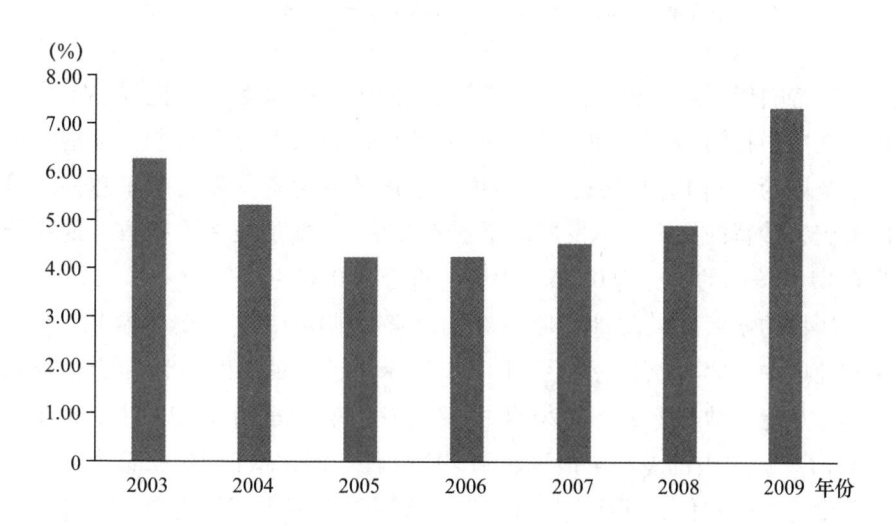

图Ⅰ-1-19 沙特的研发支出占国内生产总值的比重

资料来源：世界银行，https：//data.worldbank.org.cn/country/SA。

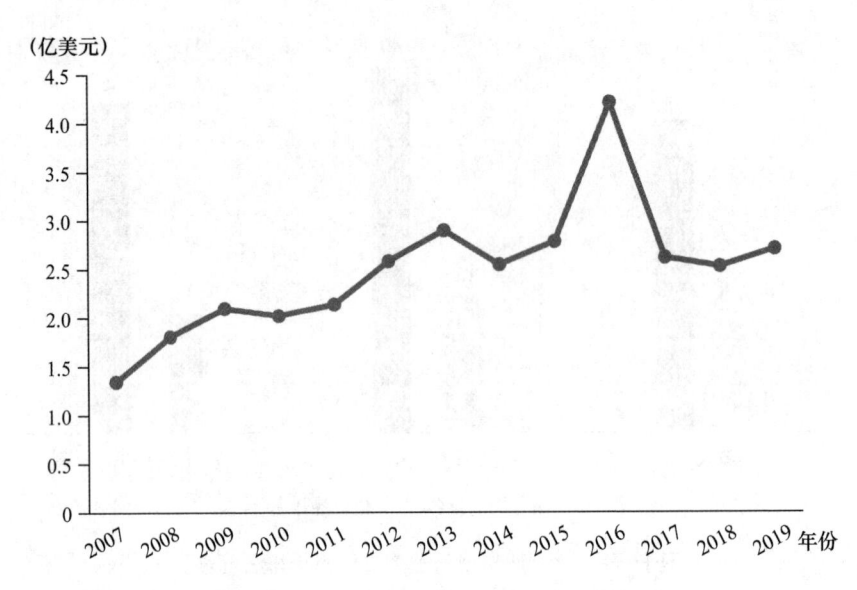

图Ⅰ-1-20 沙特的高科技产品出口额

资料来源：世界银行，https：//data. worldbank. org. cn/country/SA。

沙特的创新人才在"一带一路"国家中排第12名，在世界141个国家和地区中排第34名。图Ⅰ-1-21是沙特的人力资本指数，该指数的取值范围为0到1，越接近于1，说明该国的人力资本发展水平越高。可以看到，沙特的人力资本发展水平还不及0.6，新加坡在该指数上的得分为0.81，美国的得分为0.76，中国的得分为0.67。

沙特的创新成果在"一带一路"国家中排第13名，在世界141个国家和地区中排第36名。图Ⅰ-1-22展示了沙特的专利申请和商标申请情况。从专利数量上看，2020年中国的专利申请量为68720件，同比增长16.1%，美国的专利申请量达到59230件，同比增长3%；日本的专利申请量为50520件，同比下降4.1%；韩国的专利申请量为20060件，同比增长5.2%。[①] 从国家间的比较可知，沙特的居民专利申请量还是相对较少的。

---

① http：//www. gov. cn/xinwen/2021-03/03/content_ 5589856. htm.

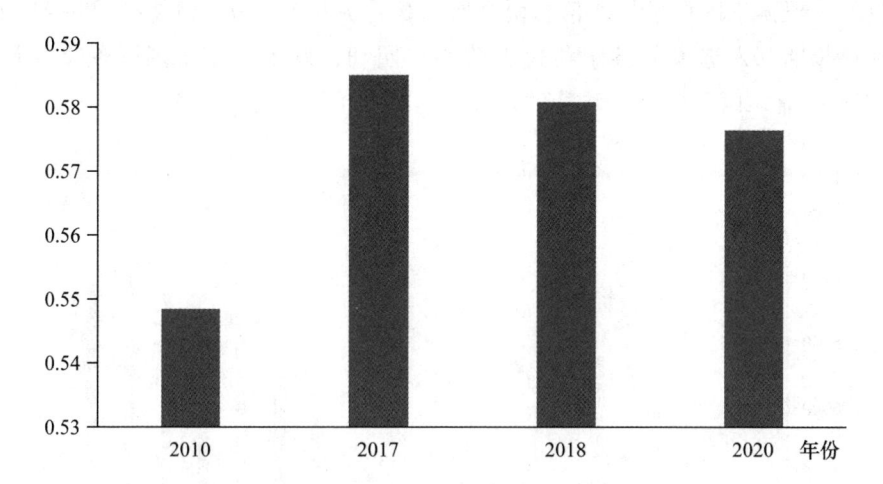

图Ⅰ-1-21　沙特的人力资本指数

资料来源：世界银行，https://data.worldbank.org.cn/country/SA。

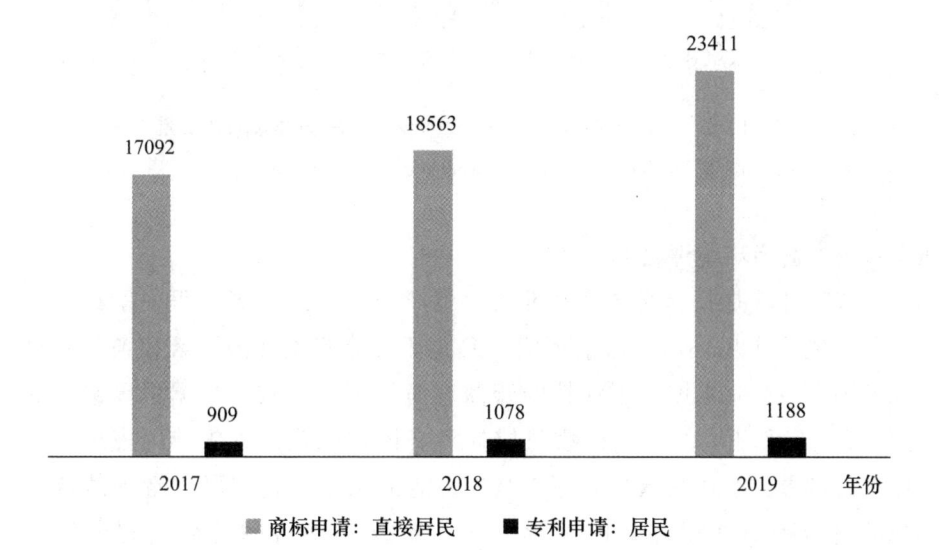

图Ⅰ-1-22　沙特的专利申请量和商标申请量（件）

资料来源：世界银行，https://data.worldbank.org.cn/country/SA。

我们进一步看看沙特的科学和技术期刊文章，在图Ⅰ-1-23中可以看到，在观测期内，2018年沙特的科学和技术期刊文章相比2000年上涨了近600%，但是从绝对量上看，沙特的科学和技术期刊文章还是相对较少的。根据中国科学技术信息研究所的统计分析①，2019年共有394种国际科技期刊入选世界各学科代表性科技期刊，发表高质量国际论文共计190661篇。以此推算，沙特的发表量占比仅为千分之七不到。

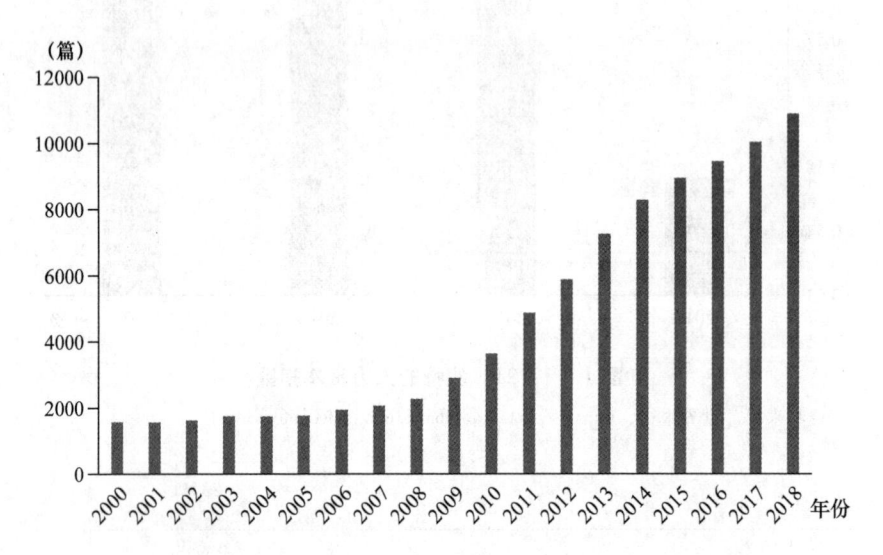

图 I-1-23　2000年至2018年沙特的科学和技术期刊文章

资料来源：世界银行，https://data.worldbank.org.cn/country/SA。

五　营商环境评估

营商环境是指市场主体在准入、生产经营、退出等过程中所涉及的政务环境、市场环境、法治环境、人文环境等有关外部因素和条件的总和。图 I-1-24 展示了沙特的营商环境便利度指数。根据世界银行的定义，"营商环境便利度指数"捕捉经济体在商业监管领域的表现和最佳实践的差距，0为最低水平，100为前沿水平。我们可以看到沙特指数的前沿距离在观测期内有所上升，2019年沙特的营商便利度指数为71.56。

图 I-1-26 显示了沙特的新企业注册量变化情况。经济学的一般常识是新企业注册数越多，企业的竞争环境越透明，就越有利于经济的发展。我们看到2018年的新企业注册数量相较2006年而言，有了明显的变

① https://www.istic.ac.cn/.

化，该数量上升了近400%。

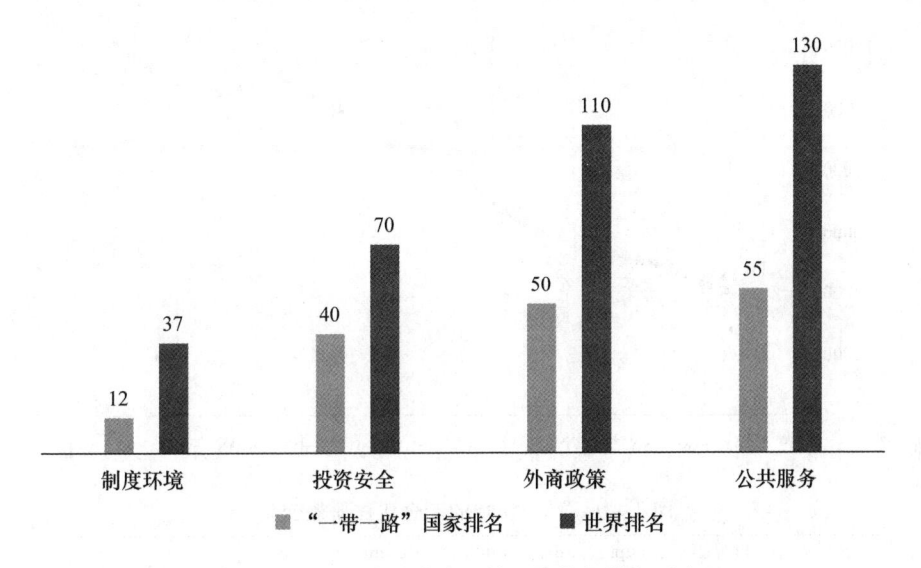

图Ⅰ-1-24 沙特营商环境二级指标排名（名）

资料来源：作者计算所得。

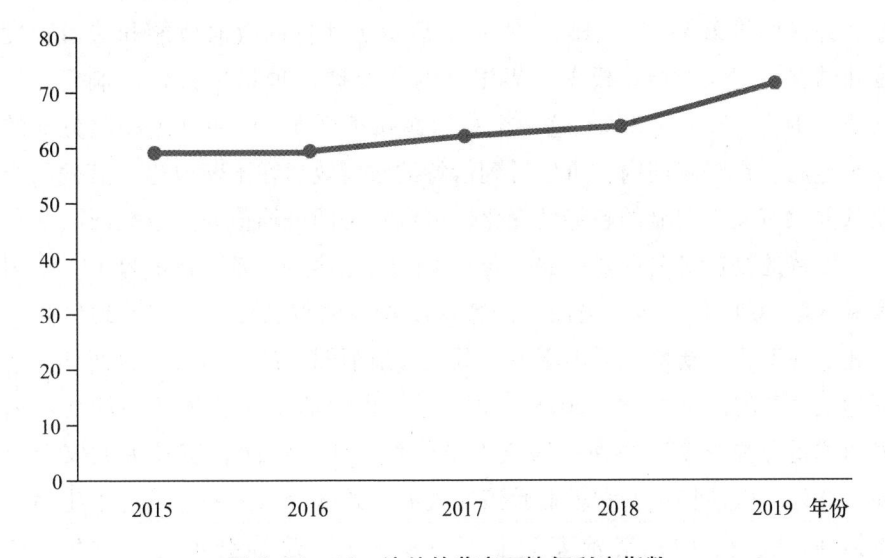

图Ⅰ-1-25 沙特的营商环境便利度指数

资料来源：世界银行，https://data.worldbank.org.cn/country/SA。

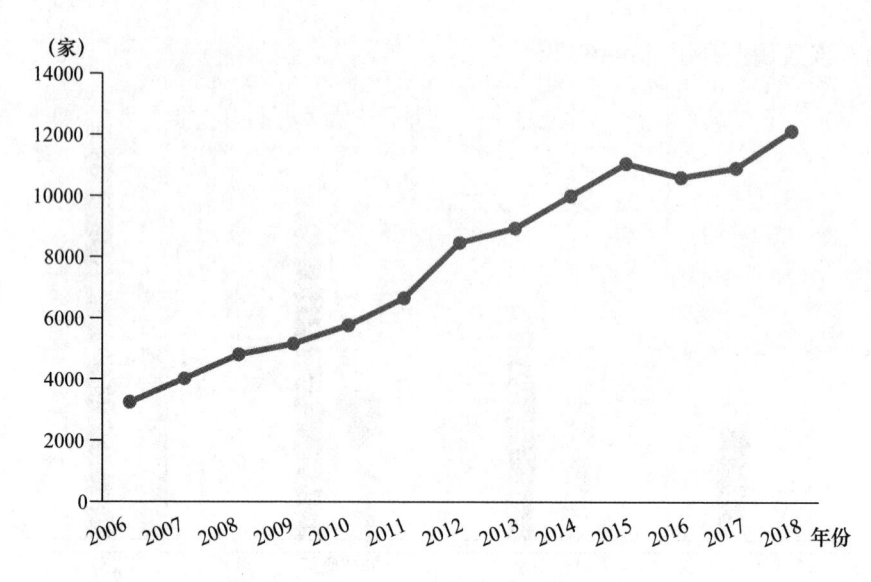

图 I-1-26　沙特的新企业注册量变化

资料来源：世界银行，https://data.worldbank.org.cn/country/SA。

沙特的制度环境在"一带一路"国家中排第12名，在世界141个国家和地区中排第37名。图 I-1-27 展示了沙特的政府效能和法治程度变化情况，这三个指数根据世界银行的《全球治理指标报告》制定，其波动范围为 -2.5 到 2.5。这三个指数越接近 2.5，说明该国相关方面的水平越高。在观测期内，可以看到沙特的政府效能在不断改进，其他两个指数并没有发生明显的趋势性变化，多数年份围绕均值0上下波动。

沙特的投资安全在"一带一路"国家中排第40名，在世界141个国家和地区中排第70名。当前，沙特深度参与的叙利亚、也门等地区热点问题久拖不决，新情况层出不穷，既极大地消耗了沙特国力，也使得沙特周边安全环境急剧恶化。2018—2019年，也门胡塞武装累计向沙特境内发射弹道导弹十余次，弹片造成人员伤亡，使沙特面临着较大的安全风险。此外，因沙特税费和就业政策变更而导致部分本国和外籍劳工生活成本提高，盗抢、凶杀等治安犯罪率有所上升，恐怖袭击时有发生。图 I-1-28 中的指数来自于世界银行的《全球治理指标报告》，三个指数的波动范围为 -2.5 到 2.5。指数越接近于 2.5，说明该国相关方面的水平越高。我们发现沙特政府的问责制情况比较差，且没有出现改变的趋势。控制腐败和政治稳定指标基本在零值附近震荡。

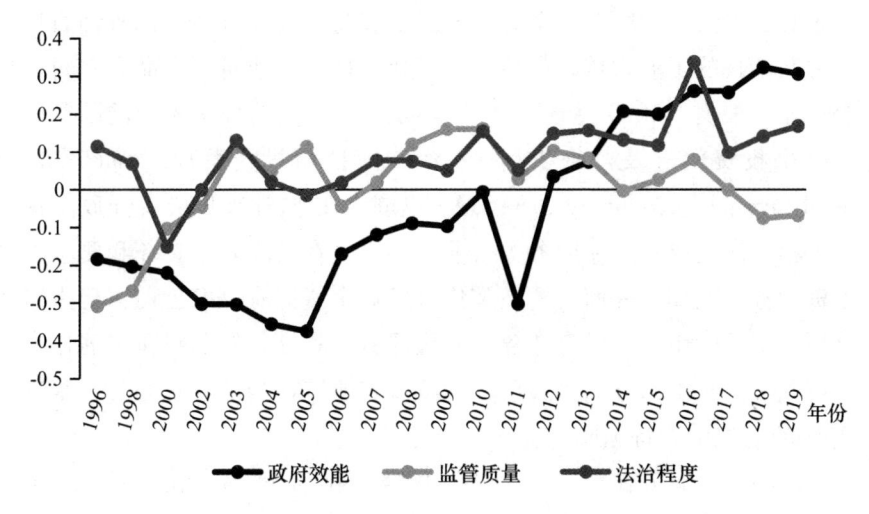

图Ⅰ-1-27 沙特的政府效能、监管质量和法治程度指数

资料来源：世界银行，https://data.worldbank.org.cn/country/SA。

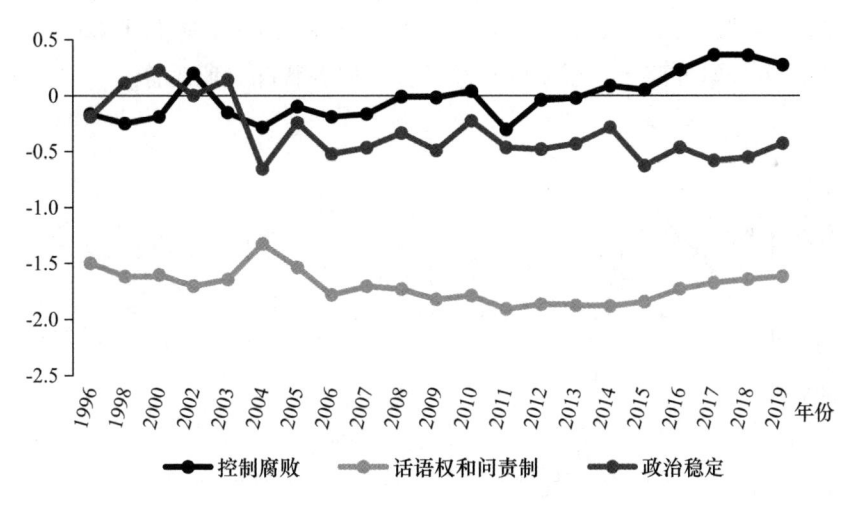

图Ⅰ-1-28 沙特的控制腐败、话语权和问责制及政治稳定指数

资料来源：世界银行，https://data.worldbank.org.cn/country/SA。

沙特的外商政策在"一带一路"国家中排第50名，在世界141个国家和地区中排第110名。联合国贸发会议《2020年世界投资报告》显示，2019年，沙特阿拉伯吸收外资流量为454.62亿美元，对外投资为131.85

亿美元；截至2019年底，沙特阿拉伯吸收外资存量为2361.66亿美元，对外投资存量为1230.50亿美元。从投资存量上看，约40%的外商直接投资集中在沙特的工业领域，如炼油、石化、矿业、建筑、食品、塑料、橡胶等行业。根据"2030愿景"，沙特阿拉伯将放宽对外来投资的限制。沙特的外来投资促进及监管机构——沙特阿拉伯投资总局（Saudi Arabia General Investment Authority，SAGIA）先前宣布向外来投资者开放零售批发、工程、房地产和运输服务等行业，容许其在遵守若干义务和要求下经营独资业务。例如，外商若要在零售批发业全资拥有一家公司，至少需在三个地区或国际市场上设有业务，并按照劳工和社会发展部厘定的比率雇用沙特国民。在推出开放措施前，沙特规定所有在当地成立的公司至少须有25%的股权由沙特国民持有。

沙特的公共服务在"一带一路"国家中排第55名，在世界141个国家和地区中排第130名。图Ⅰ-1-29为2003年至2019年沙特企业开办程序成本占人均国民总收入的百分比变化，企业开办程序是否繁复背后是政府的公共服务，可以看到该比重从2003年的70%下降到了2019年的5.4%，下降幅度巨大，说明沙特总的公共服务状况有所改善。

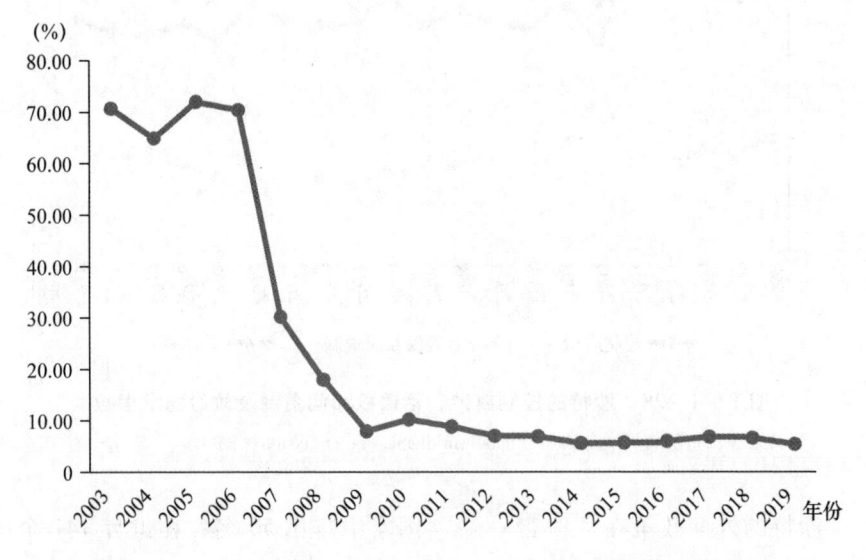

图Ⅰ-1-29 沙特的企业开办程序成本占人均国民总收入的比重

资料来源：世界银行，https://data.worldbank.org.cn/country/SA。

第二章 人口结构

人口是一个国家的基础，人是国家的主体。一定数量的人口是一个国家存在和发展的前提，没有一定数量的人口，就不能构成国家。人口因素在影响一个国家经济、社会、政治、文化发展中发挥着至关重要的作用。凡是与人口相关的国家问题，凡是与国家相关的人口问题都应该是研究一个国家基本国情所要关注的重点内容。本章从五个方面对沙特阿拉伯人口结构展开研究，分别是人口发展状况、人口年龄结构、人口受教育情况及就业状况、国际移民和主要城市人口情况。

第一节 人口发展状况

从人口构成上看，在沙特阿拉伯公民中，90%以上是阿拉伯人，其余多为临近的非裔或亚太移民，这些移民主要来自于红海沿岸地区，他们受雇到沙特阿拉伯工作。[①] 本节首先介绍沙特阿拉伯人口总量的变化发展情况，其次全面分析沙特阿拉伯人口结构，主要包括人口的自然结构和人口的分布情况。

一 人口总量发展变化趋势

（一）人口总量及其发展变化趋势

根据世界银行统计数据，2018年沙特阿拉伯的总人口数为3369.99万人，其中男性人口数为1939.57万人，占总人口的比例为58%，女性人口数为1430.42万人，占总人口的比例为42%。从性别分布上看，沙

---

① 参见沙特阿拉伯国家统计局，www.stata.gov.sa/en。

特阿拉伯男女比例结构分布合理（见图Ⅰ-2-1）。

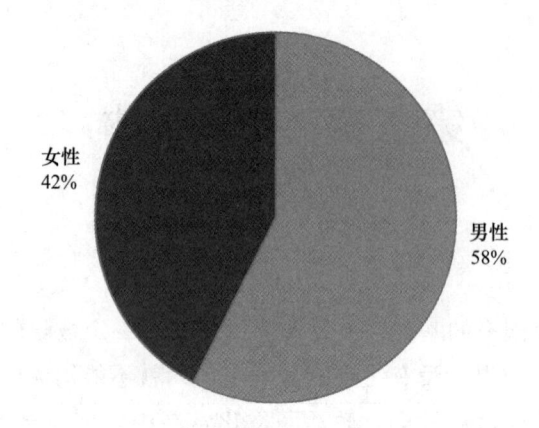

图Ⅰ-2-1 2018年沙特阿拉伯人口性别结构

资料来源：世界银行，https://data.worldbank.org.cn/，2019年。

从沙特阿拉伯总人口来看，1960—2018年，总人口数量呈上升趋势，可分为两个阶段：1960—1980年，沙特阿拉伯总人口数呈上升趋势，1980年总人口数为969.15万人；1981—2018年，沙特阿拉伯总人口数增长速度加快，2018年总人口数达到3369.99万人，比1990年总人口数增加了2400万人。从沙特阿拉伯分性别人口来看，1960—2018年，沙特阿拉伯男女性别人口数均呈上升趋势。可分为两个阶段，1960—1980年，沙特阿拉伯男女性别人口数呈上升趋势，1980年男性人口数为519.36万人，女性人口数为449.79万人。1981—2018年，男女性别人口数增长速度加快，2018年较1980年，男性人口数增加了1420.21万人，女性人口数增加了980.63万人。对比沙特阿拉伯男女人数变化，自1960年以来男性人口数均高于女性人口数。从绝对数上看，男性人口数与女性人口数的差距逐步扩大，1960年男性人口数比女性人口数仅多出2万人，而2018年这一数值为509万人。总体来说，沙特阿拉伯男女性别人口数量差距不大，性别分布还在合理的范围之内（见图Ⅰ-2-2）。

从沙特阿拉伯总人口性别比的变化趋势来看，可以分为三个变化阶段：第一阶段为1960—1990年，沙特阿拉伯总人口性别比呈上升趋势，1990年总人口性别比为127.15；第二阶段为1991—2000年，

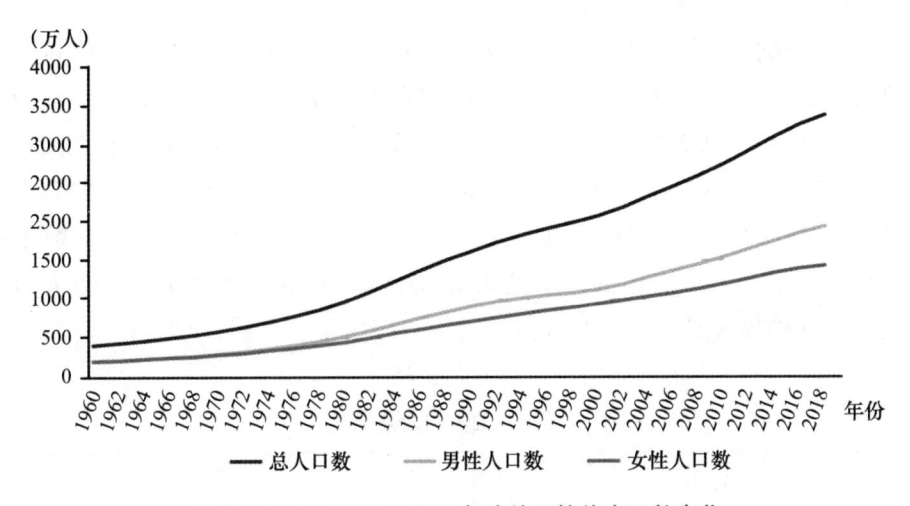

图 I-2-2 1960—2018 年沙特阿拉伯人口数变化

资料来源：世界银行，https://data.worldbank.org.cn/，2019 年。

沙特阿拉伯总人口性别比呈下降趋势，2000 年总人口性别比为 119.47；第三阶段为 2001—2018 年，沙特阿拉伯总人口性别比再次呈上升趋势，2018 年沙特阿拉伯总人口性别比达到历史最高峰，为 135.59（见图 I-2-3）。

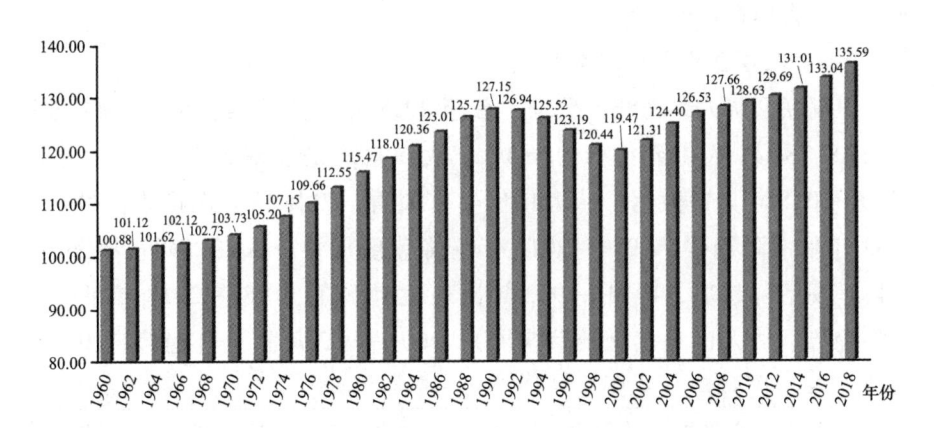

图 I-2-3 1960—2018 年沙特阿拉伯总人口性别比

说明：总人口性别比，即人口中每 100 名女性所对应的男性人数。

资料来源：世界银行，https://data.worldbank.org.cn/，2019 年。

(二) 人口发展前景预测

根据联合国编撰的《2019世界人口展望》，预测2020年沙特阿拉伯总人口数为3481.4万人，其中女性人口数为1468.3万人，男性人口数为2013.1万人；2025年沙特阿拉伯总人口数为3724.9万人，其中女性人口数为1587.3万人，男性人口数为2137.6万人；2050年沙特阿拉伯总人口数为4456.2万人，其中女性人口数为2003.6万人，男性人口数为2452.6万人。从联合国的人口预测结果中可以得出，沙特阿拉伯总人口数呈上升趋势（见表Ⅰ-2-1）。

表Ⅰ-2-1　　　　　　　沙特阿拉伯人口发展预测　　　　　　　（万人）

年份	总人口数	男性人数	女性人数	总人口性别比
2020	3481.4	2013.1	1468.3	137
2025	3724.9	2137.6	1587.3	133
2050	4456.2	2452.6	2003.6	122

说明：总人口性别比，即人口中每100名女性所对应的男性人数。

资料来源：联合国《2019世界人口展望》，https：//population.un.org/wpp/，2019年。

二　人口自然变动情况

(一) 人口自然变化趋势

根据联合国人口司统计数据，截至2018年，沙特阿拉伯的人口出生率为18.78‰，人口死亡率为3.3‰，人口自然增长率为15.48‰。根据1960—2018年人口数据，从人口出生率来看，整体呈下降趋势，1960—1982年呈下降趋势，1983—2018年下降速度加快。从人口死亡率来看，整体呈现下降趋势，1960—1982年出现快速下降，1983—2018年呈平缓下降趋势。从人口自然增长率来看，1960—1982年呈上升趋势，1983—2018年呈下降趋势（见图Ⅰ-2-4）。

新生儿死亡率在一定程度上反映出一个国家的健康医疗水平和社会经济发展水平。1972—2018年，沙特阿拉伯新生儿死亡率整体呈下降趋势，可分为两个变化阶段：第一阶段为1972—1992年，沙特阿拉伯新生儿死亡率呈快速下降趋势，1972年沙特阿拉伯新生儿死亡率为109.4‰，1992

年新生儿死亡率下降至31.1‰；第二阶段为1993—2018年，沙特阿拉伯新生儿死亡率呈继续下降趋势，速度放缓，2018年沙特阿拉伯新生儿死亡率下降至6‰（见图Ⅰ-2-5）。

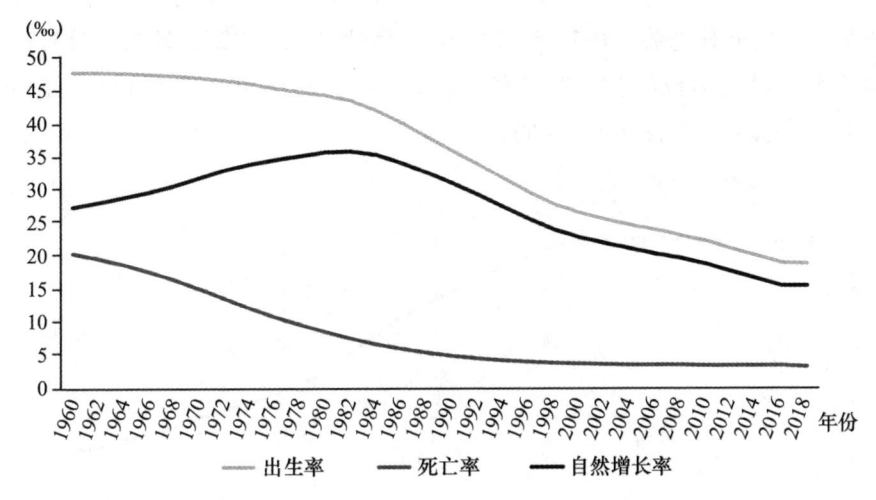

图Ⅰ-2-4　1960—2018年沙特出生率、死亡率和自然增长率变化

资料来源：联合国人口司统计数据，https://dataexplorer.unescap.org/，2019年。

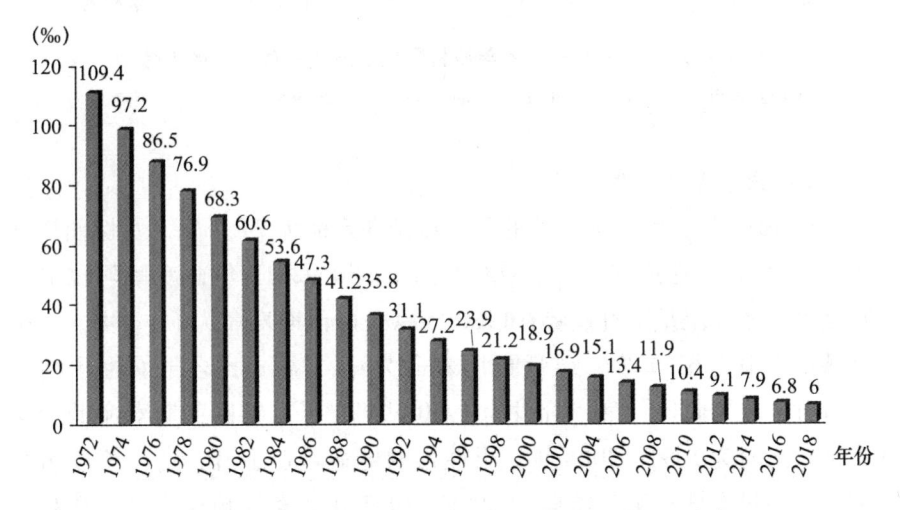

图Ⅰ-2-5　1972—2018年沙特阿拉伯新生儿死亡率

说明：新生儿指出生后1个月内的婴儿。

资料来源：世界银行，https://data.worldbank.org.cn/，2019年。

(二) 生育水平变化趋势

从总和生育率来看，2018 年沙特阿拉伯的总和生育率为 2.32。截取 1960—2018 年的沙特阿拉伯总和生育率数据，发现其变化趋势可分为两个阶段：第一阶段为 1960—1976 年，沙特阿拉伯总和生育率保持着较高的水平并呈上升趋势，1976 年总和生育率达到 7.3；第二阶段为 1977—2018 年，沙特阿拉伯总和生育率呈下降趋势，2018 年总和生育率下降到接近更替水平（见图Ⅰ-2-6）。

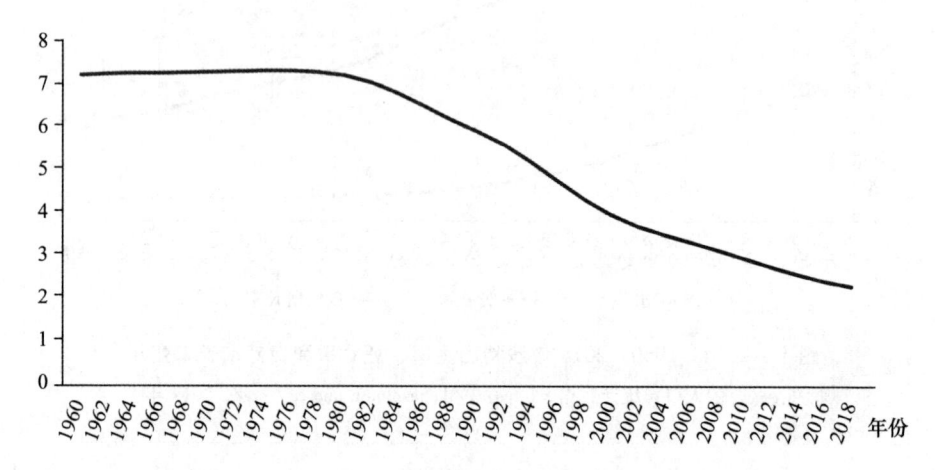

图Ⅰ-2-6　1960—2018 年沙特阿拉伯总和生育率变化情况

资料来源：世界银行，https：//data.worldbank.org.cn/，2019 年。

(三) 预期寿命变化

截至 2017 年，沙特阿拉伯的总人口预期寿命为 74.2 岁，女性预期寿命为 74.7 岁，男性预期寿命为 73.7 岁。1980—2017 年，沙特阿拉伯人口预期寿命整体上呈上升趋势，1980 年总人口预期寿命为 63.2 岁，其中女性预期寿命为 65.1 岁，男性预期寿命为 61.4 岁。比较男女性预期寿命，可分为三个阶段：第一阶段为 1980—1990 年，男性预期寿命低于女性；第二阶段为 1991—2008 年，男性预期寿命迅速上升，这一阶段男性预期寿命超过女性；第三阶段为 2009—2017 年，女性预期寿命再次超过男性（见图Ⅰ-2-7）。

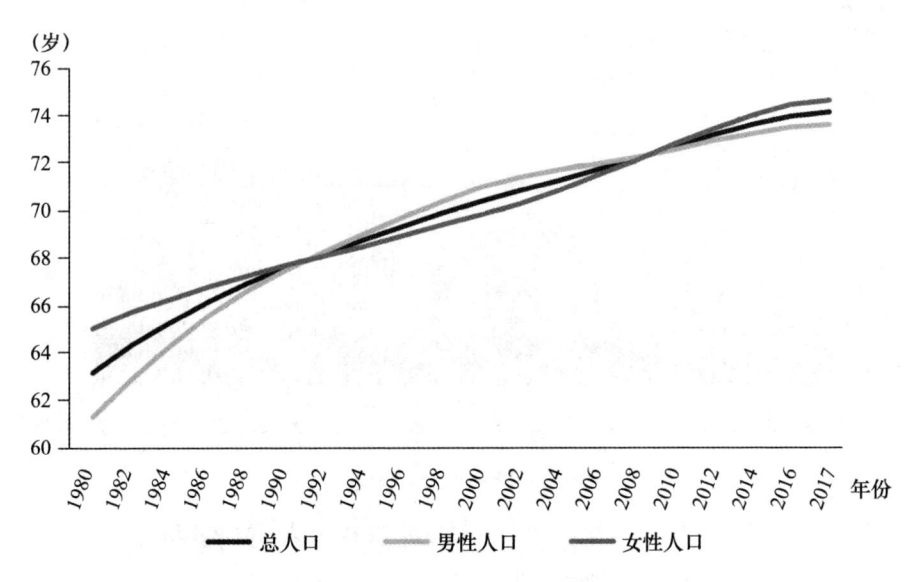

图Ⅰ-2-7　1980—2017年沙特阿拉伯预期寿命变化

资料来源：世界银行，https://data.worldbank.org.cn/，2018年。

三　人口城乡分布情况

（一）城乡人口规模变化趋势

根据联合国人口司统计数据，截至2018年，沙特阿拉伯总人口数为3369.99万人，其中城镇人口数为2825.54万人，约占83.84%；乡村人口数为544.45万人，约占16.16%。根据1980—2018年沙特阿拉伯城乡人口数据，从城镇人口数量变动来看，城镇人口数总体上呈现为逐年增加趋势，1980—1988年，年增长率超过10%，1989—2018年，年平均增长率超过5%。从乡村人口数量变动上看，沙特阿拉伯1980年乡村人口数为330.87万人，1980—2018年呈平缓上升趋势，2018年乡村人口数为544.46万人；从比重上看，1980年城镇人口数占总人口数的比重为65.86%。乡村人口数占总人口数的比重为34.14%，1980—2018年，城市人口数占总人口数的比重不断上升，2018年城镇人口数占总人口数的比重达到83.84%，相反，乡村人口数占总人口数的比重不断下降，2018年乡村人口数占总人口数的比重下降至16.16%（见图Ⅰ-2-8）。

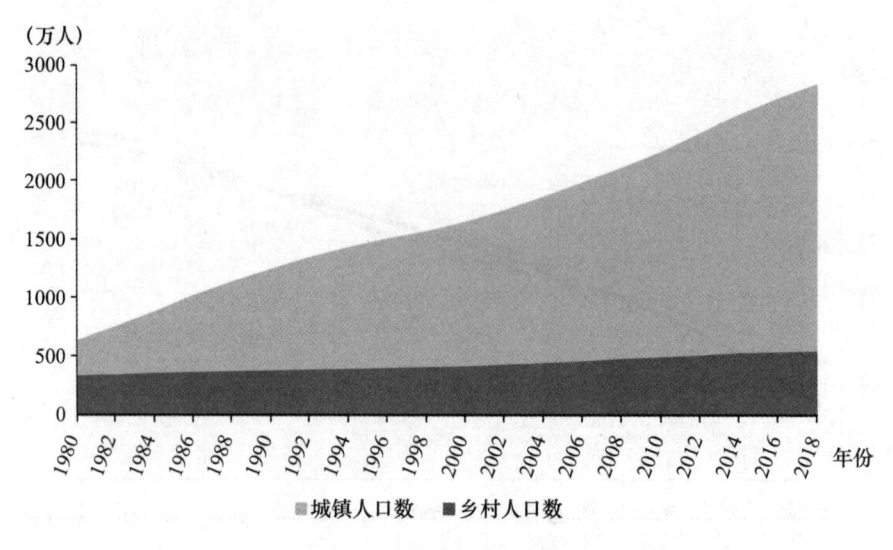

图Ⅰ-2-8　1980—2018年沙特阿拉伯城乡人口数量变动

资料来源：联合国人口司，https://dataexplorer.unescap.org，2019年。

（二）人口城镇化水平变化趋势

根据联合国统计数据可知，沙特阿拉伯的城镇化水平较高。从历史趋势来看，1980—2018年，沙特阿拉伯的城镇化水平不断上升，2002年突

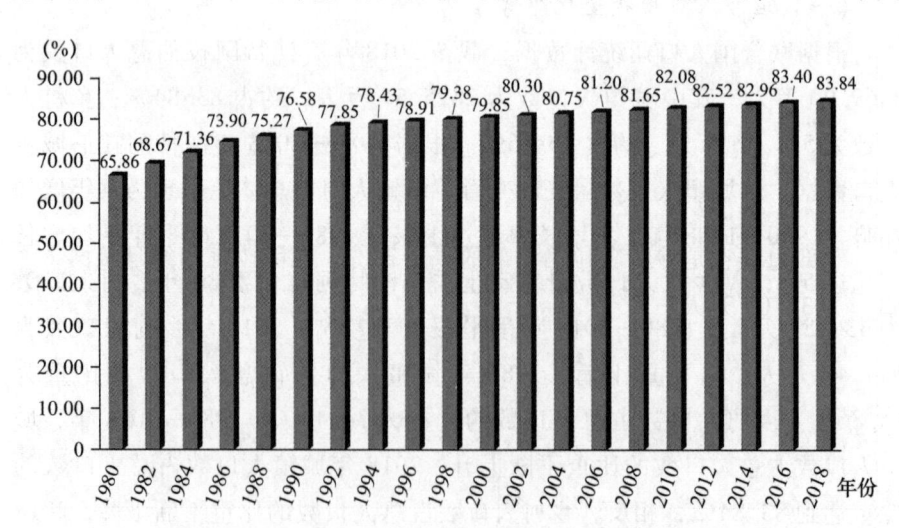

图Ⅰ-2-9　1980—2018年沙特阿拉伯城镇化水平变动

说明：人口城镇化水平＝城镇人口/全国总人口×100%。

资料来源：联合国人口司，https://dataexplorer.unescap.org，2019年。

破了80%，2018年达到83.84%（见图Ⅰ-2-9）。

四 人口地区分布情况

沙特阿拉伯的行政区划包括13个省，分别是利雅得、麦加、麦地那、东部、盖西姆、哈伊勒、塔布克、北部边疆、吉赞、奈季兰、巴哈、焦夫和阿西尔。

利雅得省位于沙特阿拉伯中部，其首府利雅得也是沙特的首都，利亚得省治下有20个县和一个市中心，2010年人口数为677.7146万人，约占沙特阿拉伯人口总数的24%。

麦加省位于沙特阿拉伯西部，濒临红海，人口数为691.5万人。

麦地那省是沙特阿拉伯西部的一个省，麦地那是该省的首府，也是伊斯兰教两圣城之一，人口数为213.27万人。

东部省位于沙特阿拉伯东部地区，东临波斯湾，与伊拉克、科威特、卡塔尔、阿联酋、阿曼和也门接壤，人口数为410.58万人，东部省是沙特阿拉伯主要的石油和椰枣产区，同样也是什叶派回教徒重要的聚居地。

盖西姆省位于沙特阿拉伯中北部，是沙特的重要农业基地，人口数为121.59万人。

哈伊勒省是沙特阿拉伯北部的一个省，治下有4个行政区，人口数为59.71万人。

塔布克省位于沙特阿拉伯西北部，濒临红海，人口数为91万人。

北部边疆省是沙特阿拉伯北部的一个省份，与伊拉克和约旦接壤，人口数为32.05万人。

吉赞省面积为1.2万平方千米，位于沙特阿拉伯西南部，与也门接壤，2010年人口数为136.5万人。

奈季兰省是沙特阿拉伯南部的一个省份，南临也门，面积为1.5万平方千米，该省有约40万人口信仰什叶派伊斯玛仪支派。

巴哈省是沙特阿拉伯南部靠近麦加的一个省，面积为9921平方千米，首府为巴哈，2010年人口数为41.19万人。

焦夫省位于沙特阿拉伯西北部，与约旦接壤，治下设有三个行政区，

2017年人口数为50.85万人。

阿西尔省是沙特阿拉伯西南部的省份，人口数为221.19万人。①

第二节　人口年龄结构

年龄结构是人口最基本的构成。人口年龄结构是在过去几十年人口自然增长和迁移变动的基础上形成的，也是今后人口再生产变动的基础和起点，既会影响未来人口发展的类型、速度和趋势，也会影响一个国家未来的经济社会发展。本节主要分析沙特阿拉伯各年龄段人口变化和抚（扶）养负担情况。

一　人口年龄构成及变化情况

（一）总体情况

根据联合国人口司统计数据，截至2018年，沙特阿拉伯的人口结构呈现棒槌形：中间大，两头小。15—64岁人口数占总人口数的比重最高，为71.64%；0—14岁人口数占比其次，为25.04%，65岁及以上人口数占比最低，为3.31%。②

（二）0—14岁人口数量及占比情况

根据世界银行统计数据可知，2018年沙特阿拉伯0—14岁人口数量为853.94万人，占总人口数的比重为25.04%。从0—14岁人口数量变化情况来看，可分为两个变化阶段：第一阶段为1960—1994年，0—14岁人口数呈快速上升趋势，1994年0—14岁人口数为767.3万人，比1960年人口数增加了590.98万人，增长了约335%；第二阶段为1995—2018年，0—14岁人口数量增长速度放缓，2018年比1995年增长了约10%（见图Ⅰ-2-10）。

从沙特阿拉伯0—14岁人口数占比变化趋势来看，可分为三个阶

---

① 参见沙特阿拉伯国家统计局数据，www.stata.gov.sa/en。
② 参见联合国人口统计司数据，www.un.org/development/desa/zh/about/desa-divisions/population。

段：第一阶段为1960—1972年，0—14岁人口数占比呈上升趋势；第二阶段为1973—1994年，0—14岁人口数占比呈缓慢下降趋势；第三阶段为1995—2018年，0—14岁人口数占比呈快速下降趋势，1995年0—14岁人口数占比为41%，2018年0—14岁人口数占比下降至25%（见图Ⅰ-2-10）。

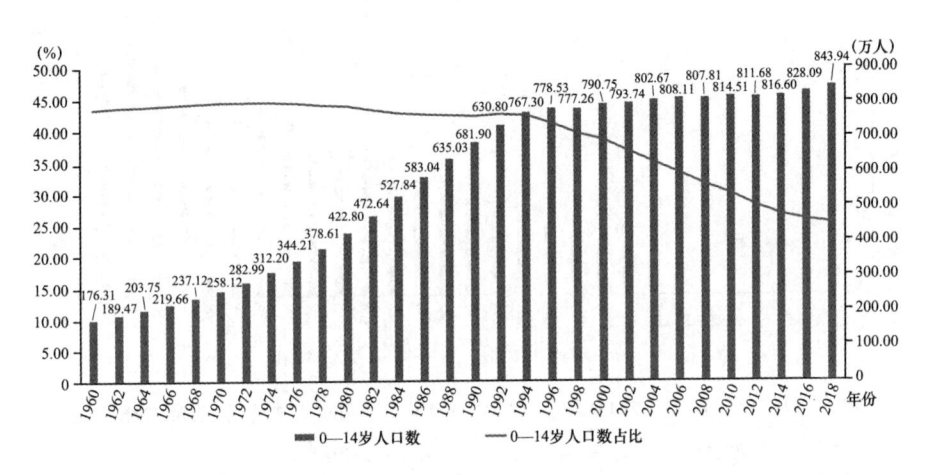

图Ⅰ-2-10 1960—2018年沙特阿拉伯0—14岁人口数量变动及占比变动

资料来源：世界银行，https://data.worldbank.org.cn/，2019年。

（三）15—64岁人口数量及占比情况

根据世界银行统计数据可知，2018年沙特阿拉伯15—64岁人口数为2414.37万人，占总人口的比重为71.64%。从15—64岁人口数量变动来看，可分为两个阶段：第一阶段为1960—1994年，15—64岁人口数量呈增长趋势，1994年15—64岁人口数为1001.4万人，比1960年15—64岁人口数量增加了360%；第二阶段为1995—2018年，15—64岁人口数量保持增长趋势，增长速度加快，2018年比1995年人口数增加了141%（见图Ⅰ-2-11）。

从15—64岁人口数占比变动来看，可分为三个变化阶段：第一阶段为1960—1970年，15—64岁人口数占比呈下降趋势，下降幅度不大，1960年15—64岁人口数占比为53.23%，1970年15—64岁人口数占比为52.34%；第二阶段为1971—1994年，15—64岁人口数占比呈上升趋势，1994年15—64岁人口数占比为54.98%；第三阶段为1995—2018年，15—64岁人口数占比呈迅速上升趋势，2018年15—64岁人口数占比达到71.64%（见图Ⅰ-2-11）。

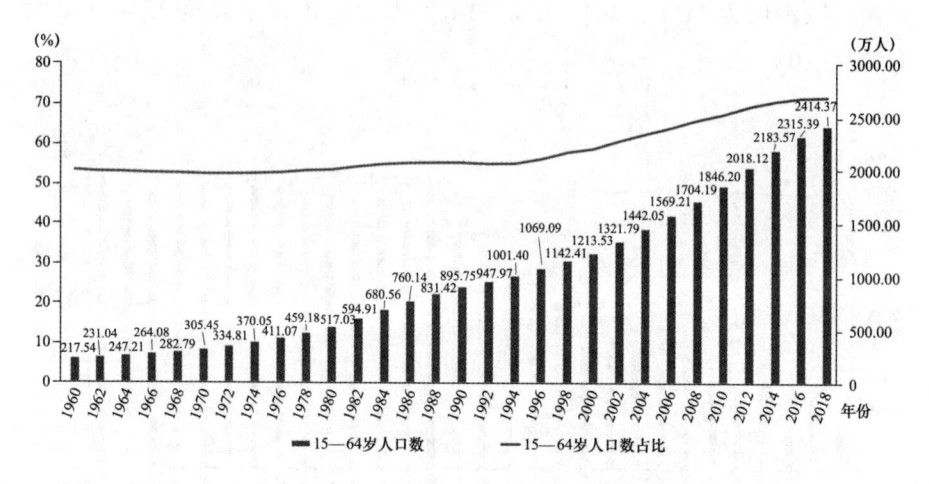

图Ⅰ-2-11 1960—2018年沙特阿拉伯15—64岁人口数量变动及占比变动
资料来源：世界银行，https://data.worldbank.org.cn/，2019年。

（四）65岁及以上人口数量及占比情况

根据世界银行统计数据，2018年沙特阿拉伯65岁及以上人口数量为111.68万人，占总人口的比重为3.31%。从65岁及以上人口数量变动来看，可分为两个变化阶段：第一阶段为1960—1986年，65岁及以上人口数量呈增长趋势，1960年65岁及以上人口数为14.8万人，1986年65岁及以上人口数为36.25万人，增加了21.45万人；第二阶段为1987—2018年，65岁及以上人口数量继续保持上升趋势，增长速度加快，2018年65岁及以上人口数比1987年增加了75.43万人（见图Ⅰ-2-12）。

从65岁及以上人口数占比变动来看，沙特阿拉伯65岁及以上人口数占比不高，可分为两个阶段：第一阶段为1960—1986年，65岁及以上人口数占比呈下降趋势；1987—2018年，65岁及以上人口数占比呈上升趋势，2014年后增长速度加快（见图Ⅰ-2-12）。

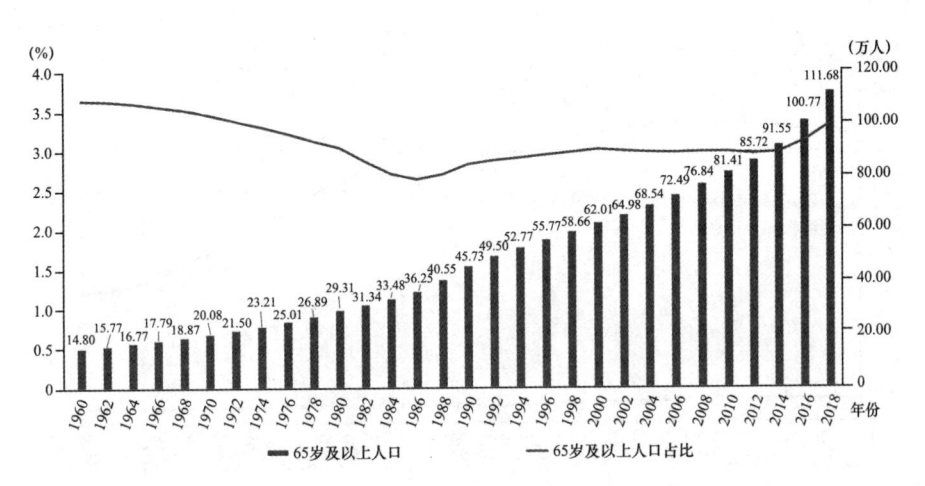

图Ⅰ-2-12 1960—2018年沙特阿拉伯65岁及以上人口数量变动及占比变动
资料来源：世界银行，https://data.worldbank.org.cn/，2019年。

二 抚（扶）养系数

根据世界银行统计数据可知，2018年沙特阿拉伯的少儿抚养系数为34.96%，老年扶养系数为4.62%，总抚（扶）养系数为39.58%。从少儿抚养系数变动趋势来看，可分为三个变化阶段：第一阶段为1960—1972年，沙特阿拉伯少儿抚养系数呈上升趋势，1972年达到峰值，为84.52%；第二阶段为1973—1994年，沙特阿拉伯少儿抚养系数呈波动下降趋势，1994年少儿抚养系数为76.62%；第三阶段为1995—2018年，沙特阿拉伯少儿抚养系数呈迅速下降趋势。从老年扶养系数变动趋势来看，沙特阿拉伯老年扶养系数自1960年以来保持着较低水平，基本维持在7%以内，呈缓慢下降趋势。从总抚（扶）养系数来看，沙特阿拉伯总抚（扶）养系数的变化趋势与少儿抚养系数的变化趋势相同，可分为三个阶段：第一阶段为1960—1972年，沙特阿拉伯总抚（扶）养系数呈上升趋势，1972年达到最高峰，为91.08%；第二阶段为1973—1994年，沙特阿拉伯总抚（扶）养系数呈波动下降趋势；第三阶段为1995—2018年，沙特阿拉伯总抚（扶）养系数呈迅速下降趋势（见图Ⅰ-2-13）。

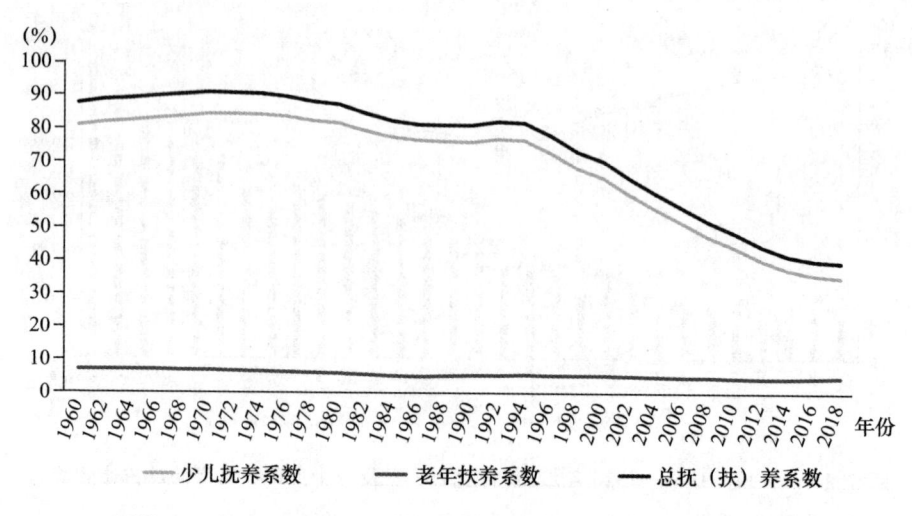

图Ⅰ-2-13　1960—2018年沙特阿拉伯抚（扶）养系数变动情况

说明：总抚（扶）养系数计算公式为（0—14岁人口数量＋65岁及以上人口数量）／15—64岁人口数量，少儿抚养系数计算公式为（0—14岁人口数量／15—64岁人口数量），老年扶养系数计算公式为（65岁及以上人口数量／15—64岁人口数量）。

资料来源：世界银行，https：//data.worldbank.org.cn/，2019年。

第三节　人口受教育情况及就业状况

人口是数量和质量统一的社会指标，人口质量既是国家发展进步的基础、手段和力量，又是发展进步的结果、目的和表现。人口质量体现着一个国家社会生产力的发展水平以及精神文明的发达程度。

就业是民生之本，了解一个国家人口的就业状况对社会生产和发展具有重要意义。一方面，就业能够使劳动力和生产资料相结合，生产出社会所需的物质财富和精神财富，促进社会生产的发展；另一方面，就业问题关系到社会稳定、国家政权的巩固与和谐社会目标的实现。

本节主要内容如下：首先从沙特阿拉伯人口受教育程度角度全面分析其人口素质，其次分析沙特阿拉伯人口就业状况，包括分行业的就业状况。

一 人口文化程度构成情况

(一) 小学入学率

根据联合国教科文组织统计数据，2009—2018 年沙特阿拉伯初等教育入学率情况如下。从总入学率变动来看，可分为两个阶段：第一阶段为 2009—2012 年，沙特阿拉伯小学总入学率呈上升趋势，2012 年达到历史最高峰，为 99.76%；第二阶段为 2012—2018 年，小学总入学率呈下降趋势，2018 年小学总入学率为 95.55%。从性别角度来看，在沙特阿拉伯小学入学率中，男性入学率整体略高于女性入学率（见图Ⅰ-2-14）。

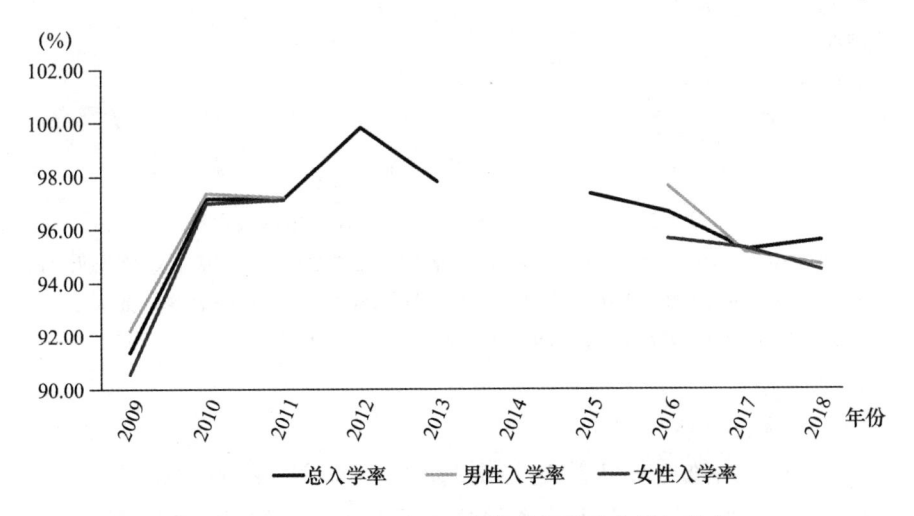

图Ⅰ-2-14 2009—2018 年沙特阿拉伯小学入学率

说明：1. 小学入学率是指无论年龄大小，小学的总入学人数与官方规定的小学适龄总人口的百分比值。入学率可能超过 100%，因为包含了较早或较晚入学及复读的超龄和小龄学生。

2. 联合国教科文组织未统计部分年份数据导致 2011—2014 年数据缺失。

资料来源：联合国教科文组织，http://www.unesco.org，2019 年。

(二) 中学入学率

根据联合国教科文组织统计数据，2005—2018 年沙特阿拉伯中等教育入学率情况如下：从总入学率的变动情况来看，2005—2015 年整体上呈上升趋势，2015 年中学总入学率达到历史峰值，为 116.46%，2015—2018 年呈下降趋势。从性别入学率来看，沙特阿拉伯男女两性入学率的变化趋势与总入学率的变化趋势相近，男性入学率普遍高于女性入学率（见图Ⅰ-2-15）。

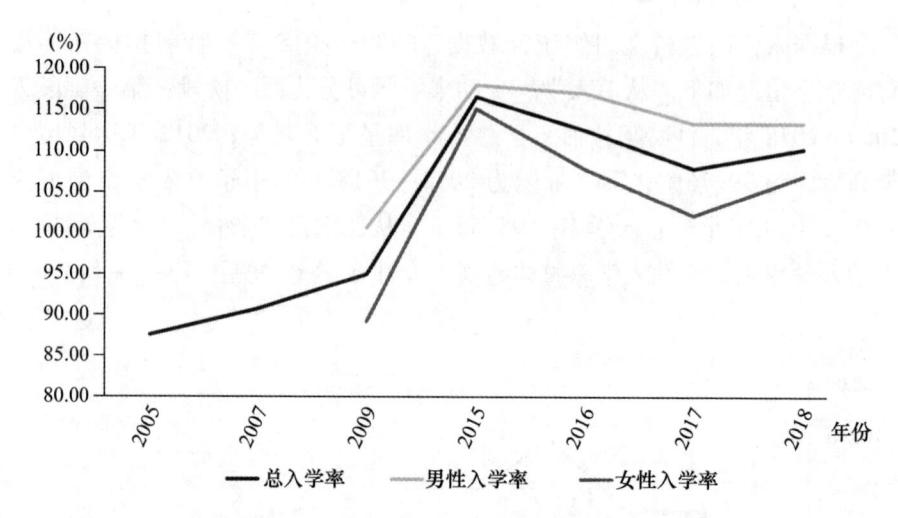

图Ⅰ-2-15　2005—2018年沙特阿拉伯中学入学率

说明：中学入学率，是指不论年龄大小，中学在校生总数占符合中学官方入学年龄人口的百分比。总入学率可能超过100%，因为包含了较早或较晚入学及复读的超龄和小龄学生。

资料来源：联合国教科文组织，http://www.unesco.org，2019年。

（三）高等院校入学率

根据联合国教科文组织统计数据，1971—2018年沙特阿拉伯高等院校入学率情况如下。从总入学率的变动情况来看，1971—2018年总入学率整体上呈上升趋势，可分为两个变化阶段：第一阶段为1971—2009年，总入学率呈上升趋势，1971年沙特阿拉伯总入学率为1.61%，2009年总入学率上升至31.56%；第二阶段为2010—2018年，总入学率继续呈上升趋势，增长速度加快，2017年达到历史高峰，为69.7%。从性别角度来看，沙特阿拉伯男女入学率变化趋势与总入学率变化趋势相似，1971—1997年男性入学率高于女性入学率，1998—2011年女性入学率高于男性入学率，2011年以后男女性别入学率基本持平，不相上下（见图Ⅰ-2-16）。

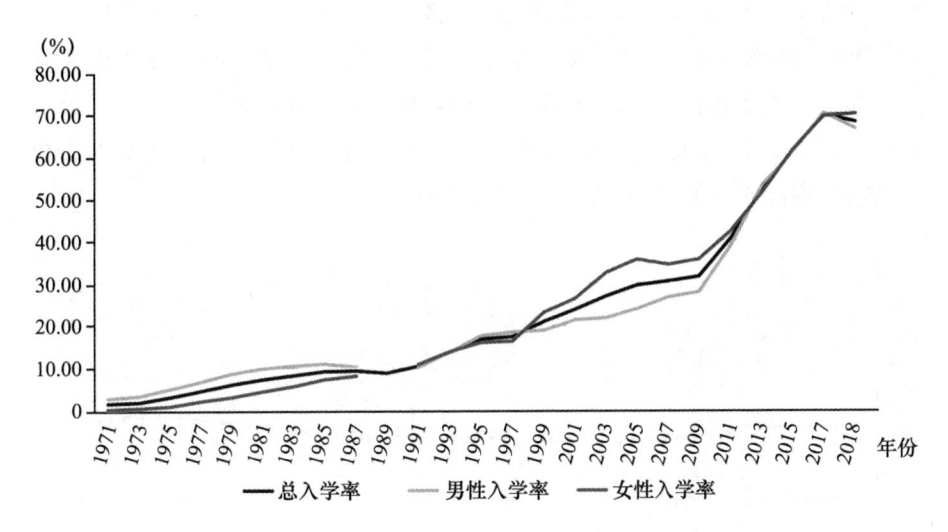

图 I-2-16　1971—2018 年沙特阿拉伯高等院校入学率情况

说明：高等院校入学率，是指不论年龄大小，大学（ISCED 5 和 6）在校生总数，占中学之后 5 年学龄人口总数的百分比。

资料来源：联合国教科文组织，http：//www.unesco.org，2019 年。

二　就业情况

（一）劳动参与率现状及变化情况

根据联合国人口司统计数据，截至 2018 年，沙特阿拉伯劳动就业人口总数为 1008.6 万人。15 岁及以上人口劳动参与率为 55.5%，其中，15 岁及以上女性人口劳动参与率为 21.95%，15 岁及以上男性人口劳动参与率为 78.05%。[①]

1991—2018 年，沙特阿拉伯 15 岁以上男性人口劳动参与率的变动趋势与总劳动参与率的变动趋势一致，可分为两个变化阶段：第一阶段为 1991—1999 年，沙特阿拉伯 15 岁及以上总劳动参与率呈下降趋势，1991 年总劳动参与率为 53.37%，1999 年比 1991 年下降了 4.68%，为 48.69%；第二阶段为 2000—2018 年，沙特阿拉伯 15 岁及以上人口总劳动参与率呈上升趋势，上升至 55.5%。1991—2018 年沙特阿拉伯 15 岁及

[①] 参见联合国人口统计司数据，www.un.org/development/desa/zh/about/desa-divisions/population。

以上女性人口劳动参与率呈逐年上升趋势，1991年女性劳动参与率为14.59%，2018年女性劳动参与率上升至21.95%。从性别角度来看男女劳动参与率的变化情况，15岁及以上男性劳动参与率始终大于15岁及以上女性人口劳动参与率，且差距较大，男性人口劳动参与率始终比女性人口劳动参与率高55%以上（见图Ⅰ-2-17）。

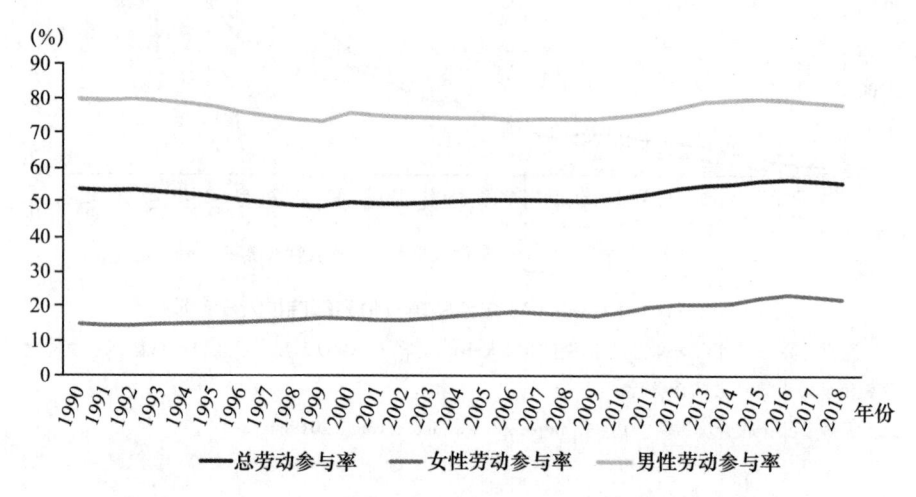

图Ⅰ-2-17　1991—2018年沙特阿拉伯15岁以上人口劳动参与率

说明：劳动参与率＝从业人口/劳动年龄人口×100%。

资料来源：国际劳工组织，https：//www.ilo.org/shinyapps/bulkexplorer59/。

（二）失业率

从沙特阿拉伯1991—2018年失业率数据来看，沙特阿拉伯总失业率可分为两个变化阶段：第一阶段为1991—1999年，总失业率呈下降趋势，1991年总失业率为7.3%，1999年总失业率为4.35%，下降约三个百分点；第二阶段为2000—2018年，总失业率变化稳定，略有上升，2018年总失业率为6.04%。从性别角度来看失业率情况，沙特阿拉伯男性失业率与女性失业率呈现出不同的变化趋势，男性失业率自1991年以来呈平缓下降趋势，1991年男性失业率为7.56%，2018年男性失业率为2.93%，下降了约4个百分点；沙特阿拉伯女性失业率持续走高，自1991年以来呈上升趋势，1991年女性失业率为5.14%，2017年超过20%，2018年女性失业率比1991年上升了17.35%（见图Ⅰ-2-18）。

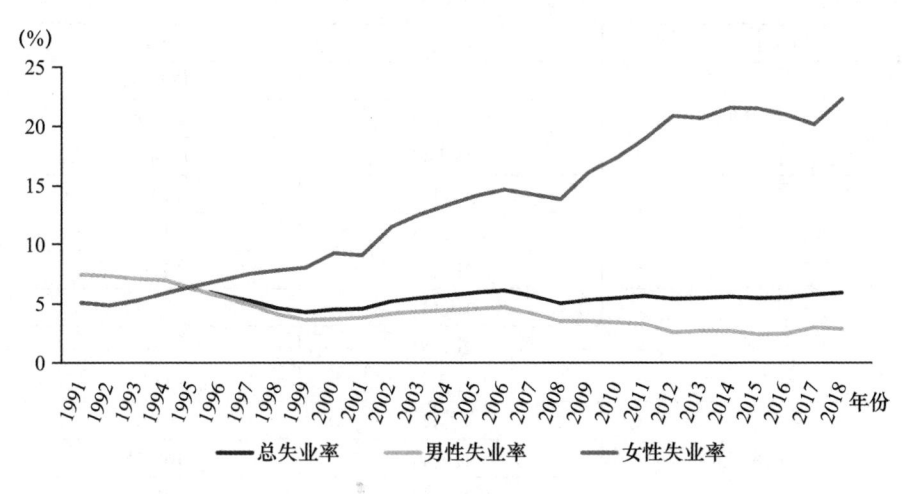

图Ⅰ-2-18　1991—2018年沙特阿拉伯失业率变动情况

资料来源：国际劳工组织，https：//www.ilo.org/shinyapps/bulkexplorer59/。

三　就业人口的主要行业构成及变化特点

（一）近九成就业人口为男性，服务业成为就业的主要行业

根据国际劳工组织统计数据，2018年沙特阿拉伯就业人口的主要行业分布情况如下：以农业、工业和服务业为主的就业人口总数为1327.78万人，其中男性人口数为1154.91万人，占比为86.98%，女性就业人口数为172.87万人，占比为13.02%；农业就业人口数为33.49万人，占就业人口总数的2.52%，其中女性就业人口数为0.81万人，占农业就业人口数的比重2.42%，男性就业人口数为32.68万人，占农业就业人口数的比重为97.58%；工业就业人口数为329.15万人，占就业人口总数的比重为24.79%，其中女性就业人口数为3.78万人，占工业就业人口数的比重为1.15%，男性就业人口数为325.38万人，占工业就业人口数的比重为98.85%；服务业就业人口数为965.14万人，占就业总人口数的比重为72.69%，其中女性就业人口数为168.28万人，占服务业就业人口数的比重为17.44%，男性就业人口数为796.86万人，占服务业就业人口数的比重为82.56%（见表Ⅰ-2-2）。

表 I-2-2　　2018年沙特阿拉伯分行业就业人口数　　（万人）

行业	类别	人数
总就业	总人口	1327.78
	女性人口	172.87
	男性人口	1154.91
农业	总人口	33.49
	女性人口	0.81
	男性人口	32.68
工业	总人口	329.15
	女性人口	3.78
	男性人口	325.37
服务业	总人口	965.14
	女性人口	168.28
	男性人口	796.86

资料来源：国际劳工组织，https：//www.ilo.org/shinyapps/bulkexplorer59/。

（二）各行业就业人口数持续增加

截取1999—2018年沙特阿拉伯就业人口数据可知，沙特阿拉伯农业、工业、服务业各行业就业人口数整体上呈上升趋势，其中服务业就业人口数增长速度较快，1999年沙特阿拉伯服务业就业人口数为406.69万人，

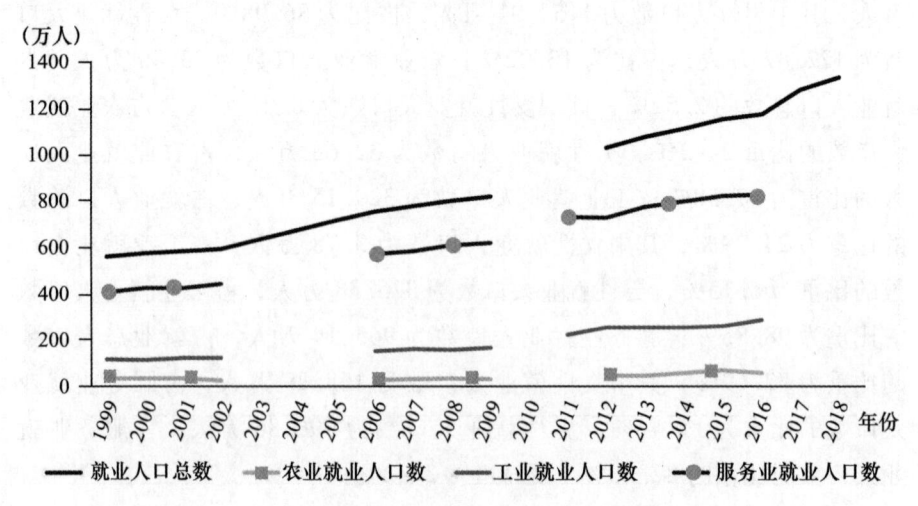

图 I-2-19　1999—2018年沙特阿拉伯分行业就业情况

资料来源：国际劳工组织，https：//www.ilo.org/shinyapps/bulkexplorer59/。

2018年服务业就业人口数为965.14万人,增长了558.45万人,增长率达到137%;农业就业人口数变化平缓,2010年以后基本维持在50万人以内,2015年后有所下降;工业就业人口数逐年稳步上升,2018年工业就业人口数达到329.15万人,比1999年117.23万人增加了211.92万人(见图Ⅰ-2-19)。

第四节 国际移民

最新的全球移民报告显示,在全世界70多亿人口当中,移民人数超过两亿。经济在朝着全球化发展,世界越来越小,联系越来越密切。国际移民已经成为影响经济、社会、安全等多个方面的重要因素。随着全球化的日益深入,移民对国家和居民的影响比过去的任何时候都要深刻。本节将全面分析沙特阿拉伯国际移民数量和主要国际移民来源地构成情况。

一 国际移民数量与历年变化

(一)总体情况

根据联合国人口司统计数据,截至2019年,沙特阿拉伯国际移民数量为1312.23万人。国际移民主要来源地为印度、印度尼西亚、巴基斯坦、孟加拉国和叙利亚等国家。其中来自印度的国际移民数量为244.05万人,占移民总数的18.6%;来自印度尼西亚的国际移民数量为166.71万人,占移民总数的12.7%。沙特阿拉伯的国际移民来源国分布广泛(见图Ⅰ-2-20)。

(二)历年变化趋势分析

从1990—2019年的国际移民数据中可知,沙特阿拉伯1990年国际移民数量为499.84万人,2019年国际移民数量为1312.23万人,增加了812.39万人。大致可分为两个阶段:第一阶段为1900—2000年,沙特阿拉伯国际移民基本上维持在500万人,变化平稳;第二阶段为2001—2019年,沙特阿拉伯国际移民数量呈迅速增长趋势,2019年比2001年增加了785.89万人,增幅达到了150%(见图Ⅰ-2-21)。

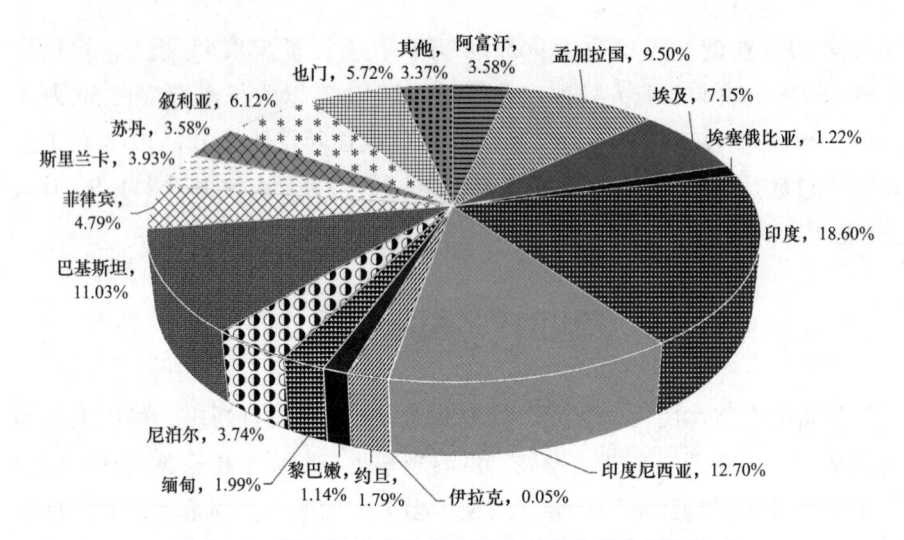

图Ⅰ-2-20　2019年沙特阿拉伯国际移民来源国构成

资料来源：http：//www.un.org/en/development/data/population/migration/，2019年。

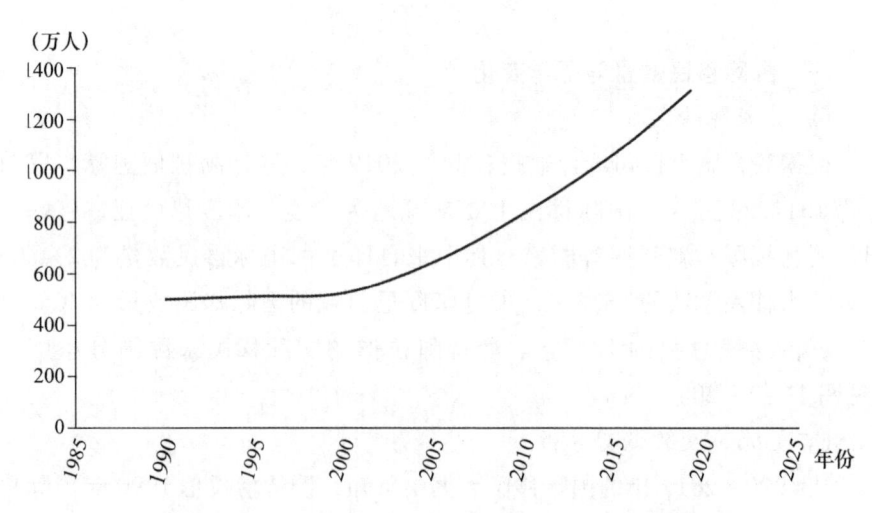

图Ⅰ-2-21　1990—2019年沙特阿拉伯移民数量变动

资料来源：http：//www.un.org/en/development/data/population/migration/，2019年。

二　国际移民的来源地构成

选取1990年、2000年、2010年、2019年国际移民主要来源地国家数据，分析沙特阿拉伯国际移民来源地构成的变化。从数据中可以看出，沙特阿拉伯的移民迁入国家构成相对稳定，其中印度、印度尼西亚、巴基斯坦、孟加拉国和埃及是沙特阿拉伯主要的移民迁入国家。菲律宾在1990年沙特阿拉伯主要移民迁入国家中排名靠前，在1990年以后排名下滑。通过分析可以看出，沙特阿拉伯国家移民来源地自1990年以来变动稳定（见表Ⅰ-2-3）。

表Ⅰ-2-3　　　　沙特阿拉伯国际移民主要来源地比较　　　　（人）

1990		2000		2010		2019	
印度	906468	印度	978992	印度	1579235	印度	2440489
印度尼西亚	635007	印度尼西亚	668666	印度尼西亚	1070951	印度尼西亚	1667077
菲律宾	556715	巴基斯坦	586225	巴基斯坦	938913	巴基斯坦	1447071
孟加拉国	479380	孟加拉国	504790	孟加拉国	808485	孟加拉国	1246052
埃及	357540	埃及	376493	埃及	603000	埃及	938649
叙利亚	305838	叙利亚	322050	叙利亚	515803	叙利亚	802915
也门	286032	也门	301194	也门	482400	也门	750919
斯里兰卡	239551	菲律宾	252250	菲律宾	404010	菲律宾	628894
苏丹	178769	斯里兰卡	211212	斯里兰卡	338283	斯里兰卡	516256
巴基斯坦	177661	苏丹	188246	苏丹	301500	苏丹	469324

资料来源：http://www.un.org/en/development/data/population/migration/，2019年。

第五节　主要城市人口情况

城市是人类赖以生存的家园，它不仅仅是容纳居民衣食起居之地，还是生产要素的聚集地、经济活动的主要载体。要想理解一个国家的发展状况，可以从理解该国家主要城市的发展入手。本节将全面分析利雅得、吉达和达曼三个主要城市的人口总数、人口历史、人口发展和预测情况。

一　人口历史与现状

从1930年到21世纪初期，由于出生率的上升和经济迅速发展，利雅得的人口从约2.7万人增长到了超过500万人，近十年来，利雅得也成为沙特阿拉伯主要的人口流入城市，包括外国劳工在内的外地人口迁入使利雅得的人口构成比较复杂。其中沙特人占该城市人口的三分之二，在非沙特人口中，亚洲人，主要是印度和巴基斯坦人占据主要地位，约占一半以上，阿拉伯人约占五分之二。此外，还有一小部分为欧洲人和美国人。从利雅得的人口性别、年龄构成上看，超过一半的居民年龄小于20岁，不到五分之一的人口年龄大于60岁，是一个年轻有活力的城市。根据官方统计数据可知，截至2018年底，利雅得共有约840万居民，其中非沙特人口数为370.63万人，约占44.12%，其中男性人口数为255.36万人，女性人口数为115.27万人；沙特人口数为469.37万人，约占55.88%，其中男性人口数为245.63万人，女性人口数为223.74万人。[1]

吉达是沙特阿拉伯的金融中心，也是全国人口第二大城市。根据官方统计数据，截至2017年底，吉达人口数量已经超过410万人，其中男性人口数为241.41万人，占58.2%，女性人口数为173.19万人，占41.8%。[2]

达曼是沙特阿拉伯重要的石油城市，也是沙特阿拉伯东部省份人口最多的城市。1950年，达曼人口数仅为约2.2万人，到2000年，达曼人口数增加至75.9万人，在1950—2000年的50年间，达曼是全球人口增长率居前十位的城市之一。截至2019年底，达曼常住人口达到125.25万人。达曼人口的迅速增长主要依靠其他城市人口的迁入，这也使得达曼的人口构成比较复杂。[3]

二 人口发展与预测

根据沙特阿拉伯统计局数据可知，1955—2018年，利雅得的人口数整体上呈上升趋势。1955年利雅得总人口数为12.7万人，2018年常住人口数已经达到了840万人。根据利雅得历年人口发展状况，联合国预测利雅得2020年人口数将达到723.1万人，2025年人口数将达到795.3万人、2030年人口数将达到854.7万人。根据官方统计数据可知，截至2018年底，利雅得常住居民已经超过840万人，显然，联合国低估了利

---

[1] 参见沙特阿拉伯国家统计局数据，www.stata.gov.sa/en。
[2] 参见沙特阿拉伯国家统计局数据，www.stata.gov.sa/en。
[3] 参见沙特阿拉伯国家统计局数据，www.stata.gov.sa/en。

雅得的人口增长速度（见表Ⅰ-2-4）。

表Ⅰ-2-4　　　　1955—2030年利雅得人口数量变动及预测

年份	人口（千人）	增长率（%）	增长人数（千人）
2030	8547	7.47	594
2025	7953	9.98	722
2020	7231	4.69	324
2018	6907	11.08	689
2015	6218	19.12	998
2010	5220	22.77	968
2005	4252	19.20	685
2000	3567	17.53	532
1995	3035	30.54	710
1990	2325	48.47	759
1985	1566	48.44	511
1980	1055	48.59	345
1975	710	74.02	302
1970	408	79.74	181
1965	227	45.51	71
1960	156	22.83	29
1955	127		

资料来源：联合国人口司统计数据，https://dataexplorer.unescap.org，2019年。

根据沙特阿拉伯统计局数据可知，1950—2050年，吉达的人口数量整体上呈上升趋势。1950年吉达总人口数为39.47万人，2020年常住人口数已经达到了462.09万人。根据吉达历年人口发展状况，联合国预测吉达在2030年人口数将达到556.25万人、2050年人口数将达到727.29万人（见表Ⅰ-2-5）。

表Ⅰ-2-5　　　1950—2050年吉达人口数量变动及预测

年份	人口（人）	增长率（%）	增长人数（人）
2050	7272941	12.37	800826
2040	6472115	16.35	909661
2030	5562454	20.38	941519
2020	4620935	33.94	1170935
2010	3450000	22.30	629155
2000	2820845	30.40	657624
1990	2163221	74.00	920010
1980	1443211	71.41	517934
1970	725277	42.83	217497
1960	507780	28.63	113031
1950	394749		

资料来源：联合国人口司统计数据，https://dataexplorer.unescap.org，2019年。

根据沙特阿拉伯统计局数据可知，1950—2030年，达曼的人口数量整体上呈上升趋势，其中1950—2000年呈快速上升趋势，2000年以后人口增速有所放缓。根据达曼历年人口发展状况，联合国人口司预测达曼2025年人口数将达到137.56万人，2035年人口数将达到156.64万人（见表Ⅰ-2-6）。

表Ⅰ-2-6　　　1950—2030年达曼人口数量变动及预测

年份	人口（人）	增长率（%）	增长人数（人）
2035	1566435	5.98	88420
2030	1478015	7.45	102418
2025	1375597	9.83	123074
2020	1252523	37.82	343734
2010	908789	42.22	269775
2000	639014	45.17	198819
1990	440195	124.67	244263

续表

年份	人口（人）	增长率（%）	增长人数（人）
1980	195932	132.59	111693
1970	84239	141.08	49297
1960	34942	58.83	12942
1950	22000		

资料来源：联合国人口司统计数据，https：//dataexplorer.unescap.org，2019年。

第三章 资源禀赋

沙特阿拉伯王国国土面积为225万平方千米，海岸线长2448千米。地势西高东低。除西南高原和北方地区属亚热带地中海气候外，其他地区均属热带沙漠气候。沙特是名副其实的"石油王国"，东部波斯湾沿岸陆上与近海的石油和天然气储藏量极为丰富。原油探明储量为2685亿桶，占世界储量的18.1%，居世界第二位。天然气储量为325.1万亿立方英尺，居世界第五位。此外，还拥有金、铜、铁、锡、铝、锌、磷酸盐等矿藏。沙特是世界上最大的淡化海水生产国，其海水淡化量占世界总量的20%左右。[①]

第一节 土地资源

沙特阿拉伯70%的面积为半干旱荒地或低级草场，2015年，可耕地面积只占土地面积的1.6%，约为350万公顷。永久性草地约为378.5万公顷，占土地面积的1.9%。森林覆盖率很低，林地面积只占到全部土地的0.45%。[②] 耕地集中分布在降水量较充沛的西南部地区。

一 林地资源

（一）森林资源概况

沙特阿拉伯的森林覆盖率较低。据联合国粮食及农业组织发布的

[①] 中华人民共和国驻沙特阿拉伯王国大使馆经济商务处，http://sa.mofcom.gov.cn/article/ddgk/201905/20190502868505.shtml。

[②] 中华人民共和国驻沙特阿拉伯王国大使馆经济商务处，http://sa.mofcom.gov.cn/article/ddgk/201905/20190502868505.shtml。

《2015年全球森林资源评估报告》，沙特阿拉伯2015年森林面积为97.7万公顷，其他林地面积为111.7万公顷，其中原生林为36万公顷，其他天然再生林为61.7万公顷（见表Ⅰ-3-1）。

表Ⅰ-3-1　　　　　　　　沙特阿拉伯森林覆盖情况

林地面积（万公顷）	1990	2000	2005	2010	2015
森林面积	97.7	97.7	97.7	97.7	97.7
其他林地面积	111.7	111.7	111.7	111.7	111.7
原生林	/	/	/	/	36
其他天然再生林	/	/	/	/	61.7
种植林	/	/	/	/	0

资料来源：联合国粮食及农业组织《2015年全球森林资源评估报告》，http：//www.fao.org/3/a-i4808c.pdf。

1980年由沙特阿拉伯国家科技中心支持的一项森林调查工作，由沙特王国大学农学院着手进行，其主要目的是实施王国历史上第一次森林调查。调查结果表明，西南地区森林面积约为762474公顷。优势树种是非洲桧（Juniperus procera），混生着相思树属之一种——Acacia spp和金叶齐墩果（Olea chrysophylla）。好的活立木蓄积量（即树形好而干直，梢头直径不小于7厘米的树木）约为2990688立方米。[①]

（二）天然森林

在不同的气候和土壤条件下，植被种类有荒漠植物、灌木和高大乔木。由于气候和土壤比较适宜，沙特阿拉伯西南部有旱生型天然林生存。不幸的是，多年无限制的林区放牧破坏了这片森林。现在，西南部这片大面积的森林和其他地区疏密适中的森林比较起来，仅存一些稀疏散乱的树木。而且，这些森林从未加以任何管理，也没有进行营造。为了阻止森林面积进一步下降，自1977年以来，沙特政府开始全面加强管理，禁止砍伐树木。

---

① A.A.Abo-Hassan、刘永鑫：《沙特阿拉伯的森林资源》，《林业调查规划》1984年第4期。

（三）人工造林

根据沙特政府总的发展方针，一个雄心勃勃的植树造林方案正式通过。已经建立和正在建立若干私营和国营的苗圃，用来供给当地营造防风林、行道树和小片林地。抗旱树种有木麻黄属之一种——Casuarina spp、牧豆树（Prosopis juliflora）、无叶柽柳（Tamarix aphylla）、扁叶轴木（Parkinsonia aculeata）、楝树（Melia azedarach）和赤桉（Eucalyptus camaldulensis），这些树种适宜在当地生长。但在王国中部和东部地区，高温和缺水时常成为增加造林面积的主要障碍。植树造林的目的主要是保护环境，其次是希望将来能够利用人工造林的木材。因此，工业用材将限定树木种植的种类。

1962年沙特阿拉伯农业水利部在东部地区的阿尔—哈沙（Al-Hassa）开始进行一项罕见的网状造林工程来固定沙丘。其目的是改造沙漠，保护农田和水源，改善人民的生活状况，并鼓励他们克服困难去开垦土地。计划造林面积为10000公顷。树种有无叶柽柳、法国柽柳（T. gallica）、兰叶相思树（Acacia cyanophylla）、扁叶轴木、牧豆树和赤桉。

二 农用地资源

在石油经济繁荣之前，沙特农业发展异常缓慢。自然条件恶劣，气候、土地、水源等皆不符合农业发展的需要，而半岛的生产力水平长期落后，不能突破自然条件的限制，"因土壤贫瘠、水源匮乏、气候恶劣、人口素质差，半岛的生产力水平十分低下，经济发展极其缓慢"[1]。

从土地类型来看，沙特大部分地区属于荒漠，整个国土的95%是沙漠和秃山[2]，适合耕种的土地非常少。作为世界上最大的沙漠国家，沙特200多万平方千米的国土上耕地只占1.67%，其中永久农业用地不到0.1%。[3] 尽管20世纪70年代以后政府进行了一定的土地改造活动，但相对整个国土面积来说可耕地比例仍然很小。数据显示，2016年沙特阿拉伯农用地占土地面积的比重为80.76%，农业用地面积为174万平方千

---

[1] 参见王铁铮、林松业《中东国家通史——沙特阿拉伯卷》，商务印书馆2004年版。
[2] 参见［日］田村秀治《伊斯兰盟主沙特阿拉伯》，上海译文出版社1981年版。
[3] 王俊鹏：《海湾国家着眼利用海外资源发展农业》，《经济日报》2011年10月8日。

米，占世界农业用地的比重为 3.57%（见表 I-3-2）。

表 I-3-2　　　　2008—2016 年沙特阿拉伯农用地面积及占比

年份	农用地占土地面积的比重（%）	农业用地面积（平方千米）	占世界的比重（%）
2008	80.74	1735720	3.63
2009	80.68	1734350	3.64
2010	80.67	1734060	3.64
2011	80.66	1733880	3.56
2012	80.64	1733450	3.55
2013	80.61	1732950	3.55
2014	80.74	1735752	3.55
2015	80.77	1736354	3.57
2016	80.76	1736190	3.57

资料来源：Trading Economics, http://data.chinabaogao.com/nonglinmuyu/2020/042JZA42020.html。

20 世纪 70 年代沙特石油经济进入繁荣期，石油收入为农业的发展提供了雄厚的资金和物质基础，政府进而实行以工促农的发展战略。这一时期，沙特政府采取了很多措施发展农业，主要包括两个方面：一是凭借石油财富，为农业发展提供经济支持，包括提供农业贷款和农业补贴；二是利用现代科技，改善农业发展的物质资料条件，包括扩大种植面积、兴修水利等。[1]

（一）农业贷款

政府为农业发展提供资金支持，向农民提供贷款。提供贷款的机构包括农业和水利部、农业银行等，性质多为无息或低息贷款，种类分为短期的季节性贷款（为进口农业生产资料提供资金）、中期贷款（用于购买农业机器）和长期贷款（用于购买或开发土地）。[2] 农业贷款主要集中于小

---

[1] 李国强：《20 世纪 70 年代到 21 世纪初期沙特"小麦自给"政策评析》，《农业考古》2018 年第 6 期。

[2] 参见北京大学亚非研究所西亚研究室《石油王国沙特阿拉伯》，北京大学出版社 1985 年版。

麦生产上，从贷款的分配来看，主要是以耕种小麦的农场为主。20世纪70年代以后农业贷款数额不断增长，农业贷款占政府开支的相当一部分，1970年至1983年，沙特政府向农业提供的贷款额达408亿美元。[①]农业贷款解决了农业发展的资金问题，有力地促进了农业发展。

（二）农业补贴

为了鼓励农业生产，政府还提供各种补贴。提供补贴的机构主要包括农业水利部、农业银行以及国营粮库和面粉厂，三个机构补贴的种类有别，其中农业部主要是对种植椰枣和除小麦以外的粮食提供补贴；农业银行负责对购置各种农业生产资料进行补贴；而国营粮库和面粉厂只向小麦实施高价收购的补贴政策。农业补贴主要包括对生产资料的补贴和对收购价格的补贴，提供补贴的范围从购置生产资料到农产品收购价格无所不包。[②]20世纪70—80年代农业补贴的支出不断增加，且大都用于小麦生产。1973—1986年，沙特政府共计发放农业补贴191亿里亚尔，其中小麦补贴数额最大，达到91亿里亚尔，占农业补贴总额的47%[③]，其中国营粮库对小麦的价格补贴不仅增长速度最快，而且数额最大，由1978—1979年度的0.47亿里亚尔猛增到1985—1986年度的28.21亿里亚尔，即由占当年补贴的1%增加到74%。[④]

（三）扩大耕地面积

土地是沙特农业发展的软肋，自20世纪60年代开始政府主动分配土地并鼓励民众垦荒，沙特的耕地面积有了大幅度增长。为了增加耕种面积，沙特政府于1968年开始分配国有土地，个人可以无偿分到5—10公顷土地，农业公司或农业生产组织可占有400公顷，一些特殊农业生产项目可以占有4000公顷。截至1984年，政府已将776000公顷土地无偿分给农民或农场。[⑤]在分配荒地的同时政府鼓励民众拓荒，沙特政府规定，如果有人在两三年之内能够使自己分到的国有荒地的1/4得到开垦或使之能适合畜牧业的需要，即可获得整块土地的所有权。在政府和民众拓荒努

---

① 杨宝生：《沙特发展农业取得成就》，《国际经济合作》1988年第2期。
② 王京烈：《沙漠中的奇迹——沙特农业发展迅速》，《世界知识》1989年第6期。
③ 参见哈全安《中东史》，天津人民出版社2009年版。
④ 陈建民：《沙特阿拉伯的农业补助制度》，《世界农业》1991年第5期。
⑤ 参见孙鲲《沙特经济新貌》，时事出版社1989年版。

力下，沙特全国耕地面积大幅度增长。据1976年统计，全国耕地有52.5万公顷，比1968年的39.6万公顷增加了将近1/3。①

（四）改善灌溉条件

水源是农业发展的命脉，灌溉水源对干旱区农业发展尤为重要。20世纪70年代以后，沙特政府大力发展水利工程，王国水利状况大为改观。这一时期，政府投入巨资发展王国的水利工程，第二个五年计划用于水利和海水淡化工程的拨款达340.65亿里亚尔，第三个五年计划水利拨款为133.77亿里亚尔，海水淡化拨款为396.02亿里亚尔。沙特政府引进国外先进技术，在王国各个区域寻找水源，并开凿了一系列水井，沙特农业、水利部已经在全国挖井62500口，其中40%是机井②，私人凿井数目也不断增加，沙特私人水井的总数从1982年的26000眼增至1986年的42000眼。③ 为了有效利用水源并进行水资源调度，政府兴建了很多水坝工程，代表性的有哈萨排灌工程、吉赞水坝、阿西尔水坝等，极大地促进了农业发展。

农业作为沙特基础产业之一，曾一度繁荣。20世纪90年代，沙特每年可生产400多万吨小麦，除了满足本国需要外，还出口到东欧、叙利亚等地，是世界上第六大小麦出口国。此外，禽肉、马铃薯也能自给自足，橄榄油产量不断增长，葡萄、猕猴桃年年丰收，甚至还出口鲜花。但农业的快速发展直接导致了地下水迅速枯竭，水资源日益紧张。为此，沙特不得不调整农业发展政策，开始大幅削减农业补贴，限制本国农业发展，转向重点发展海外农业、节水有机农业、渔业以及粮食存储业等。随着本国农业政策发展方向的调整，沙特确定了三个重点发展方向。④

一是发展海外农业。2009年，沙特政府公布了明确的海外农业投资行动计划，其目标是保障沙特粮食安全，鼓励沙特投资者利用海外资源和经验，建立海外农业生产地，为沙特增加稳定的全球粮食供应。除直接投

---

① 张振国：《沙特阿拉伯的农业》，《世界农业》1985年第7期。
② 参见孙鲲《沙特经济新貌》，时事出版社1989年版。
③ A. A. Al-Ibrahim：《沙特阿拉伯水资源利用的有关问题与政策刍议》，《国外环境科学技术》1991年第4期。
④ 中华人民共和国驻沙特阿拉伯王国大使馆经济商务处，http://sa.mofcom.gov.cn/article/ztdy/201808/20180802778225.shtml。

资外，沙特还通过合资、海外订单农业、外包种植等方式发展海外农业。2006年至2011年，沙特在海外已谈成较大规模的农业投资置地项目14个，已获得农业耕地76.55万公顷，这些项目分布在9个国家，已获得的耕地的65.7%在非洲，27.7%在南美洲，6.5%在亚洲。另外还有4个在谈项目，分别在马里、塞内加尔、巴基斯坦和俄罗斯，预期获得土地31.74万公顷。①

二是发展有机节水农业。由于沙特本国自然环境的限制，无法发展大规模成片种植业，精细、特色、节水农业成为重点发展方向。沙特正在着手制定有机农业发展规划。该规划将涵盖有机农业未来发展方向及鼓励措施，其中包括政府将为有机农业提供免费检测等优惠政策。该计划预测，未来沙特境内有机农场将达到120个。② 同时，由于用水量的不断增加，沙特地下水迅速枯竭。在这种情况下，发展节水农业成为沙特首选，沙特农村普遍采用滴灌技术，种植耐干旱、抗高温作物及品种。

三是发展农畜产品存储业。沙特政府十分重视发展本国的农畜产品存储业，并在中沙高委会上主动提出加强两国在此领域的合作。这主要是基于两方面原因：一是出于战略储备考虑。为保护本国紧张的水资源，沙特不得不对本国农业发展进行限制和引导，这使得沙特市场上的农产品大多是从外国进口的。在粮食主要依靠进口的情况下，粮食存储业的战略地位得到凸显。沙特希望大力发展粮食存储以应对不时之需，维护本国稳定。二是便利农畜产品贸易。由于沙特农畜产品进口主要依赖海运，并且集中于西部吉达港，因此亟须发展农畜产品储存、冷链物流等产业，以进一步便利农畜产品贸易，惠及本国人民。③

三 建设用地资源

沙特允许土地个人私有，私人所有土地可以自由买卖，并可在征得政

---

① 中华人民共和国驻沙特阿拉伯王国大使馆经济商务处，http://sa.mofcom.gov.cn/article/ztdy/201808/20180802778225.shtml。

② 中华人民共和国驻沙特阿拉伯王国大使馆经济商务处，http://sa.mofcom.gov.cn/article/ztdy/201808/20180802778225.shtml。

③ 中华人民共和国驻沙特阿拉伯王国大使馆经济商务处，http://sa.mofcom.gov.cn/article/ztdy/201808/20180802778225.shtml。

府同意后进行房地产开发，国家对国有土地进行统一规划和管理，国家有权在公共利益需要时征用私人土地，并视情况给予相应补偿。在沙特投资的外国投资者，可以凭借其投资许可证所规定的自然人或法人身份，在投资许可期限内，申请购买其从事投资经营活动所需的必要自用房产，该必要自用房产仅限于投资人和外资企业工人居住，使用年限无明确规定。实施投资用的商业地产，可以通过租赁获得。如果外资企业被许可的经营范围包括房地产开发投资，则该企业用以买卖土地、修建房屋等房地产开发项目的投资金额要求为每个项目不得少于 3000 万里亚尔，房地产投资项目必须在取得土地所有权 5 年内完成。①

第二节　矿产资源

沙特阿拉伯境内固体矿产资源较为丰富，已探明矿产资源有 30 余种，主要的矿产资源有金、银、铁、铜、铝、铅锌、石膏、磷酸盐等。② 矿产资源主要分布在沙特西部地区，东南部的沙漠地区矿产资源匮乏。位于沙特西南部的吉赞省及周边地区是未来矿业开发的重点地区。

沙特计划将采矿业发展为仅次于油气产业的支柱产业，创造 9 万个工作机会。目前国内矿产勘查开发程度较低，仅部分品质较高的矿山处于开发中（见表Ⅰ-3-3），资源利用率不足 5%。沙特境内矿产资源以国有企业开发为主。随着政府将矿业作为未来发展的重点，将对矿业进行结构性改革，并新建诸多工程项目，同时还将增加勘探活动、简化矿产开发手续、建立产能综合数据库、加强基础设施投资、优化融资渠道等。③ 根据"2030 年愿景"，沙特矿业收入将较目前提升 180 倍，这给全球的矿业公司带来了巨大的投资合作机会。④

---

① 《一带一路沿线国家土地投资相关法律规定》，https：//www.sohu.com/a/328509678_477647。
② Saudi Arabia Government, Saudi Arabia's Vision 2030, http://vision2030.gov.sa/en.
③ U. S. Geological Survey, https：//www.esgs.gov/.
④ 王超、于汶加、龙涛、杨卓龙、张亚龙：《低油价背景下沙特产业结构转型及资源产业合作机遇探析》，《中国矿业》2017 年第 8 期。

表Ⅰ-3-3　　　　　沙特阿拉伯主要矿山开发情况一览

矿山名称	矿产	开发状态	所属公司	探明储量（吨）
Ad Duwayhi	金	开发中	沙特阿拉伯矿业公司	2000
Al-Amar	金	开发中	沙特阿拉伯矿业公司	200
Al-Hajar	铜	预可行性研究阶段	沙特阿拉伯矿业公司	750000
Bulghah	金	开发中	沙特阿拉伯矿业公司	400
Ghurayyah	钽	预可行性研究阶段	第三纪矿业公司	1520
Jabal Sayid	铜	开发中	巴里克铜业公司	2600000
Jibal Qutman	金	预可行性研究阶段	KEFI矿业公司	1500
Khnaiguiyah	锌	可行性研究阶段	Alara资源有限公司	2000000
Mahd Ad Dhahab	金	开发中	沙特阿拉伯矿业公司	185
Sukhaybarat	金	开发中	沙特阿拉伯矿业公司	624
Umm Wual	磷	勘探阶段	沙特阿拉伯矿业公司	11600000
Wadi Sawawin	铁	可行性研究完成	艾恩塞德资源公司	12000000

资料来源：SNL数据库，SNL Financial，http://www.snl.com/。

沙特矿产资源丰富，除闻名世界的石油、天然气外，金、银、铜、铁、锡、铝、锌、磷酸盐等金属、非金属矿藏也十分丰富。沙特矿产资源分布在沙特全国各地，金属矿产和非金属矿产主要分布在以下地区（见表Ⅰ-3-4、表Ⅰ-3-5）。

表Ⅰ-3-4　　　　　沙特阿拉伯金属类矿产分布地区

序号	金属分类	地区分布
1	金	Mahd adh-Dhahab, as-Sukhybirat- the Hijaz, Al-Ammar
2	银	Samrah, Hajlan, Marjan, Umm Hadid
3	铜	Jabal Sayid, Jabal ash-Shizam, Umm ad-Damar
4	锌	Al-Masani', Jabal Dilan, Jabal Masir
5	铅	Jabal Dilan, ad-Dawadimi, Rabigh, Al-Ammar
6	锡、钨	Bid' al-Jammalah, Bir Tawilah, Jabal Silsilah
7	铝	az-Zubirah

续表

序号	金属分类	地区分布
8	铁	Wadi Sawawin, Jabal Idsas, Wadi Fatimah
9	铬	Jabal al-Wasaq, Jabal Is Widadi al-'Uwayanid, Jabal al-Hamdaniyah, Zalm,
10	锰	Al-Khunayqiyah

资料来源：中华人民共和国驻沙特阿拉伯王国大使馆经济商务处，http://sa.mofcom.gov.cn/article/ztdy/201010/20101007179927.shtml。

表 I-3-5　　沙特阿拉伯非金属类矿产分布地区

序号	非金属矿产	地区分布
1	重晶石	Umm Jarad, al-'Aqiq
2	氟石	Jabal Hadb ash-Sharar, Jabal Hadb ad-Diyahin, Manjam'Ilbah
3	菱镁矿	Jabal ar-Rukham, Dharghad, Wadi al-Hamd
4	盐	Jaizan, Arabian Gulf Coasts, al-Qurayyat
5	硫	Red Sea Coast, Qurayyat al-Milh, Rakka
6	石膏	Northern Red Sea shores, Buraydah, Riyadh, Arabian Gulf
7	石棉	Jabal al-Wasaq, Hamdah, ad-Dafinah, al-'Ais
8	云母	Khamis Mushayt, Wadi al-Hamd, Jabal Turaym
9	长石	Jabal Sawdah, Haqban
10	沸石	Khulays

资料来源：中华人民共和国驻沙特阿拉伯王国大使馆经济商务处，http://sa.mofcom.gov.cn/article/ztdy/201010/20101007179927.shtml。

沙特在第八个五年计划期间（2004—2008 年，简称"八五"）矿产资源的开发和利用得到了很大发展。2004 年开发原材料 2.37 亿吨，2008 年提高到 3.25 亿吨，年均增长 8.2%。采矿业的发展为沙特国民经济做出了贡献，为 2004 年颁布《投资采矿条例》创造了条件，同时也增加了在沙特的投资机会。"八五"期间，政府颁布的采矿许可证从 2004 年的 1179 个增加到 2008 年的 1408 个，年均增长 4.5%；可供开采矿山的勘探开发项目 2004 年为 165 个，2008 年增加到 254 个；采矿面积从 2004 年的

11000平方千米增加到2008年的53000平方千米,四年时间里增长了5倍(见表Ⅰ-3-6)。

表Ⅰ-3-6　　沙特阿拉伯"八五"期间矿业开发许可明细

序号	摘要	单位	年份 2004	年份 2008	年平均增长率(%)
1	地址调查许可证	个	43	84	18.2
2	勘探开发许可	个	28	61	21.5
3	小矿山开采许可	个	31	58	17
4	采石场	个	1045	1148	2.4
5	贵重金属、普通金属	个	7	7	—
6	磷酸盐和铝土矿	个	—	5	—
7	石灰石	个	13	22	14.1
8	其他工业矿机装饰石材	个	9	21	23.6
9	有效许可证合计	个	1179	1408	4.5
10	各种可开采矿山	个	165	254	11.4
11	可开采矿山面积规模	平方千米	11000	54000	48.2
12	勘探矿山面积	平方千米	123000	140000	3.3
13	采矿业民间私企	家	640	750	4
14	矿产品原材料的利用	亿吨	2.37	3.25	8.2

资料来源:中华人民共和国驻沙特阿拉伯王国大使馆经济商务处,http://sa.mofcom.gov.cn/article/ztdy/201010/20101007179927.shtml。

2008年,沙特利用矿产品原材料3.25亿吨,生产金属、非金属产品(不包括贵重金属、半宝石石材)。其中,工业矿产品主要有建筑用沙子、砾石约2.73亿吨,水泥工业用矿石(石灰石、黏土、铁矿石等)4210万吨,装饰石材120万吨,石膏230万吨,黏土500万吨。有色金属包括铜1500吨,锌3600吨,铅347吨。贵重金属包括金4吨,银9吨。磷酸盐、铝土矿等矿藏的开发和利用是沙特"八五"计划的重点,为此,沙特政府在沙特北部的磷酸盐基地修建了配套设施,铺设了连接东海岸磷酸盐工厂和出口港口的铁轨。同时,为满足沙特本地市场及出口铝合金的需求,沙特金属工业公司利用沙特中北部的铝土矿，规划实施铝合金工程项目，本项目的设计包含两个部分，第一部分为原材料供应，在沙特中北部的扎比拉修建矿山基地及配套辅助设施，保证铝土矿的供应；第二部分为氧化铝生产工厂，在濒临波斯湾的扎瓦尔修建氧化铝精炼厂，年产铝合金为65万吨。

随着矿产品生产能力的提高，沙特矿产品的再加工发展迅速，较为突出的是水泥工业。石灰石是沙特开采的最大量矿产原材料，矿山分布在沙特全境。为了满足沙特本地市场和出口的需求，沙特水泥工业发展快速，目前沙特有水泥公司13家，开采许可22个。2008年沙特水泥产量达3180万吨，出口300万吨，主要供应沙特国内市场，少量出口到周边海湾友好国家，如巴林等（见表Ⅰ-3-7）。

表Ⅰ-3-7　　沙特阿拉伯"八五"矿产生产明细

序号	品名	2004	2005	2006	2007	2008	年均增长率（%）
贵重金属							
1	金（金矿石/万吨）	540	480	440	420	400	-7.2
2	金（金属金/吨）	7.5	7.5	5.2	4.4	4	-14.5
3	银（吨）	4.9	13.2	9.1	9	9	16.4
金属							
4	铅（吨）	50	—	—	123	347	62.3
5	铜（吨）	700	500	700	700	1500	21
6	锌（吨）	500	500	1000	1700	3600	63.8
工业矿产品							
7	建材（亿吨）	2	2.18	2.53	2.6	2.73	8.1
8	水泥原材料（万吨）	3300	3540	3680	3900	4210	6.3
9	水泥（万吨）	2380	2600	2700	3040	3180	7.5
10	黏土（万吨）	560	430	380	390	500	-2.8
11	石膏（万吨）	210	210	210	220	230	2.3
12	盐（万吨）	170	170	180	150	160	-1.5

续表

序号	品名	产量 2004	2005	2006	2007	2008	年均增长率（%）
13	装饰石材（万吨）	120	90	100	110	120	—
14	其他矿产品（万吨）	250	140	150	150	160	-10.6
15	原材料的利用（亿吨）	2.42	2.65	3.01	3.10	3.25	7.7

资料来源：中华人民共和国驻沙特阿拉伯王国大使馆经济商务处，http://sa.mofcom.gov.cn/article/ztdy/201010/20101007179927.shtml。

沙特矿产业在很大程度上依靠国内投资，国际矿产品市场的消极因素对沙特影响微乎其微，因为沙特97%的矿产品面向沙特当地的建筑市场，只有2%的产品与国际市场有联系，另有1%为贵金属，如金、银等。据此，沙特认为本地市场需求还将会有较大的增长空间。沙特为满足本国市场和出口需求，争取提供最安全的投资环境以吸引国内外投资者，采用国际最先进的技术增加沙特矿产品的附加值，大力发展矿产业，最大限度地使用国产矿产品取代进口产品，同时创造更多的就业机会。在朱拜勒、延布工业城以及阿卜杜拉国王经济城等建立沙特矿业加工基地。政府加大对矿业资源勘探、开发的支持，提高矿产品附加值（见表Ⅰ-3-8）。

表Ⅰ-3-8　　　"九五"期间矿产品开发规划明细

序号	品名	产量 2009	2010	2011	2012	2013	2014	年均增长率（%）
1	铁、铁矿（万吨）	—	—	—	100	200	200	
贵重金属							
2	金（金矿石/万吨）	500	500	600	700	750	800	9.9
3	金（金属金/吨）	5	5	6	7	7.5	8	9.9
4	银（吨）	10	10	12	14	15	16	9.9
普通金属							
5	铅（吨）	150	150	200	200	200	200	5.9
6	锌（吨）	1700	1700	1700	1700	1700	1700	—

续表

序号	品名	产量 2009	2010	2011	2012	2013	2014	年均增长率（%）
工业矿产品									
7	建材（亿吨）	2.87	3.01	3.17	3.32	3.48	3.66	5
8	水泥原材料（万吨）	4470	4860	5250	5390	5550	5710	5
9	水泥（万吨）	3440	3740	4040	4140	4270	4400	5
10	砖（万吨）	430	450	470	500	520	550	5
11	石膏（万吨）	240	250	270	280	290	310	5.3
12	盐（万吨）	170	170	180	190	200	210	4.3
13	装饰石材（万吨）	120	130	130	140	150	150	4.6
14	其他矿产品（万吨）	170	170	180	190	200	210	4.3
15	磷酸盐原矿（万吨）	—	230	550	1120	1120	1230	—
16	二磷酸铵（万吨）	—	90	220	450	450	490	
17	矿产原材料的利用（亿吨）	3.44	3.62	3.85	4.07	4.33	4.53	5.7

资料来源：中华人民共和国驻沙特阿拉伯王国大使馆经济商务处，http://sa.mofcom.gov.cn/article/ztdy/201010/20101007179927.shtml。

2020年11月《沙特矿业投资法》公开相关细则，这部2021年正式生效的全新矿业法，为沙特进一步释放未开发矿产资源潜力铺平了道路。新矿业法以2004年《采矿投资规范》为基础，增加了采矿活动的土地种类，延长了勘探许可证的有效期限，扩大了采矿许可证的抵押权限，完善了矿产登记流程。

《沙特矿业投资法》包含60条法律条款，在"矿产所有权仍归沙特国家所有"的基础上，对老旧条款进行了重修和调整，包括将成立一个矿业基金，为地质调查、勘探开采、生产提炼等活动开拓可持续融资渠道；成立一个矿业常务委员会，有权对政府提出的决策如新采矿区申请等予以否决；重新确定了"开发许可证"和"通用许可证"的权限，并重申了沙特工业和矿产资源部对于"许可证区域"的检查和监视权；强化了涉及环保和安全在内的违法和处罚制度，每一项违法行为最高可处以100万里亚尔的罚款;提出了建立"矿区登记簿"的必要性,其中将涵盖矿产地层和采矿储备区的详细信息,并将其向公众公开(见表Ⅰ-3-9)。此外,新法案还就建立沙特国家地质数据库提供了法律意见,该数据库将汇集和整合上万份采矿业报告以及长达80年的矿产金属数据。

表Ⅰ-3-9　　　　　　　沙特阿拉伯各地区矿区面积

地区	类型	面积(平方千米)
利雅得	破碎机材料—骨料	899.73
	普通砂	20.68
	花岗岩矿	845.92
	大理石矿	50.61
	黏土矿石—黏土	22.21
	硅砂—白砂	57.69
	金矿	348.27
	石灰石块	14.82
	垃圾填埋材料	0.26
麦加	破碎机材料—骨料	502.91
	普通砂	309.34
	垃圾填埋材料	42.83
	盐矿	14.09
	膨润土矿石	9.53
	矿石	20.10
	金矿	302.01
	大理石矿	61.66
	铁矿	153.52
	花岗岩矿	363.49
	石灰石矿	153.86
	大理石块	39.08
	普通砂	30.60

续表

地区	类型	面积（平方千米）
麦地那	破碎机材料—骨料	339.44
	破碎机和垃圾填埋场材料	59.98
	普通砂	121.64
	垃圾填埋材料	29.22
	花岗岩矿	25.18
	大理石矿	11.60
	火山灰矿	36.10
	铜矿	165.34
	叶蜡石矿石	39.56
	玄武岩矿石	0.67
卡西姆	破碎机材料—骨料	10.58
	普通砂	19.61
	垃圾填埋场和普通砂料	0.25
	垃圾填埋材料	8.03
	花岗岩矿	10.87
	黏土矿石—黏土	0.16
	铝土矿	1207.29
东部省	破碎机材料—骨料	576.21
	石灰石块	20.25
	破碎机材料—骨料	708.86
	普通砂	192.88
	石膏矿	137.54
	盐矿	65.97
	普通砂	34.64
	破碎机材料—骨料	56.59
	普通砂	5.77
阿西尔地区	破碎机材料—骨料	167.67
	普通砂	135.32
	火山灰矿	27.14
	金矿	195.28

续表

地区	类型	面积（平方千米）
冰雹地区	普通砂	17.81
	花岗岩矿	16.93
	菱镁矿	21.48
北部边疆	普通砂	3.59
	破碎机材料—骨料	126.17
吉赞	破碎机材料—骨料	78.81
	普通砂	1.33
	垃圾填埋材料	2.43
	垃圾填埋场和普通砂料	9.12
	垃圾填埋材料	12.33
	火山灰矿	3.32
	盐矿	0.01
纳吉兰地区	破碎机材料—骨料	182.79
	普通砂	80.15
	垃圾填埋材料	10.51
	花岗岩矿	57.56
巴哈	破碎机材料—骨料	74.59
	普通砂	8.11
	金矿	69.91
	贵金属	1.59
焦夫	破碎机材料—骨料	269.4
	普通砂	10.81
	垃圾填埋材料	1.63
	硅砂—白砂	235.77
	石灰石块	2.11

资料来源：沙特阿拉伯工业和矿产资源部采矿平台，https：//mining.dmmr.gov.sa/。

根据"2030愿景"，到2030年沙特矿业部门对政府收入的贡献将从

2015年的约50亿里亚尔提高到140亿里亚尔，对GDP的贡献将从2015年的640亿里亚尔提高到2400亿里亚尔（约合640亿美元），届时将减少约340亿里亚尔的进口额，并创造20万个直接和间接就业岗位。

第三节 能源资源

沙特阿拉伯在板块构造上属于阿拉伯板块，面积超过200万平方千米，长期处于构造背景稳定的克拉通内裂谷和被动大陆边缘，发育了连续单一的巨厚沉积岩，包括碎屑岩、硝酸盐岩和蒸发岩，最厚处高达5000米以上。阿拉伯地台内部的构造运动受深部基地断裂及其再活动的影响，在构造上总体呈现出宽阔的南北向长轴状简单背斜，为巨型油气资源的富集创造了良好的条件。[1]

石油和石化工业是沙特的经济命脉。据沙特能源、工业和矿产部发布的报告，2019年沙特已探明原油储量达2685亿桶，系全球第二大原油储量国；探明天然气储量为325万立方英尺，系全球第五大天然气储量国。

一 不可再生能源

（一）石油

1. 原油储量

沙特阿拉伯原油证实储量为2330亿桶，主要集中在少数几个巨型陆上和海上油田，其中最大的加瓦尔油田储量为582.5亿桶，约占沙特石油储量的25%。海上巨型油田Safaniyah、Zuluf、Marian、Manifa和Berri占沙特石油储量的25%。陆上Khurais、Khursaniyah（AFK Group）和Shaybah油田储量占17%，目前正在开发在产油田以提升沙特石油产能。其中，除了Manifa油田外，上述在产或待开发油田可以继续生产10年以上。其他石油储量分布在80多个规模较小的油气田中，主要位于沙特东部陆地上。其中，最重要的油田是包括Hawtah和Nuayyim油田在内的阿拉伯超轻油油田，于20世纪80年代末90年代初发现于加瓦尔巨型油田的西

---

[1] Z. R. Beydoun, "Arabian Plate Oil and Gas: Why So Rich and So Prolific?", *Episodes*, Vol. 2, 1998.

南部。产出的高品质轻油可掺入在产油田的重油中,以提升油品。另外,处于沙特阿拉伯及其邻国科威特、巴林的联合开采范围内的 Abqaiq 和 Qatif 油田作为沙特生产年限最长的两个油田仍拥有较大规模的储量。[①] 根据沙特阿拉伯能源部数据,2015 年沙特阿拉伯原油储备量为 2642.55 亿桶,产量为 1019.26 万桶/日(见表Ⅰ-3-10)。

表Ⅰ-3-10　　2005—2015 年沙特阿拉伯原油储备和产量

年份	储备(亿桶)	日产(万桶)
2005	2642.11	95.30
2006	2642.51	920.79
2007	2642.09	884.58
2008	2640.63	919.76
2009	2645.90	818.43
2010	2645.16	816.55
2011	2654.05	931.09
2012	2658.50	976.34
2013	2657.89	963.73
2014	2665.78	971.27
2015	2664.55	1019.26

资料来源:沙特阿拉伯能源部,https://www.moenergy.gov.sa/arabic/Energy/Pages/petroleum-statistics.aspx。

2. 炼油化工

沙特阿拉伯石化工业起步于 40 余年前,1976 年成立沙特基础工业公司,1975—1980 年第二个工业发展 5 年计划投资 1400 亿美元,10 年内建立了波斯湾沿岸朱拜勒和红海边延布两大石化中心。根据《油气杂志》于 2017 年 1 月的统计,沙特阿拉伯有九个国内炼油厂,总原油生产能力约为 290 万桶/日。沙特阿美公司独家经营九个炼油厂中的六个,剩下的三个是合资企业。沙特阿拉伯于 2016 年 4 月 26 日宣布,随着应对后石油时代经济多样化的到来,沙特内阁已同意一个基础广泛的计划,被称为

[①] 潘海滨、赵丽娅:《沙特阿拉伯油气地质特征及资源现状》,《海洋地质前沿》2017 年第 6 期。

"2030愿景"。沙特是全球最重要的石油出口国,"2030愿景"设计的"去石油化"和"经济多样化"发展目标必然会给国际石油市场带来巨大影响。

3. 主要油田及产能

沙特阿拉伯拥有约130个主要石油和天然气田,但一半以上的石油储量包含在沙特东北部的九个油田中。在产量和剩余总储量方面,加瓦尔油田是世界上最大的油田。估计拥有剩余探明石油储量750亿桶。萨法尼亚油田是世界上最大的海上油田,估计拥有350亿桶的剩余储量。沙特阿拉伯主要的生产油田有以下几处。

(1) 加瓦尔油田(Ghawar)

加瓦尔油田位于沙特阿拉伯东部,在区域构造上处于阿拉伯地台东部边缘的哈萨构造阶地上,距波斯湾西海岸约100千米。加瓦尔油田发现于1948年,1951年投产,石油可采储量达700亿桶,为世界上最大的陆上油田。该油田为一个巨型的呈南北走向的含油背斜构造,长250千米,最宽处为25千米,由8个产油构造组成。主要产层为侏罗系的阿拉伯组D段的碳酸盐岩。目前该油田约占沙特总产能的一半,产量约为500万桶/日。

(2) 萨法尼亚油田(Safaniya)

萨法尼亚油田位于波斯湾的沙特阿拉伯海域,向北延伸到沙特阿拉伯与科威特的中立区,发现于1951年,1957年投产,石油可采储量为190亿桶,天然气可采储量为3300亿立方米。该油田是中东地区在海上发现的第一个油田,也是迄今为止世界上最大的海上油田。该油田是一个呈北北东走向的背斜,长约70千米,产层为中、下白垩统,深度为1600米,石油产量为150万桶/日。

(3) 库阿斯油田(Khurais)

库阿斯油田位于沙特阿拉伯首都利雅得东南300千米,东距最大的加瓦尔油田96千米,面积为2890平方千米。该油田于1957年发现,1959年投产,之后停产,20世纪70年代后又投产,1981年产量达15万桶/日,之后又停采。2005年随着石油需求和油价攀升,沙特阿美公司决定推进该油田的开发,2009年6月投产,石油产量为120万桶/日。

(4) 玛尼法油田(Manifa)

玛尼法油田位于沙特阿拉伯东北部,萨法尼亚油田以南。该油田发现于 1957 年，1998 年原油探明可采储量为 174 亿桶，是一个超级海上大油田。该油田是一个呈北北西走向的背斜构造，长 35 千米，与海岸线平行，主要产层是白垩系，埋藏深度为 2300 米。

(5) 布盖格油田 (Abqaiq)

布盖格油田位于沙特阿拉伯东海岸，发现于 1940 年，1946 年投入开发，估计原油储量为 170 亿桶，属于超巨型油田。该油田是一个呈北北东向的背斜，长约 50 千米。有 3 个侏罗系产油层和深部二叠系产气层，石油产量为 40 万桶/日。

(6) 贝利油气田 (Berri)

贝利油气田位于沙特阿拉伯达曼西北部约 80 千米的陆上，发现于 1946 年，1967 年投入开发。主要产层是上侏罗统，发现 8 个含油层段，原油探明可采储量为 122 亿桶，天然气探明可采储量为 1019 亿立方米，是沙特阿拉伯海上超级大油气田。

(7) 祖卢夫油田 (Zuluf)

祖卢夫油田位于萨法尼亚海上油田东北方向海域，发现于 1965 年，1973 年投入开发。该油田是一个呈北东向的背斜，长 30 千米。有 5 个含油层段，主要产层是阿尔必阶和下白垩统，1998 年的原油探明可采储量为 108 亿桶，是沙特阿拉伯海上超级大油气田，石油产量为 45 万桶/日。

据 2020 年《BP 世界能源统计年鉴》数据，2019 年沙特阿拉伯石油产量约为 5.57 亿吨（见表 I -3-11）。

表 I -3-11　　　　1965—2019 年沙特阿拉伯石油产量

年份	产量（百万吨）	年份	产量（百万吨）
1965	111.0	1971	240.8
1966	131.0	1972	304.2
1967	141.3	1973	384.0
1968	154.2	1974	429.6
1969	162.8	1975	359.3
1970	192.2	1976	437.3

续表

年份	产量（百万吨）	年份	产量（百万吨）
1977	468.4	1998	445.3
1978	424.4	1999	408.5
1979	488.0	2000	438.5
1980	509.8	2001	427.7
1981	506.3	2002	390.1
1982	340.2	2003	460.5
1983	240.3	2004	492.8
1984	219.0	2005	516.6
1985	172.1	2006	508.9
1986	252.6	2007	488.9
1987	213.6	2008	510.0
1988	273.3	2009	459.0
1989	271.2	2010	463.3
1990	342.6	2012	549.2
1991	428.3	2013	538.4
1992	442.1	2014	543.8
1993	429.3	2015	568.0
1994	432.2	2016	586.7
1995	431.3	2017	559.3
1996	437.4	2018	576.8
1997	432.0	2019	556.6

资料来源：《BP世界能源统计年鉴（2020）》，http：//bp.com/en/global/corporate/energy-economics/statistical-review-of-world-energy/year-in-review.html。

（二）天然气

根据沙特阿拉伯能源部数据，2015年沙特阿拉伯天然气储备量为303251万亿立方米，产量为1198.3亿立方米，消耗为62767.6万桶（见表Ⅰ-3-12）。纯气藏采出程度约为84%—88%；伴生气藏采出程度约为50%—70%。沙特还有1.43万亿立方米的技术可采天然气储量，暂时还不具备商业开采经济性。沙特阿美公司（Saudi Aramco）正计划采用气液分离和回注气体的方式动用这部分储量。

表Ⅰ-3-12　　2005—2015年沙特阿拉伯天然气储备、产量和消耗

年份	储备（万亿立方米）	产量（亿立方米）	消耗（千桶）
2005	243648	813.5	340753
2006	252607	850.0	422905
2007	257954	832.8	439960
2008	267311	864.0	477665
2009	279670	896.1	466242
2010	283057	970.3	521784
2011	287822	1024.3	550702
2012	290722	1112.2	597972
2013	293685	1141.2	597235
2014	299742	1167.2	614627
2015	303251	1198.3	627676

资料来源：沙特阿拉伯能源部，https：//www.moenergy.gov.sa/arabic/Energy/Pages/gas-statistics.aspx。

1. 常规天然气

沙特"2030愿景"明确提出要实现天然气产量翻番，建设覆盖全国的天然气输送网。据《BP世界能源统计年鉴（2020）》数据，2019年沙特阿拉伯天然气产量约为1136亿立方米（见表Ⅰ-3-13），但与巨大的天然气储量和资源量相比，产量提升空间巨大。基础设施不完善是制约沙特天然气生产的重要因素之一。未来沙特将致力于完善国内天然气设施，提高天然气开发与利用水平，增加天然气在国内一次能源消费中的比例，减少电力行业的石油燃烧，使更多的石油用于出口。预计到2030年，沙特的天然气产量可达2300亿立方米。[①]

[①] 任重远、邵江华：《"沙特阿拉伯2030愿景"下的中沙油气合作展望》，《国际石油经济》2016年第10期。

表Ⅰ-3-13　　　　1970—2019年沙特阿拉伯天然气产量

年份	产量（亿立方米）	年份	产量（亿立方米）
1970	15	1995	408
1971	13	1996	422
1972	15	1997	431
1973	17	1998	445
1974	22	1999	439
1975	26	2000	473
1976	28	2001	510
1977	39	2002	539
1978	54	2003	571
1979	66	2004	624
1980	92	2005	677
1981	108	2006	698
1982	114	2007	707
1983	111	2008	764
1984	173	2009	745
1985	179	2010	833
1986	239	2011	876
1987	255	2012	944
1988	276	2013	950
1989	283	2014	973
1990	318	2015	992
1991	334	2016	1053
1992	363	2017	1093
1993	380	2018	1121
1994	406	2019	1136

资料来源：《BP世界能源统计年鉴（2020）》，http：//bp.com/en/global/corporate/energy-economics/statistical-review-of-world-energy/year-in-review.html。

2. 天然气凝析液

天然气凝析液，包括液化石油气和凝析油是沙特油气储量的重要组成部分，目前在伴生气或者非伴生气藏中有 30 亿桶的天然气凝析液实现经济开发。

3. 非常规天然气

沙特非常规天然气包括页岩气和致密气。随着沙特国内经济发展，天然气需求不断增长，沙特政府将非常规天然气开发作为满足天然气需求的重要途径。沙特阿美公司正在对非常规天然气的开发前景进行内部研究，期望借鉴北美页岩气的成功开发经验，加深对本国非常规资源的认识。

二 可再生能源

长期以来，石油在沙特能源结构中一直占主导地位。虽然石油资源丰富，但沙特政府逐渐意识到过度依赖石油的不可持续性，力图通过发展可再生能源改变国内能源供给结构，通过替代能源缩减国内石油消费规模，将更多的原油用于出口和生产高附加值产品。与此同时，通过发展包括可再生能源产业在内的非油产业，做大国民经济蛋糕，逐步建立相对完备的工业体系，实现本地化目标。从这一视角出发，沙特将可再生能源领域确定为九个重点吸引外资发展的领域之一。

预计到 2030 年左右，沙特阿拉伯国内电力供应的 10% 来自可再生能源。境内充足的光照条件使太阳能成为未来沙特新能源主要的发展方向。未来更多的商业和工业企业设施将应用光伏等可再生能源以降低成本。太阳能海水淡化在沙特有着非常诱人的市场前景，每年 50% 以上的饮用水来自海水淡化，消耗了本国大量的石油资源。通过建立太阳雨不仅能保证干旱地区的淡水供应，而且可以节约化石能源的消耗。[①]

（一）可再生能源资源禀赋

风能和太阳能是沙特当前重点发展的可再生能源，沙特拥有丰沛的太阳能和风能资源。就太阳能资源而言，沙特地处南北纬 35 度间"日照带"的中部，平均日照时间达 8.9 小时，水平太阳辐射量为 5600 瓦/每平

---

① 《沙特阿拉伯：计划到 2030 年可再生能源发电量达到 60 吉瓦》，《节能与环保》2019 年第 2 期。

方米。太阳辐照度为 250 瓦/每平方米，高于 100—200 瓦/每平方米的全球发展太阳能产业高潜能地区平均指标。壳牌全球能源资源数据库数据显示，沙特在全球发展太阳能潜能排行榜上排名第六。沙特全境大部分省份都有较高的太阳辐照水平，其中以位于西北方向的塔布克（Tabuk）和位于西南方向的阿西尔（Asir）为最。1999—2013 年的历史数据显示，两地年均水平太阳辐射量（GHI）分别为 6000—6500 瓦/每平方米和 6500—7000 瓦/每平方米。就风能资源而言，沙特年平均在岸风速为 6—8 米/秒，全国多个地区在岸风风速高于标准经济风速（7+米/秒）。壳牌全球能源资源数据库数据显示，沙特在全球发展在岸风能潜能排行榜上排第十三名。沙特东北地区、中部地区和西部山系均有较高的发展风能的潜力。历史数据显示，上述三个区域的年均风速分别为 5—5.5 米/秒，9—9.5 米/秒和 4—4.5 米/秒。

（二）政府的可再生能源开发政策

长期以来，原油一直是沙特的主要能源，可再生能源利用率不到 1%。2017 年，沙特宣布未来 10 年将投资 500 亿美元，打造 30 座风电场和太阳能电站的可再生能源发展规划，计划在 2017 年小于 100 兆瓦的基础上，2020 年发展到 3.45 吉瓦，在全国总发电量中的占比提高到 4%；到 2023 年实现可再生能源发电 9.5 吉瓦，占全国总发电量的 10%。自 2017 年下半年以来，沙特已发包可再生能源项目 700 兆瓦（Sakaka 获得 300 兆瓦光伏发电项目，Dumat Al-Jandal 将取得 400 兆瓦风电项目）。沙特雄心勃勃，寻求建立强大的可再生能源产业，实现可再生能源价值链研发、制造等大部分环节的本地化。为此，沙特积极寻求外部资金支持。以沙特首个太阳能项目为例，外国银行已批准对 7 家投资者中的 5 家给予 100% 的融资支持，另外 2 家也将获得 50% 的融资支持。[1]

（三）投资环境

投资者可进入的产业链环节多，便利辐射周边市场。可再生能源产业是沙特的新兴产业，市场机遇较多，很多环节尚属空白，投资者可进入的产业链环节较多。在太阳能产业链上，就硅片而言，沙特企业已可生产多晶硅片，但尚不能生产防反射涂层表面和全金属基板（full area metal ap-

---

[1] http://swj.ningbo.gov.cn/art/2020/9/15/art_ 1229031552_ 57570590.html.

plication）；就模组而言，沙特企业已掌握浮法工艺，但尚不能生产太阳能级超白玻璃、太阳能级轧花玻璃。就抛物面镜而言，沙特企业已掌握浮法工艺、银涂层、保护层、干燥等工艺，可生产相应产品，但尚不掌握弯曲（bending）和硬化（tempered）技术。在风能产业链上，就风机机组叶片组装而言，沙特企业完全不掌握机壳制造、环氧树脂注胶、热弯曲、胶粘、打磨和喷漆等技术。就集电系统而言，沙特企业已可生产钢管和玻璃管，并可进行焊接，但尚不具备防反射涂层、溅镀除气膜（getter）生产能力。就逆变器而言，沙特企业已可生产控制卡、滤波器和电源电气，但尚不具备配电板生产能力。沙特地处欧亚非三大洲陆海交通节点，距离西亚北非主要市场运距较短。更为重要的是，沙特是海合会各成员国中最大的经济体，同时距离其他成员国较近，这为投资者覆盖周边市场和区域市场提供了极大的物流便利，相较欧洲和亚洲其他国家运输成本更低、运输时间更短。此外，根据"泛阿拉伯自由贸易区"（GAFTA）协定，各签约国应对来自其他签约国的商品给予免税。沙特也对工业产品和设备出口给予优惠。[①]

第四节 生物资源

沙特阿拉伯属热带沙漠气候，夏季炎热干燥，最高气温可达50摄氏度以上，冬季气候温和，年平均降雨不超过200毫米。象征沙漠绿洲的枣椰和有"沙漠之舟"之称的骆驼是其代表性植物和动物，拥有世界自然保护联盟红色名录中的动物如阿拉伯豹、阿拉伯羚羊等代表性野生动物。作为信奉传统医学的国家，药用植物的使用十分普遍，《沙特药典》收载了47科96种药用植物。

一 植物资源

沙特阿拉伯常用的药用植物来自47科，共96种，其中苋科植物最多，其余依次为菊科、夹竹桃科和豆科；草本、亚灌木、灌木、木本植物

[①] 中华人民共和国驻沙特阿拉伯王国大使馆经济商务处，http：//sa.mofcom.gov.cn/article/ztdy/201808/20180802778235.shtml。

分别占43%、30%、6%、21%；最常见的用药方式为汤剂、灌肠剂、冷浸剂、蜂蜜—牛奶—油与药材粉末的混合剂，以上几种均为内服制剂，还有直接将药材涂敷于病变部位的外用制剂；使用较多的药用部位为全草、叶、种子、地上部分，分别占29%、28%、7%和5%，其余依次为根、茎、树胶、球茎、果实和树皮（见表Ⅰ-3-14）。

表Ⅰ-3-14　　　　沙特阿拉伯常用药用植物基本信息

科属	植物名	沙特阿拉伯名	药用部位	功效
锦葵科	苘麻	Verdc	全草	抗菌
	小花锦葵	Khobizza	地上部分	治疗烫伤、发炎化脓性伤口、消肿
豆科	阿拉伯金合欢	Gum arabic tree	全草	治疗腹泻、坏血症、痢疾和感冒
	白羽扇豆	Tirmees	种子	利尿、止呕、升高血糖、缓解眩晕
	骆驼刺	Al-Agool	叶	抗氧化、防腐、祛痰、驱虫、利尿、催眠、镇静、止咳
夹竹桃科	甜假虎刺	Tome	叶、根	调节血糖、驱虫、抗坏血病、收敛止血、止痛
含羞草科	阔荚合欢	Lebbeck	韧皮部	驱虫、治疗夜盲症
紫草科	亚历山大软紫草	Kohael	全草	治疗发热
苋科	土牛膝	Mahwat	全草	利尿、止泻、止胃肠痛、去皮疹
	软毛白花苋	Schult	叶	降血糖、排结石、利尿、镇静
	莲子草	Tamil	叶	治疗胸闷、肝炎、气管炎、哮喘
	刺苋	Qutaifa	根、茎	治疗蝎子叮咬
	尾穗苋	Kaf Almehana	叶	利尿、治疗痔疮、净化血液、堕胎
	土荆芥	Errwa	叶	利尿、滋补、通便
番茄枝科	番茄枝	Qishda	叶、根	治疗白血病、癌症

续表

科属	植物名	沙特阿拉伯名	药用部位	功效
伞形科	葛缕子	Karawiya	根	治疗神经系统、妇科以及泌尿系统疾病
	毒堇	Hemlock	花、茎	止痛
	欧芹	Magdnus	叶	治疗前列腺、肝脏和脾脏疾病
萝摩科	球花角	Ghlotha	地上部分	治疗水痘、天花
	长茎肉珊瑚	Al Ashr	树胶	促进伤口愈合
菊科	白花蒿	Beithran	地上部分	治疗感冒、咳嗽
	白草蒿	Chih	叶	保护牙齿，治疗腹痛、肝衰竭
	巴西菊	Gethgath	全草	解热、止渴、消炎、增强饱腹感
白花菜科	面包果树	Asef	全草	驱虫、止咳、治疗痢疾
	无叶山柑	Tandhab	全草	镇痛、壮阳、驱虫、导泄
乔本科	龙爪茅	Behma	全草	治疗败血症
	稷	Temam	全草	治疗眼部感染
十字花科	芝麻菜	Roucka	种子	抗癌、抗溃疡、利尿
大戟科	印度铁苋菜	Anama	全草	治疗支气管炎，哮喘，肺炎

资料来源：Riaz, Ullah, Ali, S. Alqahtani, Omar 等：《沙特阿拉伯王国传统医学常用药用植物综述》，《亚太传统医药》2020 年第 9 期。

沙特阿拉伯是世界椰枣之国，其椰枣产量占全世界椰枣产量的 1/4，全国椰枣树总量为 2100 万棵，大约有 400 个品种，且每个地方都有自己的独特品牌。沙特的椰枣林主要分布在东部的哈萨、卡提夫，西部的麦地那，中部的利雅得与海尔季，此外，还有盖西姆地区的乌奈扎与布赖达等地。[①] 2019 年上半年椰枣出口额增长 27%，出口总额为 1.53 亿美元，而 2018 年出口总额是 2.02 亿美元，数量达 16.3 万吨。沙特出口发展局报告指出，沙特出口椰枣遍及全球 60 多个国家，包括海湾国家、也门、约旦、黎巴嫩、马来西亚、英国和印度等，该局正努力提升沙特椰枣在全球

---

① 梁国诗：《沙特阿拉伯的椰枣》，《阿拉伯世界》1982 年第 2 期。

椰枣市场上的份额，并确定了 23 个具有前途的目标市场。沙特统计总局（GASTAT）报告显示，自 2015 年以来，椰枣出口额已经增长了 31.2%，2015 年为 1.43 亿美元，2016 年为 1.55 亿美元，2017 年达到 1.87 亿美元。2018 年一季度椰枣出口额为 0.59 亿美元，同比增长 11.7%。Khalas、Sukkari 和 Safawi 三个品牌的出口需求量巨大。目前，沙特获得政府许可的椰枣包装和加工厂共有 157 家，年产量为 789 吨。雇用工人 1.86 万人。沙特椰枣出口面临的主要问题包括缺乏对国外市场的研究，不了解国外消费者的口味和偏好；主要面对中下层消费人群，消费能力不足；统一商标保护和市场营销不够；对中小椰枣企业支持力度不够。除主要供应本国消费外，出口地区主要是周边海湾国家、欧洲和亚洲少部分国家。①

二 动物资源

沙特阿拉伯王国是骆驼最多的国家，而且拥有世界上最大的骆驼市场。骆驼一直被称为"沙漠之舟"，已成为沙特人民日常生活中不可或缺的一部分，也是该地区个性和自豪感的一部分。骆驼在经济、政治和文化等社会各领域都发挥着重要作用，不仅出现在古老的宗教典籍和诗歌中，也是肉、奶和皮毛的来源，还是一种交通工具。作为阿拉伯世界的贸易支柱，骆驼在该地区的发展过程中扮演着至关重要的作用。沙特阿拉伯首都利雅得是世界上最大的骆驼交易市场。虽然说随着现代社会经济的发展，沙漠给沙特阿拉伯带来的交通不便已经不复存在了，当地的人们有着非常多的交通工具来代替骆驼，但骆驼依然是沙特阿拉伯人的财富以及整个沙特阿拉伯的文化象征。在利雅得的骆驼交易市场上，每天都会有上千头骆驼在这里交易。在这个市场上 3 米高的骆驼是非常受欢迎的，也是骆驼比赛最常见的骆驼品种。

据沙特阿拉伯 2019 年统计数据，沙特阿拉伯的三大动物研究中心的动物数量逐年增加，通过设立保护区保护野生动物和自然环境（见表Ⅰ-3-15、表Ⅰ-3-16、表Ⅰ-3-17）。

---

① 中华人民共和国驻沙特阿拉伯王国大使馆经济商务处，http://sa.mofcom.gov.cn/article/jmxw/201910/20191002905790.shtml。

表Ⅰ-3-15　2011—2019年哈立德国王野生动物研究中心动物数量　（只）

年份	鹿	阿拉伯瞪羚	努比亚山羊	阿拉伯山羊	爱尔兰纽曼瞪羚	总计
2011	650	246	34	54	35	1019
2012	445	216	42	55	37	795
2013	323	257	65	58	40	743
2014	398	212	81	67	47	805
2015	469	278	111	77	44	979
2016	564	342	185	78	49	1218
2017	751	324	273	86	42	1476
2018	754	278	332	74	44	1482
2019	908	329	463	102	45	1847

资料来源：沙特阿拉伯2019年统计报告，https：//www.mewa.gov.sa/ar/InformationCenter/Researchs/Reports/GeneralReports/%D8%A7%D9%84%D9%83%D8%AA%D8%A7%D8%A8%20%D8%A7%D9%84%D8%A5%D8%AD%D8%B5%D8%A7%D8%A6%D9%8A%202019.pdf。

表Ⅰ-3-16　2011—2019年穆罕默德·苏代里亲王中心动物数量　（只）

年份	阿拉伯瞪羚	鹿	总计
2011	0	337	337
2012	0	243	243
2013	0	199	199
2014	0	223	223
2015	0	201	201
2016	0	291	291
2017	0	324	324
2018	0	384	384
2019	32	505	537

资料来源：沙特阿拉伯2019年统计报告，https：//www.mewa.gov.sa/ar/InformationCenter/Researchs/Reports/GeneralReports/%D8%A7%D9%84%D9%83%D8%AA%D8%A7%D8%A8%20%D8%A7%D9%84%D8%A5%D8%AD%D8%B5%D8%A7%D8%A6%D9%8A%202019.pdf。

表Ⅰ-3-17　2019年沙特·费萨尔王子塔夫生命研究中心动物数量　　　（只）

种类	雄性	雌性	雌雄同体	总计
亚洲墨鸟	403	467	0	870
非洲墨鸟	0	0	26	26
阿拉伯羚羊	88	125	0	213
鸵鸟	11	2	0	21
阿拉伯老虎	11	5	0	16
野山羊	19	37	0	56
阿拉伯羚羊	4	6	0	10
羚羊	14	22	0	36
山猫	0	4	0	4
狼	0	0	0	0
鬣狗	3	1	0	4
非洲豹	5	12	0	17
非洲狮子	1	1	0	2

资料来源：沙特阿拉伯2019年统计报告，https：//www.mewa.gov.sa/ar/InformationCenter/Researchs/Reports/GeneralReports/%D8%A7%D9%84%D9%83%D8%AA%D8%A7%D8%A8%20%D8%A7%D9%84%D8%A5%D8%AD%D8%B5%D8%A7%D8%A6%D9%8A%202019.pdf。

第五节　遗产资源

一　世界遗产资源

沙特阿拉伯于1978年8月7日成为联合国教科文组织世界遗产委员会成员国。截至2019年6月第43届世界遗产大会闭幕，沙特阿拉伯共计拥有5项世界遗产，均属于文化遗产。

（一）石谷（玛甸沙勒）考古遗址

2008年，联合国教科文组织将石谷（玛甸沙勒）考古遗址作为文化遗产列入《世界遗产名录》。石谷（玛甸沙勒）考古遗址是沙特阿拉伯第一个被列入《世界遗产名录》的遗产。这座遗址以前被称为黑格拉，是约旦佩特拉城南部纳巴泰文明保留下来的最大一处遗址。遗址上有保存完好的巨大坟墓，坟墓正面有纹饰，可以追溯到前1世纪到1世纪。该遗址中还有约 50 件纳巴泰文明之前就已存在的铭文和一些洞穴绘画。石谷是纳巴泰文明独一无二的证明。该遗址上有 111 座巨大坟墓，其中 94 座都有纹饰，而且有多处水井，它突显了纳巴泰文明的建筑成就和水力技术知识。

（二）德拉伊耶遗址的阿图赖夫区

2010 年，联合国教科文组织将德拉伊耶遗址的阿图赖夫区作为文化遗产列入《世界遗产名录》。德拉伊耶遗址的阿图赖夫区是沙特王朝的第一任首都所在地，是沙特家族的发源地，该城建有许多清真寺，曾是穆罕默德传播教派的根据地。他在部落中推行逊尼派罕百里学派教法，大批宗教学者云集、学生纷至沓来。1818 年，奥斯曼帝国驻埃及总督穆罕默德·阿里率军镇压瓦哈比教派运动，该城被摧毁。18 世纪至 19 世纪初，随着宗教和政治作用的加强，阿图赖夫区的城堡成为沙特王室临时权力中心以及穆斯林宗教内部传播瓦哈比教派改革的中心。这一遗址包括了许多宫殿遗迹和一处德拉伊耶绿洲边缘兴起的城市区域，具有重要的历史文化价值。该遗址是阿拉伯半岛中部纳吉迪建筑的完美见证。

（三）吉达古城——通向麦加之门

2014 年，联合国教科文组织将吉达古城——通向麦加之门作为文化遗产列入《世界遗产名录》。吉达古城，又名阿尔巴拉德，位于沙特西部红海之滨，始建于 7 世纪，是印度洋贸易路线上的港口，也是圣城麦加的屏障和门户，是世界穆斯林麦加朝觐的空中和海上必由之路。吉达最古老的建筑是沙斐清真寺，最具代表性的建筑是老皇宫（Nasseef House），最有名的建筑是纳西埔吉宫。达古城楼房最具特色的是所有的窗户和阳台都用以木条组成的古铜色屏风遮挡，没有玻璃，窗门造型精美，别具一格，具有既挡风又通风，既透亮又遮光的特点，很适合当地的自然条件。

（四）黑尔地区的岩石艺术

2015 年，联合国教科文组织将黑尔地区的岩石艺术作为文化遗产列入《世界遗产名录》。黑尔地区的岩石艺术由两部分组成：一部分在朱拜（Jubbah）的奥姆斯尼曼山山麓，另一部分在阿尔马尼奥（al-Manjor）及雷埃特（Raat）。奥姆斯尼曼山在沙漠里拔地而起，还有很多形态奇异的小山峰散落在沙漠里，那些神秘的岩画和铭文就藏在那些小山岩石上。据记载，这里曾是一处湖泊，湖泊为在这里生活的居民和动植物提供淡水资源，但现在湖泊已经完全消失,变成了沙漠。阿拉伯人的祖先曾生活在这里,并在岩石上留下了历史印记,这些生动的岩画和碑文记录了1万年前古人们的生活历史,为后人通过岩石上的画和铭文来探索历史提供了宝贵的资料。

（五）哈萨绿洲——变迁的文化景观

2018年,联合国教科文组织将哈萨绿洲——变迁的文化景观作为文化遗产列入《世界遗产名录》。哈萨绿洲地处阿拉伯半岛东部,由花园、运河、泉眼、水井、排水湖,以及历史建筑、城市机构和考古遗址等一系列遗产组成。从留存至今的古堡、清真寺、水井、运河和其他水务系统可以看出,这里是海湾地区从新石器时代到现在持续有人类定居痕迹的代表。这个世界上最大的绿洲拥有250万棵椰枣树。作为一处独特的地理文化景观,哈萨绿洲还是人类与环境相处的典范。

二 其他遗产资源

2000年1月22日,联合国教科文组织和阿拉伯教科文组织宣布,沙特阿拉伯王国的首都利雅得当选为"2000年阿拉伯文化之都",以表彰沙特阿拉伯王国为文化的传播和发展做出的巨大贡献,沙特既保持了原有的伊斯兰阿拉伯文化属性,又使本国文化适应了时代的发展要求。[1]

2020年,沙特阿拉伯文化部遗产委员会宣布,考古学家在沙特北部泰布克地区发现12万年前的古代人类和动物足迹,是迄今为止在阿拉伯半岛上发现的最古老的人类生命证据。包括沙特研究人员在内的一支国际考古学家团队在泰布克地区共发现了7个属于古代人类的脚印,另外还有107匹骆驼、43头大象和一些其他动物的足迹；同时还发现数百块化石,其中包括233具大象和羚羊的骨骼遗骸。通过鉴定在遗骸上发现的牙印,考古学家还发现了食肉动物存在的迹象。这是在阿拉伯半岛发现的最古老的人类生命证据,也为研究这片区域当时的自然环境和生物多样性提供了线索。沙特阿拉伯拥有许多跨越数千年的丰富遗产,这一考古发现有助于人们更好地了解先辈们从古代文明走到今天的旅程,了解早期人类在阿拉伯半岛和沙漠地区迁徙和定居的历史。[2]

---

[1] 《利雅得当选为"2000年阿拉伯文化之都"》,《阿拉伯世界》2000年第2期。
[2] http://news.cctv.com/2020/09/17/ARTIFML5dTavvXdUZXl1RsY9200917.shtml.

第四章 基础设施概况

沙特阿拉伯位于阿拉伯半岛，东濒波斯湾，西临红海，平均海拔665米，同约旦、伊拉克、科威特、阿联酋、阿曼、也门等国接壤。沙特阿拉伯是西亚北非地区最大的经济体，2018年经济总量排全球第16位，也是世界贸易组织、石油输出国组织的主要成员国，是阿拉伯国家中唯一的二十国集团（G20）成员国。

2013年，沙特在能源、基础设施建设和工业领域的项目明显增加，项目总投资超过800亿美元，项目支出比上年度同期大幅增长。2013年上半年，沙特财政部签署合同项目共计1858个，其中1311个涉及建设项目，合同额达8710万里亚尔（约合2323万美元），主要包括城乡建设、道路、基础设施建设、校舍和医院等建设项目；沙特交通部通过了223个道路工程的立项，2013年修建公路的总长度为3708千米，总投资达110亿里亚尔（折合约29.3亿美元）。另外，沙特加强港口基础设施建设以及开发专门的码头，总投入金额超过400亿里亚尔（折合约106.6亿美元）。港口的集装箱容量从2008年的500万个增加到2000万个。2018年，沙特交通基建成就显著，全年共完成交通基建项目155个，道路里程超过3300千米。[①]

第一节 交通基础设施

一 公路

公路交通是沙特的主要运输方式。道路总长为19.3万千米，其中公

[①] 中华人民共和国商务部：《对外投资合作国别（地区）指南——沙特阿拉伯（2020）》，http://www.mofcom.gov.cn/dl/gbdqzn/upload/shatealabo.pdf。

路总里程为 5.5 万千米，主要公路里程为 1.5 万千米，支线公路里程为 3.1 千米，二级公路里程为 9500 千米。高速公路总里程超过 5000 千米，目前，沙特双车道公路总长超过 1.2 万千米，国家交通部正在努力将 4.9 万千米的单车道公路改造成双车道公路。铺设的土路长约 14.4 万千米。沙特政府有意升级改造现有的连接沙特和巴林两国的法赫德国王大桥（沙巴跨海大桥）。国际公路网与约旦、也门、科威特、卡塔尔、阿联酋、巴林等国相连。受 2017 年爆发的"卡塔尔危机"的影响，沙特关闭了与卡塔尔的陆路边境，公路网暂不与卡塔尔相连。①

表 I-4-1　　2019 年沙特阿拉伯各省泥土道路情况

省份	现有道路（千米）	新增道路（千米）	总计（千米）	隧道桥梁（座）
利雅得（Al-Riyadh）	4077	40	4117	1052
麦加（Makkah Al-Mokarramah）	5163	91	5254	1075
麦地那（Al-Madinah Al-Monawarah）	6099	94	6193	668
卡西姆（Al-Qaseem）	4173	87	4260	346
东部（Eastern Region）	1555	48	1603	393
阿西尔（Aseer）	11878	42	11920	749
塔布克（Tabouk）	3443	69	3512	219
哈伊勒（Hail）	5929	48	5977	233
北部边疆（Northern Borders）	373	23	396	43
吉赞（Jazan）	1802	26	1828	236
纳季兰（Najran）	1355	0	1355	86
巴哈（Al-Baha）	807	23	830	258
焦夫（Al-Jouf）	1737	21	1758	116
总计	48391	612	49003	5417

资料来源：《沙特阿拉伯统计年鉴（2019）》，沙特阿拉伯国家统计局网站（https://www.stats.gov.sa/en/1006）。

---

① 中华人民共和国商务部：《对外投资合作国别（地区）指南——沙特阿拉伯（2020）》，http://www.mofcom.gov.cn/dl/gbdqzn/upload/shatealabo.pdf。

2019年，沙特新增泥土道路612千米，共有隧道桥梁5417座。其中，阿西尔省、麦地那省和哈伊勒省是道路里程规模较大的省份，分别达到11920千米、6193千米和5977千米，三者道路规模占比近50%。麦加省、利雅得省、阿西尔省是隧道桥梁数量较多的省份，分别达到1075座、1052座和749座，数量占比超过53%。

截至2019年，沙特通车道路里程长73171.26千米，其中单车道为54229.45千米，占比近75%；双车道为14063千米，占比近20%，高速公路和山路里程规模分别达到4781千米和96千米，占比仅为6.7%。从空间分布来看，经济较为发达的利雅得省道路里程最长，达到15843千米，占比达21.7%。道路里程最短的是吉赞省，刚刚超过2000千米，占比不足3%。在高速公路方面，麦加省和利雅得省高速公路规模均

表Ⅰ-4-2　　　　　　2019年沙特阿拉伯通车道路里程　　　　　　（千米）

省份	山路	高速公路	双车道	单车道	总计
利雅得	0	1057	2892	11894	15843
麦加	0	1144	767	5503	7414
麦地那	0	661	811	4893	6365
卡西姆	0	489	649	5653	6791
东部	0	917	2423	4543	7883
阿西尔	49	0	868	5351	6268
塔布克	0	0	1247	3188	4435
哈伊勒	0	347	779	4573	5699
北部边疆	0	0	1271	1383	2654
吉赞	0	0	540	1899	2439
纳季兰	47	0	753	2019	2819
巴哈	0	0	216	1799	2015
焦夫	0	166	847	1532	2545
总计	96	4781	14063	54229	73169

资料来源：《沙特阿拉伯统计年鉴（2019）》，沙特阿拉伯国家统计局网站（https://www.stats.gov.sa/en/1006）。

超过了1000千米，两者合计占比超过45%。沙特还有6个省份没有高速公路，公路空间分布极不均衡。总体而言，沙特高等级公路还有待加强，道路的空间分布与经济社会发展水平呈现较强的正相关关系。

2019年，沙特竣工道路长度共计12479千米。其中，现有道路修复长度为11626千米，单车道道路长474千米，现有双车道道路长273千米，新增双车道道路为90千米，高速公路里程为15千米。从各省分布来看，东部省竣工道路较长，规模超过3800千米，紧随其后的是利雅得省和麦加省，占比分别达到20.8%和14.8%。沙特竣工的高速公路主要分布在卡西姆省和麦地那省，新增双车道道路主要分布在哈伊勒省和纳季兰省，单车道分布最长的省份则是哈伊勒省。

表 I-4-3　　　　2019年沙特阿拉伯竣工道路长度　　　　（千米）

省份	现有道路修复	单车道	现有双车道	新增双车道	高速公路	总计
利雅得	2473	51	78	0	0	2602
麦加	1829	20	0	0	0	1849
麦地那	495	0	14	0	2	511
卡西姆	317	57	0	0	13	387
东部	3823	0	0	0	0	3823
阿西尔	315	54	10	0	0	379
塔布克	442	18	25	0	0	485
哈伊勒	1146	80	0	54	0	1280
北部边疆	46	0	0	0	0	46
吉赞	5	56	18	0	0	79
纳季兰	276	54	66	36	0	432
巴哈	258	30	0	0	0	288
焦夫	201	54	63	0	0	318
总计	11626	474	274	90	15	12479

资料来源：《沙特阿拉伯统计年鉴（2019）》，沙特阿拉伯国家统计局网站（https://www.stats.gov.sa/en/1006）。

2014—2019年，沙特铺设道路和乡村道路总体上呈现稳步上升态势。2014年,沙特铺设的道路总计为6.3万千米,到2019年已达到7.3万千米,年均增幅达到3%,且每年新增道路数量也在不断上升,2019年一年新增铺设道路就超过6700千米。在乡村道路方面,规模从4.6万千米增加至4.9万千米,年均增幅达1.3%,增幅相较新铺设道路有所减缓,每年新增的乡村道路也有所下降,这与沙特国内快速城镇化有一定的关系。

表 I-4-4　2014—2019年沙特阿拉伯铺设道路和乡村道路情况　　　　（千米）

年份	铺设道路 新增道路	铺设道路 总计	乡村道路 新增道路	乡村道路 总计
2014	1359	62735	1594	45723
2015	1677	64412	1688	47411
2016	0	64412	980	48391
2017	1552	65964	0	48391
2018	455	66419	0	48391
2019	6752	73171	612	49003

资料来源:《沙特阿拉伯统计年鉴(2019)》,沙特阿拉伯国家统计局网站(https://www.stats.gov.sa/en/1006)。

在城市道路方面,2019年沙特城市内部道路共有57649千米,在建道路为142040千米,规划道路为40591千米,灯杆数量为255.4万个。其中,利雅得省因城市发展水平较高,现有道路规模最大,是唯一一个道路长度超过8000千米的省份。此外,阿西尔省、麦加省、麦地那省城市内部道路也都超过了6000千米。在建道路和规划道路方面,利雅得省依旧一枝独秀,分别达到29449千米和15239千米。阿西尔省和麦加省的在建和规划道路总计也都超过了2万千米。哈伊勒省目前道路不足4000千米,但在建和规划道路超过1.2万千米,是沙特未来城市道路发展的重点省份。

表Ⅰ-4-5　　　2019年沙特阿拉伯城市内部道路情况

省份	现有道路（千米）	在建道路（千米）	规划道路（千米）	灯杆数量（个）
利雅得	8304	29449	15239	418199
麦加	6221	19045	3231	435454
麦地那	6274	12892	876	131195
卡西姆	5465	11885	2575	247095
东部	5442	15904	921	279064
阿西尔	6812	20940	5384	381396
塔布克	5423	4387	1390	101848
哈伊勒	3907	7973	4402	99226
北部边疆	817	2294	155	51020
吉赞	2705	5503	4213	140269
纳季兰	3575	6046	323	145800
巴哈	1420	2575	1405	71105
焦夫	1284	3147	477	52578
总计	57649	142040	40591	2554249

资料来源：《沙特阿拉伯统计年鉴（2019）》，沙特阿拉伯国家统计局网站（https：//www.stats.gov.sa/en/1006）。

从车辆类型来看，2019年沙特总计有124.1万辆机动车，其中私家车有1012346辆，摩托车有4719辆，公交车有13334辆，货车有182670辆，出租车有25013辆，其他类型车辆有2691辆，私家车是沙特规模最大的车辆类型。从各省份情况来看，私家车最多的省份是利雅得省，占比超过55%，巴哈省私家车最少，仅有912辆。摩托车最多的省份是麦加省，占比近40%。公交车、货车、出租车、其他车辆最多的省份也是利雅得省，而最少的省份则是塔布克省和北部边疆省，有些车辆类型保有量甚至为0。总体而言，沙特车辆主要集中于经济发展水平较高的利雅得省和麦加省，部分车辆类型在边缘地区尚不存在，空间差异极大，不均衡现象较为明显。

表Ⅰ-4-6　　2019年沙特阿拉伯各省份车辆类型情况　　　　　　（辆）

省份	私家车	摩托车	公交车	货车	出租车	其他	总计
利雅得	558203	761	5332	72301	16977	852	654426
麦加	95080	1801	3910	24141	6804	835	132571
麦地那	4113	220	51	1611	0	231	6226
卡西姆	19227	77	446	14530	297	111	34688
东部	259760	1140	1402	36639	885	451	300277
阿西尔	48338	236	1703	19597	30	95	69999
塔布克	4623	0	0	471	0	0	5094
哈伊勒	6243	13	187	3025	6	23	9497
北部边疆	1022	13	0	512	0	1	1548
吉赞	7423	141	22	2249	0	26	9861
纳季兰	3564	10	100	3898	0	20	7592
巴哈	912	16	120	958	9	0	2015
焦夫	3838	291	61	2738	5	46	6979
总计	1012346	4719	13334	182670	25013	2691	1240773

资料来源：《沙特阿拉伯统计年鉴（2019）》，沙特阿拉伯国家统计局网站（https://www.stats.gov.sa/en/1006）。

二　铁路

沙特现有铁路是利雅得—达曼铁路，全长590千米。正在建设的有南北铁路，全长2400千米。规划建设中的麦加—吉达—拉比格—麦地那等城市间的朝觐铁路，全长444千米。2017年，利雅得至哈伊勒客运铁路开通，并计划将其延伸至约旦边境。[1]

2010—2018年，沙特铁路总里程呈现稳步增长态势，从2010年的1412千米增加至2018年的2939千米，增加了1527千米，年均增幅达9.6%。2014年，沙特全国铁路里程首次突破2000千米，2018年已接近3000千米，发展速度极快。

---

[1] 中华人民共和国商务部：《对外投资合作国别（地区）指南——沙特阿拉伯（2020）》，http://www.mofcom.gov.cn/dl/gbdqzn/upload/shatealabo.pdf。

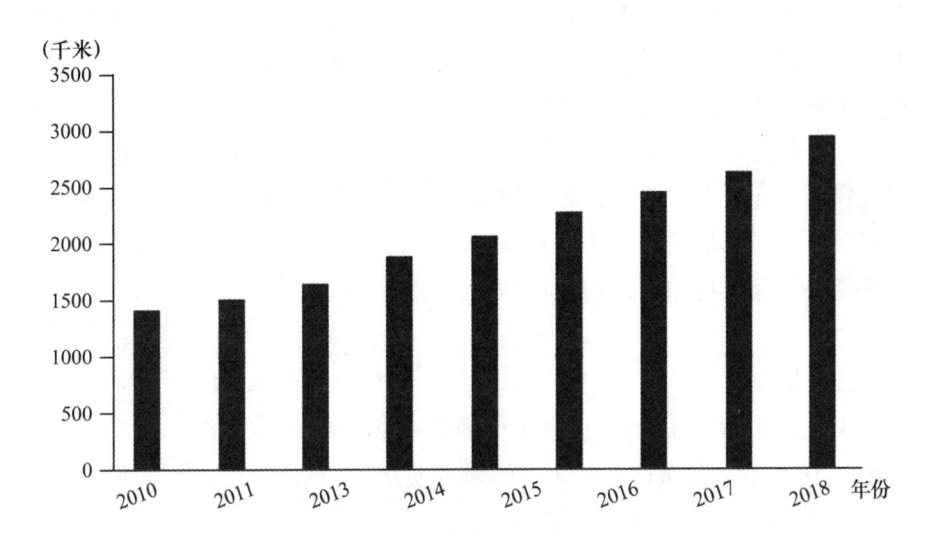

图Ⅰ-4-1　2010—2018年沙特阿拉伯铁路总里程变化情况

资料来源：世界银行数据库，https://data.worldbank.org.cn/indicator。

从铁路运输情况来看，2019年，沙特铁路运输总收入达3.2亿里亚尔（折合约0.86亿美元），其中铁路货运收入达2.2亿里亚尔（折合约0.59亿美元），铁路客运收入达1.0亿里亚尔（折合约0.27亿

表Ⅰ-4-7　　　　2015—2019年沙特阿拉伯铁路运输情况

年份	货运			客运		
	总收入（千里亚尔）	货运量（千吨）	货运周转量（百万吨·千米）	总收入（千里亚尔）	客运量（人次）	客运周转量（人次·千米）
2015	392364	480	2492	73528	1316683	393720550
2016	250138	436	2249	79065	1373694	412297169
2017	238535	369	2074	85043	1484635	447168427
2018	198913	343	1943	94350	1577021	464877055
2019	220494	362	2012	100680	1805216	518385242

资料来源：《沙特阿拉伯统计年鉴（2019）》，沙特阿拉伯国家统计局网站（https://www.stats.gov.sa/en/1006）。

美元)。2015—2019年铁路货运量和货运周转量有所减少,分别从2015年的48万吨、24.92亿吨·千米下降至2019年的36.2万吨、20.12亿吨·千米,降幅分别达到6.8%和5.2%。相反,铁路客运量和客运周转量则有显著提升,至2019年铁路客运量已达180.5万人次,客运周转量则达到5.2亿人次·千米,年均增幅分别达到8.2%和7.1%。总体而言,近年来沙特阿拉伯的铁路货运和铁路收入有所下降,但客运运输能力有了显著提升,客运量和客运周转量增长迅速。

三 航空

沙特共有27个机场,其中4个国际机场、6个地区机场、17个本地机场。2018年,有超过1亿人次的乘客使用沙特机场。与2017年相比乘客数量增加8%,航班数量增长4.1%。

从中国去往沙特的航线有:由沙特航空经营的利雅得—广州直航航线;由中国国际航空公司或阿联酋航空公司经营的北京—迪拜航线由阿联酋航空、沙特航空、纳斯航空(Flynas)等运营的迪拜—利雅得或吉达航线。

2018年,沙特各机场共起飞飞机约77万架次,其中国际航线共起飞飞机23.7万架次,国内航线起飞飞机53.3万架次;飞机货运量约为65万吨,其中国际航线货运量为24.9万吨,国内航线货运量为40.1万吨;飞机客运量为1.03亿人次,其中国际航线客运量为2953.3万人次,国内航线客运量为7381.3万人次。阿卜杜勒阿齐兹国王国际机场飞行架次最多,达24.2万架次,紧随其后的是哈立德国王国际机场(21.2万架次)、法赫德国王国际机场(9.5万架次)。货运量最多的也是阿卜杜勒阿齐兹国王国际机场,2018年达到36万吨,紧随其后的是哈立德国王国际机场(21.3万吨)、法赫德国王国际机场(7.5万吨),其他机场则没有货物运输。在客运量方面,国际航线、国内航线和总量上排名前三的机场均为阿卜杜勒阿齐兹国王国际机场、哈立德国王国际机场、法赫德国王国际机场,三者在国际航线客运、国内航线客运和总客运量上的占比分别达到79.3%、74%和75.5%,几乎维持在四分之三左右,机场运输能力的显示度首位度明显。

表Ⅰ-4-8　　　　　2018年沙特阿拉伯各机场运输情况

机场	国际航线 飞行架次（次）	国际航线 货运量（吨）	国际航线 客运量（万人次）	国内航线 飞行架次（次）	国内航线 货运量（吨）	国内航线 客运量（万人次）
阿卜杜勒阿齐兹国王国际机场	81348	85425	1299.9	160569	275287	2476.1
哈立德国王国际机场	52766	104280	586.6	159388	109981	2321.7
法赫德国王国际机场	41720	58776	454.0	53064	16230	662.8
穆罕默德·本·阿卜杜勒阿齐兹亲王国际机场	27986	0	386.7	32619	0	451.4
塔伊夫国际机场	2980	0	32.1	7887	0	85.4
阿卜哈国际机场	3054	0	35.0	31973	0	401.8
哈伊勒国际机场	1680	0	16.7	10717	0	91.2
阿卜杜拉·本·阿卜杜勒阿齐兹国王国际机场	2051	0	20.1	20652	0	263.6
纳耶夫·本·阿卜杜勒阿齐兹亲王国际机场	7231	0	66.8	7920	0	98.4
苏丹·本·阿卜杜勒阿齐兹亲王国际机场	1918	0	18.6	14096	0	160.1
阿卜杜勒莫辛·本·阿卜杜勒阿齐兹国王国际机场	2816	0	30.8	4068	0	38.8
焦夫国际机场	1390	0	12.4	3884	0	47.1
哈萨国际机场	6072	0	9.9	890	0	8.0
其他机场	4261	578	5.7	25317	0	274.9
总计	237273	249059	2953.3	533044	401498	7381.3

资料来源：《沙特阿拉伯统计年鉴（2019）》，沙特阿拉伯国家统计局网站（https://www.stats.gov.sa/en/1006）。

从主要机场的货运情况来看，阿卜杜勒阿齐兹国王国际机场的货运量最大，2018年达到35.4万吨，2019年为36.7万吨，增加了3.7%；其中，国内运输增加7.2%，国际运输增加3.3%。排在之后的哈立德国王国际机场和法赫德国王国际机场货运量出现不同程度的下降，降幅分别达到 6.4% 和 33.3%。其余机场的货运量很小，不具备货运承载功能。

表 I-4-9　2018 年、2019 年沙特阿拉伯主要国际机场货运量情况　　　（吨）

机场	国内运输 2018	国内运输 2019	国际运输 2018	国际运输 2019	总计 2018	总计 2019
哈立德国王国际机场	24899	25156	209167	193885	234067	219041
阿卜杜勒阿齐兹国王国际机场	33116	35449	320543	331508	353659	366957
法赫德国王国际机场	14870	12144	100830	64984	115700	77128
哈伊勒机场	301	0	0	0	301	0
纳伊夫·本·阿卜杜勒阿齐兹亲王机场	17467	0	2531	0	19998	0
哈萨机场	41	6	14	0	55	6
总计	90694	72755	633085	590377	723780	663132

资料来源：《沙特阿拉伯统计年鉴（2019）》，沙特阿拉伯国家统计局网站（https：//www.stats.gov.sa/en/1006）。

从航空公司的情况来看，沙特阿拉伯航空公司（Saudi Arabian Airlines）一枝独秀，在客运能力上占据重要地位，2019 年运输量达 35.11 万吨，占国内主要航空公司的 65.9%；客运量达到 5055.98 万人次，占国内主要航空公司的 68.5%。排第二位的纳斯航空 2019 年运输量达到 9.95 万吨，客运量超过 1200 万人次，占比分别达到 18.7% 和 16.8%。排第三位的沙特廉航（Flyadeal）运输量和客运量则分别为 5.68 万吨和 870.8 万人次。

表 I-4-10　　2019 年沙特阿拉伯主要航空公司运输情况

航空公司	运输量（吨）	客运量（人次）
沙特廉航（Flyadeal）	56832	8707985
海湾航空（SaudiGulf Airlines）	17963	1875369
内斯马航空（Nesma Airlines）	7652	275431
纳斯航空（Flynas）	99479	12394570
沙特阿拉伯航空（Saudi Arabian Airlines）	351118	50559767

资料来源：《沙特阿拉伯统计年鉴（2019）》，沙特阿拉伯国家统计局网站（https：//www.stats.gov.sa/en/1006）。

四 水运港口

沙特各大港口总共拥有 183 个泊位，年总吞吐量达 1.5 亿吨，其中进口货物为 0.67 亿吨，出口货物为 0.87 亿吨，占沙特进出口总额的 95%。集装箱每年装卸总量为 200 万标准箱，每年到访沙特港口的船舶达 1200 艘次。

沙特现有港口主要分布在红海沿岸和阿拉伯海湾沿岸，分别为西海岸——吉达港、吉赞港、延布港；东海岸——达曼港、朱拜勒港、拉斯坦努拉港以及在建的扎瓦尔港。

2015—2019 年，沙特主要港口货物卸货量呈现不断下降的趋势，卸货总量从 2015 年的 7666.6 万吨减少到 2019 年的 6474.9 万吨，年均降幅达到 4.1%。其中，水泥卸货量的下降幅度最大，达到 24.5%，排第二位的设备卸货量降幅达到 17.7%，食品、建筑材料、车辆的降幅也分别达到 4.5%、9.2% 和 7.8%，只有一般货物的卸货量有微弱增长，增幅仅为 0.1%。

2019 年，沙特主要商业港口的卸载货物中，一般货物和食品的卸货规模最大，分别达到 2671.2 万吨和 2302.6 万吨，占所有货物卸货量的 41.3% 和 35.6%。相反，水泥、设备等物品在沙特港口的卸货量仅有 21.5 万吨和 23.8 万吨，两者占比仅为 0.3%。这也从侧面看出，沙特的经济社会发展水平较为落后，进出口商品结构有待调整。

表 I-4-11　2015—2019 年沙特阿拉伯主要商业港口货物卸货量　　（吨）

货物类型	2015	2016	2017	2018	2019
食品	27697544	28212233	28360632	27490172	23026400
水泥	661040	560050	393684	357153	215348
建筑材料	17785274	14738068	10932346	10401827	12108795
车辆	3388251	2486714	2156465	2138049	2448647
设备	520447	509702	362139	244787	238230
一般货物	26613805	26405270	28621319	27066739	26711595
总计	76666361	72912037	70826585	67698727	64749015

资料来源：《沙特阿拉伯统计年鉴（2019）》，沙特阿拉伯国家统计局网站（https://www.stats.gov.sa/en/1006）。

2015—2019 年，沙特港口货物进出口规模呈稳步上升态势，规模总量从 1.34 亿吨上升至 1.65 亿吨，年均增幅达 5.3%。其中，货物出口规模从 0.25 亿吨上升至 0.52 亿吨，货物进口规模从 1.09 亿吨上升至 1.14 亿吨，年均增幅分别达到 20.1% 和 1.1%。

出口货物主要有工业原料、生铁、精炼石油产品，规模分别达到 3300.6 万吨、712.3 万吨和 1034.2 万吨，而重型货物和其他货物出口规模很小。沙特货物出口类型和规模与沙特本国的资源禀赋、经济产业特性密切相关，且每年的工业原料、精炼石油产品出口规模都在逐步扩大，年均增幅分别达到 41.5% 和 9.5%。

表 I-4-12　　2015—2019 年沙特阿拉伯主要港口货物进出口规模　　　（吨）

货物类型	2015	2016	2017	2018	2019
出口					
工业原料	8338441	27642268	30143239	32767933	33005660
重型货物	0	0	0	0	0
生铁	7455438	6958353	7063381	6850994	7122801
建筑材料	668622	76705	62785	181654	0
精炼石油产品	7195307	7424662	7427059	10189306	10342381
其他货物	1259965	1054937	1666855	1501585	1312816
进口					
石油化工产品	17489799	18010025	18448448	18337470	18945787
精炼石油产品	48527568	34163573	58624725	57908609	53813365
燃料油	12458039	12392533	11004593	11512905	11847440
液态天然气	2684174	3352108	3047530	3201438	3575222
硫磺	2932160	3272215	3476907	3184515	3004262
尿素	6058735	6712928	7032327	8637812	8928792
其他货物	18628540	12088411	17547225	14113095	13485832
总计	133696788	133148718	165545074	168387316	165384358

资料来源：《沙特阿拉伯统计年鉴（2019）》，沙特阿拉伯国家统计局网站（https://www.stats.gov.sa/en/1006）。

在进口货物方面，尿素进口增长幅度最大，增幅达到10.2%；排第二位的液态天然气进口增幅达到7.4%，石油化工产品、精炼石油产品进口增幅也超过了2%；相反，其他货物和燃料油进口则呈现出下降态势，年均降幅分别为7.8%和1.2%。

2016—2019年，沙特阿拉伯主要港口船舶到港次数从8649次下降至5104次，降幅超过12%。其中，吉达港降幅最大，达到25.3%，但2019年仍是沙特到港船舶次数最多的港口，占比达27.3%。2019年，达曼港、蒂芭港的船舶到港次数排在吉达港之后，分别达到1191次和749次，两者占比分别为23.3%和14.7%。

表 I－4－13　2016—2019年沙特阿拉伯主要港口船舶到港次数　　（次）

港口	2016	2017	2018	2019
拉斯坦努拉（Ras Tanura）	194	232	90	128
拉斯阿尔海特（Ras Alkhir）	26	32	73	43
法哈德国王朱拜勒产业港（King Fahd Industrial Port in Jubail）	226	241	572	329
法哈德国王延布产业港（King Fahd Industrial Port in Yanbu）	377	367	295	426
蒂芭（Dhiba）	1003	956	695	749
吉赞（Jazan）	251	90	231	314
朱拜勒（Jubail Commercial Port）	380	461	286	419
延布（Yanbu Commercial Port）	144	142	74	113
达曼（Dammam）	1575	1509	699	1191
吉达（Jeddah Seaport）	4473	4097	19	1392
总计	8649	8127	3034	5104

资料来源：《沙特阿拉伯统计年鉴（2019）》，沙特阿拉伯国家统计局网站（https://www.stats.gov.sa/en/1006）。

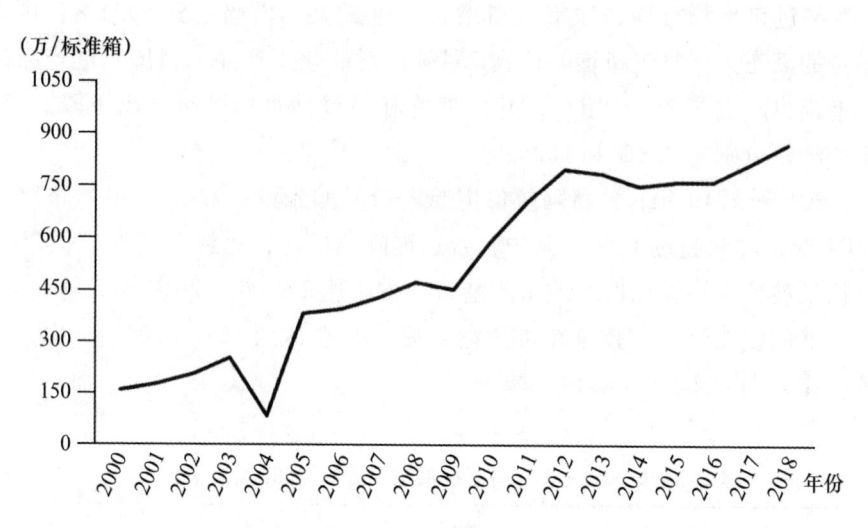

图 I-4-2 2000—2018 年沙特阿拉伯港口集装箱吞吐量

资料来源：世界银行数据库，https://data.worldbank.org.cn/indicator。

2000—2018 年，沙特港口集装箱吞吐量呈现出快速的波动上升趋势，从 2000 年的 150 万标准箱增加至 2018 年的接近 900 万标准箱，年均增幅超过 56%。从时间段来看，2004 年出现大幅下降，2008—2009 年受金融危机影响也有短暂小幅下降，2012—2017 年则呈现出较为平稳的下降态势，其余时间段均呈现出快速上升的态势。总体而言，沙特港口运输和集装箱吞吐量规模日益扩大，发展潜力和空间都十分广阔。

第二节 通信基础设施

在通信方面，沙特电信公司（STC）是沙特国有电信管理公司，除此之外，沙特还有 MOBILY、ZAIN、VIRGIN 等私营移动电话运营公司。据沙特通信技术委员会公布的数据，2018 年底沙特移动用户为 4130 万户，同比增长 2.7%，市场普及率为 126.9%，其中预付费用户占 68.8%；固定电话通信用户为 312 万户，下降 14.3%，普及率为 31.8%。[①]

[①] 中华人民共和国商务部：《对外投资合作国别（地区）指南——沙特阿拉伯（2020）》，http://www.mofcom.gov.cn/dl/gbdqzn/upload/shatealabo.pdf。

从发展历程来看，2000—2018 年，沙特每百人拥有固定电话数从 15.2 部增加至 16 部，年均增速达 0.6%；每百人拥有移动电话数从 188 部减少到 122.6 部，年均降幅为 5.2%；每百人宽带订阅数在 2010 年不足 7 部，至 2018 年已超过 20 部，为 20.2 部，年均增幅近 16%；每百万人拥有安全互联网服务器数增加了 150 个，至 2018 年已达到 162 个。总体而言，沙特基础通信发展水平取得明显进步，未来发展前景广阔。

表Ⅰ-4-14　　　　2000—2018 年沙特阿拉伯通信情况

年份	每百人拥有 固定电话数（部）	每百人拥有 移动电话数（部）	每百人宽带 订阅数（部）	每百万人拥有安全 互联网服务器（个）
2010	15.2	188.0	6.2	13
2011	16.4	191.0	6.9	20
2012	16.5	181.8	8.7	40
2013	16.4	176.7	11.2	52
2014	14.9	170.6	15.8	71
2015	11.8	166.5	20.0	89
2016	13.1	147.7	19.7	106
2017	14.1	121.5	20.1	167
2018	16.0	122.6	20.2	162

资料来源：世界银行数据库，https：//data.worldbank.org.cn/indicator；《沙特阿拉伯统计年鉴（2019）》，沙特阿拉伯国家统计局网站（https：//www.stats.gov.sa/en/1006）。

2019 年，沙特全国互联网普及率达 93.31%，宽带服务用户达 190.1 万人，固定电话线路达 312.3 万条。从各省情况来看，除麦地那省、焦夫省、吉赞省互联网普及率不足 90% 外，其他省份均已超过 90%。其中，东部省互联网普及率最高，达到 96%。宽带服务用户较多的省份是利雅得省、麦加省和东部省，规模分别达到 59.18 万人、50.75 万人和 36.06 万人，这与当地经济发展和人口数量密不可分。同样地，固定电话线路较多的也是这三个省，规模分别达到 120.8 万条、73.7 万条和 58 万条。

表Ⅰ-4-15　2019年沙特阿拉伯各省固定电话和互联网普及率

省份	互联网普及率（%）	宽带服务用户（人）	固定电话线路（条）
利雅得	93	591800	1208026
麦加	94	507540	737123
麦地那	86	92770	122232
卡西姆	95	68000	98373
东部	96	360558	579526
阿西尔	92	92834	142862
塔布克	94	39126	47384
哈伊勒	89	24935	32329
北部边疆	94	14669	18518
吉赞	87	47246	49236
纳季兰	94	24217	32293
巴哈	90	21164	33100
焦夫	88	16447	22011
全国	93.31	1901306	3123013

资料来源：《沙特阿拉伯统计年鉴（2019）》，沙特阿拉伯国家统计局网站（https://www.stats.gov.sa/en/1006）。

2014—2018年，沙特固定电话线路比例呈现出波动下滑趋势，至2018年已降至55.3%，人群渗透率和家庭渗透率也分别下降了1.5个百分点和13.2个百分点。线路总条数从362万条下降至312万条，年均降幅达3.6%，但商业线路随着沙特本国社会经济的发展呈现出快速增长态势，年均增幅超过6%，到2018年已达139.7万条，固定线路则降至172.6万条。

2015—2019年，沙特移动语音服务业务有所下降，宽带订阅数年均下降1.7%，至2019年已不足3000万部。移动电话总订阅数从4710.5万部下降至4163万部，年均降幅达3.0%，人群渗透率也从149.4%下降至124.6%，下降了25.8个百分点。其中，移动电话预付订阅下降明显，四年间下降了1200万部，但售后订阅却呈现出快速增长态势，年均增幅近17%。

表Ⅰ-4-16　　2014—2018年沙特阿拉伯固定电话服务情况

年份	固定电话线路比例（%）	人群渗透率（%）	家庭渗透率（%）	线路总数（条）	商业线路（条）	固定线路（条）
2014	69.9	10.8	45.0	3620000	1090000	2530000
2015	52.0	11.2	34.0	3751914	1800919	1950995
2016	48.0	10.9	32.3	3637442	1891470	1745972
2017	52.0	10.8	31.6	3619352	1737289	1882063
2018	55.3	9.3	31.8	3123035	1397183	1725852

资料来源：《沙特阿拉伯统计年鉴（2019）》，沙特阿拉伯国家统计局网站（https://www.stats.gov.sa/en/1006）。

表Ⅰ-4-17　　2015—2019年沙特阿拉伯移动语音服务情况

年份	宽带订阅数（部）	人群渗透率（%）	移动电话总订阅数（部）	移动电话预付订阅（部）	移动电话售后订阅（部）
2015	31510239	149.4	47104880	39415871	7689009
2016	23883685	137.5	43650868	35787089	7863779
2017	29714029	126.7	40210965	30103639	10107326
2018	29145833	126.9	41310584	28416796	12893788
2019	29450000	124.6	41630000	27410000	14220000

资料来源：《沙特阿拉伯统计年鉴（2019）》，沙特阿拉伯国家统计局网站（https://www.stats.gov.sa/en/1006）。

在邮政方面，沙特邮政公司（SPC）是沙特专门从事邮政业务的机构。从邮局分布情况来看，2015—2019年沙特邮局数量变化不大，基本稳定在530家左右。其中，北部边疆省、纳季兰省的增幅较大，分别达到16.4%和14.4%。这些经济社会发展水平相对落后的省份，在近年来沙特政府的重点投入下，邮局数量增长很快，通信基础设施也越发完善。2019年，利雅得省、麦加省、东部省的邮局数量较多，占全国的比重分别达到26.4%、16.0%和13.8%，三者邮局数量占比接近60%，这与当地经济发展水平和人口规模密不可分。

表Ⅰ-4-18　　2015—2019年沙特阿拉伯各省份邮局数量　　　　　　（家）

省份	2015	2016	2017	2018	2019
利雅得	124	124	121	121	140
麦加	86	92	88	87	85
麦地那	23	23	23	23	25
卡西姆	52	53	49	48	33
东部	81	83	83	83	73
阿西尔	63	64	63	62	56
塔布克	12	12	12	12	13
哈伊勒	17	20	20	20	24
北部边疆	6	8	7	8	11
吉赞	26	25	25	25	28
纳季兰	7	7	7	7	12
巴哈	20	21	21	21	21
焦夫	14	14	13	12	9
全国	531	546	532	529	530

资料来源：《沙特阿拉伯统计年鉴（2019）》，沙特阿拉伯国家统计局网站（https://www.stats.gov.sa/en/1006）。

2019年，沙特邮政邮箱代理有421个，邮政信箱订阅数有51.9万个，邮政机构数量达54家，邮局数量有530家。其中，利雅得省的邮政信箱代理、邮政信箱订阅、邮政机构和邮局数均位列首位，分别达到105个、15.2万个、27家和140家，占比分别达到24.9%、29.3%、50.0%和26.4%，首位度明显。其余邮政服务机构较多的省份还有东部省、麦加省、阿西尔省。

2014—2019年，沙特包裹业务全面发展，从35.2万件迅猛增加至148.6万件，年均增幅高达33.3%。其中，国内包裹增长最为明显，年均增幅近45%，至2019年已达83.8万件，入境包裹增幅也超过30%，从2014年的13.6万件增加至52.6万件。离境包裹增速稍慢，增幅为7.8%。

表Ⅰ-4-19　　　　2019年沙特阿拉伯邮政服务情况　　　　　　（家）

省份	邮政信箱代理（个）	邮政信箱订阅（个）	邮政机构（家）	邮局（家）
利雅得	105	152355	27	140
麦加	60	95891	6	85
麦地那	18	28613	1	25
卡西姆	33	17475	2	33
东部	74	110493	16	73
阿西尔	45	34384	2	56
塔布克	9	13100	0	13
哈伊勒	17	18801	0	24
北部边疆	7	7255	0	11
吉赞	19	14469	0	28
纳季兰	4	6950	0	12
巴哈	19	9450	0	21
焦夫	11	9869	0	9
全国	421	519105	54	530

资料来源：《沙特阿拉伯统计年鉴（2019）》，沙特阿拉伯国家统计局网站（https：//www.stats.gov.sa/en/1006）。

表Ⅰ-4-20　　　　2014—2019年沙特阿拉伯包裹业务情况　　　　　　（件）

年份	国内包裹	入境包裹	离境包裹	总计
2014	132332	135832	83803	351967
2015	227066	182457	97007	506530
2016	272146	191082	156574	619802
2017	386427	189814	155051	731292
2018	564534	498480	155428	1218442
2019	837948	526238	122065	1486251

资料来源：《沙特阿拉伯统计年鉴（2019）》，沙特阿拉伯国家统计局网站（https：//www.stats.gov.sa/en/1006）。

第三节　能源基础设施

沙特电力公司电力年销售额为2122.63亿千瓦时，装机容量为40858兆瓦，基本可以满足工农业生产和居民生活用电的需求。[①] 中资企业前往投资设厂无须自备发电设备。

沙特积极参与海合会六国电网互联互通项目。2011年，沙特与阿联酋之间实现了电网互联。此外，沙特正与埃及研究两国间架设3GW输电线路事项，以利用高峰差错峰用电。

从发展历程来看，2000—2015年沙特天然气发电量占比从46%大幅增加到55.8%，上升了9.8个百分点；石油发电量占比从27.7%下降至20.4%，下降了7.3个百分点；煤炭发电量一直为零。火力发电量总占比从2000年的73.7%上升至2015年的76.2%。其他能源发电量占比从2000年的26.3%小幅下降到2015年的23.8%。此外，囿于国内特殊的地理条件和资源禀赋，沙特水力发电量占比一直为零。总体而言，沙特现阶段的能源供应主要还是依靠不可再生的石油、天然气等能源，水力、风电、地热等清洁能源和可再生能源基础设施建设陷入停滞，沙特能源基础设施的发展水平仍有待提高。

表Ⅰ-4-21　2000—2015年沙特阿拉伯各能源基础设施发电量情况　　（%）

年份	煤炭发电量占比	石油发电量占比	天然气发电量占比	水力发电量占比	其他能源发电量占比
2000	0	27.7	46.0	0	26.3
2001	0	28.6	52.5	0	18.9
2002	0	27.8	55.8	0	16.4
2003	0	31.9	54.8	0	13.3
2004	0	30.1	56.9	0	13.0

（火力发电占比）

[①] 中华人民共和国商务部：《对外投资合作国别（地区）指南——沙特阿拉伯（2020）》，http://www.mofcom.gov.cn/dl/gbdqzn/upload/shatealabo.pdf。

续表

年份	火力发电占比			水力发电量占比	其他能源发电量占比
	煤炭发电量占比	石油发电量占比	天然气发电量占比		
2005	0	30.1	56.5	0	13.4
2006	0	32.4	53.3	0	14.3
2007	0	35.4	50.2	0	14.4
2008	0	35.3	48.8	0	15.9
2009	0	27.8	44.8	0	27.4
2010	0	24.1	46.1	0	29.8
2011	0	26.5	43.3	0	30.2
2012	0	27.7	44.7	0	27.6
2013	0	24.0	52.8	0	23.2
2014	0	23.9	51.2	0	24.9
2015	0	20.4	55.8	0	23.8

资料来源：世界银行数据库，https：//data.worldbank.org.cn/indicator。

第四节　基础设施规划与发展

沙特负责交通基础设施建设的主要政府部门为交通运输部，其职责为路网设计、建造、维护，协调铁路等其他交通工具路面运输，同时制定交通基础设施规划。

在公路方面，沙特国内运输以公路为主，第一个五年规划就把公路列为首要发展的领域。沙特规划建设总长 6400 千米的高速公路，计划修建的复线公路长达 4.9 万千米，平整土路工程达 14.4 万千米。

在铁路方面，2013 年至 2023 年，沙特将投资 450 亿美元建设全国铁路网，建成包括沙特大陆桥连线、南北线等在内的 6 条铁路干线，全长约 7000 千米，2014 年铁路客运量达 337 万人次。2004 年第 25 届海合会首脑会议批准建设海湾联合铁路项目。2014 年，海合会六国开始建设总长约 2117 千米的海湾铁路，预算总投资约 255 亿美元，该铁路 2019 年初已投入运营。它沿波斯湾从南部的阿曼一直连接到北部的科威特，并与海湾国家内陆铁路相连接形成网状。

在管道运输方面，沙特境内管道主要用于输送陆地和海上石油及天然气，石油天然气化工产品、海水淡化水等。因沙特工业实施本地化政策，未来管道运输领域产品本地化缺口较大，加之已有管道使用期限届满亟待更换，该领域产能需求强烈。

在港口水运方面，沙特港务局负责沙特港口的运营和管理，并负责监管和制订政策和计划。沙特各港口配备了全球最先进的基础设施和机器设备，未来随着港口运力需求的不断增长，各主要港口将逐步扩建。此外，沙特公共交通署和沙特港务局执行沙特交通部职责，负责沙特海运事务管理运行，主要业务包括港口建设、船舶建造、航运公司等。海运领域承担沙特95%的进出口量，私营部门发挥着越来越重要的作用。目前，中沙两国正计划商签海运合作协议。

在机场航运方面，沙特民用航空管理局宣布，利雅得哈立德国王国际机场从2013年的起降1200万架次扩容至2023年的3500万架次。该项目包括新建一个航站楼（即5号航站楼，已于2017年投入使用），改扩建现有的4号航站楼。

在电信方面，沙特是阿拉伯地区最具竞争力的电信市场，电信行业年收入约为183.54亿美元，全球排第十四名，中东地区排第一名。随着沙特"智慧城市"规划的实施，沙特电信领域联通工程规模持续增长，未来电信行业对技术和成本的要求越来越高。目前，沙特已为华为和中兴两家中资企业颁发了外商投资全营业许可证。

在电力能源方面，沙特计划到2030年生产950万千瓦的可再生能源电力。这项最新的经济改革是沙特"2030愿景"计划的一部分，旨在减少对石油的依赖。沙特拟在2030年以前新建16座核电站，耗资约1000亿美元，总发电量可达220亿瓦/年，届时将占沙特全国发电总量的50%。2016年1月，习近平主席访问沙特期间，中国核工业建设集团公司（简称"中核建"）与阿卜杜拉国王原子和可再生能源城签署了《沙特高温气冷堆项目合作谅解备忘录》，双方确认开展第四代先进核能技术高温气冷堆项目合作。

在供水方面，为满足人口增长所带来的供水需求，沙特政府计划在未来10年投资660亿美元用于供水基础设施建设。这一10年计划包括在拉比格建设世界上最大的淡化水厂，该厂由沙特海水淡化公司（SWCC）监管，预计日产淡化水60万立方米。另外，沙特国家供水公司计划于3年内在吉达建设1家1200万立方米的储水厂，以解决该市400万人口的用水紧缺问题。

在基础设施投融资方面，一般来讲，沙特政府部门是基础设施项目业主。自2016年以来，由于财政紧张，业主不按合同支付预付款、拖欠工程进度款、拖延验收支付项目尾款等问题大量发生，给承包企业造成了较大的资金压力。部分承包企业不得不停工或寻求短期商业贷款。2018年以来，随着财政状况的改善，沙特政府偿付了大部分拖欠资金。

沙特允许外国投资者参与当地基础建设投资，但尚不允许外国投资者独资投资基础设施。此外，沙特正逐步放开基础设施投资限制，从国有投资向公私合营投资发展。沙特允许外国投资者参与当地基础建设投资的方式目前以BOT（建设—经营—移交）和EPC（设计—采购—施工）为主。自2016年下半年以来，沙特积极推进PPP（公私合营）合作模式，并出台了相关法律规定。但PPP模式需要高度完善的法治环境，目前推出的项目主要为海水淡化、污水处理项目、医院项目。中资企业对此模式尚持观望态度。[1]

---

[1] 中华人民共和国商务部：《对外投资合作国别（地区）指南——沙特阿拉伯（2020）》，http://www.mofcom.gov.cn/dl/gbdqzn/upload/shatealabo.pdf。

第五章 产业发展

沙特阿拉伯被国际货币基金组织定位为和中国、土耳其、俄罗斯、印度并列的新兴经济体,被世界银行定位为非经合组织中的高收入国家。沙特是阿拉伯世界中经济规模最大的国家,位居全球20大经济体行列,石油产业是其经济命脉。近年来,沙特在"2030愿景"框架下进行的社会经济转型势头吸引了国际社会的关注。世界银行数据显示,2019年,沙特GDP达7039.5亿美元(以2010年不变价计算),GDP增速为0.331%,自2011年以来GDP增长呈持续波动减速态势。近十年来,沙特第一、第二、第三产业结构占比分别保持在2%、58%和40%左右。农业主要以产小麦、大麦、玉米等为主,第二产业以石油产业为主,石油产业是沙特经济的支柱产业,其他工业基础相对薄弱,第三产业——服务业主要以旅游业为主,信息通信服务近年来发展较快。

第一节 产业结构演变

沙特三大产业主要包括以农业为主的第一产业、以工业为主的第二产业和服务业,其中农业占比非常小,主要以工业和服务业为主。本节针对沙特三大产业的历史演变、三大产业主要的发展情况进行分析。

一 三大产业结构演变

沙特第一产业、第二产业和第三产业的增加值结构、就业结构呈现出类似的发展趋势特征。增加值规模以服务业增长相对平稳,第二产业波动较大,三大产业增加值结构占比在2%、58%和40%左右,就业结构占比在3%、24%和72%左右。

（一）增加值规模和结构

从三大产业增加值规模来看，1970年以来，沙特三大产业增长渐趋平稳，20世纪90年代以来的增速显著小于20世纪70年代。20世纪60年代至80年代，由于大力实施补贴政策，导致沙特农业迅速增长。但是逆市场而行的高额农产品补贴政策难以长期推行，且沙特干旱气候本身不适合农业发展，20世纪90年代之后，沙特农业发展迅速减缓，但除了1978年、1979年两年受到恶劣天气影响而出现负增长之外，其他年份均保持着稳步增长。90年代以后，随着石油经济的发展壮大，农业逐渐式微，除了2010年和2011年受到天气利好条件的刺激之外，农业基本上保持1%—2%的缓慢增长态势，2019年农业增加值达614.1亿里亚尔，较上年仅增长1.31%。

沙特工业主要以石油工业为主，第二产业发展趋势和世界油价趋势息息相关，随着油价升降而几经起伏。20世纪70年代，在油价飙升期间，第二产业产值迅速增长，80年代随着工业化国家经济衰退，世界石油需求减少，沙特第二产业产值萎缩幅度一度高达29%，直到1986年油价跌至谷底，世界石油需求逐渐回升而得以缓慢复苏。在此后数十年里，沙特第二产业产值起起伏伏，无一不受到油价波动的明显影响，"石油依赖症"也因此成为沙特工业发展的突出特征。近年来，沙特第二产业产值时升时落，2019年增加值达14741.21亿里亚尔，逆转上年增长态势，较上年减少2.6%。

沙特第三产业即服务业发展相对于第二产业的大起大落而言相对较为平稳。受旅游业、信息通信技术服务等部门的带动，沙特第三产业在2004—2013年一度实现年均7.6%的高速增长，此后增速放缓，近五年来保持在3%左右。2019年第三产业增加值达10879.43亿里亚尔，连续三年实现快速增长，较上年增长4.4%。

从三大产业结构占比来看，20世纪70年代以来，沙特三大产业结构发生了显著变化。以石油工业为主的第二产业份额显著缩小，从1970年的81.41%缩小至2019年的56.19%，而由旅游业、信息通信业等服务业构成的第三产业占比逐渐增加，从1970年不足20%提高至2019年的40%以上。近十年来，沙特三产结构占比保持在2%、58%和40%左右，相较于此前石油产业占比高达80%以上的结构而言，已经得到了显著优化，体现了沙特产业朝着多元化方向缓慢发展的趋势。

表 I-5-1　　沙特三大产业增加值规模演变（1970—2019）

年份	第一产业 增加值（亿里亚尔）	第一产业 增速（%）	第二产业 增加值（亿里亚尔）	第二产业 增速（%）	第三产业 增加值（亿里亚尔）	第三产业 增速（%）
1970	64.37	—	3909.97		828.19	—
1980	121.72	12.80	10537.90	5.02	2624.67	8.08
1990	341.64	2.80	7459.48	22.70	3111.47	2.00
2000	419.45	3.91	9708.29	7.01	3983.98	3.40
2005	450.88	1.06	11610.42	4.83	5143.57	7.62
2006	455.44	1.01	11662.98	0.45	5561.36	8.12
2007	464.31	1.95	11521.96	-1.21	6015.50	8.17
2008	470.48	1.33	12122.02	5.21	6515.13	8.31
2009	475.33	1.03	11278.37	-6.96	6973.54	7.04
2010	522.98	10.02	11564.60	2.54	7573.50	8.60
2011	545.65	4.33	12947.48	11.96	8129.15	7.34
2012	560.96	2.81	13586.37	4.93	8624.15	6.09
2013	579.36	3.28	13616.59	0.22	9199.13	6.67
2014	593.82	2.49	14042.11	3.13	9612.80	4.50
2015	597.44	0.61	14750.39	5.04	9893.29	2.92
2016	601.22	0.63	15096.63	2.35	9971.42	0.79
2017	604.22	0.50	14734.76	-2.40	10159.22	1.88
2018	606.17	0.32	15133.95	2.71	10420.58	2.57
2019	614.10	1.31	14741.21	-2.60	10879.43	4.40

说明：表中"增加值"均指以2010年不变价计算的各产业增加值；如无特殊说明，本章里亚尔均指沙特阿拉伯里亚尔；沙特中央统计局测算的第三产业增加值减去了银行服务收费估值。由于篇幅所限，仅给出主要年份。下表同。

资料来源：沙特中央统计局国民账户，https://www.stats.gov.sa/en/823。

表 I-5-2　　沙特三大产业增加值结构演变（1970—2019）　　（%）

年份	第一产业	第二产业	第三产业
1970	1.34	81.41	17.24
1980	0.92	79.33	19.76
1990	3.13	68.36	28.51
2000	2.97	68.80	28.23
2005	2.62	67.48	29.90
2006	2.58	65.97	31.46
2007	2.58	64.00	33.42
2008	2.46	63.44	34.10
2009	2.54	60.22	37.24
2010	2.66	58.82	38.52
2011	2.52	59.88	37.60
2012	2.46	59.66	37.87
2013	2.48	58.20	39.32
2014	2.45	57.91	39.64
2015	2.37	58.44	39.20
2016	2.34	58.81	38.85
2017	2.37	57.79	39.84
2018	2.32	57.85	39.83
2019	2.34	56.19	41.47

资料来源：沙特中央统计局国民账户，https://www.stats.gov.sa/en/823。

（二）就业结构

沙特近十年来总人口数达3000万人左右，2019年达3400万人，但由于存在大规模非正式就业和统计误差等因素，实际纳入三次产业统计的正式就业总人口数仅为四分之一左右。从三大产业就业结构来看，1991年至2020年，沙特第一产业就业占比逐渐从7.84%降至2.31%，第二产业就业占比逐渐从26.13%降至24.79%，第三产业就业占比从66.03%逐渐提高至72.9%。从总体上讲，沙特第一产业就业占比一直较低，近30年来更是逐渐减小至2%左右；自1991年以来第二产业就业占比波动非常小，基本较为稳定。第一产业就业人员多流入由旅游业等带动起来的第三产业，第三产业就业人数相对增加较多（见表Ⅰ-5-3）。

表Ⅰ-5-3　　沙特三大产业就业结构演变（1991—2020）

年份	就业总人数* （千人）	就业结构（%） 第一产业	第二产业	第三产业
1991	4777.23	7.84	26.13	66.03
1995	5228.36	7.08	23.47	69.46
2000	6067.57	6.12	19.86	74.02
2005	7471.35	4.14	20.43	75.43
2010	9334.11	4.17	21.14	74.69
2011	9953.40	4.25	22.07	73.68
2012	10682.31	4.35	22.90	72.75
2013	11312.23	4.45	23.76	71.79
2014	11837.19	5.26	23.03	71.71
2015	12448.76	6.10	22.73	71.17
2016	12839.03	4.97	24.49	70.54
2017	13024.37	3.56	24.64	71.79
2018	13172.81	2.52	24.79	72.69
2019	13534.85	2.40	24.68	72.92
2020	13868.34	2.31	24.79	72.90

*　根据世界银行的定义，劳动力总数包括所有年满15周岁、符合国际劳工组织对从事经济活动人口所作定义的群体，既包括就业者，也包括失业者。

资料来源：截至2020年9月世界银行数据库公布的基于国际劳工组织测算的三次产业就业结构数据。

二　三大产业概况

总体来看，沙特农业发展受到自然气候条件的较大限制，西南部的吉赞农业区和提哈马平原是主要农业区。沙特工业主要以石油工业为主，近年来沙特政府也开始注重经济多元化，试图振兴工业部门。服务业在沙特经济中的地位越来越重要，是沙特"2030愿景"的重要发展部门。

(一) 农业概况

1. 基本情况

沙特除西南高原和北方地区属亚热带地中海气候外，其他地区均属热带沙漠气候，且夏季炎热干燥，最高气温可达50℃以上，年平均降雨量不超过200毫米，70%的面积为半干旱荒地或低级草场，可耕地面积只占土地面积的1.6%，约为345万公顷。永久性草地约为378.5万公顷，占土地面积的1.9%。森林覆盖率很低，林地面积只占全部土地的1.4%。耕地集中分布在降雨量较充沛的西南部地区。[1] 因此，沙特不具备农业发展的优势条件，农业发展受到极大限制。

20世纪90年代，农业作为沙特基础产业，一度受到政府高度重视，农业也曾因此一度繁荣，小麦年产量可达400多万吨。当时不仅可以满足本国需要，而且甚至一度出口东欧、叙利亚等地，成为当时世界上第六大小麦出口国；禽肉、马铃薯也可以自给自足，橄榄油、葡萄、猕猴桃产出量迅速增加，甚至还出口鲜花。[2] 但好景不长，农业快速发展直接导致地下水枯竭，水资源日益紧张。为此，沙特政府不得不调整农业发展政策，大幅削减农业补贴，限制本国农业发展，转向重点发展海外农业、节水有机农业、渔业以及粮食存储业等。

沙特西南部雨量较充沛、灌溉条件较好的吉赞农业区和提哈马平原，是沙特的主要农业区。政府十分重视农业，斥巨资进行输水管道、水坝等农业基础设施建设，淡化海水以解决农业用水，采用现代科学技术发展农业生产及养殖业，对农产品给予优惠补贴。

2. 农业产出

沙特主要农作物包括小麦、玉米等谷物，西红柿、土豆等蔬菜以及椰枣、柑橘、葡萄等水果。从农作物种植面积来看，在2015—2019年这五年里，沙特农业可耕地的种植面积结构相对稳定，55%左右用于谷物种植，其次是水果（30%左右）和蔬菜（15%）（见表Ⅰ-5-4）种植；在谷物种植方面，则主要以小麦、大麦和高粱为主，且大麦的种植面积有扩

---

[1] 《沙特阿拉伯概况》，人民网（http://politics.people.com.cn/n1/2016/0118/c402046-28063684.html）。

[2] 中国驻沙特大使馆经济商务处，http://sa.mofcom.gov.cn/article/ztdy/201808/20180802778225.shtml。

大趋势。

从农作物产出情况来看，谷物和露天蔬菜产出量近三年来持续降低，2019年，这两种谷物产出量分别较上年降低9.1%和3.3%。大棚蔬菜产出趋势相对较为平稳，而水果的产出量近四年来持续增加，但是增幅逐年收窄，2019年水果产出量较上年增长1.4%。从主要谷物的产出情况来看，大麦、小麦、高粱和玉米的产出量持续降低，小米产量则保持着良好增势。

表 I-5-4　　沙特主要年份农作物种植面积和产出*

农作物	2015 种植面积（公顷）	2015 产出量（吨）	2017 种植面积（公顷）	2017 产出量（吨）	2019 种植面积（公顷）	2019 产出量（吨）
谷物	305856	1630083	257592	1170550	237442	966516
小麦	112956	693776	96470	517910	83818	426197
小米	4222	7309	4689	8634	5009	9649
高粱	60740	157764	56629	123837	52540	105377
玉米	2456	13040	2467	9383	2470	7534
大麦	99190	677964	94745	504810	91893	414708
芝麻	1943	3839	1743	3132	1621	2734
其他	24349	76391	849	2845	91	317
蔬菜（露天）	80234	1615943	71070	1300692	69528	1224183
西红柿	11816	196791	10691	172128	9401	157428
土豆	17622	459186	18048	424398	18162	402683
西葫芦	2780	52986	2437	39478	2232	32445
茄子	1875	27372	1407	26050	1161	22046
秋葵	1927	23004	1677	21509	1529	20567
胡萝卜	727	12796	980	10610	1052	10025
干洋葱	2673	66141	2909	56587	2759	50998
黄瓜	1812	30262	781	9112	788	9094
甜瓜	3230	67553	2517	46130	2131	35772

续表

农作物	2015 种植面积（公顷）	2015 产出量（吨）	2017 种植面积（公顷）	2017 产出量（吨）	2019 种植面积（公顷）	2019 产出量（吨）
西瓜	26162	505722	28731	489432	29811	478864
其他	9610	174130	892	5257	501	4261
蔬菜（大棚）	3080	231151	2333	178977	2320	174207
西红柿	1176	91826	1228	102067	1264	102521
黄瓜	875	70401	860	61214	849	57266
西葫芦	159	11911	182	13184	193	14108
其他	870	57013	63	2511	13	313
水果	147222	1318816	131098	1642737	129540	1737814
椰枣	109427	1038530	116159	1427506	117157	1521706
柑橘类	4663	37733	5510	79259	5854	99596
葡萄	3806	42466	4283	99939	4483	101020
其他	29326	200087	5146	36032	2046	15491

* 为节省篇幅，本表省略了2016年和2018年相关农作物产出数据。

资料来源：沙特中央统计局《统计年鉴（2019）》第五章"农业、水资源和环境"，https://www.stats.gov.sa/en/1006。

沙特畜牧业在20世纪70年代之前主要以游牧方式为主，80年代之后，在政府支持下出现大量商业农场和养殖场。畜牧业发展至今，畜牧品种主要有绵羊、山羊、骆驼等，但仍然无法满足本国对肉类的需求，主要肉类产品均依赖进口。沙特中央统计局提供的伊斯兰历1440年（2018年9月至2019年8月）数据显示，国内市场的活畜肉类需求为9794670头，有35.6%来自进口。其中，牛屠宰数量中的进口比例高达56.3%，其次是绵羊（39.7%）、山羊（25.1%）和骆驼（20%）。

沙特东西两面分别濒临波斯湾与红海，但渔业发展重心集中在西部红海沿岸地区。近年来，渔业成为沙特"2030愿景"框架下着力发展的产业之一，沙特环境、水资源与农业部新出台的投资法放松了对渔业投资的管制，允许水产养殖项目由外商独资或与沙特企业合资经营，对进口养殖设备、饲料、仪器和化学物品给予关税减免，并允许投资者自由转让持股份额。根据沙方渔业整体发展规划，沙特捕捞业年产量在6.8万吨左右，未来计划规模在7万吨。红海沿岸浅海是其捕捞业重点作业区域，主要捕捞物种为鲷鱼、鲭鱼、虾类、蟹类等，中小型人工船只是作业主力，数量接近1万艘，从业人数约为2万人，其中近七成为来自孟加拉、埃及、印度、也门等国的外籍劳务人员。[①] 自2018年开始，养鱼场的产出规模大于两个主要捕捞区的产出之和，沙特已经成为除了埃及和伊朗之外中东地区的第三大水产养殖国。总体来看，沙特渔业总产量自2017年、2018年两年连续实现大幅增长之后，2019年产出量基本与2018年持平，仅增长0.9%，为141536吨（见图Ⅰ-5-1）。

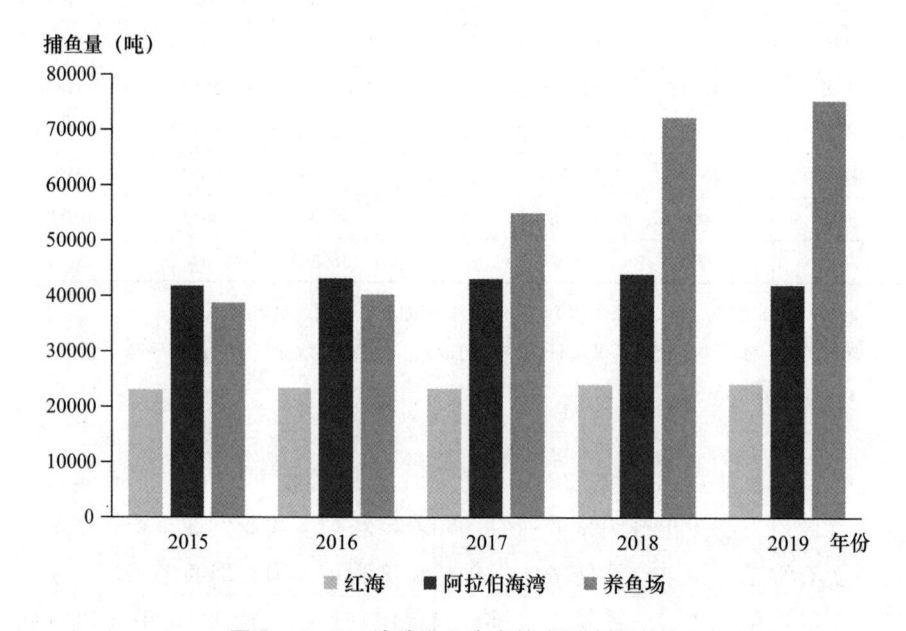

图Ⅰ-5-1 沙特渔业产出的主要来源对比

资料来源：沙特中央统计局《统计年鉴（2019）》第五章"农业、水资源和环境"，https：//www.stats.gov.sa/en/1006。

3. 农产品贸易

沙特是农产品进口大国，国内农产品需求比较依赖进口。就农作

---

① 中国驻沙特大使馆经济商务处，http：//sa.mofcom.gov.cn/article/ztdy/201808/20180802778232.shtml。

物和牲畜进出口对比而言，沙特的进口规模远远大于出口规模。尽管2018年沙特农作物和牲畜进口额缩减了13%，为2509.79万吨（价值达182.75亿美元），出口量缩减了2.72%，为297.61万吨（价值达31.76亿美元），农作物和牲畜贸易逆差额仍然高达150.99亿美元（见图Ⅰ-5-2）。

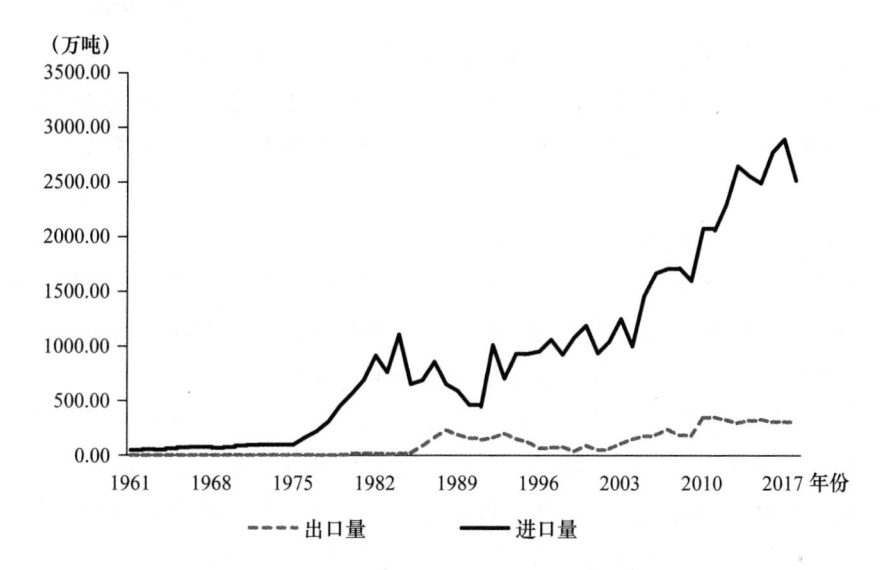

图Ⅰ-5-2 沙特农作物和牲畜贸易量趋势对比
资料来源：粮农组织数据库，http://www.fao.org/faostat/zh/#data。

在农产品进口方面，谷物进口主要包括大米、玉米、大麦、小麦。从进口额来看，近年来，沙特谷物进口以大麦和大米为主，2018年大米和大麦进口额分别达12.3亿美元和10.33亿美元，其中大米进口额较上年增长24.14%，大麦进口额较上年减少37.62%。除了主要谷物之外，沙特进口农产品还包括活畜及冷冻牛羊肉、冷冻鸡肉，2018年进口鸡肉62.16万吨、进口额达12.98亿美元，进口牛肉（去骨）6.8万吨、进口额达2.8亿美元，进口羊肉3.28万吨、进口额达1.77亿美元，主要进口国为澳大利亚、新西兰、索马里、土耳其、中国。此外，也包括来自欧盟国家的成品或半成品食品如奶制品、奶酪、饼干、干冷冻食品等；来自周边中东国家的蔬菜、水果，以及来自印度、泰国、菲律宾、中国、美国的杂粮豆等。①

从农产品出口来看，沙特主要出口椰枣、牛奶、鸡肉等，出口规模相对较小。2018年，沙特椰枣出口额为2.01亿美元。此外，沙特渔业水产品出口也小有规模，2016年，出口水产品总量为4.5万吨，总额达1.37亿美元，出口量较往年稳步提升，主要销往美国、韩国、欧洲国家和部分阿拉伯国家，亚洲是其第一大出口目的地。② 除此之外，沙特的热带沙漠气候——夏季炎热干燥、冬季气候温和——非常有利于为奶牛培育创造健康的菌群环境，因而其牛奶成为主要的出口农产品，沙特日均鲜奶产量约为6500吨，其中约18%用于直接出口，82%的用于本地消耗或加工制成其他产品。③

4. 农业重点发展方向

基于本国农业发展的不利条件和沙特"2030愿景"框架，近年来沙特对其农业政策发展方向进行了调整。中国驻沙特大使馆经济商务处经过对沙特产业的调研，将沙特农业发展的方向总结为以下三点：第一，发展海外农业。为保障粮食安全，沙特政府早在2009年就明确公布了海外农业投资行动计划，鼓励沙特投资者利用海外资源和经验，建立海外农业生产地，为沙特增加稳定的全球粮食供应。第二，发展有机节水农业。受限于本国自然环境，沙特无法大规模发展成片种植业，因此，精细、特色、节水农业就成为重点发展方向。沙特正在着手制定有机农业发展规划，其中包括政府将为有机农业提供免费检测等优惠政策。第三，发展农畜产品存储业。出于战略储备和便利农畜产品贸易两方面的考虑，沙特政府十分重视发展本国的农畜产品存储业。④

(二) 工业概况

1. 基本情况

20世纪30年代，沙特石油行业兴起，此后沙特便逐渐形成以石油为

---

① 粮农组织数据库，http://www.fao.org/faostat/zh/#data。
② 中国驻沙特大使馆经济商务处，http://sa.mofcom.gov.cn/article/ztdy/201808/20180802778232.shtml。
③ 中国驻沙特大使馆经济商务处，http://sa.mofcom.gov.cn/article/ztdy/202004/20200402952509.shtml。
④ 中国驻沙特大使馆经济商务处，http://sa.mofcom.gov.cn/article/ztdy/201808/20180802778225.shtml。

主要收入来源的单一经济体系。严重依赖石油经济，其他工业基础非常薄弱，这种单一经济体系容易受到国际政治和经济的影响，国民经济发展计划难以有效实施。自20世纪70年代起，沙特政府开始通过建立东西两个化工工业城、投资大量资金支持等多种鼓励手段，促进以基础石化工业为代表的非石油部门的发展，增强经济多样性。在此后的数十年间，沙特连续出台多个五年发展计划，致力于从基础设施建设、教育和培训投资、民营企业扶持等方面，着力发展多样化经济。比如，2000年至2004年，沙特"第六个发展计划"的重点内容是扩展教育培训计划，重点发展工业和农业私营机构。

在经济多元化、振兴工业的进程中，沙特先后出台了多项促进工业发展的政府规划、计划。2016年4月，沙特政府发布"2030愿景"（以下简称"愿景"），旨在全面推动沙特进行远离石油工业的经济多元化改革。"2030愿景"的主要内容包括推动国防和增值工业活动的本地化生产，扩张宗教和旅游业，促进交通运输、公用事业、教育和健康等公共部门的私营化等。2016年6月，沙特发布《国家转型计划2020》（NTP）作为"2030愿景"的中期计划，吸引私人投资是NTP的主要目标。2016年12月，沙特政府的《财政盈余计划》（FBP），旨在通过五年期的财政计划估算2020年的财政赤字（这一计划后来延伸至2023年）。FBP关注焦点包含多个领域，如社会福利改革、低油价时期政府支出审查、增值税等。2017年，沙特重新修订了"2030愿景"的监管结构，制定了12个愿景实现计划（VRPs）。2017年12月，VRPs向公众发布。2019年，政府开始施行《国家工业发展和物流计划》（NIDLP），重点发展工业、矿业、能源和物流。NIDLP成为沙特工业发展的主要方针。其中，《国家工业战略》（NIS）专门针对工业发展划定了几个重点发展领域：机械设备、可再生能源供应、制药和医疗设备、汽车、油气设备、食品加工和水产加工以及武器制造。2020年8月，沙特内阁例会批准设立"国家工业发展中心"，替代原沙特工业集群职能。国家工业发展中心旨在加快沙特经济转型进程，减少财政对石油收入的过度依赖，努力完善和发展国内工业基础设施。该中心未来将重点发展五个工业部门，其中包括汽车整装和零部件制造、冶金和采矿、塑料和包装材料、制药和生物技术、太阳能等新能源和海水淡化等。预计未来将参与诸多工业领域投资项目。

目前，虽然沙特工业部门依然以石油工业为主，但是其他工业部门已经获得初步发展。从1970年以来，沙特政府开始改善过于依赖石油工业的经济体系，以石油工业为主的采掘业在沙特工业部门中所占比重逐年降低，从1970年高达90%以上的份额，下降到2019年的74.4%。与之相对的是制造业部门，1970年在工业增加值中的占比仅为6.6%，1980年更是降低到4.5%。此后在政府的大力投资和扶持下，制造业逐渐发展起来，在工业中的占比提升至2019年的23.1%。在其他工业部门中，水电气供应业呈现小幅波动，份额略有提升（见表Ⅰ-5-5）。

表Ⅰ-5-5　　　　　　　　沙特工业增加值分布*

年份	工业增加值（亿里亚尔）	工业增加值结构（%）		
		采掘业	制造业	水电气供应业
1970	3804.18	93.2	6.6	0.2
1980	9867.30	95.3	4.5	0.2
1990	7082.52	87.6	11.5	0.9
2000	9204.65	85.9	12.6	1.4
2010	10656.80	77.1	20.5	2.5
2011	11950.09	77.8	19.9	2.3
2012	12541.38	77.9	19.7	2.3
2013	12490.42	77.1	20.5	2.4
2014	12839.98	75.8	21.8	2.4
2015	13498.54	75.5	22.1	2.4
2016	13884.60	75.4	22.2	2.4
2017	13562.17	74.5	23.0	2.5
2018	14002.24	74.8	22.7	2.5
2019	13557.40	74.4	23.1	2.5

* 表中"增加值"均指以2010年不变价计算的工业增加值。

资料来源：沙特中央统计局国民账户，https：//www.stats.gov.sa/en/823。

在工业细分领域中，尽管采掘业占比有所降低，但是依然占主导地位。就采掘业而言，主要以原油和天然气为主，1970年至2019年，其他矿物采掘业在采掘业增加值总额中的占比不到1%。鉴于石油工业在沙特工业部门的强大地位，制造业中的石油精炼制造业也占有不小份额。1970年，石油精炼制造产值在制造业增加值中的比重一度高达82%，此后由于多元化工业战略，其他制造业逐渐兴起，这一比重才逐渐降低，2018年和2019年已经连续两年降低至30%以下。[①]

2. 工业生产情况

近年来，沙特工业生产发展缓慢甚至几度下滑，尤其是2020年上半年受新冠疫情影响，工业生产严重下滑。从工业整体发展表现来看，2018年至2020年7月，工业整体发展速度明显减缓甚至多个月份出现负增长，2018年月度环比增速平均水平为-0.1%，仅有轻微下滑。2019年月度环比增速平均水平为-0.5%，工业部门收缩幅度进一步扩大。2020年前7个月的平均月度环比增速为-1.1%，工业收缩幅度显著扩大。从主要工业部门来看，采掘业的发展趋势基本上决定了工业整体的发展趋势，这主要是由于沙特工业比较依赖石油工业，而制造业整体的发展也呈现出明显跌势（见图Ⅰ-5-3）。

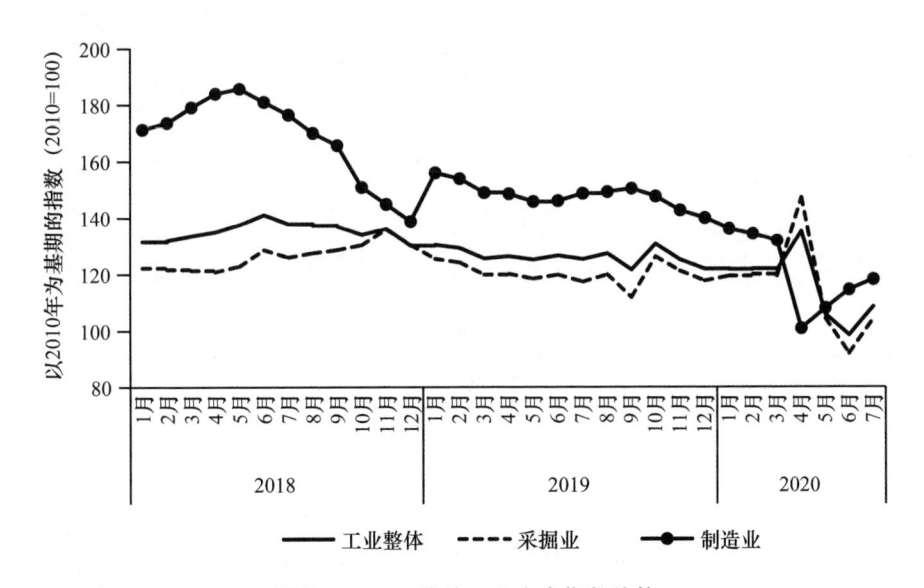

图Ⅰ-5-3 沙特工业生产指数趋势

资料来源：沙特中央统计局工业生产指数数据，https://www.stats.gov.sa/en/494-0。

[①] 沙特中央统计局国民账户，https://www.stats.gov.sa/en/823。

制造业是沙特近年来着重发展的工业部门。制造业细分领域的工厂数量等信息，从侧面反映了沙特制造业的发展程度，也在某种程度上反映了市场活跃程度。沙特中央统计局提供了制造业各个细分领域的工厂数量分布，沙特制造业中非金属矿物行业的工厂数量最多，2019年达到1567家。此外，橡胶塑料、人造金属、食品、化学制品等基础工业部门由于受到政策鼓励等因素的影响，企业的市场行为较为活跃，因此工厂数量也相对较多，而计算机、电子和光学产品等制造工厂则相对比较少，市场活跃度相对较低（见表Ⅰ-5-6）。

表Ⅰ-5-6　　　　2019年沙特主要制造部门的企业数分布

	企业数量（家）	就业人数（人）
非金属矿物	1567	181481
橡胶塑料	1005	90843
人造金属	928	101449
食品	817	148182
化学制品	773	95388
基础金属	377	75775
家具	281	24037
纸制品	280	37648
机械设备	277	36773
电子设备	261	38418

资料来源：沙特中央统计局《统计年鉴（2019）》第十二章"工业"，https：//www.stats.gov.sa/en/1006。

3. 工业出口

工业部门是沙特最重要的出口创汇部门，近年来占沙特总货物出口的比重一直超过99%。2016年到2019年，沙特工业出口额从6827.64亿里亚尔增加到9740.8亿里亚尔，年均增长14.2%。其中，制造业出口额不到40%，而石油和天然气出口额依然保持在60%以上（见表Ⅰ-5-7）。

表 I-5-7　　　　2016—2019 年沙特工业出口额分布　　　　（亿里亚尔）

年份	工业总出口额	其中			
		采掘业	制造业	电、气供应	水供应
2016	6827.6	4248.7	2578.9	0	0.0
2017	8252.6	5195.1	3057.5	0	0.0
2018	10970.1	7125.3	3844.8	0	3.7
2019	9740.8	6305.7	3435.1	0	4.0

资料来源：沙特中央统计局《统计年鉴（2019）》第十二章"工业"，https://www.stats.gov.sa/en/1006。

就采掘业出口而言，原油和天然气构成采掘业出口的绝大部分，煤炭和褐煤、金属矿物以及其他矿物的出口规模可以忽略不计。就制造业而言，沙特中央统计局数据显示，2016 年到 2019 年，出口规模最大的制造业部门基本上是以下五大行业：化学制品、焦炭和精炼石油产品、食品、基础金属和其他交通运输设备。2019 年制造业出口额达 3435.11 亿里亚尔，这五大部门出口额之和占制造业出口额的 89.3%。

4. 工业发展面临的挑战和趋势

沙特政府的扶持和投资对于工业发展是一把双刃剑。一方面，沙特政府利用石油收入大兴基础设施建设和管理，创建多个工业园区，甚至以国有企业形式进入各个工业领域，规模经济极大地推动了沙特工业化进程。另一方面，政府导向的经济往往容易造成资源错配、收入分配扭曲、小企业挤出效应等一系列资源配置效率低下的现象，且通常也不利于吸引欧美等市场经济主体的外资流入。因此，逐渐增强市场导向的经济运行机制，适当调整政府干预力度，是沙特在未来面临的重大挑战。

根据沙特"工业发展指导计划"（NIS），沙特工业未来发展的前景预期主要包括以下几点：第一，具有全球竞争力的沙特公司占据各个工业细分领域；第二，可再生能源生产能力显著增加，沙特完全掌握电池技术方面的专业知识；第三，生物制药和医疗用品工业获得发展，本地药企更多；第四，食品和汽车工业产业集群得到发展；第五，本地化基础和中间化工产品的供应链完善，确定 18 个专业化工产品组的优先级，并使塑料和包装产品的生产能力提高一倍；第六，水产养殖对国内生产总值的贡献提高7倍，为沙特人创造新的就业机会，并用当地捕获的海产品代替进口品。

此外，制造业被视为促进经济多元化、改善经济结构的重点发展部门。在制造业领域，除了加强一般消费品制造以改善国际收支、促进就业之外，根据"2030愿景"，沙特未来将重点发展装备制造行业，实现装备领域的本地化生产，以满足以武装部队系统为代表的政府需求。根据沙特中央银行发布的一项研究报告，沙特每年的军事支出排名世界第三，但是其中只有不到2%的支出是流向沙特本地的。因此，沙特政府将大力发展装备制造业，力争本国军事开支的50%以上实现本地化。[①]

（三）服务业概况

1. 基本情况

服务业在沙特经济中的地位越来越重要，2019年在沙特三大产业中的占比提高到40%以上，贡献70%以上就业机会，是沙特"2030愿景"的重要发展部门。根据沙特中央统计局的划分，沙特服务业主要包括批发、零售和酒店餐饮，运输、仓储和通信，金融保险、房地产和商业服务，社区、社会及个人服务，政府服务五大领域。从增加值规模来看，首先，沙特政府服务部门是规模最大的服务行业，且五年来也基本保持着比较平稳的增长态势。从增长速度来看，沙特的金融保险、房地产和商业服务行业增长得最快，近五年的年均增速达到4.19%，其次是运输、仓储和通信业，年均增速达3.16%。根据"2030愿景"，沙特政府专门成立公共娱乐部，支持地方、非营利机构和私营部门组织文化活动，投入更多的财政资金、土地，积极吸引本地和国际投资者，促进娱乐业发展。因此，批发、零售和酒店餐饮作为旅游业等娱乐业的重要支持产业的产值，也获得显著增长，2019年实现增长6.27%（见表Ⅰ-5-8）。

[①] 沙特中央银行经济研究工作稿，https：//www.sama.gov.sa/ar-sa/EconomicResearch/Pages/WorkingPapers.aspx。

表Ⅰ-5-8　　　　　　沙特服务业细分领域增加值分布
（以2010年不变价计算）　　　　　　　　（亿里亚尔）

	2015	2016	2017	2018	2019
批发、零售和酒店餐饮	2317.44	2280.74	2293.78	2315.69	2460.85
运输、仓储和通信	1445.19	1484.67	1517.89	1549.46	1636.18
金融保险、房地产和商业服务	2308.36	2371.43	2497.94	2576.92	2719.38
社区、社会及个人服务	488.12	496.48	503.23	529.18	565.91
政府服务	3539.49	3545.19	3556.00	3661.65	3716.77

资料来源：沙特中央统计局国民账户，https://www.stats.gov.sa/en/823。

2. 服务贸易

服务贸易发展情况是衡量一国服务业发展的重要指标。沙特是服务进口大国，服务出口规模相对较小，服务贸易逆差额巨大，且1995年以来逆差额持续扩大，至2019年，服务贸易逆差额达534.64亿美元（见图Ⅰ-5-4）。

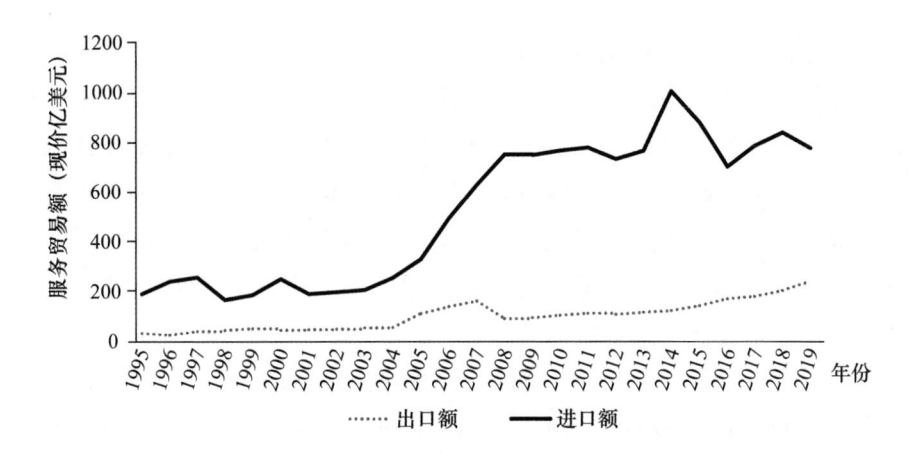

图Ⅰ-5-4　沙特服务贸易进出口额（1995—2019）

资料来源：世界银行公开数据库，https://data.worldbank.org.cn/indicator。

服务贸易占GDP的比重体现了一国输出服务、促进经济发展的重要能力。基于世界银行公开数据库提供的服务贸易占比数据，就服务贸易发展对经济发展的贡献而言，沙特的服务出口能力与周围较大规模的中东其他国家和北非国家相比基本处于中等水平（见图Ⅰ-5-5）。

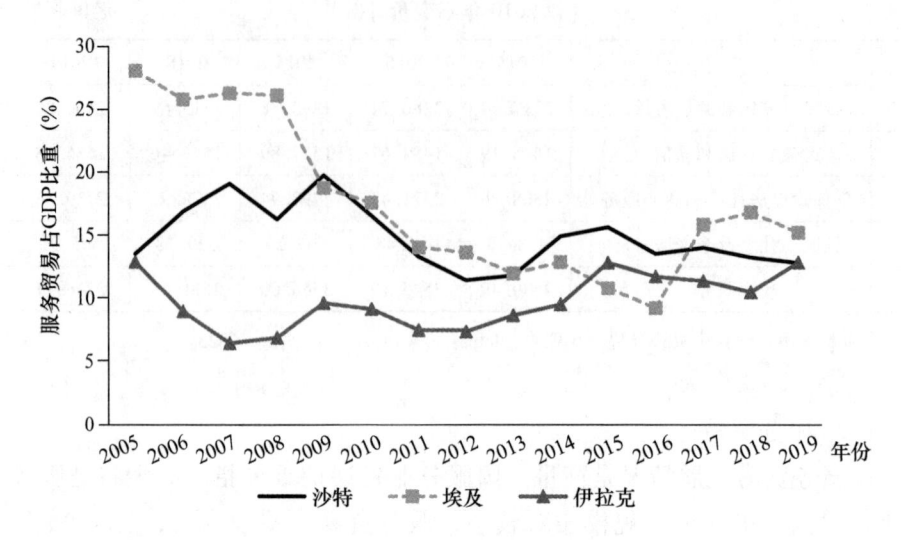

图Ⅰ-5-5　沙特服务贸易占比和周边国家对比（2005—2019）

资料来源：世界银行公开数据库，https://data.worldbank.org.cn/indicator。

3. 服务业发展面临的挑战和趋势

沙特服务业面临的突出挑战是服务业的升级。由于高技能服务业（科技等专业服务）人才匮乏，沙特服务部门大多属于较低层次、简单的服务业。其主要原因在于，在长期的单一石油经济体系之下，沙特的教育部门对就业人员的培训不足。因此，在"2030愿景"的指导下，沙特近年来加大了教育投入，并逐步完善社会培训系统，这是推动沙特服务业高端化、高附加值化发展的重要举措。

2020年上半年的新冠疫情对沙特旅游等服务业造成巨大冲击，服务业受到重创，因而萎缩。世界银行发布的《沙特经济预期（2020年4月）》表明，沙特服务业中断了此前几年加速增长的趋势，因而在2020年下滑了4.6%，但是这一下滑趋势在2021年得到逐渐扭转并有所回升。

第二节　重点工业

石油和天然气工业（简称"油气工业"）是沙特经济的支柱产业，

尤其是石油工业，其他工业基础还相对薄弱。但是沙特政府已经认识到单一石油经济体系的脆弱性和不可持续性，目前正逐步、切实地采取一系列经济多元化的举措，大力扶持其他工业部门的发展。因此除了石油工业外，基于原油等原料的化学工业等其他工业呈现出快速增长态势。

一　油气工业

油气工业是沙特最重要的工业，也是沙特的经济命脉，沙特的 GDP 和财政收入高度依赖油气工业。

（一）概况

沙特石油工业起源于 1933 年沙特国家石油公司（Aramco，简称"沙特阿美"）的成立。1936 年，沙特首次发现石油并开始少量生产。第二次世界大战以后，沙特的石油勘探和开发迅速展开，以后基本在世界各国中遥遥领先。

沙特石油主要产于东北部地区，东北部产区的油气储产量占沙特储产量的绝大部分。根据中国商务部网站公布的数据，沙特拥有约 80 个油田，主要是加瓦尔（Ghawar）、祖卢夫（Zuluf）、谢巴（Shaybah）、胡尔塞尼亚（Khursaniya）等超巨型和巨型油田，这些油田占沙特石油储量的 50% 以上。加瓦尔是世界上最大的陆上油田，塞法尼耶是世界上最大的海上油田。沙特生产的石油从重质油到超轻质油都有，在沙特石油总产能中，有 65%—70% 为轻质油，其余的为中质油或重质油。[①]

沙特是世界上领先的石油生产国和出口国。在石油储量上，欧佩克石油统计数据显示，2019 年，沙特已探明原油储量为 2586 亿桶，居世界第二位，仅次于委内瑞拉。在石油产量上，沙特日产原油为 981 万桶，居欧佩克国家首位、世界第二位，仅次于美国。在原油和石油产品出口上，沙特 2019 年出口原油和石油产品共计 834 万桶/天，居欧佩克国家首位。此外，沙特天然气储备为 9.42 万亿立方米，居欧佩克国家第二位。[②]

[①] 中国商务部沙特阿拉伯经济状况，http://history.mofcom.gov.cn/? bandr = stalbjjzk。
[②] 欧佩克官网石油统计数据，https://asb.opec.org/ASB_Charts.html? chapter = 10。

表Ⅰ-5-9　　　　　　　　　沙特石油产业主要指标

	2015	2018	2019	占欧佩克比重（%）	占世界比重（%）
原油储量（十亿桶）	266.5	267.0	258.6	21.1	16.7
原油产量（百万桶/天）	10.2	10.3	9.8	33.4	13.0
石油产品产量（百万桶/天）	2.2	2.8	2.6	30.9	2.9
原油出口（百万桶/天）	7.2	7.4	7.0	31.3	15.6
原油和石油产品出口（百万桶/天）	8.3	9.3	8.3	31.6	—
天然气储量（万亿标准立方米）	8.6	9.1	9.4	12.9	4.6
天然气产量（十亿标准立方米）	104.5	118.0	117	18.2	2.9

资料来源：欧佩克统计数据库，https://asb.opec.org/ASB_Chapters.html。

基于得天独厚的储量优势，石油和天然气工业成为沙特的经济命脉，无论是国民生产总值还是政府财政都高度依赖油气收入。近五年来，石油收入占国家财政收入的70%左右，占国内生产总值的40%以上，占出口额的70%以上（见图Ⅰ-5-6）。

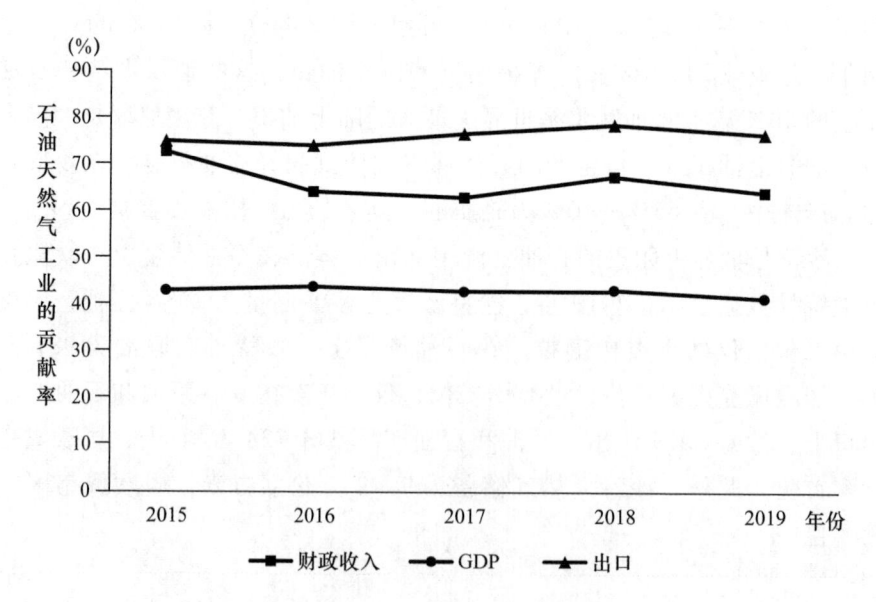

图Ⅰ-5-6　沙特石油产业的经济贡献率趋势（2015—2019）

资料来源：沙特中央统计局《统计年鉴（2019）》，https://www.stats.gov.sa/en/1006。

（二）工业产能

沙特油气工业内部产能差异较大，不同细分油气领域的产能或远超本国油气消耗，或需要进口补充国内需求。以原油产能为例，2017—2019年，一方面，沙特本国所消耗原油不到1.7亿桶，占原油产能的份额不足5%。石脑油、煤油、航空燃料和柴油等产能也相对充足，足以满足本国消耗市场需求。另一方面，沙特的优质汽油、液化石油气、燃油、沥青等产能则不足以满足本国市场需求，这类产品部分需要进口。

表 Ⅰ-5-10　　　　　沙特油气工业产能和国内消耗　　　　　（百万桶）

	产量			消耗量		
	2017	2018	2019	2017	2018	2019
原油	3635.29	3765.13	3579.96	167.381	149.74	155.155
液化石油气	15.554	17.064	14.665	17.252	17.141	16.708
优质汽油	203.564	199.053	193.566	208	194.488	194.086
石脑油	74.279	60.102	50.861	11.187	8.923	0.75
煤油、航空燃料	90.544	95.804	84.732	36.141	37.879	36.717
柴油	393.934	391.548	385.754	215.597	190.464	192.562
燃油	170.126	166.203	154.538	186.902	180.93	176.952
沥青	16.809	14.072	14.309	20.359	20.731	20.657
可乐	84.077	84.452	26.526	—	51.127	4.609
润滑油	1.337	1.509	27.55	1.337	1.509	27.55
天然气	707.128	720.733	718.539	695.261	708.67	708.251
其他	—	—	—	5.641	7.662	0.926

资料来源：沙特中央统计局《统计年鉴（2019）》第十八章，https://www.stats.gov.sa/en/1006。

油气工业不仅是沙特产能最大的工业部门，也是创收最多的部门。从沙特中央统计局获取的最新工业销售额数据显示，2018年工业部门销售额总计为17070.35亿里亚尔，其中一半以上来源于原油和天然气提取工业，煤炭和精炼石油产品业占8%（见图Ⅰ-5-7）。以原油和天然气提取产品的销售收入而言，其中70%以上均来源于出口销售收入，只有不到30%来源于国内销售收入。煤炭和精炼石油产品的出口收入和国内收入则基本持平,出口收入(53.6%)略高于国内收入(46.4%)。

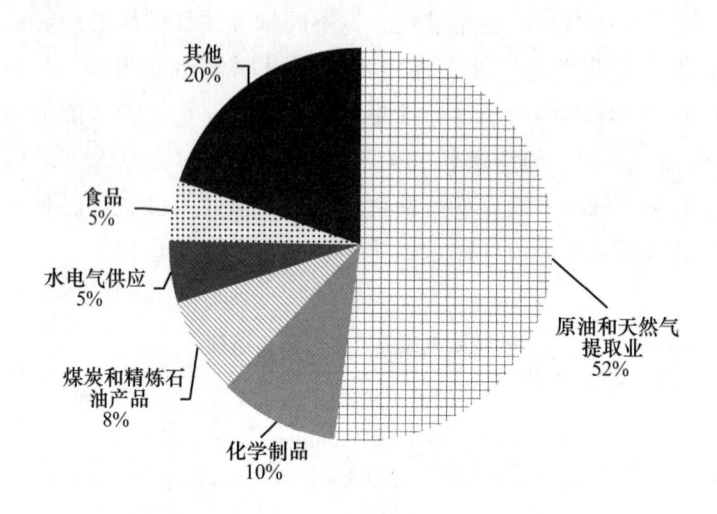

图 I-5-7 2018年沙特工业销售额分布

资料来源:沙特中央统计局"工业调查报告",https://www.stats.gov.sa/en/494-0。

(三)进出口贸易

石油和天然气产业是沙特最为重要的出口创汇部门,近年来占沙特货物出口总额的70%以上。沙特的石油出口主要包括原油和精炼石油产品。其中,原油主要出口至亚洲和远东、北美以及西欧,尤其是作为沙特最大的原油出口市场,亚洲和远东市场份额逐渐提高;而精炼石油产品则主要出口到西欧、亚洲和远东以及非洲。西欧作为沙特精炼石油产品的主要出口市场,近年来占其出口市场的份额显著提升(见表 I-5-11)。

表 I-5-11　　　　　沙特石油出口市场分布　　　　　(亿桶)

	原油			精炼石油产品		
	2017	2018	2019	2017	2018	2019
北美	3.66	3.72	2.05	0.03	0.17	0.10
南美	0.26	0.26	0.24	0	0.01	0.02
西欧	2.84	3.17	2.91	0.98	1.51	1.47
中东	0.57	0.97	0.97	1.83	3.37	0.72

续表

	原油			精炼石油产品		
	2017	2018	2019	2017	2018	2019
非洲	0.60	0.60	0.65	1.25	0.84	1.17
亚洲和远东	17.48	18.16	18.86	2.49	1.29	1.26
大洋洲	0.03	0.02	0.01	0.00	0.01	0.01
总计	25.43	26.91	25.69	6.58	7.19	4.74

资料来源：沙特中央统计局《统计年鉴（2019）》第十八章，https：//www.stats.gov.sa/en/1006。

就广义的燃料而言，沙特燃料出口在总出口中的比重近年来逐渐减小。世界贸易组织统计了历年沙特燃料进出口数据（见表Ⅰ-5-12）。可以看出，沙特燃料出口规模在2012年前后达到一个高峰之后逐渐减小，燃料出口在总出口中虽然一直占据主导地位，但是占比份额逐渐减小，2019年相对于1990年已经减小了12.3个百分点。相对而言，沙特燃料进口规模非常小，在总商品进口中所占的比重一直比较小。

表Ⅰ-5-12　　　　沙特总商品和燃料进出口额　　　（现价百万美元）

年份	出口额			进口额		
	总商品	燃料	燃料出口占比（%）	总商品	燃料	燃料进口占比（%）
1990	44417	40354	90.9	24069	700	2.9
2000	77583	70973	91.5	30238	958	3.2
2005	180711	161715	89.5	59459	2568	4.3
2010	251143	215673	85.9	106863	5402	5.1
2011	364699	318105	87.2	131586	7339	5.6
2012	388401	338068	87.0	155593	8095	5.2
2013	375872	323457	86.1	168155	9236	5.5
2014	342433	287377	83.9	173834	10173	5.9

续表

年份	出口额			进口额		
	总商品	燃料	燃料出口占比（%）	总商品	燃料	燃料进口占比（%）
2015	203550	155515	76.4	174676	7259	4.2
2016	183579	138766	75.6	140170	6148	4.4
2017	221835	173350	78.1	134519	7907	5.9
2018	294373	235177	79.9	137065	8536	6.2
2019	261603	205526	78.6	153163	6953	4.5

资料来源：根据世界贸易组织数据门户（https://data.wto.org/）数据整理得到。

仅就燃料出口中的石油出口额来看，《OEPC 年度统计数据公告（2020）》显示，2019 年沙特石油出口额达 2023.7 亿美元，居欧佩克成员国首位，远超其他欧佩克国家（见图Ⅰ-5-8）。

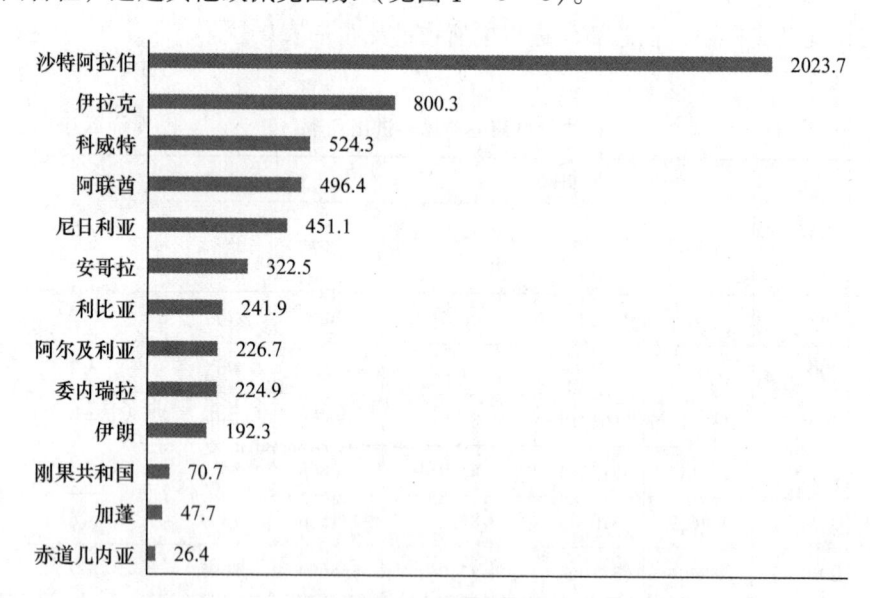

国家	出口额
沙特阿拉伯	2023.7
伊拉克	800.3
科威特	524.3
阿联酋	496.4
尼日利亚	451.1
安哥拉	322.5
利比亚	241.9
阿尔及利亚	226.7
委内瑞拉	224.9
伊朗	192.3
刚果共和国	70.7
加蓬	47.7
赤道几内亚	26.4

图Ⅰ-5-8 2019 年欧佩克成员国石油出口额（亿美元）

资料来源：《OPEC 年度统计数据公告（2020）》，https://asb.opec.org/ASB_Charts.html?chapter=1。

（四）市场竞争主体

在沙特油气市场上，企业数量相对较为稳定。据沙特中央统计局提供的工业调查报告，2017年和2018年两年油气提取工业企业数均为72家，且按照企业规模大小划分，各规模企业数也没有发生变化，即微型企业（雇员小于5人）有9家，小型企业（雇员6—49人）有14家，中型企业（雇员50—249人）有40家，大型企业（雇员大于250人）有9家。

在这些企业中，占主导地位的是沙特阿美，沙特阿美也是沙特唯一一家位列财富世界500强的企业，2020年位列第六。根据沙特证券交易所（Tadawul）的数据，截至2020年12月，在Tadawul上市交易的石油天然气公司主要有五个，分别是沙特阿美、沙特阿拉伯炼油公司、拉比格炼油和石化公司、沙特国家航运公司巴赫里（Bahri）、阿尔德斯石油和运输服务公司。下面的案例分析将对沙特阿美做重点介绍，其他四家石油天然气公司的简况如表Ⅰ-5-13所示。

表Ⅰ-5-13　　　　沙特证券交易所上市的能源公司

公司名称	公司简称	成立年份	主营业务、产品
沙特阿拉伯炼油公司	Sarco	1960	石油生产和分销
拉比格炼油和石化公司	Petro Rabigh	2005	精炼烃和石化产品
沙特国家航运公司巴赫里	Bahri	1978	油气产品运输服务
阿尔德斯石油和运输服务公司	Aldrees	1957	油气产品运输及零售服务

资料来源：沙特证券交易所（https://www.tadawul.com.sa）和各公司官网。

其中，沙特阿拉伯炼油公司是一家合资股份公司，主营业务是石油生产和分销，同时也从事证券买卖、房地产买卖和管理业务。

拉比格炼油和石化公司是沙特阿美和住友化学公司的合资企业。公司价值约为100亿美元（25%来源于公募，其余由沙特阿美和住友化学等额出资），最初年生产1840万吨石油基产品和2.4吨乙烯与丙烯基衍生物。拉比格炼油和石化公司的产品被用于生产塑料、洗涤剂、润滑剂、树脂、冷却剂、防冻剂、油漆、地毯、绳索、衣物、洗发剂等最终产品。

沙特国家航运公司巴赫里是一家国际领先的物流和运输集团公司，于1978年，由公共投资基金出资22.55%、沙特阿美开发公司（SADCO）出资20%、沙特证券交易所募资57.45%成立的公司，主要进行油气产品运输服务。

阿尔德斯石油和运输服务公司主营油气产品运输及零售服务，是一家成立于1957年的家族私营企业。目前，阿尔德斯在沙特拥有最庞大的石油运输网络和零售系统，公司主要有两大部门——石油服务部和运输服务部，为沙特境内外客户提供石油天然气等燃料的运输、分销和零售服务。

（五）发展前景展望

沙特油气工业面临着两大挑战，除了全球蔓延的新冠疫情危机之外，同时还面临着世界经济下行压力加大所导致的全球石油需求疲软、进而引致油价低迷的冲击。根据沙特中央统计局2018年工业调查报告，有52.1%的原油和天然气提取工业企业认为，目前正面临着需求疲软的严重冲击。但是由于沙特能源部门根基牢固，石油和天然气储量非常丰富，沙特复苏石油工业的成本也相对较低。因此只要全球工业从疫情冲击中复苏，沙特石油工业就能够乘风而上。此外，中东地区局势不稳、石油作为传统"脏能源"与环保相左，以及公司掌控在专制王权手中等因素也加大了沙特油气工业发展所面临的不确定性。

根据沙特中央银行发布的一项研究报告，沙特石油和天然气行业的本地附加值率未来计划将从40%提高到75%，增加油气行业的出口附加值率是沙特油气行业发展的重要方向。[①] 为此，沙特油气工业的研发活动在沙特各个经济部门中持续居首位。根据沙特中央统计局2017年和2018年两年的工业调查报告数据，在沙特原油和天然气提取工业中，具有研发活动的企业数占总企业数的比重从2017年的18.2%提高至2018年的22.7%，研发人员从484人减少到385人，研发支出从12.83亿里亚尔减少到12.28亿里亚尔。无论是从研发企业占比还是从研发人员数、研发支出来看，油气工业都遥遥领先于其他工业部门。此外，沙特油气工业企业的未来投资计划也反映了沙特油气市场未来的良好发展趋势。在2018年

---

① 沙特中央银行经济研究工作稿，https://www.sama.gov.sa/ar-sa/EconomicResearch/Pages/WorkingPapers.aspx。

油气工业企业中，未来有进一步投资计划的企业占比则高达25.7%，远高于其他工业部门，而有技术升级改造投资计划的企业占比高达54.3%。[1]

【案例】沙特国家石油公司（Aramco）

沙特国家石油公司（Aramco，简称"沙特阿美"），是世界上拥有石油探明储量最大的石油公司，总部设在沙特宰赫兰。沙特阿美公司拥有全世界最大的陆上油田——加瓦尔油田，以及最大的海上油田——萨法尼亚油田。2019年12月，沙特阿美通过IPO筹集了256亿美元，创下史上金额最大的IPO纪录。12月11日，沙特阿美在沙特证券交易所正式挂牌交易，截至当日收盘，沙特阿美市值达1.877万亿美元，超越苹果公司，刷新全球上市公司市值纪录。[2] 沙特阿美公司官网发布的年度报告显示，2019年，沙特阿美的碳氢储量达2586桶油当量，原油和凝析油储备达2019亿桶，有员工79000人，研发中心12个。2020年，根据财富世界500强排名，沙特阿美排第六名，仅次于美国沃尔玛、中国石化、中国国家电网、中国石油、荷兰皇家壳牌。2020年，沙特阿美年收入可达3297.84亿美元，净利润可达882.11亿美元。[3]

（一）历史发展

沙特阿美起源于1933年，沙特和美国雪佛龙石油公司的前身——加利福尼亚标准石油公司（SOCAL）签订了《特许经营协议》。同时成立了一家名为加利福尼亚阿拉伯标准石油公司（CASOC）的子公司来履行这份协议。此后，公司在沙特的沙漠里勘探石油，1935年开始钻井。

20世纪40年代后期，公司日益壮大，不断创出石油生产的里程碑和新纪录。当时公司名称为"阿美石油"，1949年公司的原油产量达到50万桶/天。1950年，公司铺设完成了全长1212千米的跨阿拉伯管道（Tapline），这是当时全世界最长的管道。该管道将沙特东部与地中海地区连接起来，大幅缩短了向欧洲出口石油的时间，降低了出口成本。经过

---

[1] 沙特中央统计局，https://www.stats.gov.sa/en/494-0。
[2] 中国商务部经贸新闻，http://www.mofcom.gov.cn/article/i/jyjl/e/201912/20191202921925.shtml。
[3] 财富500强，https://fortune.com/global500/。

两年在阿拉伯湾浅海的勘探后，1951 年发现了萨法尼亚（Safaniyah）油田。此油田后被证实为全球最大的海上油田。1958 年，阿美原油年产量超过了 100 万桶。1973 年，沙特政府收购了阿美公司 25% 的股份，并在第二年将股份占比提高到 60%。1980 年，沙特政府将其在阿美公司的股份权益提升至 100%，沙特阿美成为沙特王室全资持有。1988 年，沙特阿拉伯国家石油公司（沙特阿美）正式成立，这家新公司将接管阿美公司的所有职责。

20 世纪 90 年代，沙特阿美开启了全球并购浪潮。1991 年收购了大韩民国双龙炼油公司（2000 年更名为 S-Oil）35% 的股份。1994 年收购了菲律宾境内最大的原油炼制和销售商佩特龙公司（Petron Corporation）40% 的股份。1996 年收购了私营的希腊 Motor Oil（Hellas）科林斯炼油公司及其销售附属机构 Avin Oil 工商及海上石油公司。

1997 年，阿美开发了 POWERS（平行油—水—气储藏模拟）技术。该技术可以极为清晰地模拟储藏情况，对超大型储藏进行建模，并对其表现做出预测。POWERS 技术大获成功，启发了沙特阿美此后开发出一系列更为强大和精确的模拟软件技术。2010 年，阿美推出了十亿单元级别的储藏模拟技术——GigaPOWERS，这也是 POWERS 技术的第二代成果。2016 年，业内史上首个万亿单元级别的储藏模拟技术：TeraPOWERS 问世。

2019 年 11 月 3 日，沙特阿美作为世界上最盈利的公司，在沙特证券交易所宣布首次公开募股（IPO）计划。

（二）主营业务和产品

沙特阿美的常规探明储量和原油产量无与伦比。基于丰富的碳氢储量，沙特阿美的主营业务根据碳氢价值链主要划分为三类：

第一，碳氢价值链上游。沙特阿美是沙特最大的原油和凝析油生产商，管理着沙特独特储量和资源基础，以优化生产并最大化长期价值。主要业务活动包括勘探、开发和生产原油、凝析油和天然气。在碳氢价值链上游市场上，沙特阿美的竞争优势主要体现在无与伦比的原油和凝析油产量以及常规探明储量上。

储备寿命长，具有长期低成本更换储备的纪录；通过积极管理全球最大的常规碳氢化合物储备基地，具有独特的捕获价值的能力；有着独特的运营灵活性以应对供求关系的变化；具有多个原油等级和全球原油交付点；有着广泛的优质天然气储量，可独家进入庞大且处于发展中的国内市场；原油平均碳强度低；每桶油当量的起重成本和资本支出低；能够执行世界上最大的上游资本项目。2019年，在沙特阿美上游业务表现中，液态油产品总体产能较上年下降，而气体产品则实现小幅增长（见表Ⅰ-5-14）。

表Ⅰ-5-14　沙特阿美在碳氢价值连上游市场上的主要产品产能

	2018	2019	增长率（%）
液态油总计（千桶/天）	11629	11221	-3.51
原油	10315	9943	-3.61
凝析油	218	202	-7.34
丙烷	565	535	-5.31
丁烷	328	319	-2.74
天然汽油	203	222	9.36
气体总计（百万标准立方英尺）	9849	9938	0.90
天然气	8856	8978	1.38
乙烷	993	960	-3.32

资料来源：沙特阿美年度报告，https://www.aramco.com/en/investors/investors/reports-and-presentations。

第二，碳氢价值链下游。主要包括炼油和石化制造、供应和贸易、分销和发电，沙特阿美年度报告显示，2019年，沙特阿美的下游业务消耗了其原油产量的38%。在碳氢价值链下游市场上，沙特阿美的竞争优势主要体现在如下方面：能够通过专用下游系统将上游生产货币化为高质量的外部客户群；良好的供应可靠性纪录；在关键的区域市场和枢纽上建立了复杂、可靠资产的全球网络；利用全球最大的炼油业务规模扩大生产；拥有世界一流的合作伙伴，可提供更多的地理位置，具有技术专长，运营知识和营销能力；有潜力成为全球主要的石化产品生产商。

第三，碳氢价值链上下游一体化业务。上游和下游部门的战略整合主要是指通过出售给国内和国际全资及附属炼厂的专用系统来确保原油需求。

（三）财务状况和营收

沙特阿美的财务业绩主要取决于碳氢化合物和精炼石油产品的销售，这取决于全球供求关系和市场价格。原油和成品油的销售是沙特阿美公司合并收入的最大组成部分。

沙特政府通过行使其主权权利来管理石油和天然气行业，并确定沙特的最高碳氢化合物生产水平，即政府可以根据其战略能源安全目标或出于任何其他原因，随时自行决定增加或减少沙特的最大碳氢化合物产量。因此，沙特阿美的运营结果可能部分取决于政府就生产水平做出的主权决策。

2019年，沙特阿美净收入达3306.93亿里亚尔，较上年减少20.61%，主要原因是全球油价的下跌、炼油和化工利润率下降以及沙特阿美在合资企业和联营企业亏损中所占份额的增加。在收入和年利润减少的同时，沙特阿美资产有所增加，主要是用于建设厂房、采购设备等固定资产投资的增加。

表 I-5-15　　　　　沙特阿美主要财务指标　　　　　（百万里亚尔）

	2018	2019	增长率（%）
营业收入	798405	674871	-15.47
净收入	416518	330693	-20.61
总资产	1346892	1494126	10.93
总负债	318457	447891	40.64
固定资产	873827	982014	12.4

资料来源：沙特阿美年度报告，https://www.aramco.com/en/investors/investors/reports-and-presentations。

（四）未来发展展望

沙特阿美的发展目标是成为一家以安全、可持续和可靠的方式生产能源和化学产品的综合性公司。

沙特阿美的上游业务将继续专注于保持其在油气勘探，开发和生产中的领先地位，计划根据政府要求维护其最大可持续产能（MSC）。

沙特阿美的下游业务部门将继续在运营过程中通过投资在整个价值链

上进行整合，以创造更多的价值，同时使投资组合多样化并减轻收益的波动性。下游业务的重点主要是价值创造，包括升级其系统以捕获协同机会，提高与国际同行相比的竞争力。沙特阿美正在实施一项战略以发展非原油业务，并加强上游和下游业务的整合。沙特阿美将产品多样化和全球整合视为增强产品组合弹性、为公司带来更多收入来源的一种手段。沙特阿美在沙特基础工业公司（SABIC）中拥有70%的股份，可以加快阿美的下游增长战略实施并增强化工平台，从而使阿美石化行业持续增长和加大价值创造，预计石化行业将是未来几年里石油需求增长最快的领域。

二 化学工业

沙特的化学工业和油气工业息息相关，化学工业的发展重心是将原油产物转换合成一系列化学产品，主要依赖在原油和甲烷生产过程中所产生的大量气态和液态碳氢化合物。

（一）概况

除了作为世界领先的原油生产国和出口国外，沙特也是世界上最大的化工产品和聚合物生产国与出口国，近年来化学工业对制造业增加值的贡献在30%左右。[①]

沙特化学工业诞生的时间比其他国家要晚得多。尽管沙特拥有丰富的石油原料储量，是化工产品生产的有利地点，但缺乏基础设施（例如，北美和欧洲可用的互联管道）在油田周围分配大量原料。在化学工业所需的基础设施建成之后，沙特化学工业便开始快速增长，目前已成为全球化学市场的重要参与者。

沙特化学工业在全球化工业行业初露头角有三个标志性事件：天然气输送管网"气体治理系统"（Master Gas System，MGS）的建立、两个不发达渔村——朱拜勒（Jubail）和延布（Yanbu）的工业化以及沙特基础工业公司（"沙比克"）的成立。沙比克的主要情况将在化工业市场竞争主体部分加以分析，现对气体治理系统以及朱拜勒和延布工业化的主要情况说明如下。

---

① 《海合会石化和化学工业事实与数据（2017）》，https://gpca.org.ae/wp-content/uploads/2019/01/Facts-and-Figures-2017.pdf。

1. 气体治理系统

在沙特能源资源的早期开发中,大部分天然气生产与原油生产有关。当时,大部分气体在油井中燃烧,没有用作化学生产的原料。20世纪70年代初期,沙特阿美实施了一个雄心勃勃的项目——建立一个气体治理系统的管道网络,以在沙特国内分配以前未利用的天然气。这项工作于1982年完成,提供了足够的天然气来发展化学工业。20世纪80年代后期,相关油井的天然气生产得到了沙特非相关天然气资源的补充。天然气系统现在包括库莱斯(Khurais)、萨法尼亚、加瓦尔和祖卢夫的60多个油气分离厂;巴里(Barri)、萨得甘(Shedgum)和奥斯曼尼耶(Uthmaniyah)的三个天然气处理厂;从沙康(Shadqam)到延布的东西天然气管道,以及在延布和华伊(Juaymah)的两家天然气分馏厂。

2. 朱拜勒和延布的工业化

在建立气体治理系统的同时,沙特政府在朱拜勒和延布(均为沿海欠发达村庄)建立两个工业城市,并于1975年成立了朱拜勒和延布皇家委员会来监督和管理这两个城市的石化和能源运营的发展。朱拜勒现在是世界上较大的化学生产区之一。

(二)产出分析

2019年以来,沙特化学工业的工业生产指数(IPI)表明,沙特化工业发展缓慢,尤其是2019年5月,化工业IPI月度环比下跌5.36%,2019年化工业IPI月度环比平均下跌0.47%。受到2020年初全球疫情蔓延的影响,化学工业产出大幅缩减,2020年4月之后逐渐回升,5月和6月连续两个月加速增长,但是7月又开始小幅下跌。

以化工业创收能力来看,化工产品是沙特工业部门中除了原油和天然气提取物部门之外最重要的创收部门。沙特中央统计局"工业调查报告"数据显示,2018年,沙特工业产品销售额总计为17070.35亿里亚尔,化工产品销售额占比达10%,仅次于原油和天然气提取物。就化工产品的销售收入而言,其中76.8%以上均来源于出口收入,只有不到23.2%来自国内销售收入。

沙特化工业的创收能力在海湾合作委员会(GCC,简称"海合会")国家中居首位。2017年,海合会国家的化工产品销售总额约为842亿美

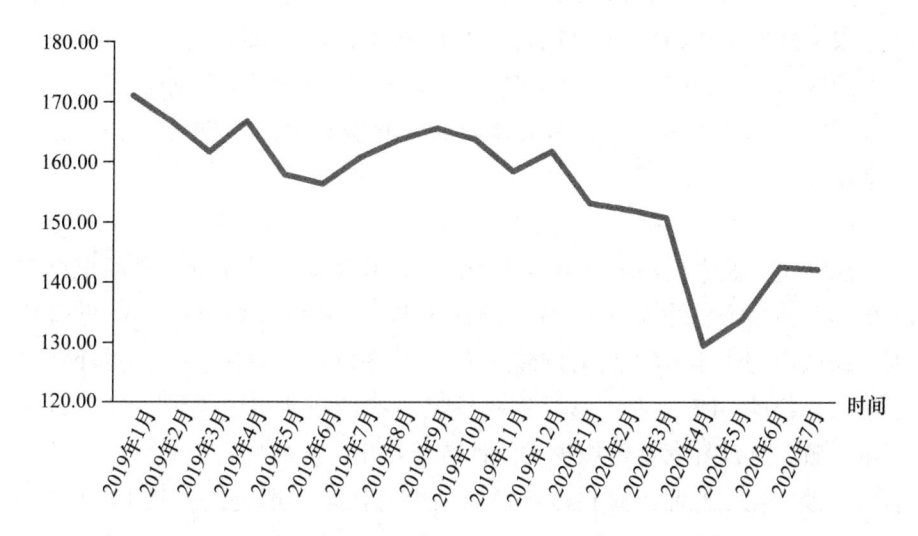

图Ⅰ-5-9 沙特化学工业生产指数（以2010年为基期）

资料来源：沙特中央统计局工业生产指数，https://www.stats.gov.sa/en/494-0。

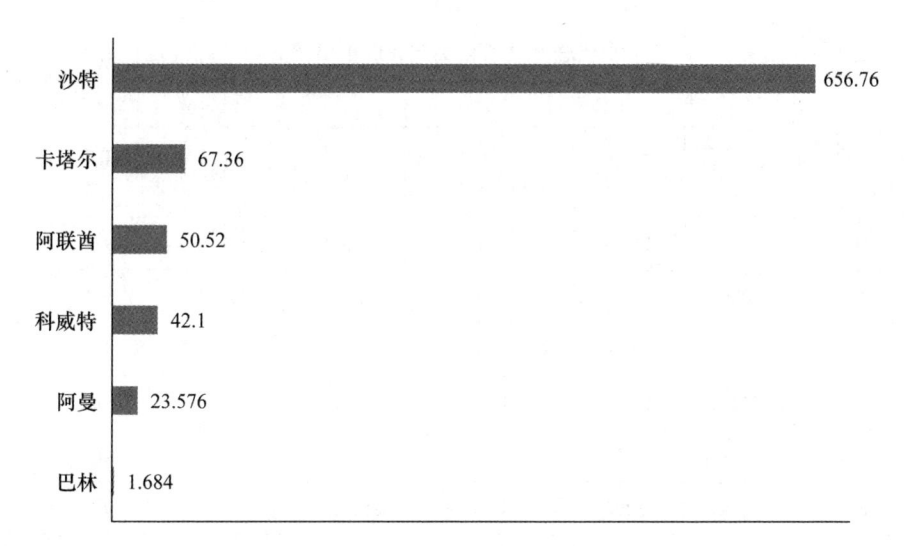

图Ⅰ-5-10 2017年海湾合作委员会成员国化工产品销售收入额（亿美元）

沙特	656.76
卡塔尔	67.36
阿联酋	50.52
科威特	42.1
阿曼	23.576
巴林	1.684

资料来源：《海合会石化和化学工业事实与数据（2017）》，https://gpca.org.ae/wp-content/uploads/2019/01/Facts-and-Figures-2017.pdf。

元，沙特几乎占海合会国家销售总额的78%。主要是由于沙特化学工业近年来恢复增长，2017年实现收入增长19%，达到658亿美元，对整个海湾地区产生了积极影响。聚合物和增值化工产品领域对于沙特及整个海湾地区的创收尤为重要，这两大领域的合并份额占沙特收入的80%、海合会的63%。①

（三）进出口贸易

沙特化工业产出的大部分均用于出口，化工业也是沙特重要的出口创汇部门。根据沙特中央统计局《统计年鉴（2019）》提供的工业出口数据，2019年沙特化学产品出口额近年来在1300亿里亚尔左右，占沙特工业出口总额的14%左右。世界贸易组织的统计和沙特中央统计局的结论基本一致，且世界贸易组织提供的沙特历年化工产品进出口时间序列数据表明，沙特化工产品出口在沙特总商品中的比重逐渐提高，从1990年的不足6%提高至2019年的13.7%，尽管近两年来这一占比略有下降。对比之下，沙特化工产品进口规模相对较小，化工产品进口规模不足出口规模的一半，化工业一直是贸易顺差部门（见表Ⅰ-5-16）。

表Ⅰ-5-16　　　沙特总商品和化工产品进出口额　　　（现价百万美元）

年份	出口额 总商品	出口额 化工产品	化工产品出口占比（%）	进口额 总商品	进口额 化工产品	化工产品进口占比（%）
1990	44417	2511	5.7	24069	2227	9.3
2000	77583	4210	5.4	30238	2909	9.6
2005	180711	11074	6.1	59459	5780	9.7
2010	251143	21852	8.7	106863	10805	10.1
2011	364699	30647	8.4	131586	13123	10.0
2012	388401	33290	8.6	155593	14956	9.6
2013	375872	35071	9.3	168155	15404	9.2

① 《海合会石化和化学工业事实与数据（2017）》，https://gpca.org.ae/wp-content/uploads/2019/01/Facts-and-Figures-2017.pdf。

续表

年份	出口额			进口额		
	总商品	化工产品	化工产品出口占比（%）	总商品	化工产品	化工产品进口占比（%）
2014	342433	38168	11.1	173834	16675	9.6
2015	203550	29788	14.6	174676	16316	9.3
2016	183579	27960	15.2	140170	14823	10.6
2017	221835	31057	14.0	134519	15167	11.3
2018	294373	40505	13.8	137065	15682	11.4
2019	261603	35963	13.7	153163	15165	9.9

资料来源：根据世界贸易组织数据门户（https://data.wto.org/）数据整理得到。

在出口市场分布上，沙特化工产品主要的出口市场是中国、印度、阿联酋、比利时和韩国，世界综合贸易解决方案（WITS）数据显示，2018年，这五大出口市场的份额分别为30.06%、10.36%、6.99%、6.09%和4.10%。在进口来源上，沙特化工产品进口主要来源于美国、德国、法国、印度和阿联酋，2018年这五大进口来源国的份额分别为15.44%、12.15%、8.48%、6.24%和5.49%。[①]

（四）市场竞争主体

20世纪70年代，沙特化学工业发展之初主要是甲烷化学工业，因为甲烷原料非常丰富。当时的主要化工产品是甲醇、氨、尿素和甲醛，主要企业包括朱拜勒化肥公司（Al-Bayroni，沙比克和中国台湾肥料公司按50∶50出资成立）和沙特甲醇（Ar-Razi，沙比克和由三菱瓦斯化学公司领导的日本财团按照50∶50出资成立）。

现在，沙特化工市场上的企业主体显著增加。2018年，沙特化工市场上的企业主体共计1462家，其中，中小企业占比近73%。2018年化工企业数量较上年减少67家，主要是中小企业减少了49家。下面将对沙特化工工业主要企业进行简要分析。

---

① WITS 数据库，https://wits.worldbank.org/CountryProfile/en/Country/SAU/Year/LTST/TradeFlow/Export/Partner/by-country/Product/28-38_Chemicals。

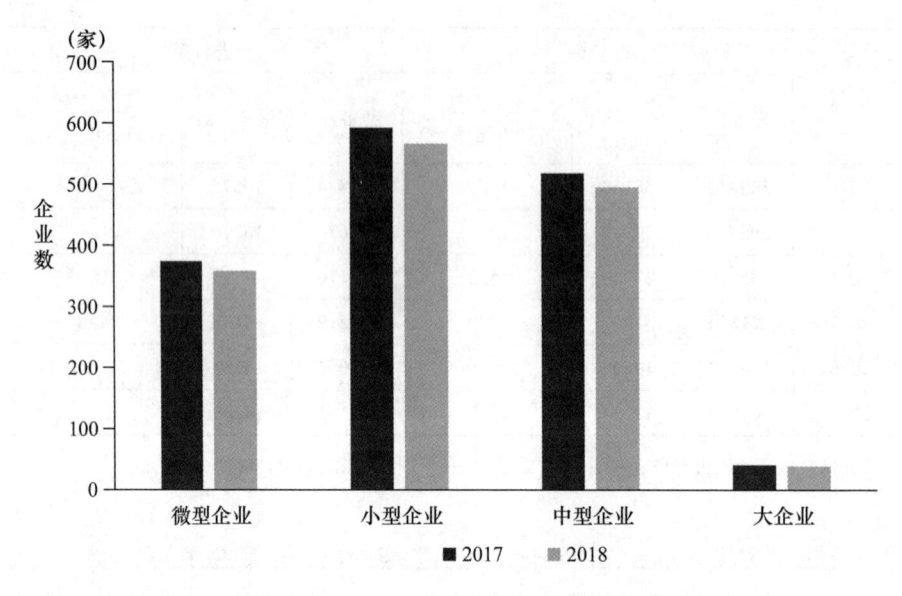

图Ⅰ-5-11　2017—2018年沙特化工市场企业数分布（按规模）

资料来源：沙特中央统计局，https：//www.stats.gov.sa/en/494-0。

　　沙特基础工业公司（沙比克）是世界顶级石化企业之一，总部设在利雅得。1976年，沙特政府决定使用与石油生产相关的碳氢气体作为生产化工产品、聚合物和化肥的主要原料，于是成立了沙比克，沙特政府持有沙比克70%的股份，剩余30%的股份由沙特和其他海合会国家的私人投资者所持有。沙特旨在通过沙比克的成立建立沙特王国在化学工业中的地位，并吸引国际石油公司在沙特成立合资企业。自成立以来，沙比克已组建了许多合资企业，并建立了大量分支机构。其中第一家与沙特甲醇（Saudi Methanol）合资并于1983年开始生产。当前，沙比克的主营业务被划分为石化、特材、农业营养素和钢铁四大战略事业部。沙比克的业务遍及全球50个国家，在沙特、美洲、欧洲和亚太地区拥有超过64家世界级工厂，研究资源和创新中心主要分布于中东、美国、欧洲、东南亚和东北亚。沙比克在全球拥有超过34000名员工，是沙特最大的化工产品生产商，在世界上排名第五，它是全球最大的乙二醇和甲醇生产商，第三大聚乙烯生产商。在生产聚乙烯、聚丙烯和其他先进的热塑制品、乙二醇、甲醇和化肥方面，沙比克位居全球市场领先地位。[1] 沙比克官网公布的公司财务数据显示，沙比克2017年销售额达1497.66亿里亚尔，较上年增加4.7%；净利润达254.84亿里亚尔，较上年增加9%。

延布国家石化公司（Yansab），是沙比克的子公司之一，成立于2006年，2010年开始商业运营，主要生产乙烯、乙二醇、高密度聚乙烯、低线密度聚乙烯、聚丙烯等。它生产MEG、HDPE、LLDPE、丁烯、MTBE、苯和甲苯。延布国家石化公司官网公布的财务报告数据显示，2019年，其销售额达60.65亿里亚尔，较上年减少20.49%；净利润达10.9亿里亚尔，较上年大幅减少54.9%。

基础化学工业集团（BCI，以下简称"集团"），成立于1973年，目前已经成为沙特领先的化学公司。集团总部设于达曼，主要的制造工厂和仓库位于沙特东方省。目前，集团主营业务是化工品生产，旗下设有多家公司：（1）化学品营销和分销公司（CMDC），是集团针对制造和交易产品的营销部门；（2）国家基础化学公司（BCNC），是高质量硫酸和电池酸的生产商；（3）亨斯迈APC有限公司（HAPC），是海合会（与亨斯迈聚氨酯的合资公司）第一家也是最好的硬质聚氨酯体系生产商；（4）国家胶粘剂有限公司（NAL），是阿拉伯湾领先的工业水乳胶和热熔胶粘剂专业制造商（根据与汉高的技术协议）；（5）沙特水处理公司（SWTC），是用于水处理的高性能化学产品制造商。集团公司的财务报告数据显示，2019年，集团销售额达5.35亿里亚尔，较上年减少11.57%；净利润达5939万里亚尔，较上年减少15.77%。

Nama化学公司是一家成立于1992年的股份制公司，主营业务是化工品制造生产，主营产品包括环氧树脂、环氧氯丙烷、氢氧化钠、氯化钙、次氯酸钠、盐酸。

Farabi石化公司（Gulf Farabi Petrochemical Company，FPC）成立于2002年，位于沙特朱拜勒工业城，是线性烷基苯和正构石蜡市场上的领先企业，化工产品主要出口欧洲、亚洲、中东和海合会市场。

Tasnee是一家位于朱拜勒的独立公司。它生产高密度聚乙烯、低密度

---

[1] 沙特基础工业公司官网（https://www.sabic.com/zh/about/corporate-profile/sabic-at-a-glance）。

聚乙烯、聚丙烯、丙烯酸、二氧化钛（TiO2）、氯和氯衍生物。

沙特 Kayan 石化公司，是沙比克的子公司，目前经营着一座 150 万吨/年的蒸汽裂解装置。它生产高密度聚乙烯、低密度聚乙烯、聚丙烯、单乙二醇、苯酚、丙酮、苯、聚碳酸酯、乙醇胺、乙氧基化物、丁醇和天然洗涤剂醇。

（五）发展前景展望

根据海合会的报告《海合会石化和化学工业事实和数据（2017）》，未来沙特的化工业也将保持良好的增长态势，化工产能将会以每年 2.7%的速度增长，到 2027 年达到 1.475 亿吨，较 2017 年增加 3450 万吨，并将占海合会总海外产能的近 90%。[①]

为促进产能扩张，沙特化工部门的研发强度较大，仅次于油气工业、制药业和精炼石油工业。根据沙特最新一次工业调查报告，2018 年，化工业有研发活动企业的占比为 13.5%，较上年增加 6 个百分点，共有研发人员 59 人，较上年减少 2 人，研发支出达 5445 万里亚尔，较上年减少 1189 万里亚尔。化工企业是化工业的主要参与者，企业有无扩产能等未来投资计划也反映了沙特化工业发展的未来趋势。沙特 2018 年的工业调查报告显示，在沙特化工企业中，有未来进一步投资计划的企业占比为 17.2%，高于沙特工业部门平均水平（11.5%）。

第三节　重点服务业

沙特服务部门整体发展势头较好，其中的主要代表包括沙特旅游业和沙特的信息通信服务业，这两大服务部门是沙特经济创收的主要服务业。

一　旅游业

沙特旅游业主要以宗教朝圣为主，但凭借丰富的文化历史遗址和自然风光等旅游资源，沙特吸引了大量休闲旅游客，休闲旅游业近年来也有所增长。

[①]《海合会石化和化学工业事实和数据（2017）》，https：//gpca.org.ae/wp-content/uploads/2019/01/Facts-and-Figures-2017.pdf。

（一）概况

沙特是中东和北非最大的旅游目的地。潜在的旅游区包括希贾兹（Hijaz）和萨拉瓦特山脉（Sarawat Mountains）、红海潜水区和许多古代遗址。截至 2020 年 12 月，沙特共有五处历史遗址被列入联合国教科文组织《世界遗产名录》，分别是玛甸沙勒（Madain Saleh，2008）、德拉伊耶遗址的阿图赖夫区（2010）、阿尔巴拉德（Al-Balad，Jeddah，2014）、哈伊勒省岩画（Rock Art in the Ha'il Region，2015）和哈萨绿洲（2018）。

根据世界经济论坛发布的《旅游业竞争力指数（2019）》[①]，沙特的旅游业竞争力在世界 140 个参与排名的国家中居第 69 名，处于中等水平，较 2017 年跌落了 7 个名次，在中东和北非国家中，沙特也落后于阿联酋（33 名）等 6 个国家。根据该报告，2019 年，沙特旅游业在商业环境、安全保障、机场设施、健康卫生、旅游服务基础设施以及旅游产品价格等方面具有较好表现，尤其是沙特的旅游服务基础设施排在第 35 位，主要得益于沙特政府为促进经济多元化发展，把旅游业作为 "2030 愿景"的重点发展领域而在旅游设施上进行了大量投资。同时，也由于沙特警察可靠性提高，谋杀率下降，沙特的安全保障性指数排名提高，从 2017 年的第 61 名提高到第 23 名。但是，沙特在国际开放度和自然旅游资源上严重落后于其他国家，尤其是沙特的国际开放度排在第 137 名，在 140 个国家中处于垫底水平，主要原因是沙特的签证要求非常严格。

（二）游客规模

2004 年以来，沙特入境游客数量几经起落。2008 年达到 1771.7 万人次的小高峰，2010 年大幅跌落至 1302.5 万人次。2014 年沙特入境游客数量再次达到 2301 万人次的高峰水平，此后一直处于减少的趋势中。2019 年下半年，沙特政府放松了签证申请规定而一度刺激了旅游业的发展（见图 I -5 - 12）。

在入境游客中，巴基斯坦、科威特、印度、印度尼西亚和埃及是主要

[①] 这一报告根据机场设施、旅游服务基础设施及文化资源等 14 个指标对 140 个国家的旅游竞争力进行打分、排名，https://cn.weforum.org/reports/the-travel-tourism-competitiveness-report-2019。

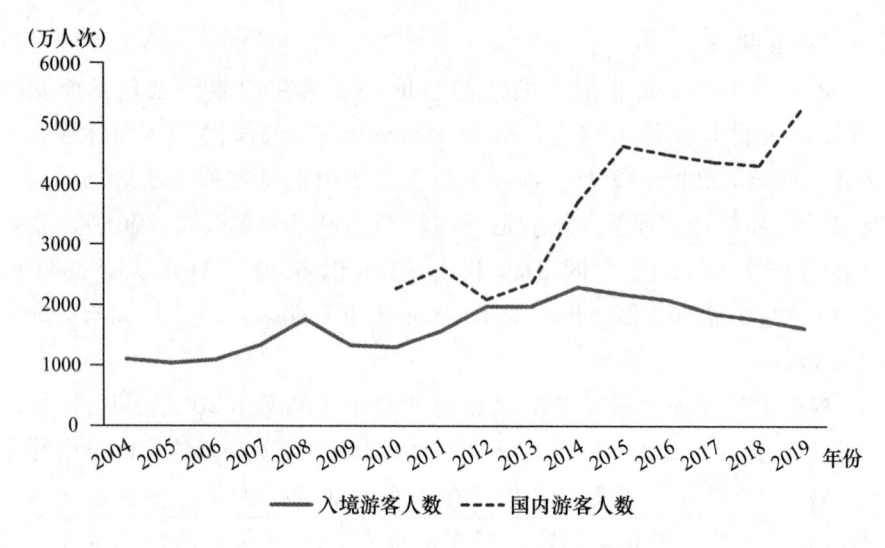

图Ⅰ-5-12 沙特入境游客数和国内游客数

资料来源：世界旅游组织数据库，https：//www.unwto.org/statistic/basic-tourism-statistics。

的游客来源国，在总入境游客中占比分别为14%、12%、9%、8%和7%。①

除了入境游客外，沙特本地居民境内游规模也整体呈现出增长态势，且国内居民的境内游规模在2014年之后远大于入境游客规模，2019年沙特国内游客规模是入境游客规模的3倍多。

由于入境游客和本地居民的旅游出行逐年增多，沙特酒店业作为旅游辅助行业也获得显著增长。沙特中央统计局发布的《统计年鉴（2019）》第十七章"旅游休闲"数据显示，2019年，沙特酒店数量增加到2621家，五星级酒店数量增加到155家。

此外，大量涌入沙特各类旅游景点的入境游客和本地居民直接促使了沙特旅游服务需求的增加，进一步推动了旅游服务供给侧各类旅游业企业数量的增加。截至2020年12月，沙特中央统计局提供的最新一期《旅游业企业调查（2018）》数据显示，沙特2018年包括酒店住宿类企业在内的11类旅游业企业共计72389家，其中绝大多数为餐饮业企业（52518家）。在这些企业中，有雇员超过250人的大型旅游业企业157家，大型

---

① 世界旅行旅游委员会，https：//wttc.org/Research/Economic-Impact。

企业中最多的是酒店住宿类企业（57家）。

表Ⅰ-5-17　　　　沙特旅游业企业按照细分领域和规模分布

旅游业类别	企业规模				
	小于6人	6—49人	50—249人	250人以上	总计
酒店住宿	7706	1074	264	57	9101
餐饮	44395	7914	173	36	52518
铁路运输	0	0	0	6	6
陆路运输	906	562	177	17	1662
水路运输	29	14	0	0	43
空运	0	0	0	31	31
运输设备租赁	3121	648	67	2	3838
旅行机构和景点服务	1983	847	65	8	2903
文化活动	291	189	0	0	480
运动娱乐	1178	361	31	0	1570
其他旅游服务企业	201	29	7	0	237
总计	59810	11638	784	157	72389

资料来源：沙特中央统计局《旅游业企业调查（2018）》，https://www.stats.gov.sa/en/491-0。

（三）经济贡献

得益于入境游客数量在总体趋势上是逐渐增加的，入境游客在沙特的旅游花费支出总体上也呈现出增加的趋势。2007年至2019年，入境游客在沙特的支出年均增长9.7%，尤其是2015年之后，增长速度基本保持在10%以上。其中，入境游客支出主要花费在沙特的酒店、景点等旅行项目上，花费在沙特境内客运交通上的费用相对较少（见表Ⅰ-5-18）。

根据世界旅行旅游委员会的估计，2019年，沙特旅行和旅游业对其当年GDP的贡献率达9.5%，略低于世界平均水平的10.3%。旅行和旅游业共计创造收入2740亿里亚尔（约合731亿美元），较上年增长14%，

表 I-5-18　　　　　　　入境游客在沙特的支出　　　　　　（百万美元）

	支出	其中	
		旅行支出	客运支出
2007	6907	5971	936
2008	6775	5910	865
2009	6744	5995	749
2010	7536	6712	824
2011	9317	8459	858
2012	8400	7432	968
2013	8690	7651	1039
2014	9263	8238	1025
2015	11183	10130	1053
2016	13438	11096	2342
2017	15020	12056	2964
2018	16975	13791	3184
2019	19849	16431	3418

资料来源：世界旅游组织数据库，https://www.unwto.org/statistic/basic-tourism-statistics。

远高于2019年实际GDP增长率。此外，旅行和旅游业创造就业岗位145.38万个，占总就业的11.2%。同年，国际入境游客共计在沙特支出1104亿里亚尔（约合294亿美元），从而旅游服务出口在沙特总出口中的比重达9.9%。[①]

（四）发展前景展望

沙特"2030愿景"明确指出，对旅游业的投资是该愿景的支柱之一。沙特旅游部（Ministry of Tourism of Saudi Arabia）强调，旅游业不仅是沙特经济增长的驱动力，也是与世界进行文化交流的桥梁，可以增进彼此的了解和尊重。

为满足沙特不断增长的旅游需求，沙特正在开发、完善一系列旅游服务基础设施，主要目标包括：(1) 未来三年（2021—2023）将总共建造

---

① 世界旅行旅游委员会，https://wttc.org/Research/Economic-Impact。

150000间酒店客房。这些酒店中有70%将由私营部门实施。(2)沙特与当地和外国投资者以及包括旅游发展基金（Tourism Development Fund）在内的当地投资基金合作，力争到2030年在沙特阿拉伯建立500000个酒店客房。(3)签署了总价值超过1150亿沙特里亚尔的若干谅解备忘录，以改善基础设施并增加可提供的酒店客房数量。(4)沙特机场的吸收能力每年提高1亿多旅客人次。为支持旅游业发展，沙特政府还批准了国家旅游战略（National Strategy for Tourism），其中强调了符合沙特远景目标的旅游业主要目标：第一，到2030年将旅游业对GDP的贡献率从3%提高到10%以上。第二，2030年前再创造100万个就业机会，以达到160万个就业岗位。第三，2030年每年吸引1亿人次本地和国际旅客。为实现这些目标，沙特专门设立了旅游发展基金，资本金为150亿沙特里亚尔。该基金还与当地银行签署了谅解备忘录，以资助至少1500亿沙特里亚尔的旅游项目，使收入资源多样化，增加旅游部门对国内生产总值的贡献。[①]

此外，为了有针对性地解决沙特旅游业发展的突出障碍因素——国际开放度较低，沙特于2019年9月启动了旅游签证，有49个国家/地区的公民可以电子方式获得签证，对美国、英国和申根签证的持有人实行落地签，其他国家游客可以通过访问申请获得签证。沙特所选择的这49个国家/地区约占全球游客消费的80%，占世界豪华旅游者消费约75%。

二 信息通信业

沙特政府充分认识到信息通信（ICT）产业对国民经济增长、产业结构调整和综合国力提升的重要意义，因此高度重视信息通信技术产业发展，并在政策和资金层面予以大力支持。

（一）概况

中国驻沙特阿拉伯使馆经商处的调研报告指出，沙特ICT产业整体上处于导入期和成长期的交汇口，固话等传统行业发展稳中向好，云计算与大数据等新兴领域发展亮点纷呈。

---

① 沙特旅游部，https://mt.gov.sa/en/TourismInvestment/Pages/TourismInvestment.aspx。

（二）主要部门表现

在沙特传统 ICT 部门中，固话、移动、互联网等主要部门呈稳定发展。其中，沙特固话用户 2014 年至 2017 年保持在 360 万户左右，受固网转动进程的影响，2015 年固话用户开始减少，2019 年减少至不足 320 万户。相较之下，沙特移动通话用户数规模要大得多，2014 年至 2019 年保持在 4300 万户左右，但是 2014 年以来也基本处于逐渐减少的趋势之中，2019 年已经从 2014 年的 4700 多万用户减少至不足 4200 万用户。[1]

沙特互联网接入数量呈现出较为明显的内部分化趋势。2015 年至 2019 年，沙特固定宽带接入数量显著减少，而移动宽带接入数则相对较为稳定，仅有小幅减少。在固定宽带接入中，明显呈现出铜线接入宽带服务逐渐退出市场，而光纤接入宽带逐渐增加的趋势。在移动宽带服务中，呈现出标准的"语音+数据"服务的宽带用户逐渐增加，而专属数据类型的宽带用户逐渐减少的趋势。由于统计口径差异，沙特中央统计局所统计的互联网用户数并非一致地采用固定宽带加移动宽带的计算方法，因此从互联网用户数来看，受宽带业务普及、技术水平提高、用户群体年轻化和需求多元化等因素影响，沙特的互联网服务用户数逐年增长，互联网渗透率也显著提升（见表Ⅰ-5-19）。

表Ⅰ-5-19　　　　　沙特宽带服务接入用户数　　　　　（百万户）

类别	2015	2016	2017	2018	2019
固定宽带总接入数	3.56	3.29	2.50	1.90	1.96
其中：铜线接入	1.57	1.62	1.40	0.82	0.83
光纤接入	0.45	0.58	0.70	0.78	0.89
固定无线	1.54	1.09	0.40	0.30	0.24
固定宽带渗透率（%）	50.70	44.80	33.60	33.70	33.00
移动宽带总接入数	31.51	23.88	29.71	29.15	29.45
其中：标准（语音+数据）	11.35	12.71	18.83	20.78	21.41

---

[1] 沙特中央统计局《统计年鉴（2019）》第十五章，https://www.stats.gov.sa/en/1006。

续表

类别	2015	2016	2017	2018	2019
专属数据	20.17	11.17	10.89	8.37	8.04
移动宽带渗透率（%）	100.00	72.50	93.60	89.50	88.10
互联网用户数	21.60	23.80	26.10	27.16	31.41
互联网渗透率（%）	68.50	74.90	82.10	83.40	89.00

资料来源：沙特中央统计局《统计年鉴（2019）》第十五章，https://www.stats.gov.sa/en/1006。

在新兴ICT部门发展方面，沙特正在大力发展电子商务、云计算和大数据以及金融科技等新兴ICT服务部门。其中，电子商务作为沙特的新兴行业平台正在强势崛起。根据沙特ICT技术委员会（CITC）发布的年度报告数据，2017年，沙特境内有800万人次在网上或者在应用程序上购买商品，沙特国内的电子商务市场价值达297亿里亚尔，在线购物消费者中的93%通过智能手机进行线上消费，年均支出达3.942里亚尔。[①] 在电商平台方面，Souq是阿拉伯世界最大的电子商务平台，由罗纳尔多·穆沙瓦尔（Ronaldo Mouchawar）创立，充分借鉴了他国电商的成功经验并结合地区实际进行了本土化改造，成功打造出自己的物流系统（QExpress）和支付体系（PayFort），于2017年3月被亚马逊收购。近年来新崛起的NOON表现也十分抢眼，其总部和核心货仓均位于利雅得，沙特公投基金对其持股50%。2019年12月，沙特商投部长马吉德·本·阿卜杜拉·卡斯比（Majid Bin Abdullah Al-Qasabi）对外宣称，沙特当局已经筹划成立沙特电子商务委员会，以进一步推动电子商务的发展，加大沙特转型开放进度。

在云计算和大数据发展方面，沙特根据"2030愿景"，于2017年7月成立了国家数字化转型委员会（The National Committee for Digital Transformation），旨在制定与数字化有关的政策、战略和实施计划。该委员会下属的国家数字转型部门（NDU）是一个跨领域的横向组织，主要任务

[①] 沙特ICT委员会年度报告，https://www.citc.gov.sa/en/MediaCenter/Annualreport/Pages/default.aspx。

在于发展数字经济、协调政府数字战略以及管理私营部门对数字经济的赋权和参与。2018年，沙特MISK基金会与甲骨文（Oracle）签署人力资源合作开发谅解备忘录，计划为沙特40余所高校和科研院所培训7万名该领域专业技术人才。同年，德国SAP宣布将向沙特引进首个公共云数据中心，并决定将其东北非地区总部设在利雅得。此外，谷歌、亚马逊、微软等国际知名企业亦紧盯沙特云计算和大数据市场，沙特国家石油公司已同谷歌母公司Alphabet就合资开发数据中心一事展开磋商。

在金融科技发展方面，2018年，沙特货币管理局（作为沙特中央银行）发布了"沙特金融科技倡议"，并提出吸引全球业内顶尖企业投资、支持本国初创企业、推动商业银行与金融科技企业合作三大发展目标。为落实该倡议，沙特货币管理局与瑞波（Ripple）签署了在沙特银行业推广xCurrency的合作协议，旨在打通现实和虚拟货币双向流通渠道，避免多币种支付兑换中间环节，降低各项成本，实现即时支付。沙特货币管理局因此成为继英格兰银行后全球第二家应用区块链技术的中央银行。

在5G发展方面，2017年2月，沙特第三大运营商Zain与诺基亚合作在吉达完成了包括上行链路载波聚合在内的多项4.5G技术测试。同年3月，沙特电信公司与爱立信签署5G合作框架谅解备忘录，双方拟围绕5G技术展开联合实验。此外，华为率先与沙特电信公司完成了大规模天线技术（Massive MIMO）联合技术测试，为沙特未来5G发展奠定了坚实基础。2019年沙特ICT委员会推出了商用5G移动网络，使沙特阿拉伯成为世界上较早引入该技术的国家之一。Zain于2019年10月在沙特阿拉伯启动了商用5G服务，截至2019年11月，覆盖范围已扩大到27个城市。2019年11月，Zain在科威特和沙特的移动网络之间启动了首次国际5G漫游，用户可以利用高达500 Mbps的下载速度来进行出站和入站漫游。[①]

（三）主要运营商

沙特ICT产业主要有三大运营商：沙特电信公司（Saudi Telecom Company，STC）、沙特莫比利电信公司（Mobily）和沙特移动电信公司（Zain）。

[①] 牛津商业集团，https://oxfordbusinessgroup.com/overview/well-connected-5g-and-other-innovative-technologies-encourage-sector-growth。

1. 沙特电信公司（STC）

STC 成立于 1998 年 4 月，是中东地区最大的电信运营商，由沙特政府全资设立，2002 年 STC 出售 30% 的股权，截至 2020 年 12 月，外资持股 5.51%，其余由沙特机构或散户持有。[①] 2019 年，就市场价值而言，STC 在中东和北非地区排名第一，是全球排前 50 名的数字公司之一，也是全球排前 10 名的大通信公司之一。

在主营业务方面，STC 主要提供固定电话、移动电话、互联网接入以及卫星电话服务，已经成为一个提供通信、信息技术和数字解决方案的集成系统。此外，STC 同时也在密切关注和领衔沙特地区的数字支付、媒体和娱乐领域的数字转型。

在业务表现上，STC 承担了作为国家宽带（NBB）网络计划的部分任务，即部署光纤网络。2019 年 STC 实现光纤到户（FTTH）服务的客户数量与 2018 年相比增长了 23%，光纤服务电缆的长度约为 217000 千米。基础设施方面的投资确保了 STC 平均移动互联网下载速度达到 45.4Mbps。同时，STC 正在加快部署 5G 网络，是第一家提供商业用途并向沙特许多城市的客户提供服务的运营商，2019 年安装了 2300 多座 5G 塔。

在财务绩效方面，2019 年的合并收入与 2018 年同期相比增长 4.63%，达到 543.68 亿里亚尔，毛利润增长 6.29%，达到 323.91 亿里亚尔，营业利润增长 1.92%，达到 124.80 亿里亚尔。

在新兴 ICT 服务领域，STC 进行了大量的创新解决方案和数字化转型投资，主要包括数字支付、大数据、云计算、网络安全、物联网和人工智能，最为突出的表现是 STC 通过其商务公司和菲利普公司签署战略协议，完成了沙特医疗城（Medical City）数字基础设施的托管服务和云计算实施，使其成为该地区杰出的数字医疗城之一。STC 商务公司因此获得了 VMware 的云计算服务认证，后者是一家专门提供云解决方案和服务的公司，由此 STC 成为第一家获得国际认证并被认可为云计算服务提供商的沙特公司。[②]

[①] 沙特证券交易所，https://www.tadawul.com.sa/。
[②] STC 公司官网年度报告，https://www.stc.com.sa/wps/wcm/connect/english/investor/annualreport。

2. 沙特莫比利电信公司（Mobily）

Mobily（又称 Etihad Etisalat）成立于 2004 年，主要股东是阿联酋电信（Etisalat，占 27.99%）和沙特社会保险总组织（占 11.85%），其余股份由其他机构和散户投资者持有。[①] Mobily 是沙特第二家移动运营商，2005 年启动移动服务，打破了 STC 在电信领域的垄断局面。2006 年，GSM 协会将 Mobily 评为中东和北非增长最快的移动运营商。同年，它推出了 3.5G 服务，并于 2011 年推出了 4G 服务。2004 年，Mobily 在沙特阿拉伯 Tadawul 证券交易所上市，股本达 77 亿里亚尔。截至 2018 年 9 月 31 日，总权益为 138 亿里亚尔。

在业务发展方面，Mobily 通过一系列重大战略收购实现了自身的发展壮大。2008 年，Mobily 收购了获得许可的数据服务提供商 Bayanat al-Oula，同年收购了领先的沙特互联网服务提供商 Zajil 的大多数股权。Mobily 拥有 66% 的沙特国家光纤网络（SNFN），从而成为世界上较大的光纤网络商之一，这使 Mobily 能够依靠强大的回程能力为其客户提供全面的通信、移动和宽带服务。

在主营业务方面，Mobily 的主营业务主要面向个人、企业和运营商。除了作为全球较大的数据中心系统之一，它还拥有沙特阿拉伯最大的无线网络，以及最广泛的 FTTH 网络。公司的网络包括自己的基础设施以及 Bayanat al-Oula 和 SNFN 的基础设施。这是沙特王国最新的光纤网络，已经联通所有主要城市，并拥有超过 33000 千米的道路。该网络已扩展到也门、阿联酋、巴林、卡塔尔、科威特和约旦。

3. 沙特移动电信公司（Zain KSA）

Zain KSA 成立于 2007 年，2008 年开始商业化运营并上市，是沙特第三家得到授权可以运营蜂窝移动网络的电信公司，是科威特移动电信公司（Zain）在沙特成立的子公司。

在主营业务发展上，Zain KSA 的定位是现代网络和基础设施建设者以及数字服务提供商，主要提供数字支付服务、云计算和物联网技术服务。Zain KSA 是中东地区首家于 2011 年 9 月推出 4G／LTE 的运营商。此外，

---

① Mobily 官网公司概况，https：//www.mobily.com.sa/wps/portal/web/personal/am-overview/overview。

2019年10月，Zain KSA通过推出其最先进的5G技术的第一阶段来扩展其网络，该网络由2600座塔楼组成，覆盖了沙特27个城市，是当时全球第三大5G部署，至今仍是中东、欧洲和非洲最大的部署。目前，Zain KSA已经为760万以上的客户提供了服务，并将网络覆盖范围扩展到沙特99%的人口。[1]

在财务绩效上，2015年至2019年，Zain KSA的总资产基本保持在260亿里亚尔左右，其间实现小幅增长；总负债保持在220亿里亚尔左右，其间也出现小幅增加。在年收入方面，2015年至2019年，Zain KSA年收入逐年增长，从67.4亿里亚尔增加到83.9亿里亚尔，在净利润表现上，Zain KSA在2015年和2016年连续两年亏损近10亿里亚尔之后，2017年净利润开始转为正值，至2019年连续三年获得正的净利润，达4.85亿里亚尔。

（四）经济贡献

沙特ICT产业既包括生产ICT设备制造业，也包括ICT服务业。但是根据沙特中央统计局截至2020年12月30日所提供的2010—2017年ICT部门调查数据，无论是部门收入、经营盈余，还是企业数量、雇员规模，ICT服务业占比都高达98%左右。[2] 这一数字表明电子零件和电路板制造、计算机及外围设备制造、通信设备制造、消费电子制造以及光磁媒介制造在整个ICT产业中的占比非常之小，ICT产业主要以信息通信服务业为主导。

就ICT服务业发展来看，沙特已经形成了包括电信服务在内的14个细分服务领域。其中，电信服务业是沙特创收能力最高的ICT服务部门，尤其是无线电信服务。2017年，沙特无线电信服务部门创造收入1088.3亿里亚尔，支出431.57亿里亚尔，获得营业盈余（收入减支出）共计656.73亿里亚尔，其财务指标均远远超过其他ICT服务部门。从无线电信的发展趋势上看，2010年至2017年，沙特无线电信服务飞速增长，其收入和营业盈余等财务指标显示，2011年至2016年，无线电信服务年均增长4%左右，但是2017年由于无线网络的迅猛发展使收入增加了近3

---

[1] Zain KSA 官网年度报告，https://sa.zain.com/en/investors/financial-reports。
[2] 《沙特中央统计局ICT调查报告（2010—2017）》，https://www.stats.gov.sa/en/482-0。

倍,而营业盈余则增加了10倍多。

从行业规模来看,无线电信服务部门的企业数量和雇员数量也都遥居首位。无线电信企业数量规模的变化趋势也可以部分解释2017年沙特无线电信服务部门收入骤增的原因:在市场行情向好、外资大量涌入、政策大力支持等利好因素的推动下,沙特无线电信市场涌现了大量新进入企业,由此导致2017年该服务部门的收入大幅增加。沙特中央统计局数据显示,2010年至2016年企业数量平稳增加,而2017年沙特无线电信服务企业数较上一年几乎翻了一番,增加到2118家。

表Ⅰ-5-20　2017年沙特ICT服务业细分领域经济指标

	财务指标（亿里亚尔）			规模指标	
	收入	支出	营业盈余	雇员数（人）	企业数（家）
总计	1674.38	780.96	893.42	121455	11365
无线电信服务	1088.30	431.57	656.73	58400	2118
有线电信服务	268.32	141.99	126.33	13911	906
其他电信服务	129.30	80.54	48.76	7573	320
计算机及外围设备、软件批发	68.11	52.74	15.37	7744	605
电子、电信设备零部件批发	35.50	30.59	4.91	3924	589
计算机程序业务	31.73	19.17	12.56	4872	384
其他信息技术和计算机服务	19.93	8.65	11.28	2768	152
计算机及外围设备维修	11.29	4.85	6.43	9627	3521
通信设备维修	8.09	3.66	4.43	7389	2093
软件发行	5.61	3.37	2.24	1955	279
数据处理、托管及相关服务	2.73	1.30	1.43	1417	180
门户网站	2.32	1.21	1.11	1402	183
计算机咨询和计算机设备管理业务	2.27	0.88	1.39	426	26
卫星电信服务	0.88	0.45	0.43	47	9

资料来源:《沙特中央统计局ICT调查报告(2010—2017)》,https://www.stats.gov.sa/en/482-0。

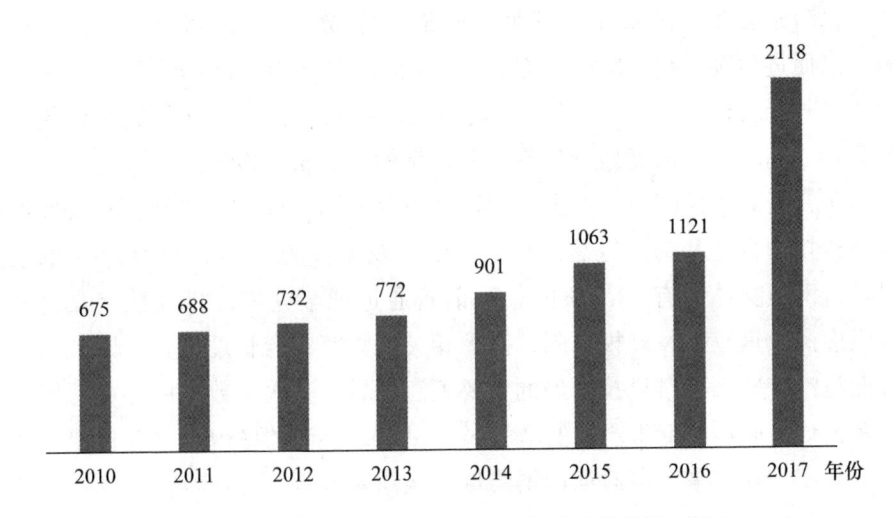

图Ⅰ-5-13　沙特无线电信服务行业企业数量（家）

资料来源：《沙特中央统计局ICT调查报告（2010—2017）》，https：//www.stats.gov.sa/en/482-0。

（五）发展前景展望

ICT行业在"2030愿景"规划中的作用至关重要。数字经济、电子商务以及数字化政府等都离不开ICT行业的发展，政府已经启动一揽子优质项目和计划来推动ICT行业的进一步发展。沙特ICT行业的目标是到2030年将ICT和新兴技术市场的规模扩大50%，将员工本地化水平提高到50%，并在该行业创造25000多个就业机会。到2023年ICT行业对沙特GDP的贡献至少达到500亿里亚尔（约合133亿美元），此外，妇女在该行业的参与度预计将提高50%。[①]

同时，在为实现"2030愿景"所制定的《沙特转型（2020）》中，部署宽带基础设施是主要的挑战之一。为此，政府提出了一系列ICT部门的转型任务，指明了沙特ICT行业的重要发展方向。2020年所要完成的任务包括：空出为实现国家频率计划（NFP）而提供宽带电信服务所需要的频率（完成50%）；制定衡量宽带服务质量的指标，并将其提供给公

---

① 中国驻沙特阿拉伯使馆经商处，http：//sa.mofcom.gov.cn/article/jmxw/201910/20191002905821.shtml。

众，以激励服务提供商提高其服务质量（完成90%）；创建一个监管框架，以促进服务的部署并应对运营商和市政当局的运营挑战（完成20%）；制定技术标准以完善ICT网络的基础架构，并将其与民用建筑规范整合，同时最大限度地利用现有基础架构（完成100%）。[1]

在新兴ICT行业中，首先，沙特金融业整体表现十分稳健，具备发展金融科技的良好基础。但是沙特银行卡普及率仅为12%，只有16%的居民进行网银交易，有92.3%的朝觐消费通过现金完成，且其数字支付服务供应商数量较少、规模有限，尚无相关的数字资产管理平台，因此这些方面是沙特未来金融科技发展的重要关注领域。其次，数据中心、托管服务和云计算是沙特ICT产业的增长极，在2021年前保持着8.6%的复合年均增长率，在未来一段时期内增势依旧强劲。最后，在沙特云计算和大数据快速发展的同时，沙特已成为中东地区黑客攻击的头号目标，每年因此遭受的经济损失达2.7亿美元，信息安全成为沙特当局的核心关切，未来严厉打击黑客攻击成为沙特保障大数据技术发展的重要举措。[2]

沙特ICT监管机构——沙特通信和信息技术委员会（CITC）2020年初发布消息称，已经开始着手实施开放国内电信市场的计划，该计划将向外国虚拟网络运营商颁发许可证，开放电信业市场，以推动业内竞争。同时，疫情也推动了沙特本国电信运营的增长，尤其是远程教育、远程工作、家庭互联网、社交媒体应用和家庭游戏等市场需求的激增，推动了ICT产业的繁荣发展。因此，未来沙特的ICT产业将会在竞争效应和疫情冲击的推动下，在开放市场中获得更多的发展机遇。

---

[1] 沙特ICT委员会年度报告，https://www.citc.gov.sa/en/MediaCenter/Annualreport/Pages/default.aspx。

[2] 中国驻沙特阿拉伯使馆经商处，http://sa.mofcom.gov.cn/article/ztdy/201808/20180802778229.shtml。

第六章　政治生态

　　沙特阿拉伯王国（Kingdom of Saudi Arabia，简称"沙特阿拉伯"）是中东阿拉伯半岛最大的国家，发源于阿拉伯半岛最早的文明。该地区是古老的贸易中心和伊斯兰教发源地。7世纪，伊斯兰教创始人先知穆罕默德（Prophet Muhammad）的追随者逐渐统一了阿拉伯半岛并建立伊斯兰教封建帝国——阿拉伯帝国。大量朝圣者开始定期朝觐或定居在帝国境内的两座圣城——麦加和麦地那，促进了阿拉伯半岛的繁荣和伊斯兰文明的广泛传播。到8世纪，阿拉伯帝国的版图已横跨欧、亚、非三大洲。13世纪，阿拉伯帝国被蒙古人灭亡，逐渐分裂成一些部落王国。16世纪，土耳其奥斯曼帝国入侵阿拉伯半岛，占领汉志地区[①]并控制了圣城麦地那。1916年，汉志地区爆发反对奥斯曼帝国统治的阿拉伯大起义[②]，汉志实现独立。1926年，内志[③]酋长阿卜杜拉·阿齐兹·伊本·沙特（Abdul Azizbin Abdul Rahman AlSaud）兼并了汉志，又经过多年征战统一了阿拉伯半岛，于1932年9月23日宣告建立沙特阿拉伯王国。因此，以此为时间起点和历史基础，大体上可以从政治结构、重要政治人物等结构性要素出发，阐释、总结沙特阿拉伯的政治生态及其主要特征。

---

　　① 汉志位于现在沙特西部地区沿海一带，其境内有伊斯兰教的发祥地麦加和麦地那。
　　② 阿拉伯大起义是1916年爆发于阿拉伯半岛的反对奥斯曼土耳其帝国、争取民族独立的起义，由麦加的谢里夫侯赛因·本·阿里领导，意图建立一个领土范围北达叙利亚阿勒颇，南达也门亚丁的独立阿拉伯国家。
　　③ 内志位于阿拉伯半岛中部，是阿拉伯半岛的中心地区。

第一节 政治结构

虽然沙特阿拉伯至今都没有颁布具体宪法，但是 1992 年开始施行的《沙特阿拉伯王国治国基本法》（The Basic Law of Governance，以下简称基本法）作为宪法性文件，相当于具有宪法效用。因此，可以从基本法出发认识沙特阿拉伯的基本政治结构。

一 基本法

基本法共有 83 条，九章内容，包括一般原则；治理法；沙特社会价值观；经济原则；权利与义务；国家权力；金融事务，以及审计机构等。

基本法第 7 条明确了伊斯兰教法是沙特阿拉伯的基石，规定了政府的权力来自《古兰经》和《圣训》（the Qur'an and the Sunnah），在确定国家的性质、目标和责任以及统治者和被统治者之间的关系时，基本法以伊斯兰教法为指导。[①] 整个国家的政治社会生活根据伊斯兰教法运行。

基本法确认了沙特阿拉伯是政教合一的由伊本·沙特的子孙所统治的君主制国家，国王拥有绝对权力。基本法重申了以下施政原则：正义、协商和伊斯兰教法规定的公民平等；强调了沙特阿拉伯家庭的基本特征以及伊斯兰价值观和家庭凝聚力的重要性。此外，基本法关于经济原则、权利和义务的条款强调，国家必须按照伊斯兰教法保障沙特的公共资金并保护私有财产，保护人权，确保私人住宅和私人通信不可侵犯，除非符合正当法律程序，个人不受任意逮捕和惩罚。基本法规定国家有义务为所有公民提供医疗保健，帮助和支持那些"处于紧急情况、患病和年迈"的公民，并制定法律保护工人与雇主的权益。

基本法详细规定了国家政治机构的权限与职责，包括行政机构、立法机构和司法机构，但没有规定实行分权制度。

---

① Rashed Aba-Namay, "The recent constitutional reforms in Saudi Arabia," *The International and Comparative Law Quarterly*, Vol. 42, No. 2, Apr. 1993.

二　行政机构

根据基本法的规定，沙特阿拉伯的行政机构包括国王、部长理事会（相当于内阁）、地方政府、部委分支机构和其他独立及半独立的公共机构。

国王是国家元首，行使最高行政权力，是所有行政机构权力的中心，也是国家军事力量的总司令。沙特实行王位世袭制，王储人选由新国王在登基十日内向效忠委员会（Allegiance Commission）提出，由委员会决定王储的最终人选。效忠委员会成员必须是伊本·沙特的儿子，如儿子已故可由孙子代替。效忠委员会成员任期四年，可以连任，但必须得到国王和伊本·沙特儿子们的认可。委员会通过不公开投票、以三分之二多数票决定王位继承等重大事宜。因伊本·沙特的儿子大多年事已高，除效忠委员会外，前国王阿卜杜拉还设立了一个王室医疗委员会，负责观察国王和王储的健康状况，在必要时可宣布国王或王储无法行使权力。一旦发生国王无法履行职责的情况，由伊本·沙特的五名子孙组成的临时委员会将代为执掌政权最多一周时间，效忠委员会在此期间将就王位继任事宜作出决定。

基本法规定，国王有权按照伊斯兰教教义制定和执行国家政策；监督伊斯兰教法和沙特各项法律、规章和决议的执行情况，以及国家的政府制度和国家的总政策；在紧急情况下，可以采取紧急措施，执行处理国家危机所必需的条例；有权任命和罢免官员；监督部长理事会、各部委和政府机构；指导国家总体政策，为各政府机构提供指导，并确保部长理事会的持续、和谐与统一；有权指挥和领导军队，对外宣战与媾和等。[①]

部长理事会是由阿卜杜勒国王于1953年设立的。它由国王、王储和政府部长组成，一般由国王担任主席（相当于首相），是沙特阿拉伯的权力执行机构。部长理事会有权决定国家的内外政策，包括财政、经济、教育和国防政策等，并在处理国家一般事务方面发挥监督作用；对所有部委和其

[①] See the Basic Law of Governance, https：//www.wipo.int/edocs/lexdocs/laws/en/sa/sa016en.pdf.

表 Ⅰ-6-1　　　　　　　　　　沙特阿拉伯历任国王

姓名	统治时间（年）
伊本·沙特	1932—1953
沙特·本·阿卜杜勒阿齐兹·阿勒沙特 （Saud bin Abdulaziz Al Saud）	1953—1964 （被废黜）
费萨尔·本·阿卜杜勒阿齐兹·阿勒沙特 （Faisal bin Abdulaziz Al Saud）	1964—1975 （被刺杀）
哈立德·本·阿卜杜勒阿齐兹·阿勒沙特 （Khalid bin Abdulaziz Al Saud）	1975—1982
法赫德·本·阿卜杜勒阿齐兹·阿勒沙特 （Fahd bin Abdulaziz Al Saud）	1982—2005
阿卜杜拉·本·阿卜杜勒阿齐兹·阿勒沙特 （Abdullah bin Abdulaziz Al Saud）	2005—2015
萨勒曼·本·阿卜杜勒阿齐兹·阿勒沙特 （Salman bin Abdulaziz Al Saud）	2015 年至今

资料来源：根据沙特阿拉伯国王官网（https://thekingsaudlibrary.org/en/home/）资料整理。

他政府机构的行政事务拥有最终决定权；还有权监督法律、法规和决议的执行情况，建立和组织公共机构，并跟踪总体发展规划的执行情况。为了提高行政服务与管理，历任沙特阿拉伯国王通过发布王室法令，完善了部长理事会的组成。[1] 目前部长理事会有 11 个国家部长，下列 23 个部委，其中较有特色的有伊斯兰事务与达瓦[2]指引部（Ministry of Islamic Affairs, Da'wah and Guidance）、朝觐事务部（Ministry of Hajj and Umrah）等。

各地区的地方政府、部委分支机构和其他公共机构被视为行政机构的一部分。《省法》（The Law of the Provinces）将全国划分为 13 个省，以提高行政效率和发展水平，维护国家安全和秩序，并在伊斯兰教法的框架内

---

[1] See the Basic Law of Governance, https://www.wipo.int/edocs/lexdocs/laws/en/sa/sa016en.pdf.

[2] 达瓦（Da'wah）是阿拉伯语单词，字面意思是"发出传票"或"发出邀请"。该术语通常用于描述穆斯林如何向他人传授其伊斯兰教的信仰和习俗。在现代伊斯兰神学中，达瓦旨在邀请所有穆斯林和非穆斯林了解《古兰经》对安拉（上帝）的敬拜是如何描述的，并在伊斯兰教中得到实践。

保障公民权利和自由。各省在财政和行政方面享有相当大的独立性，这是国家权力下放的重大举措。这些省隶属于中央政府，并对内政部长负责。此外，部长理事会有权设立专门委员会处理特定行政事务，如国家安全委员会、伊斯兰事务最高委员会等。

三 立法机构

根据基本法的规定，沙特阿拉伯立法机构是国王、部长理事会和协商议会（the Shura Council，也称为"舒拉议会"）。根据伊斯兰教法，真主是唯一的立法者，因此，基本法使用"管理当局"（"Regulatory Authority"）一词代表立法机构，对世俗法律也没有使用"立法"一词。以伊斯兰教法为国家法律体系的基础，管理当局有权颁布成文法和条例以适应沙特阿拉伯的现代发展，并批准国际条约、协定、条例和特许权。

部长有权提出与其部门事务有关的法律或条例草案，有关决议需经部长理事会三分之二出席成员（出席人数过半）的同意才能通过，并且任何决议在国王批准之前不被视为最终决定。

协商议会也有权提出法律草案。法律草案须经三分之二以上成员批准才能通过，由国王审查后交予部长理事会；如部长理事会赞同，最后由国王批准后以王室法令的形式颁布。任何立法提案或修正案都必须得到两个立法部门和国王的批准。如果意见不一致，则由国王做出最终决定。可以说，国王是沙特阿拉伯法律最高执行者，有权颁布、废除或修改法律和条例。

作为国家官方咨询机构，协商议会还有权解释法律；检查各部门年报；就国家政策、国际条约和经济计划向国王提出建议；有权监察国家预算，以及传召官员质询等。协商议会由150名成员组成，任期四年，全部由国王从学者中任命，议长一般由沙特贵族出任。协商议会的设立使更多的国家精英可以参与国家政策规划，并监督政府机构的业绩，从而使国家决策进程科学与透明化。[1]

此外，基本法承认设立高级乌里玛[2]理事会（The Council of Senior

---

[1] See the Basic Law of Governance, https://www.wipo.int/edocs/lexdocs/laws/en/sa/sa016en.pdf.

[2] "乌里玛"是阿拉伯语"知识"一词的复数，是对精通伊斯兰宗教学科的宗教学者的总称。

Ulama）的必要性。这个理事会成立于1971年，是沙特的官方宗教机构，由王国最资深的宗教学者组成，就政府提交的问题或要求制定、发布教令。虽然高级乌里玛理事会不属于立法机关，但它一直参与制定成文法的立法过程。由于宗教在沙特阿拉伯的巨大影响力，在许多情况下，它的参与对于争取公众支持至关重要。[1] 在2009年2月的政府部门改组中，阿卜杜拉国王将该委员会的成员扩大至21位，首次将成员资格扩大到逊尼派法理学所有四个学派。[2] 2010年8月，阿卜杜拉王颁布了一项王室法令，规定只有经官方批准的与高级乌里玛委员会有联系的宗教学者才有资格颁布教令。高级乌里玛委员会还设立了新教令委员会，以监督教令的发布，防止未经授权的宗教学者干涉立法，维护官方宗教机构的权威，避免穆斯林之间的争端和异议。[3]

四　司法机构

根据基本法的规定，沙特阿拉伯的司法机构是各级法院。2005年，为了完善有效的国家司法制度，政府废除了《1975年司法法》（the Law of the Judiciary of 1975），并建立了一个与世界其他国家类似的"新司法制度"，以适应国家现代化发展。根据2005年王室法令，专门处理劳工、商业、民事和刑事案件的法院应在其专门领域拥有完全管辖权，界定新的专门法院和普通法院的管辖权，避免在管辖权上发生冲突。[4] 2007年10月，阿卜杜拉国王批准了管理普通法院系统和申诉委员会系统（The Board of Grievances）[5] 的新法律——《2007年司法法》（the Law of the Judiciary of 1997，以下简称"新司法法"）。沙特拨出了70亿里亚尔（18亿美元）

---

[1] Ayoub M. Al-Jarbou, "Judicial Independence: Case Study of Saudi Arabia," *Arab Law Quarterly*, Vol. 19, No. 1/4, 2004.

[2] Sultan Al-Obthani, "The Major Features of the New Board of Senior Ulama Formation," *Al-Sarq Al-Awsat Newspaper*, Issue No. 11037, Feb. 15, 2009.

[3] See Saudi King Limits Clerics Allowed to Issue Fatwas, Al Arabiya Network (Aug. 12, 2010), http://www.alarabiya.net/articles/2010/08/12/116450.html.

[4] See Saudis to Overhaul Legal System, BBC News (Oct. 5, 2007), http://news.bbc.co.uk/2/hi/middle_east/7029308.stm.

[5] 申诉委员会是沙特阿拉伯的独立行政司法机构，由国王直接领导。它通过向行政法院提起诉讼，寻求对行政程序进行公正有效的司法控制，保证了法律法规的正确执行，实现正义和纠正冤屈。

的预算，用于改革司法部门、培训法官、修缮和建造新的法院，以期提升司法机构效能。

根据新司法法，最高司法委员会不再是最高法院，但仍有权监督司法机构的行政事务，负责监督法院和法官。最高司法委员会由一名主席和10名成员组成，任期四年，可连任。成员包括高等法院院长、4名由国王任命的上诉首席法官级别成员、3名由国王任命的上诉法官级别成员、司法部副部长、调查和检察局局长。每年年底最高司法委员会向国王提交一份综合报告，列出该年国家司法成就、制约因素并给出建议。此外，最高司法委员会有权解决普通法院和申诉委员会之间的管辖权冲突。

具体来看，普通法院体系的情况如下。

高等法院：设在利雅得的高等法院由国王任命的一名院长（需达到首席上诉法官级别）以及国王根据最高司法委员会建议任命的若干上诉法官组成。高等法院通过专门巡回法庭（刑事、家庭、商业和劳工，视需要而定）行使管辖权。高等法院巡回法院的首席法官由最高司法委员会根据高等法院院长的推荐而任命。除了最高审判职能外，高等法院还有权复审上诉法院作出或维持的裁决，并在立法、咨询和司法方面发挥多种作用；有权监督伊斯兰教法和国王颁布的法规的执行情况。

上诉法院：沙特阿拉伯每个省都设立了一个或多个上诉法院，上诉法院有权推翻下级法院的裁决。上诉法院由劳工、商业、刑事、家庭和民事等巡回法庭组成，并在每个省设立专门的上诉审理机构。每个分庭由法院院长任命的首席大法官和上诉法官组成。

一审法院作出的所有判决均可上诉，但最高司法委员会规定的小案件判决除外。沙特正在根据需要建立地方一审法院。上诉法院根据《伊斯兰教法法院诉讼法》和2013年《刑事诉讼法》在听取诉讼当事人的论点后作出判决。一审法院由普通法庭、刑事法庭、商事法庭、劳工法庭和家庭法庭组成，每个法庭由最高司法委员会规定的一名或三名法官组成。

目前新司法制度正在实施，总体来看具有如下特点：

一是普通法院体系的多样性。如前所述，新司法法对普通法院进行了重组，并将其分为三级：管辖权由高到低依次为高等法院、上诉法院、一审法院。

二是法院判决标准化、专业化。新司法法强调在适用法律和监管规则时统一各种法院判决的原则，并通过高等法院监督各级法院适用伊斯兰教法和现行法律规则及条例的合法性；同时适用专门法庭的原则加快案件处理，减少案件数量和处理时间，提高对较严重罪行的审判能力。

三是采用司法上诉制度。新的司法制度适用两级诉讼原则，根据这一原则，任何案件均可由上诉法院和高等法院复审，以确保司法公正。在司法制度发展中，2013年11月，王室颁布了一项新的《伊斯兰教法法院诉讼法》。同日颁布了新的刑事诉讼法。这两部法律明确了对法院裁决的上诉渠道，规定了向上级法院和上级行政法院提出申诉的程序，保障被告的辩护权，包括保障妇女享有快速诉讼和上诉程序的权利。[①]

政府旨在重塑沙特阿拉伯的司法制度，增强司法独立、专业与公正性，使其能够达到更高的司法标准。新的司法制度响应了社会和经济发展需要，是朝着更加现代化迈出的重要一步，同时也改善了沙特阿拉伯的营商环境。

第二节 重要政治人物

沙特阿拉伯没有政党，也没有全国性选举。作为君主制国家，国王对整个国家的政治发展有着根本性的影响，因此，下面就简单介绍沙特阿拉伯历任国王的生平及其主要施政情况。

一 伊本·沙特国王

1875年1月，伊本·沙特出生于内志地区中心城市利雅得（Riyadh）。他是内志酋长国酋长阿卜杜勒·拉赫曼·本·费萨尔（Abdul Rahman bin Faisal）的儿子。1890年，沙特家族的敌人——拉希德家族（the Rashidis）[②]

---

① See the New Composition of the Courts of General Jurisdiction, Ministry of Justice Home Page, http：//www.moj.gov.sa/ar-sa/Courts/Pages/StructureCourts.aspx.

② 拉希德家族，又称拉希德王朝，存在于1836年至1921年的阿拉伯半岛，是哈伊勒酋长国（the Emirate of Ha'il）的领导者，也是内志酋长国的宿敌。拉希德家族的主要势力集中在位于内志地区北部的商业中心哈伊勒。汉志的统治者是拉希德王朝创始人阿卜杜拉·本·拉希德（Abdullah bin Rashid）的儿子。

强占利雅得。伊本·沙特跟随家族前往别国避难，在科威特定居了近十年。

1902年，在伊本·沙特的带领下，沙特家族收复利雅得，开始了长达数十年的征战。第一次世界大战期间，伊本·沙特与英国政府建立了外交关系，签署了《达林条约》(Treaty of Darin)①，将沙特王室的土地变成英国的保护国（Protectorate）。战争结束后，沙特家族在英国的支持下，打败了拉希德家族，巩固了对内志地区的控制权。1926年，伊本·沙特彻底征服汉志，成为汉志国王。1927年5月，英国政府签署了《吉达条约》(Treaty of Jeddah)，承认汉志王国和内志王国独立，伊本·沙特为王国统治者。1932年9月，伊本·沙特正式将他的两个王国统一为沙特阿拉伯王国，并登基成为国王。伊本·沙特共有45个儿子，其中6个先后成为国王。1933年，伊本·沙特立其子沙特·本为王储。1953年11月，伊本·沙特因心脏病发作在睡梦中去世，享年七十八。②

建国后，伊本·沙特对国家政治生态的影响主要体现在以下三方面。

一是塑造国家意识形态。伊本·沙特与瓦哈比教派③创始人穆罕默德·伊本·阿布多·瓦哈比（Muhammad ibn Abd al-Wahhab）结成政教联盟，将王权与伊斯兰瓦哈比教派的教义相结合，结束了传统上认可的朝圣仪式，广泛实施新王国的意识形态，利用宗教巩固了沙特家族的执政合法性。

二是明确现代国家边界，奠定外交基础。由于在原先传统部落式的政权形式中，主权表现为对部落的宗主权，而不是固定的领土边界，因此在建国初期，确定现代国家边界成为伊本·沙特的重要任务。1934年，伊本·沙特因边界争端决定与也门开战，在为期七周的战役中，沙特阿拉伯总体上取得了胜利，获得了争议地区的领土，开启了国土边界的确定进程。伊本·沙特执政期间还奠定了与美国——沙特阿拉伯最重要外交伙伴

---

① 《达林协定》规定沙特王室的土地为英国的保护国，并试图确定其边界。伊本·沙特同意不攻击英国的其他保护国，并作为英国盟友参加第一次世界大战对抗奥斯曼土耳其帝国。

② 参见 https://web.archive.org/web/20141014124034/http://sacmclubs.org/king_abdulaziz/mainns/3800.htm。

③ 瓦哈比派是兴起于18世纪中的一股伊斯兰教逊尼派支脉，因首倡者叫穆罕默德·伊本·阿布多·瓦哈比而得名。该派在教义上极度保守，信徒主要集中在沙特阿拉伯和卡塔尔。

的关系。在第二次世界大战中，伊本·沙特最初将国家定位为中立国。在战争的最后阶段，他与美国总统罗斯福举行了会晤，这次会晤为两国未来关系奠定了基础。① 会后，沙特阿拉伯向德国宣战，这使沙特阿拉伯能够作为创始会员国加入联合国，提高了国家的国际地位。

三是挖掘建设现代国家的"第一桶金"。伊本·沙特授权并主导了1938年在沙特阿拉伯的石油发现工作。1944年，由于本国开采技术、人员与设备条件不成熟，伊本·沙特授予沙特阿拉伯美国石油公司（the Arabian American Oil Company。以下简称"阿美公司"）② 管理沙特油田的实质性权力，并在第二次世界大战后开始大规模生产石油。③ 1950年，伊本·沙特要求公司增加向沙特阿拉伯缴纳的税费（相当于净营业收入50%的所得税），大大提高了石油资源给本国带来的经济效益，使石油财富成为国家现代化建设的重要支撑。比如，他下令从阿美公司的石油所得税中抽取7000万美元建造一条从波斯湾、途经利雅得、到吉达的皇家铁路，使利雅得成为一个更加现代化的商贸城市。④ 伊本·沙特主导下的石油财富给整个国家带来了翻天覆地的变化，使沙特从一个沙漠国家快速转变为一个现代化、具有一定国际影响力的国家。与此同时，尽管新增财富巨大，但政府奢侈的开支和落后的财政管理方式仍导致沙特阿拉伯20世纪50年代的大量财政赤字和对外借款。而石油经济带来的文化变迁、通货膨胀及人口迁移也挑战着国家传统治理模式。为了适应经济与社会的巨大变化，沙特的政府改革和财政改革迫在眉睫。

二　沙特·本国王

1902年1月，沙特·本出生在科威特城（Kuwait City）。1933年5月，他的父亲任命他为王储。⑤ 1953年，沙特·本继承王位，与弟弟费萨

---

① Bahgat Gawdat, "Saudi Arabia and the War on Terrorism," *Arab Studies Quarterly*, Vol. 26, No. 1, Winter 2004.
② 阿美公司是一家由若干美国石油公司和沙特政府合资的企业。
③ Daniel Yergin, *The Prize, The Epic Quest for Oil, Money & Power*, New York: Touchstone, 1991, pp. 289 – 292, 300.
④ Michel G. Nehme, "Saudi Arabia 1950 – 1980: Between Nationalism and Religion," *Middle Eastern Studies*, Vol. 30, No. 4, Oct. 1994.
⑤ George Kheirallah, *Arabia Reborn*, University of New Mexico Press, 1952, p. 254.

尔之间的激烈争斗也随之爆发。沙特·本执政后，国家债务问题加剧，沙特货币贬值严重，而他在国家基础设施建设和建设豪华宫殿上仍花费很大。① 由于担心沙特·本的财政政策不利和对外交事务处理不当②，王室高级成员和高级乌里玛于1958年迫使沙特·本任命费萨尔为首相，并给予其较大的行政权力。③ 1962年，在沙特·本出国接受治疗期间，费萨尔与其他亲王结盟，组建新内阁。最终，1964年11月，沙特·本被迫彻底退位，随后流亡海外，定居雅典，并在那里一直生活到1969年2月去世。④

虽然提前结束执政生涯，但沙特·本并非毫无作为。他对国家政治生态的主要影响在于建立了国家现代财政制度和行政体系。沙特·本继位后对国家进行了一定的财政、行政、司法改革，缓解财政收支不平衡和行政管理落后等问题，以维持政局稳定。1948年，在他主导下，沙特阿拉伯首次发布了年度国家预算，沙特货币开始与美元挂钩。除了对财政部进行结构、监管和程序改革之外，1952年，沙特·本还建立了中央银行——沙特阿拉伯货币局（the Saudi Arabian Monetary Agency）。1952年10月，沙特·本颁布法令开始推动国家行政改革，扩大协商议会，使国家决策进程更加科学化、透明化，逐步通过建立新的或改组现有的部委，全面重组行政系统，将政府部委增加到12个，在外交部、财政部、内政部、国防部和通信部的基础上，增加教育部、农业部、卫生部、商业部、工业部、劳工与广播局、公共监察局，完善了政府职能。⑤ 1954年，他设立了申诉委员会（the Grievance Board），对行政程序进行公正、公平和有效的司法控制，保障法律法规的正确执行。⑥

---

① M. Al Rasheed, *A History of Saudi Arabia*, Cambridge University Press, 2002, pp. 108 – 109.

② 当时沙特阿拉伯面临着邻国埃及的压力，1952年贾迈勒·阿卜杜－纳赛尔推翻了埃及的君主制。纳赛尔与叛逃到埃及的以塔拉尔·本·阿卜杜勒阿齐兹为首的持不同政见的沙特王子交往密切。

③ William B. Quandt, *Saudi Arabia in the 1980s: Foreign Policy, Security, and Oil*, The Brooking Institutions, 1981, p. 90.

④ Joseph Mann, "King without a Kingdom: Deposed King Saud and his Intrigues," *Studia Orientalia Electronica*, Vol. 1, 2013.

⑤ 参见沙特国王官方网站（http://www.kingsaud.org/history/article/infrastructure/268）。

⑥ Maren Hanson, "The Influence of French Law on the Legal Development of Saudi Arabia," *Arab Law Quarterly*, Vol. 2, No. 3, Aug. 1987.

除了改革外，沙特·本还开发了一系列重要的基础设施项目，涉及供水、道路、广播服务、卫生、市政事务、港口改善、海关改组和高等教育等。虽然这些设施对国家现代化建设非常重要，但过于庞大的开支和国王的奢侈作风也增加了财政赤字。

三　费萨尔国王

1906年4月，费萨尔出生于利雅得，在青年时期，他便担任多个重要行政职务，锻炼了他的政治能力。1926年，伊本·沙特接管汉志后，费萨尔王子被任命为总督①，1930年以来，他担任了外交大臣、协商议会主席和内政部长等职务。② 1953年，沙特·本登基后，费萨尔被任命为王储。1963年，费萨尔在国王出国期间开始为自己积累更多的政治权力。他建立了新内阁，罢免了许多沙特·本的忠实拥护者，并任命志同道合的亲王担任重要的军事和安全职务。例如，他在1962年将沙特阿拉伯国民警卫队（the Saudi Arabian National Guard）的指挥权交给他的兄弟阿卜杜拉，承诺进行十项改革，包括起草基本法、废除奴隶制和建立司法委员会等。1964年，在高级乌里玛和王室其他成员的支持下，费萨尔成为国王。1975年3月，费萨尔国王被他兄弟的儿子费萨尔·本·穆赛德（Faisal bin Musaid）暗杀。

费萨尔继位后展现了很强的政治治理能力，他对国家政治生态的影响主要体现在以下三方面。

一是稳定沙特家族政权。继位后，费萨尔开始关注王室继承问题，为此他成立了一个专门委员会，成员有他的两个叔叔以及五个同父异母的兄弟，王位继承程序的建立保障了国家政权的稳定过渡。③ 此外，由于20世纪50—60年代中东地区发生了多次政变。如1969年，利比亚君主制被推翻，鉴于两国之间的相似性，这次政变对沙特家族的震慑很大。④ 因此，

---

① 参见 https://www.britannica.com/biography/Faysal。
② Charles W. Harrington, "The Saudi Arabian Council of Ministers," *The Middle East Journal*, Vol. 12, No. 1, Winter, 1958.
③ David Rundell, *Vision or Mirage: Saudi Arabia at the Crossroads*, Bloomsbury Publishing, 2020, p. 63.
④ Alexei Vassiliev, *King Faisal: Personality, Faith and Times*, Saqi Books, 2013, p. 371.

费萨尔国王着手加强国内安全机构建设，坚决打击极端异见人士。1969 年，费萨尔国王下令逮捕数百名军官，成功阻止了一场政变，这次政变由空军军官策划，目的是推翻君主制，在沙特阿拉伯建立纳赛尔主义政权。[1]

二是推进政治现代化和政治包容性。1962 年，费萨尔国王颁布法令废除奴隶制，使奴隶制在沙特阿拉伯彻底消失，推动了沙特人权进步和政治现代化。[2] 费萨尔国王引入了国家现行的行政区域制度，为现代福利制度奠定了基础。1970 年，他建立了司法委员会，颁布了关于媒体、出版的新法律，于 1965 年正式建立国家电视广播局，促进了国家法制现代化和政治文化开放。同时，费萨尔国王持有多元主义立场，赞成有限、谨慎地顺应民众对政治包容性的要求，并多次尝试扩大政治代表权。费萨尔国王承认沙特阿拉伯宗教和文化多样性，他的政府包括了非瓦哈比派。在费萨尔国王崛起后，乌里玛的作用和权威有所下降。[3] 费萨尔国王试图阻止激进的神职人员控制宗教机构，例如沙特阿拉伯最高宗教机构——乌里玛高级理事会（Council of Senior Ulema）。费萨尔国王拒绝乌里玛反对他加速现代化的要求，例如费萨尔坚持赋予妇女教育权。[4]

三是提高沙特阿拉伯的国际影响力。自第二次世界大战以来，美国已成为在沙特最有影响力的外国势力。费萨尔继续着沙特阿拉伯一贯的亲美政策，在冷战期间支持亲美阵营。但在 1973 年第四次中东战争期间，为了抗议西方对以色列的支持，费萨尔国王运用其在石油输出国组织（the Organization of the Petroleum Exporting Countries，简称"欧佩克"）中的影响力，联合其他阿拉伯石油生产国发动了一场石油抵制运动，导致全球石油价格翻了两番。从 1973 年开始，费萨尔国王逐步收回阿美公司原油业务的直接所有权，并最终实现了对该公司的完全控制，重新掌握了国家战略资源的控制权。费萨尔的一系列行动提高了沙特阿拉伯在整个阿拉伯和伊斯兰世界中的威望，也让石油资源成为国家外交的重要砝码。

---

[1] Roham Alvandi, "Nixon, Kissinger, and the Shah: The Origins of Iranian Primacy in the Persian Gulf," *Diplomatic History*, Vol. 36, Vol. 2, April 2012.

[2] Bruce Riedel, "Brezhnev in the Hejaz," *The National Interest*, No. 115, September/October 2011.

[3] Mordechai Abir, "The Consolidation of the Ruling Class and the New Elites in Saudi Arabia," *Middle Eastern Studies*, Vol. 23, No. 2, Apr. 1987.

[4] 参见 https://www.theguardian.com/world/1999/aug/03/saudiarabia.gender。

四 哈立德国王

1913年2月，哈立德出生于利雅得。1932年，哈立德亲王取代费萨尔，被任命为汉志总督，直到1934年加入由费萨尔率领的沙特军队，与也门作战。① 战争结束后，哈立德被任命为内政部长并在1935年也门和平谈判中担任沙特代表。在沙特·本和费萨尔争夺王位期间，哈立德选择支持费萨尔。1962年10月，哈立德被任命为费萨尔组建的新内阁的副首相。他多次拒绝费萨尔国王任命其为王储的提议，直到1965年3月。成为王储后，他并没有积极参与国家日常事务，仅在费萨尔国王缺席会议或仪式期间充当代表，主持部长理事会。② 1975年3月，费萨尔国王被暗杀，哈立德继承了王位。1982年6月，哈立德国王死于心脏病，享年六十九。

虽然哈立德原先似乎不愿意承担统治国家的重任，但继位后还是积极履行职责，改善国家教育、医疗保健和基础设施。在健康状况改善后，他在政治上变得更加活跃。哈立德国王对国家政治生态的影响主要体现在以下三方面。

一是提高政治开明度，改革行政结构。在他统治期间，国家政治氛围较开明，哈立德国王继位后立即发布了一项大赦令，释放曾经是左翼运动成员的政治犯。③ 他没有垄断权力，许多在费萨尔统治时期担任重要职位的王子的权力不降反增，因此，他得到了王室和传统机构的支持。④ 哈立德国王在已故国王费萨尔建立的行政结构基础上，进一步扩大了非王室成员在政治体制中的作用。⑤ 这些非王室成员大多是名校留学生，到1977年，部长理事会的36名成员中有10名是从西方高等学府获得硕士以上学

---

① Parvaiz Ahmad Khanday, "A Critical Analysis of the Religio-Political Conditions of Modern Saudi Arabia," PhD Thesis of Aligarh Muslim University (2009), http://ir. amu. ac. in/6467/1/T%207405. pdf.

② Ellen R Wald, *Saudi, Inc.: The Arabian Kingdom's Pursuit of Profit and Power*, Pegasus Books, 2018, p. 185.

③ Toby Matthiesen, "The Cold War and the Communist Party of Saudi Arabia, 1975 – 1991," *Journal of Cold War Studies*, Vol. 22, No. 3, Summer 2020.

④ Iris Glosemeyer, "6 Saudi Arabia: Dynamisn Uncovered," In Volker Perthes (ed.), *Arab Elites: Negotiating the Politics of Change*, Lynne Rienner Publications, 2004, pp. 141 – 172.

⑤ T. R. McHale, "A Prospect of Saudi Arabia," *International Affairs (Royal Institute of International Affairs 1944 –)*, Vol. 56, No. 4, Autumn, 1980.

位的精英，进一步提高了国家政治决策机制的科学性和代表性。为适应国家经济与社会发展，除现有部长级机构外，哈立德国王优化行政结构，设立了六个新的部长级机构：市政和农村事务部、公共工程和住房部、工业电力部、高等教育部、邮政电话部、规划部。①

二是巩固沙特王室统治秩序。在哈立德统治期间，沙特阿拉伯于1980年完全控制了阿美公司，使沙特完全掌握了本国经济命脉，提高了沙特王室在国际上的政治话语权。此外，哈立德国王在位期间成功化解了两起重大政治危机：1979年阿拉姆清真寺被占领和东部什叶派起义。1979年11月，沙特宗教极端主义分子朱海曼·欧泰比（Juhaymān al-'Utaybī）②与支持者占领了圣城麦加的阿拉姆清真寺，他认为沙特王室腐败问题严重，行为违背伊斯兰教义。哈立德国王在征求国家宗教机构乌里玛的意见后，使用武力驱逐极端分子③，成功击退自第二次世界大战以来对国家政治制度的最严重挑战。同年，为了响应伊朗伊斯兰革命、抗议生活条件落后，沙特阿拉伯东部的什叶派少数民族组织发动了起义。为了平息暴动，哈立德国王恩威并施，下令逮捕数名示威者，并划拨1600亿沙特里亚尔改善公民生活条件，改变了该地区什叶派人口政策，使该地区的反对派逐渐放弃对立行动。④

三是维护区域和平，提升地缘安全性。与费萨尔统治时期相比，哈立德国王领导的沙特政府在改善与邻国关系方面更为积极。1976年4月，哈立德国王对所有海湾国家进行了国事访问，并于1981年与巴林、科威特、阿曼等国家共同成立了海湾合作委员会（GCC）。⑤ 1977年5月，哈

---

① Jorg Matthias Determann, Globalization, the State, and Narrative Plurality: Historiography in Saudi Arabia, PhD Thesis of University of London (2012), https://eprints.soas.ac.uk/14244/1/Determann_3402.pdf.

② 朱海曼·欧泰比是沙特的宗教极端分子，曾为沙特国民警卫队军人。1979年，他带领支持者发动对麦加大清真寺的围困行动，以抗议沙特阿拉伯君主制和沙特家族的统治。事件失败以后，欧泰比于1980年1月被沙特政府公开处决。

③ Alexander Bligh, "The Saudi Religious Elite (Ulama) as Participant in the Political System of the Kingdom," International Journal of Middle East Studies, Vol. 17, No. 1, Feb. 1985.

④ Toby Craig Jones, "Rebellion on the Saudi Periphery: Modernity, Marginalization, and the Shi'a Uprising of 1979," International Journal of Middle East Studies, Vol. 38, Issue 2, May 2006.

⑤ 参见 https://www.saudiembassy.net/timelineInfo.xml。

立德国王在利雅得会见了叙利亚总统和埃及总统,启动了一项关于中东战争组织的协调政策,促进了区域和平,积极为本国发展创造良好的周边环境。

五　法赫德国王

1921年,法赫德出生于利雅得。1953年12月,法赫德被任命为沙特第一任教育部长。[①] 1959年,法赫德率领沙特代表团出席阿拉伯国家联盟会议,这表明他在沙特家族中的地位日益突出。1962年,法赫德被任命为内政部长。[②] 1967年,他被任命为第二副首相,这个职位是应当时哈立德王储的要求而设立的,因为他本人不想继续主持部长理事会。[③] 1975年,费萨尔国王去世后,法赫德被任命为第一副首相兼王储,这使他成为一个更有权势的人物。1982年6月,哈立德国王去世,长期以来在国家管理方面颇具影响力的法赫德继承了王位。2005年8月,法赫德国王去世,享年八十四。

法赫德国王对国家政治生态的影响主要体现在以下三方面。

一是扩大宗教保守派影响力,政治包容性减弱。1986年,他采用"两圣地监护人"(Custodian of the Two Holy Mosques)的名称取代"陛下"(His Majesty),以显示伊斯兰权威。[④] 他积极采取措施支持保守宗教机构,花费数百万美元用于宗教教育,加强性别分离和宗教警察的权力,公开支持宗教保守派领袖对沙特年轻人的警告,即不要前往欧洲和美国,以避免走上"邪恶的道路"[⑤]。同时,法赫德国王对改革派表现出极少的宽容。1992年,一群改革派和知名的沙特知识分子向法赫德国王请愿,要求进行广泛改革,包括扩大政治代表权和控制王室的浪费性开支。法赫德国王最初无视他们的要求,而当他们坚持不懈时,改革派旋即受到监禁、解雇等惩罚。1994年,法赫德国王专门设立了一个由高级王室成员和技术官僚领导的伊斯兰事务最高委员会。该委员会负责监察伊斯兰教育、经济和

---

① 参见http://www.sacm.org/Publications/58285_ Edu_ complete.pdf。
② 参见https://www.ft.com/content/54d03842-0264-11da-84e5-00000e2511c8#axzz2Jlr7TK3t。
③ 参见https://adst.org/wp-content/uploads/2018/02/Saudi-Arabia.pdf。
④ 参见http://www.gulf-daily-news.com/NewsDetails.aspx? storyid=118446。
⑤ Alexei Vassiliev, *The History of Saudi Arabia*, Saqi Books, 2013, p.465.

外交政策活动。

二是加强统治的可持续性，完善继承机制、打击恐怖主义。为缓解民间对王室成员健康问题的担忧，1992年3月法赫德国王颁布一项法令，扩大了继承标准，国王可根据是否合适而不是根据资历任命或罢免法定继承人，且伊本·沙特的孙子有资格继承王位。2003年11月，沙特阿拉伯发生致命爆炸事件后，法赫德国王曾表示要"用铁拳打击"恐怖分子。2003年8月，法赫德国王在伊斯兰会议上发表讲话，谴责恐怖主义，并敦促穆斯林神职人员在布道中强调和平、安全、合作。①

三是回应地缘安全挑战。这一时期对沙特影响最大的是海湾战争。② 1990年8月，伊拉克军队入侵科威特，使沙特阿拉伯的地缘政治安全受到挑战。法赫德国王邀请美国和其他国家派兵介入并增加军费从美英购买更多尖端军事装备，最终把伊拉克军队赶出了科威特。尽管取得了军事胜利，但海湾战争对沙特阿拉伯政治生态产生了深远影响。由于军费开支增加、资助外国军队、安置科威特平民等原因，政府财政开支大幅增长。国家经济疲软，加上失业率上升，使一些公民开始质疑庞大的军费开支的合理性，伊斯兰主义者也反对在国家事务中求助于非穆斯林外来势力，导致国内政局不稳。同时，城市化快速发展、公共教育普及以及新媒体的发展促使沙特社会发生了深刻变化，也使更多的技术官僚成为政治精英，但真正的权力仍掌握在沙特王室手中，自由主义者和现代主义者希望政府改革。为应对沙特局势变化，法赫德国王于1992年3月颁布了三项重要法令：《治理基本法》《协商议会章程》(the Consultative Council Statute) 和《地区章程》(the Regions Statute)，以响应加强政府改革和保护人权的呼声。

---

① Alfred B. Prados, "Saudi Arabia: Current Issues and U. S. Relations," CRS Issue Brief for Congress, https://fas.org/sgp/crs/mideast/IB93113.pdf.

② 海湾战争是1990年8月至1991年2月期间，以美国为首的34个国家组成的联军和伊拉克之间发生的一场局部战争。1990年8月，伊拉克军队入侵科威特，推翻科威特政府，并宣布科威特的"回归"以及大伊拉克的"统一"。以美国为首的多国部队在取得联合国授权后，于1991年1月开始对科威特和伊拉克境内的伊拉克军队发动军事进攻，主要战斗包括在伊拉克、科威特和沙特边境地带展开的陆战。多国部队以轻微的代价取得决定性胜利，重创伊拉克军队。伊拉克最终接受联合国安理会第660号决议，从科威特撤军。

六　阿卜杜拉国王

1924年8月，阿卜杜拉出生在利雅得。阿卜杜拉成年后的大部分时间都担任重要的政治职务。1961年，他成为麦加市长，这是他的第一个公职。① 次年，他被任命为国民警卫队司令，他把这个礼仪用途的队伍逐步建设成一支现代化武装力量，成为其最初的权力基础，也维护着沙特王室的安全与统治。② 1982年，法赫德继位后，他被任命为王储。1995年，法赫德国王严重中风后，阿卜杜拉成为沙特阿拉伯实际上的统治者，直到2005年8月继承王位。继位后他开展了一系列温和的改革方案，以解决沙特面临的挑战。2015年1月，他因肺炎去世，享年九十。

阿卜杜拉国王对国家政治生态的影响主要体现在以下四方面。

一是弱化宗教势力的影响，加强对话机制，限制极端伊斯兰主义的发展。2003年底，在基地组织沙特阿拉伯分支实施了一系列威胁国家稳定的爆炸袭击后，阿卜杜拉和其他王室决策精英开始处理这一棘手的政治问题。2005年，阿卜杜拉国王不顾宗教人士的反对，宣布9月23日国庆日为公共假日，以解除一些宗教限制。2003年开始，阿卜杜拉大力支持创建全国宗教对话机制，全国各教派宗教领袖，包括什叶派学者和逊尼派神职人员参与了对话。③ 他还支持国际跨信仰对话，鼓励穆斯林领导人与犹太教、基督教领袖交流。2008年7月，在他的推动下，在西班牙举行了跨信仰对话会议，不同宗教的领袖参加了会议，加强了互信与交流。

二是进行温和的政治改革。2005年，阿卜杜拉通过举行该国第一次以成年男性选举为基础的市政选举来回应增加政治参与的呼声。从2009年开始，阿卜杜拉实施了一系列政府变革措施，涉及司法制度、武装部队和政府各部委。值得注意的是，阿卜杜拉国王任命了该国第一位女性副部长负责监督女童教育，他还解除了沙特阿拉伯强大的宗教警察局长的职务，取而代之的是一位更温和的神职人员，同时聘请顾问重组伊斯兰教扬

---

① 参见 http://news.bbc.co.uk/2/hi/middle_east/7068977.stm。
② 参见 https://www.washingtonpost.com/wp-dyn/content/article/2010/11/17/AR2010111704919.html。
③ Toby Jones, "Saudi Arabia's not so New Anti-Shi'ism," *Middle East Report*, No. 242, Spring, 2007.

善惩恶委员会（the Commission for the Promotion of Virtue and Prevention of Vice），会见人权团体，对一些行为不端的"失控"官员进行了调查和处罚。2011年9月，受"阿拉伯之春"①影响，阿卜杜拉国王宣布妇女有权在2015年的市议会选举中投票，还宣布将任命妇女担任协商议会成员。②2013年1月，阿卜杜拉国王任命了30名妇女进入协商议会，并修改了相关法律，规定150名成员中女性成员不得少于20%。③

三是完善反恐战略，促进政权平稳过渡。为了打击境内反沙特王室和反西方的极端伊斯兰主义者，阿卜杜拉坚决与国内的恐怖主义意识形态做斗争，把保护沙特阿拉伯的关键基础设施作为首要安全任务。④他的反恐战略是双管齐下的：一方面对本土恐怖主义组织采取严厉的武力打击，包括安全部队的突袭、逮捕、酷刑和公开斩首；另一方面通过教育和司法改革打击助长极端主义的根源，削弱沙特阿拉伯宗教机构中最反动分子的影响力。同时为了解决王位继承的不确定性问题，2006年阿卜杜拉修订了王位继承政策，成立了效忠委员会参与王储选举，旨在监督权力的平稳过渡。

四是应对"阿拉伯之春"给国家外交带来的挑战。阿卜杜拉试图用其财富和影响力来抑制变革的发生，以维持地区现状。2011年，阿卜杜拉下令沙特军队率领海湾合作委员会部队前往巴林，帮助镇压当地什叶派大规模抗议活动；还向面临抗议的君主制国家——约旦、摩洛哥和阿曼提供财政援助。

七　萨勒曼国王

1935年12月，萨勒曼出生于利雅得。萨勒曼先后被任命为利雅得省

---

①　"阿拉伯之春"是西方主流媒体所称的阿拉伯世界的一次革命浪潮。自2010年12月突尼斯爆发革命以来，阿拉伯世界一些国家的民众纷纷走上街头，要求推翻本国的"专制政体"。然而，各伊斯兰国家的命运并不相同，使得这场波及多国的民主化运动蒙上阴影。除了极端恐怖组织"伊斯兰国"趁乱局崛起，控制大片区域外，其他多个国家也纷纷陷入长期战争，引发了欧洲移民危机。

②　参见 https：//www.bbc.co.uk/news/world-us-canada-15052030。

③　参见 https：//www.theatlantic.com/international/archive/2013/01/saudi-arabias-timid-flirtation-with-womens-rights/267245/。

④　参见 https：//web.archive.org/web/20101202081631/http：//cablegate.wikileaks.org/cable/2009/03/09RIYADH496.html。

副省长和省长，在他的领导下，利雅得成为中东十分富裕的城市之一，也是重要的商业和贸易城市。2012 年，他被任命为王储和第一副总理。2015 年 1 月，萨勒曼继承了王位。在他作为国王的第一次讲话中，萨勒曼宣布将保持阿卜杜拉施政的连续性。萨勒曼国王即位时已经 79 岁，据报道，他患有慢性疾病，而且在他之前有两位王储相继去世。王储老龄化问题引发民众对君主制继承稳定性的担忧。于是继位后萨勒曼很快就任命他的侄子为王储，但随着萨勒曼的儿子、国防部长兼副王储穆罕默德·本·萨勒曼（Mohammad bin Salman）的崛起，2017 年 6 月，王储之位易主。

萨勒曼国王对国家政治生态的影响主要体现在以下三方面。

一是推出"2030 愿景"（Vision 2030）规划，缓解财政危机，凝聚民心，稳定政局。随着油价的下跌，沙特的财政危机日益加剧，萨勒曼支持王储穆罕默德·本推出了"2030 愿景"规划，旨在通过实现经济多元化和加大对外经济开放，减少沙特对石油收入的依赖，增强民众对政府的信心。政府计划出售阿美公司部分股份，以筹集资金，填补预算缺口，支撑改革计划的实施。2020 年，面对全球新冠疫情的发生造成旅游业严重损失，全球石油需求下降等问题，萨勒曼国王下令采取紧缩的财政政策，并与俄罗斯达成削减产量的协议，以弥补财政赤字，缓解财政危机，稳定政局。

二是进行行政改革，支持"2030 愿景"规划。萨勒曼国王继位后，着手精简政府官僚机构，并进行人事调动，废除了阿卜杜拉留下的 11 个政府委员会，整合成两个新理事会——政治和安全事务委员会、经济和发展事务委员会，负责确定各自领域内国家发展趋势、愿景和目标，审查、协调相关战略和计划，并跟踪其执行情况，目前均由王储穆罕默德·本主持。2018 年 6 月，萨勒曼国王更换了劳工部长和伊斯兰事务部长，任命商人艾哈迈德·拉吉（Ahmed al-Rajhi）为劳工部长，标志着私营部门在沙特政府中的专业技能发挥着越来越重要的作用；[①] 新任伊斯兰事务部长的阿卜杜拉蒂夫·阿尔谢赫（Abdullatif al-Alsheikh）此前曾因控制宗教警察权力而受到赞誉，表明国家削弱宗教势力的决心。2020 年 2 月，萨勒

---

① 参见 https://www.arabnews.com/node/1314961/saudi-arabia。

曼颁布一系列王室法令，组建了新的部委——将公务员部与劳动和社会发展部合并为人力资源和社会发展部；将投资总局改为投资部，将体育总局改为体育部；将旅游和国家遗产总局改为旅游部。① 政府部委的变动与改革解决了部门权力重叠问题，并为经济和社会转型议程提供支撑。

三是进行司法改革，支持"2030愿景"规划。2021年2月，王室宣布将颁布四项新法律——《个人身份法》《民事交易法》《证据法》和《酌情制裁刑法》，作为沙特阿拉伯司法改革的一部分。司法部门采用了最新国际惯例和标准为新法律设定代码，为未来编纂法典、为现代法律体系奠定基础。新一轮司法改革还将履行根据国际公约和条约所作的承诺，加快诉讼程序，确保法律适用的统一性，增强法院裁定的明确性，完善了家庭和商业问题法律框架。② 总之，为确保国家的持续发展和繁荣，萨勒曼国王已经开启了稳健的行政与司法改革，在"2030愿景"规划的框架内设立的新机构在各自领域发挥作用，以吸引投资，优化资源配置，并向社会各阶层提供服务，促进国家稳定发展。

第三节　政治生态主要特征

随着社会与经济发展，沙特阿拉伯国内出现了一些反对王室统治的声音，反对势力（包括伊斯兰反对派和激进改革派）对政治生态稳定造成了影响。沙特王室为了加强统治的可持续性，开始推行以王室为中心的民族主义，增加国家凝聚力和自身合法性，一系列措施对社会政治生态与外交政策都产生了影响。

一　反对势力影响政治生态稳定

近年来，沙特阿拉伯政治生态相对稳定，但仍存在一些影响安定的政治势力，其中主要是伊斯兰反对派和激进改革派。这两股势力不仅在沙特国内频频挑战王室统治，在国际舞台上也十分活跃。

---

① Asharq Al-Awsat, "Saudi Royal Decree Forms 3 New Ministries, Merges 2 Others," https://english.aawsat.com//home/article/2149016/saudi-royal-decree-forms-3-new-ministries-merges-2-others.

② 参见 https://www.reuters.com/article/saudi-judiciary-int-idUSKBN2A82EK。

(一) 伊斯兰反对派的影响

海湾战争后,沙特阿拉伯的伊斯兰反对派变得更有影响力。他们不再仅是朱海曼这样的极端宗教分子,还包括来自乌里玛基层组织的宗教学者和伊斯兰传教士。他们的主要不满是沙特政府在外交和国内事务中未能按照他们所定义的传统伊斯兰规范行事,指责王室用高额军费"供养"军队、生活方式西化、不允许伊斯兰教徒用印刷品和广播表达不同意见等。沙特政府曾试图依靠关系密切的神职人员来统治持不同政见者,但效果不佳。沙特第一个有组织的逊尼派伊斯兰反对派组织——"合法权利保护委员会"(CDLR)成立于1992年,该组织要求沙特政权按照该国赖以建立的严格的伊斯兰准则行事。[①] 政权面临的伊斯兰主义挑战令领导层尤其不安,因为宗教是其统治基础之一,因而这种反对很有可能破坏沙特家族的合法性。政府很快就宣布"合法权利保护委员会"为非法组织,导致该组织转移至海外继续活动。[②]

而一些仍在沙特境内活动的伊斯兰反对派,有的发展成了极端伊斯兰主义者。1995年11月,为了反对其他非伊斯兰国家的军队在沙特领土上驻扎,极端伊斯兰主义者在利雅得市中心制造了爆炸,造成五名美国人和两名印度人死亡。极端伊斯兰主义者与活跃在境外的恐怖主义分子(主要来自"伊斯兰国"[③])勾连,至今仍在沙特境内制造恐怖袭击,对沙特政治生态健康与稳定造成了破坏。[④] 恐怖组织有时会在具有宗教意义的时段(包括斋月)和公共假期发动袭击。2016年斋月期间沙特就发生过好几起恐怖袭击事件。2017年5月以来,东部省卡提夫也发生了多次恐怖袭击事件,包括枪击事件以及火箭榴弹爆炸事件,造成多人伤亡,目标人群大

---

① 参见 https://www.britannica.com/topic/Committee-for-the-Defense-of-Legitimate-Rights。
② R. Hrair Dekmejian, "The Rise of Political Islamism in Saudi Arabia," *Middle East Journal*, Vol. 48, No. 4, Autumn, 1994.
③ 伊斯兰国(Islamic State, IS),全称为"伊拉克和大叙利亚伊斯兰国"(亦称伊拉克和黎凡特伊斯兰国),是一个自称建国的活跃在伊拉克和叙利亚的极端恐怖组织。该组织的目标是消除第二次世界大战结束后现代中东的国家边界,并在这一地区创立一个由基地组织运作的酋长国。
④ Aida Arosoaie, "Saudi Arabia," *Counter Terrorist Trends and Analyses*, Vol. 7, No. 1, January/February 2015.

多数是在该地区开展行动的沙特安全部队成员。2018 年 7 月，在沙特中北部一个检查站发生的枪击事件中，一名沙特安全人员和一名外国国民被杀。① 2019 年 11 月，一名恐怖分子在利雅得节日期间对舞台上表演的艺术家进行了袭击，造成 4 人受伤。2020 年 11 月，在吉达市的外国外交官参加的纪念日仪式上，发生了炸弹袭击。② 伊斯兰极端分子频繁制造恐怖袭击，造成了社会恐慌，严重影响社会秩序。

沙特政府为了加强维护国家安全，非常重视打击危害国家安全的恐怖主义行为等。因此专门设立了国家安全法庭，审判涉及恐怖主义、国家安全和其他相关犯罪的嫌疑人，并通过立法明确界定危害国家安全犯罪的特征，增强了精准打击力度。政府出台的《恐怖主义罪行和资助恐怖主义法》加大了国家安全法庭的管辖权，进一步明确恐怖主义罪行的犯罪要件，使其可以制裁各种资助恐怖主义犯罪的行为，也加强了刑罚的力度和减刑的严格程度。③ 与此同时，沙特安全部队一直在积极对抗恐怖分子，但由于极端主义活动规模巨大，目前恐怖袭击事件仍在持续发生。④

（二）激进改革派的影响

近年来，沙特政府在推动社会改革的同时，也曾采取更为高压的方式对待持异见人士，并对一些基层社会政治运动进行限制，特别是女权运动。

2018 年 10 月，土耳其警方通报美国方面称已掌握足够的证据证明沙特新闻工作者及持异见人士贾马尔·卡舒吉（Jamāl Khāshuqjī）在进入沙特驻伊斯坦布尔总领事馆后被沙特的特工杀害并被肢解。沙特政府曾一度否认此事，沙特检察机关承认其已在馆内身亡，但死亡原因是与使馆人员发生争执而导致的肢体冲突。2019 年 6 月，联合国公布事件调查报告，认为王储穆罕默德·本与此案有关。⑤ 此事引起了国际社会的广泛关注，影响了萨勒曼在国际社会树立的改革者形象，导致其与部分国际企业和政

---

① 参见 https：//www. gov. uk/foreign-travel-advice/saudi-arabia/terrorism。
② 参见 https：//www. bbc. com/news/world-middle-east-54889545。
③ Naef Bin Ahmed Al-Saud, "Saudi Arabia's Strategy to Combat Terrorism an Insider's Perspective," *The RUSI Journal*, Vol. 154, Issue 6, 2009.
④ 参见 https：//www. gov. uk/foreign-travel-advice/saudi-arabia/terrorism。
⑤ Bruce Riedel, "U. N. Report Firmly Blames Saudi Arabia for the Murder of Jamal Khashoggi," Brookings, https：//www. brookings. edu/blog/order-from-chaos/2019/06/19/u-n-report-firmly-blames-saudi-arabia-for-the-murder-of-jamal-khashoggi/.

治机构的关系恶化，也加深了与沙特境内外反对派的矛盾。

同时，政权中的强硬派认为，女权活动家很可能是外国势力渗透分裂国家的工具，国家才是提供社会改革的主体，这在一定程度上压缩了改革派的政治表达空间。一些活动人士被捕后，被贴上了"外国间谍"的标签。① 一些改革派人士流亡海外，并建立了反沙特政权组织。

2020年9月，一群流亡在美英等国家的沙特境外反对派宣布成立"反对党"——国民议会党（NAAS），这是萨勒曼国王统治以来的首次有组织的政治抵抗。国民议会党正积极游说西方国家反对沙特政府，表达对沙特国内人权状况的担忧。海外的沙特反对派活动人士也与国际知名组织、学术机构和主要媒体建立了沟通渠道，并对沙特政府的说法加以质疑。沙特反对派活动人士认为，国际组织可以帮助他们向沙特政府施加更大的压力，迫使沙特作出改革承诺。② 虽然目前境外反对派不会对沙特政权造成直接威胁，但他们在国际上的游说能力日益增强。像国民议会党这样的统一平台的建立，为沙特反对派与国际组织、外国政府建立正式渠道创造了机会，让沙特持异见精英们有机会在国际舞台上表达对沙特政府的反对。

二 以王室为中心的民族主义崛起

由于宗教势力认同与现任领导层的政治愿景并不相容，加上石油依赖型经济模式面临着可持续发展的困境，沙特领导层正在自上而下地动员以王室为中心的民族主义——加强公民对国家和沙特家族的认同，确保王室年轻领导层的权力上升，以支持其改革议程，从而巩固王室的可持续统治。年轻的王储穆罕默德·本作为新兴领导层的核心人物已成为国家内外政策的主要制定者，其政治影响力逐步提升。由于沙特年轻人受宗教影响相对较小，因此，新兴领导层正积极寻求他们的支持。这种民族主义正在改变政治生态和国家政策，并在一定程度上削弱了长期占主导地位的宗教势力的影响。

（一）民族主义崛起的动因——改变原有的统治基础与社会契约的需要

沙特阿拉伯幅员辽阔，部落、宗派、种族和地区群体各异，这种身份

---

① 参见 https：//www.bbc.com/news/world-middle-east-55069863。
② 参见 https：//carnegieendowment.org/sada/83608。

的多样性一直不利于中央政府营造统一的民族归属感。过去，沙特王室一直试图利用宗教来实现这个目的。伊本·沙特通过与宗教领袖瓦哈比的结盟，将宗教力量带入政治领域，也赋予了政权神权性和合法性。作为伊斯兰教的发源地，宗教在沙特的影响力一直很大，伊斯兰教成为沙特人民共同的身份属性。① 随着时间的推移，沙特人逐渐习惯了国家掌控政治，宗教机构掌控文化、社会和宗教的模式。更重要的是，宗教机构在某种程度上成为政治机构的缓冲器：为该国的一些政治集权因素分担责任，并用宗教来解释缺乏政治改革的原因，因而宗教认同维护了政权的稳定性。但近几十年来，随着沙特人内部观点的日益多元化，这种身份认同变得越来越难以维持。沙特领导层只能在保守派坚持的原则和自由派呼吁的社会改革之间争取平衡，既监督两派动向，又通过打压一方、扶持另一方的手段巩固自己的统治，改变原有的宗教统治基础已非常必要。

分享石油经济带来的福利是维持政治体制稳定的社会契约——沙特王室给予公民福利补贴与服务，不征收个人所得税，以交换公民对国家的忠诚和对政治代表权的部分放弃。在上一任国王阿卜杜拉统治的最后阶段，石油价格上涨带来的巨额经济收益维持了这种契约。在"阿拉伯之春"后，阿卜杜拉国王发放了370亿美元的救济金，以稳定原有的社会契约体系，防止国内动荡。② 但随着油价下跌，领导层不得不重新评估原有社会契约的可持续性，以及改革较为单一的经济模式的可行性。③ 此外，"阿拉伯之春"使沙特领导层开始担忧——随着革命余波在整个阿拉伯世界的蔓延，叙利亚和伊拉克的"跨国伊斯兰网络"会影响政权稳定，而强化以王室为中心的民族主义在一定程度上可以抵御上述风险。因此，自萨勒曼国王继位以来，新兴领导层开始自上而下地推动民族主义，解决政权担忧，证明经济改革措施的合理性。

（二）推动"新民族主义"的主要举措

自上而下的民族主义动员使基层民族主义迅速增长，加速了王储穆罕

---

① Muhammad Al-Atawneh, "Is Saudi Arabia a Theocracy? Religion and Governance in Contemporary Saudi Arabia," *Middle Eastern Studies*, Vol. 45, No. 5, September 2009.

② 参见 https://www.reuters.com/article/us-saudi-king-idUSTRE71M22V20110223。

③ Shmuel Even and Yoel Guzansky, "Saudi Arabia's Vision 2030: Reducing the Dependency on Oil," Institute for National Security Studies, https://www.inss.org.il/publication/saudi-arabias-vision-2030-reducing-the-dependency-on-oil/.

默德·本的崛起。2016年4月，他公布政府将推行实现经济多元化的国家战略——"2030愿景"规划，向民众证明了他解决石油经济可持续性问题的努力，得到了民众的强烈支持。沙特领导层推动民族主义的举措主要有：

一是推行受年轻人欢迎的淡化宗教色彩的社会改革。由于沙特王室试图改变旧"社会契约"，使年轻一代成为实现变革的载体，为国家做出更大贡献——缴纳增值税和接受补贴减少等。因此，为了"弥补"年轻人，穆罕默德·本承诺沙特阿拉伯将回归"温和的伊斯兰"①，放松社会限制，给予女性更大的自由。例如，取消女性驾驶禁令；放宽监护制度②，允许21岁以上的女性独立旅行等。这些措施得到了年轻人的支持，也向潜在的海外投资者展示了国家改革的决心。政府还采取措施改善女性工作环境，要求同工同酬并为其创造就业机会。政府计划到2030年将女性劳动力比例提高到30%，为此，规划建设了女性专用工业园区等，吸引更多的保守女性，也让更多的家庭允许年轻女性出来工作，以支持工业化发展。③ 同时，新兴领导层认为，通过娱乐部门宣传民族主义，是凝聚年轻人支持的关键，因此颁布了放宽娱乐限制的措施：解除对电影院长达35年的禁令；成立综合娱乐管理局负责设立娱乐场所和举办娱乐活动等。在2019年12月的一场电子音乐会上，法国DJ大卫·奎塔（David Quetta）用混合了沙特民族音乐的音乐形式歌颂萨勒曼国王。④

二是推动新兴科技项目发展，增加民族自豪感，展现政府潜力与能力。2018年12月，一组穆罕默德·本和政府部长们站在劳兹峰（Al-Lawz）峰顶的照片在网络和电视中广为传播，展示了国家山河壮美和领导人对西北部地区的访问，根据"2030愿景"规划，这里将建设一座半自治的未来主义城市。⑤ 2019年，穆罕默德·本启动劳兹峰计划，为包括自

---

① See Saudi Arabia and Counter-terrorism: Rooting out the Weeds of Extremism, Vision of Humanity, https://www.visionofhumanity.org/saudi-arabia-counter-terrorism-rooting-weeds-extremism/.
② 沙特的监护制度要求所有年龄的沙特妇女只有得到男性法定监护人的许可才能旅行或作出各种决定。
③ 参见 https://intpolicydigest.org/women-s-rights-reforms-in-saudi-arabia-under-mohammed-bin-salman/。
④ 参见 https://globalnews.ca/news/4774255/david-guetta-controversy/。
⑤ 参见 https://english.alarabiya.net/variety/2018/12/27/IN-PICTURES-Saudi-Crown-Prince-at-the-top-of-Mount-Lawz。

然保护区和法国建筑师设计的度假村在内的大型项目举行奠基仪式。王储还将发展数据和人工智能作为"2030愿景"规划的核心。在新冠疫情期间，国家数据和人工智能机构开发应用程序软件便利政府和私营部门在宵禁期间以电子方式发放流动许可证，还建立了支持安全和卫生部门应对疫情的行动数据中心，帮助决策者根据实时数据和事实制定有效的抗疫策略，支持政府抗击新冠疫情。[①]

三是新兴媒体的宣传作用。由于沙特阿拉伯约有70%人口的年龄在30岁以下，所以网络社交软件推特（Twitter）的普及率非常高，推特已成为鼓励和展示民族主义的重要舞台。代表"效忠"含义的表情符号越来越多地出现在沙特国旗和王储图像的旁边。一些民族主义者认为自己是国家的坚定捍卫者，他们会在社交平台上宣扬和庆祝政府的行动与政策。这种日益高涨的民族主义情绪使一些民族主义者开始采取较为激进的行动，比如谴责或指控他们认为冒犯和批评沙特领导人、文化和价值观的人，攻击那些他们认为对国家怀有敌意的人，包括鼓动其他沙特人不要去某些国家旅行等。同时，技术进步促成宣扬民族主义的新网络平台不断涌现。例如，应用程序"Kulluna Amn"（意思是"我们都是安全人员"）鼓励公民成为积极的"执法者"，允许个人举报那些他们认为冒犯或批评国家的人。[②]

四是强调王室的传承，重申国家和君主制的中心地位。王室传承的宣传重心放在了穆罕默德·本与其祖父伊本·沙特国王身上。民族主义者的推特账号经常分享强调祖孙相似之处的内容。这种强调表达出王室新旧传承的持续性，强化国家和君主制的中心地位，为新领导层倡导的新经济模式的正当性背书。

三 外交政策正向"沙特优先"转变

沙特政府曾经为了维护政权的稳定性而放弃直接参与中东对抗，在与

[①] 参见 https：//www.c4isrnet.com/artificial-intelligence/2021/01/15/saudi-arabia-makes-artificial-intelligence-a-cornerstone-of-its-2030-vision/。

[②] "Saudi Arabia's Residents Can now Report Crime through an App," The Saudi Gazette on February 21, 2016, https：//english.alarabiya.net/media/digital/2016/02/21/Saudi-Arabia-s-residents-can-now-report-crime-through-an-app.

外国尤其是邻国打交道时尽量保持中立。这种平衡的方法减少了国内动荡和地区风险的可能性,确保了沙特政权的稳定性和连续性。但在现阶段中东局势紧张的背景下,沙特强硬的外交政策体现出民族主义倾向。民族主义者越来越多地使用"沙特优先"(Saudi First)标签凸显沙特家族的领导地位,强调国家利益高于区域利益。

以沙特新领导层的代表人物——王储穆罕默德·本为例,其外交决策具有明显的强硬色彩,并试图确立沙特在地区的主导地位。2015 年,穆罕默德·本发动了一项针对也门的激进军事行动——"决定性风暴行动"(Operation Decisive Storm),领导一个主要由海湾国家组成的联盟对也门进行军事干预,试图在胡塞武装叛乱(也门北部的一股什叶派反对势力)中支持也门政府。① 对也门的军事干预提升了穆罕默德·本作为国防部长的地位,并使政府机构和媒体对他大加赞扬,提高了他在地区事务中的影响力。② 2019 年,胡塞武装对沙特阿拉伯本土进行反击,动用导弹和无人机打击了包括民用机场、军事基地和石油生产设施在内的一系列目标,导致沙特暂停了一半的石油生产。外国军事打击行动使沙特国内民族主义情绪更加高涨。

同时,为了维护地缘政治安全,沙特新领导层的许多外交政策以遏制伊朗为核心,尤其是在 2016 年沙特处决什叶派神职人员尼马尔—尼姆尔(Nimral-Nimr)③,沙特驻德黑兰大使馆遭到袭击后,两国关系更加紧张。而与邻国卡塔尔的长期冲突,又加剧了这种紧张局势。由于卡塔尔与伊朗关系友好,并且支持沙特在本地区的其他敌对势力,如穆斯林兄弟会,2017 年 6 月,穆罕默德·本联合巴林、阿联酋等国家对卡塔尔进行了全面封锁。2019 年 5 月,沙特阿拉伯联合其他海湾国家和阿拉伯国家领导人在麦加举行了两次紧急峰会,向伊朗展示了统一战线。④ 萨勒曼在会议

---

① Karen Elliott House, "Saudi Arabia in Transition from Defense to Offense, But How to Score?," Belfer Center for Science and International Affairs, https://www.belfercenter.org/sites/default/files/files/publication/SA%20Transition%20-%20web.pdf.

② Peter Salisbury, "Why Is Riyadh Flexing its Muscles?," *The World Today*, Vol. 71, No. 4, August & September 2015.

③ 尼马尔—尼姆尔是来自沙特东部省的著名什叶派神职人员,参加了 2011 年"阿拉伯之春"引发的示威活动。

④ 参见 https://www.theguardian.com/world/2019/jun/01/saudi-king-warns-attacks-on-oil-stations-threaten-global-supply-iran。

上指责伊朗政权干涉地区国家事务，发展核计划，威胁全球海上运输和全球石油供应，呼吁国际社会共同抵制伊朗。①

与此同时，尽管沙特的经济多样化计划、贸易和军事能力在一定程度上依赖于西方国家和投资者，但日益增长的民族主义情绪经常表达出对西方的敌意。西方对沙特阿拉伯国内和地区政策的任何批评都会遭到强硬回应。2017年德国外交部长西格玛尔·加布里尔（Sigmar Gabriel）在将沙特的地区政策形容为"冒险主义"时，沙特领导层的反应是冻结在沙特开展业务的德国企业的资金，并撤回其驻柏林大使。② 2018年"贾马尔·卡舒吉事件"发生后，沙特面临的国际压力加大，经济制裁的威胁引发了国内激烈的反击，使民族主义变得更加敌对。沙特一些传统媒体在版面首页用阿拉伯语和英语打出"不要考验我们的耐心"的标语，暗示沙特将对经济制裁和政治压力的威胁进行报复。③ 2018年8月，加拿大驻利雅得大使馆在推特上用阿拉伯语发出呼吁，敦促沙特释放女权活动人士。沙特立即驱逐了加拿大大使，将沙特学生从加拿大召回，停止了两国间的航班，并冻结了贸易。④ 上述事件表明沙特不能容忍外部对其区域政策的批评，也会在外部干涉其国内事务时做出强硬回应。

近年来地区冲突升级和外交摩擦事件表明沙特阿拉伯的外交策略已经发生转变，不断升级的民族主义可能加剧与地区对手的紧张关系，有时还会加深与西方盟友之间的分歧。但总体而言，无论在国内还是在国际舞台上，以沙特王室为中心的民族主义不仅提升了民众对国内改革和国家自信的肯定，也日益成为自上而下的、对外部势力的怀疑与敌对态度，使沙特人民更加团结在新领导层周围，巩固了沙特王室的政治权力。

---

① 参见 https：//www.dw.com/en/saudi-king-iran-backed-groups-threaten-global-oil-supplies/a-48997918。

② See "Saudi Arabia Recalls Ambassador to Germany over Gabriel Comments," *Reuters*, November 18, 2017, https：//www.reuters.com/article/us-saudi-germany-lebanon-idUSKBN1DI00V.

③ See "'Don't Test Our Patience' Says Defiant Saudi Press," *BBC Monitoring*, 15 Oct. 2018, https：//monitoring.bbc.co.uk/product/c200b1fd.

④ Barry Ellsworth, "Tensions still High between Canada, Saudi Arabia," https：//www.aa.com.tr/en/americas/tensions-still-high-between-canada-saudi-arabia/1688265.

第七章 民族与宗教

沙特阿拉伯地处阿拉伯半岛，自古以来就处在东西方商贸的枢纽地带，多元文明因贸易往来而在该地区碰撞交融。在蒙昧时代①，部落宗教、精灵崇拜、女神崇拜等信仰形式都在麦加汇聚。7世纪前后，外部政治经济环境的变化迫使生活在阿拉伯半岛的游牧民族不得不重新审视氏族、部落、血亲等传统社会形态，伊斯兰教正是在这一历史背景下孕育的。"一些具有模糊神观念的人转而探索'真正的'民族信仰"②，阿拉伯人的民族意识也因伊斯兰教而得以凝聚和强化。如今，伊斯兰教成为沙特立国的主要支柱之一，《沙特阿拉伯王国治国基本法》的第一章"基本原则"就指出："沙特阿拉伯王国是绝对君主制阿拉伯伊斯兰国家，国教为伊斯兰教。万能真主的《古兰经》和先知的圣训是国家宪法。"③近年来，由于沙特外籍人口数量增速较快，外来民族、外来宗教、外来文化与沙特社会传统的甚至偏向保守的阿拉伯—伊斯兰文化在交融的过程中也为沙特社会发展带来了新的机遇与挑战。

---

① "穆斯林把伊斯兰教兴起前的时代统称为'蒙昧时代'，以示与伊斯兰时期的区别。穆罕默德传播的一神教，是对阿拉伯氏族制度以及宗教观念，特别是偶像崇拜的否定。他期望皈依伊斯兰教的阿拉伯人与传统观念彻底决裂。在《古兰经》中，'蒙昧时代'一词共出现4次（3：154；5：50；33：33；48：26），都特指对'真正的宗教'无知，缺乏应有的行为规范和生活态度。因此，该词是指阿拉伯人没有天命、先知和天启经典的那个历史时期。"参见金宜久主编《伊斯兰教史》，江苏人民出版社2006年版，第24页。

② 金宜久主编：《伊斯兰教史》，第3页。

③ 中华人民共和国驻沙特阿拉伯王国大使馆经济商务处：《沙特阿拉伯王国治国基本法》，2014年10月14日，http://sa.mofcom.gov.cn/article/ddfg/201410/20141000758883.shtml。

第一节　民族的形成与现状

阿拉伯民族是沙特的主体民族，在伊斯兰教出现之前，阿拉伯人在沙漠地区过着游牧生活，因而部落、氏族、血亲成为当时阿拉伯人身份认同的主要来源。伴随着伊斯兰教的兴起与发展，"阿拉伯民族"的概念逐渐深入人心，最终取代了部落认同。在沙特少数民族构成方面，奴隶买卖及其后裔、人口迁徙并定居等是沙特籍少数民族人口的主要来源。此外，相当数量的外来劳工群体、他们所带来的民族风俗以及与沙特本土民族文化所形成的张力亦成为当前沙特社会发展值得关注的问题之一。

一　民族发展历史

在伊斯兰教兴起前，沙漠干旱的自然条件迫使当地居民不得不逐水草而居，过着不断迁徙的游牧生活。这决定了氏族、部落成为主要社会制度，而树木、石头等一些常见的事物则成为游牧民族原始信仰和拜物信仰的源头。"阿拉伯人"这一称谓最早出现在前9世纪至前5世纪期间的圣经故事和亚述文献中，这些文献把他们说成沙漠游牧民。[1] 此外还有部分定居的阿拉伯人，但"在游牧民与定居民，以及半游牧半定居部落之间，没有明确的界限。除外来的移民外，城镇居民大多是定居不久的贝都因人。不管他们的社会组织和经济生活存在多大差异，他们仍被看作一个统一的民族——阿拉伯人"[2]。这一情况直至伊斯兰教出现后才有所改变，此前以部落氏族为基石的社会制度逐步转变为以伊斯兰信仰为纽带的"新型社会组织"[3]。此后，伴随着伊斯兰教的不断发展与对外传播，在与被征服地区的文化相融合的过程中，"阿拉伯民族"这一概念也得到拓展。其中，与被征服地区居民通婚极大地丰富了阿拉伯民族的人口数量，也极大地推动了伊斯兰教逐步从单一民族的宗教走向覆盖多民族的全球性宗教。

阿拉伯帝国时期的民族融合与民族政策对阿拉伯民族的发展起到了重

---

[1] 詹姆斯·温布兰特：《沙特阿拉伯史》，韩志斌、王泽壮、尹斌译，中国出版集团东方出版中心2009年版，第20页。

[2] 金宜久主编：《伊斯兰教史》，江苏人民出版社2006年版，第24页。

[3] 金宜久主编：《伊斯兰教史》，第3页。

要作用。如倭马亚王朝第五任哈里发阿布杜·马立克时期（685—705），王朝内部局势趋于稳定，阿布杜·马立克在国内逐步推行"阿拉伯化"政策，如"实行国家机关的民族化政策，正式决定阿拉伯语为官方语言，改变以前用希腊文和帕莱威文登记文书的做法，规定官方文件一律以阿拉伯文书写。"① 彭树智认为：

> 从民族交往而言，沙特阿拉伯是操阿拉伯语的阿拉伯民族的文明生根之地，而阿拉伯民族的地域，包括从非洲大西洋岸的毛里塔尼亚到伊朗西南，从北非马格里布全部到阿拉伯半岛以及中东广大地区。对阿拉伯人来说，尽管他们的国家各不相同，但都同阿拉伯半岛其他地区的阿拉伯人一样，把沙特阿拉伯看作他们的先祖之源。②

能言善辩通常被视作阿拉伯民族的特征之一，这一历史可追溯至蒙昧时代的部落生活。除了征战厮杀外，"唇枪舌剑"亦是当时部落间用于相互比较的方式，因此富有韵律和哲理的诗歌成为当时阿拉伯半岛最为重要的文化生活。为了在诗歌创作上一较高下，超越部落方言的语言开始出现，阿拉伯语因此具备了雏形。"在公元 6 世纪时，以独特的传统方式和单纯的口传文化，把阿拉伯人与非阿拉伯人鲜明地区分开来，并为一个阿拉伯民族的新意识提供了基础。"③ 伴随着伊斯兰教在阿拉伯半岛出现并逐步向外传播，阿拉伯语作为《古兰经》的语言进一步强化了阿拉伯人的民族认同，"阿拉伯国家在历史上有着悠久的种族、亲缘、近邻的关系，但是，阿拉伯国家直至伊斯兰宗教的兴起才开始有了共同的历史、团结的民族和统一的语言"④。在伊斯兰教的影响下，由统一的宗教信仰所联结起来的民族认同逐步取代了蒙昧时代的部落认同、血亲纽带，而阿拉伯语也与阿拉伯民族和伊斯兰教紧密地结合在一起。"如果说在伊斯兰教出现之前，阿拉伯语是诗歌的语言的话，那么伊斯兰教的出现，将阿拉伯

---

① 金宜久主编：《伊斯兰教史》，江苏人民出版社 2006 年版，第 89 页。
② 王铁铮、林松业：《中东国家通史·沙特阿拉伯卷》，商务印书馆 2000 年版，第 335 页。
③ 金宜久主编：《伊斯兰教史》，第 27 页。
④ 穆罕默德·阿卜杜·瓦哈卜·萨科特：《阿拉伯语对阿拉伯民族统一的作用》，严庭国译，《阿拉伯世界》1996 年第 4 期。

语变成了宗教和民族的语言。"① 因此可以说,阿拉伯语的发展过程与阿拉伯民族的诞生是相互促进的。

二 沙特主体民族发展现状

阿拉伯民族是沙特的主体民族,占沙特全国人口的90%②左右。其中既有自古以来就生活在阿拉伯半岛的游牧民,也有因版图扩张、通婚等出现的民族融合。在倭马亚王朝初期,阿拉伯帝国版图大幅扩张,首都"除了阿拉伯人外,还有埃及人、叙利亚人、波斯人、柏柏尔人、突厥人和其他民族成分的成员。阶级的、民族的、宗教的和教派的矛盾和斗争充斥于整个社会"③。在定都大马士革之后,"伊斯兰教的政治、经济和文化中心也转移到了大马士革。作为伊斯兰教发源地和传播中心的阿拉伯半岛逐渐失去了其原有的重要地位和影响"④。在对外征战、扩张版图、占有资源、传播宗教等多重因素的作用下,倭马亚王朝出现了长期的、大规模的人口流动,不仅极大地推动了伊斯兰教的传播与发展,也使得阿拉伯民族在此过程中与被征服地区不断融合。

由于独特的地貌,沙漠至今仍然是沙特人生活的一部分。就沙特的民族发展而言,诞生于沙漠的部落认同和游牧生活也长期存在于沙特社会之中。一方面,以部落为单位的身份认同虽不如蒙昧时代一般成为划分社会地位的象征,但依然在政治、经济、社会资源分配中起到一定的作用。沙特"全国有100多个部落,其中较大的有:在内志的沙马尔、阿纳扎、阿泰巴穆泰尔、达瓦西尔、卡赫坦、苏拜;在东方省的阿吉曼、贝尼哈贾尔、贝尼哈立德、梅纳西尔、贝尼穆拉;在汉志的哈尔布贝利、贝尼阿蒂亚、胡维塔特、朱海纳;在阿西尔的贝尼扬里贾拉马、达兰"⑤。另一方面,沙特国土面积中约四成为沙漠地区,其中鲁卜哈利沙漠、内夫得沙漠两大沙漠分别位于沙特东南部和西北部地区,成为沙特游牧民族生活的重

---

① 陈静:《阿拉伯民族认同的历史演变》,北京外国语大学出版社2016年版,第44页。
② 中国外交部:《沙特阿拉伯国家概况》(更新时间:2020年9月),https://www.fmprc.gov.cn/web/gjhdq_676201/gj_676203/yz_676205/1206_676860/1206x0_676862/。
③ 金宜久主编:《伊斯兰教史》,江苏人民出版社2006年版,第85页。
④ 王铁铮、林松业:《中东国家通史·沙特阿拉伯卷》,商务印书馆2000年版,第57页。
⑤ 赵锦元、戴佩丽主编:《世界民族通览》,中央民族大学出版社2000年版,第412页。

要区域，这种逐水草而居的生活方式延续至今。"农村居民分为四种类型：定居农民、半定居农牧民（农耕在他们的经济生活中也很重要，但每当庄稼收获之后便移牧他乡）、半游牧民（一年中的大部分时间进行游牧，只在固定季节搞点农耕），以及住无定处，专门从事游牧的贝都因人。"①

三 沙特少数民族现状

目前，沙特国内主要包括两大种类的少数民族群体，第一种为拥有沙特国籍的非阿拉伯民族，约占沙特本国人口的10%②。如沙特国内的部分非洲裔群体，"他们是从中世纪由非洲大陆被贩运来的黑人奴隶的后裔。因此，许多沿海地区和内陆绿洲的居民有明显的尼格罗人种特征。此外，在这些地区的城镇和乡村还有大量的讲阿拉伯语、信伊斯兰教的非洲人"③。第二种主要由大量的外籍劳工群体组成。由于外籍劳工及其他工作人员大量进入沙特，事实上沙特本国人口占全国人口的比重已降至约6成。印度、巴基斯坦、印度尼西亚、孟加拉国、菲律宾等国的亚裔劳工是沙特外籍劳工的主要来源国。

由于20世纪70年代以来的石油出口经济，海湾国家已成为来自世界各地的移民劳动力的主要目的地，南亚人无疑已成为其中的主要群体。此外，两大事件推动了这一进程：第一，1990年以来，全球化的加速推动了对生产发展活动和移民劳动力的需求。第二，伊拉克入侵科威特致使也门人和巴勒斯坦人大量从沙特阿拉伯和其他海湾国家撤出。④

---

① 赵锦元、戴佩丽主编：《世界民族通览》，中央民族大学出版社2000年版，第410页。
② 中国外交部：《沙特阿拉伯国家概况》（更新时间：2020年9月），https：//www.fmprc.gov.cn/web/gjhdq_676201/gj_676203/yz_676205/1206_676860/1206x0_676862/。
③ 赵锦元、戴佩丽主编：《世界民族通览》，中央民族大学出版社2000年版，第412页。
④ Prakash C. Jain and Ginu Zacharia Oommen eds., *South Asian Migration to Gulf Countries: History, Policies, Development*, New York: Routledge, 2016, p.4. 有数据表明，"伊拉克人和那些政府支持伊拉克的人（包括巴勒斯坦人、约旦人、也门人和苏丹人）在危机期间和之后都不被信任，被迫离开了海湾合作委员会成员国。共计超过150万人被驱逐：多达100万也门人被驱逐出沙特阿拉伯，此外还有20万约旦人和15万巴勒斯坦人被驱逐，驱逐他们的主要是科威特和沙特阿拉伯。"参见Andrzej Kapiszewski, *Arab versus Asian Migrant Workers in the GCC Countries*, May 15-17, 2006, p.8. https://www.un.org/en/development/desa/population/events/pdf/expert/11/P02_Kapiszewski.pdf.

经济飞速发展，尤其是石油产业的迅速崛起，与沙特本国劳动力的严重不足为外来劳工提供了大量的工作机会，尤其是沙特的私营部门，由于政策原因几乎成为吸纳外来劳工的天然土壤。

为了应对和解决劳动力不足问题，沙特政府在 1984 年之前，以法令形式明文禁止各类院校的毕业生到任何私营企业求职，他们必须到政府部门或公营企业工作，理由是沙特一律实行免费教育，他们受益于政府的出资培养。沙特私营企业对劳动力的需求只能转向外籍劳工，致使外籍劳工成为私营企业大量招募的源泉。[1]

因此，沙特政府为了确保本国公民的就业机会而出台了"沙特化"（Saudization）政策，这一政策的构想早在 20 世纪 70 年代中后期就已出现[2]，直到 90 年代沙特本国公民尤其是青年群体失业情况较为严峻之后，沙特政府不得不正视这一不均衡现象。但到目前为止，外来劳工仍然是数量庞大的群体，根据对"海湾劳工市场、移民与人口项目"（Gulf Labour Markets, Migration, and Population Programme）的综合梳理（见表Ⅰ-7-1），印度、巴基斯坦、孟加拉国等国赴沙特的人数均在百万人以上。

表Ⅰ-7-1　　2017—2018 年沙特外来人口国籍及人数　　（人）

	国籍	预计人数（最少可达）
1	印度	2266216
2	巴基斯坦	1343737
3	孟加拉国	1157072
4	埃及	871621
5	叙利亚	673669
6	也门	697296

[1] 韩晓婷：《沙特阿拉伯私营经济劳工"沙特化"政策探析》，《西亚非洲》2013 年第6期。
[2] Manal S. Fakeeh, *Saudization as a Solution for Unemployment: The Case of Jeddah Western Region*, PhD Thesis, University of Glasgow, May 2009, p. 87. http://theses.gla.ac.uk/1454/1/Fakeeh_DBA.pdf.

续表

	国籍	预计人数（最少可达）
7	菲律宾	583985
8	印度尼西亚	470000
9	尼泊尔	455905
10	苏丹	435810
11	阿富汗	300000
12	斯里兰卡	200000
13	巴勒斯坦	无确切数据
14	缅甸	242510
15	约旦	217904
16	埃塞俄比亚	148753
17	黎巴嫩	139459

资料来源：Gulf Labour Markets, Migration, and Population Programme, *Saudi Arabia*: *Some Estimates of Non-nationals by Country of Citizenship* (selected countries), 2017 – 2018), May 2019. https://www.worldatlas.com/articles/saudi-arabia-s-ethnic-groups-and-nationalities.html.

第二节　宗教发展历史与现状

根据中国外交部网站数据，目前沙特总人口约为 3420 万人，其中沙特公民约占 62%，以伊斯兰教为国教，逊尼派占 85%，什叶派占 15%。[1] 此外，大量外籍人员将若干其他宗教信仰一并带到沙特，包括天主教、新教、东正教、犹太教、印度教、佛教、锡克教等。由于沙特禁止伊斯兰教以外的宗教在该国进行宗教仪式或其他宗教活动，这与外籍工作人员对宗教生活的正常需求产生矛盾，因此这一问题近年来逐渐受到重视。如 2018 年 12 月，亚历山大科普特正教牧首塞奥佐罗斯二世（Pope Tawadros II）在接受埃及卫星电视的专访时表示希望在沙特建立首座教堂。[2] 此外，

---

[1] 中国外交部：《沙特阿拉伯国家概况》（更新时间：2020 年 9 月），https://www.fmprc.gov.cn/web/gjhdq_676201/gj_676203/yz_676205/1206_676860/1206x0_676862/.

[2] 《科普特牧首回应沙特举办圣礼：希望在沙特修建首座教堂》，2018 年 12 月 7 日，观察者网（https://www.guancha.cn/internation/2018_12_07_482511.shtml）。

沙特什叶派在国内的生存情况及其与伊朗的联系也成为学界关注的热点问题之一。总体而言，需突破对沙特宗教的刻板印象，一方面，深受瓦哈比主义宗教思想影响的沙特伊斯兰教本身正面临着变革需求；另一方面，沙特什叶派、外来人口的宗教信仰等相关问题也对传统的沙特社会提出新的发展要求。在内外因素的双重推动下，沙特宗教发展或将迎来新的变化。

一 宗教发展历史

（一）沙特建国前的宗教发展

正如上文所提及的，蒙昧时代的阿拉伯半岛上居住着大量的游牧民族，以部落、氏族为单位构成当时的社会网络。相应地，他们彼此之间也没有统一的信仰，原始信仰、多神信仰普遍存在于各个部落之中。

> 贝都因人就信仰一种万物有灵论的异教，那些泉水、树木、石头以及其他没有生命的东西都在他们的崇拜之列。圣物和圣地在半岛上随处可见。从今天半岛上发掘的数千份铭文来看，祈求各种各样的神灵是其中最常见的主题。贝都因人的信仰中还有闪米特人的星界神灵崇拜宗教，承认与天体相关的种种神灵。他们十分尊奉的三位女神是拉特（al-Lat）、欧萨（al-Uzzah）和默那（al-Manat）。[①]

同时，由于地理位置、经贸等原因，犹太教、基督教的宗教思想也在部分地区具有一定的影响。早在伊斯兰教出现之前，麦加不仅承担着连接东西商贸的独特作用，还是当时阿拉伯半岛的信仰核心地区。为了满足来往商队的不同宗教信仰需求，古莱氏部落所掌管的克尔白天房成为当时偶像崇拜的重要场所。

在伊斯兰教兴起后，宗教信仰取代血缘关系成为连接社会关系的纽带，"穆斯林皆兄弟"的思想成为团结所有穆斯林群体的核心思想。先知穆罕默德去世后，伊斯兰教的影响范围和影响力在四大哈里发时代继续扩

---

① ［美］詹姆斯·温布兰特：《沙特阿拉伯史》，韩志斌、王泽壮、尹斌译，中国出版集团东方出版中心2009年版，第32页。

大，到阿拉伯帝国时期到达顶峰，宗教毫无疑问成为哈里发权力神圣性的来源。在倭马亚王朝和阿巴斯王朝期间，哈里发都不约而同地在特定时刻推行"阿拉伯化"的民族政策和"伊斯兰化"的宗教政策。自9世纪中叶阿拉伯帝国衰落以来，哈里发的政治权力越弱，他们对宗教权力就抓得越紧，越加重视宗教事业。与早年的哈里发采用"屠夫"（阿布·阿巴斯）、"胜利者"的尊号不同，此后的哈里发则力图使尊号与安拉的名字相连，如"真主的代位者""真主在地面上的影子"等。哈里发对伊斯兰教的关注，客观上有助于伊斯兰教的发展，尤其是在帝国衰落之际，伊斯兰教诸宗教学科的建立与发展多少与此有关。[①] 在伊斯兰教与政治权力博弈的过程中，在伊斯兰文明与其他文明的交融与碰撞中，出现了一批主张对伊斯兰信仰进行反思的宗教思想家，他们或是出于对宗教发展现状的批判，或是出于对宗教发展未来的担忧，又或是出于对宗教思想本身的思考，而对现代沙特建国起到关键作用的穆罕默德·伊本·阿卜杜勒·瓦哈卜（Muhammad ibn Abd al-Wahhab）正是其中之一。

（二）瓦哈比主义宗教思想与沙特建国[②]

直至18世纪晚期，奥斯曼帝国治下的阿拉伯半岛乱象丛生，在宗教信仰方面，甚至蒙昧时代贝都因人的拜物信仰又再次出现，因此，成长于宗教世家的穆罕默德·伊本·阿卜杜勒·瓦哈卜在游历多地后诞生了对阿拉伯半岛宗教信仰进行"正本清源"的想法。瓦哈比主义诞生于18世纪晚期，最初是针对当时奥斯曼帝国统治下阿拉伯半岛宗教、社会乱象而产生的一种宗教改良思想。其创始人穆罕默德·伊本·阿卜杜勒·瓦哈卜秉承伊斯兰律法教派罕百里派，主张回归伊斯兰教的本原，以《古兰经》和《圣训》为唯一真理，坚持真主的唯一性（tawhid），反对物配主（shirk），其最终目的是使伊斯兰教信仰回归先知穆罕默德时代的正统理论与实践。

"瓦哈比教派"（Wahhabi）这一名词并非由瓦哈卜本人所创，而是来自其在奥斯曼帝国的对手，他们旨在将瓦哈卜的宗教思想与主流教派相区

[①] 金宜久主编：《伊斯兰教史》，江苏人民出版社2006年版，第135页。
[②] 本小节部分内容已公开发表，参见田艺琼《瓦哈比主义及其影响研究》，《宗教与美国社会》（第12辑）2015年第2期。

分，突出该教派以瓦哈卜本人为核心、为领导，而并非以真主为核心。①18 世纪阿拉伯半岛上的伊斯兰教信仰乱象丛生，甚至出现偶像崇拜、多神教信仰等被诸多瓦哈卜斥为异端（bid'ah）的现象。瓦哈卜作为一名宗教学者对此深感忧虑与不满，要求阿拉伯半岛上的穆斯林"正本清源"，严格遵守《古兰经》和《圣训》，并在此基础上形成了系统性的宗教思想。同时，面对奥斯曼帝国对阿拉伯半岛的统治，瓦哈比教派号召阿拉伯人民把自己从黑暗的统治中拯救出来，建立没有剥削、没有压迫的、符合《古兰经》精神的独立国家。②虽然很难将政治诉求从瓦哈比主义宗教思想中剥离，但重塑正统伊斯兰教信仰毫无疑问是瓦哈比主义最根本的关照与动因。

早期国内外学界对瓦哈比主义的研究更强调其对伊斯兰教正统思想的复兴以及对阿拉伯半岛政治、宗教环境的改革。中国著名伊斯兰研究学者纳忠认为，瓦哈比运动实际上是一种反封建、反殖民主义的政治运动，而绝非单纯的宗教派系。③事实上，在当时的历史背景下，仅仅作为一种宗教改良思想的瓦哈比主义是很难获得巨大影响的，且瓦哈卜的主张对奥斯曼帝国治下的部分宗教势力构成了实际威胁、屡遭打压。因此，瓦哈卜选择将其女儿许配给部落酋长穆罕默德·伊本·沙特，实现"宗教与宝剑的婚配"④，此举使得瓦哈比主义借助伊本·沙特势力范围的扩张而得到传播，并逐步在阿拉伯半岛上形成了以瓦哈比主义宗教思想为指导的政治运动。

需要指出的是，早期瓦哈比主义宗教思想并不主张使用武力，瓦哈卜小心地避免针对任何群体，他认为这只会让暴力、军事行动等消极、排外的因素占据主导，因此他选择将矛头指向特定行为，试图通过这种更为积极的方式来维持穆斯林内部团结，从而实现"乌玛"（ummah）⑤。瓦哈卜

---

① Natana J. DeLong-Bas, "Wahhabism and the Question of Religious Tolerance," See Mohammed Ayoob and Hasan Kosebalaban, eds., *Religion and Politics in Saudi Arabia: Wahhabism and the State*, London: Lynne Rienner Publishers, 2009, p. 12.
② 纳忠：《阿拉伯通史》（下卷），商务印书馆1999年版，第478页。
③ 纳忠：《阿拉伯通史》（下卷），第478页。
④ ［美］菲利普·希提：《阿拉伯通史》，马坚译，新世界出版社2008年版，第675页。
⑤ Natana J. DeLong-Bas, *Wahhbi Islam: From Revival and Reform to Global Jihad*, New York: Oxford University Press, 2004, p. 91.

本人也极少使用"圣战"(Jihad)这一词汇,他强调"圣战"应当用于维护穆斯林群体利益,而非为了个人目的,并指出唯有以下三种情况方可进行"圣战":第一,当两股力量针锋相对时可参考《古兰经》8:15及8:45内容①直至其中一方撤退;第二,当敌人离开他们自己的领土,可以与距离自己最近的一方进行"圣战";第三,当伊玛目要求进行"圣战"时。其中,瓦哈卜强调只有伊玛目可以宣布进行"圣战",且信众必须服从。②

总体而言,从与伊本·沙特家族联手直至沙特建国,虽然瓦哈比运动经历数次起伏,但作为其精神核心的瓦哈比主义却借此得以不断传播,其影响范围不仅局限在阿拉伯半岛,还对中亚、北非等地产生深远影响。尤其是近代以来阿拉伯民族不断与侵略、殖民做斗争,曾经的辉煌与现实的困顿形成巨大反差,为各种伊斯兰复兴思想提供了天然土壤,但同时也为后期瓦哈比主义被曲解、被利用埋下了伏笔。

二 宗教发展现状

2016年4月,沙特王储穆罕默德·本·萨勒曼(Mohammed bin Salman)提出的"2030愿景"展示了沙特推动国家现代化转型的决心和图景,其中反复提及沙特"位于阿拉伯和伊斯兰世界的中心",这一表述非常直观地呈现了沙特对自身及其在地区事务和全球伊斯兰信仰体系中的定位。此外,沙特王储还表示:"我们旨在建立一个包容的国家,伊斯兰教是宪法,而温和的态度则是其实现方式。"③ 在20世纪全球宗教复兴浪潮兴起之后,"瓦哈比"一词的符号意义、象征意义已经远远超过其本身的含义。在沙特,"瓦哈比主义已经不再仅仅是一种宗教思想,自现代沙特建国之日起,瓦哈比主义就建构了该国的宗教文化、教育系统和司法体

---

① "信道的人们啊!当你们遇着不信道的人向你们进攻的时候,你们不要以背向敌"(《古兰经》8:15)"信道的人们啊!当你们遇见一伙敌军的时候,你们应当坚定,应当多多纪念真主,以便你们成功。"(《古兰经》8:45)参见《古兰经》,马坚译,中国社会科学出版社1996年版,第130、133页。

② Natana J. DeLong-Bas, *Wahhbi Islam: From Revival and Reform to Global Jihad*, New York: Oxford University Press, 2004, p. 203.

③ *Saudi Arabia: Political, Economic & Social Development*, May 12, 2017, p. 5. https://www.saudiembassy.net/sites/default/files/WhitePaper_ Development_ May2017.pdf.

系，其影响是全方位的"①。在当代伊斯兰教宗教政治化的总体进程中，沙特也扮演了重要角色。

> 萨拉菲主义的政治化始于沙特。20世纪50年代至70年代，大量穆兄会成员自埃及等国涌入沙特，诱发了沙特社会政治参与意识的觉醒，从而形成了"伊斯兰觉醒运动"。然而，由于沙特禁止任何形式的政党活动，"觉醒运动"并未形成实体政党，而是以具有政治异见性的宗教政治运动的形式存在于沙特社会中。②

同样，沙特对外传播的宗教思想虽然保守，甚至激进，但已经不是原原本本的瓦哈卜的思想，更多地代表了沙特想要塑造的神圣权威，代表了伊斯兰教罕百里教法学派的当代发展，代表了自伊本·泰米叶以来萨拉菲主义的发展与演变。

从人数上看，沙特从来都不是穆斯林人口最多的伊斯兰国家，但其穆斯林人口在未来十年中仍将保持快速增长的趋势（见表Ⅰ-7-2、表Ⅰ-7-3）。从宗教影响力上看，保持沙特在伊斯兰世界的首要地位仍是沙特政府对外政策的核心一环。虽然沙特拥有麦加、麦地那两座伊斯兰教圣城，但在维持其宗教地位的过程中仍面临着来自各个方面的挑战。首当其中的挑战便是什叶派新月地带的教派矛盾。就整个中东而言，教派冲突在很大程度上是以教派为掩盖的伊朗与沙特等阿拉伯国家的国家或民族之争。但是，教派矛盾的固化和恶化无疑是20世纪以来中东政治发展的一大趋向。③ 其次是来自土耳其在政治、经济、宗教等多维度的挑战，尤其是近年来土耳其在伊斯兰国际组织中愈发活跃，在对外投资过程中也注重强化对当地的宗教影响，体现了土耳其在宗教影响力方面的野心。此外，在阿拉伯国家内部，沙特过于严苛的宗教思想也时常被其他阿拉伯国家所诟病。因此，在沙特面临国家转型的背景下，如何对外继续维持独一无二的宗教影响力、对内继续维持政教关系的微妙平衡是沙特王室和沙特政府亟待解决的

---

① International Crisis Group, "Saudi Arabia Backgrounder: Who Are the Islamists?" *ICG Middle East Report*, No. 31, Sep. 21, 2004.
② 孙晓雯：《政治萨拉菲主义：思想、演进与困境》，《世界宗教研究》2019年第5期。
③ 李福泉：《中东伊斯兰教派矛盾的演进与影响》，《国际论坛》2014年第6期。

重要问题。

表Ⅰ-7-2　　预计 2010 年、2030 年穆斯林人口增长较多的 10 个国家　　（人）

国家	2010 年穆斯林人口估算数量	2030 年穆斯林人口预测数量	穆斯林人口增长数量
埃及	80024000	105065000	25041000
伊拉克	31108000	48350000	17243000
也门	24023000	38973000	14949000
苏丹	30855000	43573000	12718000
沙特阿拉伯	25493000	35497000	10004000
阿尔及利亚	34780000	43915000	9134000
叙利亚	20895000	28374000	7479000
摩洛哥	32381000	39259000	6878000
巴勒斯坦	4298000	7136000	2838000
约旦	6397000	8516000	2119000

资料来源：Pew Research Center, *The Future of the Global Muslim Population*, January 27, 2011, p. 93. https://www.pewforum.org/wp-content/uploads/sites/7/2011/01/FutureGlobalMuslimPopulation-WebPDF-Feb10.pdf.

表Ⅰ-7-3　　预计 2010—2030 年穆斯林人口占总人口比例涨幅较大的 10 个国家

国家	穆斯林人口比例涨幅（%）
巴勒斯坦	66.0
以色列	65.9
也门	62.2
伊拉克	55.4
苏丹	41.2

续表

国家	穆斯林人口比例涨幅（%）
科威特	40.1
阿曼	39.3
阿拉伯联合酋长国	39.3
沙特	39.2

资料来源：Pew Research Center, *The Future of the Global Muslim Population*, January 27, 2011, p. 93. https://www.pewforum.org/wp-content/uploads/sites/7/2011/01/FutureGlobalMuslimPopulation-WebPDF-Feb10.pdf.

三 主要宗教少数群体概况

沙特政府并未公布对宗教少数群体的官方统计数据，因此现有研究数据大多以估算和推测为主。据皮尤研究中心以2010年沙特人口2750万人为基数进行测算，认为沙特境内宗教少数群体人口比例为：基督教徒约占4.4%，印度教徒约占1.1%，佛教徒约占0.3%，民间信仰者（folk religion）约占0.3%，犹太教徒占比不足0.1%，其他宗教信仰者约占0.3%，无宗教信仰群体约占0.7%。[1]而根据非政府组织"约书亚计划"（Joshua Project）的统计，目前沙特的宗教少数群体包括佛教徒，占比为0.2%；基督教徒，占比为4.3%[2]，其中，福音派，占比为0.6%；印度教徒，占比为2.5%。[3]由于沙特国内禁止伊斯兰教以外的任何宗教进行相关宗教活动，因此想要获得可靠数据仍存在较大难度。但从宗教少数群体的类别上看，第一类当源于大量在沙外籍人士的宗教信仰；第二类则是沙特境内伊斯兰教什叶派群体，此类群体虽属于沙特国民，但从教派区别来看仍可归于沙特的宗教少数群体之中。

---

[1] Pew Research Center, *Global Religious Diversity*, April 4, 2014, p. 21. https://www.pewforum.org/wp-content/uploads/sites/7/2014/04/Religious-Diversity-full-report.pdf.

[2] 该非政府组织同时表示，在信仰基督宗教的群体中，罗马天主教（Roman Catholic）信徒约占69.4%，新教（Protestant）信徒约占10.2%，东正教（Orthodox）信徒约占7.7%，圣公会（Anglican）信徒约占1%，独立教会（Independent）信徒约占6.1%，其他基督教派（Other Christian）信徒约占2.8%。

[3] Joshua Project, Religion of Saudi Arabia, https://joshuaproject.net/countries/SA#religions.

通常认为，沙特的什叶派人口占其全国总人口的10%左右，但由于缺少官方统计数据，因而这一比例富有争议。① "沙特什叶派是阿拉伯什叶派中地位最低、受歧视最严重的群体。尽管他们自7世纪就生活在这块土地上，但他们的穆斯林身份却得不到沙特政府的承认，他们无法公开而自由地进行宗教活动。"②

什叶派穆斯林是沙特王国伊斯兰教两大派别中的少数派，约占居民总数的10%，其绝大部分信徒（约73%）居住在盛产石油的东部省，占该省人口的13%，其余什叶派信徒分别居住在利雅得、麦加、麦地那、阿西尔省。什叶派穆斯林主要由两部分构成：部分是当地的沙特人，另一部分是早年来自伊朗、也门、巴勒斯坦、孟加拉国和印度等国的外国人。这些什叶派穆斯林大都属于伊玛目派，其次是伊斯玛仪派和栽德派。③

第三节　沙特政教关系

自沙特家族决定与阿卜杜勒·瓦哈卜联手至1932年现代沙特王国成立，宗教自始至终都扮演着重要角色，构成了沙特公民国家认同的"底色"，沙特家族和谢赫家族（即瓦哈卜家族）也被视为沙特王国的"两大支柱"。

任何一种宗教思潮都是对其所处社会历史处境的某种投射和反映，瓦哈比主义自产生以来的发展变化亦是如此。为符合沙特家族对外征战和国家治理的需要，早期的瓦哈比主义在一定程度上表现出在排他与温和之间游移的思想特点。第三沙特王国建立后，瓦哈比主义

---

① "沙特什叶派的比例向来极富争议，沙特政府认为其比例为2%—3%，沙特什叶派学者哈姆扎·哈桑（Hamza al-Hassan）坚持应为12.5%—25%，外界一般估计为10%—15%。"转引自李福泉《海湾阿拉伯什叶派政治发展研究》，生活·读书·新知三联书店2017年版，第157页。皮尤研究中心2009年发布的报告《描绘全球穆斯林人口地图》（*Mapping the Global Muslim Population*）认为，沙特什叶派人数约为200万至400万人，占全国人口的比例约为10%到15%，参见 Pew Research Center, *Mapping the Global Muslim Population*, October 7, 2009, p. 10. https://www.pewresearch.org/wp-content/uploads/sites/7/2009/10/Muslimpopulation.pdf.

② 李福泉：《海湾阿拉伯什叶派政治发展研究》，生活·读书·新知三联书店2017年版，第157页。

③ 王铁铮、林松业：《中东国家通史·沙特阿拉伯卷》，商务印书馆2000年版，第291页。

的影响从纳季德高原向整个伊斯兰世界扩张。[①]

然而，自20世纪30年代沙特王国建国至今，沙特王室（及其构成的沙特政府）与乌里玛阶层长期处于博弈状态，宗教逐步成为左右沙特国内改革的关键因素。同巴以问题是中东和平的"死结"相类似，宗教对沙特内政外交的长期影响正使其成为沙特改革进程中的"死结"。

一 沙特政教关系与国内政治博弈

家族是沙特社会的核心及重要组成部分，《沙特阿拉伯王国治国基本法》指出："家族是沙特社会的核心。在每名家族成员的成长过程中，应当教导其遵循伊斯兰教义、效忠安拉和先知、遵守社会规范、尊重并服从法律、热爱自己的国家并为祖国辉煌历史而骄傲。"[②] 沙特国内政治被几个主要家族所掌握，这些家族彼此通婚，成为掌握沙特政治、经济、宗教等各方面资源的庞大的利益集团。阿拉伯半岛传统的部落认同则贯穿其中，来源于内志地区的宗教家族和来源于希贾兹地区的富商家族逐渐成为沙特国内政治博弈及皇室家族内部斗争的"代理人"。因此较两大家族联手建立政权时期而言，近几十年来沙特政教关系处于微妙的平衡之中，尤其是在一些关键性的事件上，沙特政府对宗教合法性的依赖度与敏感性常常使其在长期的政教博弈中处于被动。

表Ⅰ-7-4　　　　　　沙特国内政治的主要参与方

政界	国王	国王行使最高行政权和司法权，有权任命、解散或改组内阁，有权立、废王储，解散协商会议，有权批准和否决内阁会议决议及与外国签订的条约、协议
	皇室成员	沙特皇室成员逾两万人
	部长理事会	由沙特家族占主导地位

[①] 孙晓雯：《瓦哈比主义与当代主要伊斯兰思潮关系探析》，《世界宗教文化》2020年第2期。
[②] 《沙特阿拉伯王国治国基本法》，2014年10月14日，中华人民共和国驻沙特阿拉伯王国大使馆经济商务处，http：//sa.mofcom.gov.cn/article/ddfg/201410/20141000758883.shtml。

续表

教界	乌里玛	包括宗教法官、宗教律师、宗教教师、伊玛目与宣教人员等，还有每年从三所宗教大学①毕业的数千名学生作为后备力量。乌里玛主要控制沙特司法系统、朝觐事务部、宗教教育、沙特全国清真寺管理工作等
	宗教警察	严格按照逊尼派罕百里教法学派和瓦哈比主义宗教思想的相关内容进行教育培养
其他	富商家族、部落领袖等	这部分群体彼此之间姻亲关系错综复杂，影响着跨政、教、商三界；部落也是沙特地区主义的主要参与者（主要是希贾兹地区与内志地区间的竞争，同时也代表了改革派与保守派的竞争）

资料来源：H. Al-Mekaimi, *The Politics of Islamic Social Movements: Uzbekistan, Saudi Arabia and Kuwait, A Comparative Study*, Boston College, 2004, pp. 221 – 240. 中国外交部：《沙特阿拉伯国家概况》（更新时间：2020 年 9 月），https://www.fmprc.gov.cn/web/gjhdq_676201/gj_676203/yz_676205/1206_676860/1206x0_676862/。

"不应认为乌里玛阶层是沙特政权的'橡皮图章'，他们深受沙特民众和皇室成员的尊敬，皇室需要依靠他们获得政治与宗教合法性"。② 乌里玛阶层掌握了沙特宗教的绝对话语权，1992 年成立的协商会议及 1994 年成立的伊斯兰事务最高委员会进一步增加了乌里玛阶层在沙特政治中的话语权。乌里玛阶层掌握了宗教、司法、教育等各领域的职能机构，包括高级宗教学者理事会，高级法官委员会，朝觐事务部，妇女教育事务部，美德推广与邪恶预防委员会（即宗教警察），宗教研究、传教与引导事务部等，其中后两个部门由沙特国王的王室办公室（the Royal Diwan）领导。③ 乌里玛阶层将瓦哈比主义从宗教叙事逐步转化为政治叙事，"最终

---

① 即麦地那大学（1961 年，麦地那）、伊玛目穆罕默德·本·沙特伊斯兰大学（1974 年，利雅得）、乌姆·库拉大学（1981 年，麦加）。沙特国内其余四所大学为世俗大学，包括沙特国王大学（1957 年，利雅得）、法赫德国王石油与矿产大学（1963 年，达兰）、阿卜杜勒阿齐兹国王大学（1968 年，吉达）和费萨尔国王大学（1974 年，哈撒）。

② H. Al-Mekaimi, *The Politics of Islamic Social Movements: Uzbekistan, Saudi Arabia and Kuwait, A Comparative Study*, Boston College, 2004, p. 238.

③ H. Al-Mekaimi, *The Politics of Islamic Social Movements: Uzbekistan, Saudi Arabia and Kuwait, A Comparative Study*, Boston College, 2004, pp. 231 – 232.

使得'服从统治者'成为首要义务,不忠于国家被认为是一种罪过"①。也正因为如此,沙特王室与乌里玛阶层之间是一种不完全对等的相互依赖关系。

自20世纪30年代现代沙特建国开始,沙特王室与宗教精英间的分歧逐步显现,即便瓦哈比主义已经成为沙特国家认同的内核,但沙特王室依然试图减少宗教精英阶层对沙特政治的参与,甚至是干预。与此同时,宗教精英阶层也将牢牢掌握宗教权威视为不可妥协和退让的核心利益,通过支持沙特国内反对派、引入穆兄会激进派思想等方式同沙特政权进行抵抗与博弈。从一定程度上说,沙特国内的世俗政权与宗教权威的利益是背道而驰或是针锋相对的。

二 费萨尔国王时期的政教关系

沙特自20世纪60年代起着手进行国内政治体制改革,宗教、经济是左右其改革进程的两个主要变量,而外部因素则通常被视为扭转局面(甚至可以说"功亏一篑")的关键因素。从沙特国内历次改革的经验来看,可以说,历次改革均以政治现代化、社会多元化开始,却最终使得国内社会进一步趋于保守,宗教思想进一步趋于激进。沙特政府无论以什么方式推动改革,其最终目的都是削弱教权阶级的影响力,因此沙特历次改革都受到来自宗教方面的各种阻力。在国际油价较高、国内经济情况较好的情况下,沙特政府勉强能够推动进一步改革;但在国际油价下跌、国内经济情况恶化的情况下,沙特改革进程将变得缓慢、艰难,继而失业率上升、社会秩序恶化,最后不得不借助乌里玛阶层来应对针对政府的不满和质疑。

1962年费萨尔国王登基后不久就开始了沙特政治体制改革,除了扶植希贾兹派、打压内志派(即扶植改革派、打压保守派)之外,在宗教领域,费萨尔国王推动了数项变革并遭到保守及激进人士的强烈反对。如在全国范围内推广麦加电台(Radio Mecca)、电视及电话,乌里玛指出电话将成为男女间调情的渠道;在清真寺周围修建尖塔,宗教警察认为这是

---

① A. Permuy, *The Saudi-Wahhabi Alliance: A Case Study on Governance in Saudi Arabia*, Qatar University, Jan. 2016, p. 27.

不必要的装饰；费萨尔国王的夫人认为应关注妇女教育，这一想法却遭到宗教保守派的大规模反对。宗教极端分子统一通过留胡须、穿长袍的方式表达不满①，这一形象曾是"伊赫万"运动的标志性形象。

费萨尔国王在国内推动开放多元化的同时，其外交政策却趋于保守，希望通过强化宗教力量来抵御阿拉伯民族主义和苏联社会主义的夹击。因此在这一时期，沙特一方面大量接触、吸纳来自埃及的穆兄会激进派人士及其他激进、极端分子，其中包括赛义德·库特卜的兄弟穆罕默德·库特卜（Muhammad Qutb）、"基地"组织创始人阿卜杜拉·阿扎姆（Abdullah Azzam）、也门穆兄会领导人阿卜杜勒·马吉德·津达尼（Abd Al-Majid Al-Zindani）等。② 也有资料称，被称为当代伊斯兰复兴运动三大理论家之一的赛义德·毛杜迪1961年在麦地那伊斯兰大学任职直到1979年去世。③ 这批人渗透进沙特大学及其他各个领域，激进、极端思想迅速在沙特青年人中传播，日后证明当时沙特政府邀请的这些激进派学者几乎奠定了当代伊斯兰极端主义理论的全部基础，不仅影响了当时一批青年精英群体的宗教信仰与意识形态，其后续影响持续至今。1975年，费萨尔国王被其侄子费萨尔暗杀，其在位十年间沙特国内政治体制改革稍见成效，但总体宗教氛围却发生了重大变化。尤其是后期谢赫家族影响力的下降而穆兄会激进思想影响力的上升，精英教育话语权被萨拉菲主义占领，为沙特政权稳定埋下了隐患。

三 法赫德国王时期的政教关系

长期以来，宗教成为沙特"泛伊斯兰主义"外交的首要工具，从费萨尔国王时期开始，沙特就大力对外输出瓦哈比主义宗教思想，1969年阿克萨清真寺被焚事件极大地刺激了全世界的穆斯林，也让沙特坚定不移

---

① H. Al-Mekaimi, *The Politics of Islamic Social Movements: Uzbekistan, Saudi Arabia and Kuwait, A Comparative Study*, Boston College, 2004, pp. 288 – 289. "伊赫万"运动对沙特建国影响深远，其主要特征是在瓦哈比主义宗教思想的号召下对异教徒进行"圣战"，曾是沙特家族在阿拉伯半岛扩张的主要战略力量，但后期其中间出现了反对派，并在英国的介入下最终被镇压收编。

② H. Frisch, E. Inbar, *Radical Islam and International Security: Challenges and Responses*, New York: Routledge, 2008, p. 76.

③ "Saudi Arabia's Counter-Radicalisation Effort," *Jane's Islamic Affairs Analyst*, Jun. 22, 2010, pp. 3 – 4.

地以"泛伊斯兰主义"作为其外交政策的支柱，并借由当代伊斯兰复兴运动进一步扩大其影响力。

到 20 世纪 60 年代后期，泛伊斯兰主义再次卷土重来，但与 19 世纪末阿富汗尼倡导的泛伊斯兰运动在内容和形式上都有所不同。它不再要求恢复哈里发制度，也不谋求建立统一的伊斯兰国家或联邦，而是强调全世界穆斯林共同的宗教信仰、共同的文化遗产和各个穆斯林民族之间的传统联系，倡导在当代情况下加强伊斯兰国家之间的团结，开展在政治、经济、文化、科学和教育等领域的合作，促进各国的繁荣和发展；在国际事务中采取一致立场，维护伊斯兰世界的共同利益，反对外来势力对伊斯兰世界的干涉和控制。为了区别于原来的那种泛伊斯兰运动，这一新趋势被称为"新泛伊斯兰主义"①。

在法赫德国王时期，沙特国内政教关系进一步趋于紧张，宗教激进化的趋势得到进一步发展。沙特非但没能有效制止这一趋势，反而将宗教作为转移国内矛盾、对抗外部威胁的工具。宗教成为一把"双刃剑"，沙特对激进、极端团体的扶植最终也危害到了沙特国内稳定和沙特家族的政治、宗教合法性。

表 I-7-5　　　　　　　**当代伊斯兰复兴运动的两种形式**

分类	表现
官方层面的伊斯兰复兴	1. 泛伊斯兰的团结意识（受到教界支持的新泛伊斯兰主义）和国际合作明显加强 2. 国家政权通过立法、行政命令等强制性手段强化伊斯兰教对政治生活、社会生活的影响力
民间层面的伊斯兰复兴	1. 宗教虔诚、宗教感情、宗教身份认同等意识明显加深 2. 伊斯兰宗教极端主义泛起

资料来源：根据金宜久、吴云贵《当代宗教与极端主义》，（中国社会科学出版社 2008 年版）第 279—280 页内容整理而成。

---

① 肖宪：《传统的回归——当代伊斯兰复兴运动》，中国社会科学出版社 1994 年版，第 23—24 页。

法赫德国王在位时间为 1982 年至 2005 年，但由于其兄长、上一任国王哈立德身体原因，法赫德国王实际上从 1975 年费萨尔国王遇刺后就接管了沙特日常事务。沙特在这一时期投入大量资金，通过修建清真寺、学校、研究所等方式对外投射宗教影响力。

在法赫德国王在位期间，沙特在国外援建了 210 个伊斯兰中心（出全资或部分资金）、1500 多座清真寺、202 所学院和 2000 所接纳穆斯林儿童的学校。沙特在各国援建的伊斯兰中心功能全面，包括大型清真寺、图书馆、讲堂、学校和住宿楼。1973 年至 1993 年，沙特将每年 GNP 的 5.5% 用作外援。1982 年至 1999 年，提供给伊斯兰会议组织国家的捐赠达 1040 亿美元。[1]

其他说法还包括"1975 年至 2002 年，沙特政府的国际援助达到 700 亿美元，其中三分之二被用于修建清真寺和宗教场所"[2] 等。

法赫德国王时期的政教关系变得更为复杂，沙特政府（或沙特王室）需要同时应对来自乌里玛和激进势力两方面的不满与指责。同样的结果还出现在沙特对"圣战老兵"的支持上。沙特扶植"圣战老兵"对抗苏联，但后者回到沙特后立刻开始抨击沙特政府亲美政策与腐败等，"基地"组织也三番五次在沙特境内实施暴力恐怖活动。

沙特地处阿拉伯半岛腹地，是连接东西方商贸的中枢地区，也在人员流动的过程中成为各种文化、各种宗教信仰相互碰撞与融合的重要地带。7 世纪，伊斯兰教在此孕育、成长并最终发展成为全球性宗教。伊斯兰教在对外传播的过程中，不仅吸纳了来自不同地区、不同文明的影响，也对阿拉伯民族的发展起到推动作用。1932 年沙特王国建立后，坐拥麦加、麦地那两座圣城的沙特站到伊斯兰世界的中央，宗教毫无疑问成为沙特的重要思想支柱，也成为沙特发挥国际影响的重要外交资源。当前，沙特致

---

[1] 涂怡超：《宗教与沙特外交：战略、机制与行动》，《阿拉伯世界研究》2013 年第 4 期。
[2] "Saudi Arabia's Counter-Radicalisation Effort," *Jane's Islamic Affairs Analyst*, Jun. 22, 2010, p. 4.

力于通过以"2030愿景"为代表的一系列改革措施来推动国家现代化转型，宗教在其中依然扮演着至关重要的角色。同时，在国内政教关系、地区教派矛盾、全球宗教影响等多个层面，沙特依然面临着诸多现实问题，亟待思考与解决。

第八章 对外关系

当前执政沙特王国的是 2015 年 1 月继任的萨勒曼国王及其儿子穆罕默德·本·萨勒曼王储。萨勒曼父子执政下的沙特展现出进取的外交志向，在延续阿卜杜拉国王时期部分外交传统的同时，沙特外交布局、外交策略、外交风格和外交手段呈现出诸多变化和新意。① 尤其是配合"后石油时代"的经济结构改革，沙特对外关系的发展方向更加多元化、多样化和立体化。本章将主要对萨勒曼国王时期的对外关系进行梳理，包括沙特与中东北非地区主要大国的关系，沙特与域外主要大国的关系，沙特在地区热点问题上的外交政策，以及沙特近期外交政策动向。

第一节 与地区主要大国的关系

依托海湾国家合作委员会这一平台，沙特积极参与地区事务，努力维持"地区大国"地位。特别是埃及因政局动荡在地区内的地位逐渐式微后，沙特更加主动地承担起地区内的领导权。伊朗是中东地区内与沙特抗衡的主要国家，沙伊关系影响着整个地区格局的走势。

一 沙特与伊朗的关系

现代伊朗始于 1925 年建立的巴列维王朝，1979 年伊斯兰革命后建立了政教合一的伊朗伊斯兰共和国；当今沙特是由开国国王伊本·沙特建立的第三沙特王国，于 1932 年成为独立的政教合一的传统君主制国家。沙

---

① 陈杰：《萨勒曼执政以来沙特的外交转型：志向、政策与手段》，《阿拉伯世界研究》2020 年第 1 期。

伊两国因为教派、民族、地区领导权争夺和美国影响等因素，存在诸多天然的竞争和敌视，从而构成整个海湾地区的结构性矛盾。

（一）教派矛盾

沙特奉行的逊尼派教义和伊朗的什叶派在宗教上历来是"非此即彼"的关系，二者存在难以弥合的沟壑。在历史上，沙特的伊赫万组织曾毁坏了与伊朗什叶派关系密切的圣墓，引发了伊朗与沙特之间的激烈对抗，沙伊两国相互承认的外交谈判搁浅。2016年1月2日晚，伊朗示威者因为一名什叶派宗教人士被沙特处决而冲击了沙特驻德黑兰大使馆，示威者向沙特大使馆投掷燃烧物，导致使馆内部起火燃烧；当年1月3日，沙特宣布与伊朗断交，沙特外交大臣朱贝尔要求伊朗外交官必须在48小时内离开沙特阿拉伯。[①] 宗教矛盾引发的冲突导致两国外交关系中断。

（二）体制矛盾

沙特是极端保守的伊斯兰国家，自立国起，沙特国王就深刻地意识到"作为一个拥有'圣地护主'称号的伊斯兰国家，只有坚持伊斯兰教义，保持国体的伊斯兰特色，才能始终得到崇尚伊斯兰教的沙特国民和世界穆斯林的支持"[②]。但是伊朗国王竭力推行世俗化，特别是伊朗伊斯兰革命爆发后，伊朗将革命输出作为其对外政策的重要组成部分，导致沙伊双方在意识形态领域的矛盾不断尖锐化。

（三）政治矛盾

在地区主导权争夺方面，沙特和伊朗都希望成为地区的霸主，"一山难容二虎"导致双方处于竞争关系中。在国际上，美国是沙特和伊朗关系亲疏的决定因素。美国在伊朗发生革命前与其保持着良好关系，而沙特却因抵制美英倡导的"中东司令部"军事防务体系而与美国仅仅局限在原油贸易领域合作上。后因伊朗革命爆发，与美国关系破裂，而1990年海湾危机后美国军队进驻沙特，沙美两国发展成为"盟友关系"。美国在伊朗和沙特之间难以两者"兼顾"导致沙伊走向敌对。

---

① 《沙特宣布与伊朗断交 回顾沙特和伊朗恩怨录》，新华网，2016年1月5日。
② 《伊朗与沙特：海湾双雄对抗的历史悲剧与沉痛教训》，澎湃网，2021年4月29日。

然而，因受到美国调整对伊（朗）政策，重新回到伊核谈判框架内的影响①，沙特开始调整对伊朗的"敌对"外交政策。沙特王储穆罕默德就曾表示，沙特希望伊朗发展，因为伊朗的发展有助于沙特、中东乃至全球的繁荣稳定。② 2021年4月以来，在伊拉克牵线搭桥下，沙特和伊朗有关官员在巴格达进行了历史性会晤，两国外长还共同出席了2021年8月由伊拉克主办的"地区合作与伙伴峰会"，就地区热点问题、双方关系等进行了沟通协调。究其原因，一方面是美国调整了对伊朗关系，势必冲击沙美同盟，从而削弱沙特在中东地区的安全；另一方面，伊核协议一旦达成，伊朗很有可能在解除制裁的情况下重返国际能源市场，对沙特的市场份额会造成不利影响。

二 沙特与埃及的关系

沙特与埃及的双边关系是中东国际关系的重要组成部分，其深刻影响着中东局势的走向。在历史上，沙特和埃及因共同推行中立和不结盟政策③，主张加强阿拉伯国家团结，共同对抗以色列等立场，两国在地区事务上合作大于分歧。在冷战时期，由于埃及与苏联走近，沙特与美国结盟，导致两国关系渐行渐远。但在巴以问题、伊朗问题上，两国持有相似的立场，这使得沙埃两国始终抱有"兄弟情谊"。可以说，两国都是在阿拉伯国家中有影响力的国家，既有竞争也有合作，但是在21世纪中东剧变的浪潮中，两国都调整了各自的外交政策。

（一）埃及受到动乱影响而国力衰弱，两国关系天平失衡

在穆巴拉克时期，埃及可谓与沙特是平起平坐的地区大国。但是在"阿拉伯之春"爆发后，埃及陷入了长达十多年的政治混乱中，沙特逐渐取代埃及成为阿拉伯世界的领袖，从而导致沙特与埃及的关系也发生了质的变化。曾经主导阿拉伯国家事务的阿拉伯国家联盟总部就设在埃及首都开罗，埃及可以说是阿拉伯国家的"老大哥"。2011年春季开始的"阿拉伯之春"运动席卷北非，埃及也未能幸免，从而导致阿拉伯国家联盟的作

---

① 《美国愿意与伊朗就伊核谈判达成协议》，央视新闻，2022年2月8日。
② 胡冠：《沙特连发外交转向信号有何考量》，新华社网站，2021年5月2日。
③ 参见陈天社《当代埃及与大国关系》，世界知识出版社2010年版。

用一落千丈；反而由财力雄厚的海湾国家组成的海合会的作用凸显。海合会的总部设在沙特首都利雅得，沙特借助海合会这一平台主导了后"阿拉伯之春"时代的阿拉伯国家事务。

（二）塞西上台后对沙特的示弱

由于沙特前国王阿卜杜拉与埃及前总统穆巴拉克之间的友好关系，对穆斯林兄弟会（穆兄会）推翻穆巴拉克的执政，沙特显得十分不满。在2013年埃及军方发动政变推翻穆兄会统治后，沙特第一时间表示了支持。[①] 此时的塞西政府需要一个友好慷慨的沙特来帮助自己渡过难关，沙特需要一个稳定繁荣并且支持它的埃及。因此，以沙特、阿联酋和科威特为代表的海湾国家给予埃及数百亿美元的援助，海湾国家的商人也纷纷前往局势逐渐平稳的埃及投资。沙特十分期待埃及成为沙特的得力盟友，埃及也乐见沙特帮其恢复往日的繁荣。

（三）沙特与埃及仍存在分歧

作为在"阿拉伯之春"中少数未受到波及的地区大国，沙特利用其强大的经济实力，向埃及等阿拉伯国家提供了经济援助，以换取这些国家在重点地区和国际问题上的支持。新冠疫情后低迷的原油市场使得沙特本身的经济财力受到不利影响，未来能够支撑多久尚是未知数；加之埃及在叙利亚问题、也门问题上难以和沙特保持完全一致，在处理与俄罗斯、伊朗的关系上，沙特与埃及的立场也常常相左；两国甚至还因为勘界问题存在领土争端。总之，沙特与埃及的友好关系基本盘不会被颠覆，但是在处理外交事务上的分歧也无法完全弥合。

三 沙特与海湾国家的关系

沙特与地处波斯湾的五个海湾邻国，由于共同的历史背景、地理状况、经济结构、宗教渊源等因素，天然地形成兄弟般的盟友关系。成立于1981年的海湾合作委员会（海合会）仍在沙特主导之下，是海湾地区重要的政治经济组织。海合会实际上就是参照欧盟建立的一体化组织，其宗旨就是加强成员国之间在一切领域的协调、合作和一体化，加强和密切成

---

① 《沙特表态支持埃及政府对穆兄会"清场行动"》，《中国青年报》2013年8月19日。

员国人民间的联系、交往与合作等。① 尽管如此，海湾国家仍然存在一定程度的分歧，这主要可以从两个维度来看。

第一是对海合会的依附度，也就是对沙特的依赖程度，这关系到沙特的领导力和影响力。一类是与沙特十分亲近的，有巴林、科威特；另一类是与沙特有战略竞争的，有阿联酋、卡塔尔；再有一类是对海合会事务参与度不高的，有阿曼。2011年巴林在出现大规模骚乱后局势一度失控，沙特以"半岛之盾"名义出兵巴林帮助维稳并驻扎至今②，开启了沙特军事干涉他国内政的先河。沙特开国国王伊本·沙特在成立现代沙特王国之前，其家族在奥斯曼帝国的不断打压下逃亡至科威特，因此在伊拉克入侵科威特后沙特也是最早给予科威特支持的国家。而率先摆脱单一能源经济结构的阿联酋，已经发展成为国际金融、旅游、航务中心，并在经济转型成功的基础上希望寻求更大的政治地位。从阿联酋积极参与也门战事到阿联酋与以色列恢复外交关系一系列动作中都能看得出阿联酋希望突破之前的形象在政治上争取更大的空间，这造成了与沙特在地区内争夺政治资源的矛盾。阿曼却对地区事务较为冷漠，自海湾合作委员会成立以来，按照规则是，需要六个成员国轮流推荐秘书长人选，但到目前为止还没有一位阿曼籍的官员担任过该职务。

第二是对伊朗的态度，也就是与沙特立场的一致程度，这关系到沙特的控制力和决策力。一类是基本与伊朗为敌的，有巴林和阿联酋；另一类是希望与伊朗合作的，有卡塔尔、科威特和阿曼。总的来说，沙特作为海合会的主导方为加强自身对抗伊朗的优势，要求海合会其他成员国都采取一致的外交政策。比如2016年沙特同伊朗断交，只有巴林跟随沙特脚步立刻宣布同伊朗断交，其他几个海湾国家只是宣布降低了外交关系级别。又如因卡塔尔"执意"与伊朗保持合作关系，沙特率阿联酋、巴林等国宣布同卡塔尔断绝外交关系，随后卡塔尔即宣布与伊朗恢复全面外交关系，导致海合会一度停摆。与此同时，伊朗加强了与卡塔尔的经贸往来，当时卡塔尔航空飞往欧洲的航班在无法使用沙特领空后，都是从伊朗上空

---

① 《海湾合作委员会》，中国商务部网站，2018年3月1日。
② 马晓霖：《"萨勒曼新政"与沙特内政外交走向》，《西亚非洲》2018年第2期。

飞入欧洲境内的。

第二节　与域外主要大国的关系

　　萨勒曼国王执政后，更加注重在国际上采取平衡外交。虽然沙美同盟关系不如从前那样紧密，但美国依旧是沙特最大的"后台"。同时，受到美国中东政策调整的影响，沙特不得不将更多的外交资源转向俄罗斯、中国等世界大国，甚至在"向东看"政策的引导下与日韩、印度等国家加紧了外交联系。

一　沙特与美国的关系

　　从1943年建交开始，沙特与美国始终保持着紧密的盟友关系。1945年2月18日，时任美国总统罗斯福与时任沙特国王伊本·沙特在美国"昆西"号巡洋舰上进行了历史性会晤，奠定了美沙"以石油换安全"的战略伙伴关系基础。1991年海湾战争之后，美国的军事力量入驻沙特，致使双方关系日益加强。美国是沙特的第一大贸易伙伴，沙特是美国的第一大石油供应国，单单沙特王储穆罕默德在2018年的一次访问期间，双方就签订了10个领域超过4000亿美元的合作协议。[①]

　　（一）两国关系波折不断

　　"9·11"事件的发生严重削弱了沙美同盟关系。在事件发生后，美国国内反沙特的呼声高涨，沙特方面则一直否认与袭击事件有关。奥巴马执政后，为追求政治遗产，与伊朗签署了伊核问题全面协议，导致沙美联盟关系一度跌至谷底。在特朗普上台后，沙特利用特朗普政府坚决反对伊朗的立场，积极修复双方关系，先后任命了哈立德·本·萨勒曼王子和瑞玛班达尔公主担任驻美大使，还将驻美大使朱贝尔任命为外交大臣，希望通过这些措施来恢复与美国的密切联系。作为回报，特朗普将沙特作为其就任后出访的首个国家，双方签署了价值1100亿美元的军售大单。然而拜登执政以来，美国再次对沙特表现出强硬态度，宣布冻结对沙特军售、停止支持沙特在也门的军事行动。

[①]《沙特王储访美签署4000亿美元大单 加强军事建设》，《中国日报》2018年4月2日。

(二) 美国的中东战略收缩

美国历届政府之所以一再实行中东战略收缩,一方面是希望不再被中东乱局所牵制,因此先将军事力量从参与或者支持的各类地区战争中有序撤出;另一方面希望集中外交资源更多地关注亚太,甚至对付中国。同时,美国和沙特关系转变的另一个重要因素是"页岩革命"大幅提升了美国的外交灵活性,美国不再担心伊朗等敌对国家拿"石油武器"作为要挟。但同时"页岩革命"也冲击了沙特作为传统能源国家的核心利益,从而影响了美国与沙特的盟友关系。

(三) 沙特的应对策略

沙特在采取积极外交措施继续维持与美国的盟友关系的基础上,在全球层面采取更加平衡的外交模式,积极发展同中国、俄罗斯等国际大国的双边关系,拓展与欧洲、日韩、印度等欧亚国家的外交合作空间,同时通过缓和与伊朗、突破与以色列等地区国家的关系改善生存环境。其核心的诉求,一方面是要确保和扩大沙特的能源出口量,以维持国家发展和稳定所需的财政收入[1],另一方面是为沙特"2030愿景"的实现创造更加可靠、安全的内外环境。

二 沙特与欧洲国家的关系

沙特地处欧亚板块连接的阿拉伯半岛上,从地缘角度来说,欧洲自古就与沙特有着扯不断的联系,沙特主导的海湾合作委员会在很大程度上就是欧盟在海湾地区的复制。从贸易额来看,欧盟既是沙特商品重要的目的国(地区)之一,也是沙特最大的进口国(地区)。[2] 就能源而言,2020年欧盟的对外依存度达57.5%[3],鉴于欧盟与俄罗斯关系的不稳定性,沙特对欧盟国家的原油出口直接影响着整个欧盟的能源安全。

谈到沙特与欧洲的关系,首要的是与英国的关系。在历史上,沙特早期的外交战略持有"双柱政策"[4],在地区层面,寻求用和平方式解决分歧;在国际层面,希望得到有影响力的大国的支持,显然,沙特寻求到了

---

[1] 马晓霖:《"萨勒曼新政"与沙特内政外交走向》,《西亚非洲》2018年第2期。
[2] 《沙特2018年度出口额达世界二十一位》,中国商务部网站,2019年7月31日。
[3] 《欧盟统计局:2020年进口能源占比为28.2%》,中国商务部网站,2022年2月9日。
[4] 《英国与现代沙特国家的诞生》,搜狐网,2020年5月6日。

英国的支持。对英国而言，第二次世界大战后虽然无法继续统治阿拉伯半岛，但能找到沙特这样的盟友可谓是不错的选择。当前，沙特和英国是世界上为数不多的仍然维持君主制的国家，沙特王室和英国王室之间的交往较为频繁，查尔斯王储曾多次以王室成员的身份访问沙特，沙特王储穆罕默德也多次到访伦敦。巨额的石油和军火贸易也是维系两国关系的重要砝码。值得一提的是，英国脱欧不到一周，时任首相特雷莎·梅就出访沙特，访前就宣称投资及贸易为首要议题，目标是促进英国经济的发展。①

其次是沙特与法国的关系。早在戴高乐时期，两国元首就开始会晤并不断增加日常联系。此外，法国是仅次于美国和英国向沙特出售武器较多的国家，同时两国在航空领域也有密切合作。法国总统奥朗德于 2015 年访问利雅得时，以"荣誉贵宾"身份出席了海湾合作委员会首脑峰会，是第一位被邀请参会的外国元首。② 这得益于法国在伊朗、叙利亚等地区问题上与沙特的立场非常接近。

至于沙特与德国的关系就显得比较波折了。2017 年黎巴嫩总理哈里里在访问沙特时突然宣布辞职，德国前外长加布里尔公然批评沙特干涉黎巴嫩内政，认为沙特在中东地区采取"冒险主义"外交政策。③ 这直接导致两国关系跌至冰点。直到 2018 年底两国才恢复到正常的外交关系水平。

三 沙特与俄罗斯的关系

沙特与俄罗斯的外交关系可谓跌宕起伏。早在 1929 年，苏联就率先承认了阿卜杜勒阿齐兹政权，两国正式建立外交关系。后来受到沙美关系升温，加之苏联与阿拉伯国家意识形态存在分歧，沙特与苏联的关系逐渐疏远，1938 年苏联从沙特撤回外交代表，标志着两国正式断交。直到 1990 年海湾危机爆发，美国在海湾地区大规模军事卷入，沙特出于自身安全考量，迫切需要与苏联再次进行合作，从而选择与苏联恢复外交关系。之后，苏联解体，俄罗斯与沙特的关系发展进入缓慢期，在军事上，

---

① 《英国首相访问沙特拒戴头巾 投资及贸易为首要议题》，环球网，2017 年 4 月 6 日。
② 《奥朗德在沙特"受宠" 法国成为海湾国家特殊伙伴》，中国网，2015 年 5 月 7 日。
③ 《德国与沙特同意结束外交争端》，新华网，2018 年 9 月 16 日。

沙特忌惮俄罗斯与伊朗、伊拉克的军事合作；在能源上，俄罗斯与沙特在国际能源市场上确实存在着份额之争。"9·11"事件的爆发给沙特与俄罗斯关系的发展带来新的机遇，随着沙美关系进入低谷，沙特开始重新将视野聚焦于类似俄罗斯这样的国际大国。2003年，沙特时任王储阿卜杜拉访问俄罗斯，双方就反恐、能源合作、贸易往来等领域开展合作签署一系列文件。2007年，普京访问沙特，双方签订了一系列经贸、能源和信息领域的合作协议，标志着两国关系迅速升温，推动了两国关系的务实发展。①

萨勒曼国王上台后积极调整外交政策，在国际外交上广结善缘。2017年，萨勒曼访问俄罗斯，成为沙特建国以来首位正式访问俄罗斯的国王，普京和萨勒曼进行了单独会谈和高级别代表团扩大会议，会晤后双方发表声明，表示愿意扩大两国"在所有领域的合作"，共签署14份合作文件，涵盖军工、油气、核能、交通、通信、农业等领域。② 就俄罗斯对沙特的诉求而言，经济因素大于政治因素。俄罗斯受到乌克兰危机所引发的国际制裁、国际原油价格持续低迷等因素的影响，国内经济下行压力陡增，急需在国际上寻找经济合作伙伴，而沙特作为石油财富巨鳄，是最大的潜在投资方和合作对象。对于沙特而言，与俄罗斯发展良好关系的考量更多地出于政治因素。尽管沙美同盟的地位不可动摇，但沙特为了不处处受制于美方，需要有国际地位相匹配的大国作为合作伙伴来牵制美国的力量。俄罗斯作为曾经的"冷战对手"和如今的安理会常任理事国，用来与美国较量再合适不过了。此外，双方在能源领域也需要"抱团取暖"。沙特作为欧佩克组织中最有话语权的国家，而俄罗斯是游离于该组织之外的最大产油国，两国的产业机构都高度依赖于石油行业，合则两利，斗则两败，双方在石油产量的深入协调和能源领域的深度合作，有助于避免原油价格持续走低给双方经济带来的致命风险。双方促成欧佩克+协议以来，在能源领域的合作较为顺畅，也给更大范围的政治外交合作提供了可能。

---

① 邵玉琢、罗林：《外交战略调整背景下的俄罗斯与沙特关系》，《俄罗斯东欧中亚研究》2018年第2期。

② 《沙特国王首访俄罗斯，中东博弈进入新高潮》，搜狐网，2017年10月6日。

四　沙特与日韩关系

基于沙特已故国王阿卜杜拉主张的"向东看"政策，沙特开始大力发展与亚洲国家的友好关系。① 萨勒曼国王 2017 年的"亚洲行"更是将沙特与东亚国家的双边关系推向新的发展高潮。事实上，沙特与日韩两国的外交关系由来已久。

（一）沙特与日本关系概况

早在现代沙特王国建国前，沙特与日本方面就有所接触，加之两国都是君主制国家体制，双方一直保持着密切联系。由于第二次世界大战的影响，沙日关系一度被迫中断，直到 1955 年才正式建立外交关系。2017 年 2 月，萨勒曼国王访问日本期间，双方签署了《沙特与日本"2030 共同愿景"》，积极推动两国发展战略的对接，旨在将"原来基于相互尊重、限于石油和汽车贸易的牢固的沙日关系提升至战略合作水平"②。2020 年 1 月，日本时任首相安倍晋三访问沙特，双方就能源等相关领域合作展开深入磋商。

（二）沙特与韩国关系概况

沙特是韩国第一大原油供给国，也是中东国家中最大的经济合作对象国。两国于 1962 年建立正式外交关系，双方高层互访频繁，包括李明博、朴槿惠在内的多位总统都到访过沙特。沙特王储穆罕默德曾于 2019 年出访韩国，旨在扩大两国在建设、能源等领域及核电、电动汽车等未来产业和国防、教育、文化等领域的相关合作。2022 年初，韩国总统文在寅到访沙特，双方就韩企进入沙特核电市场、武器出口等事宜交换意见。

（三）发展关系的考量

在经济方面，日本和韩国作为东亚地区较有影响力的经济体之一，两国在科技、汽车产业、工程设备等领域在全世界都处于领先地位。在积极推进"2030 愿景"大背景下，沙特必须通过不断加强与日韩两国的关系来促进经济多元化，改变沙特单一的经济结构。在能源方面，日本和韩国

---

① 刘雪洁：《沙特外交转型："远交"成功，"近攻"失败？》，澎湃网，2021 年 5 月 10 日。
② 陈杰：《萨勒曼执政以来沙特的外交转型：志向、政策与手段》，《阿拉伯世界研究》2020 年第 1 期。

作为全球第四、第五大能源进口国,其原油供给完全依赖于进口,对于两国能源安全而言,发展与沙特的友好关系势在必行。尽管日本曾一度制订新兴能源发展计划,但由于强烈地震给核工业带来不可挽回的损失,日本不得不再次高度依赖传统能源。据日本经济产业省统计,2018年日本对中东原油的依存度由第一次石油危机时的78%上升到88.2%。① 在政治方面,萨勒曼国王上台后推行多元化外交。② 这是在美国中东政策调整背景下作出的战略性外交举措,亚太国家是沙特拓展外交圈的必然选择,其中日韩作为美国的传统盟友,也符合沙美关系的共同利益。特别是韩国,对于沙特而言可以作为中国和日本之间的杠杆,能够更好地维护沙特在东亚地区的外交平衡。

五 沙特与印度的关系

作为隔阿拉伯海相望的一对"巨人",沙特和印度同怀大国情结,把对方视为本国地缘战略的重要支点。③ 2018年2月,印度总统莫迪在访问海湾地区时表示,印度与海湾国家的关系不再仅仅是买家和卖家的关系,而是伙伴关系。④ 这可以看作印度"向西看"政策在海湾地区的直接体现。从沙特阿卜杜拉国王时期开始的"向东看"政策也将印度纳入视野中。自此,两国间关系开始进入发展的快车道,在多个领域的互联互通进程不断加快。

对印度而言,加强与沙特的外交关系,在政治方面可以有效瓦解沙特—巴基斯坦传统的盟友关系,在印巴冲突中获得更多的外交筹码;在经济方面则可以应对印度最大石油进口国伊朗受到制裁后所导致的能源缺口,从而保证印度自身的能源安全;从人员往来方面讲,在沙特务工的印度侨民约260万人,大多为在沙特基础设施领域作业的劳工,也不乏沙特银行、大型公司的高级雇员。因此沙特作为印度最重要的劳务输出目的国,双方友好关系的重要性是不言而喻的。

---

① 姜俏梅:《安倍中东之行为保日本经济生命线》,《经济参考报》2020年1月13日。
② 《沙特王储访华压轴亚洲之旅 多元外交维持"微妙平衡"》,环球网,2019年2月23日。
③ 《隔阿拉伯海相望的两巨头》,《环球》2022年2月刊。
④ 《飞以色列航班70年来首次过境沙特,印度重新定位"向西看"》,上观新闻,2018年4月8日。

对沙特而言，作为印度第四大贸易伙伴，与印度同为二十国集团成员国，两国的经济互补性较强，可有效弥补沙特自身经济结构单一的不足。通过与印度开展以石油为主、石化产品为辅、基础设施建设为主要补充的经济贸易领域合作，可以为沙特更快实现"2030愿景"打下坚实基础。尽管印度并不是传统的伊斯兰国家，但是印度人口众多，其穆斯林人口总数在全球排名第三，而沙特作为穆斯林一年一度朝觐目的国，双方在伊斯兰事务上的合作也显得至关重要。

就双方关系的不稳定因素来说，印巴矛盾依然是阻碍沙印关系发展的最主要因素。在克什米尔问题上，沙特在"选边站队"时倒向了印度一方，严重惹怒了传统盟友巴基斯坦。[①] 在 2020 年沙特印发二十国集团轮值主席国纪念钞时，又将克什米尔地区作为独立区域划分出来，同时招致巴基斯坦和印度的不满。在伊斯兰合作组织等宗教领域和军事核心技术获取等方面，沙特一直需要巴基斯坦的支持，为此沙特也常年对巴基斯坦进行巨额援助。如果印度和沙特走得太近，巴基斯坦和沙特的传统感情势必会受到影响。因此，如果印巴矛盾再引发较为激烈的冲突和争议，沙特到时很可能出于自身利益的考量仍然会"挺"巴"弃"印。

第三节 在地区热点问题上的外交政策

沙特的外交政策以实用主义为主，顺应国际和地区形势的深刻变革，沙特在对待以色列、伊朗等传统"敌对势力"上不再一味疏离，反而出现了日渐缓和的迹象。在反恐问题上，沙特既存在支持恐怖主义活动的势力，同时又是恐怖主义活动的受害者。正反两面的矛盾似乎左右着沙特在主要地区热点问题上的外交政策。

一 沙特的巴以问题政策

从总体上而言，沙特强调全面、公正地解决巴以冲突是实现地区和平的唯一途径，巴勒斯坦问题的根源是以色列对巴领土的占领，支持中东和

[①]《克什米尔问题上被沙特出卖，巴基斯坦寻找新盟友，土耳其积极回应》，搜狐网，2020年2月15日。

平进程,呼吁重启"路线图"计划,要求以色列从所有阿拉伯被占领土上撤军。

2002 年,在阿拉伯国家联盟贝鲁特峰会上,时任王储阿卜杜拉提出了中东和平倡议,强调阿拉伯国家通过与以色列实现关系正常化换取以色列撤出约旦河西岸与加沙地带等被占领土,从而使得巴勒斯坦人民可按照 1961 年的边界建国,之后再根据联合国第 194 号决议公正解决巴勒斯坦难民问题。①

沙特对 2006 年巴勒斯坦立法选举表示欢迎,呼吁国际社会尊重巴勒斯坦人民的选择和意愿,给哈马斯更多的时间来调整政策。沙特反对孤立哈马斯政府,反对停止向巴勒斯坦提供援助,反对为哈马斯政府参与和谈预设条件。时任沙特国王阿卜杜拉强调,全面实施中东和平"路线图"计划,其中包括以色列从加沙和约旦河西岸巴勒斯坦领土上撤军将是确保所有各方权利、公正和平解决问题的基础;只有恢复包括叙以和黎以之间的和平谈判才能真正实现该地区全面、永久的和平。

近年来,在埃及、约旦和阿联酋纷纷与以色列建立正式外交关系后,巴林、苏丹、摩洛哥等国也陆续与以色列实现"关系正常化",但沙特国王萨勒曼明确表示,在美国承认巴勒斯坦国家地位、以色列和巴勒斯坦签署一份国际认可的和平协议之前,将不会效仿这些阿拉伯国家和以色列建立外交关系。②

事实上,在美国的作用下,同为美方盟友的沙特和以色列不会"越走越远",尽管沙特坚定地站在巴勒斯坦一方,但也在寻求不同渠道与以色列方面展开接触。在特朗普政府宣称承认耶路撒冷是以色列首都并作出搬迁大使馆的决定后,沙特与以色列的关系就略显尴尬了。沙特坚决反对美方的立场,认为东耶路撒冷是巴勒斯坦领土不可分割的一部分,并宣布将资助东耶路撒冷 1.5 亿美元,用于维护伊斯兰文化遗产。③

然而,沙特并没有与以色列撕破脸面,《华尔街日报》在 2020 年底披露以色列总统内塔尼亚胡秘密飞往沙特西北部新建的工业城市 Neom 与沙

---

① 《阿盟峰会呼唤和平与团结》,新浪网,2007 年 3 月 30 日。
② 《沙特国王萨勒曼:巴以达成协议之前不考虑与以色列关系正常化》,《吉林日报》2020 年 9 月 7 日。
③ 《不满美驻以使馆搬迁 沙特将资助东耶路撒冷》,新华社,2018 年 4 月 17 日。

特王储穆罕默德进行会晤，讨论了关系正常化协议、伊朗问题等内容。[①]事后沙特方面否认了该秘密会谈。自 2021 年以来爆发新一轮巴以冲突后，包括沙特在内的众多阿拉伯国家都采取了冷处理的方式。

不同于地区内的其他热点问题，巴以问题是阿拉伯民族和犹太民族之间矛盾的核心。从实用主义出发，与地区内最发达的国家以色列一味交恶并不是明智之举，但沙特作为目前阿拉伯世界中最有话语权的国家不会轻易抛弃支持巴勒斯坦的立场。

二　沙特的伊核政策

沙特主张通过对话解决伊核问题，希望伊朗不发展核武器，与海湾国家一道致力于实现本地区无核化；希望伊朗遵守《联合国宪章》，并采取措施增进互信，维护地区安全与稳定；反对对伊朗进行制裁或动武，认为这会给地区带来灾难性后果；愿与伊朗在睦邻友好、互利合作和互不干涉内政的原则下进一步发展关系。

沙特坚决反对伊朗拥有核武器，从大的方面讲是为了维护地区和平，从小的方面看是为自身的安危考虑。沙特对伊核问题的立场类似于印度和巴基斯坦的关系。虽然巴基斯坦一直宣称不谋求拥有核武器，但在印度拥有核弹以后，巴基斯坦立刻跟进了相关核设施项目。所以，在伊核协议达成后，沙特立即宣布加速推动其核电计划，建设核基础设施，并不排除寻求武器化的可能性。

沙特国王萨勒曼在 2021 年的一次联合国大会一般性辩论中表示，沙特坚持中东没有大规模杀伤性武器的重要性，支持旨在防止伊朗拥有核武器的国际努力。尽管沙方表示其对于美国和伊朗恢复谈判的立场是希望在初步谈判取得具体成果的基础上建立起信任，但实际上沙特对于全面伊核协议的达成十分担忧，主要担心伊朗在摆脱国际压力和制裁后，一方面伊朗的原油输出将挤占国际市场份额或导致全球油价进一步下跌，对沙特的能源经济构成威胁；另一方面伊朗在恢复一定的经济实力后必然会在地区话语权的争夺上更加有精力和实力。

[①]《以色列与沙特领导人沙漠密会，但未达成关系正常化协议》，观察者网，2020 年 11 月 28 日。

实际上，伊核协议几经周折，在 2015 年新一轮的伊核谈判重启后各方磋商并不顺利，这主要取决于美方的决心和态度。奥巴马政府为了留下政治遗产匆匆达成了所谓的全面协议，很快，特朗普上台后就宣布单方面退出伊核协议，到拜登总统执政后又重新回到谈判桌上。虽然沙特多次公开表示希望加入伊核谈判，但是伊朗对此加以坚决反对。因此，欧美不得不多次访问沙特与其通报情况、沟通立场，实则也是为了安慰海湾盟友的情绪。2022 年 2 月，拜登总统在与沙特萨勒曼国王通话中就明确表示，将确保伊朗永远无法获得核武器。①

由于沙特并不是伊核谈判的参与方或者观察方，因此对伊核谈判的进程并没有足够的影响力。所以，一方面沙特寄希望于国际社会能够阻止伊朗真正拥有核武器，同时表明立场：一旦伊朗拥核，它将采取相应措施；另一方面沙特也在积极和伊朗方面进行接触，防止在解除对伊制裁后，伊朗虽未拥核，但是沙特再与伊朗进行地区争夺将处于被动地位。

三　沙特的"反恐"政策

沙特阿拉伯坚决反对一切形式的恐怖主义，认为恐怖主义是一种国际现象，是极端思想的产物，不属于某一文明、宗教或民族；强调反恐并非一朝一夕之事，需要国际社会共同努力，消除恐怖主义产生的根源。

（一）沙特与"恐怖组织"的联系

"9·11"事件发生后，沙特一度成为众矢之的，缘由是事件所涉及的 19 名恐怖分子中有 15 名是沙特阿拉伯裔。② 到目前为止，"9·11"事件的很多机密文件尚未解密，但从美国媒体的渲染中很难将沙特从事件的幕后操作中排除。从资金上看，美国的一份报告显示，沙特政府或许并未直接向"基地"组织提供过资助或支持，但一些获得沙特政府资助的慈善机构向"基地"组织转移过资金。③ 从意识形态上看，作为逊尼派最保守分支的瓦哈比派，被许多学者认为是"伊斯兰国"意识形态的根源。在地区问题上，沙特因反对叙利亚、伊拉克当局而对两国境内的"伊斯兰国"采

---

① 《拜登与沙特国王就伊核问题、全球能源供应进行讨论》，界面新闻，2022 年 2 月 10 日。
② 兰迪：《沙特阿拉伯恐怖主义犯罪预防制度研究》，《北京警察学院学报》2019 年第 3 期。
③ 徐立凡：《美国国会为何让奥巴马难堪》，《京华时报》2016 年 9 月 30 日第 8 版。

取睁一只眼闭一只眼的政策,导致"伊斯兰国"在地区内肆意发展。

(二)沙特对"伊斯兰国"的政策

如前所述,沙特在外交政策中所坚持的教派矛盾客观上给"伊斯兰国"不断壮大提供了土壤。因沙特近年来着力在中东地区扶持逊尼派、打压什叶派,为逊尼派极端势力借势而起打开了方便之门。① "伊斯兰国"的头目曾公开表示,沙特是其组织及追随者战斗的终极目标之一。特别是沙特于2015年12月15日推动组建伊斯兰国家反恐军事联盟后,"伊斯兰国"更是公然挑衅沙特政权,并号召全世界穆斯林保卫"伊斯兰国"以推翻沙特王室的统治。仅2016年一年,沙特境内就发生了34起恐怖袭击事件,沙特政府逮捕了近200名"伊斯兰国"组织的恐怖分子。② 为有效控制"伊斯兰国"的恐怖活动,在军事层面,沙特发起组建伊斯兰军事反恐联盟;在社会层面,沙特采用柔性的针对极端分子的"再改造"计划;在法律方面,沙特大力推行新反恐法。

(三)沙特去极端化的探索

2003年后,沙特政府发起了一个全称为"预防、康复和善后关怀"(Prevention, Rehabilitation and After Care)的针对极端分子的"再改造"计划(Rehabilitating Terrorists)。这是一项综合治理战略,它着力从思想观念上肃清极端主义影响,采用去极端化措施对极端分子进行再教育和改造,辅之以监督手段使被改造者重新融入社会。③ 尽管这个计划实施起来因实际成本难以控制、目标群体难以掌控等因素,其效果难以在短时间内凸显,但这是一个从根本上解决恐怖主义问题的理想模式。该计划被誉为迄今为止国际社会"最专业、最全面、最成功"的改造项目④,通过改造项目的实施,在约3000名恐怖分子中,重新犯罪率仅为10%。⑤

---

① 李意:《"伊斯兰国"组织的演变与沙特的政策调整》,《阿拉伯世界研究》2019年第3期。
② 《沙特发起"伊斯兰反恐军事联盟"40多国参与》,《参考消息》2017年11月28日。
③ Christopher Boucek, "Saudi Arabia's 'Soft' Counterterrorism Strategy: Prevention, Rehabilitation and After-Care," *Carnegie Papers*, No. 97, Washington, D.C.: Carnegie Endowment for International Peace, September 2008.
④ 胡雨:《国际反恐斗争中的去极端化研究——以沙特PRAC战略为个案研究》,《国际论坛》2012年第5期。
⑤ Rob Wagner, "Rehabilitation and Deradicalization: Saudi Arabia's Counterterrorism Successes and Failures," *Peace & Conflict Monitor*, 2010.

四 沙特的地区"代理人"政策

叙利亚战场可谓是中东地区"代理人"战争最有代表性的缩影。作为全球性大国的美国和俄罗斯,作为地区主要国家的沙特、伊朗、以色列和土耳其,都纷纷通过"代理人"参与到叙利亚内战中,有的出武器、有的出资金,不一而足。沙特支持叙利亚反对派和"革命力量全国联盟",向其提供资金、顾问、后勤援助、军事培训等。① 同时,叙利亚问题也是沙特和伊朗众多"代理人"博弈的一个代表。在沙特方面,沙特既未向叙利亚派驻作战人员,也禁止本国公民赴叙利亚进行作战,而是通过对叙利亚反对派进行援助的形式打击叙利亚当局;在伊朗方面,伊朗在军事和经济上支持巴沙尔政权,派大批伊朗革命卫队成员进入叙利亚境内帮助叙利亚政府军作战,还借助黎巴嫩真主党援助叙利亚政府军,打击盘踞在叙利亚南部且得到沙特扶持的叙利亚反对派武装。

除了在叙利亚,沙特还在黎巴嫩、伊拉克等国家扶植了很多"代理人"。在黎巴嫩,沙特支持以逊尼派政党为主的"3·14"联盟。2017 年 11 月,在沙特的"支持"下,黎巴嫩总理哈里里在沙特境内宣布辞职,指责伊朗在黎巴嫩建立"国中之国"并把基于武力维系的既成事实强加给黎巴嫩。② 在伊拉克,沙特暗中支持伊拉克反政府武装及库尔德武装反对伊拉克什叶派政府。

近年来,沙特与伊朗在中东地区经常利用"代理人"战略开展竞争和博弈,其根本原因在于双方地缘政治的对抗和教派纷争;而采用"冷战"而非直接"热战"形式,一方面是由于战争成本过高,将拖累两国的国内发展,另一方面可以减少正面军事冲突的风险,为双方都留下外交回旋余地。③ 此外,国际上的外部因素也是地区内"代理人"现象的助推

---

① 陈翔、熊燕华:《沙特与伊朗在地区博弈中的代理人战略》,《阿拉伯世界研究》2019 年第 1 期。

② "Lebanese PM Saad Hariri Resigns Citing Iranian Meddling," *Al Jazeera*, November 5, 2017, http://www.aljazeera.com/news/2017/11/lebanese-pm-saad-hariri-resigns-citing-iranian-meddling-171104115027805.Html。

③ 参见郭寒冰《当代国际社会合法使用武力问题研究》,时事出版社 2012 年版。

要素，美国和沙特联盟与俄罗斯和伊朗准联盟的事实存在，使得美国和俄罗斯的国际性竞争直接反映在沙特和伊朗的地区性竞争上。

截至目前，沙特和伊朗的"代理人"战略加剧了中东政治生态的恶化，加快了地区阵营化、冷战化格局的演进，加深了中东国家政治的对抗性烈度。可以说，"代理人"战略逐渐成为一种新冷战方式，未来在直接冲突可控的情况下，沙特和伊朗的"代理人"博弈将成为新常态。也就是说，由于结构性矛盾的存在，沙特与伊朗的地区博弈将继续进行下去，两国的地缘竞争与教派冲突将继续成为中东地区政治格局演变的一条主线。

第四节　近期外交政策动向

石油和宗教历来是沙特外交的两大法宝，维护国际原油市场的主导地位和伊斯兰世界的领导地位是沙特外交的最大目标。近期沙特外交主要是为国内政治经济需要服务，既要保障"2030愿景"所提倡的经济多元化需求，又要确保未来萨勒曼父子权力交接的平稳过渡。

一　外交环境变化

（一）外部环境

1. 全球化与反全球化

尽管始于第二次世界大战的全球化浪潮已然成为世界主流，但反全球化思潮不断涌现的趋势仍然不可忽视。冷战后全球范围内上升的民族主义、民粹主义在美国前总统特朗普上台后得到了最大程度的"发展"，他在竞选期间就对《跨太平洋伙伴关系协定》（TPP）表示反对，执政后更是主导美国退群，截至2021年，美国已经退出至少17个国际组织。无独有偶，欧盟的右翼势力逐渐抬头，英国脱欧的决定出人意料，德国公开反对《跨大西洋贸易和投资伙伴关系协定》（TTIP）。[1] 可是西方不亮东方亮，由中国主导的"一带一路"倡议，提出了设施联通、贸易畅通、资金融通、民心相通的具体举措，截至2022年2月6日，中国已经同148

---

[1]《全球化与"反全球化"的博弈》，中国国际经济交流中心刊，2016年11月24日。

个国家和32个国际组织签署200余份共建"一带一路"合作文件①，是全球化在新时代最好的体现。

2. 石油市场与能源转型

美国页岩革命以来，虽然页岩油气的产量增长缓慢，但已经越来越深刻地影响着国际能源格局，全球原油供应过剩的预期导致油价持续低迷。②但是，2020年新冠疫情全球大蔓延使得石油需求量遭受重大打击，油价一路跌至负值。欧佩克+联盟为了抬高油价持续进行的减产措施导致石油供应量紧缺，在疫情逐渐平稳后亚洲经济活动的恢复以及2021年夏季和冬季的自然灾害等因素，致使国际原油价格在2022年初恢复至每桶80美元上下，甚至直接致使欧洲出现电力危机。与此同时，可持续发展的理念催生了绿色、低碳经济转型③，2015年通过的《巴黎协定》明确指出，全球要从基于化石燃料的能源体系转型为以可再生能源为基础的高效能源体系。按照各国规划，未来在电力、工业、交通、建筑等领域将更多地使用可再生能源。有一项数据显示，中国到2050年可再生能源占能源消耗的比例将从2015年的7%提高到67%，而欧盟将提高至70%以上，印度和美国也将提高到2/3或更多。此外，伊核谈判成果还不明朗，未来如果伊朗制裁被解除并如愿进行原油出口，将使油价进一步下挫。④受地缘政治紧张局势、气候议题升温和可再生能源产量不断增长的影响，石油市场供求稳定的前景不容乐观。

3. 中东地缘政治变化

2011年爆发的"阿拉伯之春"，极大地颠覆了原有的中东地缘格局。⑤在国际上看，美国等西方国家急于摆脱中东事务的牵绊，因而开始了战略收缩，俄罗斯在权力真空期借叙利亚战争进行了强势回归，中国和印度等亚洲大国纷纷将海外利益延伸到中东地区，"西退东进""美退俄进"已经成为该地区大国博弈的新常态。在区域内，曾经的强人统治纷纷结束，

---

① 《已同中国签订共建"一带一路"合作文件的国家一览》，中国一带一路网，2022年2月7日。
② 《美国页岩油革命冲击国际油价》，金融界网，2018年7月10日。
③ 《能源转型势在必行》，《中国日报》2021年11月16日。
④ 《2022年全球原油市场展望》，《经济日报》2022年1月17日。
⑤ 唐志超：《失序的时代与中东权力新格局》，《西亚非洲》2018年第1期。

埃及、伊拉克、利比亚插手地区事务的时代一去不复返；取而代之的是沙特、卡塔尔、阿联酋等海湾国家执地区事务之牛耳，"阿拉伯国家联盟"更多地被缩影为"海湾合作委员会"的小核心；"东升西降"的态势已然十分明显。

中东地区话语权的争夺更加白热化。沙特和伊朗展开了全方位的竞争，从巴勒斯坦到黎巴嫩，从伊拉克到叙利亚，从巴林到也门，所采取的博弈既有"新冷战"也有局部"热战"，还有"代理人战争"。关于地区热点问题的立场不再非黑即白，比如巴勒斯坦问题。阿拉伯国家曾经一致对外抵抗以色列，如今沙特与以色列由于共同的反伊朗立场反而私下里合作不断。再比如伊朗问题，以沙特为主的逊尼派国家坚决抵制以什叶派为主的叙利亚、黎巴嫩真主党等势力，然而在海合会阵营中的卡塔尔、科威特等国家的立场早已松动，不再仇视伊朗，特别是卡塔尔和沙特断交后更是一度与伊朗"走得很近"。

(二) 内部环境

1. 经济

沙特是中东最大的经济体，2005年12月，沙特正式加入世界贸易组织，在2020年经济全球竞争力方面沙特排第20位。石油和石化工业是沙特的经济命脉，石油收入占国家财政收入的75%，占国内生产总值的45%。近年来，沙特政府充分利用本国丰富的石油、天然气资源，积极引进国外的先进技术设备，大力发展钢铁、炼铝、水泥、海水淡化、电力工业、农业和服务业等非石油产业，依赖石油的单一经济结构有所改观。沙特以石油和石油产品出口为主，约占出口总额的90%，石化及部分工业产品的出口量也逐渐增加；主要进口机械设备、食品、纺织等消费品和化工产品；主要贸易伙伴是美国、中国、日本、英国、德国、意大利、法国、韩国等。由于大量出口石油，沙特对外贸易长期保持顺差。面对新冠疫情危机及其所引发的全球性经济衰退，沙特正面临着双重的经济和政治危机。从2020年7月1日起，沙特将增值税（VAT）的税率从5%提高到15%，这将有助于缓解沙特的预算赤字，但大幅增加的增值税最终将从整体上影响私营部门的支出，并可能触发政治动荡。[1]

---

[1] 《沙特调整增值税税率：从5%提高到15%》，上海外国语大学官网，2020年6月2日。

2. 政局

萨勒曼国王执政后，先后废黜了两位王储，最终将其子穆罕默德·本·萨勒曼确立为王储，沙特权力交接从"兄终弟及"的模式转变成为"子承父业"。萨勒曼父子集权更加强势，外交、国防、石油等核心权力都被集中起来，确保了执政的长期性和稳定性。2017年，沙特掀起一股前所未有的"反腐风暴"，多名王子和高级官员涉贪被捕，外界普遍认为此举既扫清了政治障碍又可"充盈国库"，可谓一举两得。王储穆罕默德在国际舞台上十分活跃，基本上代替其父参加了绝大部分的外事活动和国际交往。尽管王储穆罕默德在也门战事、卡舒吉事件等风波中招致不少诟病，但得益于沙特集权制的政治体制，萨勒曼父子的权威并未受到根本性影响。受沙特错综复杂的王室斗争的影响，萨勒曼国王至今尚未将王位传给其儿子穆罕默德王储，这从侧面印证了王储的地位还没有得到根本稳固。截至目前，沙特尚未按照惯例指定副王储，这也表明未来"萨勒曼王朝"至少还将持续很长时间。

3. 社会改革

2014年，国际原油价格开始下挫，由于沙特经济严重依赖石油收入，其政府预算赤字开始出现，这是促使沙特进行改革的最主要动因。2015年萨勒曼国王登基不久即开始组建新的权力架构，在王储穆罕默德上位后，即宣布了"2030愿景"计划，旨在从全国范围内推进经济和社会改革。

表 I-8-1   "2030愿景"主要目标

社会改革	经济改革
·每年朝觐者人数从800万人增加至3000万人 ·家庭的文娱活动开支比例从2.9%增加至6% ·女性在劳动人口中的比例从22%提高到30%	·政府的非石油收入从1630亿里亚尔增加至1万亿里亚尔 ·外商直接投资占GDP的比例从3.8%提高到5.7% ·非石油出口占GDP的比例从16%增加至50%

资料来源：沙特阿拉伯经济和发展事务委员会"2030愿景"。

王储穆罕默德以改革派的形象出现，尽管沙特仍然是政教合一的体制，但出于对国际和地区形势的顺应和把握，沙特当局还是推出了世俗化改革。在社会生活方面，允许电影院重新营业，允许播放娱乐视频，允许女性取得驾照；在经济促进方面，设立了旅游签证以吸引外国游客，大力发展旅游业，甚至在沙特西部规划了一座 NEOM 新城，拟以之连接欧亚非三大陆的工商业企业。① 在宗教方面，取缔了宗教警察执法权，重新回归温和伊斯兰形象。②

二 外交手段多样化

（一）石油外交

可以说，石油不仅在沙特国民经济中占据最主要地位，同时也主导着其外交走向。作为全球最大的石油供应国，沙特同时也是欧佩克组织内的重要话语方。一方面，官方数据显示，到 2021 年底，沙特原油日产量增加至 1002 万桶，使得沙特有底气在国际原油市场上"指手画脚"，也促成了沙特可以运用石油作为其强有力的外交武器。第二次世界大战之后，沙特和美国建立了一个以石油为基础的"契约"，换取美国对沙特的安全保护，特别是对沙特王室的特别保护，这就是著名的"石油换安全"③。另一方面，丰厚的石油收入使得沙特可以源源不断地从美国购入军事武器，仅 2017 年特朗普访问沙特，双方就达成了高达 1100 亿美元的军售协议。④ 近年来，在美国页岩革命的刺激下，为了保持和扩大本国的石油出口，沙特不得不采取"向东看"政策，背后的助因在于中国、日本、印度这样的东方大国强大的石油消费能力，三国几乎吸纳了沙特近 39% 的石油产量，约是美国进口沙特石油的两倍⑤，对沙特的石油安全战略来说意义非凡。此外，沙特还积极推动阿美石油公司上市，希望将阿美石油公司从一家单纯的石油开采企业转型为一家国际工业生产企业集团。吸引这家高达 1.87 万亿美元市值的公司上市成为各方追逐的热点，美国、英国、日本甚至中国香港等国家和地区纷纷抛出橄榄枝，使得阿美石油公司的 IPO 也成为沙特最新的外交工具。

---

① 《大手笔！沙特王储要建全球首个跨国工商新城》，每日经济新闻网，2017 年 10 月 25 日。
② 马晓霖：《沙特改革的原因与前景》，《南方都市报》2018 年 3 月 4 日。
③ 《石油换安全：近 80 年的美国和沙特"特殊"关系史》，《财经》2019 年 11 月 11 日。
④ 《美国和沙特达成 1100 亿美元军售协议》，新华社，2017 年 5 月 23 日。
⑤ 李忠发、郝亚琳：《习近平同沙特国王萨勒曼会谈》，新华网，2018 年 2 月 10 日。

（二）援助外交

随着埃及因为国内政局动荡导致国力不济从而跌下阿拉伯领导者的神坛后，沙特开始凭借自身强大的石油美元实力，逐渐扩大其在整个阿拉伯世界甚至伊斯兰世界的领导地位和影响力。萨勒曼国王在联合国大会上自豪地宣称，沙特在全世界对外援助较多的国家中排名第三。近年来，沙特先后以援助、贷款、存款等形式无条件地授权给埃及至少 40 亿美元，致使埃及总统塞西频繁访问沙特，向其国王萨勒曼"请安"，埃及在地区内已经屈居于沙特之后。对于伊拉克，沙特慷慨地免除 250 亿美元的欠款，换取的条件是伊拉克当局和伊朗划清界限。沙特还对也门和巴林伸出援手，制定了至少百亿美元以上的援助计划，目的就是培养这些国家亲沙特反伊朗。在多边场合中，2017 年 11 月，在沙特的倡导和"资助"下成立了由 40 余个国家参与的伊斯兰国家反恐联盟，旨在通过军事、财政、情报和政治渠道互助的方式进行合作。[①] 值得一提的是，参加这个联盟的国家清一水的是逊尼派伊斯兰国家，地区内的什叶派伊斯兰国家统统被排除在外。沙特方面还表示，尽管沙特面临着经济困境，但至少提供了 8 亿美元用于帮助地区内的贫困国家抗击新冠疫情。[②] 沙特通过一系列的援助外交，既提高了自己的外交地位，也很好地抗衡了在经济上捉襟见肘的伊朗等敌对国家。

（三）宗教文化外交

沙特是伊斯兰大国，作为"两大圣城"的守护者，沙特对全世界所有穆斯林来说都可谓是"精神祖国"，这有助于其他伊斯兰国家对沙特的身份认同，也有助于沙特在整个伊斯兰世界树立绝对权威。在组织形态上，沙特通过伊斯兰世界联盟，促进与其他伊斯兰国家的"宗教友好关系"；在实际操作上，沙特通过伊斯兰发展银行不断向伊斯兰国家提供经济援助。值得关注的是，沙特的援外资金有相当一部分用于资助其他国家修建清真寺。据不完全统计，近年来沙特向中国宁夏、新疆、陕西等地资助金额达 15 亿美元，主要用于建造清真寺、培养阿拉伯语人才、资助到

---

① 《沙特王储领 41 国成立反恐联盟 誓将恐怖主义彻底根除》，观察者网，2017 年 11 月 27 日。

② 《沙特 G20 秘书处：36 个国家申请债务减免，以抗击新冠疫情》，界面新闻网，2020 年 5 月 29 日。

阿拉伯国家留学等。

此外，朝觐外交也是沙特重要的外交手段。沙特"2030愿景"指出："本国愿景的第一大支柱是作为阿拉伯与伊斯兰世界核心国家的重要地位。沙特是两大圣寺的所在地，两大圣寺是世界上十分神圣的地方，也是克尔白（朝向）的所在之地，是亿万穆斯林祈祷礼拜的地方。"① 预计到2030年，前往沙特的朝觐人数将从目前的800万人增至3000万人。一方面，朝觐经济成为带动沙特经济增长的重要方面，与朝觐业相关的服务行业迅速发展起来，使得机场扩建、轻轨高铁竣工、豪华酒店建成、餐饮业等勃兴；另一方面，沙特还多次邀请伊朗等国家元首前往麦加朝觐，使得朝觐在联系伊斯兰世界不同教派方面发挥了不可替代的纽带作用。

三 中东和解趋势

（一）沙特与卡塔尔

因为穆兄会和伊朗问题等纠纷，沙特和卡塔尔于2017年毅然断绝外交关系，随后2018年、2019年海合会几近停摆。2020年12月，沙特国王萨勒曼向卡塔尔埃米尔塔米姆发出"正式邀请"，希望其出席2021年1月在沙特西北部欧拉市举行的海合会峰会。② 这是沙特和卡塔尔自断交以来发出的最强复合信号，卡塔尔方面接受邀请并出席峰会，同时对峰会成果《欧拉宣言》表示欢迎。2021年8月，卡塔尔重新任命驻沙特大使，此前沙特驻卡塔尔大使已经递交国书，这象征着沙特与卡塔尔全面恢复外交关系。③ 美国在沙特和卡塔尔复合方面起到了关键作用。沙特和卡塔尔都是美国在海湾地区的坚定盟友，为了杜绝伊朗、俄罗斯在美国战略收缩后趁势扩大影响，美国积极促成"海湾团结"有利于其地区利益的维护和保障，拜登政府甚至希望利用卡塔尔和伊朗的关系助推伊朗重返伊核协议。

（二）沙特与以色列

沙特和以色列改善关系是近年来中东地缘政治格局中的一大亮点。这

---

① 《沙特阿拉伯历史进程中的朝觐经济》，搜狐网，2020年5月17日。
② 《海合会再邀卡塔尔国家元首出席峰会》，新华社，2020年12月31日。
③ 武宗义：《断交多年，沙特与卡塔尔为何握手言和》，《大众日报》2021年8月14日。

既是两国应对地区格局骤变的战略选择,也是两国政治和经济社会发展的内在需求。① 伊朗的强势崛起使得沙特和以色列拥有了共同的战略敌对目标,美国的中东政策收缩促使美国在地区内的盟友不得不重新考虑抱团取暖,而更大的因素是包括阿联酋、埃及、约旦在内的许多阿拉伯国家都承认了以色列的合法性,这些都为沙特和以色列战略靠近提供了良好条件。此外,沙特和以色列的经济结构有着强烈的互补性,以色列的高新科技将有助于沙特实现"2030愿景"的经济多元化目标。由于沙特和以色列尚未建立外交关系,两国要形成实际意义上的"地区联盟"为时尚早。对地区格局而言,双方改善关系尽管招致巴勒斯坦民众的不满和不信任,但沙特作为地区"老大",与以色列减少矛盾的举措将助推更多的阿拉伯国家和以色列握手言和,甚至有可能带动巴以问题朝着更加积极的方向发展。

(三) 沙特与伊朗

沙特在叙利亚问题、伊核问题上都无法真正压制伊朗,长年的争斗已经导致两国出现"战略透支"②。受到美国缓和与伊朗关系的影响,沙特逐渐改变与伊朗正面对抗打压的传统策略,反而开始谋求与伊朗长期和平共存的"新常态"。同样,伊朗因长期受到国际制裁导致财政吃紧,与沙特等地区周边国家改善关系有助于其缓解内外压力。2021年4月,沙特王储在接受沙特电视台采访时表示,利雅得方面不希望与伊朗的关系变得困难,希望与伊朗建立"良好和积极的关系"③。同月,在伊拉克的不断斡旋下,沙特和伊朗在巴格达进行了友好会面和磋商。对沙特而言,与伊朗改善关系,将有效化解其"东部产油地区"面临的外界威胁,同时伊朗大批的穆斯林进入沙特朝觐也将为沙特带来不小的经济利益。④ 对整个地区而言,沙特和伊朗关系缓和将深刻影响中东地区地缘政治格局,未来该地区将呈现出更加多极化的政治力量体系,各方力量的牵制会更加有利于地区的持久和平。

---

① 王建:《沙特阿拉伯和以色列关系改善的背景、目标及影响》,《当代世界》2019年第1期。
② 刘畅:《中东"冷和平"架构新形态》,《环球》2017年第23期。
③ 《想与伊朗改善关系,沙特王储为何向"老冤家"伸出橄榄枝?》,网易新闻,2021年4月29日。
④ 周戎:《沙特与伊朗改善关系对"一带一路"是件好事》,中国网,2017年9月15日。

四 大国外交趋势

（一）拜登政府时期的沙美关系

在拜登上台后，沙特的外交政策逐渐从"鹰派"向"鸽派"倾斜，这主要出于两方面的考量：一方面，拜登入主白宫后，在中东问题上以新姿态示人[1]，希望以最少的政治投入换取最大的政治成果，美国在中东事务上的深度参与和密切捆绑都有所下降，最明显的表象是从伊拉克的匆忙撤军和与伊朗的关系缓和，这也使得美国的盟友感受到与美国的关系不如从前那么有安全感。另一方面，沙特在积极推进以"2030愿景"为代表的国家发展转型计划，不能继续在国际和地区事务上树敌，而美国在中东政策上的调整，也使得沙特在军事介入也门等问题上面临着较大的外交压力。[2]

（二）萨勒曼时期的"向东看"外交政策

2017年沙特国王萨勒曼开启了为期一个星期的亚洲行，被外界看作对其"向东看"政策的最好诠释。从政治层面上看，沙特向美国传递了强有力的转向信号，与中国、日本、印度等亚太大国发展关系，将有力牵制美国对沙特盟友的资源投入；从经济层面上看，沙特既需要稳定的石油输出，又需要吸引大额的海湾投资，因此与世界上最有发展潜力的东亚市场合作，将有助于沙特更好地实现"2030愿景"。

（三）沙特对华外交

尽管沙特与中国建交较晚，但两国关系近年来发展迅速，双方交往领域不断拓宽。2008年双方建立战略性友好关系，2012年决定在战略框架下进一步提升双方关系，2016年1月建立了全面战略伙伴关系，并成立了中沙高级别联合委员会。中沙都处于经济发展的快速增长期，依托双方的战略合作关系，两国高层互访频繁，经贸合作不断加深。[3] 首先，沙特高度重视包括中国在内的亚洲石油消费市场，是其长期、稳定和可靠的能源出口目的地。统计数据显示，沙特75%的出口原油销往亚洲。[4] 其次，

---

[1] 牛新春：《拜登政府中东政策：基本轮廓与地区国家应对》，《世界知识》2021年第8期。
[2] 《沙特连发外交转向信号有何考量》，新华网，2021年5月2日。
[3] 刘磊：《中沙经贸合作现状及前景分析》，《阿拉伯世界研究》2011年第4期。
[4] 丁隆、黄兰：《萨勒曼继任以来沙特外交政策的调整及前景》，《当代世界》2020年第2期。

沙特与中国经济互补性很强，中国连续 8 年成为沙特最大的贸易伙伴，沙特的"2030 愿景"与中国的"一带一路"倡议吻合。最后，拜登政府的中东收缩政策使得沙特产生不信任感，需要在长期倡导中东和平的中国身上寻求出口。因此，沙特在政治上谋求与中国更加紧密的关系，如积极邀请中国举办"中国—阿拉伯峰会"，希望通过中沙两国的友好关系提升和稳固沙特在阿拉伯国家中的领导地位。

第二篇
重大专题研究

第一章　沙特中长期发展战略

沙特阿拉伯的中长期发展战略主要包括国家发展战略、经济多元化战略、社会发展战略以及区域和国际合作战略。本章将对沙特中长期战略的主要内容及其历史和演进进行梳理。

第一节　国家发展战略的演变

"2030愿景"是沙特最新、最全面，也是最值得期待的国家发展战略。此外，早在20世纪70年代，沙特就开始制订"五年发展计划"，作为指导国家长期经济发展的主要战略。

一　五年发展计划与长期发展战略

石油塑造了作为现代意义上的沙特国家。自1938年首次石油重大发现并在第二次世界大战后进行商业生产以来，石油推动了沙特经济的增长和社会的现代化。在2014年油价下跌之前，石油收入占沙特出口收入的90%，占预算收入的87%，以及GDP的42%。[①] 在过去几十年里，石油财富使沙特阿拉伯成为一个主要的地区和全球大国。

然而，石油经济也使沙特阿拉伯容易受到世界油价波动的影响。新的勘探和开发技术大大增加了探明储量和产量，越来越多的石油生产商进入市场，沙特通过欧佩克等机制稳定国际油价的效果也越来越受到限制。从全球范围来看，以往关于石油供应峰值的焦虑已经让位于关于需求峰值的

---

① "Best Countries for Business 2018: Saudi Arabia," *Forbes*, December 2018, https://www.forbes.com/places/saudi-arabia/? sh = 11b006f94e5c.

辩论。① 因为无论是技术创新，还是资本市场对石油产业长期风险的看法，都可能会大大缩短需求峰值到来的时间。

一直以来，沙特政府都清醒地认识到除了发展石油产业外，还需要进行经济多样化。自 1970 年推出第一个五年发展计划到现在，沙特已经连续实施了十个五年发展计划。通过国家发展规划，沙特制定石油收入分配计划，指引私人投资，鼓励公共和私营部门的发展，增加非石油部门在国家经济总量中的比重。② 与中国的实践相类似，沙特政府在每一个五年计划期间都会根据环境挑战的变化调整政策措施，以提高经济效益、维持就业增长和提高生活水平。③ 基础设施投资在每个五年发展计划中都处于优先地位，发电厂、铁路、公路、港口、管道、海水淡化厂和工业园区建设对沙特的工业化进程至关重要。与此同时，沙特政府通过各种奖学金和培训项目提高国民教育水平，在人力资源开发方面取得了重大进展。

在第十个五年计划（2015—2019）中，沙特政府再次强调经济多元化和创造就业机会。在宏观经济层面，政府宣布实施有助于财政稳定、经济增长和支持社会福利的财政和货币政策。该五年计划提出通过提高矿产资源的利用率，使矿产资源部门经济活动多样化，并发展当地采矿业下游的原材料加工产业。该五年计划强调扩大金融、旅游、运输、工程、通信和信息服务产业的重要性，以增加服务业对 GDP 的贡献。此外，还鼓励本地和外国的战略伙伴加强合作，共同实施投资项目，建立工业区、商业和技术孵化器。④

在制定五年计划的同时，沙特政府还制定了中长期发展战略，即

---

① Spencer Dale, Bassam Fattouh, "Peak Oil Demand and Long-run Oil Prices," https://www.bp.com/content/dam/bp/business-sites/en/global/corporate/pdfs/energy-economics/bp-peak-oil-demand-and-long-run-oil-prices.pdf. Bassam Fattouh, "Saudi Oil Policy: Continuity and Change in Era of the Energy Transition," Oxford Energy Forum, 2021, https://a9w7k6q9.stackpathcdn.com/wpcms/wp-content/uploads/2021/01/Saudi-Oil-Policy-Continuity-and-Change-in-the-Energy-Transtion-WPM-81.pdf.

② "The Eighth National Development Plan (2005 – 2009)," Ministry of Economy & Planning, Saudi Arabia, 2005.

③ Robert E. Looney, and P. C. Frederiksen, "The Evolution and Evaluation of Saudi Arabian Economic Planning," Journal of South Asian and Middle Eastern Studies, Vol. IX, No. 2, 1985.

④ "The 10th National Development Plan (2015 – 2019)," Ministry of Economy & Planning, Saudi Arabia, 2015.

"2024 经济愿景"。该中长期发展战略跨越了 2005 年到 2024 年 20 年的时间，整合了四个连续的五年计划，从第八个发展计划（2005—2009）到第十一个发展计划（2020—2024）。该中长期发展战略提出的经济多样化目标是将非石油工业在 GDP 中的比重从 2004 年的 19.6% 提高到 2024 年的 24.9%，而石油行业的比重则从 27.5% 下降到 17.9%。[1] 此外，还提出了两个重要的社会发展目标——人均实际 GDP 翻一番以及生活质量改善，而创造新的就业机会则是实现这些目标的关键。

这些中长期战略和五年计划在推动沙特经济多样化和创造就业机会方面发挥了重要作用。但相比之下，2016 年 4 月启动的沙特"2030 愿景"引起了国内外更多的关注。"2030 愿景"所展现的对国家改革的雄心和力度是以往任何计划都无法比拟的。"2030 愿景"的启动和实施引发了沙特经济、社会和文化环境的系统性变化，标志着沙特阿拉伯进入了一个全新的经济规划阶段。

二　"2030 愿景"

"2030 愿景"旨在建立繁荣的经济、充满活力的社会和更为高效的现代化政府。而这些都基于沙特的三个重要优势：沙特在阿拉伯和伊斯兰世界中所具备的圣寺守护者的特殊地位，沙特强大的投资实力，以及其位于三大洲交界的地理位置。

"2030 愿景"由沙特王储穆罕默德·本·萨勒曼全权负责。为了推进愿景的实施，沙特成立了许多新的实体，其中包括制定并定期完善总体战略的"新经济和发展事务委员会"，负责将"2030 愿景"的战略目标转化为具体政府项目的"战略管理办公室"，以及跟踪项目进展及关键绩效指标实现程度的"国家绩效管理中心"。为了更好地服务和实现愿景目标，沙特还进行了政府机构的重组和创建。例如，沙特首次成立文化总局和娱乐总局，表明沙特领导层决心推动旅游、文化、体育和娱乐部门的发展，以实现经济和社会变革。

---

[1] Wafa Al-Rushaid, "Strengthening of National Capacities for National Development Strategies and Their Management: An Evaluation of UNDP's Contribution (Country Study-Saudi Arabia)," *United Nations Development Programme*, 2010.

通过"愿景实现计划","2030愿景"的宏伟蓝图被分解成一个个具体的战略目标。每个"愿景实现计划"都有详细的交付计划,不仅建立了关键绩效指标的国际基准,设立了具体项目的指标和目标,还确定了项目的战略支柱,阐明了每个项目与其他"愿景实现计划"的联系。每个"愿景实现计划"都会筛选出完整的项目清单,明确承担这些项目的政府实体、时间表和预算等。通过这些项目计划和关键绩效指标,不同的"愿景实现计划"之间可以加强协调与合作。

"2030愿景"公布五年后,最初的13个"愿景实现计划"在经过审查、评估和重新调整后变为11个,其中包括一个新建的专注于卫生部门转型的新"愿景实现计划"。这11个"愿景实现计划"的主要战略目标如下[①]:

·"公共投资基金愿景实现计划"通过国际和国内战略性投资推动王国的经济多元化。

·"住房计划"提供满足沙特家庭需求的住房解决方案,重点关注可持续新技术的应用。

·"财政可持续性计划"通过提高支出效率,增加收入来源和降低风险管理来提高政府绩效。

·"多约夫—拉赫曼项目计划"旨在提升朝觐和副朝体验与旅行服务。

·"人力资本发展计划"重点培养公民面向21世纪应该具备的基本技能和未来新知识,让公民为新就业市场做好准备,能够参与全球创新知识和能力的竞争。

·"生活质量计划"通过建立新的生态系统来鼓励公民和居民参与文化、环境和体育活动,从而改善个人的生活方式。

·"国家转型计划"通过加速实施城市和数字基础设施建设,提升政府运转效率,改善经济推动因素并提高生活水平。

·"私有化计划"通过开放国有资产投资机会来壮大私营部门的发

---

① "Saudi Vision 2030, Unified National Platform," https://www.my.gov.sa/wps/portal/snp/aboutPortal/!ut/p/z0/04_Sj9CPykssy0xPLMnMz0vMAfIjo8zivQIsTAwdDQz9_d29TAwCnQ1DjUy9wgwMLEz1g1Pz9AuyHRUBI89e_A!!/.

展,而且某些政府服务私有化可以提高服务质量并降低总体成本。

·"卫生部门转型计划"旨在重组王国的卫生部门,使其成为一个全面、有效和综合的卫生系统,为个人和社会提供更为完善的健康服务。

·"金融部门发展计划"旨在建立一个更为多元化和更为有效的金融部门,以支持国民经济的发展,促进收入来源多样化,并刺激储蓄、金融和投资。

·"国家工业发展和物流计划"旨在通过推动采矿和能源部门的价值最大化,建立当地产业能力,跟进第四次工业革命的技术创新,将王国打造成为世界领先的工业强国和全球物流中心。

第二节 经济多元化战略与进展

石油经济是沙特国家经济的核心,石油经济的转型也成为沙特国家发展战略的最紧迫任务。沙特经济多元化战略主要包括以下内容。

一 保持油气产业的核心竞争力

随着全球石油市场和沙特经济的转型发展,石油在沙特政治经济中的作用愈发重要。石油收入仍然是推动非石油部门和私营经济部门增长的主要资金来源,而石油收入的再分配也决定了对基础设施和创新能力的投资能力。

随着全球能源转型的加速,现有市场的进一步压缩会导致石油生产国的竞争更加激烈和利润空间的进一步缩小。沙特是世界上石油生产成本最低的国家,也非常有可能成为最后退出石油开采生产的国家。沙特在国内和国际项目中具备整合上游开采与下游炼化的优势能力。为了应对竞争更为激烈的环境,沙特已经通过提高运营效率、降低生产成本和提高供应可靠性进一步增强石油部门的竞争力。

与此同时,沙特也积极参与全球气候政策的制定和应对行动,建立其独特的气候领导力。在2020年G20峰会期间,沙特提出了"碳循环经济框架"的战略思想,建议通过减碳、回收碳、再利用碳以及储存碳等方式来减少全球的碳排放。① 碳循环经济框架的提出，反映了石油生产国应对环境政策变化的总体策略，即对于仍然依赖油气的行业加强碳回收、再利用和储存等技术的应用，以此提高石油和天然气行业的抗风险能力。这包括但不限于提高石油生产和使用效率，利用碳捕获、使用和储存（CCUS）技术以提高石油采收率，将二氧化碳转化技术应用于化学品和材料生产，增加天然气在氢经济中的供应，并将投资更多地转向石化产品和石油的非燃烧使用。

二 打造本土优势产业

发展壮大具有相对竞争潜力的产业并提升当地制造能力是沙特经济转型的核心。2019年，沙特启动了"国家工业发展和物流计划"，旨在将沙特打造成全球工业和物流中心，建立起采矿、工业、物流和能源四个领域的核心竞争力。② 具有巨大未开发自然资源潜力的领域包括水产养殖、可再生能源、化学品和塑料、采矿和物流，可将本国高需求转化为产业竞争力的行业有机械和设备、制药、海水淡化、汽车、食品加工和军事工业。

为了发展和本地化这些行业，沙特政府在提高创新能力、加强物流整合以及改革政府法规和行政管理等方面已经取得明显进展。2018年12月，沙特成立了"本地化和政府采购局"，重点推动本地化政策的制定和实施，并逐步建立重点行业的本地化生产能力。③ 沙特还建立了"第四次工业革命创新中心"（Innovation Center for Fourth Industrial Revolution-C4IR KSA）④，通过奖学金计划和国际合作促进国家新兴技术的创新和应用，包括数控制造设备、数字逆向工程设备、VR设备、先进金属铸造设备和3D打印等多项先进技术。沙特的数字产业发展速度比许多人预期的要快得多，尤其是在新冠病毒大流行期间。沙特2020年的数字竞争力在20国集团成员国中排名第一。在工业城市投资建设数字基础设施，在1500多家

---

① "The Circular Carbon Economy Index," KAPSARC, 2020, https://www.kapsarc.org/research/projects/the-circular-carbon-economy-index/.

② "National Industrial Development and Logistics Program Delivery Plan (2021-2025)," Saudi National industrial Development and Logistics Program, 2021, https://www.vision2030.gov.sa/v2030/vrps/nidlp/.

③ https://lcgpa.gov.sa/en/Pages/default.aspx.

④ https://c4ir.sa/#home.

工厂布置光纤网络等行动，极大地完善了沙特新产业发展的基础。

值得一提的是，沙特在可再生能源领域也取得了重大进展。沙特成立了"能源组合事务最高委员会"（Supreme Committee for Energy Mix Affairs），以促进可再生能源部门的发展。[1] 此外，"国家可再生能源计划"（National Renewable Energy Program，NREP）的启动，也加快了沙特可再生能源项目的开发。[2] 到目前为止，已经有七个可再生能源项目签署了购电协议，为可再生能源技术的本地化奠定了基础。

第三节 社会发展战略与进展

就业和人才培养等社会发展战略关系着民生和政权稳定，逐渐成为沙特国家发展战略的主要内容。

一 就业与人才培养

在过去的多个五年发展计划中，创造就业一直是沙特的重要考虑。"沙特化计划"（Nitaqat Program）于2011年首次启动，根据公司的经济活动类型及其劳动力规模，对公司雇用的沙特籍员工与外籍员工比例提出不同的要求。不遵守规定的公司将无法为外籍员工申请新的入境签证，公司业务无法扩张，无法获得政府部门的相关服务等，这些都会使其在沙特的经营变得更加困难。2021年5月，沙特人力资源和社会发展部启动了更新后的"沙特化计划"。该计划于2021年12月开始实施，目标是到2024年为沙特公民提供超过34万个工作岗位。[3] 新的计划几乎在每个领域都提高了沙化的门槛，特定行业的工作仅限于沙特籍员工，零售业、酒店业和旅游业、非政府组织和杂货店的某些岗位已经或正在考虑在未来几年里进行部分或全部沙特化。这些计划在一定程度上增加了沙特籍员工的比例，但也给公司带来了巨大的成本，很多公司关闭或缩小了运营规模。国际货币基金组织和其他国际组织对此提出建议，应逐步实施"沙特化计

---

[1] https://www.spa.gov.sa/viewfullstory.php?lang=en&newsid=2053583.
[2] "National Renewable Energy Program," https://ksa-climate.com/making-a-difference/nrep/.
[3] https://hrsd.gov.sa/en/news/implementing-new-nitaqat.

划",同时放宽外籍劳工政策并支持私营部门的发展。[1]

沙特政府已经计划出台一系列新举措,以改善劳动力市场供需之间的不匹配。近短期政策的重点是为在私营部门工作的沙特公民创造有利条件,包括提供岗位补贴,增加对新员工的培训,鼓励远程办公、灵活用工和兼职工作,扩大工资保障等。从长远来看,政府努力提高教育质量和加大劳动力培训,让年轻的沙特人在新兴行业的就业做好准备。"人力资本发展计划"(Human Capital Development Program)确定了"2030愿景"下的几个关键指标[2]:

·将高等教育毕业生在毕业后六个月内就业的比例从2019年的4.5%提高到2025年的20%。

·将职业技术教育毕业生占总就业人口的比例从2019年的13.9%提高到2025年的50%。

·将技术和职业教育与培训的入学率从2019年的22.8%提高到2025年的33%。

·将高技能工作的本地化比例从2020年的32%提高到2025年的40%。

二 社会变革

沙特在社会生活方面发生了巨大的变革。最为显著的是女性在社会生活中的种种限制得以放宽。女性不仅可以有更多着装选择,可以自己驾驶汽车,还可以单独出国旅行而不再需要获得监护人的监护或许可。从2018年6月女性驾驶合法化到2020年1月,发放给女性的驾驶执照总数约为17.5万张。截至2021年,沙特女性司机的数量从600名增加到3900名,增长了500%以上。2021年第三季度,女性参与劳动的比例达到了34%,相比国家转型计划中设定的基线(截至2017年为17%)有巨大超越。

沙特历史上第一次开放了国内娱乐业市场,这在2016年之前几乎是

---

[1] "The Labor Market in Saudi Arabia: Background, Areas of Progress and Insights for the Future," published by Cambridge, Massachusetts: Harvard Kennedy School, 2019, https://epod.cid.harvard.edu/sites/default/files/2019-08/EPD_ Report_ Digital.pdf.

[2] https://www.vision2030.gov.sa/v2030/vrps/hcdp/.

不存在的。在过去五年中，沙特"娱乐管理总局"（GEA）基本上从零开始建立娱乐业，并制定了包括电影院、音乐会、主题公园、水上乐园、街头节日、歌剧院和整个"娱乐城市"等计划。娱乐管理总局非常活跃，已经为 2700 万名与会者举办了 6000 多场活动。

随着新的旅游签证系统的放开，游客们可以通过在线申请或办理落地签的方式进入沙特，沙特的旅游环境和旅游服务都获得了明显改善。历史悠久的前伊斯兰遗址的开发以及对酒店基础设施的投资可以吸引国际和当地游客，并改善沙特阿拉伯的国家形象，吸引更多投资。超大项目"NEOM"新城的开发更是激发了沙特公民和潜在外国投资者的兴趣，而这原本只是沙特西部边境的一个孤立且基本上无人居住的地区，总面积达 10200 平方英亩。"NEOM"新城将来不仅仅是沙特重要的旅游之城，还是尖端技术和创新解决方案试点和应用的创新之城，代表了"2030 愿景"中沙特未来的国家形象。

第四节 区域和国际合作战略与演进

作为海湾地区最大的君主国和最大的市场，沙特阿拉伯以海合会作为主要区域合作平台，以亚洲作为走向国际的发展方向和起点，致力于把沙特打造成为贸易、物流、航空等产业的国际中心。

一 海合会共同市场战略

海湾阿拉伯国家合作委员会（Gulf Cooperation Council）成立初期主要致力于维护沙特、阿联酋、巴林、阿曼、科威特和卡塔尔六国的共同利益，协调在政治、经济、外交、安全、军事等领域的重大立场与政策，鼓励成员国之间的人员流动，推动六国在能源、工业、农业及科技领域的发展与合作。为应对经济全球化的挑战，海合会成员国充分发挥语言和宗教相同、经济结构相似等方面的优势，积极促进彼此间的经贸合作，加快了区域内经济一体化进程，在自由贸易区、关税同盟、共同市场和货币联盟等领域取得显著进展。

1981 年 11 月签署的《海湾合作委员会国家统一经济协定》是《海湾合作委员会宪章》的基础，旨在建立更紧密的经济关系和人员联系，体现成员国发展、扩展和加强彼此经济联系的愿望。协议主要内容包括：

·实现更自由的货物（农业、动物和工业产品以及自然资源）贸易，协调贸易政策和条例，包括共同的对外关税。

·所有海湾合作委员会公民享有国民待遇。

·在产业发展、技术合作、金融合作等方面，国家法律、法规和战略的趋同一致和统一。

·在成员国内互连基础设施，特别是在运输和通信、电力和天然气方面，并促进合资企业的建立。

·主要贸易条例，包括一项关于工业产品原产国的条例，其中规定，一个成员国的国民应至少拥有生产公司51%的股份，增加值不应低于其最终价值的40%，某一特定物项应被视为原产国产品。

虽然统一经济协定是在海合会于1981年成立后一年内缔结的，但一体化的真正推动始于2001年修订协定的批准。2001年修订协定的达成为建立关税同盟、共同市场和共同货币提供了主体框架。

早在1983年海合会就开始建立自由贸易区，并以此为基础讨论推动关税同盟，但各国进口税率的不同限制了协议的达成。随着2001年经济协定的修订签署，关税同盟也于2003年正式启动，对从海合会成员国以外地区进口的商品征收5%的统一关税，同时六国之间取消了关税壁垒。2012年海合会成立了关税统一局，推动区域关税收益分配、本地机构保护以及关税手续统一等工作机制的建立。历经12年的打磨，海湾六国终于就关税同盟的整体运行框架达成共识，2015年关税同盟进入全面实施阶段。而通过关税同盟进一步深化共同市场和经济一体化的工作还在继续，海合会计划于2024年完成关税同盟的后续收尾工作。[①] 关税同盟有效增加了区域内部贸易流动，扩大了经济规模，刺激了资源流动，提高了产品进出口效率。以关税同盟为基础形成的贸易联合体，不仅增强了海湾六国与世贸组织谈判时的国际地位，也提升了海湾六国与其他国家和地区开展贸易投资协定谈判的吸引力。

关税同盟是海湾合作委员会建立共同市场的基石。2008年海湾六国

---

① Arab News, "Saudi Arabia Calls on GCC to Speed up Establishment of Customs Union, Common Market," 24 January, 2022, https://www.arabnews.com/node/2010451/business-economy.

在建立了关税同盟相关的法律、标准和流程之后，立即展开了共同市场的启动工作，旨在通过创建共同市场提高生产效率和优化资源配置。① 共同市场的建立可以为海合会公民提供平等的权利，海合会各国的公民可以在任何成员国的政府和私人机构工作，可以进行房地产的买卖和项目投资，可以在成员国之间自由流动并获得教育和健康的福利。这些对区域内资本和劳动力的自由流动起到了极大的促进作用。② 2021 年 11 月，海合会财长在巴林首都举行会议，启动海合会 Takamul，作为共同市场的电子网关，推动六国在 2025 年前实现共同市场。

从关税同盟向共同市场的转变仍然面临着一些挑战。海合会成员国整体工业基础薄弱，经济结构单一，各国间经济互补性较差。私人投资在总投资中的占比很低，成员国在很大程度上仍依赖碳氢化合物资源的开发。这在一定程度上决定了当前的经济一体化更多地集中在贸易和金融领域，而在生产和技术领域的合作尚待开发。成员国之间的经贸竞争可能会损害经济一体化的成果，而内部分歧和地区冲突也可能损耗该地区的经济和政治稳定。③ 卡塔尔外交危机爆发正值海合会准备实施于 2018 年 1 月 1 日生效的共享增值税，外交关系中断导致卡塔尔缺席了海合会几乎所有的政策讨论和制定章程的会议，最终只有沙特和阿联酋引入了增值税。④

经济一体化的最后阶段是货币统一。实行单一货币可以促进资本自由流动，刺激成员国间的投资及其他国家在海湾六国的中长期投资。实行单一货币还可以消除成员国货币汇率风险，减少交易费用，稳定交易商品的价格，促进成员国间的贸易。此外，实行单一货币还可以提升海合会区域市场竞争力，进一步推动基础工业、旅游业、服务业、金融业等多种产业

---

① P. K. Abdul Ghafour, "GCC Common Market Becomes A Reality," *Arab News*, 2008 - 01 - 01, https://www.arabnews.com/node/307252.

② Dylan Bowman, "GCC Common Market Comes into Effect," *Arabian Business*, 1 Jan. 2008, https://www.arabianbusiness.com/markets/equities/markets-companies/gcc-common-market-comes-into-effect-122387.

③ Linda Low and Lorraine Carlos Salazar, "Challenges in GCC Integration," In *The Gulf Cooperation Council: A Rising Power and Lessons for ASEAN*, ISEAS-Yusof Ishak Institute, 2010, pp. 28 - 36.

④ Kristian Coates Ulrichsen, "Missed Opportunities and Failed Integration in the GCC," Arab Center Washing D. C., Jun. 1, 2018. https://arabcenterdc.org/resource/missed-opportunities-and-failed-integration-in-the-gcc/.

的发展。① 2008 年 12 月，海合会高委会批准通过了海合会货币联盟协议。2009 年 5 月，利雅得被定为海湾货币委员会的总部所在地，2009 年 6 月，海湾六国中只有四个成员国，即巴林、沙特阿拉伯王国、科威特和卡塔尔，签署了货币联盟协议。2010 年 3 月，海湾货币委员会正式成立。由于海合会成员国在经济指标上差异较大，协调各国货币和财政政策需要逐步加强法律制度和机构建设，实现海合会货币统一仍需时日。

统一而强大的海合会是实现沙特"2030 愿景"的基础，也是推动其他成员国实现经济多元化的重要力量。海合会国家之间的能源和基础设施互联互通将成为新一轮投资的重点。电力互联项目可以提高成员国电力部门的效率，减少电力行业的投资需求，提高非化石燃料发电的比例。② 海合会区域内的天然气管道互通则可以把卡塔尔的天然气输送到有需求的成员国。穿过沙特、巴林、卡塔尔和阿联酋的铁路网络，则可以促进人员与贸易的流动。这些既需要海合会发起共同的基础设施投资，也会给海合会内部带来经济增长。

二 全球物流贸易枢纽战略的提出与进展

沙特具有连接主要新兴市场和重要海上通道的地理优势。作为连接亚洲、欧洲和非洲的全球枢纽，运输和物流业有望成为沙特颇有发展前景的产业之一。为实现这一战略目标，沙特大力支持国家主导的铁路、海运、公路、机场和物流基础设施的投资，以支撑运输和物流部门规模的扩张。此外，经济增长、人口结构优化和快速城市化都成为沙特投资扩大其交通网络的推动因素。沙特计划通过公私合营的方式与全球领先的物流公司密切合作，引入地铁和公共汽车等城市交通系统以及货运和高速铁路等城际网络。同时，沙特还在国内部分地区推广经济特区，创建与一系列国际目的地连接的多式联运货运产业集群。

提高私营企业在运输和物流业领域的参与程度，可以进一步推动经济多元化。"2030 愿景"计划将交通行业的项目自筹资金增长 20%，为私

---

① 杨兆华：《试论海湾六国货币统一的现实意义》，《阿拉伯世界研究》2005 年第 4 期。
② Nasser Al-Mawali, "Intra-Gulf Cooperation Council: Saudi Arabia Effect," *Journal of Economic Integration*, Vol. 30, No. 3, September 2015, pp. 532 – 552.

营企业参与港口、机场、铁路和公路基础设施建设创造更大的空间。①

（一）航空业

航空业在"2030愿景"中发挥着关键作用，占2018年GDP总量的4.6%（340亿美元）。为了改善机场和航空基础设施，沙特投资总局批准了一项扩建计划，用于升级现有机场和建设新机场，扩建包括重建艾卜哈、哈萨、卡西姆、阿拉尔、哈伊勒和吉赞的机场，还计划在Al-Qunfudah、Farasan Island、Taif以及首都利雅得的北部和南部修建新机场。私营企业不仅可以为机场扩建计划提供更多的资金来源，还可以参与机场项目的建设和运营。每个机场项目都将转变成为独立运营的公司，由独立的董事会负责公司运营和财务绩效。沙特民航总局的私有化战略旨在将所有沙特机场转让给沙特民航控股公司全资拥有的公司，然后将控股公司的所有权转让给公共投资基金。

沙特民航总局正在构想三种不同的运营模式，应用于在利雅得、达曼、吉达和麦地那的机场发展。第一种模式是将机场所有权转让给私营公司。利雅得机场公司（RAC）将位于利雅得的哈立德国王国际机场出售给私人投资者，组建一个机场董事会来管理公司。第二种模式是将机场的运营和维护职能私有化。吉达的阿卜杜勒阿齐兹国王国际机场将运营和管理分包给樟宜公司就是这种模式（2020年取消了合同）。在这种模式中，沙特民航总局承担建设项目的成本，并与投资者分享利润。第三种模式是建设—经营—转让体系（BTO）。该体系在麦地那的穆罕默德·本·阿卜杜勒阿齐兹亲王国际机场以及塔伊夫、哈伊勒、卡西姆和延布的机场得以应用。在私有化完成后，沙特民航总局将成为下一阶段航空业的监管和控制者。

为了实现这一战略，沙特民航总局创建了几家国有企业来促进航空业务的发展，包括利雅得机场公司、沙特航空信息技术公司（SAVIT）、沙特空中导航服务（SANS）和达曼机场公司（DACO）。

（二）物流业

"2030愿景"的另一个关键支柱是将沙特转变为该地区首选的物流中

---

① "Saudi Arabia: Country Commercial Guide," US International Trade Administration, https://www.trade.gov/knowledge-product/saudi-arabia-transport-and-logistics.

心,能够有效地连接亚洲、欧洲和非洲的贸易。沙特阿拉伯的物流市场价值达180亿美元,是海合会国家中规模最大的市场,占海合会物流市场总量的55%,在新兴市场中排名第三。[1] 政府的目标是将沙特在物流绩效指数中的全球排名从第49名提高到第25名,并将其服务朝觐和副朝游客的能力从每年800万人次增加到3000万人次。[2]

沙特计划到2030年成为该地区最重要的物流枢纽。为此,沙特正在精简进出口程序,改革治理结构和条例,以便为市场自由化和私营部门参与物流产业开辟道路。除了资金外,沙特还希望通过公私合营为当地物流市场带来先进的技术和管理能力。通过流程的重新设计和自动化,沙特进口货物的时间、成本和可变性都明显削减。海港的平均申报清关时间缩短至2.2天,机场的平均清关时间缩短至1.2天,进出口文书工作减少了75%。

沙特正在对其机场货运设施进行现代化改造和扩建,以消除基础设施瓶颈。目标是将沙特航空货运总运力从当前的80万吨/年增加到2030年的600万吨/年。技术进步和应用正在改善沙特进出口过程的安全性和可控性。如今,进口商可以实时跟踪其货物的状态和进度,报关行可以在其手机上接收到有关其货件状态的自动通知,并在线上提供装运清单后立即(即在装运到达之前)创建其申报单。沙特最近启动了一个港口系统,以确保进出口过程中涉及的所有各方之间安全有效地交换信息,包括船舶和码头运营、数字支付和卡车管理。

由于制造业、国际贸易、国内消费的增长以及政府法规的放松,预计包括物流市场和仓储在内的沙特物流业将很快实现增长。近年来,由于制药业的积极参与以及对新鲜和加工水果、蔬菜、肉类和乳制品的需求不断增长,沙特物流市场的冷链部分也出现了大幅增长。沙特政府已宣布在利雅得建立经济特区(SEZ),这是第一个此类特区,将在未来几年里为公路货运业的增长提供一定程度的支持。经济特区将专注于综合物流,进驻该特区的企业会享受特殊的政策和规定。作为"2030愿景"计划的一部

---

[1] "Saudi Arabia-Country Commercial Guide," International Trade Administration, Oct. 13th, 2019, https://www.trade.gov/knowledge-product/saudi-arabia-transport-and-logistics.

[2] "Saudi Arabia's Big Logistics Play," Transport Ministry of Saudi Arabia, Nov. 25th, 2021, https://mot.gov.sa/en/help/Documents/KSALogisticsEN.pdf.

分，新的经济特区将在利雅得通过创建接受金融、贸易和签证减损的特区来吸引外国投资和发展制造业。所有处于经济特区的货物或进行维护或维修的临时运输和仓储货物将免征增值税。

从2017年开始，每年的10月沙特都会举行供应链和物流会议，会议吸引了本地和国际公司的领导、决策者和专家参加。① 利用地理位置、财政金融和能源资源等方面的竞争优势，以及人工智能和技术创新的机会，沙特正在迅速成长为海湾地区另一新的物流中心。

（三）海运业

沙特的海运网络每年可以处理约1300万个20英尺当量集装箱（TEU），每年接收15000艘船停泊。海运网络包括10个非石油贸易的主要港口、200个码头、216个泊位和六个主要集装箱港口，位于东西方航运路线的关键交叉点上。沙特港口主导着区域过境市场，处理了90%以上的红海贸易货物过境和30%的东非贸易货物过境。沙特正在对其海港进行投资，以使其基础设施现代化并增加容量，几个价值16亿美元的项目已经在进行中。沙特港务局（Saudi Ports Authority）已拨款80亿美元，用于每个港口的现代化和装备建设与升级。②

沙特的商业和工业港口包括吉达伊斯兰港、阿卜杜勒阿齐兹国王将军港、朱拜勒法赫德国王工业港、延布法赫德国王工业港、朱拜勒商业港、延布商业港以及吉赞、迪巴和哈伊尔角的港口。阿卜杜拉国王港是沙特阿拉伯第一个由私营部门全面开发和经营的港口，目前是该地区最先进的港口。为了进一步利用其在该地区的位置并更好地服务于当地的石油生产行业，沙特计划在其东海岸建造一个海事和造船综合体，以提高其出口石油的能力，并建立一支航运船队以匹配其石油生产能力。

沙特正在努力通过提高港口专业化、治理改革和更新特许权框架来提高海港效率和服务质量。最新成立的港口监管机构（Mawani）正在推动港口部门的公司化和私有化。2014年11月，首届沙特海事大会在利雅得举行，是海湾地区最大的全球航运和物流活动。2022年计划在达曼举行沙特海事大会，预计未来几年里沙特港口和航运建设将由于一些大型项目

---

① https：//www.modon.gov.sa/en/mediacenter/events/Pages/add.aspx.
② Saudi Ports Authority，www.mawani.gov.sa.

的启动而迎来热潮。

(四) 境内外陆路运输

沙特铁路部门的治理由交通部、公共投资基金、公共交通管理局(PTA)、沙特铁路组织(SRO)和沙特铁路公司(SAR)组成。交通部主要负责运输部门战略、基础设施和整体部门发展，而公共交通管理局则负责协调城市内部和城市之间的公共交通服务发展。沙特铁路组织是交通部下设的国有公共铁路实体，目前在东部省达曼市和首都利雅得之间运营着1400千米的铁路网。沙特铁路公司是一个私营部门实体，由公共投资基金拥有。它的创建是为了开发和运营2750千米的南北铁路(NSR)网络，其中包括货运和客运服务。

沙特投资总局正投资250亿美元用于三个大型项目，作为3900千米铁路扩建计划的一部分。南北铁路是该地区最大的铁路，横跨利雅得和哈迪萨，全长2750千米，靠近约旦边境。该项目耗资35亿美元，预计其每年将运送400万吨商品和200万乘客。① 计划中的沙特陆桥项目是沙特扩建的第三个主要铁路项目，该项目首次将红海和阿拉伯湾连接起来，包括计划在利雅得和吉达之间建造950千米的新铁路线，以及在达曼和朱拜勒之间建造另外115千米的轨道，耗资约70亿美元。该项目将采用建设—运营—转让系统(BOT)，时间为50年。除了上述大型项目外，沙特政府还设想到2030年再增加10000千米的铁路和地铁轨道。②

沙特投资总局已投资220亿美元在利雅得建立最先进的地铁网络，包括六条主线，总轨道长度为176千米，横贯城市的商业和零售区、金融中心和机场。此外，沙特投资总局还计划在麦加、吉达、麦地那和达曼建设四条地铁线路，总成本预计约550亿美元(麦加地铁耗资约160亿美元，吉达地铁耗资约120亿美元，达曼地铁耗资约160亿美元，麦地那地铁耗资约110亿美元)。这四个地铁项目都将根据计划制定新的采购战略，将其转变为公司合营和建设—经营—转让项目。③

---

① Metro Jeddah Company, www.metrojedda.com.sa.
② Ministry of Transport, www.mot.gov.sa.
③ General Authority for Civil Aviation, www.gaca.gov.sa.

沙特拥有覆盖20多万千米的大型公路网，其中包括66000千米的公路，连接主要城市，并提供通往铁路、港口和机场的通道。根据发展计划，沙特拨出大笔资金用于建造和翻新城市中心道路、十字路口和桥梁，还计划建造超过3500千米的新道路，其中包括284条连接沙特主要城市中心的高速公路。工业活动的增加和整个中东地区电子商务的扩张，也带动了沙特陆路货运需求的上升。疫情后国际油价的上涨、沙特经济的复苏以及计划中的基础设施投资预算，将继续支持公路货运建设。

三 亚洲合作进展与前瞻

沙特有超过一半的石油流向亚洲。随着沙特国内改革的推进和国际石油市场环境的变化，亚洲地区在沙特对外经济政策中的重要性逐步上升。在"2030愿景"新战略的指导下，沙特与亚洲国家在政治、军事、经济、技术和文化等领域的合作与联系不断加强。[1] 而沙特的亚洲战略与这些亚洲国家的能源安全与经济多元化战略也彼此吻合，双方在基础设施、技术、旅游业和先进制造业领域的合作有很大的潜力。[2] 通过加强与亚洲主要国家的能源与经济合作，沙特可以进一步强化自己作为全球投资强国和贸易枢纽的地位。在已有双边伙伴关系的基础上，沙特也在进一步加强东盟与海合会在自贸区和体制建设方面的合作。

2017年萨勒曼国王对亚洲六国的访问为沙特亚洲战略奠定了坚实的基础。沙特阿美公司和沙特基础工业公司在日本存在长期业务，能源和石化产品成为两国合作伙伴关系的核心。沙特有意通过中巴经济走廊加强与中国和巴基斯坦的合作伙伴关系，形成三方合作的模式，比如在巴基斯坦深水港瓜达尔港建设一座价值100亿美元的炼油厂，而该港口是中国"一带一路"投资建设的重点项目。印度进口石油中约20%来自沙特，有约270万印度人在沙特生活和工作，两国有良好的合作基础。沙特阿美公司和阿布扎比国家石油公司（ADNOC）投资440亿美元在马哈拉施特拉邦

---

[1] Jeddah, "Looking East: The Saudis are Hedging Their Bets," *The Economist*, Dec. 11th, 2010, https://www.economist.com/middle-east-and-africa/2010/12/09/looking-east.

[2] Nadeem Ahmed Moonakal, "Opinion-Saudi Arabia's Pivot to Asia," *E-International Relations*, Sep. 29, 2020, https://www.e-ir.info/2020/09/29/opinion-saudi-arabias-pivot-to-asia/.

建立 Ratnagiri 炼油厂。①

借助于"向东看"战略,沙特不仅与中国等亚洲大国保持着积极的外交关系,而且没有放弃与美国和欧洲大多数西方国家的传统盟友关系。沙特与亚洲之间的贸易和投资不会因为新冠疫情的全球流行而减缓。未来沙特与亚洲国家的企业将有更多机会进行资本合作,特别是沙特主权财富基金对亚洲可再生能源、基础设施和数字经济等新型领域的投资兴趣不断增加,并吸引着更多的亚洲投资和企业进入其西海岸的新开发项目。②

---

① Harsh V. Pant, "The Saudi Pivot to Asia and India's Role," *Observer Research Foundation*, Feb. 28, 2019, https://www.orfonline.org/research/saudi-pivot-asia-india-role-48633/.
② Freddie Neve, "What's behind the Gulf's Trade Surge with Asia?," *Brink News*, November 21, 2021, https://www.brinknews.com/the-gulf-is-turning-toward-asia/.

第二章　重要城市及其影响力

沙特阿拉伯王国，通称沙特阿拉伯，简称沙特，位于阿拉伯半岛，东濒波斯湾，西临红海，同约旦、伊拉克、科威特、阿联酋、阿曼、也门等国接壤，并经法赫德国王大桥与巴林相接。沙特国土面积为225万平方千米，海岸线长2448千米，是同时位于红海海岸和波斯湾海岸的国家。其大部分地形由干旱的沙漠、低地和山脉组成，地势西高东低。除西南高原和北方地区属亚热带地中海型气候外，其他地区均属热带沙漠气候。夏季炎热干燥，最高气温可达50℃以上；冬季气候温和，年平均降雨不超过200毫米。沙特阿拉伯属东3时区，比北京时间晚5小时，不实行夏令时。

截至2020年5月，沙特人口有3420万人，其中公民约占62%。沙特阿拉伯王国是世界上城市化程度较高的国家之一，每十人中有八人居住在城市地区。伊斯兰教为其国教，官方语言是阿拉伯语，通用货币是沙特里亚尔（Riyal），2016年人民币与里亚尔实现了直接兑换结算，1沙特里亚尔=1.86元人民币。利雅得（Riyadh）是沙特阿拉伯的首都和第一大城市，也是利雅得省省会；吉达（Jiddan）是沙特阿拉伯的第二大城市、第一大港、重要的金融中心。沙特阿拉伯是世界上十分年轻的国家之一，在其3420万人口中有50%的人口年龄在25岁以下。

据2019年沙特阿拉伯政府网站数据，沙特阿拉伯2018年的名义GDP为7825亿美元，实际GDP为7001亿美元，国内生产总值增长率为2.21%，人均国内生产总值为23418美元。石油工业是沙特经济的主要支柱，沙特阿拉伯是世界上第二大石油生产国（仅次于美国）和世界上最大的石油出口国，它的石油储量以及天然气储量分别排世界第二位和世界第六位。沙特阿拉伯的主要贸易伙伴是中国、美国、日本、印度、韩国、阿联酋等，由于大量出口石油，沙特对外贸易长期呈现顺差。[1] 沙特阿拉伯被世界银行列为具有人类高发展指数的高收入经济体，并且是20国集团中唯一的阿拉伯国家。截至2018年10月，沙特阿拉伯已经成为中东最大的经济体，在世界上排第18名。沙特在中东地区乃至世界范围内的政治、经济和宗教领域发挥着举足轻重的作用。[2]

第一节　城市化发展历史与趋势

城市化作为一种复杂的社会和经济现象，是经济社会结构和生活方式不断变化，人口和人类文明的空间集约化的过程。通常用城市化率衡量特定区域内城市化发展程度，以一定区域内的城市人口占总人口的百分比来表示，总体来说，西方发达国家的城市化水平要高于发展中国家。沙特阿拉伯由于特殊的地理环境，沙漠广布，而适宜人类居住的绿洲地区就成了城市发展的集中地，因此沙特阿拉伯人口集中在绿洲，城市化水平极高，与发达国家不相上下。

一　城市化率

（一）沙特阿拉伯城市化水平高，近年来发展速度有所减缓

如图Ⅱ-2-1、图Ⅱ-2-2所示，1950年，沙特阿拉伯的城市人口数量为66.5万人，占全国总人口的21.3%。1950—1970年，沙特阿拉伯总人口平稳增长，城市人口数量相对增长更快，城市化率逐年稳步上升，1965—1970年，其城市人口平均年增长率高达4.55%，1970年城市化率为48.7%（城市人口为284.1万人）。1970—1990年是沙特阿拉伯城市化高速发展阶段，1990年城市化率上升到76.6%（城市人口为1250.4万人）。1990—2015年城市化速度放缓，2015年沙特阿拉伯城市化率达到83.2%（城市人口为2624.9万人），2018年城市化率达到83.8%（城市人口为2813.3万人），城市化水平高于某些西方发达国家。沙特阿拉伯已经发展成为一个高度城市化的国家，据联合国预测，到2050年，沙特阿

---

[1] http://www.chinaembassy.org.sa/chn/stgk/t1655193.htm.
[2] https://en.wikipedia.org/wiki/Saudi_Arabia.

拉伯总人口将突破4070.9万人，城市化率达90.4%。

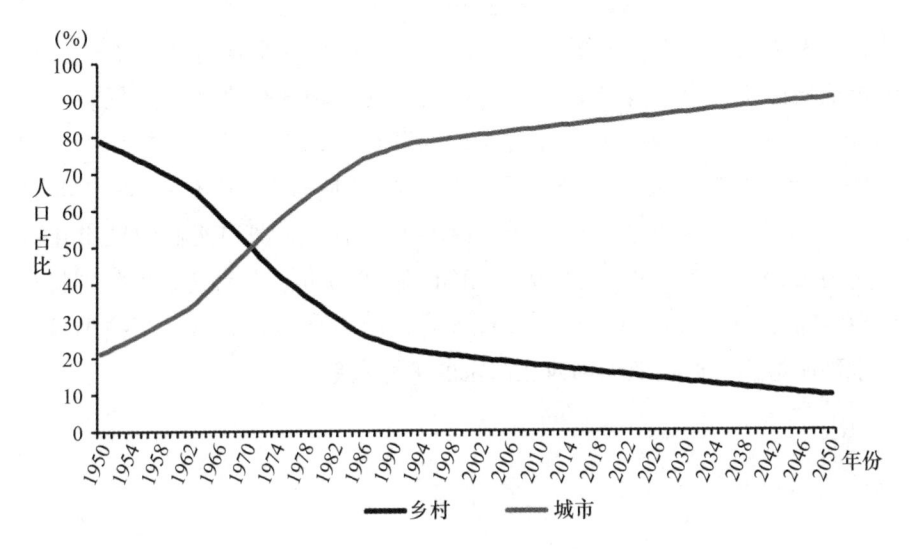

图Ⅱ-2-1 沙特阿拉伯城乡人口占比

资料来源：United Nations（2018），http://data.un.org/en/iso/sa.html.

说明：图中包括联合国对沙特未来人口预测占比。

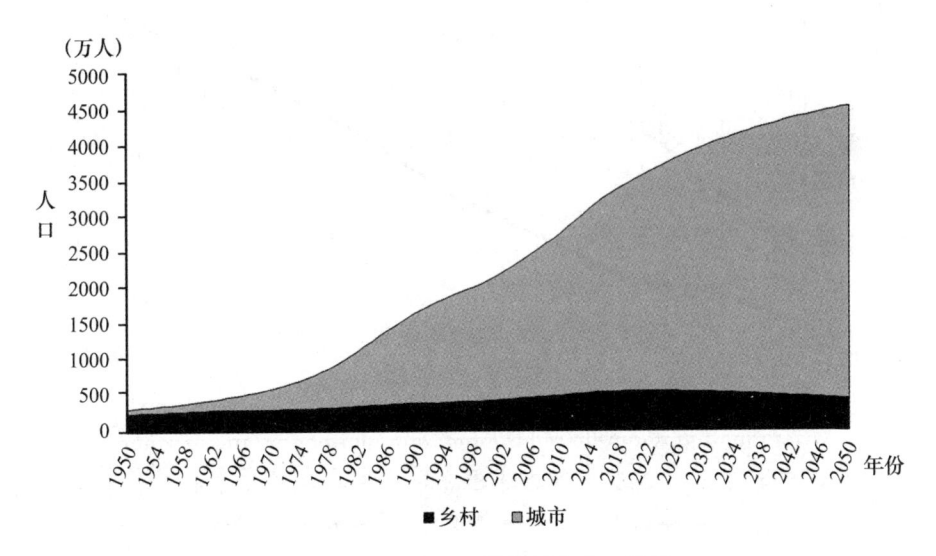

图Ⅱ-2-2 沙特阿拉伯城乡人口数量

资料来源：United Nations（2018），http://data.un.org/en/iso/sa.html.

说明：图中包括联合国对沙特未来城乡人口预测数。

(二) 沙特阿拉伯城镇人口比例与本地区主要国家相比处于较高水平

如图Ⅱ-2-3所示,1950年沙特阿拉伯城市化率为21.3%,同一时期,亚洲国家的城市化率平均为17.5%,西亚地区平均为28.9%,沙特阿拉伯城市化率介于亚洲和西亚地区国家的平均水平之间。仅仅经过了20年,1970年沙特阿拉伯城市化率就跃升至48.7%,超过同期的西亚国家的平均城市化率(44.8%),且高于同期亚洲国家的平均水平(23.7%)25个百分点。2018年,沙特阿拉伯、亚洲和西亚的城市化率分别为83.8%、71.6%和49.9%。预计到2050年,三者的数值分别将达到90.4%、81.4%和66.2%。总体来看,1970年以后,沙特阿拉伯城市化水平明显高于同期亚洲和西亚国家的平均水平。

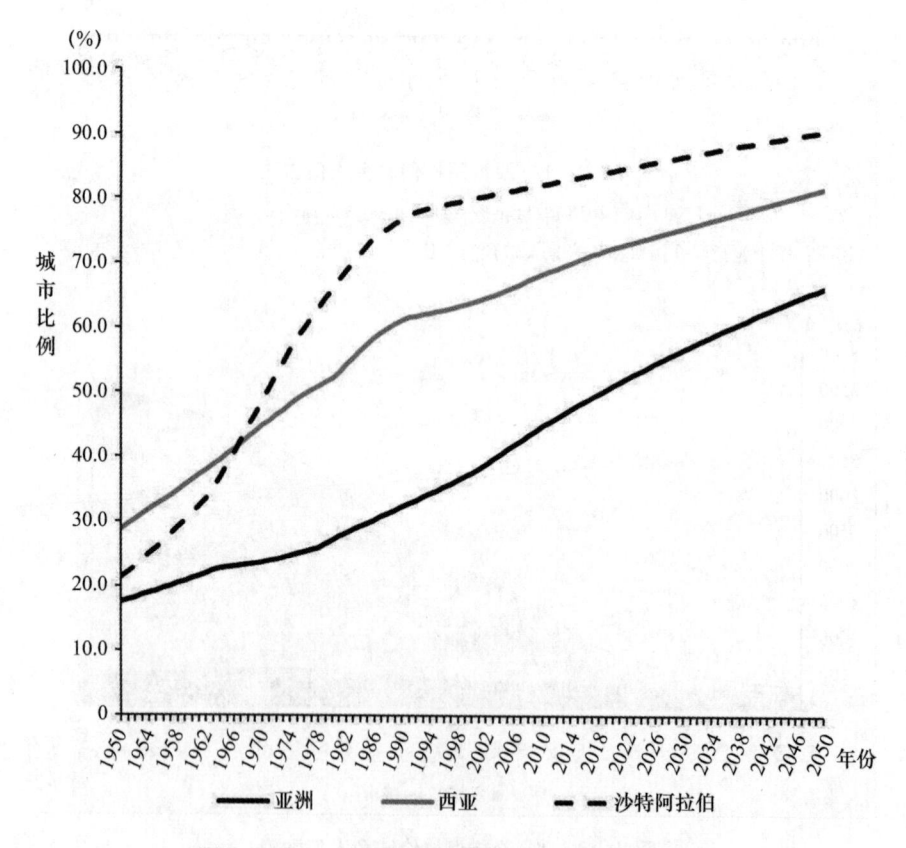

图Ⅱ-2-3 沙特阿拉伯各区域和次区域城市比例

资料来源:United Nations (2018), http://data.un.org/en/iso/sa.html.

说明:图中包括联合国对沙特未来城市的预测比例。

二 城市化增长速度已趋于和缓

1950—1975 年，沙特阿拉伯城市化年均增长率稳步上升，城市化进程加快，到 1975 年达到峰值 8.45%，远高于同期亚洲（3.32%）与西亚（4.54%）的水平。1980—2000 年，沙特阿拉伯的城市化进程趋缓，城市人口年平均变化率逐年降低，到 2000 年已下降至 2.35%，低于同时期的亚洲（2.82%）与西亚（2.51%）的水平。自 2000 年至今，沙特阿拉伯的城市化增长率持续降低，预计到 2050 年，城市化年均增长率会降到 0.66%（见图Ⅱ-2-4）。

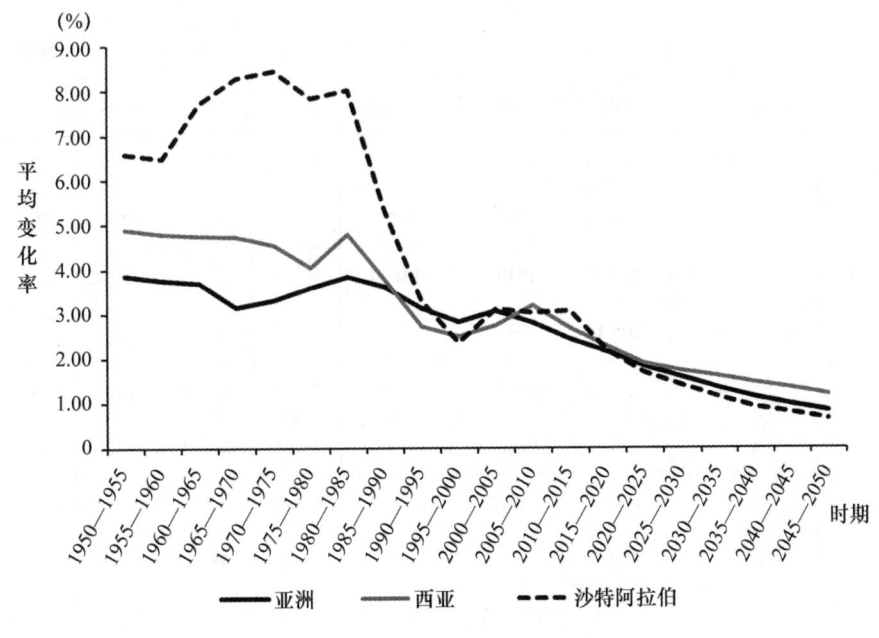

图Ⅱ-2-4 沙特阿拉伯城市人口年平均变化率

资料来源：United Nations（2018），http://data.un.org/en/iso/sa.html.

说明：图中包括联合国对沙特未来城市人口年平均变化的预测率。

第二节 城市体系与重点城市规模的变化与趋势

沙特阿拉伯行政区划分为省、市（县）、乡三级，全国分为 13 个省：利雅得、麦加、麦地那、东部、卡西姆、哈伊勒、阿西尔、巴哈、塔布克、北部边疆、吉赞、纳季兰、焦夫,省长(也称埃米尔)由国王直接任命,为大臣级。省下设一级县和二级县,县下设一级乡和二级乡。

一 城市体系发展

在沙特阿拉伯13个省中利雅得省人口数量最多,东部省面积最大,吉赞省人口密度最大,其余各省的面积、人口数量和人口密度差异明显(见表Ⅱ-2-1)。

表Ⅱ-2-1　　　　沙特阿拉伯各省人口规模　　　　(万人)

序号	省名	省会	面积(km²)	密度(人/km²)	1992	2004	2010	2018
1	巴哈	巴哈	9921	49.10	33.2	37.8	41.3	48.7
2	北部边疆	阿尔阿尔	111797	3.36	22.9	28.0	32.2	37.5
3	焦夫	塞卡凯	100212	5.20	26.8	36.2	43.9	52.1
4	麦地那	麦地那	151990	14.40	108.5	151.3	178.2	218.8
5	卡西姆	布赖代	58046	25.08	75.1	101.6	121.9	145.6
6	利雅得	利雅得	404240	20.90	383.5	545.8	679.3	844.7
7	东部	达曼	672522	7.48	257.6	336.0	413.0	502.9
8	阿西尔	艾卜哈	76693	29.49	134.0	168.8	192.7	226.2
9	哈伊勒	哈伊勒	103887	6.89	41.1	52.7	60.6	71.6
10	吉赞	吉赞	11671	137.41	86.6	118.8	137.5	160.4
11	麦加	麦加	153128	57.49	446.8	579.7	692.7	880.4
12	纳季兰	纳季兰	149511	3.98	30.1	42.0	50.7	59.6
13	塔布克	塔布克	146072	6.37	48.6	69.2	79.6	93.1
合计			2149690	15.54	1694.8	2267.8	2723.6	3341.4

资料来源:http://www.citypopulation.de/en/saudiarabia/cities/。

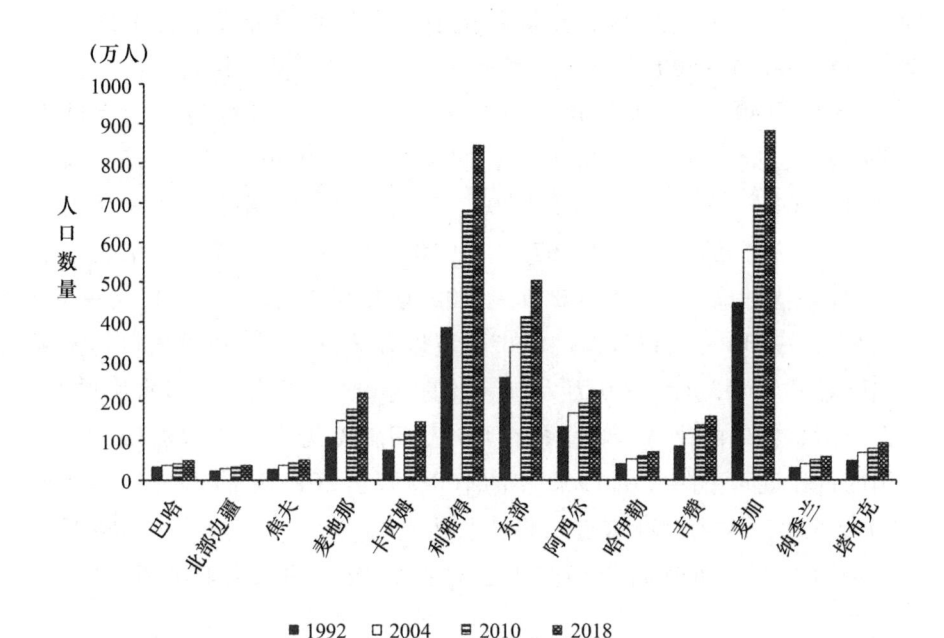

图Ⅱ-2-5 沙特阿拉伯各省人口规模变化

资料来源：http://www.citypopulation.de/en/saudiarabia/cities/.

从人口数量来看，麦加省人口数量最多，高达880.4万人，利雅得省紧随其后，人口数为844.7万人；人口第三多的省是东部省，拥有502.9万人。其余各省人数介于35万—230万人，有6个省的人口没有超过100万人，各省之间相差最大不超过6.5倍。沙特阿拉伯全国人口大部分聚集在首都利雅得（690.7万人）和第二大城市吉达（443.3万人），两者合计为1134万人，占全国人口（3341.4万人）的33.9%。

从人口密度来看，吉赞省的人口密度最高，达到137.41人/km²，其次是麦加省和巴哈省，人口密度分别为57.49人/km²和49.10人/km²，其余各省的人口密度介于3—30人/km²，各省之间人口密度相差最大不超过10倍。各省的占地面积及其人口数量之间不存在线性关系，各州镇/乡数量与其占地面积、人口数量和人口密度均无明显关系。

二 大城市和中等城市数

1965年之前，沙特阿拉伯全国所有的人口都分布在30万以下人口的城市里。1965—1980年，沙特阿拉伯城市体系快速发展，出现了一个人口在100万—500万人的大城市——首都利雅得，其人口占全国人口的16%。1995年，沙特阿拉伯拥有3个100万—500万人的大城市（利雅得、吉达、麦加），2010年，利雅得升级为500—1000万人的特大城市。2018年利雅得人口为690.7万人，占沙特阿拉伯全国总人口（3341.4万人）的比重为20.67%。1950—2015年，沙特阿拉伯发展形成了首都利雅得这么一个500万—1000万人的特大城市，100万—500万和50万—100万人口等级的城市数量显著增长，占全国总人口的比例也不断攀升。而30万—50万人口等级的城市，虽然人口数量有所增加，但占全国总人口的比重基本保持在8%上下。30万以下人口的城市，在全国的占比逐年下降，由1950年的100%降至2015年的28%。预计到2030年，第二大人口城市吉达将成长为全国第二个500万—1000万人口的特大城市，届时利雅得与吉达这两大城市的人口将占全国人口的41%。

总体而言，沙特阿拉伯的城市人口趋于稳定，保持着这样的城市人口结构：1个500万—1000万人口的特大城市（利雅得），其人口占全国人口的24%；4个100万—500万人口的大城市（吉达、麦加、麦地那以及达曼），其人口占全国人口的31%；9个30万—100万人口的中小城市，其人口占全国人口的18%，以及若干30万以下人口的城市，其人口占全国总人口的27%。

表 II-2-2　　　　　　　沙特阿拉伯城市体系与变化

等级	类型	1950	1965	1980	1995	2010	2015	2020	2030
500万—1000万人口	数量（个）	0	0	0	0	1	1	1	2
	人口占比（%）	0	0	0	0	23	24	25	41
	城市总计人口（万人）	0	0	0	0	5220	6218	7231	13935
100万—500万人口	数量（个）	0	0	1	3	3	4	4	3
	人口占比（%）	0	0	16	43	27	31	32	16
	城市总计人口（万人）	0	0	1055	6268	6099	8209	9394	5601

续表

等级	类型	1950	1965	1980	1995	2010	2015	2020	2030
50万—100万人口	数量（个）	0	0	2	2	4	4	6	6
	人口占比（%）	0	0	21	8	12	10	14	14
	城市总计人口（万人）	0	0	1351	1202	2669	2550	4005	4692
30万—50万人口	数量（个）	0	0	0	3	5	5	8	8
	人口占比（%）	0	0	0	8	8	8	10	10
	城市总计人口（万人）	0	0	0	1232	1857	1981	2782	3267
30万以下人口	数量（个）	—	—	—	—	—	—	—	—
	人口占比（%）	100	100	62	41	30	28	20	19
	城市总计人口（万人）	665	1878	4009	603,8	6667	7291	5844	6649

资料来源：United Nations（2018）。

据联合国统计，2018年利雅得人口规模已达到690.7万人，人口数量居沙特阿拉伯首位，而吉达人口规模达到443.3万人，是沙特阿拉伯人口第二大城市。根据马克·杰斐逊城市首位律，一个国家最大城市在规模上与第二位城市保持巨大差距，吸引了全国城市人口的很大部分，在国家政治、经济、社会、文化生活中占据明显优势的城市被定义为首位城市。利雅得符合首位城市律，是沙特阿拉伯的首位城市，它与第二大城市吉达人口的比值即为首位度，为1.56。

三 重点城市人口规模

在《2018年世界城市数据手册》中，沙特阿拉伯有5个人口在100万人以上的重点城市位列其中，分别是利雅得、吉达、麦加、麦地那、达曼。并且沙特阿拉伯的重点城市排序与其人口数量呈正相关，排序越靠前的城市其人口数量越多，各重点城市的人口数量占其所在省总人口的百分比相对较高。5个重点城市均处在国内的交通要道上，交通便捷，有利于各城市对内、对外进行沟通、交流。

除了首都利雅得位于中部外，其余4个重点城市分别位于东西部的沿海地区。除了吉达以外，其余4个重点城市都是所在省的省会城市。

利雅得是沙特阿拉伯第一大城市，是其政治、文化中心及政府机关所在地。作为利雅得省省会，利雅得是典型的绿洲城市和国际大都市，是阿拉伯半岛第一大城市，城区面积为 1219 平方千米，人口为 690.7 万人。利雅得位于纳吉德高原的东部，海拔约为 600 米。

吉达是沙特阿拉伯的第二大城市、商业中心，位于沙特西部海岸中部，属麦加地区管辖，是沙特的金融、贸易中心，红海沿线的重要港口。吉达人口约为 443.3 万人，是麦加省最大的城市，也是阿拉伯世界的第十大城市。吉达伊斯兰港，位于红海，是阿拉伯世界第二大繁忙的海港。

麦加被誉为圣城麦加，由于穆罕默德出生在这里，因此麦加成为伊斯兰教最神圣的城市。其人口大约为 196.7 万人，是沙特人口第三大城市。

麦地那位于沙特西部地区麦地那省的核心，人口大约有 143 万人，是沙特阿拉伯人口第四大城市。这座城市被认为是伊斯兰教传统中三个城市中排名第二的圣城，另外两个城市是麦加和耶路撒冷。

达曼是沙特阿拉伯人口较多的第五大城市，也是东部省的司法和行政机构。达曼人口超过 119 万人。达曼以沙特石油工业的主要行政中心而闻名于世，它也是世界能源城市伙伴关系（WECP）中的成员城市。

第三节　首都利雅得的经济发展与区域影响

利雅得作为沙特阿拉伯的首都，在创造就业岗位、开发基础设施、房地产等多个领域具有重要优势，为沙特实现经济增长、发展工业、旅游业带来了巨大机遇，而沙特阿拉伯也计划将利雅得打造成世界十大城市经济体之一。[①] 因此，研究首都利雅得以及所在利雅得省的经济发展，分析其对整个区域乃至国家的影响是尤为重要的。

一　城市概况

利雅得是沙特阿拉伯王国首都、王宫所在地、利雅得省的首府。市区有 1600 平方千米。坐落在阿拉伯半岛横贯利雅得省的哈尼法谷地平原上，海拔为 520 米。夏季酷热，冬季凉爽。附近是一片绿洲，有广阔的椰枣林和清泉，利雅得因而得名（利雅得在阿拉伯文中是"花园"的复数）。利

---

① https://www.spa.gov.sa/.

雅得是阿拉伯世界著名的花园城市之一。利雅得市还具有重要的经济意义，因为它拥有许多银行和大型公司的总部，阿卜杜拉国王金融区是世界上较大的金融区之一。利雅得是世界上十分年轻的首都城市之一，也是世界上人口增长较快的首都城市之一，其人口年均增长率约为8%，是许多外籍人士的家园，因此利雅得被视为全球城市。[1]

（一）利雅得行政划分

利雅得是世界上发展较快的城市之一，就面积而言，它也是阿拉伯世界较大的城市之一，面积为3115平方千米。利雅得在行政上分为15个直辖市，每个直辖市又分为县，直辖市有奥拉亚市、尔卡市、拉瓦达市、阿尔巴塔市、阿齐兹亚市、纳马尔市、北部自治市、舒马伊市、迪利亚市、乌拉贾市、希法市等。[2]

（二）人口

利雅得人口数量长期居于沙特阿拉伯王国的第一位，据联合国2018年数据，利雅得人口约为690.7万人，预计到2025年，利雅得人口数量将突破795万人。利雅得市人口年轻，年龄在24岁以下的人口约占城市总人口的46%，而60岁以上的人口仅占4.19%。未满15岁的人口占沙特阿拉伯的30%，占非沙特阿拉伯人口的19.7%，利雅得人口的平均寿命为72岁，老年人扶养比为3.2%。[3]

二 经济总量发展

利雅得市作为沙特阿拉伯最大的城市，它构成其所在利雅得省的城市区域，是沙特阿拉伯的国家城市中心。由于利雅得省城市结构的不平衡，因此利雅得市主导了利雅得省整个地区的发展。但利雅得的城市发展又离不开所在地区利雅得省的区域经济发展，因此将其放到整个利雅得省来研究经济总量发展及产业发展。

沙特阿拉伯东部地区盛产原油，沙特阿拉伯的经济及其政府收入主要依靠石油和天然气，而利雅得也同样依靠石油来实现地区发展。但考虑到

---

[1] https://www.kearney.com/global-cities/2019；http://sa.china-embassy.org/chn/stgk/t152947.htm.

[2] https://www.alriyadh.gov.sa.

[3] CPI Profile Riyadh.

石油和天然气资源的有限性和不可再生性,沙特需要对整个国家和利雅得地区的未来发展做好资源储备。

利雅得省 2012 年的国内生产总值(GDP)约为 1110.84 亿美元,占沙特阿拉伯王国 GDP 的 15.3%,原油和天然气 GDP 总额占王国 GDP 总额的 29.2%。2009 年至 2012 年,该地区国内生产总值年均增长速度约为 12%。除能源(电力)产业外,房地产和金融服务业对产出的贡献位居第一,占利雅得地区的 25.7%;其次是贸易运输,占 15.4%,仓储和通信业占 7.8%,建筑业占 6.6%,工业农业部门占 6.2%,农业部门占 4.2%(见图Ⅱ-2-7)。

2012 年利雅得发展高级委员会对利雅得省的经济指标总结如下:利雅得市 GDP 占利雅得省 GDP 的 84.2%,人均 GDP 约为 8258 美元,而利雅得省其他地区的人均 GDP 大约是利雅得市的一半。利雅得市依赖于从周边地区进口各种产品和服务,利雅得省的其他城市及其农村地区严重依赖首都的发展。同时,利雅得市也为其他城市提供了许多就业机会,卫生、教育和其他部门的公共事业健全,这些条件都吸引了其他地方人口向首都集聚。

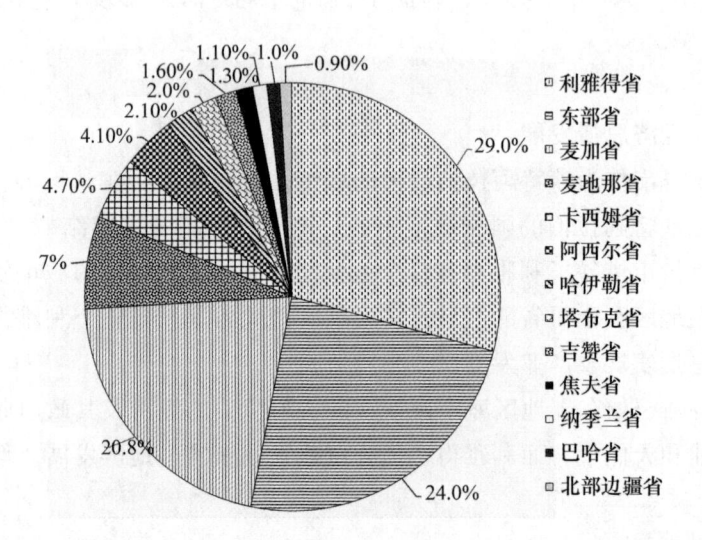

图Ⅱ-2-6 沙特阿拉伯 2012 年 GDP 各省贡献图(除石油、天然气外)

资料来源:*Saudi Cities Report* 2019,p. 97。

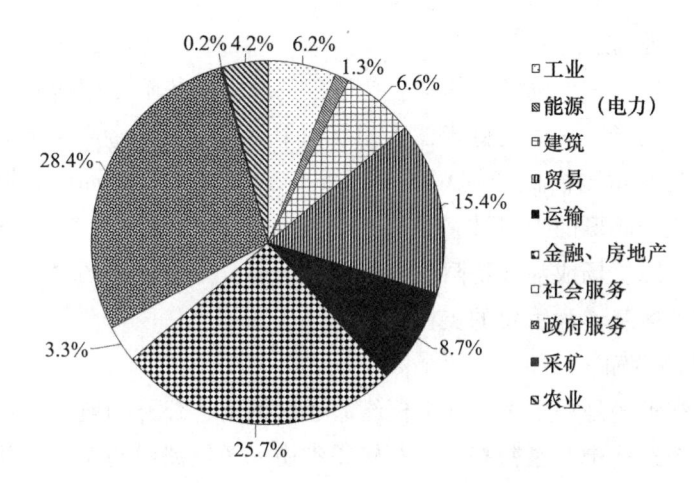

图Ⅱ-2-7 利雅得省GDP各产业占比

资料来源：*Riyadh City Profile*, p.19.

三 经济产业发展

金融和银行服务业是利雅得省最大的经济体部门和最有影响力的经济产业。利雅得省有很多银行、保险公司及其分支机构，这些机构为利雅得私营部门及其项目企业获得投资机会提供服务。利雅得的贸易部门也是重要的部门，2012年利雅得省企业的总业务量约为沙特阿拉伯贸易机构总数的30%。

建筑业是利雅得省另一个主要的经济部门，它作为地区发展的驱动力，参与该地区经济增长，起着至关重要的作用。在沙特阿拉伯，利雅得省主要负责执行联营和国外承包公司运营项目以及负责基础设施项目的完工。2012年利雅得省分类承包商的总数占沙特阿拉伯王国分类承包商总数的44%，利雅得省的建筑业占整个王国该部门总产量的23.9%。

制造业是利雅得省重要的生产行业之一，利雅得省有与沙特工业产权有关的七个工业城市权限（MODON），其中有两个工业城市已具有服务和设施的完整功能，而另一个工业城市仍在发展中。2013年底，利雅得省生产工厂的总数约占王国境内生产工厂总数的44.3%。[①]

---

① Riyadh City Profile.

(一) 交通运输

1. 航空运输

利雅得省有 3 个机场，其中包括位于利雅得市的哈立德国王国际机场和两个地区机场——达瓦德米国内机场（Dawadmi Domestic Airport）和瓦迪阿德达瓦西尔国内机场（Wadi Al Dawasir Domestic Airport）。乘坐利雅得省国内机场航班的乘客数量占该地区空中交通总量的 31%。2012 年哈立德国王国际机场成为沙特阿拉伯王国中部十分先进的机场之一，航运业也是中东地区基本和重要的支柱之一。

2. 铁路运输

首都利雅得是一个多式联运枢纽，通过铁路、公路和航空与沙特王国的所有主要经济中心紧密相连。利雅得省由一条铁路线与东部省相连，这条长度为 449 千米的铁路线将利雅得市与达兰（Dhahran）、巴基克（Baqiq）、胡富夫（Al-Hofuf）和达曼连接起来。还有一条 556 千米的铁路专门用于货运运输，这条运输线从达曼的阿卜杜勒阿齐兹国王港开始到利雅得市结束，经过巴基克、胡富夫、哈拉德（Hardh）和哈尔吉（Al-Kharj）。从利雅得市开始的南北线向西北方向延伸，通往哈迪塞市（Al Haditha），毗邻约旦边境，并经过卡西姆（Qassim）、哈伊勒（Hail）和阿尔朱夫（Al-Jouf）地区，目前这条线路部分已开始运营。

(二) 电信

利雅得省在采用和促进使用数字技术以促进社会经济发展、促进医疗保健、改善教育并最终增加社区福利方面发挥着重要作用。沙特王国的信息和通信技术（ICT）部门 GDP 占沙特 GDP 的 4%，不仅帮助沙特在世界经济论坛 2019 年全球竞争力指数中攀升了 16 位，而且在世界银行 2020 年报告"轻松经营"中排名最前。

利雅得被命名为阿拉伯世界的数字首都，是对沙特王国在 ICT 领域所取得的成就的认可，并为沙特 2020 年区域和国际议程提供了更大的动力。作为 20 国集团中唯一的阿拉伯国家，沙特阿拉伯在 2020 年举办了 20 国集团以"为所有人实现 21 世纪的机遇"为主题的会议。同时 G20 世界领导人峰会于 2020 年 11 月 20—21 日在利雅得举行。[1]

---

[1] https://riyadh.sa。

四 企业发展与重点企业

利雅得发展的主要是金融、文化服务业。表Ⅱ-2-3 是利雅得重要大型企业名单。

表Ⅱ-2-3　　　　利雅得省重要大型企业名单

序号	公司名	英文名	产业类别	部门	成立时间（年）	补充信息
1	综合电信公司	Integrated Telecom Company	电信	固网电信	2005	电信，ISP，是 Mawarid Holding 的一部分
2	嘉德瓦投资	Jadwa Investment	金融	投资服务	2006	投资服务
3	贾里尔书店	Jarir Bookstore	消费服务	专业零售商	1979	图书
4	王国控股公司	Kingdom Holding Company	企业集团	—	1980	金融，旅游，媒体，石油和天然气，技术
5	库杜	Kudu	消费服务	餐厅和酒吧	1988	快餐店
6	马登	Maaden	基本材料	一般采矿	1997	国有矿业
7	马瓦里德控股	Mawarid Holding	企业集团	—	1968	金融，电信，媒体，工业
8	移动	Mobily	电信	移动通信	2004	移动和固网电信
9	纳德克	Nadec	消费品	食物产品	1981	农业和食品加工
10	玉兰集团	Olayan Group	企业集团	—	1947	建筑，食品和饮料，工业
11	奥姆兰尼亚公司	Omrania and Associates	工业领域	业务支持服务	1973	建筑
12	熊猫零售公司	Panda Retail Company	消费服务	食品零售商和批发商	1978	杂货店，Savola 集团的一部分
13	盖姆	Qaym	消费服务	广播与娱乐	2006	评论

续表

序号	公司名	英文名	产业类别	部门	成立时间（年）	补充信息
14	利雅得银行	Riyad Bank	金融	银行业务	1957	银行
15	沙伯基础	SABIC	基本材料	特种化学品	1976	化工和金属
16	SACO五金	SACO Hardware	消费服务	家居装饰零售商	1985	五金零售和批发
17	桑巴金融集团	Samba Financial Group	金融	银行业务	1980	银行
18	沙特阿拉伯工业投资公司	Saudi Arabian Industrial Investments Company (Dussur)	投资/产业发展		2014	
19	沙特奥格	Saudi Oger	工业领域	重型建筑	1978	施工，已停业，2017年
20	沙特铁路公司	Saudi Railway Company		铁路	2006	已倒闭
21	沙特电信公司	Saudi Telecom Company	电信	固网电信	1998	电信，ISP
22	西门子沙特阿拉伯	Siemens Saudi Arabia	工业领域	业务支持服务	1999	工业支持，工程
23	沙特英国银行	The Saudi British Bank	金融	银行业务	1978	与汇丰银行（英国）关联的银行
24	维卡亚	Weqaya	金融	全线保险	2009	保险
25	沙特移动电信公司	Zain Saudi Arabia	电信	移动通信	2008	行动网路
26	先进电子有限公司	Advanced Electronics Company Limited	工业领域	电子设备	1988	电子研究与制造
27	阿尔比拉德银行	Al Bilad Bank	金融	银行业务	2004	伊斯兰银行

续表

序号	公司名	英文名	产业类别	部门	成立时间（年）	补充信息
28	法伊萨利亚集团	Al Faisaliah Group	企业集团	—	1970	食品和饮料，消费品，媒体，化学品
29	利雅得	Al Riyadh	消费服务	出版	1965	报纸
30	阿尔舒拉集团	Al Shoula Group	企业集团	—	1970	保险，房地产，国防
31	铝巴彦控股集团	Al Bayan Holding Group	企业集团	消费者自由裁量权	1980	
32	阿劳瓦尔银行	Alawwal Bank	金融	银行业务	1926	银行，原为沙特奥兰多银行
33	阿林玛银行	Alinma Bank	金融	银行业务	2006	银行
34	阿尔玛莱	Almarai	消费品	食物产品	1977	乳业
35	拉吉银行	Al-Rajhi Bank	金融	银行业务	1957	伊斯兰银行
36	阿拉伯国家银行	Arab National Bank	金融	银行业务	1979	银行
37	巴赫里	Bahri	运输		1978	
38	达尔阿肯房地产开发公司	Dar Al-Arkan Real Estate Development Company	金融	房地产控股与发展	1994	
39	纳斯航空公司	Flynas	消费服务	航空公司	2007	低成本航空公司，前身为 Nas Air

资料来源：https://en.wikipedia.org/wiki/List_of_companies_of_Saudi_Arabia。

沙特阿拉伯共有14家上市公司入选《福布斯》全球2000强，其中位于利雅得市的有12个。

表Ⅱ-2-4　沙特阿拉伯《福布斯》全球 2000 强企业名单

序号	福布斯2000强排名	名称	总公司所在地	收入（十亿美元）	利润（十亿美元）	资产（十亿美元）	价值（十亿美元）	行业
1	5	沙特阿美	达曼	329.8	88.2	398.3	1684.8	油和气
2	212	沙特基础工业	利雅得	37.3	1.5	83.4	59.8	化学制品
3	315	沙特电信公司	利雅得	14.6	2.9	32.1	48.3	电信
4	396	国家商业银行	吉达	6.8	3.1	135.2	29.6	银行业
5	473	拉吉银行	利雅得	5.3	2.8	102.4	38.1	银行业
6	590	沙特电力公司	利雅得	17.3	0.4	127.9	18.9	实用工具
7	709	利雅得银行	利雅得	3.8	1.5	70.9	13.6	银行业
8	780	桑巴金融集团	利雅得	2.8	1.1	68.1	12.4	金融
9	814	沙特英国银行	利雅得	2.9	1.1	70.8	13.5	银行业
10	934	沙特弗朗西银行	利雅得	2.5	0.9	47.5	9.9	银行业
11	1013	阿拉伯国家银行	利雅得	2.3	0.8	48.9	8.2	银行业
12	1124	阿林玛银行	利雅得	1.8	0.7	35.1	8.4	银行业
13	1508	马登	利雅得	4.7	-0.2	26.0	12.2	矿业
14	1681	阿尔玛莱	利雅得	3.9	0.5	8.7	13.1	食品加工

资料来源：《福布斯全球 2000 强 全球大型上市公司》，https：//www.forbes.com/global2000。

沙特国家石油公司（Saudiaramco，简称"沙特阿美"）是沙特最大的国有企业，由能工矿部负责管理，能工矿大臣兼任该公司董事会主席。沙特阿美公司在沙特国民经济中占绝对主导地位，据悉，该企业创造了沙特 85% 以上的出口额，并提供了超过 90% 的政府收入，在沙特经济中发挥着支撑作用，因此一直是沙特社会、经济、基础设施发展的龙头代表。2018 年，沙特阿美公司收购 SABIC 公司 70% 的股权，交易规模约为 691 亿美元。[1]

五　发展战略与区域影响

利雅得在城市快速发展进程中不可避免地出现了"不平衡的增长和发

---

[1] 中国驻沙特阿拉伯王国大使馆经济商务处：《对外投资合作国别（地区）指南——沙特阿拉伯（2019）》，http：//www.mofcom.gov.cn/dl/gbdqzn/upload/shatealabo.pdf。

展模式""城市结构中的分裂和缺乏凝聚力""单功能和极化发展""社会生态和经济失衡"四个问题,这不利于利雅得城市的可持续发展。针对出现的问题,利雅得政府制定了构建未来城市的发展战略,扩大利雅得作为全球城市的区域影响力。[1]

(一) 发展战略

1. 紧凑型城市

建立紧凑型的城市以巩固利雅得城市中心的高密度发展。根据联合国人居署的原则,城市需要鼓励实施空间发展战略,优先考虑连接良好的基础设施和服务以指导城市扩展。紧凑型城市被设想为高密度的城市居住区,其特点是进行混合用途发展,人口稠密且充满活力的城市地区以及分布良好的服务和设施,例如医院、公园、学校。利雅得一直处于城市发展的高压之下,为了实现可持续发展,应强调通过按照联合国推荐的城市混合密度,对现有城市结构进行加密。此外,紧凑型城市不鼓励城市设计以汽车为导向,这将减少排放和交通拥堵,并降低提供基础设施的成本,以使街区更具活力。再加上开放空间网络的要素和步行能力的提高,利雅得将变得更加高效和宜居。

2. 互联城市

通过公共交通连接利雅得,使其成为一个互联城市。互联城市具有持续性,能够很好地连接和平衡社区网络,每个社区都有公园和公共空间,并能容纳各种各样的私人和公共活动,从而塑造健康而重要的城市环境。最重要的是,这些社区创建了便利的基础设施,从而减少了需要私家车出行的机会。在大城市,公共交通系统可以提供高速的跨镇旅行,通过将一个邻里中心与另一个邻里中心联系起来,能够最大限度地利用交通网络连接本地的基础设施。在利雅得这样一个高度分散且以汽车出行为导向的城市,必须采取多种措施来改善联通性和可达性,创造一个联系更紧密、包容性更强的首都。

3. 包容性城市

建立包容性城市,使利雅得城市居民共享利雅得便捷的服务和均等的机会。新城市议程 (NUA) 要求城市具备以下品质:文明对话、谅解、

---

[1] *Riyadh City Profile*.

宽容、相互尊重、性别平等、创新、企业家精神、包容性、认同感、安全性和尊重所有人，同时促进宜居性和增加城市经济活力。利雅得现有的城市结构内缺乏服务、休闲区和工作岗位，这是由过去几十年来城市一直遵循的单一功能发展方式造成的。因此，要发展和加强潜在的城市分中心，这些分中心应靠近公共交通网络，可以为人们提供改善城市生活的通道，以此激活城市中心，为居民提供服务、就业机会和公共领域。利雅得需要实施人居署原则，发展充满活力、可持续发展和包容的城市经济，不断发展内生潜力，通过促进可持续发展来实现包容性工业发展以及可持续的消费和生产方式。

4. 弹性城市

建立"弹性城市"以重新平衡利雅得的社会生态和经济系统。弹性城市会考虑适当的建筑形式和物理基础设施以提高城市的弹性，应对枯竭的碳基燃料和气候所带来的物理、社会和经济挑战。弹性城市可以被定义为"物理系统和社区的可持续网络"。这些物理系统包括城市的人工环境和自然环境，如道路、建筑物、物理基础设施、通信设施、土壤、地形、物理特征、地质、水文、人口密度等。总而言之，物理系统充当着城市的主体，是城市的骨骼、动脉和肌肉。弹性城市是指能够承受严重冲击和压力而不会立即处于混乱、损坏、永久变形或破裂中的城市。因此考虑压力条件来重新平衡城市体系，重新平衡利雅得的社会生态和经济体系，对于利雅得而言至关重要。[1]

（二）区域影响

自 2000 年以来，利雅得在全球化与世界城市研究网络（Globalization and World Cities, GaWC）中的排名总体来讲是不断上升的，由 2000 年的 Gamma 列队第 11 名下降至 2004 年的 Gamma 列队第 13 名，随后，在 2008 年实现飞跃，上升至 Beta 列队第 6 名，成为将阿拉伯世界和沙特阿拉伯与世界经济联系起来的重要城市。2012 年其排名保持不变，在 2016 年的数据中，利雅得排名有所上升，居于 Alpha-列队的第 17 名。在 2020 年的数据中，利雅得排在 Alpha 列队第 23 名。

据《2019 年世界城市报告》，2012—2019 年利雅得全球城市指数排

---

[1] *Riyadh City Profile.*

名保持稳定,维持在第 67 名,是全球二线中等城市。将利雅得的数据与同期中国北京和上海的排名相比较,可以发现,在 GaWC 和全球城市指数排名上,利雅得远远落后于北京和上海。在 2019 年城市生活质量排名(Quality of Living Rankings)中,利雅得在全球排第 164 名,落后于分别排第 120 名和第 103 名的北京和上海。[1]

表Ⅱ-2-5　　全球视野下的利雅得、吉达和北京、上海

指标	城市	2000	2004	2008	2012	2016	2020
GaWC	利雅得	Gamma（11）	Gamma-（13）	Beta（6）	Beta（6）	Alpha-（17）	Alpha-（23）
	吉达	Gamma（6）	Gamma-（12）	Beta-（12）	Gamma+（4）	Beta-（12）	Beta-（41）
	北京	Beta+	Alpha-	Alpha+	Alpha+	Alpha+	Alpha+
	上海	Alpha-	Alpha-	Alpha+	Alpha+	Alpha+	Alpha+

资料来源:http://www.lboro.ac.uk/gawc.html.

第四节　吉达的经济发展与区域影响

吉达市是沙特阿拉伯王国最大的沿海城市,它被认为是沙特重要的城市之一,是一个商业门户,在国际贸易中具有重大意义。它代表着沙特王国的外部港口,以其在所有贸易和服务领域的工业和发展而闻名。作为麦加省重要的两大城市之一,需要对吉达市及其所在地区麦加省的经济以及区域影响做深入了解。

一　城市概况

吉达(Jeddah)是一个位于红海东海岸中部的城市,行政上隶属于麦加省管辖,是红海乃至中东地区历史悠久、规模较大的港口城市之一,被誉为"红海新娘",是沙特阿拉伯的经济和旅游之都。吉达原为沙特首都,1986 年迁都至利雅得后,各国原驻吉达的使馆均改为总领事馆或领事馆。时至今日,吉达是海上和空中朝圣者以及公路旅行朝圣者的主要通

---

[1] https://mobilityexchange.mercer.com/Insights/quality-of-living-rankings.

道。吉达在20世纪的最后二十年中发展壮大，成为沙特阿拉伯王国的金融和商业中心，并且是重要的港口，用于进出口非石油相关商品以满足国内需求。吉达市是沙特第二大城市，是沙特经济、金融、贸易中心和海、陆、空交通枢纽。吉达距麦加72千米，距麦地那424千米，是世界穆斯林进入麦加朝觐的交通要道和主要门户。

(一) 吉达行政划分

吉达市被划分为15个行政市，分别是阿尔奎斯市、昆富达市、哈利市、阿达姆省自治市、穆扎里夫市、拉比市、萨布特市、北部阿尔迪亚市、卡梅尔省自治市、南部阿尔迪亚市、哈哈尔市、胡莱市、肖瓦克市、莱思省市、迪帕市。[①]

(二) 人口

2015年，吉达市的人口约为403.5万人，占麦加省总人口的50%，约占沙特阿拉伯总人口的13%。2016年，吉达市的人口超过416.3万人，人口年增长率为3.8%，高于全国平均水平。吉达市人口急剧增加，为了寻找工作和改善生活水平，人口从乡村和郊区移居到市区。城市人口密度约为5400人/km^2。吉达市的家庭平均人数是麦加省平均水平的5.2倍。吉达市人口年轻，大约有41%的人口年龄在24岁以下，一半人口的年龄在30岁以下，而只有3%的人口年龄在65岁以上。男女之比约为1.27，吉达人口包括约60%的沙特阿拉伯人和约40%的非沙特国民。[②]

二 经济总量发展

沙特阿拉伯王国超过四分之一的人口集中在麦加省，麦加省人口基数大，为未来的发展提供了必要的人力资源。在经济方面，麦加省拥有天然的沿海资源以及其他矿产资源，由于大清真寺的存在，麦加省人口多数从事商业服务活动、旅游和工业活动，宗教旅游业成为王国国民收入的最重要来源，仅次于采矿业收入。

麦加省的国内生产总值2012年为767.2亿美元，占王国GDP的

---

① https://www.jeddah.gov.sa.
② *Riyadh City Profile*.

10.9%，若不包括原油和天然气，则占王国 GDP 的 20.8%。2009 年至 2012 年，麦加省的 GDP 年均增长率为 30%。除能源（电力）产业外，房地产和金融服务行业对本地区 GDP 的贡献排名第一，占比为 18%，其次是工业，占 16.9%，贸易占 16.7%，运输和通信占 9.5%，建筑业占 6.8%，个人和社区服务业占 3.3%（见图Ⅱ-2-8）。

吉达市和麦加市成为整体经济的发展引擎。由于麦加市和吉达市的比较优势，使得麦加省的人口集中在吉达和麦加两个主要城市中心，几乎占麦加省总人口的 71%。按照当前的发展速度，这种城市增长方式可能是不可持续的，扩大了麦加省各城市之间的差距。

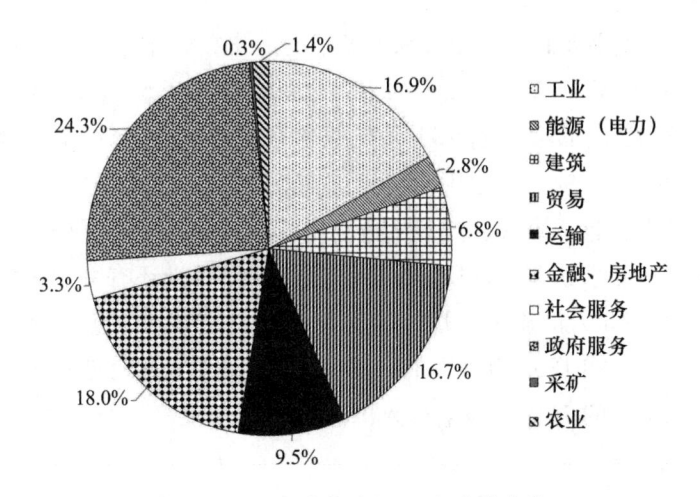

图Ⅱ-2-8 麦加省 GDP 各产业占比

资料来源：*Jeddah City Profile*, p.19.

三 经济产业发展

吉达是麦加省主要的两个城市之一，增加了其作为沙特经济中心的重要性，以大型生产工业为代表的工厂总数约占沙特阿拉伯整个国家生产工厂总数的 18.5%。吉达的主要产业是炼油及相关产品、食品和饮料产品、建筑材料产品，这些优势产业吸引了超过 50% 的区域工业投资，而吉达的港口是红海沿岸最大的港口，这些均助力吉达的产业发展。当地经济以传统的劳动密集型产业（即建筑、批发和贸易以及制造业）为中心，政府正在努力促进发展和创新，确定专注于运输和物流、旅游业和第三产业的战略经济规划。"2030愿景"所确定的多元化国家经济目标,是吉达实现区域目标发展的关键。①

(一) 交通运输

1. 公路运输

吉达拥有比较发达的公路网络,市内建有多条贯穿南北和环城高速公路,交通十分便利。吉达私人拥有小汽车量较大,有近100万辆,出租车到处可见。另外,在一些主要交通干线上有一些价格相当便宜的小公共汽车运营。吉达与沙特境内的其他大中城市如利雅得、塔伊夫、麦加、麦地那、延布等均有高速公路相连。

2. 港口

吉达的伊斯兰港已有长达1300多年的历史,是中东地区历史十分悠久的港口之一,也是该地区较大的港口之一,水深7.5—13.5米,拥有现代化的引航和装卸设备,有157条航线通往世界各地,24家外国航运公司在此设有办事机构。吉达伊斯兰港共有52个泊位,除原油码头外,还有集装箱码头、散货码头、汽车机械码头、活畜码头等专用码头,并有仓库和300万平方米的露天货场。另外,吉达伊斯兰港还有一个客轮码头和一个可容纳3000人的旅客大厅,有定期班轮开往埃及、苏丹等国家。吉达港的年吞吐量在1800万吨左右,客流量在80万人次。沙特进口货物的50%,食品进口的70%经该港进入国内。

3. 机场

吉达的阿卜杜勒阿齐兹国王国际机场是沙特第一个国际机场,位于吉达市北端,距市中心19千米,有通往沙特国内和世界各地的航班。49家外国航空公司在此开设办事处。该机场于1980年建成,次年开始使用,占地面积为105平方千米,每小时可起降飞机100架次,年客流量达1000万人次。阿卜杜勒阿齐兹国王国际机场有4个候机大厅:南大厅(供沙特航空公司航班专用)、北大厅(供外国航班使用)、皇家贵宾厅和朝觐专用候机厅。四个大厅的总面积达1.5平方千米,可同时容纳8万人。该机场于2000年招标扩建,包括新候机厅、通道等,年客流量可达1500万人

---

① The Number of Business Establishment in Jeddah Represents the 13 Percent of the Kingdom, General Organization for Social Insurance (GOSI), 2016.

次。沙特阿拉伯航空公司总部设在吉达。

（二）旅游

吉达既是历史悠久的古城，又是现代新城，生活方式相对沙特其他城市要开放一些，且由于吉达市政设施良好，夏季气候也相对沙特其他地区要好一些。因此，吉达还是沙特重要的旅游城市，每年除400多万名各国来麦加朝觐和副朝的人员均要来吉达观光外，还有200多万的本国人来此旅游度假。南北长达80千米的海滨大道及两旁的公园和雕塑、伊斯兰港办公楼和指挥塔、工商会大楼、会议宫、科技馆等和其他别具风格的建筑群体都是吉达较为重要的旅游资源。海上喷泉更是吉达的一大景观，喷射水柱高达260米，号称世界第一。

（三）金融业

吉达是沙特的金融中心。全市有100多家银行及其分支机构，如拉吉赫银行、利雅得银行、半岛银行、阿拉伯国家银行、沙特国民银行等，其中包括11家合资银行如沙美银行、沙法银行、沙荷银行、沙英银行、沙埃（及）银行等。另外，吉达的小钱庄也到处可见。

（四）商业

吉达是沙特阿拉伯重要的商业中心，拥有各类工商企业和公司8万余家，全国大型综合企业集团的总部半数以上设在吉达，吉达市的商业销售额居沙特阿拉伯全国榜首，约占全国商品销售总额的1/3。吉达较大的商业集团有达拉·巴拉卡集团、贾米勒集团、本·拉登集团、贾姆朱姆集团、加法里集团、拉吉赫公司、兄弟公司、朱梅哈集团等。吉达拥有80多家大型豪华购物中心和超市，较大的有贾姆朱姆、哈姆拉、哈拉、海滨大道购物中心等。与此同时，吉达还保留着许多颇具阿拉伯民族风格的古老商业街，主要位于老城区的"巴拉得"市场和位于城北的"巴瓦迪"市场。"巴拉得"市场由于地处老城区，店铺租金低廉，又临近伊斯兰港，海关扣留的商品多在此进行拍卖处理，因此，这里的商品琳琅满目，价格便宜，一里亚尔店、二里亚尔店、五里亚尔店比比皆是，是购买便宜商品的好去处。"巴瓦迪"是一般消费品比较集中的市场，商品档次比

"巴拉得"要略高一些。[①]

四 企业发展与重点企业

吉达主要发展的是金融和餐饮业,其中总部位于吉达的国家商业银行在《福布斯全球2000强 全球大型上市公司》中排第396名,在沙特阿拉伯银行业中排名第一。

表Ⅱ-2-6　　　　　吉达重要大型企业名单

序号	公司名	英文名	产业类别	部门	成立时间(年)	补充信息
1	哈吉日侯赛因有限公司阿里雷萨	Haji Husein Alireza & Co. Ltd.	企业集团	—	1906	食品和饮料,建筑,消费品
2	伊斯兰开发银行	Islamic Development Bank	金融	银行业务	1975	理财
3	国家商业银行	National Commercial Bank	金融	银行业务	1953	银行
4	冈兹	Okaz	消费服务	出版	1960	报纸
5	沙特·本拉丹集团	Saudi Binladin Group	工业领域	重型建筑	1931	建筑集团
6	沙特阿拉伯公司	Saudia	消费服务	航空公司	1945	也称沙特阿拉伯航空
7	萨沃拉集团	Savola Group	消费品	食物产品	1979	食品制造,杂货店和餐馆
8	Xenel	Xenel	企业集团	—	1973	能源,工业,金融
9	拜克	Al Baik	消费服务	餐厅和酒吧	1974	快餐店
10	麦地那	Al Madina	消费服务	出版	1937	报纸

---

① http://jeddah.china-consulate.org/chn/.

续表

序号	公司名	英文名	产业类别	部门	成立时间（年）	补充信息
11	塔扎吉	Al Tazaj	消费服务	餐厅和酒吧	1989	速食餐厅
12	拜拉德	Al-Bilad	消费服务	出版	1932	报纸
13	土木工程项目承包公司	Civil and Electrical Projects Contracting Company	工业领域	建筑材料及固定装置	1977	施工

资料来源：https://en.wikipedia.org/wiki/List_of_companies_of_Saudi_Arabia.

五 发展战略与区域影响

总结吉达市城市化发展中所遇到的问题，主要有"不平衡的增长和发展模式""历史/乡土城市模式濒危"以及"社会生态和经济失衡"三个问题，针对这些问题，吉达市政府迅速做出响应，制定相应的发展战略，促进吉达城市可持续发展，提高其区域影响力。

（一）发展战略

1. 紧凑城市

紧凑城市的理念有助于巩固和强化吉达城市的发展，这与利雅得城市发展战略不尽相同。吉达的人口密度高于沙特其他城市，因此这对于城市交通基础设施的未来转型具有重大优势，高密度人口在关键服务设施通勤距离上更加依赖公共交通。建立空间和法律机制以巩固紧凑型城市可以增加可及性和步行性，因此增加了使用公共交通和公共空间的人数，减少拥堵，促进当地经济发展，并增加整个社会的互动。同时，吉达现有城市结构内的低密度区域也应尽可能通过重新开发、改造和引入更高密度的混合用途社区来缓解。

2. 历史名城

吉达市作为沙特原来的首都，有着悠久的历史，因此提出"历史名城"发展战略来保留吉达的历史身份。在城市发展的高压下，吉达正在失去许多历史和当地建筑形式，特别是在巴拉德附近最古老的地区。这些地区的街道景观、城市模式以及建筑类型和相关的社会动态，反映了城市的历史，同时也反映了过去和现在的生活方式。应对这种情况，首先需要对之进行分类，然后为其建立精确的监管体系以使其得以保存、恢复、修复和复兴，这不仅仅是保护建筑物遗产，也要保存历史悠久的整个城市结构，包括从街景到居民的所有要素。

3. 弹性城市

提出"弹性城市"发展战略以重新平衡吉达的社会生态和经济环境。弹性城市就是城市能够承受严重冲击和压力而不会立即产生混乱、损坏或永久变形和破裂。这对于吉达尤为重要，因为吉达城市系统承受着巨大的压力。重新平衡城市体系，考虑压力状况，是吉达发展的关键。[①]

（二）区域影响

自 2000 年以来，吉达在 GaWC 上的排名幅度变化较大，由 2000 年的 Gamma 列队第 6 名下降至 2004 年的 Gamma- 列队第 12 名，城市排名均高于同时期沙特首都利雅得。随后，在 2008 年实现飞跃，上升至 Beta- 列队第 12 名。在 2012 年排名又出现下降，变为 Gamma + 列队第 4 名。在 2016 年数据中，吉达又上升至 Beta- 列队第 12 名。在 2020 年数据中，吉达在 Beta- 列队中排第 41 名。

据《2019 世界城市报告》，2012—2019，吉达全球城市指数排第 75 名，是全球三线强市。将吉达与同期中国北京和上海相比较可以发现，在 GaWC 和全球城市指数排名上，吉达远远落后于北京和上海。在 2019 年"城市生活质量"排名中，吉达在全球排第 168 名，落后于分别排在第 120 名和第 103 名的北京和上海，与排在第 164 名的首都利雅得仅相差 4 个名次（见表Ⅱ-2-5）。

沙特阿拉伯作为"一带一路"沿线的重要国家，与中国在能源、产能合作以及金融等方面开展广泛合作，应关注双方具有互补性的领域，促进两国友好往来。通过总结沙特阿拉伯城市化发展史以及重点城市规模和变化趋势，对沙特阿拉伯的经济和城市发展有了初步了解，对后续推进两国合作交往大有裨益。

---

① *Jeddah City Profile*.

第三章 营商环境

2001年世界银行提出"加快发展各国私营部门(即私营经济)"新战略，需要建立一套衡量和评估各国私营经济发展环境的指标体系，"营商环境"一词由此被正式提出。营商环境包括影响企业活动的社会要素、经济要素、政治要素和法律要素等方面，是一项涉及经济社会改革和对外开放众多领域的系统工程。沙特阿拉伯王国（简称"沙特"）国内政局稳定、油气储备丰富、资金实力雄厚、金融机构发达、财政和税收政策也颇具竞争力。随着"2030愿景"的推出与逐步深化，沙特的国内经济发展模式也由对石油的过度依赖，努力向经济多元化方向发展，营商环境也有所改善。与此同时，沙特也在积极吸引外资，逐步降低外资的投资门槛，不断完善商法体系，在特别经济区推出优惠政策，投资环境出现明显改善。目前，相关部门正在研究制定特别居住证实施方案，以吸引国外投资和引进人才。[①] 本章主要基于世界银行的《营商环境报告》（Doing Business，DB），对沙特的营商环境现状、存在问题及改进措施进行分析。

第一节 营商环境总体概况

世界银行《营商环境报告》首次发布于2003年，纳入了5个指标，对全球133个经济体的营商环境状况进行评估与排名，是一份专门评估全球各经济体营商环境的权威报告，通过收集和分析全面的定量数据以比较各个经济体在一段时间内的商业法规环境，《营商环境报告》鼓励经济体

[①] 中国驻沙特阿拉伯王国大使馆经济商务处：《对外投资合作国别（地区）指南——沙特阿拉伯（2019）》，http://www.mofcom.gov.cn/dl/gbdqzn/upload/shatealabo.pdf。

相互竞争以提高效率,并为学者、记者、私营部门研究人员和对每种经济的商业环境感兴趣的其他人提供资源。沙特2003年就被纳入该报告之中,2020年报告涵盖了11项指标:开办企业、办理施工许可证、获得电力、登记财产、获得信贷、保护少数投资者、纳税、跨境贸易、执行合同、办理破产、雇佣。《营商环境报告》中的大多数指标集涵盖各个经济体中最大商业城市的数据,但针对人口超过1亿人的经济体,该报告也收集了其第二大商业城市的数据,最终的评分是按照两个大的商业城市的人口加权平均值得出的。《营商环境报告》最初目标是为了解和改善全球企业的营商环境提供数据保障和客观基础。后文对沙特营商环境的分析基于2020年报告中的11项指标,并根据国家的实际情况进行适当的拓展。

根据世界银行的《营商环境报告》,2020年沙特营商环境的便利度相比前一年进步十分明显,指标评分从63.5分增加至71.6分,排名从第92名上升到了第62名。沙特2016年颁布了新的《公司法》,新《公司法》的出台是为了给投资者提供更好的投资环境,鼓励国外资本流入沙特,政府通过一系列简化程序、降低公司成本等优惠措施,支持国内企业发展,进一步促进国家经济的整体发展,增强沙特在国际市场中的竞争优势。

通过表Ⅱ-3-1可以看出,相比于2019年,2020年沙特的营商环境便利指标均有明显的上升,表明其政府重视改善和提高国内的营商环境质量。其中,值得一提的是,在2020年《营商环境报告》中沙特"保护少数投资者"这一指标排第3名,该指标是以对小股东保护措施的力度、股东诉讼的简易程度、防止董事滥用公司资产、企业的公开与透明程度、股东权益保障等方面为衡量标准,此项指标排名的上升与沙特2016年颁布新《公司法》密切相关,2017年沙特通过加强公司的所有权、公司内部组织结构以及提高公司透明度,加强了对少数投资者的保护。沙特在开办企业、获得电力、获得信贷、跨境贸易几项指标上也有一定的进步,2018年沙特通过使用将名称保留和公司章程提交合并为一个程序的在线系统,使开办企业更加容易,政府大力推广并改善了在线支付系统,使投资人不需在现场缴费,在跨境贸易方面,沙特通过减少清关所需的文件数量,简化了清关手续,大大减少了清关的时间。

表Ⅱ-3-1　　　世界银行2019年、2020年《营商环境报告》
沙特各项指标排名/分数

	2020年排名（名）	2020年营商环境便利度分数（分）	2019年营商环境便利度分数（分）	营商环境便利度分数变化（分）
总体	62	71.6	63.50	+8.10
开办企业	38	93.1	80.07	+13.03
办理施工许可证	28	78.3	75.71	+2.59
获得电力	18	91.8	79.89	+11.91
登记财产	19	84.5	81.61	+2.89
获得信贷	80	60.0	45.00	+15.00
保护少数投资者	3	86.0	80.00	+6.00
纳税	57	80.5	75.00	+5.50
跨境贸易	86	76.0	54.31	+21.69
执行合同	51	65.3	63.41	+1.89
办理破产	168	0.0	0.00	—

资料来源：世界银行，https：//www.doingbusiness.org/en/data/exploreeconomies/saudi-arabia# DB_ri。

表Ⅱ-3-2是沙特和中东与北非地区其他国家各项经济指标排名对比。该表第一列为经济体营商环境便利程度的世界排名，后面的各项指标数据为中东与北非地区排名，表Ⅱ-3-2只选取了该地区的部分国家。

由表Ⅱ-3-2可见，沙特和中东与北非地区的其他国家相比，营商环境便利程度仍有可上升的空间。2020年，该地区的阿联酋、巴林、摩洛哥在世界排名中均高于沙特，其中，阿联酋在世界190个经济体中排第16名，并且多项经济指标都处于该地区的第一名，沙特与阿联酋相比，仍存在很大的进步空间。

根据世界银行2020年《营商环境报告》，在阿联酋的迪拜开办一家企业，只需要完成两个手续，耗时为3.5天，在沙特的首都利雅得开办一家企业，则需要完成3个手续，耗时为10天，而中东与北非地区平均需要完成6.5个手续，耗时19.7天；在迪拜办理施工许可证需要完成11个手续，耗时47.5天，在利雅得办理施工许可证需要完成14个手续，耗时

100 天，而中东与北非地区平均需要完成 15.7 个手续，耗时 123.6 天。由此可见，虽然与整个地区相比，沙特的办事流程较为便利，耗时也很短，但是与该地区排第一名的阿联酋相比，仍有很大的提升空间，尤其是在办理手续的耗时方面。

表Ⅱ-3-2　　2020 年中东与北非地区经济体营商环境排名　　　　　（名）

经济体	世界排名	开办企业	办理施工许可证	获得电力	登记财产	获得信贷	保护少数投资者	纳税	跨境贸易	执行合同	办理破产
阿联酋	16	1	1	1	2	3	2	6	9	1	5
巴林	43	6	4	9	3	6	4	1	6	4	2
摩洛哥	53	5	3	3	9	9	3	5	3	5	4
沙特	62	4	5	2	5	1	1	7	7	3	17
阿曼	68	3	7	4	6	14	9	4	4	6	7
约旦	75	11	15	8	8	1	12	8	5	10	9
卡塔尔	77	10	2	5	1	9	17	2	10	12	12
科威特	83	7	9	7	5	9	4	3	15	7	10
埃及	114	9	11	11	16	4	7	19	16	20	8
伊朗	127	20	10	14	7	7	16	18	11	9	13

资料来源：世界银行，https：//www.doingbusiness.org/en/rankings? region = middle-east-and-north-africa。

第二节　营商环境发展

根据世界银行的报告，沙特的总体营商环境排名呈逐年退后的情况，而在 2020 年又开始重新有所好转。造成沙特排名退后的原因也与世界银行测量的方法论变化有关。2014 年《营商环境报告》更新了跨境贸易、纳税两项指标集的方法论，在跨境贸易方面，出于优惠待遇目的所需的证书不再被包括在单据列表中（例如，该证书是用来证明其能够获得贸易协定下的关税优惠待遇）。在纳税方面，燃油税的价值不再被计入总税率。2013 年与 2014 年《营商环境报告》之间的更正率为 8.6%；2016 年《营商环境报告》扩展了办理施工许可、获得电力、登记财产、劳动力市场法规四个指标集的重点,对跨境贸易这一指标集的方法论进行了重大修订,并对保护少数投资者这一指标集的方法论进行了微调,2015 年报告与 2016 年报告之间的更正率为 5.3%。

尽管如此,从表 II-3-3 中不难看出,沙特营商环境便利程度的总分波动不大,但是排名总体上一直在下降,2010—2012 年,由于新的《外国投资法》的颁布、建立沙特投资总局、沙特加入 WTO 组织等措施,并通过简化办事手续,缩短审批时间,降低企业获得建设许可的成本等方式,沙特改善了国内的营商环境,为国内外投资者带来了更好的经商环境,因此,总体营商环境便利程度的世界排名十分靠前。

表 II-3-3　　　　沙特总体营商环境变化

年份	排名（位）	营商环境便利度分数总体（分）（DB17-19 方法论）	营商环境便利度分数总体（分）（DB15 方法论）	营商环境便利度分数总体（分）（DB10-14 方法论）
2020	62	71.6		
2019	92	63.8		
2018	92	62.1		
2017	94	59.4		
2016	82	59.2		
2015	49		65.3	
2014	26		65.2	67.6
2013	22			68
2012	12			67
2011	11			67.1
2010	12			66.1

资料来源：世界银行,https://www.doingbusiness.org/en/custom-query。

表 II-3-4 为自世界银行《营商环境报告》发布以来沙特的营商环境各指标变化,本章第二节将对其中的部分指标环节进行具体的分析。

表Ⅱ-3-4　　　　　　　　沙特营商环境各指标变化　　　　　　　　　　（分）

年份	开办企业	办理施工许可证	办理施工许可证（DB06-15方法论）	获得电力	获得电力（DB10-15方法论）	登记财产	登记财产（DB05-15方法论）	获得信贷	获得信贷（DB05-14方法论）
2020	93.1	78.3		91.8		84.5		60	
2019	80.1	76.7		79.9		84.1		45	
2018	80.0	76.6		76.8		81.2		45	
2017	75.4	76.9		76.8		78.5		45	
2016	74.4	77.3		76.8		78.2		45	
2015	74.0	77.3	76.4	76.8	81.5		87.8	45	
2014	73.9		75.8		81.5		87.8	45	62.5
2013	74.0		75.8		81.5		87.8		62.5
2012	73.0		75		81.6		87.8		62.5
2011	72.8		77.3		81.6		87.8		62.5
2010	73.1		72.5		81.6		87.8		56.3
2009	73.3		68				87.8		56.3
2008	71.8		68				87.8		56.3
2007	28.9		67.9				87.8		43.8
2006	22.4		67.6				87.8		37.5
2005	21.5						87.8		18.8
2004	20.8								

近年沙特营商环境各指标变化

年份	保护少数投资者	保护少数投资者（DB06-14方法论）	纳税	纳税（DB06-16方法论）	跨境贸易	跨境贸易（DB06-15方法论）	执行合同	办理破产
2020	86		80.5		76		65.3	0
2019	80		75		54.3		63.4	0
2018	76		75		49.6		60.6	0
2017	62		74.6		48.5		56.9	0
2016	60		74.7	99.6	48.5		56.9	0
2015	60			99.2	48.5	73		0
2014	60	66.7		98.8		74.1		0

续表

年份	保护少数投资者	保护少数投资者（DB06-14方法论）	纳税	纳税（DB06-16方法论）	跨境贸易	跨境贸易（DB06-15方法论）	执行合同	办理破产
2013		66.7		98.8		78.1		0
2012		66.7		92.3		78.1		0
2011		66.7		92.3		77.2		0
2010		66.7		92.3		77.8		0
2009		66.7		92.3		78.6		0
2008		56.7		92.3		75.2		0
2007		56.7		92.3		71.4		0
2006		56.7		92.9		70.3		0
2005								
2004								0

资料来源：世界银行，https://www.doingbusiness.org/en/custom-query。

根据表Ⅱ-3-4可以看出，从2004年至今，沙特营商环境的各项指标集中有些指标的分数虽有所波动，但整体上都呈增长趋势，这也与沙特近年来在改善营商环境方面所付出的努力息息相关。

2008年，沙特取消了最低实收资本的要求，并且加快了公司注册的流程，这使开办一家企业变得更容易；成立了新的商业信贷局，该信贷局负责发布有关公司的信用风险报告；通过取消关于领事证书的要求，允许数据的电子传输（消除了需要纸质文件的硬性要求），并提高了吉达伊斯兰港口设施能力，使进口变得更加容易。

2009年，沙特取消了非增值手续，从而减少了开办企业的时间和成本；通过使用完善的电子系统来登记所有权证，从而提高了财产登记的效率；通过禁止利害关系方对批准关联方交易进行投票，加大对因个人利益进行交易的公司董事的制裁，从而加强了对小型投资者的保护；沙特对破产程序规定了严格的最后期限，因此债务人资产拍卖比以前更快。

2010年，沙特商务部通过引进一站式中心，简化了业务办理的手续；通过引入为期1天的许可程序，使建筑商可以获得临时建筑许可证，允许它们在1天后开始施工，并在1周后获得最终施工许可证，从而保障了工程的顺利进行。

2011年，沙特通过简化进入手续流程，连续第二年简化办理施工许可证的手续；对商业留置权法进行修订，在未偿付债务的情况下允许庭外执行，从而增加了获得信贷的机会；在吉达伊斯兰港启用新的集装箱码头，减少了进口时间；通过提供友好解决方案，并在解决方案中设置时间限制以鼓励债权人加快破产程序。

2012年，沙特将天课和个人所得税部门以及社会保险部门的代表安排至统一中心，使新公司在其代理机构中注册，从而使开办企业更加容易。

2013年，沙特通过使用社会保障缴款的在线申请和支付系统，使公司的纳税更加容易；通过使用电子归档系统来扩大法院的电子化程度，使执行合同更加容易。

2016年，沙特通过在土地注册处引入新的计算机系统，提高了财产转让的效率。

2017年，沙特通过减少公证公司章程的时间，使开办企业更加容易；通过加强公司的所有权和控制企业架构，以及提高公司透明度要求，加强了对少数投资者的保护。

2018年，沙特将公司名称保留和公司章程合并为一个程序，该手续可以在线上进行，同时，还改善了在线支付系统，公司在线上就能够完成费用的支付；通过使用在线平台来检查所有权和产权负担，并简化了财产注册流程，从而提高了土地管理系统的效率。此外，沙特还改善了土地管理系统的争议解决机制，使财产注册更加容易；改善纳税人用于备案和缴纳税款的在线平台；通过减少清关所需的文件数量，减少了进出口文书单据审核的时间；通过使用供法官和律师使用的电子案件管理系统，使执行合同更加容易。

2019年，沙特通过实施新的补偿计划来激励电力公司提高服务效益，从而提高了电力供应的可靠性；将土地记录以及收费表发布至数字平台，使财产登记更加容易和透明；明确规定了董事的责任，并增强股东在重大决策中的作用，加强了对少数投资者的保护；启动一个新的电子窗口并延长吉达港海关的工作时间，使进出口变得更加容易；使用一种新的电子系统，使原告可以通过线上提交初次投诉，同时，修改了民事诉讼程序规则，加入了关键法庭事件的时间标准，从而使合同执行更加容易。

2020年，沙特建立一站式商店，合并了部分注册前和注册后手续，使开办企业更加容易，同时，还取消了已婚妇女在申请国民身份证时提供额外文件的要求；通过使用在线平台，并在颁发建筑许可证后取得民防部门的批准，使建筑许可证的处理更加容易；简化线路连接和仪表安装程序，使用地理信息系统查看新的线路连接请求，并且不再需要完工证书来获得电力；通过引入担保交易法和破产法，增加了获得信贷的机会；通过增加在审判中获得证据的方式，加强了对少数投资者的保护；引入了新的增值税；通过增强其电子贸易单窗口，启用风险检查，启用认证进口商品在线平台，以及升级吉达伊斯兰港口的基础设施，从而加快了进出口速度；通过发布法院绩效评估报告和有关法院案件进展的信息，使执行合同更加容易；引入重组程序，允许债务人启动重组程序，改善破产程序期间的业务连续性和合同待遇，允许启动后信贷以及增加债权人对破产程序的参与。①

第三节 营商环境重要环节

本节以世界银行报告中的11个营商指标为出发点，对沙特营商环境中的重要环节进行介绍，并根据实际情况对指标进行了扩展，比如将"跨境贸易"这一指标延伸为"贸易"，将"获得信贷"延伸为"融资"。世界银行2020年营商环境便利度并未将"雇佣"纳入排名中，但它是营商环境的重要环节，因为本节也将对之进行讨论。除此以外，本节还将对"纳税""商业契约"这两方面进行重点讨论。

一 雇佣

随着国民经济的不断发展，沙特的就业率不断提升，外籍劳动力也大量涌入沙特。根据沙特统计总局发布的最新数据，2020年沙特总人口数约为3355万人，2020年上半年沙特劳动力总数约为1363万人，其中男性劳动力人数约为1159万人，女性劳动力人数约为204万人，沙特籍人

---

① World Bank, *Doing Business 2020 Economy Profile Saudi Aribia*, https：//www.doingbusiness.org/content/dam/doingBusiness/country/s/saudi-arabia/SAU.pdf.

数约为 1043 万人，而非沙特籍人数约为 320 万人；15 岁以上总劳动参与率为 58.2%，沙特籍 15 岁以上劳动参与率为 46.2%，非沙特籍 15 岁以上劳动参与率为 74.5%。其中，非沙特籍雇员主要来自印度、巴基斯坦、孟加拉国、菲律宾、埃及等国家。

关于世界银行"雇佣"这一指标的研究，包含了关于雇佣的法规及灵活性、雇员的工作时间、裁员的规则及成本。下面对沙特《劳动法》中的重要规定进行简单介绍。

外籍劳动参与率高得益于 2005 年沙特颁布的新《劳动法》，该《劳动法》的出台解决了 1969 年颁布的旧《劳动法》无法顾及非沙特籍人员就业保障的困境。2006 年劳工部根据新的《劳动法》出台了《沙特劳工部外籍劳工在沙务工指南》，进一步明确了非沙特籍工人的权利与义务。[1]此次法案包括对试用期、工作地点变更、合同终止通知、补偿金、工作时间、工伤等具体条款的修订，旨在加强沙特劳工部寻求保护发展当地劳动力市场和为外来投资提供活力的市场环境二者平衡的既定政策的实施。需要指出的是，法定员工权益的增加将缩小公共部门和私营部门用人单位用工政策的差距，同时增强了雇佣双方权利义务的透明度和可预见性，也有益于双方雇佣关系的良性发展。[2]

同时，为了提高本国年轻人的就业率，2011 年 9 月，沙特政府开始实行"沙特化"分级制度，该制度以推动私营部门雇员沙特化为原则。政策规定，员工超过 20 名的公司每年必须增加 5% 的沙特籍劳动力，直到沙特籍员工占全部雇员的 75%。对没有遵守规定的公司，政府会予以严厉的处罚，这些公司有可能被排除在政府合同和贷款之外，还可能被中止外国雇员的签证和工作许可。[3]

（一）工作时长与薪资

通过不断完善《劳动法》，沙特改善和提升了劳工待遇。法律规定沙

---

[1] 江苏省南通市司法：《"一带一路"国家法律服务和法律风险指引手册》，知识产权出版社 2016 年版，第 142 页。

[2] 转引自中国驻沙特阿拉伯王国大使馆经济商务处《对外投资合作国别（地区）指南——沙特阿拉伯（2019）》，http://www.mofcom.gov.cn/dl/gbdqzn/upload/shatealabo.pdf。

[3] 转引自中国驻沙特阿拉伯王国大使馆经济商务处《对外投资合作国别（地区）指南——沙特阿拉伯（2019）》，http://www.mofcom.gov.cn/dl/gbdqzn/upload/shatealabo.pdf。

特劳动者每日的标准工作时间不得超过 8 小时（休息时间不被计入工作时间，劳动者可以在休息时间用餐），私营部门从业人员每周工作时长由 45 小时缩减至 40 小时，并赋予其周末休息两天的权利（周五、周六）；劳动者在用人单位工作超过 4 年，或者劳动合同经过 3 次续签的，应当签订无固定期限合同；用人单位不得要求劳动者连续工作超过 5 个小时，连续工作期间必须有半小时的吃饭和祷告时间；① 在斋月期间，穆斯林每天工作时间不得超过 6 小时，每周工作时间不得超过 36 小时。如果劳动者每天工作时间超过 8 小时，每周工作时间超过 48 小时，则用人单位应按其时薪，加付基本工资的 50% 作为加班费。

最低工资法对于沙特来说是一个新概念，目的是让沙特人更多地参与到私营部门之中。沙特每月的最低工资标准为 3000 沙特里亚尔（约合 800 美元）。2020 年，沙特人力资源部宣布，将于 2021 年 4 月将沙特每月最低工资标准提升至 4000 沙特里亚尔（约 1066 美元），但是在沙特国内，私营部门针对沙特籍员工和非沙特籍员工的最低工资标准有所区别。

（二）雇员的保险与福利

沙特是高福利国家，所有公民不需要缴纳个人所得税，仅需要缴纳天课（占资产额的 2.5%）；全体国民均享受免费医疗（私人医院除外），这一措施也扩大到来沙特朝觐的穆斯林身上。据世界卫生组织统计，2015 年沙特全国经常性医疗卫生支出占 GDP 的 5.8%，按照购买力平价计算，人均经常性医疗支出为 3121.3 美元；2016 年，人均寿命为 65.7 岁。②

除了向本国公民提供各种直接、间接的补助之外，沙特政府还建立了完善的社会保险制度。沙特首部《社会保险法》于 1962 年颁布，第二部《社会保险法》于 1969 年颁布。现行《社会保险法》颁布于 2000 年，并于 2001 年进行了增补。沙特《社会保险法》在养老、伤残、死亡、工伤等诸多领域给予沙特公民及其家属以经济保障，新保险法规定公共部门和私营部门的雇员必须参加保险（公务员和军人另有缴纳保费的方法，特定行业和外籍人士不得参加保险），受保人和雇主各需缴纳受保人收入的

---

① 江苏省南通市司法：《"一带一路"国家法律服务和法律风险指引手册》，知识产权出版社 2016 年版，第 142 页。
② 转引自中国驻沙特阿拉伯王国大使馆经济商务处《对外投资合作国别（地区）指南——沙特阿拉伯（2019）》，http：//www.mofcom.gov.cn/dl/gbdqzn/upload/shatealabo.pdf。

9%作为资金来源。①

（三）终止雇佣

沙特《劳动法》第75条规定，在合同没有规定期限的情况下，雇员和雇主都可以根据合法的理由要求终止合同，但是应当提前30天以书面方式通知另一方，说明终止合同的原因，而其他情况也应当至少提前15天通知另一方。如果有一方没有遵守此条规定，则应当对另一方进行赔偿，赔偿金额是通知期限或者不足天数的雇员工资，这两条规定保障了雇员在职的安全性，避免了雇主无故开除雇员情况的发生。

沙特《劳动法》也规定，在九种情况下，雇主可以在不发薪酬或未通知雇员的情况下单方面解除合同，包括雇员攻击雇主或负责人；雇员没有完成劳动合同所规定的实质性义务；雇员被证实有某种不良行为；雇员明知故犯，懈怠工作，给雇主造成经济损失；得知雇员通过造假获得工作的行为；雇员尚处于试用期；雇员一年内无故旷工累计达20天以上或连续旷工10天；证实雇员利用职务之便，非法牟取私利；证实雇员泄露与自己工作有关的工业、商业秘密。

二 融资

世界银行"获得信贷"这一指标主要衡量信用报告系统的优势以及抵押法和破产法在促进贷款方面的有效性。2014—2019年，沙特"获得信贷"指标的得分一直为45分，2020年有所进步，达到了60分。本节将对沙特的金融概况、主要的金融机构进行介绍。

（一）沙特金融的宏观概况

沙特金融业的发展是与石油息息相关的，石油贸易使沙特的经济飞速发展，为其金融业蓬勃发展提供了充足的资金条件，因此沙特金融业从无到有，发展非常迅速，现已形成包括银行业、保险业、资本市场在内的完善的金融体系，国内金融法律完备，功能齐全。2020年沙特银行业的资本充足率达到18.6%，远高于巴塞尔协议的要求（银行资本充足率不低于8%），体现出沙特国内金融系统稳定性较高，经营良好、收益率高；总资产同比增长14%，并且发放给私营部门的贷款和信贷额度增长了

---

① 陈沫：《列国志》，社会科学文献出版社2011年版，第247页。

12%。根据沙特阿拉伯货币局发布的报告，2019年，沙特商业银行资产增长9.7%（2330亿里亚尔），同比去年增长了2%；银行存款总额增长7.3%（1225亿里亚尔），总额达到17.96万亿里亚尔，同比去年增长了2.5%（404亿里亚尔）。

表Ⅱ-3-5　　　　　沙特商业银行综合财务状况　　　　　（百万里亚尔）

	2015	2016	2017	2018	2019
资产					
银行准备金	147973	239920	243294	222856	239375
国外资产	322614	233832	262124	231832	243629
对公共部门债权	125144	233752	308368	358919	445318
对私营部门债权	1384858	1417920	1405210	1445252	1546519
对非金融部门债权	2904	4442	2600	1041	1398
其他资产	249761	159136	129295	138246	154888
总资产	2233254	2289001	2350891	2398147	2631128
负债					
银行存款	1617090	1629385	1633125	1673513	1795979
国外负债	99987	96101	119186	110933	173155
资本及储蓄	270418	298392	317067	303439	342976
利润	42420	40398	43857	48148	50315
其他负债	203339	224725	237655	262113	268703

资料来源：SAMA 56th Annual Report, 2019, 1美元＝3.75里亚尔。

（二）沙特的主要金融机构

沙特阿拉伯货币局是沙特的中央银行，货币机构的主要职能包括：发行货币（包括纸币和硬币）、管理公共债务、保持物价及汇率稳定、管理外汇储备、监管商业银行、管理金融市场（包括证券市场）、确保本国金融体系的稳定和发展。同时，沙特的货币机构还是沙特的投资机构，负责管理沙特在海外的资产。① 截至 2019 年 3 月末，沙特境内共有 30 家商业银行，其中包括 13 家沙特银行和 17 家外资银行分行，重要的国有银行包括国民商业银行（National Commercial Bank）、利雅得银行（Riyadh Bank）、阿拉伯国民银行（Arab National Bank）；重要的外资银行包括沙特荷兰银行（Saudi Hollandi Bank，沙特最早的外资银行）、沙特英国银行（Saudi British Bank）等。2015 年 6 月，中国工商银行在沙特首都利雅得设立分行，持有商业银行全牌照，目前主要开展批发业务，产品包括存款、贷款、汇款、保函、清算、信用证、金融市场等。②

沙特有 5 家国有的专业金融机构：

1. 沙特阿拉伯农业银行。向农民和农业项目提供无息贷款，偿还期为 15—20 年。

2. 房地产开发基金。为住房开发提供相当于房屋价值 70% 的无息贷款，还款期超过 25 年。为非住房建设提供 50% 的贷款。

3. 沙特工业发展基金。向私有的工业项目提供中长期信贷，贷款额可达项目金额的 50%，而且可以向全资外国公司或沙特公司提供贷款。

4. 公共投资基金。为公共项目提供资金。对于非常重要的大型项目，私人投资者很难筹集资金，公共投资基金可以在商业运作的基础上，与商业银行合作为其提供长期资金支持。公共投资基金也是政府拥有股份的国有贸易公司的监管人。

5. 沙特信托银行。为低收入者的个人需求，如结婚、小型商业活动以及职业培训等提供无息信贷。③

Tadawul 是沙特唯一的证券交易所，也是海湾合作委员会国家之间的主要证券交易所。20 世纪 70 年代，就已经存在非官方性质的证券交易所，并且只有 14 家上市公司。2004 年沙特政府成立了资本市场管理局（CMA），这是沙特国内唯一的股市规范机构。2007 年，沙特唯一一

---

① 陈沫：《列国志》，社会科学文献出版社 2011 年版，第 203 页。
② 中国驻沙特阿拉伯王国大使馆经济商务处：《对外投资合作国别（地区）指南——沙特阿拉伯（2019）》，http：//www.mofcom.gov.cn/dl/gbdqzn/upload/shatealabo.pdf。
③ 中国驻沙特阿拉伯王国大使馆经济商务处：《对外投资合作国别（地区）指南——沙特阿拉伯（2019）》，http：//www.mofcom.gov.cn/dl/gbdqzn/upload/shatealabo.pdf。

家证券交易所 Tadawul 正式成立，其位列全球第十一。Tadawul 提供股票、伊斯兰债券（也称"回教债券"）、交易所交易基金（ETF）和共同基金。

三 纳税

沙特实行中央一级征税制度。在沙特，主要的税种分为天课与所得税两类。无论是沙特人、外国人还是外国人与沙特人的合资企业，每年都必须到天课和所得税总局缴纳天课或所得税。近年来，沙特税务部门正在大力推进信息化和电子税务服务，纳税人能够在网上处理和税务相关的业务，这大大简化了纳税的流程，使纳税更加便利。

（一）沙特的主要税种和税率

沙特新的所得税法和相关实施细则于 2004 年 7 月 30 日正式生效，这是沙特政府 50 年以来第一次对本国的税法进行重大修改，以利于沙特政府适应当今世界经济发展的潮流，实现国家收入多样化，更有效地吸引外国的投资。沙特征收的税种包括企业所得税、增值税、天然气投资税、扎卡特税（天课）、消费税（烟草、能量饮料和碳酸饮料）、预提税、人头税、关税等，沙特无个人所得税。[1]

表 Ⅱ-3-6　　　　　　　　沙特各税种及简介

税种	介绍
企业所得税	《沙特所得税法》是沙特关于所得征税的统一法律，企业所得税的计税依据为应税收入总额减去允许抵扣的项目，税率为 20% 沙特是采取属地管辖权的国家，除免税收入以外，来源于沙特阿拉伯的所有收入为应税收入，包括各种形式的收入、利润及资本利得等 纳税人列示如下：居民企业的非沙特籍股东；在沙特开展商业活动的非沙特籍自然人居民；通过设立在沙特阿拉伯的常设机构开展商业活动的非居民；有来源于沙特境内的其他应税所得的非居民；参与天然气投资项目的个人；生产石油及碳氢化合物材料的个人 上一年度亏损弥补可以向下一年度无限结转，但每年允许抵扣的亏损限额为当年纳税调整后利润的 25%

---

[1] 中国驻沙特阿拉伯王国大使馆经济商务处：《对外投资合作国别（地区）指南——沙特阿拉伯（2019）》，http://www.mofcom.gov.cn/dl/gbdqzn/upload/shatealabo.pdf。

续表

税种	介绍
增值税	沙特于2018年1月1日开始实施增值税，连同海合会其他成员国一起，选择实施5%的标准税率。年收入超过100万沙特里亚尔的企业应于2017年完成增值税登记，年收入超过37.5万沙特里亚尔的企业应于2018年底完成登记，年收入为18.75万—37.5万沙特里亚尔的企业可以自愿登记。截至2019年4月底，沙特约有18万户增值税企业纳税人 在沙特境内购买、销售或进口的所有货物及服务均为增值税应税项目。其中，住宅房地产、特定金融服务为免税业务；向海合会以外国家出口、国际运输、合格药品和医疗产品等为零税率；其他执行5%的税率
预提所得税	除处置资产所取得的资本利得外（所得税法适用一般条款），在沙特未设立常设机构的非居民企业应就其来源于沙特境内的收入缴纳预提所得税。预提所得税税率如下： 管理费用：20% 特许权使用费；支付给母公司或关联方的服务费：15% 租金；技术服务或咨询服务费；机票支出，航空运费，海运运费；国际通信服务费；股息；利息；保险费，再保险费：5% 其他支出：15% 预提所得税的扣缴义务人应在沙特税务机关注册登记，并在向款项接收方支付款项的下月10日内向税务机关缴纳税款 根据中沙税收协定第十条至第十二条，股息预提税率不应超过股息总额的5%，债权所得征税款不应超过债权所得总额的10%，特许权使用费所征税款不得超过特许权使用费总额的10%
天然气投资税	纳税义务人为从事天然气、液化天然气、气体冷凝物经营的自然人、法人。征税对象为从事天然气勘探开发、生产、炼化、液化、冷凝等经营活动的收入。从事天然气开发，税率为30%；从事石油和碳氢化合物生产，税率为85%
消费税	主要针对烟草及衍生制品、电子烟及液体、能量饮料、碳酸饮料、加糖饮料征收，前三类税率为100%，后两类税率为50%
外籍人税（人头税）	沙特于2016年开始实施财政平衡计划，通过征收"人头税"、提高本土化率等举措，逐步提高企业雇用外籍人的成本，为本国人创造更多的就业机会。在沙特经营的外国企业需要每月为其每一名外籍雇员缴纳400里亚尔（约107美元）的劳动许可费，外籍雇员个人还要为其在沙特的家属和子女缴纳每人每月200里亚尔的费用（2020年调整为400里亚尔）
扎卡特税（天课税）	扎卡特（Zakat）税是根据宗教法律对穆斯林企业征收的所得税，是伊斯兰教的五大支柱之一。扎卡特税主要针对五类财产征收：粮食谷物；水果；骆驼、牛、羊和山羊；黄金和白银；可移动的货物，税率为评估价值的2.5%，税款在持有上述财产一年后按年度支付。目前主要针对沙特籍企业和其他海合会成员国籍企业征收，合资企业按持股比例分别征收扎卡特税和企业所得税

资料来源：中国驻沙特阿拉伯王国大使馆经济商务处《对外投资合作国别（地区）指南——沙特阿拉伯（2019）》，http://www.mofcom.gov.cn/dl/gbdqzn/upload/shatealabo.pdf。

（二）沙特对外国投资的税收优惠政策

在沙特进行直接投资的外商，可享受沙特政府颁布的一系列优惠政策，如果外商在沙特政府规划的6座经济城（拉比格阿卜杜拉国王经济城、麦地那经济城、吉赞经济城、哈伊勒经济城、塔布克经济城、阿赫萨经济城）、全国30多座已建成的和在建的工业城以及朱拜勒、延布两个专属工业特区进行投资，则能够享受地区性投资优惠待遇，尤其是能够获得包括廉价能源供应、廉价项目用土地、优惠劳工措施、减免企业所得税、免除原材料及器械进口关税等在内的一系列优惠措施。

1. 行业鼓励政策

沙特投资总局公布了六大类鼓励性投资行业：

（1）以能源为基础的产业，包括原油炼化、石化、化肥、淡化海水与发电业、冶金开矿行业等。

（2）运输物流，包括航空、铁路、港口码头、道路、物流等。

（3）信息通信技术产业。

（4）医疗卫生。

（5）生命科学。

（6）教育。

2. 地区鼓励政策

随着沙特经济的发展，经济开放的步伐也逐渐加快，而经济区是沙特对外吸引投资的重要组成部分。其中，延布工业城对于外国投资有更加优惠的政策支持，允许设立外商独资企业，所有企业不论何种资本类型均享受国民待遇；所有生产所必需的原材料都免进口关税；建设项目可获得项目投资的50%以及最高1亿美元的无息贷款；租购房屋土地可享受较低的价格和长期固定的租金；政府采购将倾向于在本国制造的产品；回撤资金无严格限制等。[①]

[①] 中国驻沙特阿拉伯王国大使馆经济商务处：《对外投资合作国别（地区）指南——沙特阿拉伯（2019）》，http：//www.mofcom.gov.cn/dl/gbdqzn/upload/shatealabo.pdf。

对于沙特政府规划的 6 座经济城，在经济城内的投资者可以享受"工业发展基金"50% 的 10 年低息贷款。同时可以每平方米 8 哈拉拉（1 沙特里亚尔为 100 哈拉拉）的象征性租金租用两块土地，用于厂房建设和住宅建设。

对进入 6 个欠发达地区投资的外商企业给予更加优惠的税收政策，这 6 个地区分别为哈伊勒、吉杰赞、纳季兰、巴哈、焦夫和北部边疆省。在上述 6 个地区设立的外资企业可以减免 50% 的年度培训沙特雇员费用，减免沙特雇员 50% 的工资，如果企业符合投资规模超过 100 万沙特里亚尔，且至少有 5 名沙特籍员工担任企业技术或管理职务（合同期至少为 1 年），则会享受更多的税收优惠措施。[①]

（三）世界银行对沙特纳税便利程度的评分

世界银行"纳税"这一项指标主要关注的是企业每年的缴税次数、每年缴税所消耗的时间、总税率和社会缴纳费率等。表Ⅱ-3-7 显示了自世界银行《营商环境报告》发布以来沙特纳税得分及其二级指标分数变化。从 2006 年至 2016 年，在同一方法论下，沙特"纳税"指标的得分一直呈稳定上升趋势，并在 2016 年达到了 99.6 分。随着世界银行方法论的改变，从 2017 年至 2020 年，沙特该项指标的分数还是在稳定上升。从表中可以看出，沙特的缴税次数逐年明显减少，从 2006 年的每年 14 次减少至 2020 年的每年 4 次，2020 年世界银行关于沙特纳税统计指标由 2013 年的 3 种增加为 2019 年的 4 种，2020 年指标包括雇主缴纳的劳动分红税、扎卡特税、个人缴纳的社会保险费以及增值税四种。其中，劳动分红税耗时 9 小时、扎卡特税耗时 23 小时、增值税耗时 72 小时，全年总共耗时 104 小时，并且都是通过线上方式办理。这些都说明沙特改善了企业的缴税环境，减轻了企业的负担，提高了企业缴税的便利程度。

[①] 中国驻沙特阿拉伯王国大使馆经济商务处：《对外投资合作国别（地区）指南——沙特阿拉伯（2019）》，http://www.mofcom.gov.cn/dl/gbdqzn/upload/shatealabo.pdf。

表Ⅱ-3-7　　　　　沙特纳税二级指标变化情况

年份	分数（分）	分数（分）（DB06-16方法论）	缴税次数（每年）	时间（小时数/年）	总税率和社会缴纳费率（占利润百分比）	利润税（占利润百分比）	劳动税及缴付（占利润百分比）劳务税及派款（占利润百分比）	其他税（占利润百分比）
2020	80.5		4	104	15.7	2.2	13.5	14
2019	75.0		3	32	15.7	2.2	13.5	14
2018	75.0		3	40	15.7	2.2	13.5	14
2017	74.6		3	60	15.7	2.2	13.5	14
2016	74.7	99.6	3	57	15	2.2	12.8	14
2015		99.2	3	64	14.6	2.2	12.4	14
2014		98.8	3	72	14.6	2.2	12.4	14
2013		98.8	3	72	14.7	2.2	12.4	14.2
2012		92.3	14	79	14.7	2.2	12.4	14.2
2011		92.3	14	79	14.7	2.2	12.4	14.2
2010		92.3	14	79	14.7	2.2	12.4	14.2
2009		92.3	14	79	14.6	2.2	12.4	14.2
2008		92.3	14	79	14.6	2.2	12.4	17.6
2007		92.3	14	79	14.6	2.2	12.4	17.6
2006		92.9	14	69	14.9	2.5	12.4	17.6

资料来源：世界银行，https://www.doingbusiness.org/en/custom-query。

四　贸易

世界银行的"跨境贸易"这一指标主要关注的是清关、运输等文件获取与提交的便利度，海关报关与检查、货物在国内的运输便利度。沙特"跨境贸易"这一指标从2006年到2016年的十年间，评分一直在70—78.6分波动，而从2016年开始，随着世界银行新方法论的引入，沙特该指标的评分开始稳步增长，2020年达到76分。这一变化是因为沙特通过减少清关所需的文件数量，减少了进出口文书单据审核的时间，并且延长了吉达伊斯兰港海关的工作时间，进一步加强了吉达伊斯兰港的基础设施建设，使得进出口变得更加便利。

(一) 贸易便利化

根据联合国 2019 年发布的《全球数字化及可持续贸易便利化调查》(UN Global Survey on Digital and Sustainable Trade Facilitation),沙特的贸易便利化得分为 84.95 分,而同为阿拉伯国家的摩洛哥得分为 87.1 分,可见沙特的贸易便利化程度还存在进步的空间。由表 Ⅱ-3-8 可以看出,沙特在手续以及透明度两项指标上得了满分,也远远高于同地区的其他国家,但在跨境无纸贸易方面仍有提高的空间,近年来沙特也在不断推行以电子方式进行海关申报,以及简化清关手续,企业能够在网上完成关税费用的支付,这一系列举措都使沙特的贸易更加便利。

表 Ⅱ-3-8　2019 年沙特贸易便利化水平与本地区其他国家对比

	沙特	摩洛哥	伊朗	约旦	埃及	突尼斯
跨境无纸贸易	61.11	77.78	22.22	38.89	16.67	50.00
无纸贸易	77.89	88.89	92.59	77.78	37.04	74.07
制度安排与合作	88.98	66.67	88.89	100	55.56	100
手续	100	95.83	58.33	87.50	66.67	79.17
透明度	100	93.33	93.33	86.67	46.67	66.67

资料来源:联合国,https://untfsurvey.org/economy?id=PHL。

(二) 贸易成本

2005 年 12 月 11 日,沙特经过 12 年的谈判正式成为世贸组织第 149 个成员。在争取成员资格的过程中,沙特颁布了 42 个与贸易相关的新法令,建立了 9 个监督管理组织,签署了 38 个双边贸易协定。在 1993 年沙特第一次申请加入关税总协定时,沙特 75% 的进口商品都实行 12% 的进口关税率,而到 2003 年,85% 的进口商品都实行 5% 的进口关税率。自加入 WTO 之后,沙特巧克力、糖果等产品的关税由 20% 降为 8%;钢管的关税降为 8%;塑料制品、纸制品、金属制品、家具等产品的关税降为 15%;在加入世贸组织三年后,沙特的所有电脑和电脑配件产品、电子通信产品的关税将降为 0。这些都说明沙特正不断促进自身贸易条件的改善,使其贸易成本更低,便利度更高。

2016 年 6 月 15 日,沙特贸易和投资大臣卡萨比宣布,沙特内阁接受世界贸易组织的《贸易便利化协定》，成为第二个接受这一多边协定的阿拉伯国家。《贸易便利化协定》旨在减少进出口贸易通关所需的文件数量，精简通关流程。《贸易便利化协定》的签订有助于将国际贸易成本下降1%，也能够为协定成员增加国际贸易的收益。

同时，与沙特签订贸易促进协议的阿盟成员国可享受优惠的关税税率；签有双边经贸协定的阿拉伯国家享有更加优惠的关税税率；从2003年起，海湾合作委员会国家组成一个关税区，实行一个入境点原则，对外征收5%的统一关税，这些贸易协定旨在促进阿拉伯世界的贸易往来，刺激阿拉伯地区经济发展，实现成员国贸易的真正自由化。

五 商业契约

世界银行"执行合同"指标首先主要考察的是通过法院执行合同所需的时间，通过法院执行合同所需的费用包括律师费、法庭费、执法费等。其次，该指标还考量司法程序的质量、法院结构与司法程序等。沙特该指标的分数从2016年的56.9分提高至2020年的65.3分，在《营商环境报告》中排第51名，一直保持着进步的趋势。

"保护少数投资者"指标主要考察企业的披露程度、董事责任程度、简化股东诉讼程序、利益冲突规则、股东权利、公司透明度等。2020年沙特这一指标在世界银行《营商环境报告》中排名第三，远远高于沙特其他指标的排名，分数从2006年的56.7分提高至2020年的86分。2009年，沙特通过禁止利害关系方对批准关联方交易进行投票，并加大对因个人利益进行交易的公司董事的制裁，加强了对小型投资者的保护；2020年，沙特通过增加在审判中获得证据的方式，加强了对少数投资者的保护，这些都使沙特在这一指标上取得了很高的排名。

（一）沙特的法律环境

沙特的基本法律是伊斯兰法，在建国初期，沙特国内的立法思想十分不统一，而且全国的司法体系也不健全，司法制度十分混乱，严重影响着国内的生活。现在沙特签署法令、判决和决议的主要依据则是《古兰经》、圣训，以及统治者与国家的现实需要。由于沙特法律体系中不存在判例制度、无法院判例公布制度，以及政府机构对自由裁量权的恣意行使等因素，一般很难对合同的正确解释和执行提供高度的确定性。①

根据世界银行2020年《营商环境报告》中的数据，沙特利雅得商事法庭对于标准化商事诉讼案件的平均处理时间为575天，中东与北非地区的平均处理时间为622天，经济合作与发展组织国家的平均处理时间为589.6天，《营商环境报告》中排名第一的国家为新加坡，其平均处理时间只要120天。这一数据说明沙特相比于中东与北非地区而言，处理速度高于其平均水平，但与新加坡相比，仍有很大的进步空间。沙特商事诉讼案件的诉讼费为索赔费用的27.5%，中东与北非地区平均费用占比为24.7%，经济合作与发展组织国家的平均费用占比为21.5%，《营商环境报告》中排名第一的国家为不丹，诉讼费只占其索赔费用的0.1%，这表明沙特的诉讼费比较昂贵，诉讼成本高。

（二）沙特商业纠纷的解决方式

沙特政府在1983年4月颁布了第一部《仲裁条例》，并于1985年颁布了《仲裁条例执行规则》。随后，为了使仲裁制度与国际通行仲裁制度接轨，适应现代商业社会发展的需求，沙特参照《联合国国际贸易法委员会仲裁规则》制定了新《仲裁规则》，新《仲裁规则》于2012年生效。新仲裁法削弱了法院对仲裁的控制和影响，同时允许当事人自由选择仲裁语言、仲裁地点、仲裁适用法律、解任仲裁员程序、仲裁开始时间和是否允许仲裁庭采取临时或者预防救济措施。② 新仲裁法的颁布限制了沙特法院的权力，在仲裁程序上为争议各方提供了更大的自由裁量权。

沙特拥有三重法律体系，包括普通法院（伊斯兰法院）、申诉委员会（行政法院）和准司法委员会。其中，普通法院负责一般民事纠纷案件；准司法委员会负责解决政府机构的申诉以及各类商事纠纷案件；申诉委员会负责解决沙特大部分的商事纠纷。沙特的申诉委员会由三级法院组成：初审行政法院、上诉行政法院和最高行政院，最高行政院是申诉委员会的最高机构。沙特在2013年11月25日颁布了《沙里亚法院诉讼程序和上诉程序》及《刑事诉讼程序规则》，明确了民事、刑事诉讼程序和上诉程

---

① 王潮生：《沙特法律概况及特点》，《东方企业文化》2014年第3期。
② 中国驻沙特阿拉伯王国大使馆经济商务处：《对外投资合作国别（地区）指南——沙特阿拉伯（2019）》，http://www.mofcom.gov.cn/dl/gbdqzn/upload/shatealabo.pdf.

序，保障当事人的辩护权，规定了对弱势群体的司法保障机制和缩短诉讼时限。

解决沙特阿拉伯商业纠纷的主要方法是诉讼。由于采用以贸易法委员会模式为基础的2012年仲裁规则，仲裁也变得越来越受欢迎。2018年10月15日沙特商业仲裁中心提供仲裁快速通道来简化程序和降低成本，如果仲裁协议是在2018年10月15日后申请的，同时仲裁费用争议不超过400万沙特里亚尔，则可以通过快速通道解决纠纷。快速通道为当事人提供全面的文件、更快的流程、根据当事人提供的材料缩短仲裁的整体时间。

第四节 营商环境主要问题与改进

沙特政府办事效率低下、对外资实施部分限制、企业运营成本较高是沙特营商环境的主要问题。近年来，沙特不断加强国内的营商环境便利化程度，以此吸引外资进入。伴随着"2030愿景"的提出，沙特国内也进行了一系列改革，提出了一系列发展规划与目标。随着各项计划的进一步推进，沙特营商便利度将进一步提高。

一 政府效率

政府效率会影响投资者在开办企业过程中进行财产登记、执行合同、获得施工许可证等程序的办理时间、投入的资金等方面。同时，司法程序办事的随意性以及腐败问题也会造成企业在上述流程中受到不公正待遇的问题。

沙特的基本法律是伊斯兰法，伊斯兰法是不同法律原则的集合体，而其中主要的法律渊源是《古兰经》和圣训（先知穆罕默德的言行），在沙特达成的各项交易与协议都不得与伊斯兰法相抵触。近年来，沙特也在不断编撰成文法，对法律条例进行革新，例如新的《公司法》《金融租赁法》《不动产抵押法》，但这些法律原则上都必须符合伊斯兰法的要求，因此在执行、实施过程中仍具有一定的随意性。沙特的司法部门在宗教神职人员的领导下，拥有十分巨大的自治权，近年来，由于腐败和对极端宗教团体的同情，许多法官被免职，同时，在土地纠纷以及涉及王室利益的案件中，司法腐败现象频频出现，因为在这种情况下，法官通常会屈服于王室的压力而将判罚偏向王室。

2015—2016 年《全球竞争力报告》提到，沙特的企业普遍表示，在沙特，为了获得公共服务需要对公职人员进行贿赂以及不定期汇款；并且沙特的监管体系十分不透明，官僚程序烦琐，一些组织甚至会让利益相关方参与监管流程；关于地方法官、公证人与市政当局滥用权力的报道十分常见；如若公职人员被举报有腐败行为，则会被直接开除，但是与王室有利益关系的公职人员则不会受到任何处罚；2018 年的"Bertelsmann Stiftung's Transformation Index（BTI）"报告提到，在沙特推行"2030 愿景"项目时，其官僚机构几乎没有发生变化，官僚机构的拖延和腐败情况依然存在，内政和国防部门等大型机构仍不负责任。2018 年《营商环境报告》提到，与经济合作与发展组织等高收入国家的平均水平相比，在沙特开办企业需要 10 个步骤，耗时为其他高收入国家的 2 倍之多。

为了解决沙特国内的腐败问题，2017 年，沙特王储穆罕默德·本·萨勒曼掀起一股"反腐风暴"，多名王子与高级官员因涉贪被捕，这说明穆罕默德王储决心解决国内腐败问题。在该事件发生 15 个月之后，皇家法院表示它们将会逐步打击普通政府雇员的腐败行为。截至现在，已经逮捕并起诉了 298 人，罪名包括受贿、贪污和滥用职权，涉案金额总计为 3.79 亿里亚尔（合 1.01 亿美元）。

沙特财政部于 2019 年 12 月开始实施新的《政府招标采购办法》。新法颁布的目的是消除个人影响因素，规范政府采购流程，体现了诚信、透明、公平、公正的原则，有助于提升当地营商环境，促进经济发展，并提高沙特政府支出和财务规划的效率。[①] 除优化管理体系、稳定市场秩序等方面的变化外，在原材料价格、关税和其他税负增加的情况下，新法引入了灵活的合同价格和补偿制度，并通过优先考虑中小企业而非大型企业的方式，鼓励中小企业更广泛地参与招标采购项目。新法要求政府机构的采购计划必须在 Etimad 在线平台公开，这确保了采购商品和服务的质量，大大提高了采购的透明度，同时也设立了相应的举报、投诉、纠纷解决机制。

---

① 《沙特：新版〈政府招标采购办法〉生效》，中华人民共和国财政部国库司，http://www.ccgp.gov.cn/gjdt/202001/t20200110_13735422.htm。

沙特新《公司法》于2016年5月开始实施，新《公司法》的颁布旨在为海外投资者提供更好的投资环境。沙特政府大力鼓励中小型企业家来沙特投资，通过简化开办企业的手续、降低企业开办成本、提供优惠的政策支持等激励措施，支持企业在沙特的发展。

新《公司法》的法律框架也有利于公平、合理的公司治理原则和制度理念的落实，有利于在沙特的企业更加有效、透明地对企业进行管理，新《公司法》赋予股东大会和董事会在职责界定和公司发展战略决策等方面更大的权力，通过此举来提高对中小型投资者的保护。

二 外资规制

沙特有关外国投资的法律法规已经确立，虽然其主旨是鼓励外资进入，但是对外国投资仍有一些限制。沙特最高经济委员会每年都会对《沙特外商投资禁止目录》进行核对，该禁止目录主要涉及的行业是：在工业领域，石油资源的勘探和生产、军用机械设备及服装生产；在服务领域，劳务服务、不动产中介服务、麦加和麦地那的不动产投资、与朝觐和副朝相关的导游服务、陆路交通运输、音像服务、鲜活水产品捕捞、医疗卫生等。[1] 按照沙特《外国投资法》的规定，外资可以在沙特国内成立全资子公司或分公司，享受沙特当地法人公司同等的待遇。但在实际运作中，中资企业不易享受到实际意义上的同等待遇。此外，虽然沙特投资业运作较为规范且法律规定严格，但沙特国内仲裁机构偏袒当地人的情况时有发生。

除此之外，沙特在国内实行劳工限制政策。沙特政府为了提高本国劳工的就业率，实行"沙特化"分级制度，为了保证企业中本地劳工的数量，沙特政府实行了相应的奖励和惩罚机制，即奖励雇用沙特劳工的企业，惩罚本地劳工数量未达到沙特化比率的外国企业。沙特的《政府招标采购办法》提到，对于10万里亚尔（约合2.7万美元）以内的招投标和采购项目，沙特国内中小企业将获得优先权，且免除初始保证金；国家占资51%以上的企业可免除最终担保金。这些都说明沙特在招标的过程中，

---

[1] 《沙特外商投资禁止目录》，中华人民共和国驻沙特王国大使馆经济商务参赞处，http://images.mofcom.gov.cn/sa/accessory/201101/1294661174975.pdf。

出于对本国企业的保护，更加优先选择本国企业。

沙特是泛阿拉伯自由贸易区的成员国，从2005年1月开始，成员国之间差不多已消除所有贸易障碍。2008年1月，海湾阿拉伯国家合作委员会共同市场成立，撤销了成员国之间的投资壁垒。近年来，沙特对投资领域和投资比例的限制逐步减少，通信、交通、银行、保险及零售业已陆续对外国投资者开放。2018年，沙特部长理事会（CoM）批准在陆路交通运输、人事招聘、房地产部门进行国外直接投资，逐步放宽了外国投资的条目，以此来减轻沙特对于石油工业的过度依赖。同时，为了更好地吸引投资，沙特投资总局还将进一步完善投资许可证审批制度，未来申请投资许可证所需文件将从12项减少至3项，全套手续可于5日内完成。

为了进一步吸引外资，沙特政府也提供了一系列优惠措施，包括实施所得税减免政策，给予外资企业国民待遇，给予金融支持，为经济工业区的投资提供大量补贴政策。同时，为促进经济多元化发展，沙特政府正在进一步采取吸引外资的措施：进一步放宽外资股比限制；出售包括阿美公司在内的国有企业股份；改革签证体系，加快工作许可证发放速度；探索发放旅游签证以及便利在沙劳工亲属赴沙探亲。沙特新的投资政策，有利于营造健康的市场环境，提高产品和服务的质量，也进一步提高了市场的透明度，保护投资者的权益。

在2020年《营商环境报告》中，沙特开办企业这一指标排第38名，这得益于沙特建立了一站式服务处，合并了部分企业注册手续，使企业的注册程序更加简便；沙特也加强了电子办事措施，企业能够通过线上完成大部分流程；沙特还减少了清关所需的文件数量，减少进出口文书的审核时间，这一系列措施使得沙特在吸引外资方面更加具有竞争力。

三　税务问题复杂

在沙特注册公司会面临一系列的税务问题，近年来，沙特税收法规与举措出台速度较快，很多企业对新政策把握不准，对于政策的理解不到位，加之处罚十分严重，导致一些中小型企业在报税的过程中出现偏差，利益受损；在沙特的税法中没有明确写明税收的优惠政策，激励政策往往难以落到实处，经常会遇到让外资先进来，再谈优惠政策的情况，这对一些议价能力较弱的小企业十分不利;与税务局沟通往往是企业面临的最大难题,在沙特,办理税务手续需要委托沙特人代理,否则不予接待。在面临复杂税务纠纷的过程中,外国企业负责人无法直接进行沟通,通过代理交流经常会出现信息不对称、效率低下等问题;由于习惯了宽松的税制管理环境,部分企业对于纳税的警惕性十分低,自身财物管理存在很大漏洞,当面对查税的情况时,往往会出现资料不完整、纳税申报不准确等问题;沙特税务局的人员变动十分频繁,直接与企业打交道的税务关系经理通常为年轻人、新人,业务能力不熟练,对企业问题不能及时答复甚至不予答复的现象十分常见;争端解决机制尚不完善,受理申诉的主要机构税务冲突与纠纷解决委员会(SCTCD)和高级委员会(HCTCD)未完全建立,案件积压较多,打场官司费时费力,有的五六年也结不了案,对企业经营财务产生了较大影响。

面对这些税务问题,沙特政府 2018 年开征增值税,颁布增值税法和实施条例,2019 年扩大了消费税的范围,在烟草、功能和碳酸饮料基础上将电子烟和液体、加糖饮料纳入征收范围,税率分别为 100% 和 50%,此举旨在进一步规范纳税环境。沙特政府决定加大税务稽查力度,对在沙特经营超过 5 年的外国企业进行稽查,如查出问题,则加以严处,目前增值税的处罚还主要针对企业形式违规的问题;同时,沙特不断加大国内电子化商务的步伐,推行了网上办税和信息管税等服务,专门建立网站用于开设增值税,2020 年沙特国内将实现电子发票的全覆盖,这有利于企业发票开取,企业报税的手续和流程也更加容易,数据更加公开与透明。

2019 年,沙特财政部宣布启动卡法拉项目(Kafalah),该项目与沙特的主要金融机构与银行签署协议,为相关贷款提供担保并承担部分损失,鼓励银行为中小型企业提供低息贷款,给予中小型企业更多的信贷支持。2020 年,沙特中小企业管理局宣布向沙特的中小型企业提供大额补贴,通过对中小企业的支持来吸引更多的投资以及海外人才进入沙特。这一系列举措都有助于促进沙特中小型企业的发展,改善沙特国内营商环境,使税收政策更加成体系化、更加公开透明,也有利于外资进入沙特,促进沙特国内经济的繁荣发展。

附表一　　　　　　　世界银行《营商环境报告》各指标定义

指标	含义
开办企业	成立有限责任公司的程序、时间、成本和实缴最低资本
办理施工许可证	完成建造仓库所有手续的程序、时间和成本以及施工许可体系中的质量控制和安全机制
获得电力	连接到电网的程序、时间和成本，以及供电的可靠性及收费的透明度
登记财产	资产转让的程序、时间和成本以及土地管理系统的质量
获得信贷	可动产抵押法和信用信息系统
保护少数投资者	少数股东在关联交易和公司治理中的权利
纳税	公司遵守所有税收法规的缴纳程序、耗时、总税金和缴纳率及后备流程
跨境贸易	出口具有比较优势的产品、进口汽车零部件的时间和成本
执行合同	解决商业纠纷的时间和成本以及司法程序的质量
办理破产	商业破产的时间、成本、结果和恢复率以及破产相关法律框架的力度
雇佣	雇用法规的灵活性和裁员成本

附表二　世界银行2020年《营商环境报告》沙特各项指标排名/分数

指标	排名/分数
开办企业（排名）	38
开办企业分数（0—10）	93.1
手续（数量）	3.5
时间（天数）	10.5
成本（人均收入百分比）	5.4
最低实缴资本（人均收入百分比）	0
办理施工许可证（排名）	28
办理施工许可证分数（0—100）	78.3
手续（数量）	14
时间（天数）	100
成本（仓库价值百分比）	1.9
建筑质量控制指数（0—15）	12.0

续表

指标	排名/分数
获得电力（排名）	18
获得电力分数（0—100）	91.8
手续（数量）	2
时间（天数）	35
成本（人均收入百分比）	27.9
供电可靠性和电费透明度指数（0—8）	6
登记财产（排名）	19
登记财产分数（0—100）	84.5
手续（数量）	2
时间（天数）	1.5
成本（财产价值百分比）	0.0
土地管理质量指数（0—30）	14.0
获得信贷（排名）	80
获得信贷分数（0—100）	60.0
合法权利力度指数（0—12）	4
信贷信息深度指数（0—8）	8
信用局覆盖率（成年人百分比）	0.0
信贷登记机构覆盖率（成年人百分比）	56.7
保护少数投资者（排名）	3
保护少数投资者分数（0—100）	86.0
披露程度指数（0—10）	9.0
董事责任程度指数（0—10）	9.0
股东诉讼便利度指数（0—10）	7.0
股东权利指数（0—6）	5.0
所有权和管理控制指数（0—7）	6.0
企业透明度指数（0—7）	7.0
纳税（排名）	57
纳税分数（0—100）	80.5
缴税次数（每年）	4

续表

指标	排名/分数
时间（小时数/每年）	104
总税收和缴费率（占利润百分比）	15.7
报税后流程指数（0—100）	32.2
跨境贸易（排名）	86
跨境贸易分数（0—100）	76.0
出口时间	
单证合规（小时）	11
边界合规（小时）	37
出口成本	
单证合规（美元）	73
边界合规（美元）	319
进口时间	
单证合规（小时）	32
边界合规（小时）	72
进口成本	
单证合规（美元）	267
边界合规（美元）	464
执行合同（排名）	51
执行合同分数（0—100）	65.3
时间（天数）	575
成本（索赔额百分比）	27.5
司法程序质量指数（0—18）	11.5
办理破产（排名）	168
解决破产分数（0—100）	0
回收率（百分比）	No Practice
时间（年）	No Practice
成本（资产价值百分比）	No Practice
结果（0 为零碎销售，1 为持续经营）	0
破产框架力度指数（0—16）	No Practice

第四章　什叶派问题的演进与前景

沙特阿拉伯是一个以瓦哈比派为官方宗教的伊斯兰国家。什叶派穆斯林是沙特的宗教少数群体，他们绝大部分属于十二伊玛目派。这些什叶派大多分布在石油资源丰富的东部省，聚居于哈萨（al-Hasa）、卡提夫（Qatif）等地。另外，还有少部分生活在圣城麦加、麦地那和首都利雅得等地。除十二伊玛目派外，在靠近也门边境的纳吉兰省还存在少量伊斯玛仪派和栽德派穆斯林。[1] 依据21世纪初沙特政府的估计，沙特什叶派穆斯林总数约为150万人，其中东部省什叶派人口约为100万人，但有沙特什叶派人士认为，包括伊斯玛仪派在内的沙特什叶派穆斯林总数为200万—300万人，占沙特公民总数的10%—15%。[2] 如果按10%的比例计算[3]，截至2020年，沙特什叶派穆斯林约为348万人。[4] 长期以来，沙特什叶派遭受各种歧视，在沙特政治、经济、宗教、社会和文化等领域处于边缘地位。就历史维度而言，沙特什叶派问题发源于18世纪瓦哈比派兴起之后，经历了200多年的发展变化。它既表现为思想上瓦哈比派与什叶派宗教主张的冲突，也表现为现实政治中处于社会底层的什叶派穆斯林与沙特君主制的矛盾。

---

[1] International Crisis Group, "The Shiite Question in Saudi Arabia," *Middle East Report*, No. 45, September 19, 2005, p. 1.

[2] Toby Matthiesen, *The Other Saudis: Shiism, Dissent and Sectarianism*, New York: Cambridge University Press, 2015, p. 6.

[3] 实际上，沙特官方并没有区分教派归属的人口普查，有关沙特什叶派人口所占比例皆为估计的结果，且富有争议。沙特政府的估计较低，而什叶派人士的估计较高，外界一般估计为占总人口的10%—15%。

[4] 2020年沙特总人口约为3481万人，https://www.populationpyramid.net/saudi-arabia/，访问时间：2020-12-20。

第一节　什叶派问题的缘起

18世纪初期，沙特家族依靠瓦哈比派军队对半岛什叶派地区进行征服，是现代沙特什叶派问题的历史起源。沙特家族与具有强烈的反什叶派色彩的瓦哈比派结为政教联盟，决定了什叶派在沙特国家遭受歧视和打击的命运。然而，直到20世纪40年代，由于什叶派缺乏有效动员，什叶派还没有成为影响沙特国家发展的重要因素。

一　沙特家族对什叶派地区的早期征服与统治

自7世纪起，阿拉伯半岛东部地区就生活着不少什叶派穆斯林。虽然半岛长期处于逊尼派政权的统治之下，但半岛东部的什叶派由于远离统治中心，因此享有比较自由的生存空间。他们在经济上相对富庶，在宗教和社会生活上具有一定的自治权。卡提夫和哈萨的绿洲上水源充足，椰枣园广布，商业较为繁荣。当地什叶派拥有自己的清真寺、经学院（Hawza）和侯赛尼耶（Husseiniyya）[1]，可以任命什叶派法官，能够公开举行诸如阿舒拉节游行等宗教活动，并可以自由地同伊拉克、巴林等周边什叶派地区的穆斯林交往。半岛东部地区一度出现了有影响力的什叶派宗教学者和宗教教育中心，卡提夫的经学院在20世纪40年代之前甚至被称为"小纳杰夫"[2]。

18世纪瓦哈比运动的兴起及其对半岛东部地区的军事征服，深刻改变了什叶派的处境。在沙特什叶派看来，瓦哈比派是他们整个历史上遭受的最大灾难。[3] 从18世纪中期开始，瓦哈比派对什叶派穆斯林一直持敌视态度。[4] 瓦哈比派崇尚认主独一，反对一切偶像崇拜，认为什叶派尊崇阿里及其后裔、参拜伊玛目陵墓的行为属于多神崇拜，应该予以绝对禁止。

---

[1] 什叶派专门用来纪念伊玛目侯赛因的宗教场所。
[2] Shia Rights Watch, "Saudi Shia Muslim: Victims of Sectarian Isolationism," *Saudi Arabia Report*, 2012, p. 3.
[3] Graham E. Fuller, Rend Rahim Francke, *The Arab Shi'a: The Forgotten Muslims*, New York: St. Martin's Press, 2002, p. 180.
[4] Toby Matthiesen, *The Other Saudis: Shiism, Dissent and Sectarianism*, New York: Cambridge University Press, 2015, p. 8.

因此，什叶派成为瓦哈比派极力攻击和谴责的对象。沙特家族与瓦哈比派结盟后，出于对哈萨和卡提夫财富的渴望，加之瓦哈比派宗教因素的推动，不断向东部地区扩张其力量。

半岛东部的什叶派先后经历了三个沙特王国的统治。1792年，沙特瓦哈比派军队第一次武力征服哈萨后，瓦哈比派反什叶派的宗教观即被付诸实践。他们捣毁什叶派圣墓等宗教场所，向当地什叶派民众强行灌输瓦哈比派教义，严厉镇压什叶派的反抗活动。1801年，瓦哈比派军队攻占位于伊拉克南部的什叶派圣城卡尔巴拉，破坏城内侯赛因圣墓，掠夺圣墓上的黄金和贵重装饰品，杀害数千什叶派穆斯林。这些行为极大地伤害了什叶派的宗教感情，直接导致1803年沙特家族族长和瓦哈比派教长阿卜杜勒·阿齐兹被什叶派穆斯林暗杀。① 1818年，第一沙特王国覆灭，沙特家族对哈萨的统治也暂时中止。这一时期，沙特家族在瓦哈比主义影响下对什叶派的征服与粗暴镇压使双方关系处于严重对立状态。

第二沙特王国（1824—1892）建立后，由于国力弱小，稍稍放松了对哈萨地区的控制。1902年第三沙特王国兴起后，瓦哈比派采取更加激进的宗教政策，要求向以什叶派为代表的异教徒和偶像崇拜者发动圣战，迫使什叶派改宗瓦哈比派。沙特家族既因统治需要而限制极端瓦哈比派的不良影响，给予什叶派有限的信仰自由，又接受瓦哈比派的基本主张，多方压制什叶派。1913年，在伊本·沙特的军事威胁下，哈萨什叶派放弃抵抗，承认了沙特家族的统治。据称，作为对什叶派效忠的回报，伊本·沙特承诺给予什叶派宗教自由。② 但是，伊赫万运动③的发展打破了沙特家族对什叶派的许诺。瓦哈比派的宣传使伊赫万运动日益狂热，他们不断要求伊本·沙特实行更严苛的宗教政策。哈萨和卡提夫的什叶派受到严厉监管和残酷对待，所有公开的什叶派宗教活动都被禁止，什叶派出版物和出版机构遭到打击，不少什叶派建筑被毁，什叶派穆斯林被要求皈依瓦哈比派，一些不服从者被杀害。伊赫万运动的狂热行为对沙特政府造成严重

---

① 王宇洁：《宗教与国家：当代伊斯兰教什叶派研究》，社会科学文献出版社2012年版，第46页；李福泉：《海湾阿拉伯什叶派政治发展研究》，生活·读书·新知三联书店2017年版，第159页。

② Fouad Ibrahim, *The Shi'is of Saudi Arabia*, London: Saqi Books, 2006, p. 25.

③ 1913年兴起的部落军事力量，是当时沙特军队的主力，宗教狂热为其典型特征。

威胁，引发伊本·沙特的不满。1930 年，在伊赫万运动遭到沙特家族的镇压后，对什叶派的强制改宗政策亦渐趋停止，然而，什叶派的处境并没有明显好转。

二　沙特什叶派的现实处境

1932 年沙特阿拉伯王国正式建立后，开始了沙特现代国家的政治建构与社会整合进程，沙特对什叶派的各项限制随之制度化和体系化。由于瓦哈比派与沙特政府的特殊关系，反什叶派思想被嵌入沙特国家的宗教和政治架构之中，广泛存在于文化和社会制度内，导致什叶派处于备受歧视的边缘地位。

在宗教方面，什叶派教义被视为异端邪说，什叶派不能自由修建清真寺，不得公开广播宣礼词，也不能公开、自由地开展阿舒拉节游行和探访圣墓等宗教活动。什叶派穆斯林不得与逊尼派穆斯林通婚，什叶派穆斯林的身份得不到承认[①]，即使伊本·沙特本人对什叶派也缺乏必要的尊重。他曾明确表示不会娶什叶派穆斯林为妻，称什叶派是堕落的多神教徒。[②] 伊本·沙特一生娶了众多来自阿拉伯部落贵族家庭的女性，但没有一位是什叶派穆斯林。在政治方面，什叶派穆斯林无力影响政府决策。他们无法进入国家关键部门，不能在教育、司法、安全等政府重要机构任职，什叶派的证词在法庭上得不到承认。在经济方面，虽然什叶派所在的东部省盛产石油，但什叶派很少能享受到石油经济繁荣的成果。财富分配不公、就业歧视等因素致使什叶派穆斯林相对贫困，生活水平较低。在文化方面，什叶派不能出版与本派相关的宗教、历史和文化著作，不能传播什叶派音乐，什叶派历史在学校被禁止讲授。沙特国内大量书籍中充斥着对什叶派的指责、歪曲和侮辱性言论。总之，无处不在的歧视，让沙特什叶派无法成为享有平等权利的公民。长期不利的处境使什叶派穆斯林认为，在沙特，以王室家族为首的逊尼派居于首位，其后是基督徒和犹太人，而他们

---

① 沙特是伊斯兰世界中唯一一个不承认什叶派的穆斯林身份的国家。参见 Graham E. Fuller, Rend Rahim Francke, *The Arab Shi'a: The Forgotten Muslims*, New York: St. Martin's Press, 2002, p. 183.

② 王宇洁：《宗教与国家：当代伊斯兰教什叶派研究》，社会科学文献出版社 2012 年版，第 46—47 页。

则处于社会最底层。① 在瓦哈比派看来，什叶派穆斯林作为异端和偶像崇拜者，其地位自然比一神论的基督徒和犹太人低下，更不可能与自己平等。②

一直以来，沙特什叶派坚持政治上的"无为主义"（Quietism），并未试图改变不公平的现状。什叶派消极顺从的原因，首先在于受资金匮乏、瓦哈比派压制和沙特整体教育水平低下等因素的影响，什叶派现代知识分子较少，导致沙特什叶派政治化进程滞后；其次，沙特国内浓厚的反什叶派氛围，迫使力量弱小的什叶派形成谨小慎微、远离政治的传统；最后，沙特家族的统治摧毁了沙特什叶派宗教教育，什叶派宗教学校的消失导致国内难以造就可以承担什叶派政治运动领导职责的宗教学者。③

然而，20世纪30年代以来石油资源的发现和阿美石油公司的建立，深刻地改变了沙特什叶派政治发展的轨迹。1933年，美国公司与沙特签署了第一份石油特许协议，随后1938年在东部地区发现了石油。由于逊尼派部落民众大都不愿在石油公司从事体力劳动，什叶派成为其主要的劳动力来源。第二次世界大战后，数以千计的当地居民离开哈萨和卡提夫的城镇与村庄，来到石油公司工作，部分什叶派的经济状况由此得到一定程度的改善。更重要的是，石油公司的到来和石油经济的发展改变了当地传统的经济模式，加速了沙特东部地区的城市化和工业化。伴随着这些变化，社会主义、阿拉伯民族主义等思想开始在东部地区传播，什叶派反对歧视、追求平等的政治意识被激发出来，什叶派问题逐渐政治化。

第二节 什叶派问题的激化

20世纪50年代，以阿美石油公司什叶派员工的两次大罢工为标志，沙特什叶派现代政治运动开始兴起。1979年，在伊朗伊斯兰革命的推动下，沙特什叶派第一次发起了反对沙特王室的大规模抗议运动。80年代

---

① 王铁铮主编：《沙特阿拉伯的国家与政治》，三秦出版社1997年版，第185页。
② Fouad Ibrahim, *The Shi'is of Saudi Arabia*, London: Saqi Books, 2006, p. 34.
③ 李福泉：《海湾阿拉伯什叶派政治发展研究》，生活·读书·新知三联书店2017年版，第165页。

是沙特什叶派积极抗争的十年。

一 沙特什叶派政治运动的兴起

沙特什叶派政治运动的兴起经历了比较漫长的过程。阿美石油公司成为沙特什叶派现代政治发展的加速器，对沙特什叶派问题政治化发挥了关键性作用。石油公司员工作为沙特什叶派精英的重要组成部分，是20世纪50年代以来什叶派政治活动的主要力量。正如一位学者所言："阿美石油公司不但导致了第一波沙特管理者、技术人员、公务员和石油百万富翁的出现，也造就了第一批政治犯、异议者、流亡者和反对派文学家。"[①] 正是在石油公司的员工中，新的思想得到传播，新的政治动员方式开始出现。

1953年和1956年阿美石油公司什叶派员工的两次大罢工标志着沙特什叶派现代抗议方式的产生。罢工参与者第一次提出了建立政党和工会的政治要求。工人运动的发展促进了各种世俗思想在什叶派中的传播，导致了左派政党和民族主义政党的诞生。在沙特的世俗政党中，都有相当数量的什叶派党员，有些人甚至成为政党的重要领导者。1966年底，因被怀疑和复兴党有联系，哈萨地区有几百人（主要为什叶派）遭到逮捕。从总体上看，在瓦哈比派思想主导下的沙特，世俗政党缺少生存空间，成员较少，影响力有限，从来不是政治反对的主力。因而，这些政党也无法领导什叶派实现广泛的政治动员和组织化。

世俗思想的组织动员活动陷入困境，使得沙特反对派政治领域对伊斯兰团体敞开了大门。[②] 于是，伊斯兰主义成为什叶派政治运动主要的意识形态，什叶派真正踏上了政治抗争的道路。沙特什叶派伊斯兰运动的诞生，受到20世纪60年代伊拉克什叶派宗教政治思想变革的深远影响，其政治运动的领导者与活动组织方式皆脱胎于此。1968年，伊拉克著名什叶派宗教学者穆罕默德·设拉子（Muhammad al-Shirazi）在卡尔巴拉创建秘密政治组织"先锋宣教者运动"（Movement of Vanguards' Missionaries），

[①] Madawi al-Rasheed, *A History of Saudi Arabia*, New York: Cambridge University Press, 2002, p. 100.

[②] Toby Matthiesen, *The Other Saudis: Shiism, Dissent and Sectarianism*, New York: Cambridge University Press, 2015, pp. 89-90.

开启了伊拉克的什叶派伊斯兰运动。1971年，为躲避伊拉克复兴党政权的镇压，穆罕默德·设拉子及家人迁往科威特定居。他们在当地大力开办宗教学校，吸引了大批沙特什叶派学生。受穆罕默德·设拉子思想的影响，沙特什叶派正式摒弃了政治上的无为主义，产生了一批现代什叶派政治运动的骨干。新一代宗教学者哈桑·萨法尔（Hassan al-Saffar）逐步崛起为沙特什叶派的重要领导人。1974年，萨法尔等人来到科威特穆罕默德·设拉子的宗教学校学习，并于同年加入了"先锋宣教者运动"。他们经常往返于科威特和沙特，宣传政治化的什叶派教义，增强两地什叶派之间的联系。1975年，他们模仿"先锋宣教者运动"，在沙特建立了第一个什叶派伊斯兰组织——"什叶派改革运动"（Shia Reform Movement）。什叶派改革运动致力于教育和启蒙民众，积极在什叶派年轻人中建立网络，在阿美石油公司员工、矿产与石油大学学生中传播宗教政治思想。该组织的总体目标是以和平改革的方式提高什叶派的政治、经济和社会地位，并不主张以暴力手段推翻沙特家族的统治。[①] 该组织的建立和壮大为日后沙特什叶派政治运动的发展奠定了思想和组织基础。

二 1979年沙特什叶派"起义"及其影响

哈桑·萨法尔等人的和平改革活动并未有效改善什叶派的处境，沙特政府依然对什叶派采取高压政策。随着什叶派问题的政治化，改革运动力量的不断壮大，以及什叶派对沙特政府不满情绪的累积，沙特什叶派政治发展不可避免地走向激进化，1979年沙特什叶派"起义"即是其集中体现。

霍梅尼领导的伊朗伊斯兰革命是推动沙特什叶派"起义"的直接外部因素。1979年伊朗伊斯兰革命胜利后不久，霍梅尼就开始呼吁向沙特输出革命，劝导沙特人反抗国王，推翻沙特家族的统治。霍梅尼的召唤和伊朗伊斯兰革命的鼓舞不但增强了沙特什叶派的宗教认同，也激发了他们的政治热情，使他们敢于公开反抗，表达内心的不满。随之，沙特什叶派将街头抗议作为改善处境的选择。沙特国民卫队以逮捕和拘留同情伊朗革

---

① 李福泉：《海湾阿拉伯什叶派政治发展研究》，生活·读书·新知三联书店2017年版，第168页。

命或者被认为与伊朗革命有关的什叶派人士作为回应。政府的镇压行为激起什叶派的强烈不满,什叶派改革运动迅速激进化。1979年夏,卡提夫什叶派乌里玛宣布将突破政府对什叶派宗教活动的禁令,举行几十年来第一次阿舒拉节公开游行活动。11月26日,在哈桑·萨法尔等人的号召下,卡提夫附近的萨夫瓦城什叶派穆斯林不顾国民卫队的警告毅然走上街头。11月28日,国民卫队暴力驱散示威群众,双方的冲突导致游行演变为暴力活动。政府的举动进一步激起东部省数万什叶派穆斯林的抗议,但活动很快遭到约2万名国民卫队的镇压。11月30日(伊历1月10日,阿舒拉节)之后,东部省的局势平静下来,到12月3日,示威活动基本消退。在此次"起义"中,约有20人丧生,100多人受伤,许多人被捕。1980年1月中旬,为纪念抗议活动中牺牲的第一位烈士,数千什叶派穆斯林再次发起游行活动,但这次没有引发与国民卫队的冲突。2月,卡提夫什叶派为庆祝霍梅尼返回伊朗一周年,再次组织了游行活动。参与者高举霍梅尼画像,要求释放被捕的什叶派穆斯林。双方的冲突导致4人死亡。

1979年"起义"被沙特什叶派称为"东部省大起义"和"(伊历)1400年1月起义"。它以阿舒拉节游行的宗教形式爆发,却有着世俗化的目的:反抗沙特专制政权,消除对什叶派的歧视,公平分配财富。这次"起义"的参与者来自什叶派多个阶层,有着较广泛的群众基础,左翼人士和伊斯兰主义者都有参与,共同促进了沙特什叶派民众政治意识的发展,但什叶派宗教领袖对左翼人士有很大戒心,双方并没有开展具体合作。"起义"虽呈现出一定的冲突性,但规模十分有限,其性质并非暴力革命,也没有表现出以武力反抗沙特家族统治的形式。值得注意的是,"起义"虽然受到伊朗革命的鼓舞,但它并没有得到伊朗人的协调或支持,"起义"事实上是独立于伊朗进行的。"起义"的根源在于沙特国内,正是什叶派对沙特王室以及自身经济政治边缘地位的不满,导致了"起义"的发生。

1979年"起义"是"沙特什叶派历史上的里程碑"[①],是沙特什叶派问题进一步政治化和激进化的结果,标志着沙特什叶派告别了政治上沉默

---

① Fouad Ibrahim, *The Shi'is of Saudi Arabia*, London: Saqi Books, 2006, p. 121. 参见李福泉《海湾阿拉伯什叶派政治发展研究》,生活·读书·新知三联书店2017年版,第172页。

无为、甘受压制的时代。这次"起义"对后来的什叶派运动产生了重要影响。

其一，"起义"使温和的改革运动转变为激进的伊斯兰革命组织。在 1979 年 12 月"起义"期间，什叶派改革运动更名为"阿拉伯半岛伊斯兰革命组织"（Organization for the Islamic Revolution in the Arabian Peninsula），该组织受霍梅尼思想影响，主张反对财富分配不公，反对沙特王室的什叶派政策，要求终结沙特家族的专制王权，效仿伊朗建立真正的伊斯兰共和国。什叶派的教派意识、集体观念和认同感在"起义"中得到强化。什叶派与沙特政府的对立情绪蔓延，与逊尼派的教派矛盾升级。哈桑·萨法尔在"起义"中发挥了重要的领导作用，其所领导的什叶派组织在沙特什叶派政治运动中长期居于主导地位。

其二，"起义"使沙特政府更加重视"什叶派问题"。面对什叶派的示威与反抗，沙特政府一方面严厉打击，一方面采取安抚政策，做出了一些改善什叶派境况的努力。在什叶派"起义"后，沙特王室宣布在东部省开展电力项目，建造新街道、学校和医院，增加路灯以及通信和污水处理设施，向居民提供用以建造房屋的贷款。哈立德国王表现出积极友好的姿态，释放被捕的 100 多名什叶派人士，访问东部省什叶派城镇，接见什叶派代表。1982 年 6 月继任的法赫德国王也致力于缓解东部省的紧张局势，在什叶派地区实施各种发展方案，释放 1979 年以来被逮捕的什叶派穆斯林，还定期会见什叶派名人，积极寻求什叶派精英和学生的支持。但如果就此认为什叶派和政府之间的紧张关系在 20 世纪 80 年代后期已经明显缓和，则有些言过其实。[1] 实际上，沙特政府实施的一系列举措并没有真正解决什叶派问题，出于对伊朗伊斯兰革命和两伊战争的宗教与地缘政治考量，沙特政府对什叶派依然从根本上持怀疑、否定和压制的态度。[2] 沙特政府认为，东部省什叶派的反政府示威活动受到伊朗的煽动，什叶派已成为伊朗反对沙特政府的工具。沙特政府将什叶派视为严重的安全威胁，对他们始终保持防范与戒备，不但在什叶派地区部署更多的安全部

---

[1] Toby Matthiesen, *The Other Saudis: Shiism, Dissent and Sectarianism*, New York: Cambridge University Press, 2015, pp. 123 – 125.

[2] 吴彦：《沙特阿拉伯政治现代化进程研究》，浙江大学出版社 2011 年版，第 199 页。

队，还更加严苛地对什叶派进行政治控制。

"起义"失败后，沙特政府大力追捕"起义"参与者。为了人身安全，伊斯兰革命组织不少重要领导人物逃亡欧美、叙利亚和伊朗等地，继续向沙特政府抗争；还有一部分转入地下，在国内从事秘密活动。他们在国外的活动依然秉持革命思想，或成立媒体机构宣扬革命思想、反对沙特政府，或建立学生中心联络国外什叶派学生，但其影响都较为有限。其在国内的秘密活动因屡遭政府镇压而损失严重，发展受挫。

对沙特什叶派来说，伊朗革命后的 10 年是沙特什叶派努力抗争的 10 年，也是其境遇最差的 10 年。① 虽然伊斯兰革命组织的发展面临着极大的挫折和风险，但其反政府活动并没有间断。这一时期，伊斯兰革命组织的斗争思想既富有革命特色，又具有非暴力反抗的特点。首先，其思想以"革命"为核心导向。伊斯兰革命组织认为，伊斯兰革命是全体穆斯林的宗教职责，只有革命才能改变现状。他们坚决拒绝渐进和局部的改革，呼吁发起一场革命性的泛伊斯兰运动来推翻沙特王室的统治。其次，伊斯兰革命组织以重新解读的什叶派教义作为革命性的意识形态，以殉教的革命牺牲精神鼓舞什叶派反对沙特政府。再次，伊斯兰革命组织否定暴力革命，主张和平的革命道路。伊斯兰革命组织认为在沙特进行暴力革命的条件尚不成熟，它提倡采取游行、集会、书报宣传等和平方式进行反抗，不主张发动暴力袭击。同时，伊斯兰革命组织重视革命中乌里玛的领导作用，也强调什叶派大众，尤其是年轻人和妇女的重要作用。除此之外，伊斯兰革命组织以泛伊斯兰的视野看待伊朗革命，反对民族国家。显然，伊斯兰革命组织既希望以革命手段推翻沙特政府，彻底改变什叶派的命运，但又因自身的弱小而不敢采取暴力手段。② 这一看似矛盾的选择反映出伊斯兰革命组织革命思想的暂时性和不坚定性。

第三节 什叶派问题的缓和

到 20 世纪 90 年代初，由于激进反抗不断遭遇挫折，以伊斯兰革命组

---

① 王宇洁：《教派主义与中东政治》，《阿拉伯世界研究》2013 年第 4 期。
② 李福泉：《海湾阿拉伯什叶派政治发展研究》，生活·读书·新知三联书店 2017 年版，第 175—176 页。

织的转型为标志，沙特什叶派开始走上和平争取权益的道路。1993 年，沙特什叶派领导人与王室实现了和解，但什叶派内部由于在斗争策略上的分歧，出现了力量的分化。2003 年，沙特什叶派参与了全国对话，成为沙特引人注目的政治力量。

一　伊斯兰革命组织的转型

20 世纪 80 年代末 90 年代初，经过长期"失败"的抗争，什叶派领导人逐渐认识到什叶派过于弱小，无法通过革命或抗争促使沙特政府解决什叶派问题。同时，一系列国际事件的发生也促使伊斯兰革命组织调整反抗策略，由激进对抗走向温和改革。1988 年两伊战争的结束和 1989 年霍梅尼的去世，削弱了伊朗输出革命的热情，也降低了伊斯兰革命组织推翻沙特政府的革命意志。冷战末期苏联"新思维"思想的传播客观上促使伊斯兰革命组织向"透明""开放""温和"转变。此外，1990 年萨达姆对科威特的侵占激发了伊斯兰革命组织保卫祖国沙特的爱国热情，使他们部分地改变了对沙特王室的态度。这三个方面成为导致伊斯兰革命组织转变的重要外在因素。

于是，进入 90 年代后，伊斯兰革命组织开始承认政治现实，寻求与沙特政府的对话。一方面它继续表达对什叶派艰难处境的不满，利用人权话语进行宣传活动，以引起西方社会对沙特什叶派人权问题的关注，进而给沙特政府形成国际压力；另一方面主动释放善意，积极承认沙特政府的合法性，希望与沙特政府展开和平对话，改善两者的关系。伊斯兰革命组织还特别重视文化的作用。为了复兴什叶派文化，打破瓦哈比派的文化霸权，1989 年由哈桑·萨法尔倡导，穆萨·阿布·卡姆辛（Musa Abu Khamsin）领导建立了"沙特泛什叶派协会"（Pan-Shia Association in Saudi），该组织提出的要求包括：承认什叶派是伊斯兰教的一个教派，给予什叶派宗教自由；修订教育制度，使什叶派地区的宗教教育能够按照什叶派信仰进行；允许什叶派出版杂志和书籍；结束反什叶派宣传以及教育、政府、军队和安全机构中的教派歧视；充实什叶派法庭力量。[1] 1990 年，

---

[1] Toby Matthiesen, *The Other Saudis: Shiism, Dissent and Sectarianism*, New York: Cambridge University Press, 2015, pp. 148 - 149.

哈桑·萨法尔出版了《伊斯兰的多元主义和自由》(*Islamic Pluralism and Freedom*)，该书体现了沙特什叶派思想路线和话语的转变。在该书中，萨法尔支持什叶派和逊尼派和解，呼吁从霍梅尼主义的革命言论向温和行动与务实立场转变。萨法尔还赞扬宗教宽容，宣传公民社会，主张建立允许自由选举和言论自由的政治制度。什叶派对瓦哈比派的态度发生了一些变化，虽然哈桑·萨法尔依然批评瓦哈比派的宗教极端主义，但他支持什叶派与政府、瓦哈比派甚至妇女进行对话和交流。1991年初，伊斯兰革命组织改名为改革运动（Reform Movement），这标志着该组织实现了由激进向温和的重大转变，而这为什叶派和沙特政府的和解铺平了道路。

二 1993年沙特政府与什叶派的和解

什叶派伊斯兰革命组织（改革运动）的转型及其对沙特政府的承认，赢得了沙特政府的好感。改革运动的人权宣传活动也给沙特政府造成一定的国际压力，沙特国内逊尼派反对派的挑战，更促使沙特政府考虑与什叶派进行对话与和解。1990年8月伊拉克入侵科威特和随后的海湾战争深刻改变了海湾地区的政治平衡，在沙特国内引发了一场有关政治和社会的激烈辩论，促成了广泛的伊斯兰反对派的崛起。[①] 沙特年轻一代的逊尼派宗教学者不满官方逊尼派乌里玛对沙特政府的顺从，主张扩大乌里玛对沙特的政治影响力，反对美国在沙特领土上大规模部署军队，并批评沙特政府"引狼入室"。他们向沙特国王发起请愿活动，这对沙特的宗教和政治产生很大影响。于是，沙特政府开始考虑与力量弱小的什叶派展开合作，以方便腾出手来应对更具威胁性的逊尼派反对派。[②]

早在1990年9月，沙特官员就与什叶派改革运动领导人开始了正式对话，内容涉及释放什叶派政治犯，取消针对什叶派的游行禁令，雇用什叶派员工以及解决什叶派反对派活动人士的外籍妻子问题。11月，什叶派人士给法赫德国王写信，要求什叶派代表进入协商会议。1992年，什叶派在提交请愿书之后又提出了"咨询备忘录"，要求尊重人权。法赫德

[①] Toby Matthiesen, *The Other Saudis: Shiism, Dissent and Sectarianism*, New York: Cambridge University Press, 2015, p. 142.

[②] 吴彦:《沙特阿拉伯政治现代化进程研究》，浙江大学出版社2011年版，第252页。

国王对包括什叶派在内的政治反对派的主张作出回应，颁布了《治理基本法》等法令，并允许什叶派改革运动成员返回祖国。

1993年9月，改革运动代表团在吉达得到法赫德国王的接见，双方达成和解，沙特政府满足了什叶派的四项要求：释放40位什叶派政治犯；允许什叶派流亡者回国；复查2000名什叶派穆斯林的旅行禁令；允许什叶派出版物进入沙特并修订教科书，承认什叶派为伊斯兰教派。1993年的和解深刻地改变了东部省的政治格局。从沙特政府角度来看，双方达成的协议既消除了什叶派在国外建立的反沙特政府媒体，又拉拢了许多反对派活动人士，并将什叶派置于安全机构的监视之下。从什叶派角度来讲，沙特政府在宗教自由和经济发展方面对什叶派予以一定的支持，什叶派的处境得到了一些改善，什叶派领导人开始将和平推进政府改革作为提升什叶派地位的根本方法。[①] 20世纪90年代以来，在沙特一些什叶派占多数的地区，阿舒拉节游行逐渐被允许。不少寓居国外的什叶派反对派开始回国。但沙特政府与什叶派的初步和解并不意味着什叶派的成功，因为政府没有持续努力解决东部省长期存在的社会经济问题，什叶派的处境并没有得到切实改观。实际上，沙特政府为讨好国内逊尼派伊斯兰主义者，依然执行对什叶派的压制政策，什叶派遭受的歧视仍然很严重。

三 什叶派政治力量的分化与演变

1993年与政府和解的举动，大大提升了改革运动在沙特什叶派中的地位。但和解之后，什叶派生存与发展的问题依然存在，理想与现实的反差让改革运动领导人面临多重尴尬与压力。在两年的无所适从后，改革运动逐渐对自身进行重新定位，开始步入新的调整期。自1995年底开始，改革运动彻底放弃对抗思维，主动融入沙特社会现实，与社会各界建立友好联系，积极参与政治活动，从而转变为一股积极的地方性政治力量。他们强调增强公民观念的必要性，呼吁政治多元化和教派共存。他们还设立社区机构，处理社会问题、分发慈善物品和促进宗教虔诚。到1998年，他们与政府的关系大为改善，这使他们有信心进一步寻求部分解决什叶派

[①] 李福泉：《海湾阿拉伯什叶派政治发展研究》，生活·读书·新知三联书店2017年版，第188页。

问题的方法。

在与沙特政府和解后的近 10 年里，改革运动积极促进沙特政府作出改变，为什叶派争取更加宽容的环境和更多的政治权利，也使什叶派问题得到了更多的关注，什叶派的处境得到了一定程度的改善。总之，萨法尔等人不仅扩大了改革运动对什叶派的吸引力，而且以开放的姿态与沙特政府、社会甚至逊尼派反对派建立了良好的互动关系，实现了从革命到改革的转变。

虽然萨法尔的主张可能代表什叶派内部大多数人的观点，但改革运动与沙特政府的和解并不意味着什叶派反抗运动的结束。自 20 世纪 90 年代中期以来，改革运动内部出现分化，一些什叶派反对派成员仍未回国，一部分成员因对政府不满而再次离开沙特，继续在国外批评沙特政府，推动沙特政治改革。实际上，整个沙特什叶派内部一直存在着温和与激进的不同派别。就在 20 世纪 80 年代末伊斯兰革命组织温和化的同时，什叶派内部产生了以坚持强硬对抗路线为显著特征的沙特真主党。

沙特真主党是 1987 年什叶派激进分子在伊朗伊斯兰革命卫队的支持下成立的。它受伊朗影响较大，主张通过暴力推翻沙特政府，长期政治目标是效法伊朗模式在阿拉伯半岛建立伊斯兰共和国。自成立后，真主党在沙特境内发起了多起针对政府的暴力恐怖活动。随着 1988 年两伊战争结束、1989 年霍梅尼去世和 1990 年伊拉克入侵科威特等事件的接连发生，伊朗与沙特关系逐步缓和，真主党的活动重心也从暴力袭击转为政治宣传。但沙特真主党拒绝与政府进行任何谈判，将改革运动 1993 年的和解视为一种投降行为。在伊朗的支持下，沙特真主党继续从事反对政府的活动。然而，在和解的大趋势下，沙特真主党开始逐渐融入什叶派社会，其在国外的影响力不断下降。

1996 年的爆炸事件彻底改变了真主党的命运。当年 6 月 25 日，一辆载有几吨 TNT 炸药的油罐车在美国驻东部省的军营霍巴尔塔（Khobar Tower）附近爆炸，导致 19 名美国士兵死亡，数百人受伤。爆炸事件在沙特和美国都引起了巨大震动。沙特和美国都没有公布任何证据，因此无法确定真主党是否应对此负责。沙特政府拒绝与美国分享情报，而将该事件视为沙特内部安全问题。实际上，大多数沙特什叶派并不认为真主党是这次袭击的幕后黑手，他们将矛头指向本·拉登的

"基地"组织（al-Qaeda）。① 沙特真主党自身则多次否认参与1996年爆炸事件。但无论怎样，在事件发生后不久，沙特政府便指责真主党，逮捕了多达2000名嫌疑人，其中大多数是什叶派。由于大多数成员被捕，沙特真主党不得不停止活动，后来获释的成员也不再从事反对政府的活动。

四 什叶派与2003年全国对话

2001年"9·11"事件后，沙特国内要求改革的呼声越来越强烈。出于对"基地"组织所代表的极端组织迅速壮大的担忧，一些逊尼派改革主义者不再排斥与什叶派合作，希望共同呼吁社会政治改革。哈桑·萨法尔领导的改革运动也表现出更加积极开放的态度。2003年1月，包含多派别的上百位穆斯林代表向王储阿卜杜拉请愿，要求反对腐败，进行重大改革，选举产生国家和地区议会，结束教派主义与地区歧视。4月，数百位什叶派穆斯林继续发起请愿活动，向王储阿卜杜拉递交了名为"国家合作伙伴"（Partners in One Nation）的请愿书，既表明了对沙特国家和国王的忠诚，也要求政府作出改变，结束对什叶派的歧视政策，提升什叶派的权利。请愿书回顾了什叶派对国家建设的贡献，要求沙特政府承认什叶派的合法地位，停止逊尼派对什叶派的污蔑，希望将什叶派视为平等公民，允许他们在政府机构、安全部门和外交使团中担任高级职位，确保在议会中有平等的代表，使私立宗教学校合法化，并在基金会和伊斯兰事务部内建立一个由什叶派乌里玛组成的官方机构。② 这次请愿是一次全国性的什叶派群体性活动，卡提夫、哈萨甚至麦地那的什叶派也参与其中，请愿者遍布沙特社会多个阶层，体现出什叶派的团结。

2003年6月，沙特政府积极回应请愿活动，与倡导改革的多派别穆斯林代表举行了全国对话论坛。包括什叶派在内的各方代表共处一堂，首次共同探讨了国家统一和教派团结问题。这次会议持续4天，被沙特媒体

---

① 尽管本·拉登并未宣称对该事件负责，但他多次称赞这次袭击。真主党和"基地"组织都坚决反对美国军队进驻沙特领土，都主张使用暴力迫使这些军队撤离。
② Toby Matthiesen, *The Other Saudis: Shiism, Dissent and Sectarianism*, New York: Cambridge University Press, 2015, pp. 181–182.

誉为"平静的对话"(quiet dialogue)。① 其结果是什叶派处境得到一些改善，被允许举行阿舒拉节纪念活动，卡提夫地区什叶派被默许设立宗教学校、修建清真寺和出售什叶派读物。但这些新变化并没有从根本上改善沙特什叶派低下的政治、社会和法律地位，也没有改变相关的政治制度。沙特什叶派在庆祝其宗教节日方面仍然面临限制，公开游行也仅限于什叶派社区，公众仪式只能在伊玛目侯赛因去世的周年纪念日的当天举行。东部省什叶派对逊尼派高级乌里玛参加全国对话的动机持怀疑态度。② 不仅如此，沙特官方宗教机构和一些逊尼派乌里玛如觉醒运动著名人物萨法尔·哈瓦利（Safar al-Hawali）严厉批评了什叶派的要求。面对逊尼派的反对意见，沙特政府也不希望被认为它过于安抚和讨好国内的什叶派。对沙特王室而言，与什叶派的对话虽然必要，但公然支持什叶派则是其不愿冒的风险。③

第四节　什叶派问题的再激化

2003年伊拉克战争的爆发，激发了中东教派矛盾，恶化了沙特什叶派的处境。伴随着王室政策的强硬化，沙特什叶派多次发起大规模抗议运动。2011年以来，在中东变局的影响下，沙特什叶派进一步激进化，蔓延至沙特的"伊斯兰国"恐怖组织对他们发动了恐怖袭击。2018年以来，虽然王储萨勒曼局部调整了政策，但沙特什叶派的处境并没有发生根本改变。

一　什叶派处境的恶化

2003年5月，就在全国对话前夕，"基地"组织对沙特境内目标发动了一系列恐怖袭击，沙特政府随即通过严厉的安全策略应对逊尼派恐怖主

---

① Joshua Teitelbaum, "The Shiites of Saudi Arabia," *Current Trends in Islamist Ideology*, Vol. 10, 2010, p. 79.

② Toby Jones, "Saudi Arabia's Not So New Anti-Sbi'ism," *Middle East Report*, No. 242, 2007, p. 30.

③ Joshua Teitelbaum, "The Shiites of Saudi Arabia," *Current Trends in Islamist Ideology*, Vol. 10, 2010, p. 80.

义威胁,并以国家安全问题为由停止了改革。9月,逊尼派和什叶派穆斯林又发起了要求改革的第三次请愿活动,但政府已丧失改革的热情,对改革力量加以打击和镇压。沙特政府转变态度的根本原因在于担心改革的持续推进会威胁到王室自身的政治合法性,而另外一个重要原因则是受到了国际形势深刻变化的影响。

在国际层面上,2003年的伊拉克战争深刻影响了中东教派和地缘政治格局。伊拉克战争后萨达姆的逊尼派政权倒台,什叶派成为该国主政者。什叶派在伊拉克的崛起激发了沙特等多个阿拉伯国家什叶派的权利意识。这种外溢效应在沙特、约旦等国家被夸大为"什叶派新月地带"的形成[1],阿拉伯逊尼派领导人认为,一个以伊朗为核心的什叶派阵营正在中东出现。伴随着中东教派关系的恶化,瓦哈比派极端势力对什叶派更加充满敌意,甚至把什叶派称为渗透到沙特的"第五纵队"[2]。一些人妄称沙特什叶派在等待时机图谋建立独立国家。针对什叶派的袭击事件不断发生。在2006年黎以冲突期间,沙特什叶派对黎巴嫩真主党的同情刺激了沙特国内反什叶派言论的抬头。东部省几百位什叶派穆斯林走上街头支持黎巴嫩真主党对以色列的战争,地方当局强行驱散人群,并逮捕了发动游行的领导人。随后,政府加强了对什叶派地区的监控,逮捕了来自卡提夫及周边地区支持黎巴嫩真主党的什叶派人士。一些重要的逊尼派宗教人物频频发表反什叶派言论,加剧了逊尼派和什叶派之间的敌意。有人甚至宣称,所有什叶派都是"不信者",是逊尼派的敌人,比犹太人对穆斯林的威胁更大,认为只有什叶派放弃自己偏执的信仰加入逊尼派,这两个教派才能和解。[3] 沙特王室对逊尼派宗教学者的言论保持沉默,政府的纵容使逊尼派的反什叶派行动更加大胆,什叶派的处境更加恶化。

二 什叶派抗议运动的再爆发

在沙特什叶派内部,主张温和与激进的两派力量明显呈分化趋势。自

---

[1] 刘中民:《当代中东国际关系中的伊斯兰因素研究》,社会科学文献出版社2018年版,第301页。

[2] 李福泉:《海湾阿拉伯什叶派政治发展研究》,生活·读书·新知三联书店2017年版,第200—201页。

[3] Toby Jones, "Saudi Arabia's Not So New Anti-Shi'ism," *Middle East Report*, No. 242, 2007, p. 31.

2005年以来，哈桑·萨法尔一直将什叶派的未来寄托于阿卜杜拉国王身上，希望国王能带领沙特走上更加自由和宽容的道路，但这一主张并没有产生实质性效果。虽然哈桑·萨法尔主导的温和改革运动在什叶派中占据主导地位，但以宗教学者尼姆尔·尼姆尔（Nimr al-Nimr）为代表的激进力量的影响不断加大。由于沙特政府在解决什叶派歧视和社会经济问题上并无成效，质疑政府的声音早在2005年就在一些什叶派聚居区出现。在卡提夫北部具有激进主义传统的小镇阿瓦米耶（al-'Awwamiyya），宗教学者尼姆尔·尼姆尔谴责了与政府开展对话的行为。他明确表示，沙特什叶派只有通过斗争才能获取实质性东西。①

尼姆尔的言论最初在什叶派中是微不足道的，但2009年麦地那事件使尼姆尔获得了越来越多什叶派的支持。2009年2月，数百名什叶派朝圣者与沙特国民卫队、宗教警察和逊尼派穆斯林在麦地那"天堂林苑"②爆发冲突。政府的镇压引发沙特国内外什叶派的抗议，而东部省什叶派的反应尤为强烈，多名什叶派人士被政府抓捕。这次冲突成为1979年"起义"之后又一次大规模的示威活动，产生了全国性的影响，密切了沙特各地区什叶派之间的联系，也使尼姆尔成为著名的激进派人物。3月3日，什叶派代表团在利雅得会见阿卜杜拉国王后，一些在此次冲突中被捕的什叶派人士才获释，但这并没有缓解什叶派与政府的冲突。政府对什叶派的高压手段唤醒了之前长期沉寂的沙特真主党，它公开发表声明，称重新对抗政府的时机已经到来。③

在麦地那"天堂林苑"事件后，东部省的国民卫队告诫什叶派人士不要鼓动什叶派游行，然而尼姆尔却无视这一命令。3月下旬，尼姆尔在清真寺演讲时，指责沙特统治者应对麦地那事件和沙特什叶派的状况负责，声称如果沙特政府不从根本上改变对反什叶派极端主义的支持，他将为东部省什叶派的独立而斗争。他宣称："我们的尊严比这片土地的统一

---

① International Crisis Group, "The Shiite Question in Saudi Arabia," *Middle East Report*, No. 45, September 19, 2005, p. 8.
② 由于安葬着先知女儿法蒂玛和四位什叶派伊玛目的遗体，此处成为什叶派游访的重要目的地，但这一活动长期遭到瓦哈比派的禁止。
③ Toby Jones, *Embattled in Arabia: Shi'is and the Politics of Confrontation in Saudi Arabia*, Combating Terrorism Center at West Point, June 3, 2009, p. 25.

更珍贵。"① 政府随后包围阿瓦米耶镇,并切断了通往该镇的道路。为免于被捕,尼姆尔躲藏起来。尼姆尔的支持者威胁称,如果政府逮捕尼姆尔,他们将诉诸暴力。尼姆尔的言论反映了一些什叶派穆斯林对沙特政府和哈桑·萨法尔带领的改革运动未能真正改善什叶派处境的不满。尼姆尔的崛起对改革运动形成了不小的挑战,也削弱了哈桑·萨法尔在什叶派中的地位。沙特政府在"天堂林苑"事件平息之后加紧了对什叶派宗教生活的限制。虽然政府也作出了一些缓和教派歧视的举动,如约束国内逊尼派的反什叶派言行,但不少什叶派穆斯林却认为沙特王室在利用教派矛盾维护统治。②

什叶派歧视问题的久拖不决必然在一定的时候引发社会动荡。2009年12月底至2010年1月,在阿舒拉节期间,哈萨数十人因展示什叶派标语和庆祝什叶派宗教节日而遭逮捕。7月,宗教警察取缔了麦地那一个由哈萨朝觐者组织的什叶派宗教活动。在12月的阿舒拉节期间,麦地那再次陷入紧张局势。逊尼派袭击了希望举行阿舒拉节活动的什叶派穆斯林,导致了一场由数百人参与的冲突。③ 随后,麦地那省省长邀请这两个教派的领袖开展和解会谈,并签署了一项宣言。但它遭到不少什叶派人士的谴责,他们开始对什叶派政治和宗教精英自1993年以来所奉行的妥协立场感到不满。

2010年底爆发的所谓"阿拉伯之春"在对中东局势造成深远影响的同时,也扩大了东部省什叶派与沙特政府对抗的规模和强度。自2011年2月17日以来,沙特什叶派地区不断爆发抗议活动。尼姆尔因公然挑战沙特王权和支持抗议活动而遭到逮捕。在政府镇压的过程中,教派主义话语成为其反对改革、打压抗议的重要手段。④ 2月25日,尼姆尔在聚礼演讲中谴责针对什叶派和其他沙特人的镇压行为,认为政治权力只有在给予

---

① Donna Abu-Nasr, "Saudi Government Cracks down on Shiite Dissidents," *Associated Press*, April 1, 2009.

② 李福泉:《海湾阿拉伯什叶派政治发展研究》,生活·读书·新知三联书店2017年版,第204页。

③ Joshua Teitelbaum, "Sunni vs. Shiite in Saudi Arabia," *Jerusalem Issue Briefs*, Vol. 10, No. 23, 16, January 2011.

④ Madawi Al-Rasheed, "Sectarianism as Counter-Revolution: Saudi Responses to the Arab Spring," *Studies in Ethnicity and Nationalism*, Vol. 11, No. 3, 2011, pp. 513–526.

公民自由的情况下才是合法的。尼姆尔将自己置于抗议运动的前沿，表示如果发生冲突，他将保留沙特什叶派寻求外部援助的权利。11月，由于出现抗议者死亡事件，示威逐渐升级，成为沙特1979年什叶派"起义"后影响最大的什叶派政治运动。

2012年7月，尼姆尔被捕，随即爆发要求释放他的抗议活动。尼姆尔俨然成为沙特什叶派抗议政府的象征。2013年10月，尼姆尔被判处死刑，罪名是"不服从国王、煽动教派冲突"。截至2014年，已有20多名沙特什叶派抗议者被国民卫队杀害。沙特政府对什叶派抗议活动采取严厉镇压的政策，甚至取消了阿卜杜拉执政早期给予什叶派的一些优待措施。沙特政府试图让逊尼派忌惮什叶派抗议者，以防止二者联合起来反对政府。沙特政府的举措虽然孤立了什叶派，取得了逊尼派对政府的支持，但将教派主义作为沙特家族统治工具的做法明显恶化了政府同什叶派的关系，深化了国内什叶派与逊尼派的矛盾。①

2014年以来活跃在伊拉克和叙利亚边境的恐怖组织"伊斯兰国"崛起，给沙特国内教派关系增添了新的不利因素。"伊斯兰国"坚持"圣战萨拉菲思想"，认定什叶派为叛教者，在沙特境内发起多起针对什叶派的恐怖袭击，不断造成什叶派穆斯林伤亡。2014年11月，哈萨8名什叶派穆斯林遇袭身亡。2015年5月22日，20余人在卡提夫什叶派清真寺恐怖袭击中遇难。5月29日，达曼清真寺恐怖袭击事件中又有至少4人丧生。严峻的形势促使什叶派自发组建了名为"邻里守望"（Neighborhood Watch）的组织，但其成员却被沙特警方逮捕，理由是只有国家才能维持秩序。对于什叶派而言，这无疑是一个悲剧性的悖论，他们既得不到国家的有效保护，又被其视为犯罪者。②

2015年1月上台的萨勒曼国王延续了以往的什叶派政策。2016年1月，被政府关押多年的什叶派反政府领导人尼姆尔被处死，引发了沙特什叶派的再次抗议。2017年6月，穆罕默德·本·萨勒曼（Mohammed bin Salman）被萨勒曼国王任命为王储、副首相和国防大臣。2018年以来，

---

① Toby Matthiesen, *The Other Saudis: Shiism, Dissent and Sectarianism*, New York: Cambridge University Press, 2015, p. 214.
② Frederic Wehrey (ed.), *Beyond Sunni and Shia: The Roots of Sectarianism in a Changing Middle East*, New York: Oxford University Press, 2017, p. 230.

宣扬"温和伊斯兰教"的穆罕默德·本·萨勒曼发起了一系列重大社会改革，如改革官方宗教机构，修改学校课程设置，并删除其中的反什叶派言论等。萨勒曼甚至会见了什叶派乌里玛和商人。但这些变化引起了国内瓦哈比派的强烈反对。尽管有人对国王安抚什叶派少数群体的改革持乐观态度，但沙特政府对什叶派的政策仍未改变。[①] 沙特王室依然需要瓦哈比派宗教界的合作，而后者坚决拒绝承认什叶派为公认的宗教。

第五节　什叶派问题的前景

什叶派问题是影响沙特政局和对外关系的重要因素，但由于君主制和瓦哈比派的结构性制约，沙特什叶派问题的根本解决是一个无法实现的目标。沙特什叶派由于自身力量相对弱小，自身的选择非常有限。从长远而言，沙特什叶派年轻人的激进化是一个值得关注的现象。

一　君主制和瓦哈比派的双重重压

自1975年改革运动兴起，沙特什叶派抗争了40多年，他们与沙特政权的关系经历了重大变化，但其处境至今没有出现明显改善。从长期来看，他们根本不可能改变自己的命运，君主制和瓦哈比派是他们难以逾越的两大障碍。

自1902年第三沙特王国建立，君主制就是沙特根本的政治体制。王室主宰着国家的军政大权和油气资源，决定着其内政外交和发展方向。王室把国家视为家族产业，反对任何实质性的民主化改革。王室内部的强硬派认为，沙特国家是老沙特依靠武力费尽心血创建的，沙特王室以外的人既没有资格分享权力，也无权就如何治理国家置喙，他们主张对包括什叶派在内的所有反政府力量予以坚决镇压。就此而言，什叶派的遭遇在本质上和国内一般的逊尼派穆斯林没有差别，只要沙特式的君主制继续延续，普通民众就不可能分享国家权力。20世纪90年代以来，什叶派把民主化视为改善处境的主要途径，试图和逊尼派一起推动国内的政治改革。他们

[①] Adam Coogle, "Saudi Arabia's 'Reforms' Don't Include Tolerance of Shia Community," *Human Rights Watch*, September 21, 2018.

意识到，唯有把自身的权利诉求汇入整个国家的民主化进程，才能走上良性的政治发展道路。什叶派曾寄希望于王储阿卜杜拉推动政治和宗教改革，但是，什叶派的遭遇是君主制下的制度性问题，不可能依赖某个实权人物的善意而获得解决。

相对君主制而言，瓦哈比派对什叶派的影响更加深远。按照常理，沙特什叶派问题的解决要比伊拉克（60%）、巴林（75%）等什叶派占人口多数的国家容易得多，因为即便满足什叶派的各种要求，也不可能从根本上改变沙特国家的逊尼派特征和权力分配结构。然而，瓦哈比派在宗教和意识形态领域的支配地位决定了什叶派不可能成为沙特国家的完全公民。瓦哈比派是沙特的官方宗教和王室统治的主要合法性来源，"国王的立法必须符合伊斯兰教法，而伊斯兰教法的诠释权则掌握在宗教领袖和最高宗教会议手中，国王的立法必须得到宗教权威的认可才具有合法性"[①]。失去了瓦哈比派乌里玛的支持，沙特王室的统治便难以为继。因此，沙特政权必须实践瓦哈比派的宗教思想，而敌视和反对什叶派正是保守的瓦哈比派教义的内在要求和必然结果。

反什叶派就是瓦哈比派的一大特征，瓦哈比派乌里玛是沙特境内反对什叶派的主要势力[②]，他们总是嘲笑和贬低什叶派，甚至否认什叶派的穆斯林身份。瓦哈比派乌里玛拒绝任何逊尼派和什叶派和解的尝试，并频频发表抨击什叶派的法特瓦（教法意见）。学者哈米德·伊纳亚特（Hamid Enayat）就认为，瓦哈比派是什叶派自伊斯兰教兴起以来面临的最大挑战。[③]

在瓦哈比派的直接影响下，沙特什叶派遭受种种歧视，被置于沙特社会的底层。尽管自立国伊始，沙特王室便限制极端瓦哈比派的影响，但瓦哈比主义依然极大地影响着沙特国家对什叶派的政策。阿拉伯什叶派研究专家富勒夫妇曾尖锐地指出，在沙特改变思想基础之前，任何有关什叶派问题的讨论都属枉然，任何他们争取平等地位的努力都属徒劳。[④] 除非修

---

① 马福德：《近代伊斯兰复兴运动的先驱——瓦哈卜及其思想研究》，中国社会科学出版社2006年版，第155页。

② Raihan Ismail, "The Saudi Ulema and the Shi'a of Saudi Arabia," *Journal of Shi'a Islamic Studies*, Vol. 5, No. 4, 2012, pp. 403 – 422.

③ Hamid Enayat, *Modern Islamic Political Thought*, London: I. B. Tauris, 1983, p. 41.

④ Graham E. Fuller and Rend Rahim Francke, *The Arab Shi'a: The Forgotten Muslim*, New York: St. Martin's Press, 2002, p. 200.

正或抛弃瓦哈比主义,重塑沙特国家的意识形态,否则他们的处境就不可能获得实质性改善。但是,瓦哈比派对沙特国家的重要性决定了这绝非轻而易举的事情。

二 沙特什叶派的可能选择

君主制和瓦哈比派的双重重压决定了什叶派问题将是沙特国家长期难以愈合的痼疾。面对强大的沙特国家,什叶派的选择十分有限。综合来看,他们有四种可能的策略[①]。

第一,使用包括暴力在内的各种方式反对沙特政权,迫使其改变政策。这包括暗杀、爆炸、偷袭和其他抵抗形式。沙特什叶派采用过这些形式,20世纪80年代末,沙特真主党就曾袭击石油设施,暗杀外交人员。2011年以来,政府数次报道了个别什叶派穆斯林与警察交火的事件。当前,没有证据显示什叶派手中拥有大量武器,但是,要获得轻武器并不是不可能的事情。因此,问题的关键是,什叶派是否想武装自己,与政府进行暴力对抗?显然,绝大多数人并不愿意这样。毕竟什叶派在沙特人数较少,不可能通过暴力在东部省独立建国。因此,暴力手段难以得到什叶派的普遍认同。但是,这并不能排除少数年轻人会再次以暴力方式表达愤怒。近年来,沙特政府对什叶派要求的一再敷衍和漠视已经导致激进思想在什叶派中的扩大化。如果少数人拿起武器,沙特国家政局将不稳,什叶派也将蒙受灾难,但这只能使得什叶派问题更加严重化。

第二,以和平方式继续反对政府。这意味着什叶派再次像20世纪90年代初那样从事宣传活动,"揭露"沙特政府对人权的破坏。实际上,部分改革运动的前领导人目前就在英、美等国办报刊和网站,报道和评论沙特国内政治。但是,哈桑·萨法尔等国内的什叶派领导人已经彻底放弃了这种方式。此外,这种方式还包括与沙特其他寻求变革的民间力量进行合作。但由于教派矛盾的存在和激化,逊尼派中极少有人愿意与什叶派合作,就反对政府而言,沙特国内从未形成大规模而牢固的教派统一阵线。

第三,从沙特社会"撤离"。这是一种消极等待、不做任何抗争的求生策略。它承认沙特政权的优势地位,害怕无谓的反抗会带来巨大的灾

---

① 李福泉:《新千年沙特什叶派问题的演进与前景》,《外国问题研究》2017年第2期。

难。它只关注维护什叶派的文化和生活方式,指望沙特王室的善意会带来好运。除非必要穆斯林,它也尽量不与政府发生关系。在20世纪70年代之前,多数什叶派确实持这种态度,但随着政治动员的日益深化和权利意识的普遍增强,这样的什叶派穆斯林越来越少,尤其是进入21世纪后,这样的人更加罕见。

第四,合作与共存。这是1993年以来改革运动所采取的策略,也被众多什叶派所支持。他们希望改变的不是国家的统治者,而是其什叶派政策。他们寄希望于王室,试图在既有的沙特国家的框架内改善自身处境。面对后冷战时代逊尼派极端分子日益严重的威胁,什叶派普遍认识到,自身的安全与发展与沙特政权的生存密切相关,倘若沙特王室被逊尼派极端势力所取代,他们将面临更大的灾难。实际上,在稳定国内局势和反对逊尼派极端分子上,什叶派与沙特政府具有共同的利益。这种策略不是简单的服从,而是试图以请愿、对话和协商的方式,逐渐消除歧视。它反对街头政治,更反对暴力斗争。与第一种方式不同,这种方式不会引来政府的大规模暴力,但是共存本身完全仰赖于沙特政权和瓦哈比派宗教界的善意。如果政府继续采取强硬措施,那么这一策略就会对什叶派丧失吸引力。2011年的抗议运动就是新一代年轻人对改革运动和解路线不满的结果。

然而,无论什叶派采用何种策略,都无力从根本上改善自身的处境。毕竟,家族统治和瓦哈比派的结合与什叶派权利诉求之间存在着无法化解的结构性矛盾。就长远而言,什叶派年轻人的崛起和激进化最值得关注,它不仅将改变什叶派内部的权力结构,也将严重影响什叶派与政府的关系。毋庸置疑,什叶派问题的最终解决取决于沙特王室是否愿意采取实质性的改革措施。但处决尼姆尔的行动充分说明,沙特王室依然拒绝做出任何重要的妥协。这就意味着什叶派的抗议活动将成为长期现象,什叶派问题将继续影响沙特的国内稳定和对外关系。但由于沙特什叶派的组织化水平远低于黎巴嫩和伊拉克什叶派,他们反政府活动的规模和烈度在一定时期内将比较有限。

第五章 能源安全与政策

基于巨量的石油储备，沙特阿拉伯得以长期担当全球能源供应商的角色，向世界主要经济体输送石油。在中东能源国家中，沙特阿拉伯拥有最大的原油储量，而且沙特王室一直有政治意愿、经济资本和宗教热情来控制阿拉伯半岛和中亚，可以发挥管理整个阿拉伯世界石油产业的作用。因此，对于石油安全来说，没有一个国家比沙特更重要。在过去几十年内，西方工业化国家一直依赖海湾国家的廉价石油，因此它们与沙特等阿拉伯国家有更紧密的石油安全利益关系。现在国际能源格局正在发生变化，亚洲成为世界上最大的能源消费和石油进口地区，也正在努力发展与沙特阿拉伯等石油国家的政治友好关系。如果沙特能源安全发生严重危机，将危及石油价格稳定和世界产业大国的经济增长，也在极大程度上关乎国际能源格局的稳定和世界经济的未来。

第一节 能源安全现状

在过去的几十年里，沙特王国已成为维护全球能源平衡的相关参与者和可靠伙伴，其作为石油输出国组织（OPEC，欧佩克）的创始成员国之一，以及欧佩克+的主要成员（包括俄罗斯），同其他成员国共同讨论削减石油产量政策，以稳定全球原油价格。然而，沙特王国的能源安全状况正面临越来越大的威胁和挑战。例如，安全和地缘政治问题破坏了石油出口的地域多元化战略，而旨在降低国内能源经济对石油出口依赖程度的经济转型推进缓慢，叠加疫情带来的新一轮全球经济下滑和石油价格危机，或将给沙特能源出口安全带来更多不稳定因素。

一　国内能源资源禀赋

沙特阿拉伯拥有世界上第二大探明原油储量（2580 亿桶，占世界总储量的 16%），仅次于委内瑞拉。[1] 即使"页岩革命"的成功使美国成为世界上主要的石油生产国（结合常规和非常规石油的生产，如致密油），沙特阿拉伯也仍然维持着全球原油生产大国的地位——2019 年沙特王国原油日产量为 980 万桶，时而与俄罗斯竞争第二名的地位。从出口量来看，沙特王国仍然是世界上第一大石油出口国，每天向全球市场输送 703 万桶石油。[2]

沙特阿拉伯虽然拥有约 130 个主要的石油和天然气田，但其一半以上的石油储量集中在沙特东北部的 9 个油田。其中，巨大的加瓦尔油田（Ghawar）是世界上产量最大的油田，剩余总储量估计为 750 亿桶。萨法尼亚油田（Safaniyah）是世界上最大的海上油田，约有 350 亿桶的剩余储量。在国家储备方面，沙特王国还拥有位于沙特—科威特分区中立区[3]（PNZ）的约 50 亿桶已探明原油总储量的一半。[4]

此外，沙特还拥有非常可观的天然气储量，2019 年探明天然气储量为 9 万亿立方米，仅次于伊朗、俄罗斯、卡塔尔和土库曼斯坦，位居世界第五。但是，沙特阿拉伯的天然气产量仍然有限，到目前为止，沙特所有天然气产量（1136 亿立方米）都用于国内消费。[5] 根据美国能源信息署

---

[1]　OPEC, *Saudi Arabia. Facts and Figures*, https：//www. opec. org/opec_ web/en/about_ us/169. htm.

[2]　OPEC, *Saudi Arabia. Facts and Figures*, https：//www. opec. org/opec_ web/en/about_ us/169. htm.

[3]　PNZ 是沙特阿拉伯和科威特边界之间的地区，成立于 1922 年，旨在解决两国之间的领土争端。中立区的能源储备在两国之间平均分配。

[4]　US Energy Information Administration, *Country Analysis Brief：Saudi Arabia*, Last Updated October 20, 2017, https：//www. eia. gov/international/content/analysis/countries_ long/Saudi_ Arabia/saudi_ arabia. pdf.

[5]　British Petroleum, *Statistical Review of World Energy 2020*, pp. 33 – 34, https：//www. bp. com/content/dam/bp/business-sites/en/global/corporate/pdfs/energy-economics/statistical-review/bp-stats-review-2020-full-report. pdf？utm_ source = BP_ Global_ GroupCommunications_ UK_ external& utm_ medium = email&utm_ campaign = 11599394_ Statistical% 20Review% 202020% 20-% 20on% 20the% 20day% 20reminder&dm_ i = 1PGC% 2C6WM5E% 2COV0LQ4% 2CRQW75% 2C1；OPEC, Saudi Arabia. Facts and Figures.

(EIA)的统计，沙特阿拉伯近60%的天然气产量来自以下四个油田：加瓦尔油田、萨法尼亚油田、贝瑞油田（Berri）和祖卢夫油田（Zuluf），其中仅加瓦尔油田生产的伴生天然气就占总产量的近48%。[1]

在石油出口方面，沙特阿拉伯是世界上主要经济体，特别是亚洲新兴经济体的重要石油供应国之一，其65%的石油出口主要通过霍尔木兹海峡能源咽喉要道的海上航线输送到亚洲市场。位于波斯湾的拉斯坦努拉港（Ras Tanura）是沙特阿拉伯的主要石油出口码头，也是世界上最大的海上石油出口港，其综合处理能力约为每日650万桶。[2] 数据显示，沙特阿拉伯与能源需求旺盛的亚洲经济体之间的能源相互依存关系逐步加深——沙特阿拉伯是日本（每日120万桶）和韩国（每日90万桶）的最大石油供应国，是印度（每日80万桶）和中国（每日160万桶）的第二大石油供应国。[3]

中国的石油需求不断增长，每日进口约1000万桶。一方面，考虑到沙特与中国能源相互依存关系的上升，能源合作对两国来说具有高度的战略意义。针对中国市场，沙特阿拉伯正在与俄罗斯竞争，以保持其主要石油供应国的地位。另一方面，美国市场已经逐渐失去对沙特出口的依赖。由于"页岩革命"的成功，美国得以实现能源自足并成为能源出口国。沙特阿拉伯对美国的石油出口量占比从2008年的21.3%减少到2018年的12.3%（每日60万桶）。[4]

二 国际能源安全环境

当前沙特面临的国际能源格局已经发生了改变，这不仅表现在作为主要能源行为体的欧佩克、美国和俄罗斯等能源地位和权力的此消彼长上，

---

[1] US Energy Information Administration, *Country Analysis Brief: Saudi Arabia*.

[2] US Energy Information Administration, *Country Analysis Brief: Saudi Arabia*.

[3] US Energy Information Administration, *Saudi Arabia has Been Exporting more Crude Oil to China, Less to the United States*, EIA. Today in Energy, July 24, 2019, https://www.eia.gov/todayinenergy/detail.php?id=40172；Muyu Xu and Chen Aizhu, "China oil imports from top supplier Saudi Arabia rise 47% in 2019: customs," Reuters, January 30, 2020, https://www.reuters.com/article/us-china-economy-trade-oil/china-oil-imports-from-top-supplier-saudi-arabia-rise-47-in-2019-customs-idUSKBN1ZU0EH.

[4] Philippe Galkin and Carlo Andrea Bollino, *Energy Security and Portfolio Diversification: The Exporter's Perspective*, KAPSARC Discussion Paper, Ocrober 2020, p. 23, https://www.kapsarc.org/research/publications/energy-security-and-portfolio-diversification-the-exporters-perspective/.

而且体现在全球和地区范围内能源供求格局的变化上。

首先是美国作为主要石油出口国的崛起。从尼克松总统以来美国历届政府都倡导能源独立，希望摆脱对中东化石燃料的依赖。例如，卡特鼓励美国人减少燃料消耗，小布什认为美国有"石油瘾"，特朗普称欧佩克为垄断者等。美国政府普遍认为减少对欧佩克依赖可以减少贸易赤字，降低美国经济波动，尽管经济学家对此存在争议。将美国军队撤出中东也一直是历届政府不断反复宣布的中东政策的主要内容之一。在美国页岩革命的推动下，特别是得克萨斯州和北达科他州页岩油和油砂的大规模开采，2009 年美国原油产量在下降了近 40 年之后开始上升，十年后的 2019 年，美国原油生产水平达到 2009 年的两倍，成为最大的碳氢化合物生产国。①2015 年欧佩克曾试图通过压低油价来应对水力压裂技术所带来的挑战，但是新技术使美国生产商能够以更低的成本开采非常规石油，从而推动美国成为石油出口国，直接威胁到欧佩克的石油出口主导地位。2019 年 7 月，欧佩克与俄罗斯和其他几个主要出口国达成合作协议，以协调产量并稳定价格为目标，正式组建了新的欧佩克＋联盟。美国最初主要担心新的石油联盟会增加俄罗斯对全球石油市场的影响力。② 但是，新的石油联盟以本国利益最大化为目标的石油政策已经给美国与欧佩克某些成员国的盟友关系带来压力，这些盟友现在不得不周旋于美国和俄罗斯之间进行中东的地缘政治竞争。

其次是全球向清洁能源转变的趋势。从长远来看，以低碳经济和低碳能源体系为核心的能源转型对化石燃料出口国构成威胁。③ 如果这种趋势与全球气候问题叠加，将加快全球能源消费向清洁能源的转变。现在看来这一趋势更加明显：化石燃料成本上升，加上政府对可再生能源的补贴，刺激了在清洁能源领域的投资。煤炭产量和消费量下降，甚至退出能源消费体系；风能和太阳能的成本下降，更具市场竞争力。此外，电池成本的

---

① US Energy Information Administration, U. S. Energy Facts Explained, https：//www.eia.gov/energyexplained/us-energy-facts/.

② Bilal Y. Saa, "After Hub-and-Spoke：US Hegemony in a New Gulf Security Order," *Atlantic Council*, April 2016.

③ International Renewable Energy Agency, "A New World：The Geopolitics of the Energy Transformation," IRENA 2019, http：//www.geopoliticsofrenewables.org/.

下降使得电动汽车和可再生能源发电成为焦点。在未来几年里气候变化和能源转型将持续对沙特等化石燃料生产国造成打击。

再次是欧佩克分裂带来的外部挑战。沙特阿拉伯主要是利用欧佩克来操控油价。[①] 近年来，欧佩克的油价影响力下降，主要是由于该石油组织内部分歧日益凸显。分歧主要是地区主导权斗争的结果，战略目标和价格分歧也造成了分裂。[②] 2015 年，沙特王室游说特朗普政府退出了伊朗核协议，重启对伊朗石油制裁，沙特原油产量随之上升。拜登政府时期美国对伊朗政策成为沙特关注的重点，因为是否维持或加强对伊朗制裁，将直接影响到沙特通过欧佩克操控油价的能力。2019 年 1 月，卡塔尔正式退出欧佩克，表示其不同意沙特阿拉伯对该组织的控制以及沙特阿拉伯对该国的持续封锁。如果沙特王室继续维持其激进的外交政策，欧佩克要保持凝聚力可能会面临较大的挑战。

最后是美国政府中东战略的调整。20 世纪 30 年代到 60 年代，美国构建起沙特石油产业，70 年代，美国与沙特达成石油安全协议，由美国保护沙特石油设施的安全。80 年代"两伊"战争时期，伊朗威胁要攻击沙特的石油设施，从阿布盖奇油田到红海沿岸的延布港的基础设施都可能成为攻击目标，加上石油价格飙升的忧虑，美国安全焦虑上升。因为对阿布盖奇稳定塔等石油设施的攻击会造成每天减产 680 万桶，油田数月都不能恢复正常生产，甚至在攻击发生 7 个月后，阿布盖奇只能恢复此前 40% 的产能，相当于欧佩克禁运所造成的减产。[③] 因此美国历届政府不得不密切关注沙特石油基础设施的安全。美国一直希望把战略重点从中东转移到亚太，集中应对中国在东亚的崛起。但是直到奥巴马政府时期，美国都在亚太和中东之间摇摆，或者希望兼顾亚太和中东。在特朗普政府时期，美

[①] 欧佩克由 14 个石油丰富的成员国组成，其成员国遍布中东、非洲和南美，控制着世界石油产量的近 40%。这种主导市场地位使欧佩克成为卡特尔组织，协调成员国之间的生产水平以操纵全球石油价格。尤其是 20 世纪 70 年代，欧佩克长期管理世界石油市场，在外交上也格外受到大国的关注。

[②] Andrew Chatzky and Anshu Siripurapu, "OPEC in a Changing World," Council on Foreign Relations, April 9, 2020, https: //www.cfr.org/backgrounder/opec-changing-world? utm_ source = daily-bri ef&utm_ medium = email&utm_ campaign = DailyBrief2020Jul15&utm_ term = DailyNewsBrief.

[③] Khalid R. Al-Rodhan, "The Impact of the Abqaiq Attack on Saudi Energy Security," CSIS, Feb. 2006, https: //csis-website-prod.s3.amazonaws.com/s3fs-public/legacy_ files/files/media/csis/pu bs/060227_ abqaiqattack.pdf.

国希望通过推动以色列与阿拉伯国家建交给以色列更多的经济和外交发展空间，为美国撤出中东，全力集中于亚太做准备。[①] 在拜登上台后，他不再延续特朗普时期全力支持中东盟友的政策，而是进一步撤出中东。沙特阿拉伯感到更加的不安全，不仅其境内石油基础设施和海上能源运输通道将暴露在恐怖袭击的威胁之下，而且其油价控制能力也面对着地区竞争对手，甚至是来自美国的更大压力。

第二节　能源安全的现有威胁

作为全球最重要的石油供应国，沙特阿拉伯必须保护其能源安全状况，免受多种威胁和特定薄弱点的影响。根据国际能源署的定义，能源安全是指"以可承受的价格不间断地保障能源供应"[②]。市场能源供应的突然中断，不仅严重威胁能源消费国和进口国的能源来源和经济发展，而且是对能源生产国和出口国的主要威胁之一，因为供应中断意味着收入的减少甚至消失。

一　能源基础设施和运输通道的安全威胁

沙特阿拉伯的经济严重依赖石油和天然气部门，该部门约占国内生产总值的50%，占出口收入的70%左右。[③] 沙特三分之二的石油出口，依赖位于阿曼和伊朗之间霍尔木兹海峡的海上运输，这是沙特能源安全的主要弱点之一。涉及伊朗、海湾国家和美国的地缘政治竞争，以及与恐怖主义袭击的具体威胁相关的安全稳定问题，可能导致该运输通道暂时关闭，并可能无限期地中断能源流向市场。

沙特和其他海湾国家的能源基础设施显然已成为暴力袭击的战略目标。因为石油和天然气行业对沙特王国经济繁荣和全球能源供应稳定具有重要战略意义，袭击沙特能源基础设施不仅可以直接给沙特经济以重创，

[①] John Kemp, "Oil Diplomacy and the U. S. Presidential Election," *Reuters*, July 14, 2020, https://www.reuters.com/article/us-global-oil-kemp/oil-diplomacy-and-the-u-s-presidential-election-kemp-idUSKCN24F1SN.

[②] International Energy Agency, *Energy Security*, https：//www.iea.org/topics/energy-security.

[③] OPEC, *Saudi Arabia Facts and Figures*.

而且可能引发全球能源市场的波动。在美国降低对沙特安全保护的承诺之后，对沙特能源基础设施袭击的风险有上升的趋势。2019年9月14日，沙特阿美石油公司在阿布盖奇的石油设施遭到空袭，对沙特的石油产量、出口能力产生了切实影响（日产量减少50%，近570万桶/天，约占全球石油供应量的5%）。即便沙特阿美公司很快宣布将恢复供应以稳定市场，油价仍然应声上涨（在袭击发生数天内油价上升了20%）。① 这并非沙特能源基础设施首次成为袭击的目标。2006年，基地组织企图对阿布盖奇炼油厂进行自杀式袭击。2012年，一场网络攻击（据称由伊朗发起）影响了胡赖斯油田（Khurais，第二大油田，日产量为145万桶），促使沙特当局必须加强安全措施。② 2021年1月，也门境内的胡塞武装袭击了阿联酋境内的石油设施，再次引起进口市场对油价波动和供应中断的担忧。

霍尔木兹海峡是世界上最重要的咽喉要道，每日的石油流量为2000万桶，约占所有海运石油的30%，同时也有25%的全球液化天然气贸易途经此地。③ 因此，作为所有中东石油生产国的主要出口路线，通过霍尔木兹海峡的能源运输可能受阻或中断是一个需要共同面对的问题，因为供应国和消费国或许会为此付出沉重的经济和财务损失，能源安全状况也会随之受到影响。

沙特（连同阿联酋）已成功开发了一条在上述关卡要道突然关闭的情况下，可以绕过霍尔木兹海峡的替代出口路线。这条路线被称为Petroline，也被称为"东西管线"（East-West Pipeline），沙特可以经这条管线绕过霍尔木兹海峡，向红海港口城市延布输送其石油出口总量的50%。然而，这条管道的总标称容量为500万桶/天，但实际每天仅有210万桶石油会通过这条线路运输。④

---

① Ibrahim al-Marashi, "Saudi Oil Attacks: Weaponising Oil in the Gulf," *Middle East Eye*, September 18, 2019, https://www.middleeasteye.net/opinion/saudi-arabia-drone-attacks-weaponising-oil-gulf.

② Ibrahim al-Marashi, "Saudi Oil Attacks: Weaponising Oil in the Gulf," *Middle East Eye*, September 18, 2019, https://www.middleeasteye.net/opinion/saudi-arabia-drone-attacks-weaponising-oil-gulf.

③ U. S. Energy Information Administration, "The Strait of Hormuz is the World's Most Important Oil Transit Chokepoint," 2019, https://www.eia.gov/todayinenergy/detail.php?id=39932.

④ U. S. Energy Information Administration, "The Strait of Hormuz is the World's most Important Oil Transit Chokepoint," 2019, https://www.eia.gov/todayinenergy/detail.php?id=39932.

此外，在到达亚洲市场之前，沙特的石油出口供应，也会穿过另一个易受攻击的咽喉要道——曼德海峡。曼德海峡位于也门、吉布提和厄立特里亚之间，这里经常受到索马里海盗的袭击。2008年被劫持的"天狼星"号油轮的案例表明，该能源路线的安全性非常脆弱，甚至可以说是岌岌可危。此外，曼德海峡沿线的能源运输目前还受到也门政局不稳定的严重威胁。2018年，在红海沿岸的石油设施和油轮多次遭到袭击后，沙特阿美能源公司决定暂时停止通过该能源要道运输石油。① 2020年12月中旬，一艘沙特油轮在港口城市吉达附近的红海沿岸遭到一艘装满炸药的船只袭击，疑似是胡塞武装发动的一系列袭击中的一次，这暴露了沙特能源基础设施方面的隐患。②

对于沙特来说，真正的战略选择是开发陆路通道。但是，复杂的地区安全局势和沙特北部邻国普遍的不稳定状况，阻碍了开发陆路管道以减少对海上出口走廊的依赖，也降低了通过实施替代路线以增强能源安全的可能性。将沙特石油运往约旦和黎巴嫩的"泛阿拉伯管道"（Trans-Arabian Pipeline）于1990年关闭，而设想通过"沙特伊拉克管道"（Iraqi Pipeline in Saudi Arabia-IPSA）将伊拉克原油输送到红海，在到达延布以南的Muajjiz石油码头之前，其与"东西管线"平行。1990年8月伊拉克入侵科威特后，该管道无限期关闭。③ 开发的这条替代通道实际上也极易遭受攻击，因为石油供应必须穿过曼德海峡。

考虑到伊拉克将受益于现有的陆路出口管道，穿越伊拉克的向北管道才可能是真正的替代方案，即伊拉克北部—土耳其或基尔库克—杰伊汉，以到达土耳其和欧盟市场。但内部和区域不稳定的长期态势，诸如"伊斯兰国"在伊拉克和叙利亚之间的活动，以及土耳其与库尔德斯坦地区政府之间的紧张局势，使得这些替代陆路通道的实现极为困难。

---

① "Saudis Halt Oil Shipments through Bab al-Mandab Strait after Yemen Rebel Attack," *Arabian Business*, July 26, 2018, https://www.arabianbusiness.com/energy/401531-saudis-halt-oil-shipments-through-bab-al-mandab-strait-after-yemen-rebel-attack.

② "Saudi Arabia: Explosive Boat Hits Oil Tanker off Jeddah," *Middle East Eye*, December 14, 2020, https://www.middleeasteye.net/news/jeddah-saudi-arabia-port-explosion-tanker.

③ US Energy Information Administration, *Country Analysis Brief: Saudi Arabia*.

二 能源价格波动带来的风险

随着油价的上下波动，石油出口国的收益也时有涨跌。因此，从长期来看，石油生产国并不是一味地追求高油价，因为油价过高不利于保持世界经济的稳定增长，世界经济的稳定增长是石油生产国供应石油的保障之一；过高的油价还可能刺激富裕国家发展替代能源和石油替代经济，石油出口国将彻底失去石油收益。过低的油价则不仅有损石油出口国的经济收益，而且会导致石油生产国投资不足，从长远来看不利于石油市场的稳定。

油价波动对沙特造成的冲击最大，最近一次是2020年的石油价格危机，当时油价跌至负值，给沙特作为国际油价稳定器的形象以重大一击，也在一定程度上损害了沙特与美国、俄罗斯的合作关系。2020年石油价格危机与以往石油危机在起因、根源与影响等各方面都有所不同。以往石油危机大多起因于中东地区的地缘政治事件，如巴以冲突、两伊战争、海湾战争等；其表现是油价上涨和供应中断，对作为消费国和进口国的西方国家经济造成损害。2020年的石油价格危机与此相反。此次价格危机起因于新冠疫情对经济的冲击。2020年初，由于新冠流行导致石油需求下降和价格急剧下跌，直至4月20日，油价跌至负值，轻质原油价格跌至每桶37.63美元，跌幅超过300%。这意味着石油运输和存储的成本超过了石油本身的价值，卖家必须贴钱给买家，让买家接手石油。这次油价暴跌主要反映在受供求变化直接影响的现货价格上，供需失衡完全在价格上体现出来。超低油价的影响也主要体现在石油市场上，沙特与俄罗斯之间的石油价格战严重损害了原油市场，给价格带来了下行压力，并对石油生产国的福利产生了负面影响。[1]

首先，石油需求可能已经在2020年达到消费顶峰。[2] 疫情封锁造成的经济发展停滞是短期的，随着疫情后经济的缓慢恢复，石油需求已经开始上升，未来全球石油需求和油价还会有一定的上升空间。但是，

---

[1] Richie Ruchuan, MaTaoXiong, YukunBao, "The Russia-Saudi Arabia Oil Price War during the COVID-19 Pandemic," *Energy Economics*, Vol. 102, October 2021, pp. 1–12.

[2] https：//www.bloomberg.com/news/articles/2020-04-30/shell-sees-lasting-change-in-consumer-behavior-beyond-pandemic? sref = dB0XXC7l.

2020年全球石油需求下降是十几年来第一次，未来还有很多不可逆的其他因素会对石油需求产生长期的抑制作用。例如，疫情期间低油价对石油工业造成的打击，石油产业裁员，待石油产业恢复到疫情之前的水平，能源市场可能已经被替代燃料所取代。[1] 此次疫情也改变了人们的生活方式和看待人类与自然关系的方式，对高污染、高耗能产业的容忍度更低。作为石油生产国和出口国，沙特的石油经济面临着全球石油需求市场收缩的压力。

其次，石油价格可能不会恢复到历史最高点。除极端低油价的负值之外，疫情期间石油价格一度跌至每桶37美元。石油产业的二十年"黄金红利时期"已经结束，沙特等石油出口国通过调整产能抬高油价的做法已经很难奏效。例如，2016年开始的欧佩克+多次减产提升价格，但是作用有限，这种松散的联盟很难监控和强制成员国之间的出口竞争。疫情之后，伊朗、利比亚和委内瑞拉等脆弱的石油生产国将回归市场，增加国际原油市场上的供应量，油价将再次受到抑制，石油消费增长缓慢将进一步加剧主要石油生产国之间的竞争，为争取市场份额的竞争将导致周期性产量配额战和价格下跌。此外，供求稳定后，石油价格受地缘政治的影响将再次上升。国际社会和石油市场将主要关注石油需求大国和供应大国的政治，如美国能源和气候政策、俄罗斯在乌克兰的动向、沙特阿拉伯脆弱的石油供应线等。最终石油权力将发生逆向转移，石油市场会更多地关注需求曲线，而不是供应曲线，新兴国家的经济发展和石油市场份额也将成为一种权力和优势。

再次，石油价格战损害了主要由沙特与俄罗斯达成的欧佩克+能源联盟，并进一步造成欧佩克的分裂。减产协议没有立即达成主要是由于欧佩克+内部的分歧，俄罗斯和沙特之间的摩擦在2020年3月达到顶峰。在3月初的维也纳会议上，沙特督促成员国减产，而俄罗斯拒绝降低市场份额，因为美国对其石油公司Rosneft的制裁已经损害了其市场竞争力。作为回应，沙特通过提高产量来发动价格战，迫使俄罗斯重回谈判桌。沙特

---

[1] Thijs Van de Graaf, "The Coronavirus Pandemic Has Changed Oil Markets Forever," *World Politics Review*, May 19, 2020. https: //www.worldpoliticsreview.com/articles/28772/covid-19-and-the-oil-market-crash-have-changed-the-energy-industry-forever.

阿拉伯利用欧佩克＋联盟发起的石油价格战，实际上是顺势而为，目的是把页岩油挤出市场。美国页岩生产商需要油价高于每桶40美元才能达到盈利水平，低于这个价格页岩开采企业将破产。如果石油价格稳定在25美元并持续一段时间，从得克萨斯州到北达科他州的美国页岩企业将破产，事实证明确实达到了这一目的。但是，价格战对欧佩克＋联盟本身也造成了损耗。沙特认为石油价格危机是由俄罗斯退出欧佩克＋会议引起的。俄罗斯拒绝执行现有的减产协议，沙特不得不推动分担压力来控制油价，起到了一定的稳定市场的效果，证明了沙特在管理全球能源市场方面的重要性。但是，沙特将逐步丧失利用欧佩克来影响油价、充当油价稳定器的特殊地位。

最后也是最重要的是，石油价格危机也暴露出沙特面对低油价时的脆弱性。一方面，石油价格持续低迷和石油收入的下滑，给尚未实现能源改革和调整消费习惯的海湾国家以措手不及的冲击。大部分海湾国家难以承受40美元的价格，沙特甚至需要每桶85美元的价格才能维持预算平衡。疫情期间沙特阿拉伯不得不采取限制福利和征税的措施渡过难关，并将增值税从5％猛增至15％，停发公职人员的生活津贴，全国预算支出削减260亿美元。[1] 另一方面，石油价格危机期间，得克萨斯、路易斯安那、北达科他和阿拉斯加等石油州的立法者指责沙特阿拉伯发动了"经济战"，并起草了立法，要立即撤出保护脆弱的沙特长达数十年的美国军队。美国更多的人开始质疑75年来支撑美沙特殊双边关系的基础——确保沙特石油向西方世界的自由流动，以及沙特支持美国在中东的保护国地位。特别是石油价格战发生在时任总统特朗普最为困难的时候，页岩行业萎缩、失业率上升、经济收缩等一系列国内经济问题对选情极为不利。特朗普告诉沙特王储，如果沙特阿拉伯不立即采取行动，解决与俄罗斯的石油价格战，并大幅削减产量，将无法挽救破损的美沙关系。[2] 因此，沙特

---

[1] Marwa Rashad, Davide Barbuscia, "Saudi Triples VAT Rate in Austerity Push to Counter Oil Slump, Virus," *Reuters*, May 11, 2020. https：//www.reuters.com/article/us-health-coronavirus-saudi-economy-idUSKBN22N05M.

[2] Patricia Sabga & Radmilla Suleymanova, "Could the Oil Price Crisis Radically Redefine US-Saudi Relations？" 30 Apr. 2020，https：//www.aljazeera.com/ajimpact/oil-price-crisis-radically-redefine-saudi-relations-200430124010730.html.

匆忙召集了欧佩克+联盟产油国，经过几天的激烈争论最终达成了稳定市场的协议。沙特借此向美国证明它仍然是美国非常重要的盟友，不仅可以继续向国际市场供油，而且在配合美国稳定和管理全球能源市场的战略需求方面仍然具有独特作用。但是，此次石油价格危机体现出沙特打造的脆弱的石油出口盟国仍然需要美国的保护和支持，否则它们将可能面对来自美国的制裁。

三　能源消费结构多样化的挑战

不断增长的国内能源需求是影响沙特阿拉伯能源安全的另一个因素。事实上，沙特王国是中东地区最大的石油消耗国（2019年为378万桶/天，2015年峰值为383万桶/天），这意味着沙特石油总产量的四分之一必须分配给国内，以满足其生产和生活消费需求。[①] 这是多种综合因素作用的结果，例如强劲的经济增长、城市发展带动的工业部门快速扩张，以及政府补贴的能源价格等。

在2009—2019年这十年间，沙特的电力消耗增长了60%，沙特当局计划到2032年将发电量翻一番，达到120吉瓦。[②] 当前亟待解决的主要问题之一是用于发电的能源结构不均衡，现有发电量几乎全部是由石油（63%）和天然气（37%）提供的。为了释放石油用于出口，能源结构的多元化（用于发电的燃料组合）意味着需要减少石油份额、增加天然气使用和可再生能源份额、发展核电容量等。

减少对石油的依赖是"2030愿景"的主要目标，该愿景由王储穆罕默德·本·萨勒曼于2016年启动，旨在实现国民经济多元化，减少对石油收入的依赖。一方面，沙特石油开发和生产的边际成本非常低，每桶石油仅2.8美元，这使得在国际市场高油价的情况下，沙特可以获得丰厚的收入。另一方面，在过去几年中，诸多因素压低了油价，如与美国页岩油的竞争、新冠疫情后全球石油需求的降低等，对沙特阿拉伯等石油生产国的财政预算产生了负面影响。对沙特而言，财政盈亏平衡点（标志着政府

[①] *BP* 2020, p. 20.

[②] "Saudi Arabia Diversifies its Energy Mix through Solar and Wind Projects," Oxford Business Group Analysis, https：//oxfordbusinessgroup.com/analysis/solar-powered-diversifying-energy-mix-through-solar-and-wind-projects.

预算平衡所需的油价）为 87 美元，因此全球油价低于 30 美元（如 2020 年 4 月新冠疫情期间）带来了经济冲击，而这些财政损失逐渐侵蚀了主权财富基金积累的外汇储备。[1] 为了解决新冠疫情对能源市场的负面影响，即全球市场的石油需求暴跌和价格暴跌，欧佩克+成员国于 2020 年 6 月同意将石油产量减少到 960 万桶/天。根据该计划，沙特阿拉伯将月产量至少削减到 850 万桶/天，比平均 1200 万桶/天的产量下降了近 30%。[2] 削减产量叠加价格下行，在未来几年内，沙特财政将面临更大的压力。

为了使国民经济摆脱对石油的依赖，"2030 愿景"确定了沙特阿拉伯将把国内天然气产量翻番，增加其发电消费量，以减少电力燃料组合中液体燃料的消耗（每日 80 万桶原油）。[3] 除常规天然气储量外，沙特阿拉伯拥有世界上第五大页岩气储量（16.9 万亿立方米）[4]，这将成功地推动国家能源政策的重大转变。沙特阿美公司正在大力投资技术、勘探和生产，并在常规气田和即将到来的非常规天然气生产领域进行开发。例如，沙特阿美投资 1100 亿美元用以开发 Jafurah 气田，这是沙特王国最大的非常规和非伴生气田（预计储量为 5.6 万亿立方米）。到 2036 年第三开发阶段结束时，该气田每日将生产约 13 万桶乙烷，约占当前产量的 40%，以及每日约 50 万桶石油化工所需的气液和凝析油，约占当前产量的 34%。[5]

在非常规储量的开发方面，沙特阿拉伯面临着巨大的地理条件挑战，即大片沙漠地区以及用于进行水力压裂的充沛水量。然而，借助国际石油

---

[1] Bassam Fattouh and Andreas Economou, *Saudi Arabia: Capacity Management*, in Medium-term Oil Supply Outlook in the Middle East and North Africa, Oxford Energy Forum, Issue 120, February 2020, pp. 23 – 25, https://www.oxfordenergy.org/wpcms/wp-content/uploads/2020/02/OEF-120.pdf?v=38dd815e66db.

[2] "Saudi Arabia's Oil Export Revenue Falls 21.9%," S&P Global Platts, June 7, 2020, https://www.spglobal.com/platts/en/market-insights/latest-news/oil/060720-saudi-arabias-oil-export-revenue-falls-219.

[3] Kingdom of Saudi Arabia, *Vision* 2030, April 25, 2016, p. 44, https://vision2030.gov.sa/download/file/fid/417; Kaushik Deb and Rami Shabaneh, *Aramco's LNG Strategy: Opportunities and Options*, KAPSARC Commentary, November 2019, p. 2, https://www.kapsarc.org/research/publications/aramcos-lng-strategy-opportunities-and-options/.

[4] Mark Thomas, *Saudi Shale Drive Powers UP*, Hartenergy, June 22, 2016, https://www.hartenergy.com/exclusives/saudi-shale-drive-powers-28752.

[5] Basil M. K. Al-Ghalayini, "Here Comes Jafurah Gas Field," *Arab News*, February 23, 2020, https://www.arabnews.com/node/1631806.

服务公司，如美国斯伦贝谢（Schlumberger）、哈里伯顿公司（Halliburton Co.）和贝克·休斯公司（Baker Hughes Co.）等支持的水力压裂开发技术，结合大规模投资，使沙特阿美公司成功克服了这些障碍。在低压油藏中使用液态二氧化碳作为压裂液是选择之一，该公司也在探索将海水用于压裂液应用。如果沙特阿美成功利用海水开发出页岩油气，这将是革命性的技术突破，可为许多页岩资源丰富但水资源有限的地区提供解决方案。①

然而，沙特阿拉伯天然气行业发展迟缓或将影响能源结构从石油到天然气的战略转变。同时考虑到国内对天然气的需求快速上升，预计从2017年到2030年每年将平均增长3.7%，沙特有必要暂时增加液化天然气的进口。这似乎不啻为实施战略决策（电力部门减少直至停止使用液体燃料）的有效临时解决方案，同时也可以满足未来对天然气不断增长的需求。②

逐步使用可再生能源替代石油燃料，并满足国内电力需求，是沙特当局面临的一个关键挑战，考虑到沙特受益于高海拔地区的有利地理位置（拥有高太阳辐照度的广阔沙漠地区），其拥有发展太阳能和风能的巨大潜力，从而对这一目标的实现助力良多。③

沙特"2030愿景"的最初目标是，到2023年实现9.5吉瓦的可再生能源发电量。④ 2017年，沙特能源部设立了"可再生能源项目开发办公室"，该办公室专门根据"2030愿景"的相关能源目标，执行国家可再生能源计划（NREP）。在开发的第一阶段（2018—2023），沙特王国计划在可再生能源领域投资近500亿美元，以实现27.3吉瓦装机容量的修订目标，到2030年增至58.7吉瓦，其中包括40吉瓦光伏和2.7吉瓦聚光太

---

① Rami Shabaneh and Majed Al Suwailem, *The Prospect of Unconventional Gas Development in Saudi Arabia*, KAPSARC Instant Insights, March 2020, p.6, https://www.kapsarc.org/research/publications/the-prospect-of-unconventional-gas-development-in-saudi-arabia/#:~:text=In%20February%202020%2C%20Saudi%20Aramco, (tcf)%20of%20gas%20resources.

② Kaushik Deb and Rami Shabaneh, *Aramco's LNG Strategy: Opportunities and Options*.

③ Fahad Alharbi and Denes Csala, *Saudi Arabia's Solar and Wind Energy Penetration: Future Performance and Requirements*, Energies 2020, 13, 588; January 27, 2020, doi: 10.3390/en13030588.

④ Kingdom of Saudi Arabia, *Vision 2030*, p.49.

阳能。① 2019 年，沙特已经实现将太阳能电站并入国家电网，300 兆瓦的 Sakaka 太阳能光伏电站和 400 兆瓦的 Dumat Al Jandal 风电场是两个正在开发的主要项目。

第三节　能源改革

石油之于沙特既是财富，也是潜在的不稳定因素。国内能源消费量的持续上升迫使沙特全面改革能源系统，而油价波动及其与美国关系的恶化成为沙特阿拉伯能源改革势在必行的主要外在因素。

一　阿卜杜拉国王时期温和的能源改革

自 20 世纪 70 年代初电力部门发展以来，沙特阿拉伯的电力需求成倍增加，这得益于人口的快速增长、经济动态增长和低监管能源价格的推动。② 但是沙特能源政策在这几十年内一直都没有发生较大的改变。直到被称为"谨慎的改革派"的阿卜杜拉国王上台。③ 掌权后，阿卜杜拉国王决心简化王室决策、吸引更多外国投资，并成立主权财富基金以适应沙特包括能源在内的合理化改革。阿卜杜拉国王采取"高油价""高补贴""高消费"的能源政策，保证沙特国民得到补贴，保持电力、水和汽油价格最低，能源部门改革包括成立开发核能和可再生电力的机构。但是沙特大规模能源补贴政策改革仍然停滞不前。沙特最高的家庭用能是每月 1 万千瓦时（度），是美国家庭平均一年的用能量，是英国家庭平均一年用能的两倍。无差别的补贴使得富人受益更多，强化了沙特社会各阶层地位的不平等，沙特各部门、大学和沙特阿美对国家的保守政策感到不满。能源补贴还造成与邻国的价格差，当时几乎所有从土耳其、约旦、黎巴嫩、叙

---

① "Saudi Arabia Diversifies its Energy Mix through Solar and Wind Projects".

② "Study Finds 'Unprecedented Change' in Demand for Electricity in Saudi Arabia," KAPSARC, 10th October, 2021. https://www.kapsarc.org/news/study-finds-unprecedented-change-in-demand-for-electricity-in-saudi-arabia/.

③ 1995 年，前任国王法赫德中风后，阿卜杜拉就开始实际掌权，正式在任时间为 2005 年至 2015 年。Angus McDowall, "Saudi King Abdullah Was a Cautious Reformer," Reuters, Jan. 23, 2015, https://www.reuters.com/article/us-saudi-succession-abdullah-obituary-idUSKBN0KW00720150123.

利亚和伊拉克来的卡车，都争先进入沙特，然后装满燃料后离开。能源补贴不仅满足了沙特自己国民的低价需求，而且流向也门这样的穷国，甚至是卡塔尔和阿联酋这样的富国。因此，阿卜杜拉国王的能源部长和顾问再次提出能源改革的必要性。要提高燃料价格必须得到国王的签字授权，但是阿卜杜拉国王认为能源部长等改革建议者是想借机获得影响力，为自己获利创造条件，因此并不是特别支持能源改革。此外，阿卜杜拉国王担心能源改革会重蹈1985年和1999年的前车之鉴。1999年政府提高电力价格，遭到沙特富人的反对并引发政治冲突。

2012年，阿卜杜拉国王提高了商业用能的价格，但是家庭用能没有发生变化。由于居民是用电大户，消费了接近一半的生产电力，特别是那些住在大别墅里面的富人不成比例地消耗了补贴电力。但是在当时提高沙特家庭用能价格几乎是不可能的。沙特能源改革目标的第一步——杜绝浪费，提高能效不失为一个较为简单的办法。例如，沙特大部分的建筑（四分之三）都没有进行隔热处理，很多也没有双层玻璃。由于没有高电价的刺激，很多家庭不愿意投资来降低能源需求。当时提出了一项可以惠及穷人的改革措施，如果家庭用能限制在一定范围内，将由政府直接买单电费，这一项目得到阿卜杜拉国王的支持。到2015年，有41.4万户的电费账单由政府买单，在一定程度上保护了穷人的利益。2016年的数据显示，50%的家庭消费每月不到2000千瓦·时，只有2.4%家庭消费超过每月8000千瓦·时，表明这一改革措施取得了一定的成效。但是好景不长，2015年2月23日，阿卜杜拉国王去世，标志着一个时代的结束——长达一个世纪之久的原油价格高涨时代，也是沙特享受低价能源的时代。

二 萨勒曼国王时期的激进能源改革

萨勒曼国王在上任伊始就于2015年12月28日宣布4天后提高能源价格，2016年1月1日实行。这是沙特在全国范围内全面提升价格，包括家庭用电、用水以及交通燃料价格的上升，同时宣布在未来5年内，能源补贴全面取消。2016年12月，能源部长阿里·法立德增加了改革计划的新细节，能源部将提升能源价格到国际水平，每月以现金存储的方式补偿沙特国民。沙特成立"公民账户计划"，根据收入变化进行补偿，最贫穷的沙特人获得100%的补偿，最富裕的则没有任何补偿，过去能够获得能源补贴的外国人将不再得到任何补偿和补贴。改革后，居民用电和水的价格第一次上涨，水价格上涨400%，商业和工业用水电价格随着消费量的上升而提高，汽油、柴油和其他提炼油产品平均上涨了122%。

2018年，沙特政府再次改革能源补贴政策，大幅提高能源价格，其中电和汽油增幅最大，高辛烷值汽油价格几乎和美国差不多，每加仑为2.09美元。此外，保护穷人利益的措施不再是重点，较低消费量用户的电力价格大幅上升，一度电的价格从1.4分提高到5分，提高了近260%。但是穷人并没有被抛弃，"公民账户项目"被启动，5.33亿美元现金被分发给低中等收入家庭，超过一半人口受惠，支付的现金从88美元到250美元不等。但是仍有五分之一的家庭没有获得现金支持，因为他们的收入实在是太高了。当电力价格上升的时候，沙特人有两种选择，要么维持原有的消费模式，付更多的钱，要么降低消费，付较少的钱。事实证明，提高电力价格完全可以达到降低电力消费的目标，也促使人们改造房屋窗户。沙特用电量2016年比2015年降低2.3%，人均用电量降低5%。

除电力价格外，在能源机构改革方面也有很大变化。2016年，水电部与能源部合并。过去，能源部的主要职责是生产足够的石油用于出口，制定和管理国际石油市场战略。但是能源部长没有权力控制国内石油和天然气消费，这些属于水电部的职责，即不管对出口会有什么影响，都要满足国内对电力和水的需求。① 这两个部门的职责往往是相互冲突的。能源部和水电部合并后的新的实体——能源、产业和资源部管理着整个系统，国内能源需求不能影响出口的战略需求，而国内产业战略不能损害王国的经济增长。新任的"超级部长"是沙特阿美前CEO哈立德·法力赫（Khalid al-Falih），他是技术专家和化学工程师，支持进行价格改革。2016年8月，沙特国王宣布延续1月的价格增长政策，降低王国的"原

---

① Jim Krane, "Energy Governance in Saudi Arabia: An Assessment of the Kingdom's Resources, Politics, and Climate Approach," Wallace S. Wilson Fellow for Energy Studies, January 2019, https://www.bakerinstitute.org/media/files/research-document/09666564/ces-pub-saudienergy-011819.pdf.

油燃烧"——原油被燃烧生产电力，供应夏季上百万台空调。2015年石油燃烧量为57.2万桶/天，到2016年降低为49.7万桶/天。2017年再一次降低为45.8万桶/天。这主要得益于补贴改革政策以及天然气产量的上升，以代替石油生产电力。

2019年10月1日，新能源部长阿卜杜勒阿齐兹·本·萨勒曼，是萨勒曼国王同父异母的弟弟，参与沙特石油政策制定三十多年，长期担任前任石油部长Ali al-Naimi的副手。此后担任主管能源事务的国务部长。他善于与其他欧佩克成员国保持良好的关系，包括与竞争对手伊朗，为沙特在能源政策方面带来更多的参与感和透明感，并为推高原油价格、沙特阿美上市做出了努力。沙特能源改革还带来了其他社会效应，如降低空气污染和碳排放，减少交通事故和走私等。

三 能源改革的困境

沙特王国以明智的方式制定和实施了能源改革政策，以期削弱对国家能源安全产生负面影响的外部威胁和薄弱点。但是，改革也面临长期以来形成的经济和政治等各领域的结构性制约和阻力。

（一）沙美石油安全关系的制约

20世纪90年代，沙特的财富积累落后于其他海湾国家，主要是由于庞大的人口，国内石油消费快速增长以及为海湾战争支付的成本等。2004年以来沙特开始采取一系列降低债务的政策，直到2011年，财富出现大幅增长。2008年，沙特成立了新的政府投资机构，归公共投资基金（PIF）管理。关于该机构的信息很少，公共投资基金负责人将其描述为类似于新加坡主权财富基金GIC的经典投资组合模式，而沙特财政部长则说这不是主权财富基金，而是专注于与跨国公司合作来引进技术的投资公司，并且这家公司将对私人投资者开放。成立该机构说明沙特希望像其他海合会国家一样创立主权财富管理机构。

与阿联酋等海湾邻国不同的是，沙特石油美元的对外投资模式的特点是更长远投资、投资范围更广，受政治目的驱动，但是缺乏专业知识和恰当的投资战略。沙特不同于邻国的能源政策，揭示了其独特的政治逻辑和政治考量——完全支持美国以避免任何政治指责或安全背离。[①]例如，在2008年金融危机之后，沙特投资明显流向美国，以支持华尔街的破产银行。2008—2010年，对中东地区内部和欧洲的投资开始上升，2011年欧元区危机有所改变。一直以来沙特对亚洲的投资兴趣都不大，其原因除了投资回报率低之外，还需要向西方澄清它的投资动机。为了维护和美国之间持久的政治联盟，管理海外投资的保守的沙特央行不会冒着政治风险投资亚洲，尽管2008年金融危机后亚洲投资机会和回报率大幅上升。

（二）石油资产私有化阻碍了海外投资战略的实施

作为君主制国家，沙特政府与王室家族的界限模糊，这是由建国历史传承下来的沙特政府部门的政治特性决定的。老国王伊本·沙特于1953年病逝之后，沙特曾在20世纪50年代加强行政管理，随着石油收入源源不断地注入国库，政府部门成为家族内部权力斗争的资源。激烈的政治斗争使一些国家部门由出身布衣的技术专家把控，另一些则由王室成员把控，国家政府部门沦为各自为政的官僚主义孤岛。为捍卫利益领地，沙特国家政府管理部门僵化分裂，阻碍了经济改革所必需的部门协调，这也导致了沙特的私人财富几乎不可能有一致的海外投资战略。[②]

目前沙特打造了全球最大的主权财富基金，王室成员则利用私人投资和石油资产的私有化获取高额收益。沙特大量的私人财富都掌握在王室成员手中，王室成员的私人投资占比很大。据麦肯锡全球研究院数据，在全球范围内，政府持有石油美元的海外投资占59%，私人持有的占41%。沙特更甚，在其海外投资中，政府所占比例很低，只有38%，而私人持有的海外财富则占62%。[③] 因此，在迪拜和阿布扎比等其他海湾国家，王

[①] Kristin Smith Diwan , "Sovereign Dilemmas: Saudi Arabia and Sovereign Wealth Funds," *Geopolitics*, Vol. 14, Issue 2, 2009, pp. 345–359.

[②] See Sara Bazoobandi, *The Political Economy of the Gulf Sovereign Wealth Funds: A Case Study of Iran, Kuwait, Saudi Arabia and the United Arab Emirates*, 1st Edition, London: Imprint Routledge, 2013.

[③] Karen E. Young Young, "Sovereign Risk: Gulf Sovereign Wealth Funds as Engines of Growth and Political Resource," *British Journal of Middle Eastern Studies*, Vol. 47, Issue 1, 2020, pp. 96–116.

室成员普遍通过内部正规投资工具进行投资，沙特王室成员则从外部正规渠道进行投资。① 尽管沙特央行在美国国债上维持着高投资比例，沙特王室成员的海外私人投资却更加多元化。要快速实现减少碳氢化合物收入，摆脱所谓"石油瘾"的目标，必须由政府重新进行石油财富投资。但是改革势必触及王室成员的既得利益，尤其是对王室持不同意见的反对派。尽管小萨勒曼王储通过政府重组扶持了自己的亲信，打压了持异见分子，但是来自王室的改革阻力依然不小。

（三）高额的国防支出和公共开支对财政的侵蚀

出于与伊朗博弈地区霸权、维护与西方联盟关系，以及维持王室和公众关系的需要，沙特国防支出比任何海湾国家都要高，私人和公共支出也很高。根据斯德哥尔摩国际和平研究所数据，沙特国防开支连续多年上升，占 GDP 的 10% 以上。② 此外，地方开发项目也占据了大量公共开支，如教育、培训、健康和社会事务、住房等。近十年来，沙特公共投资基金一直集中于政府支出，还有一部分石油美元用于保护经济免受价格冲击，稳定沙特经济。这导致沙特公共投资基金的投资非常谨慎，主要投资于回报较低的银行存款、存单和债券等。③ 2015 年 3 月 23 日，沙特政府对公共投资基金进行了关键性改革，正式成立主权财富基金，目的是多样化投资，避免潜在的市场争议，投资于高风险、高回报领域，如股票。④ 但是，不同于其他海湾竞争者，沙特主权财富基金没有管理多样化投资资产的能力，因此不可能从事风险投资项目，特别是在动荡的金融市场上。

沙特能源改革需要大量资金投资于石油提炼、石化产业、管道和储存、交通、能源、矿产、海水淡化、基础设施等。此外，还有庞大的 NEOM 项目、红海旅游项目和休闲城市 Qiddiya 这三个"2030 愿景"旗舰项目。沙特货币局管理着大约 5000 亿美元资产，但是其中很大一部分是流动资产。在疫情期间，沙特政府在 2020 年 3 月向公共投资基金转移了

---

① Ibrahim Elbadawi, Raimundo Soto, Chahir Zaki, "Sovereign Wealth Funds and Cross-border Investment Bias: The Case of Arab Countries," *Middle East Development Journal*, Vol. 12, Issue 1, 2020, pp. 1 – 23.

② SIPRI. www. sipri. org.

③ https: //www. sama. gov. sa/ar-sa/Pages/default. aspx.

④ "The Public Investment Fund Program (2018 – 2020)," Saudi Public Investment Fund Program, 2017, www. pif. gov. sa/pifprograms/vrp_ en.

150 亿美元，4 月又转移了 250 亿美元，以支持投资计划和公共财政支出。① 尽管政府声称将继续制订投资计划以实现经济多样化，但是石油收入的暴跌给改革带来了新的财政压力。

面对能源改革的国内外阻力，沙特保障能源安全主要且紧迫的任务之一是开发石油出口的替代运输路线，提升东西向管道的容量，提高其运输通道和基础设施的安全性，以保障经由曼德海峡输送的石油的正常供给。即使亚洲经济体依然是沙特石油出口的最重要市场，但未来的解决方案可能将是沿着红海向北的出口路线，在地中海寻找新的通道，且这一趋势将在中期阶段逐步深化。

此外，通过增加天然气产量来替代石油消耗，似乎是解决国内电力需求急剧增长的正确途径。然而，专注于可再生能源开发将是最终解决途径，其中的关键是集中投资与政治意愿。考虑到成本效益、高太阳辐照度所意味的高能效，太阳能堪称最佳选择，提高太阳能发电能力可以作为实现沙特能源消费多元化的最佳着力点。

作为"2030 愿景"的主要目标，减少对石油收入的依赖并使国民经济多样化有望通过着力开发新能源和可替代能源而逐步实现。与此同时，沙特力求保留国内石油产业部门和原油出口，因为这仍将是国家预算的重要收入来源，也是沙特顺利推进能源改革的重要经济依托。事实上，尽管经历新冠疫情和新一轮严重的全球经济衰退，基于对亚洲国家石油需求的预测，沙特石油出口在未来几年里仍将有较大的市场利润空间。

---

① Marwa Rashad, "Saudi Arabia's PIF Gets ＄40 Billion from Foreign Reserves to Fund Overseas Investments," *Reuters*, May 30, 2020, https：//www.reuters.com/article/us-saudi-economy-reserves-idI NKBN2352TM.

第六章　政治游说视角下的沙特与美国关系

游说是美国普遍的政治现象，在美国有其独特的政治文化背景、坚实的制度基础和较为成熟的运作模式。游说集团通过各种方式直接或间接影响美国政府的外交决策进程。美国的中东政策是国内犹太游说集团、阿拉伯游说集团、土耳其游说集团、库尔德游说集团和伊朗游说集团等多方游说力量相互角力的结果。从2016年至2018年《外国代理人登记法》的登记记录来看，沙特、以色列、阿联酋、卡塔尔、土耳其在美国投入了大量资金用于开展游说活动，沙特连续三年位列中东国家在美游说资金投入的榜首。其中，2017年沙特在美游说资金投入增幅达22.86%，2018年增幅更高达105.51%（见表Ⅱ-6-1）。沙特是美国在中东地区的传统盟友，美国中东政策的调整和沙美关系的动态变化在一定程度上是沙特对美国政治游说结果的反映。

表Ⅱ-6-1　2016—2018年中东国家在美国开展游说活动的花费　　（美元）

国家	2016	2017	2018	2017年增幅（%）	2018年增幅（%）
沙特阿拉伯	15090379	18540305	38101952	22.86	105.51
以色列	8404887	30206319	34054156	259.39	12.74
阿联酋	10387071	21424102	18483125	106.26	-13.73
卡塔尔	4077432	13235473	11156799	224.60	-15.71
土耳其	5139880	7871612	7448776	53.15	-5.37
伊朗	648575	516846	468104	-20.31	-9.43

说明：本表中的游说费用既包括相关国家政府支出的游说费用，也包括非政府机构支出的游说费用。伊朗在美国政治游说的资金来源都是非政府机构。

资料来源：*OpenSecrets*，https://www.opensecrets.org. 登录时间：2020年4月8日。

第一节　沙特对美国政治游说的动因

长期以来，安全和石油是美国和沙特关系的基石。自 1943 年美国与沙特正式建交以来，出于对石油资源和中东战略的考虑，美国选择性地忽视沙特在政治体制、意识形态等方面与美国的巨大差异，一直同沙特保持着亲密的同盟关系。第二次世界大战爆发后，美国开始重视沙特石油资源在美沙关系中的战略地位，基于"石油换安全"的原则为沙特提供安全保护。1943 年 2 月 16 日，美国时任总统罗斯福宣称"沙特的国防安全对于捍卫美国利益至关重要"。20 世纪 50—60 年代，两国关系显著增强。1950 年，阿拉伯—美国石油公司和沙特就已探明的石油储量按照 1∶1 分配利润达成一致。1951 年 6 月，美国和沙特签订《共同防御援助协定》（Mutual Defense Assistance Agreement），该协定允许美国向沙特出售武器和在沙特境内承担军事训练任务。[①] 冷战开始后，美国制定了遏制共产主义在阿拉伯半岛内蔓延的战略，将沙特安全置于华盛顿对沙特政策的优先考虑事项中。为此美国增加了在中东地区的军事存在，沙特与美国之间的安全关系和战略合作深入拓展。进入 21 世纪以来，特别是特朗普上台后，沙特出于拓展地区影响力、遏制伊朗崛起、修复受损的沙美关系、为国内大规模改革争取外部支持、提升国家形象等考量，持续加大对美国各界的游说力度。

据《华盛顿邮报》报道，特朗普的公司与沙特王室至少有 20 年的生意往来，在特朗普竞选总统期间，其名下注册了 8 家与沙特酒店项目有关的新公司。[②] 根据《外国代理人登记法》的记录，在特朗普 2017 年 1 月宣誓就任总统前的 3 个月内，沙特与 3 家新的游说代理机构签订了合同。在特朗普 2017 年 5 月访问沙特前，沙特还与另外 6 家游说代理机构签订

[①] "US-Saudi Relations: A Timeline," *Al Jazeera*, May 18, 2017, https://www.aljazeera.com/indepth/interactive/2017/05/saudi-relations-timeline-170518112421011.html. 登录时间：2018 年 2 月 28 日。

[②] Drew Harwell, "A Scramble to Assess the Dangers of President-elect Donald Trump's Global Business Empire," *The Washington Post*, November 20, 2016, https://www.washingtonpost.com/business/economy/a-scramble-to-assess-the-dangers-of-president-elects-global-business-empire/2016/11/20/1bbdc2a2-ad18-11e6-a31b-4b6397e625d0_story.html. 登录时间：2018 年 7 月 9 日。

了合同；同年6月，沙特与卡塔尔断绝外交关系后，随即又与两家游说代理机构签订了新的合同。在特朗普上任后的第一年里，沙特每月在20多家注册的游说代理机构的花费高达100多万美元。2017年，沙特在美游说十分活跃的十家代理机构包括明思力集团（MSLGroup）、波得斯塔集团（Podesta Group）、格洛弗公园集团（Glover Park Group）、布朗斯坦·凯悦·法伯·史瑞克（Brownstein Hyatt Farber Schreck）、霍根·洛弗斯（Hogan Lovells）、巴顿·博格斯（Squire Patton Boggs）、欧华律师事务所（DLA Piper）、麦坚集团（McKeon Group）、飞轮政府解决方案（Flywheel Government Solutions）以及CGCN集团（CGCN Group）。[1] 同时，得益于沙特王储穆罕默德·本·萨勒曼（Mohammed bin Salman）与特朗普女婿贾里德·库什纳（Jared Kushner）的亲密私交，沙特对华盛顿决策的影响力开始日益显现。

自2015年萨勒曼国王执政以来，沙特外交的积极性和主动性显著增强，外交重心从区域侧重转向区域与全球并重。[2] 内政与外交政策的调整在重塑沙特国家形象的同时，也使沙特陷入一系列危机事件，面临着内忧外患的局面。无论是在拓展地区影响力还是在为国内改革争取外部支持方面，美国都是沙特倚重的重要外部力量。沙特对美开展政治游说的动因主要体现在地区和国内两个层面。

一 地区层面的动因

从地区层面来看，近年来，沙特与伊朗围绕地区主导权的争夺呈现出白热化态势，并有从海湾向周边地区进一步扩大的趋势，使美国中东政策的制定向符合沙特利益的方向倾斜，成为沙特对美国政治游说活动的主要动因。

第一，沙特在与伊朗争夺地区主导权的过程中，需要借助美国遏制伊朗的地区扩张。

首先，沙特和伊朗都是地区产油大国，具有相似的经济结构，在能源领域呈现出竞争关系。自1979年伊斯兰革命以来，伊朗的石油部门长期

---

[1] Ben Freeman, "The Saudi Lobby: How the Kingdom Wins in Washington," *Center for International Policy*, October 30, 2018. 登录时间：2020年4月1日。
[2] 参见陈杰《萨勒曼执政以来沙特的外交转型：志向、政策与手段》，《阿拉伯世界研究》2020年第1期。

受到西方的制裁。对伊朗而言,伊朗一方面发展"抵抗经济"以应对外部制裁,另一方面寻求通过外交手段获得外部支持以期为解除制裁创造空间。对沙特而言,在稳定本国能源出口的同时,支持美国等西方国家制裁伊朗的石油产业和打压伊朗崛起的政策,进而削弱伊朗的整体实力,成为沙特开展能源外交和对美游说活动的经济动因。

其次,沙美关系成为影响沙特与伊朗对抗烈度和范围的重要外部影响因素。1979年伊斯兰革命是伊朗与美国关系的分水岭,两国关系从盟友变为敌手。以美国为首的西方国家对伊朗长达40余年的制裁和打压,并没有换来伊朗政权的屈服。相反,伊朗凭借对地区什叶派力量的政治与宗教动员,逐渐建立起跨国亲伊朗网络,并通过策动反美浪潮对美国及其盟友的地区目标构成直接或间接威胁,导致沙特更加注重通过加强与美国的关系来换取后者提供的军事技术、武器、导弹防御系统等安全保障。美国对沙特的军事和安全支持,增加了沙特与伊朗博弈的筹码和外部支持。

最后,传统安全问题与非传统安全问题的相互交织,加剧了地区安全局势的复杂性。域内外大国势力干预下的地区冲突和局部战争等传统安全问题,与持续加剧的极端主义、恐怖主义和武器扩散等非传统安全问题相互交织,增加了地区安全形势的不确定性。奥巴马时期,美国在中东地区实行战略收缩,导致了沙特、以色列等地区盟友的不安全感。因此,通过游说促使美国增加对地区安全事务的投入和在地区的战略性存在,成为沙特对美开展游说重要的安全动因。

第二,海合会内部分裂加剧,沙特与卡塔尔竞相加大对美国的游说。

2017年6月5日,沙特、阿联酋、巴林和埃及四国以卡塔尔干涉其内政、支持恐怖主义活动和破坏地区稳定为由,宣布与卡塔尔断绝外交关系。沙特、阿联酋关闭了与卡塔尔的陆上边境,封锁了与卡塔尔之间的所有空中与海上交通。沙特官方指责卡塔尔"支持伊朗扶持的恐怖组织在沙特卡提夫省及兄弟国家巴林的活动、支持也门的胡塞武装、利用煽动他国内乱的媒体"[①]。然而,卡塔尔断交危机并非海合会成员国之间关系破裂

[①] "Saudi Arabia Accuses Qatar of Backing Terrorism, Cuts Ties," *News*, May 21, 2017, https://www.nbcnews.com/news/world/egypt-saudi-arabia-among-gulf-states-cutting-ties-qatar-n768161. 登录时间:2019年5月10日。

的一段插曲，而是海合会内部分裂加剧的序曲。与沙特同为美国盟友的海湾小国卡塔尔，长期奉行相对独立的外交政策，依靠与美国的盟友关系保障自身安全，同时以中立的调停者身份积极介入中东热点问题，以此提升自身在整个中东地区的影响力，半岛电视台则是卡塔尔实现这一目标的重要手段和工具。在"阿拉伯之春"期间，打着"民主"旗帜的半岛电视台鼓吹民众走上街头，发动"推翻腐败政权的革命"，引起了沙特、埃及等威权主义国家的反感和担忧。卡塔尔脱离沙特主导的海合会框架的意愿日益增加，卡塔尔公开支持伊朗的态度直接挑战了沙特的底线。卡塔尔断交危机后，卡塔尔与沙特除互打"口水仗"外，还在华盛顿进行"暗斗"，不断加大对华盛顿智库和决策圈的游说力度。

二 国内层面的动因

从国内层面来看，沙特王位继承制度调整所引发的王室内部权力变动，采用大规模反腐形式打压政治异己的集权运动所引发的国内批评，经济结构性改革所导致的既得利益集团对改革进程的阻碍，介入地区战事所造成的高额财政赤字，都使得萨勒曼父子对巩固国内政权、扩大外部支持的需求日益迫切。

第一，在经济层面，沙特国内经济结构由资源单一型向产业多元化转型。

2016年4月沙特政府公布的"2030愿景"，标志着沙特开启自上而下的国家整体转型与改革，旨在实现包括经济去石油化在内的一系列目标。改革"石油依赖型"经济、加强私营部门对国家经济的贡献、实现经济多元化发展，是"2030愿景"在经济领域的核心目标。石油业是沙特经济的支柱产业，石油出口是沙特的主要收入来源。根据世界银行2017年发布的数据，石油及相关产业收入约占沙特财政总收入的80%和GDP的40%以上。[①] 自2014年以来，国际原油价格大幅下跌导致沙特石油收入锐减，沙特单一经济结构的脆弱性暴露无遗。

第二，在政治层面，沙特王室继承制度的调整和政府推行的大规模改

[①] "Saudi Arabia," *The World Bank*, https://data.worldbank.org/country/saudi-arabia. 登录时间：2019年9月30日。

革，撬动了既有的利益格局，引发了诸多不稳定因素。

萨勒曼国王即位后通过两次废立王储的政治操作，于 2017 年 6 月任命其子穆罕默德·本·萨勒曼为新王储，打破了沙特建国以来"兄终弟及"的王位继承传统。伴随着易储操作的还有一系列密集的高层人事变动，萨勒曼国王任命萨勒曼家族成员和亲信分别担任内政大臣、外交大臣、情报总局局长等要职。王储穆罕默德主导的大规模"反腐运动"先后逮捕了 500 多人，其中包括十几名亲王，打破了沙特开国以来"刑不上亲王"的传统。① 在兑现反腐承诺的同时，萨勒曼父子也以此加大集权、排除异己势力，为王储推进国家整体改革进程清除障碍，但大规模改革对既得利益集团利益格局的撬动，使得反对王储穆罕默德·本·萨勒曼继位的声音不断涌现。虽然美国页岩革命严重冲击着以"石油换安全"为基石的沙美关系，但是沙特在短期内无法找到替代性安全依赖的情况下，仍需倚重美国支持其国内的政治和经济领域的改革，通过游说活动取得美国对地区盟友的安全承诺。

第二节　沙特对美国政治游说的议题和目标

2017 年 6 月穆罕默德·本·萨勒曼被立为沙特王储后，对内进行大刀阔斧的改革。沙特为购置武器和增强军备力量，对美国军火商及国防部官员开展了一系列游说活动。沙特为也门战争、卡塔尔断交事件等热点问题对美游说，以争取美国在相关问题上对沙特的支持。卡舒吉事件发生后，沙特加大了危机公关，注重从公共舆论层面优化乃至重建沙特在美国的国家形象。

一　游说议题

从游说议题的角度来看，近年来，尤其是特朗普时期，沙特在美国的游说活动主要围绕也门战争、军售与军事援助、沙特的国家形象、卡塔尔断交事件等议题展开。

---

① Stephen Kalin, "Saudi Arabia Winds down 15-month Anti-corruption Campaign," *Reuters*, January 31, 2019, https://www.reuters.com/article/us-saudi-arrests/saudi-arabia-closes-15-month-anti-corruption-campaign-spa-idUSKCN1PO2O1. 登录时间：2019 年 10 月 10 日。

第一，沙特对也门战争的游说，旨在争取美国对沙特介入也门战事的支持和军事援助。

也门战争的久拖不决及其引发的严重的人道主义危机，使得美国国会议员提议考虑撤销美国对沙特的军事援助。沙特因国际油价暴跌和深陷也门战事而出现了巨额财政赤字，一旦失去美国的支持，沙特在也门战争中将面临更加不利的局面。美国国内反对沙特介入也门战争的舆论，使沙特一度失去了在也门战争中最重要的外部支持和政治优势。2017年11月，一个由两党组成的议员团体试图援引《战争权力法》来终止美国对沙特介入也门战争的军事支持。为改变不利局面，沙特游说集团迅速采取行动，对美国国会议员加强游说攻势。美国时任外交事务委员会主席、共和党众议员埃德·罗伊斯（Ed Royce）在众议院恳请议员支持沙特参与也门战争，警告说胡塞武装是伊朗在也门建立的类似于黎巴嫩真主党的代理人势力，伊朗可能会通过胡塞武装在也门站稳脚跟和扩大势力范围。根据《外国代理人登记法》文件记录，罗伊斯当天早些时候从沙特聘请的一家游说代理机构收到讲话要点，试图阻止国会反对沙特介入也门战争。[1]

第二，沙特对军售与军事援助议题的游说，旨在巩固美国对沙特的安全支持，对伊朗形成军事威慑。

军售是沙特对美游说的传统议题之一。在特朗普时期，沙特为购置武器和增强军备力量，加强了对美国军火商及国防部官员的游说力度。2017年6月，沙特与美国签署了价值高达1100亿美元的军售协议，这是两国历史上价值最高的军售协议。除这份立即生效的军售协议外，未来十年美国向沙特出售的武器价值或高达3500亿美元。随着也门战事和卡舒吉事件的发酵，美国国会希望冻结向沙特出售进攻性武器。2019年7月，美国参众两院表决通过了禁止美国向沙特出售美国雷神公司生产的精确制导武器和相关装备的决议。[2] 该决议在参众两院表决通过后还需美国总统特

---

[1] Lee Fang, "Gop Lawmaker Gave Pro-War Speech on Yemen-By Reading Saudi Lobbyist's Talking Points Verbatim," *The Intercept*, May 2, 2019, https://theintercept.com/2019/05/02/yemen-war-powers-resolution-saudi-lobbyists/. 登录时间：2019年11月15日。

[2] 陈立希：《美众院通过决议阻拦对沙特军售，特朗普誓言否决》，新华网，2019年7月19日，http://www.xinhuanet.com/world/2019-07/19/c_1210202581.htm. 登录时间：2019年11月10日。

朗普签字生效，但特朗普以强硬立场否决了该决议。特朗普执政后的亲沙特立场和其精明的商业利益考量，虽为沙特对美游说军售议题带来了巨大优势，但使沙特国际形象受损的也门战事和卡舒吉事件，反过来也制约着沙特开展军售游说活动的成效。

第三，沙特对危机事件的游说，旨在抹黑地区对手形象和改善本国形象。

2017年6月沙特联合多国与卡塔尔断交，此后沙特在美国开展了一系列旨在抹黑卡塔尔国家形象的游说活动。沙特阿拉伯公共关系委员会（SAPRAC）发起了一项针对卡塔尔的电视广告活动，购买了7段总价值达13.8万美元的30秒电视广告，广告于同年7月23日开始在华盛顿特区的美国全国广播公司第四频道（NBC-4）[①]投放，内容主要是宣传卡塔尔正在支持"恐怖主义"并破坏美国与中东地区盟友的关系。从事媒体市场研究的博雷尔公司（Borrell Associates）研究执行副总裁基普·卡西诺（Kip Cassino）表示，鉴于沙特阿拉伯公共关系委员会为广告购买的广告位很少，其投放广告的目标受众可能不是美国公众，而是美国外交政策的决策者。[②] 2018年10月卡舒吉事件发生后，沙特深陷国家形象危机。为修复受损的国家形象，沙特于同年11月同LS2group、峰会信息服务（Summit Information Services）和海瑟薇战略（Hathaway Strategies）等游说代理机构签约，投入150万美元在美开展游说活动和进行危机公关，以修复沙特因卡舒吉事件而受损的国家形象。同时，也有一些游说代理机构、公关公司和美国研究机构鉴于接受沙特财政捐助可能对自身形象带来的不利影响，作出了"抛弃沙特这个大客户"的决定。[③]

[①] 全国广播公司（National Broadcasting Company，NBC）是美国颇具影响力的商业电视台之一，在纽约、洛杉矶、芝加哥、华盛顿和迈阿密等11个城市拥有直属电视台，在全美有200多家附属电视台。

[②] Creede Newton, "Saudi Lobby Pays $138,000 for Anti-Qatar Ads in the US," *Al Jazeera*, July 5, 2017, https://www.aljazeera.com/news/2017/07/saudi-lobby-pays-138000-anti-qatar-ads-170725041529752.html. 登录时间：2019年11月10日。

[③] Kimberly Halkett, "Saudi Lobbying in the US under Spotlight after Khashoggi Murder," *Al Jazeera*, October 31, 2018, https://www.aljazeera.com/news/2018/10/saudi-lobbying-spotlight-khashoggi-murder-181031090851558.html. 登录时间：2019年11月10日。

二 游说目标

沙特对美国政治游说的短期目标主要体现在以下几个方面：一是改变美国民众对沙特的刻板印象和固有认知，在美国创造有利于沙特国家形象的政策环境和舆论氛围；二是通过在美国增加投资、在巴以问题等地区问题上采取部分妥协姿态来换取美国在地区事务上对沙特的支持，推动美国中东政策向有利于沙特的方向调整及转变；三是利用两国领导人间的私交和高层间的互动，争取美国精英层对沙特的支持。这些短期目标最终都要服务于巩固沙美同盟关系以确保美国对沙特长期支持的根本目标。

第一，转变公众对沙特的固有认知。

沙特作为一个相对保守的伊斯兰国家，其国家形象的塑造长期受到国际社会"伊斯兰恐惧症"的消极影响。英国学者克里斯·艾伦（Chris Allen）将"伊斯兰恐惧症"定义为"一种针对伊斯兰教和穆斯林的负面评价不断强化的意识形态"[1]。部分西方媒体对伊斯兰教的诋毁及抹黑伊斯兰文化的歪曲报道，使得欧美国家民众时常将恐怖袭击、极端暴力等与伊斯兰教信仰相挂钩，产生了"伊斯兰教滋生极端思潮、恐怖主义的思维定势"[2]。"9·11"事件发生后，沙特发起过一轮塑造自身作为美国在中东反恐伙伴的正面形象的游说活动，转变美国公众对沙特的固有认知以改善本国形象。自萨勒曼执政以来，沙特冒进的地区政策以及由此造成的一系列危机，都使沙特陷入了新一轮国家形象危机。为修复受损的国家形象以及塑造王储穆罕默德·本·萨勒曼改革者的形象，沙特在西方国家公共媒体上投入了数十亿美元开展公关活动，改善其在西方社会的形象。沙特试图通过社交网站网红博主开展针对青年群体的公关活动，传递沙特在王储穆罕默德的领导下整个国家和社会正在呈现出的新形象。自2018年以来，非政府组织"沙特门户"（Gateway KSA）组织了一批在社交网站"照片墙"（Instagram）上具有较大影响力的博主免费赴沙特参观旅行，借助这些网红博主，通过他们的社交网站主页分享和宣传沙特的旅游胜地和积极正面的游览体验。据统计，至2018年6月，"照片墙"每月活跃用户数量

---

[1] Chris Allen, *Islamphobia*, London: Ashgate Publishing Limited, 2010, p. 15.
[2] 何健宇：《西方国家"伊斯兰恐惧症"研究评述》，《宗教与美国社会》2013年第2期。

高达 10 亿户，日活跃用户数近 5 亿户；其中，每天有 4 亿用户观看其他用户分享的故事。① 在"照片墙"网站拥有 36.3 万名关注者的澳大利亚摄影师加布·斯坎努（Gab Scanu）是首批"沙特门户"组织资助去沙特旅游的博主之一，这名 22 岁的摄影师博主利用他在青年群体中的影响力向西方网友极力宣介沙特。当他在社交网站上发布 2018 年 2 月在沙特旅行的视频后，受到了网友对他接受沙特赞助的批评。斯坎努辩解称，接受沙方邀请是出于创作目的，并未考虑其中的政治影响，强调自己在沙特期间"从未感到不安全或处于危险中"，并表示当地妇女告诉他外国媒体歪曲了沙特妇女的形象，她们不同意西方媒体对沙特女性权利的描述②，以此回应国际社会对沙特性别不平等状况和女性权利的批评。

第二，促使美国调整中东政策，赋予沙美同盟关系新的支点。

在奥巴马第二届任期里，美国依靠页岩革命实现了能源独立，反超沙特成为世界上最大的石油生产国。沙美遂从石油交易的合作者转变成国际原油市场上的竞争者，沙美同盟因此失去了一个重要的传统利益支点。而奥巴马政府与伊朗关系的改善尤其是伊朗核问题全面协议的签订，导致沙美关系不断出现裂痕。为修复沙美关系，沙特政府试图利用特朗普上台的契机在多个领域赋予沙美同盟关系新的支点。

首先，沙特利用特朗普个人的反伊朗倾向积极对美国政界展开游说，破坏伊朗核问题全面协议，为自身和伊朗争夺地区主导权增加砝码。2018 年 5 月，特朗普在白宫发表声明，宣布美国退出伊朗核问题协议。特朗普演讲稿中"伊朗政权是支持恐怖组织的主要国家"叙事，便是受沙特资助的明思力集团（MSLGroup）在美国社会广泛传播的反伊朗叙事中的典型表述。③ 实际上，早在伊核问题全面协议签订后，沙特就向明思力集团

---

① Carol Feigenbaum, "Top 51 Instagram Stats You Need to Know in 2019," *NetBase*, March 13, 2019, https：//www.netbase.com/blog/top-51-instagram-stats-you-need-to-know-in-2019/. 登录时间：2019 年 11 月 10 日。

② Eden Gillespie, "The Instagram Influencers Hired to Rehabilitate Saudi Arabia's Image," *The Guardian*, October 11, 2019, https：//www.theguardian.com/world/2019/oct/12/the-instagram-influencers-hired-to-rehabilitate-saudi-arabias-image. 登录时间：2019 年 11 月 10 日。

③ Ben Freeman, "The Saudi Lobby's Scheme to Destroy the Iran Deal," *The American Conservative*, May 23, 2018, https：//www.theamericanconservative.com/articles/the-saudi-lobbys-scheme-to-destroy-the-iran-deal/. 登录时间：2019 年 9 月 25 日。

支付了超过600万美元的游说开支,用于制作并散布各种反伊朗的信息材料,炮制包括"关于伊朗侵略也门的情况介绍""伊朗是最大的恐怖主义赞助国"在内的各类耸人听闻的新闻稿,以此丑化伊朗形象。

其次,沙特在巴以问题上的立场开始向亲美、亲以方向转变,配合特朗普政府巴勒斯坦政策的实施。2020年1月,特朗普在华盛顿提出被誉为"世纪协议"(Deal of the Century)的"新中东和平计划"。该计划发布后遭到了包括欧盟和联合国在内的多国政府和国际组织的广泛批评,更是招致阿拉伯国家联盟和伊斯兰合作组织的谴责。但沙特官员此次采取了与阿盟不同的态度,公开赞扬特朗普政府提出的"世纪协议",甚至建议巴勒斯坦"在美国的指导下同以色列进行和平谈判"①。从本质上讲,这是沙特政府以支持美国及其盟友以色列在巴勒斯坦问题上的立场,来换取两国在地区事务上支持沙特的一桩政治交易。

最后,沙特试图以"军购换安全"替代以"石油换安全"②,对沙美关系赋予新的支点。在沙特游说集团的游说下,2017年5月,特朗普上任后将沙特作为首个出访的对象国。在访问过程中,美沙双方签订了总额超过1100亿美元的军售合同。2018年3月,沙特王储穆罕默德在美国访问期间,沙方与美方又达成了总额达125亿美元的军购订单。沙特还加大了在美国的投资,旨在以经济利益作为双方政治同盟的利益基石。据美国数据分析公司奎德(Quid)统计,2014年至2018年,沙特在美国直接投资超过62亿美元,成为硅谷最大的投资方。沙特还出资450亿美元,成为世界规模第一的风险投资基金——软银愿景(Softbank Vision Fund)的最大股东,而美国是软银愿景的主要投资对象国。③

第三,改善沙特国家和领导人形象。

穆罕默德·本·萨勒曼被立为王储后,试图通过推行大规模国内改革塑造自己"魅力型领袖"的沙特新一代领导人形象。在卡舒吉事件发生

---

① "Saudi FM Endorses Trump's 'Deal of the Century'," *The New Arab*, February 13, 2020, https://www.alaraby.co.uk/english/news/2020/2/13/saudi-fm-endorses-trumps-deal-of-the-century. 登录时间:2020年3月1日。

② 丁隆:《萨勒曼继任以来沙特外交政策的调整及前景》,《当代世界》2020年第2期。

③ Michael J. Coren, "Silicon Valley is Awash with Saudi Arabian Money, Here's What They're Investing in," *Quartz*, October 18, 2018, https://qz.com/1426370/silicon-valley-is-awash-with-saudi-arabian-money-heres-what-theyre-investing-in/. 登录时间:2019年9月8日。

后,穆罕默德王储在国际社会的个人形象遭遇"滑铁卢"。为对冲卡舒吉事件对王储个人形象所带来的消极影响,仅2018年10月到2019年1月的四个月内,沙特就向明思力集团支付了超过1880万美元,要求后者围绕卡舒吉事件对美国各界展开游说。2018年沙特在美国游说活动的总支出超过3850万美元,远高于2017年的1900万美元和2016年的1500万美元。①

第四,强化沙特与美国领导人及其家族成员的关系。

沙特当局利用特朗普决策核心圈官员缺乏政治经验和对中东事务了解不足的现实,以特朗普女婿库什纳为突破口,不断发展并强化沙特王储穆罕默德与美国领导人及其家庭成员的私交,进而为沙特对美展开直接游说建立"直通车道"。2016年11月,时任沙特副王储的穆罕默德派沙特官员代表团赴美访问,该代表团在向沙特国内反馈的报告中提到,特朗普决策的"内圈大多是不熟悉政治习俗和深层制度的交易者,这些人都支持贾里德·库什纳(Jared Kushner)"②。针对库什纳对中东事务缺乏了解以及急于在巴以问题上有所突破的心态,沙特王储穆罕默德及其顾问将库什纳作为通向特朗普决策核心圈的"直通车道"。借助库什纳,沙特最终成功说服特朗普将沙特作为出任总统后的首访国。沙特利用王储穆罕默德与库什纳的私交,通过库什纳说服特朗普,进而对美国外交政策的决策施加影响。2019年2月,特朗普推迟向国会提交关于穆罕默德王储在卡舒吉事件中责任的报告,尽管美国情报机构指出穆罕默德王储参与杀害了卡舒吉,但特朗普多次为穆罕默德王储辩解,为其个人形象危机解困。

第三节　沙特对美国政治游说的模式

游说集团政治游说的对象主要包括政府官员、选民、媒体和智库。根

---

① Alessandra Bocchi, "Following the Money: Why Is the Saudi Lobby So Powerful in America?," *Albawaba*, December 2, 2019, https://www.albawaba.com/insights/following-money-why-saudi-lobby-so-powerful-america-1324722. 登录时间:2020年1月2日。

② Mohamad Bazzi, "The Heart of The US-Saudi Relationship Lies in the Kushner-prince Friendship," *The Guardian*, March 10, 2019, https://www.theguardian.com/commentisfree/2019/mar/10/us-saudi-arabia-trump-kushner-mohammed-bin-salman. 登录时间:2020年1月5日。

据游说的具体对象，沙特对美国政治游说模式主要分为三类：第一类是针对总统及其决策圈和政府官员的直接游说，第二类是针对媒体和智库的间接游说，第三类是针对选民的草根游说。从游说主体来看，直接游说的主体主要是沙特王室及其委托的游说代理机构，间接游说和草根游说的主体主要是游说代理机构。这三类游说模式的最终目标都是对白宫和国会的决策进程施加影响，这些影响具体反映在美国中东政策的制定和美沙关系的调整上。

一　直接游说

沙特采用直接游说总统及其决策核心圈人士、通过竞选捐款获得国会议员的支持、与其他游说势力结盟等策略，对美国总统及对其决策具有重要影响力的政治人物展开直接游说。

首先，通过直接游说总统及其家人影响美国中东政策的制定。

老布什（George H. W. Bush）时期，影响美国中东政策制定的一个重要因素便是老布什总统与沙特时任驻美国大使班达尔亲王的私交。班达尔亲王不仅是老布什总统的座上宾，还曾与老布什在缅因州肯纳邦克波特（Kennebunkport）的避暑山庄一起打猎。老布什卸任美国总统后其子小布什（George W. Bush）向班达尔亲王学习外交政策。老布什任期届满后和几位前内阁成员共同加入了凯雷投资集团（Carlyle Group），这是一家由沙特亿万富翁大量出资的巨型私募股权公司。最终，近15亿美元资金从沙特流向了与老布什内阁成员和布什家族有关的个人和机构。[①] 特朗普家族与沙特王室成员至少已有20年的业务往来[②]，特朗普在竞选总统期间还创办了8家与沙特酒店项目相关的新公司。沙特王室与特朗普家族企业之间紧密的商业联系，使得沙特在特朗普2017年初上任前便雇用了三家新的游说代理机构，包括由刚卸任的美国众议院军事委员会主席、共和党人

---

① Craig Unger, "Bush's Sordid Saudi Ties Set Template for Trump-He Was Just More Subtle," *The Guardian*, December 4, 2018, https://www.theguardian.com/us-news/2018/dec/04/george-hw-bush-saudi-arabia-donald-trump. 登录时间：2020年3月2日。

② David Kirkpatrick, "Trump's Business Ties in the Gulf Raise Questions about His Allegations," *The New York Times*, June 17, 2017, https://www.nytimes.com/2017/06/17/world/middleeast/trumps-business-ties-in-persian-gulf-raise-questions-about-his-allegiances.html. 登录时间：2019年11月15日。

霍华德·麦肯（Howard McKeon）领导的麦肯集团（McKeon Group），与共和党联系紧密的 CGCN 集团（CGCN Group），以及由托尼·波德斯塔（Tony Podesta）领导的波德斯塔集团（Podesta Group）。①

其次，影响国会议员的立场倾向和决策偏好。

沙特主要通过提供竞选捐款等直接游说的方式，影响美国国会议员对中东问题尤其是沙美关系、伊朗核问题的立场倾向。美国国际政策中心（Center for International Policy）基于对 2017 年《外国代理人登记法》文件的分析，指出沙特将四分之一的游说资金交给美国政治行动委员会（Political Action Committee，PAC）用于竞选，其中 150 万美元捐赠给个人候选人作为竞选政治献金，约 40 万美元作为说客接触 75 名国会议员的工作经费。② 根据 2017 年《外国代理人登记法》提交的登记文件，沙特委托的游说代理机构登记的政治活动大多针对美国国会。沙特雇用的说客同参议院和众议院议员共接触了 1409 次，占其游说活动总数的一半以上。从党派分布来看，这些说客同民主党人和共和党人的接触次数大致相同。其中，与沙特游说代理机构接触最密切的共和党人和民主党人分别是负责军售事务的共和党人林赛·格雷厄姆（Lindsey Graham）和负责外交事务的民主党人克里斯·库恩斯（Chris Coons）（见表Ⅱ-6-2 和表Ⅱ-6-3），这与特朗普上台后沙特方面把军售援助和沙美关系作为对美游说主要议题的趋势相一致。

表Ⅱ-6-2　2017 年与沙特游说代理机构联系十分频繁的美国机构

机构类型	联系次数
参议院	1026
媒体	744
白宫	383

---

① "Foreign Agents Registration Act (1938), Registration Statement," *Department of Justice of the United States*, https://ele.fara.gov/docs/6391-Exhibit-AB-20161116-1.pdf. 登录时间：2019 年 9 月 10 日。

② Masood Farivar, "Report Says Saudi-hired Lobbyists Give Millions to Influence US Congress," *VOA*, October 30, 2018, https://www.voanews.com/usa/report-says-saudi-hired-lobbyists-give-millions-influence-us-congress. 登录时间：2019 年 10 月 10 日。

续表

机构类型	联系次数
行政人员	211
州长	60
私企	55
智库	53
类型不明	20
非营利组织	20
国外机构	4
大学	2

资料来源：Ben Freeman,"The Saudi Lobby: How the Kingdom Wins in Washington," *Center for International Policy*, October 2018, p. 6, https://docs.wixstatic.com/ugd/3ba8a1_e129a4e0969846d78c9ade6f9ffbb9a0.pdf. 登录时间：2019年9月30日。

表Ⅱ-6-3　　2017年《外国代理人登记法》登记的与沙特游说集团联系频繁的十名美国国会议员

国会办公室	党派分布	所处州	联系次数（次）
林赛·格雷厄姆（Lindsey Graham）	共和党	南卡罗来纳	36
克里斯·库恩斯（Chris Coons）	民主党	特拉华	33
凯文·麦卡锡（Kevin McCarthy）	共和党	加利福尼亚	30
马克·华纳（Mark Warner）	民主党	弗吉尼亚	29
斯坦尼·霍耶（Steny Hoyer）	民主党	马里兰	28
本·卡丹（Ben Cardin）	民主党	马里兰	22
查克·舒默（Chuck Schumer）	民主党	纽约	21
鲍勃·科克（Bob Corker）	共和党	田纳西	20
蒂姆·凯恩（Tim Kaine）	民主党	弗吉尼亚	20
达雷尔·伊萨（Darrell Issa）	共和党	加利福尼亚	20

资料来源：Ben Freeman,"The Saudi Lobby: How the Kingdom Wins in Washington," p. 7.

在2016年美国大选期间，接受沙特方面捐赠最多的候选人都是民主党和共和党的重要人物。其中，希拉里·克林顿是接受沙特方面竞选捐赠数额最高的候选人。众议院多数党领袖凯文·麦卡锡和民主党副总统候选人蒂姆·凯恩也都接受了沙特方面的捐赠。共和党人埃德·吉莱斯皮曾有希望在 2016 年选举中成为弗吉尼亚州州长，他从代表沙特的游说公关公司获得了 27500 美元的竞选捐赠①（见表Ⅱ-6-4）。

表Ⅱ-6-4　2017 年接受沙特捐赠较多的十名美国总统竞选候选人　　（美元）

接受者	党派分布	州分布	捐赠金额
希拉里·克林顿（Hillary Clinton）	民主党	总统竞选	94496
凯文·麦卡锡（Kevin McCarthy）	共和党	加利福尼亚	52000
埃德·吉莱斯皮（Ed Gillespie）	共和党	弗吉尼亚	27500
比尔·尼尔森（Bill Nelson）	民主党	佛罗里达	21300
蒂姆·凯恩（Tim Kaine）	民主党	弗吉尼亚	20700
海蒂·海特坎普（Heidi Heitkamp）	民主党	北达科他	20000
罗伊·布朗特（Roy Blunt）	共和党	密苏里	19250
乔·曼钦（Joe Manchin）	民主党	西弗吉尼亚	19200
路德·史密斯（Luther Strange）	共和党	亚拉巴马	18550
罗伯特·曼内德斯（Robert Menendez）	民主党	新泽西	17700

资料来源：Ben Freeman, "The Saudi Lobby: How the Kingdom Wins in Washington," p. 9.

沙特针对国会议员的直接游说，在影响美国外交决策过程方面取得了成效。在限制美国参与也门战争的决议案中，37 位共和党参议员投了对沙特有利的反对票，其中至少有 5 位议员接受过沙特游说集团提供的捐赠。国际政策中心研究指出，2016 年至 2017 年，罗伊·布朗特、约翰·布兹曼（John Boozman）、理查德·伯尔（Richard Burr）、迈克·克波（Mike Crapo）和蒂姆·斯科特（Tim Scott）等议员曾不同程度地接受过沙特游说代理机构提供的竞选捐赠。②

最后，在特定议题上选择与其他游说集团结盟游说。

---

① 《外国代理人登记法》规定数据申报有六个月的报告期，2017 年报告中申报的部分捐款时间为 2016 年。
② Faisal Edroos, "Senators Who Tried to Kill Yemen Bill Have Been Paid by Lobbyists," Al Jazeera, November 29, 2018, https://www.aljazeera.com/news/2018/11/pro-saudi-lobbyists-paid-5-senators-voted-yemen-bill-181129075933213.html. 登录时间：2019 年 10 月 20 日。

结盟游说是指不同的利益集团联合起来，共同推动围绕特定议题提案的通过或者推翻相关提案展开游说。结盟游说的目的并非组建新的游说组织或团体，而仅仅是不同游说力量之间彼此协调立场，营造声势或显示实力，以对国会议员形成某种压力。[1] 沙特对美国的游说活动也时常采用结盟游说的方式来实现其游说目标，其结盟对象包括但不限于美国本土利益集团、阿拉伯游说集团以及犹太游说集团。在围绕空中预警和控制系统销售[2]议题的游说上，沙特游说集团与石油、军工等美国本土利益集团，得到了包括福陆（Fluor）、贝克特尔、美孚和休斯敦石油业巨头在内的石油企业的支持，双方通过游说结盟最终促成了这项交易的成功落地。[3] 军工企业波音公司向其子公司、供应商、承包商和分销商等发送了6500多份电报，敦促与其企业利益相关的选民支持空中预警和控制系统的销售。[4] 在围绕也门战争议题的游说上，沙特游说集团同阿联酋游说集团开展结盟游说。2018年阿联酋对美国游说的半数议题都与也门战争有关。阿联酋的游说行动覆盖200家国会下属办事处、18家智库和大多数主流媒体。[5] 沙特与阿联酋试图通过结盟分摊游说成本，提升围绕共同议题的游说效果，实现共同的政治利益和目标。在遏制伊朗地区扩张的议题上，沙特游说集团选择与亲以色列的犹太游说集团展开合作。两者结盟游说的现象在特朗普时期日益显著，反映了沙特在对外关系中利益取向的变化，即沙特对阿拉伯事务尤其是阿以关系的关注度明显下降，转而更加聚焦本国国家利益尤其是安全利益，不惜牺牲阿拉伯国家的部分集体利益，同以色列结成准联盟和进行利益交换，以共同遏制伊朗的地区扩张和实现本国利益。

直接游说是沙特在对美游说过程中最常用的游说模式。沙特对美国总统的直接游说主要依赖特朗普与沙特王室的特殊关系，这种游说模式为沙

---

[1] 赵可金：《营造未来：美国国会游说的制度解读》，复旦大学出版社2005年版，第93页。

[2] 购买空中预警和控制系统是沙特1981年"和平哨兵"计划的一部分，这填补了当时沙特的陆基雷达不能对海湾地区特别是伊朗空军基地附近进行早期预警的空白。

[3] William Simpson, *The Prince: The Secret Story of the World's Most Intriguing Royal, Prince Bandar Bin Sultan*, p. 48.

[4] Steven Emerson, "AWACS and Presidential Power," *The Christian Science Monitor*, October 26, 1981, p. 26.

[5] Ben Freeman, "The Emirati Lobby: How the UAE Wins in Washington," *Center for International Policy*, October 2019, p. 1, https://docs.wixstatic.com/ugd/3ba8a1_cc7f1fad2f7a497ba5fb159a6756c34a.pdf?index=true. 登录时间：2019年11月10日。

特扩大在华盛顿的影响力创造了空间。对国会议员和政党领袖的直接游说主要通过提供政治献金的方式进行，是沙特金钱游说的直接体现。与以色列犹太游说集团的结盟，是 21 世纪以来沙特对美游说策略的重要调整，表明沙特在美国游说议题进一步向沙特自身关切聚焦，本质上是以出让阿拉伯地区的共同利益来换取美国和以色列对沙特本国利益的支持。

二　间接游说

沙特借助游说代理机构、主流媒体、智库以及社交网站等平台展开舆论攻势，对美国政界展开间接游说，引导有利于沙特的舆论环境的形成，以及塑造沙特"开放、变革、温和的伊斯兰国家"的正面形象。从游说对象和目标来看，沙特在美开展舆论公关活动主要针对三类对象：一是针对智库、研究机构和高校的游说活动，旨在形成更多有利于沙特的研究成果和政策观点；二是针对主流媒体的游说活动，其目标是在沙特面临形象危机时改善国家形象，在中东热点问题上贬低和抹黑地区对手的形象；三是针对社交网站上反沙特的意见领袖的公关活动，旨在消除各类贬低沙特王室形象的消息对沙特的负面影响，最大限度地对冲负面舆论的传播。

首先，针对智库和研究机构的游说活动。

华盛顿是美国政府机构、智库和研究机构集中的地区之一，智库和研究机构自然成为游说集团开展院外游说活动的主要对象群体。在这方面，沙特及其地区盟友阿联酋向战略与国际研究中心（Center for Strategic and International Studies）、布鲁金斯学会（Brookings Institution）和中东研究所（Middle East Institute）等华盛顿多家对政府决策具有重要影响力的智库捐赠了大量资金。[①] 其中，中东研究所是过去几年间沙特方面资金最大的受益者之一。中东研究所理事会主席理查德·克拉克（Richard Clarke）曾在里根、老布什和克林顿时期担任国家高级安全顾问。"9·11"事件发生后，明思力集团旗下的通信企业卡维斯（Qorvis MSLGroup）成为沙特在美国的游说代理机构。2016 年和 2017 年，沙特向该集团支付了 630 万美元的游说经费，集团执行董事迈克尔·佩特鲁佐洛（Michael Petruzzel-

---

① 阿联酋近年来也加大了对美国游说的资金投入，如 2016 年位于华盛顿的中东研究所从阿联酋方面接受了 2000 万美元的捐赠，用于总部改造和装修项目。

lo）直到 2018 年仍兼任中东研究所理事会的理事职务，理事会成员名单中还有沙特国有石油公司北美子公司驻华盛顿办事处主任杰克·摩尔（Jack Moore）等。① 在卡舒吉事件发生后，美国国内各界开始质疑和批评沙特对美国政策的影响。迫于舆论压力，包括中东研究所在内的多家美国智库宣布终止或重新考虑接受来自沙特方面的捐赠，华盛顿亲沙特智库阿拉比亚基金会（Arabia Foundation）于 2019 年 7 月被迫关闭。

其次，针对主流媒体的游说活动。

此类游说活动主要依托游说代理机构与主流媒体的关系，进行舆论引导和控制舆论。2014 年，美国库尔维斯公关公司顾问制作了沙特大使馆的社交网站主页，并为叙利亚反对派联盟管理社交媒体。游说机构波德斯塔集团与沙特皇家法院媒体事务研究中心签订了每月业务额高达 14 万美元的合同。波德斯塔集团创始人托尼·波德斯塔是美国知名的民主党说客；其总裁金·弗里茨长期担任共和党顾问，为佛罗里达州前州长杰布·布什（Jeb Bush）出谋划策。2015 年，由埃德·罗杰斯和密西西比州前州长、时任共和党全国委员会主席黑利·巴伯共同成立的游说机构必吉罗集团（BGR Group）与沙特皇家法院媒体事务研究中心签订合同，以 50 万美元的费用委托必吉罗集团"提供公共关系和媒体管理服务"②。在特朗普时期，沙特游说代理机构与美国主流媒体的业务往来日益密切（见表 Ⅱ－6－5）。《纽约时报》《华盛顿邮报》《华尔街日报》等主流报刊、路透社等通讯社，美国公共电视网和有线电视新闻网等电视媒体，都成为沙特在美游说的重要对象。美国公共电视网的"前线"栏目播出了多部批评沙特的纪录片，因而成为沙特聘请的说客接触最多、公关频率最高的媒体。③

---

① Tom Hamburger, "Fierce Lobbying and Charm Offenses: How Saudi Arabia Gained Power in Washington," *The Washington Post*, October 22, 2018, https://www.adn.com/nation-world/2018/10/22/fierce-lobbying-and-charm-offenses-how-saudi-arabia-gained-power-in-washington/. 登录时间：2019 年 11 月 10 日。

② 《形象工程？外媒称沙特花费数百万美元在美搞游说》，参考消息网，2016 年 4 月 28 日，http://www.cankaoxiaoxi.com/mil/20160428/1142660.shtml. 登录时间：2019 年 11 月 16 日。

③ Ben Freeman, "The Saudi Lobby: How the Kingdom Wins in Washington," *Center for International Policy*, October 30, 2018, p. 8, https://docs.wixstatic.com/ugd/3ba8a1_e129a4e0969846d78c9ade6f9ffbb9a0.pdf. 登录时间：2019 年 9 月 30 日。

表Ⅱ-6-5　美国国内与沙特游说代理机构联系十分频繁的十家媒体机构

美国媒体机构	联系次数（次）
美国公共电视网"前线"栏目（PBS Frontline）	47
华尔街日报（*Wall Street Journal*）	39
路透社（Reuters）	37
纽约时报（*New York Times*）	35
美国有线电视新闻网（CNN）	28
华盛顿邮报（*Washington Post*）	27
福克斯新闻频道（FOX）	23
政治新闻网（Politico）	22
外交政策（*Foreign Policy*）	20
国会山报（*The Hill*）	16

资料来源：Ben Freeman, "The Saudi Lobby: How the Kingdom Wins in Washington," p. 8.

最后，针对社交网站的舆论控制。

美国皮尤研究中心 2018 年 9 月发布的一份民意调查结果显示，近三分之二的美国成人通过社交媒体获取新闻资讯。[①] 借助社交媒体抢占传播制高点，为构建自我形象谋取话语权，是各国家塑造自身形象和提升国际影响力的重要手段之一。2017 年《阿拉伯社交媒体报告》指出，沙特的推特用户数量和产生推文的数量均居西亚和北非地区首位，阿拉伯地区 29% 的推特活跃用户来自沙特。[②] 许多沙特用户在社交网站上发表迫切要求沙特进行社会改革和提升性别平等的言论。自 2018 年 2 月以来，推特开始提供一项新的服务，任何人只要每月支付 99 美元，便有权访问可追溯至 2006 年的推特用户推文存档。访问这些推文存档为沙特政府对发布不利于政府的"负面推文"的用户进行"数据监视"提供了机会。沙特政府招募了两名推特员工来收集数千个账号上的个人信息，尤其是批评和

[①] 栾瑞英：《从推特治国看特朗普形象建构及启示》，《对外传播》2020 年第 3 期。

[②] Fadi Salem, *The Arab Social Media Report 2017: Social Media and the Internet of Things-Towards Data-Driven Policymaking in the Arab World: Potential, Limits and Concerns*, Vol. 7, Dubai: Mohammed bin Rashid School of Government, 2017, http://www.mbrsg.ae/getattachment/1383b88a-6eb9-476a-bae4-61903688099b/Arab-Social-Media-Report-2017. 登录时间：2020 年 2 月 20 日。

反对沙特领导人的用户账号信息。美国律师戴维·安德森（David Anderson）表示，沙特特工在推特内部系统中挖掘有关已知的沙特评论家和其他数千名推特用户的个人信息。[1] 在沙特解除女性驾车禁令前数周，曾在推特上呼吁沙特政府赋予女性驾车权的沙特用户遭到逮捕。[2]

沙特政府针对智库、研究机构、高校、主流媒体的间接游说，以及针对社交网站上沙特持异见人士的打压，本质上都是沙特改善、修复乃至重塑国家形象的一种努力，试图通过引导乃至控制舆论塑造沙特"开放、变革、温和的伊斯兰国家"的正面形象。其中的公关活动大多是沙特为应对危机事件进行的短期游说活动，是为实现短期目标进行高投入的游说活动，针对社交网站上负面言论的监控和管制存在诸多弊端，其功利性色彩和简单粗暴的手段时常遭到美国社会的揭露和批评。

三 草根游说

以美国选民为主要游说对象的草根游说，旨在对阿拉伯裔选民和选区议员施加压力。草根游说是指通过邮寄信件、打电话、动员群众、发起签名运动、组织公关运动等方式，将选区选民的信息传递给政治决策[3]的游说模式。

自19世纪末以来，中东地区的民众开始向美国移民，此时的移民群体以基督徒为主。第二次世界大战以后，中东国家的穆斯林开始大量移民美国。自此，大量阿拉伯裔族群通过组建学生团体、奖学金网络、兴办报纸和杂志，设立电视节目、文化中心以及举办博物馆巡回展览等方式，逐渐在美国建立起自己的据点。然而，规模相对较小的沙特裔社区以及选择永久居住在美国的沙特裔群体人数较少，这在客观上限制了沙特裔美国人族群文化的发展。最早在美国定居的沙特人是20世纪40年代沙特大使馆在华盛顿特区的亲善大使。1965年美国政府通过的《移民和国籍法》

---

[1] "Saudi Arabia Recruited Twitter Employees Charged with Spying: US," *Al Jazeera*, November 7, 2019, https://www.aljazeera.com/news/2019/11/charged-spying-twitter-users-saudi-arabia-191106232238789.html. 登录时间：2019年11月30日。

[2] Manal Al-Sharif, "The Dangers of Digital Activism," *New York Times*, September 16, 2018, https://www.nytimes.com/2018/09/16/opinion/politics/the-dangers-of-digital-activism.html. 登录时间：2020年1月15日。

[3] 赵可金：《营造未来：美国国会游说的制度解读》，复旦大学出版社2005年版，第87页。

(Immigration and Nationality Act)确立了对受教育移民的优惠待遇,该法案鼓励一部分沙特人寻求美国国籍。在 1990 年的人口普查中,只有 4486 名美国公民报告说他们来自沙特。这些沙特裔美国人分布在美国的 44 个州,即使是沙特籍人数最多的加利福尼亚州也只有 517 人,另有五个州(科罗拉多、佛罗里达、宾夕法尼亚、得克萨斯和弗吉尼亚)报告了 200 多名沙特阿拉伯人。① 选择移民美国的沙特人数量较少的原因主要包括沙特本国的富裕生活条件、沙特人的宗教信仰和自豪感使其难以在美国维持原有的生活方式等。

在沙特对空中预警和控制系统军售的游说过程中,美国社区的阿拉伯裔选民发挥了重要作用。阿拉伯裔美国人全国协会②是代表美国阿拉伯裔社群利益的重要组织。协会执行董事戴维·萨德(David Sadd)曾帮助班达尔亲王联系了对沙特有兴趣的美国企业③,阿拉伯裔美国人全国协会还协调了六大阿拉伯裔团体的游说活动。④ 沙特在反对《对恐怖主义资助者实行法律制裁法案》的游说过程中,也曾尝试草根游说的模式,该法案旨在给予"9·11"事件遇难者家属起诉沙特政府的权利。为与遇难者家属群体抗衡,沙特政府将美国退伍军人作为重要的游说对象,试图通过影响该群体的立场对立法者施加影响。在该法案发起投票后,沙特便启动了针对退伍军人的社区游说活动。美国司法部文件披露的信息显示,与议员交谈的退伍军人的机票和住宿费用由游说代理机构使用沙特官方提供的资金支付。其中一些退伍军人曾入住华盛顿的特朗普国际酒店。退伍军人活动的组织者杰森·约翰斯(Jason Johns)向媒体表示,所有退伍军人都被明确告知,沙特为退伍军人的活动提供了资金支持。他还承认,组织者建议退伍军人在与国会议员会面时佩戴勋章。参加活动的老兵戴维·卡斯勒(David Casler)、丹·考德(Dan Cord)和蒂姆·考德(Tim Cord)表示,当约翰斯在华盛顿建议退伍军人应该代表自己发言,而不是为沙特发言

---

① Sonya Schryer, "Saudi Arabian Americans," *Countries and Their Cultures*, https://www.everyculture.com/multi/Pa-Sp/Saudi-Arabian-Americans.html#ixzz6Jryhudtc. 登录时间:2020 年 3 月 5 日。

② 阿拉伯裔美国人全国协会成立于 1972 年,是一个外交政策游说团体,宣称致力于制定和执行客观、无党派的美国中东外交政策议程,加强美国与阿拉伯国家的关系。

③ William Simpson, *The Prince: The Secret Story of the World's Most Intriguing Royal*, Prince Bandar Bin Sultan, p.204.

④ Hoag Levins, *Arab Reach: The Secret War against Israel*, New York: Doubleday, 1983, p.67.

时，他们才第一次意识到沙特资助了这次活动。他们随后在社交媒体上表示对受到沙特资助的担忧。①

第四节　沙特对美国政治游说的特点和成效

自特朗普上台以来，沙特对美国游说的活动在规模、范围和成效上较之前有明显提升。一方面，得益于沙特王室和特朗普及其家人间的亲密关系，沙特在美国的中东外交上获得了诸多"外交优待"，突出体现在特朗普将沙特作为其上任后出访的首选目的国、将沙特的地区竞争对手伊朗定为"支持恐怖主义国家"方面。另一方面，沙特王储穆罕默德·本·萨勒曼对在美国开展公关活动投入了巨大资金和人力，也是近年来沙特在美游说产生积极效果的关键性因素。然而，沙特在华盛顿有时过于活跃的游说活动也产生了适得其反的效果，突出表现在卡舒吉事件后美国政界、商界、学界和媒体界人士已开始同影响力日益增强的沙特游说势力保持距离和持谨慎立场上。

一　游说特点

沙特在美国的政治游说时间跨度较短、组织化程度不高、整体规模较小，游说活动集中在突发危机事件和特定议题上，缺乏战略性、系统性和长期性的目标设置；因缺乏整合分散游说资源和势力的统一组织，沙特对美游说活动以危机公关和独立行动为主；而沙特过于依赖对总统和国会议员的直接游说，疏于对基层选区选民的草根游说，导致游说活动缺乏广泛的基层选民基础，这使得沙特游说活动的成效局限于某一任总统选期及具体议题范围内，难以发挥持续和广泛的影响力。

第一，在游说目标上，沙特过度追求游说活动的局部利益和短期利益，忽视整体利益和长远利益。

近年来沙特对美国的政治游说大多以追求局部利益和实现短期利益最

---

① Jon Gambrell, "Saudis Paid for US Veteran Trips against 9/11 Lawsuit Law," *AP*, May 11, 2017, https://apnews.com/915af031fef34789918dd1d275fa8c30/Saudis-paid-for-US-veteran-trips-against-9-11-lawsuit-law. 登录时间：2019年12月25日。

大化为主要目标。其中的局部利益表现为过度追求国家安全利益，秉持冷战思维以阵营化对抗伊朗，而忽视了可持续的地区安全框架建构这一整体利益；短期利益则表现为急于通过抹黑地区对手的形象来塑造本国及领导人的正面形象，而忽视了改善沙特在美国整体形象这一长远利益。"阿拉伯之春"的爆发及此后持续数年的延宕，使得地区内部非阿拉伯力量乘势兴起，地区传统大国埃及力量式微，美国在地区奉行战略收缩，伊朗、土耳其、以色列借此争夺地区事务主导权。沙特邻国伊朗在地区扩张的过程中，以"抵抗"话语动员地区什叶派政治力量，形成对沙特等地区逊尼派国家政权安全构成严重挑战的"抵抗轴心"。奉行外交独立的卡塔尔与沙特在地区事务上的立场偏差，乃至与伊朗和土耳其的走近，使得沙特的安全焦虑不断加剧。穆罕默德被立为王储后借助国内大规模改革提升本人影响力的迫切诉求，使得强化威权体制、打压异己势力、塑造国内安全稳定环境的需求日益突出。在此背景下，强化沙特与美国的同盟关系以实现短期安全利益，成为沙特对美政治游说的首要关切。

第二，在游说策略上，沙特对美的政治游说以危机公关居多，具有长远规划的战略性游说活动相对较少。

沙特对美国的游说活动以危机公关居多，包括因王位继承制度更改而导致的政权变动、因大规模反腐运动而导致的外界对沙特人权状况的批评、因也门战争而引发的人道主义危机、因卡舒吉事件而导致的王储穆罕默德和沙特国家形象受损等危机事件，这些都使得沙特对美游说活动具有极强的功利性和危机公关的特征。无论是卡舒吉事件后对华盛顿智库的巨额资助，还是大规模"反腐运动"后对主流媒体的大手笔公关活动以塑造穆罕默德王储的改革者形象，抑或是卡塔尔断交危机后在美国全国广播公司第四频道投放丑化卡塔尔的电视广告，都带有危机公关的色彩，这类危机公关旨在以高投入实现"见效快"的目标，试图修复乃至重塑沙特受损的国家形象。

第三，在游说对象上，沙特对美国各界游说的活动分布极不平衡，突出表现为沙特注重对特朗普本人及家人的直接游说，忽视对美国阿拉伯裔和更广泛的基层民众的间接游说。

在特朗普时期，沙特更加重视对直接游说模式的运用。沙特王储穆罕默德·本·萨勒曼和特朗普女婿库什纳私交甚密，加之商人出身的特朗普对经济利益格外看重，出手阔绰的沙特以其雄厚的经济资本轻松赢得了特朗普的友谊。在一系列导致沙特受到国际社会批评的危机事件中，特朗普多次立场鲜明地力挺沙特。在卡舒吉事件发生后，即使中情局宣称穆罕默德王储直接下令杀害记者卡舒吉，特朗普也坚定地否决国会议员对沙特进行严厉制裁的提案，并表示不会取消美国与沙特的军售合同，认为取消军售合同只会让美国在武器销售市场上的竞争对手俄罗斯受益，使美国的经济蒙受损失。共和党参议员林赛·格雷厄姆（Lindsey Graham）曾是特朗普亲沙特阵营的重要一员，在卡舒吉事件后转变了立场，认为沙特这一野蛮行径违背了文明规范，两党应支持美国政府对沙特的制裁，包括制裁沙特王室成员。但受到国会施压的特朗普仍坚定地支持沙特，强调华盛顿与利雅得签订的1100亿美元一揽子计划以及由此给美国国内带来的50万个就业岗位。① 沙特对于基层选区的选民尤其是阿拉伯裔选民的草根游说相对较少，一方面是由于沙特对美游说缺乏顶层设计、整体规划和战略安排，另一方面是沙特在美游说时选择与犹太游说团体开展游说结盟，以出让部分阿拉伯人的整体利益来换取犹太游说团体在遏制伊朗和实现沙特本国利益方面对沙特的支持。

二 游说成效

与高度组织化、专业化的美国以色列公共事务委员会等犹太游说力量相比，沙特在美国的游说力量无论在组织架构、战略规划还是在基于族裔群体的基层动员方面，都存在诸多不足。如果说以色列游说集团游说活动的目标是"防患于未然"，即事先遏制和消除各种对以色列和犹太人不利的政策因素，那么沙特游说集团所做的努力尚停留于"亡羊补牢"式的危机公关上。以色列注重通过文化软实力进行"说服式"游说，这种游说更具可持续性，因而效果也更加长久和明显。沙特仍停留在以"金钱硬实力"开展"收买式"游说活动的层次上，这种游说注重短期利益且可能伴有舆论反噬等"副作用"。

---

① Mike Stone, "Trump Stands by Saudi Prince Despite Journalist Khashoggi's Murder," *Reuters*, November 21, 2018, https://www.reuters.com/article/us-saudi-khashoggi-trump-idUSKCN1NP26Y. 登录时间：2019年12月26日。

从积极面来看，游说结盟、领导人因素等构成了影响沙特对美国游说活动的积极因素。

首先，沙特与犹太游说集团开展结盟游说，有利于沙特加大对华盛顿决策的影响力。沙特王储穆罕默德·本·萨勒曼在巴勒斯坦问题上承认以色列现有领土的合理性，这一立场使得沙特和以色列试图通过弥合过去双方在巴以问题上的分歧，并在应对伊朗的地区威胁方面凝聚双方利益的交汇点。沙特和以色列通过利益交换不断在遏制伊朗的问题上寻求互利共赢，两国在遏制伊朗方面的立场趋近，促使两国开展游说结盟，推动特朗普政府退出伊核问题全面协议，将对伊朗"极限施压"作为特朗普政府中东政策的核心目标之一。

其次，沙特王储穆罕默德·本·萨勒曼与特朗普家人间的密切互动，畅通了沙特王室与特朗普之间直接的政策沟通渠道。据知情人士透露，穆罕默德·本·萨勒曼与特朗普的女婿贾里德·库什纳在特朗普上任前就见过面。两人在2017年特朗普入主白宫后的一次午餐会上第一次正式见面，并成为密友。"库什纳和沙特王子（穆罕默德·本·萨勒曼）都寻求在国际舞台上证明自己的价值"，此后数月间，两人经常互通电话。在中东事务上，"两人对试验新方法怀有共同的兴趣"。最终，库什纳不顾时任国务卿雷克斯·蒂勒森（Rex Tillerson）和时任国防部长詹姆斯·马蒂斯（James N. Mattis）等高官的反对，成功说服特朗普将沙特作为就任总统后首次出访的第一站。① 库什纳"依靠个人而非标准的外交渠道来解决复杂问题时"所展现的"不合常规的外交方法"，令美国国家安全和情报官员感到不安。② 2017年10月，库什纳曾秘密前往沙特利雅得与王储进行私人会面，白宫大多数官员对此行及其目的毫不知情。库什纳访问沙特后数日，沙特王储穆罕默德·本·萨勒曼便以"反腐"的名义软禁了沙特王

---

① Carol D. Leonnig et al., "How Jared Kushner Forged a Bond with the Saudi Crown Prince," *The Washington Post*, March 19, 2018, https://www.washingtonpost.com/politics/how-jared-kushner-forged-a-bond-with-the-saudi-crown-prince/2018/03/19/2f2ce398-2181-11e8-badd-7c9f29a55815_story.html. 登录时间：2019年10月10日。

② Carol D. Leonnig et al., "How Jared Kushner Forged a Bond with the Saudi Crown Prince," *The Washington Post*, March 19, 2018, https://www.washingtonpost.com/politics/how-jared-kushner-forged-a-bond-with-the-saudi-crown-prince/2018/03/19/2f2ce398-2181-11e8-badd-7c9f29a55815_story.html. 登录时间：2020年4月20日。

室多位成员和企业高管。

最后，特朗普本人的反伊朗立场为沙特对美国开展游说活动提供了巨大空间。特朗普上台后推翻奥巴马时期美国与伊朗达成的伊核问题全面协议，转而对伊朗进行"极限施压"。在此过程中，出于遏制伊朗地区扩张的共同利益，沙特在全方位打压伊朗方面与特朗普政府开展合作，积极游说特朗普本人主导通过有利于沙特的政策及法案，特朗普的个人因素为沙特围绕制裁伊朗的游说活动取得成功提供了便利条件。

从消极面来看，沙特的国家形象、中东危机事件和热点问题频发，构成了影响沙特对美国游说活动成效的消极因素。

首先，沙特整体消极的国家形象仍是其对美游说难以取得积极成效的主要原因。从2001年沙特籍恐怖分子参与"9·11"袭击事件，到2017年沙特以反腐名义大规模逮捕王室成员和商界大鳄、2018年记者卡舒吉遇害，再到2019年沙特人杀害三名美国士兵，一系列危机事件使得沙特在尚难以从根本上摆脱恐怖主义、专制暴政、伊斯兰宗教极端主义等负面国家形象的背景下，又被贴上了"野蛮国家""人权纪录恶劣"等一系列新的负面标签。沙特政府提出"2030愿景"后，在欧美国家开展大规模公关活动，试图修复和重塑国家形象，但超过半数的美国民众仍对沙特持负面态度[1]，沙特在美国公共舆论的负面形象在短期内难以扭转。美国一些议员、智库考虑到公开支持沙特可能会对自身名誉造成损失，在选择是否接受沙特的游说和资助时持谨慎态度。

其次，在公关领域斥巨资打造的正面国家形象，尚不能抵消反腐风暴、卡舒吉遇害等危机事件对沙特国家形象造成的冲击和负面影响。沙特对也门发动军事行动，导致误伤也门平民和当地人道主义状况恶化，使得国际社会对沙特批评声不断。卡舒吉事件更是挑战了西方社会的主流价值观，令美国等西方国家民众不断质疑沙特政府行为的合法性，对沙特作为君主专制国家对文明社会的挑战与威胁持担忧态度。受卡舒吉事件影响，部分接受沙特捐赠的智库也开始拒绝沙特方面的资金支持，认为接受一个

---

[1] "Americans Had Limited Trust in Saudi Arabia Even before Khashoggi," *Yougov*, October 17, 2019, https：//today.yougov.com/topics/politics/articles-reports/2018/10/17/america-had-limited-trust-saudi-arabia-even-disapp? subId3 = xid: fr1587366144607ffi. 登录时间：2020年3月5日。

富有的海湾大国的捐赠无伤大雅，但是接受一个迫害自由记者的君主专制国家的捐赠，会损害美国智库和政治组织的信誉并因此承担舆论压力。

近年来，沙特对美国的政治游说尽管取得了一定的成效，但游说活动仍存在限度。从内部因素来看，游说主体组织化和专业化程度低、战略准备不足、基层组织实力薄弱等问题一直存在，游说团体和游说活动的结构性因素限制了沙特游说集团的进一步发展。从外部因素来看，沙美关系的结构性变化、美国公民对沙特形象的固化认知和对沙美关系的认同，也可能为沙特游说集团的发展增加阻力。

第一，游说主体低组织化和缺乏专业度。

游说主体的低组织化和专业度匮乏是长期以来制约沙特游说活动成效的重要的结构性因素。这种结构性因素导致沙特的游说活动和目的过于分散，缺乏连贯统一的长期战略，目的性和功利性较强，沙特为某一具体议题或特定目的而雇用的不同游说代理机构之间缺乏沟通与合作机制，进一步影响了游说的实际效果尤其是对美国决策的影响力。

沙特缺乏一个系统化、组织化和规模化的游说组织来协调不同议题间的游说活动，这使得沙特尚无法就改善沙特在美国的国家形象和整体游说环境开展长期性游说。成立于2016年3月16日的沙特裔美国人公共关系事务委员会（Saudi American Public Relation Affairs Committee，SAPRAC）是一个旨在通过利用沙特与美国人民之间的人文交流纽带来加强两国关系的组织。该委员会主席萨勒曼·安萨里表示，2015年沙特方面曾想制作一部反映华盛顿内部关注沙特文化机构的纪录片，但却未能找到任何这一领域的专业机构，沙特方面因此决定成立一个致力于增强美国公民对沙特文化的认知，改善美国各界对沙特和沙特人固有看法，尤其是改善沙特在美国决策者和意见领袖心中形象的专业机构。

在实践中，沙特裔美国人公共关系事务委员会似乎并没有将工作重点放在塑造沙特积极形象的长期战略上，而是在很大程度上将重点放在反对卡塔尔的舆论攻击方面。该委员会耗资数百万美元，资助各种政治和新闻宣传，在美国各界传播不利于卡塔尔国家形象的负面观点。2017年7月即卡塔尔断交危机发生后的次月，沙特裔美国人公共关系事务委员会建立了一个名为"卡塔尔内部人"（The Qatar Insider）的网站，发表文章抨击卡塔尔政府及其政策。① 沙特裔美国人公共关系事务委员会雇用的波德斯塔集团还在参加英国高尔夫公开赛的有线电视新闻节目中购买广告，集团执行董事里姆·达法（Reem Daffa）辩称这是因为"特朗普总统是狂热的高尔夫球迷"②。

第二，缺乏美国基层阿拉伯裔社群的支持。

沙特对美政治游说活动缺乏对处于基层的阿拉伯裔美国人的草根游说，这使得沙特在试图影响美国决策者的过程中缺乏基层阿拉伯裔社群的支持。造成这种现象的原因主要有以下几点。

首先，沙特游说力量缺乏对美国基层选民的动员能力。由于缺乏覆盖基层选区的游说组织网络，沙特游说集团在美国难以组织大规模公关活动来动员基层选区的阿拉伯裔选民，加之动员手段有限，游说代理机构与社区阿拉伯裔选民间的联系较少，对阿拉伯裔选民及选区议员的影响渠道、手段相对有限。沙特游说集团更多地采用直接游说的模式，以总统及其家人、国会议员和政府官员为主要游说对象，对基层阿拉伯裔选民的重视程度不够，在动员组织方面资金投入不足。

其次，阿拉伯裔基层组织在短期内难以壮大。美国的阿拉伯裔族群与犹太裔族群相比实力较弱，面临移民人口基数小、历时短、阿拉伯裔社区发展缓慢、内部凝聚力不足、缺乏政治参与传统、社会融入难等问题，阿拉伯裔社群整体政治经济实力在美国社会处于弱势地位。美国的阿拉伯裔移民主要来自十多个不同的阿拉伯国家，在族群认同、宗教信仰、文化习俗等方面存在较大差异，人口成分复杂，族群凝聚力不强，如来自黎巴嫩的阿拉伯裔移民既有穆斯林，也有基督徒。而阿拉伯裔族群缺乏政治参与的传统，使其难以融入美国主流社会。阿拉伯裔美国人大多来自回避政治激进主义的社会，缺乏政治参与的热情和传统，在美国政治活动中的表现并不活跃。因而，阿拉伯裔美国人的捐款一般都流向慈善组织和机构，很

---

① Creede Newton, "Saudi Lobby Pays ＄138000 for Anti-Qatar Ads in the US," *Al Jazeera*, July 5, 2017, https://www.aljazeera.com/news/2017/07/saudi-lobby-pays-138000-anti-qatar-ads-170725041529752.html. 登录时间：2019 年 11 月 10 日。

② Megan R. Wilson, "Key Pro-Saudi Player in Gulf Spat Registers as Foreign Agent," *The Hill*, September 7, 2017, https://thehill.com/business-a-lobbying/business-a-lobbying/349674-key-pro-saudi-player-in-gulf-spat-registers-as. 登录时间：2019 年 12 月 20 日。

少进行政治捐款。① 此外，阿拉伯裔美国人在美国国内长期受到审查，遭受社会的歧视，难以真正融入美国社会。例如，1967年第三次中东战争后，联邦调查局（FBI）曾以安全为由对阿拉伯裔美国人展开秘密监控；20世纪90年代，芝加哥发生过当地穆斯林活动家在没有犯罪指控就遭逮捕的歧视性事件。② 进入21世纪以来，特别是"9·11"事件后，受"文明冲突论""伊斯兰恐惧症"的影响，阿拉伯人在美国的形象趋于负面，遭受歧视的事件时有发生。而近年来巴黎和布鲁塞尔等欧洲国家恐怖袭击事件频发，使阿拉伯裔尤其是阿拉伯裔穆斯林在美国社会的形象变得更加消极。许多美国民众将阿拉伯人尤其是阿拉伯穆斯林同恐怖分子、极端分子或宗教极端主义者相挂钩，这种长期形成的刻板形象和种族偏见在很大程度上制约了美国本土阿拉伯游说集团的良性发展。

最后，沙特游说团体忽视"巴勒斯坦问题"等影响阿拉伯整体利益的传统议题，而聚焦本国安全议题。为增强沙特在美国的游说影响，沙特游说集团选择同犹太游说集团结成游说联盟和开展合作。2016年7月，沙特时任高级将领安瓦尔·伊什奇（Anwar Eshki）将军公开访问以色列，向以色列表达沙特与以色列开展情报交换和技术交流的合作意愿。以色列也配合沙特扼制卡塔尔的行动，于2016年8月关闭了半岛电视台驻耶路撒冷记者站。沙特公开或私下接近以色列的行为导致沙特游说势力与基层选区的阿拉伯裔美国人愈发疏离。

从实践角度来看，美国国会质疑外国聘请的游说代理机构的游说意图是否对美国有利，认为作为美国公民的少数族裔的游说活动代表美国公民自身的利益，因此由美国国内特定族裔进行游说比聘请游说代理机构更具优势。美国以色列公共事务委员会在空中预警和控制系统事件中吸取教训，开始注重美国犹太裔基层组织的建立，但沙特游说团体却忽视阿拉伯裔基层组织在对美开展游说活动方面的独特作用。③ 阿拉伯裔

---

① Dania Nabil Koleilat Koleilat, *Aspects of Arab Lobbying: Factors for Winning and Factors for Losing*, Doctoral Dissertation, University of Exeter, 2014, p. 220.

② Louise Cainkar, "No Longer Invisible: Arab and Muslim Exclusion after September 11," *Middle East Report*, Vol. 32, No. 3, 2002, p. 24.

③ Tony Smith, *Foreign Attachments: The Power of Ethnic Groups in the Making of American Foreign Policy*, Cambridge: Harvard University Press, 2000, pp. 56–59.

美国人全国协会的一位创始成员表示，在对空中预警和控制系统游说的过程中，该组织获得了国内外的资金支持。但是，随着空中预警和控制系统事件的结束，阿拉伯裔美国人全国协会转而关注巴勒斯坦问题后，沙特便不再向该协会提供资金支持[1]，这不同于以色列的游说策略。以色列帮助犹太裔美国人选区成为美国内部实力强大的社区[2]，亲以色列的说客将工作重点更多地放在美国和以色列的长期关系上，而非仅限于某一具体议题。

第三，美沙关系正经历结构性变化。

石油与安全是传统美沙关系的两大基石，近年来美沙关系的结构性变化导致美国对沙特依赖度降低。随着美国对沙特石油依赖度的降低，美沙关系及两国合作的基础发生了动摇，美国由此在美沙关系中获得了更多杠杆。哈佛大学教授约瑟夫·奈曾指出，在相互依赖的世界中，国家实力来自于相互依赖的不对称。一方对其他参与方的依赖度越小，获得的实力就越大。在美国实现"能源独立"之前，美国与沙特关系表现为等价的相互依存关系。美国需要沙特的石油，沙特则需要美国提供的安全保障。当美国实现"能源独立"后，美国对沙特的石油进口需求大幅减少，而沙特对美国的安全保障的需求则一如既往，这导致美国与沙特之间传统的相互依赖关系出现了不对称性。[3] 国际能源供需的结构性调整使得美国对沙特的依赖度已大幅下降，美国页岩油等非常规能源的商业开发使得西半球油气资源总储量增长为中东地区的5—6倍[4]，沙特在全球能源结构中的垄断地位和影响力呈现下降趋势，左右国际能源价格、使用石油武器的能力被大幅削弱。石油是沙美联盟重要的利益基石，美国对石油需求的降低使得美沙关系出现了结构性变化，沙特与美国之间出现了利益松绑的态势。2016年3月，时任美国总统奥巴马在接受《大西洋月刊》专访时提出，沙特搭了美国外交政策的便车，并批评沙特资助宗教极端势力和拒绝与伊

---

[1] Dania Nabil Koleilat Koleilat, *Aspects of Arab Lobbying: Factors for Winning and Factors for Losing*, Doctoral Dissertation, University of Exeter, 2014, p. 224.
[2] Thomas L. Friedman, *From Beirut to Jerusalem*, New York: Macmillan, 1995, p. 128.
[3] 胡向春：《巨额军售背后的美国与沙特军事关系》，《现代军事》2017年第7期。
[4] Amy Myers Jaffe, "The Americas, Not the Middle East, Will Be the World Capital of Energy," *Foreign Policy*, September/October 2011, p. 86.

朗和解。① 美沙联盟关系的变化促使沙特近年来寻求更加多元化的安全伙伴。2017年3月，沙特国王萨勒曼率1500人代表团访问包括中国、日本在内的亚洲六国。同年10月，萨勒曼国王访问俄罗斯。沙特实行拓展与亚洲大国尤其是石油进口大国合作关系的"东向"外交，正是沙美关系发生结构性变化背景下沙特谋求外交多元化的尝试。

第四，巨额游说资金投入产生反作用。

不可否认的是，沙特在美游说的不平衡性，以及巨额游说资金投入带来了一定的反作用，使得白宫与民众对沙特的态度呈现出分化态势。尽管在美国外交政策精英的主流立场中沙特一直是美国的亲密盟友，但其在美国公众中却不受欢迎。盖洛普（Gallup）民意调查结果显示，2020年2月美国受调查民众中对沙特持正面态度的比例达34%，其中对沙特持"非常喜欢"和"比较喜欢"的比例分别为5%和29%；持负面态度的比例达65%，其中对沙特持"比较不喜欢"和"非常不喜欢"的比例分别为46%和19%。② 对沙特持负面态度的美国民众的比例（65%）约为持正面态度比例（34%）的两倍，表明大多数美国民众仍对沙特持消极态度（见表Ⅱ-6-6和图Ⅱ-6-1）。而舆观（YouGov）在2018年秋季进行的一项民意调查也反映了这种趋势。调查显示，更多的美国人将沙特阿拉伯视为敌人而不是盟友（见图Ⅱ-6-2）。

表Ⅱ-6-6　　　2001—2020年美国民众对沙特的态度调查　　　　（%）

年份	非常喜欢	比较喜欢	比较不喜欢	非常不喜欢	无观点
2020	5	29	46	19	1
2019	4	25	45	22	4
2018	5	36	38	17	5
2017	5	26	45	20	4
2016	5	32	39	16	8

---

① 田文林：《沙特站在十字路口——当前沙特主要困境及政策调整》，《中东研究》2017年第2期。

② "Country Ratings," Gallup, https://news.gallup.com/poll/1624/perceptions-foreign-countries.aspx. 登录时间：2020年3月20日。

续表

年份	非常喜欢	比较喜欢	比较不喜欢	非常不喜欢	无观点
2015	5	33	38	16	8
2014	5	30	40	17	8
2013	7	29	42	16	7
2012	5	37	38	16	5
2011	4	33	40	13	10
2010	3	32	41	17	7
2009	2	29	40	20	9
2008	3	28	43	18	8
2007	4	31	40	18	7
2006	3	28	44	18	7
2005	3	33	42	16	6
2004	3	25	47	19	6
2003	3	27	41	20	9
2002	4	23	42	22	9
2001	7	40	28	18	7

资料来源："Country Ratings," *Gallup*, https://news.gallup.com/poll/1624/perceptions-foreign-countries.aspx. 登录时间：2020年3月20日。

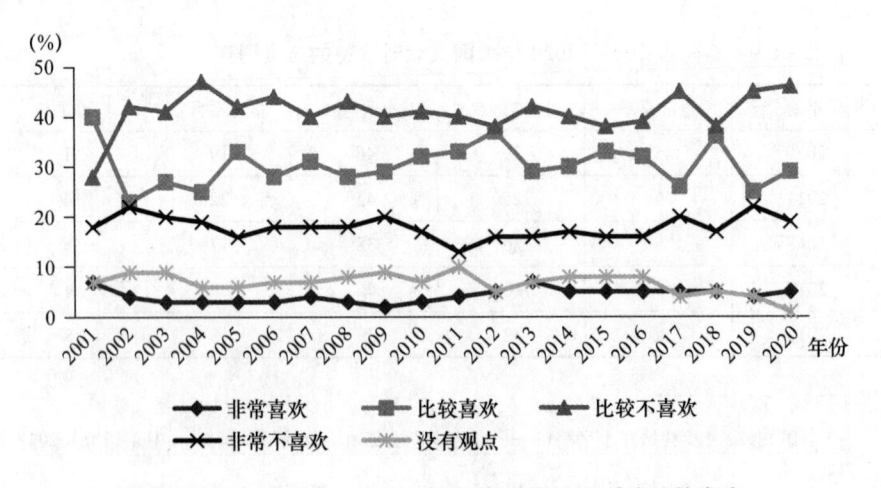

图Ⅱ-6-1 盖洛普：2001—2020年美国公民对沙特的态度

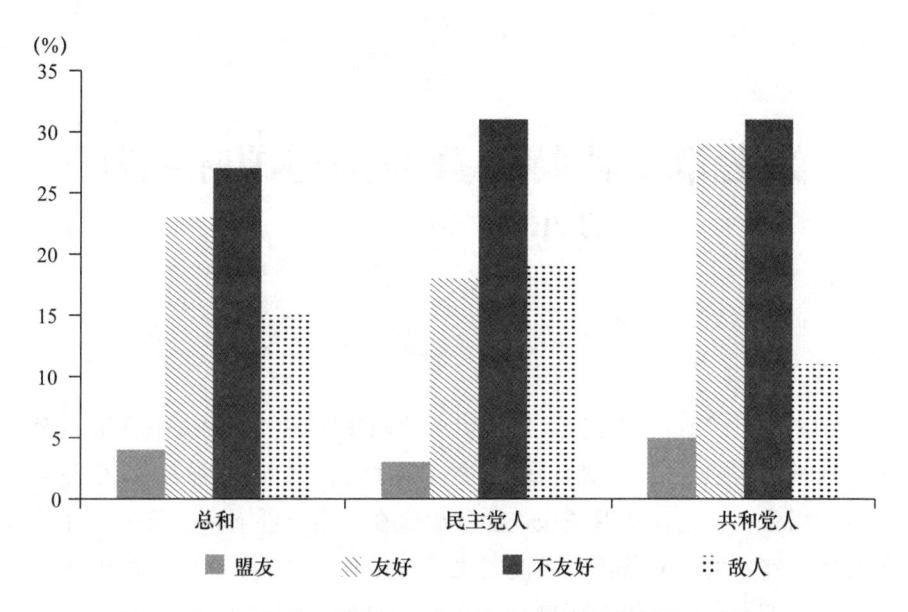

图Ⅱ-6-2 舆观：美国民众对沙特是美国盟友还是敌人的看法

资料来源："Americans Had Limited Trust in Saudi Arabia Even before Khashoggi," *Yougov*, October 17, 2019, https：//today. yougov. com/topics/politics/articles-reports/2018/10/17/america-had-limited-trust-saudi-arabia-even-disapp？ subId3 = xid：fr1587366144607ffi. 登录时间：2020 年 3 月 5 日。

在特朗普时期，沙特在美投入的巨额游说资金在很大程度上用于危机公关活动，因而呈现出较强的功利性色彩。这种大手笔的公关活动以及沙特在卡舒吉事件、大规模"反腐运动"中使用的简单粗暴手段，使得巨额游说投入在美国社会的负面影响逐渐显现。在游说过程中，当长期的战略布局让位于对短期利益的功利化追求时，沙特对美游说活动的限度便逐渐凸显，上述民意调查结果正反映了这种趋势。

第七章　沙特朝觐经济与国际朝觐卫生安全[*]

自7世纪伊斯兰教诞生以来，伊斯兰朝觐便在很大程度上促进了全世界穆斯林的跨地区流动，信徒的年度性密集汇聚与朝觐后的回流往往与疾病的传播紧密相连。往返圣城麦加的旅途在一定条件下是一条传染性疾病的传播之路，更是一条常规的商贸之路。尤其是对于长途跋涉的朝觐者而言，商业贸易行为在很大程度上得以支撑其经年累月的朝觐开销。因此，伊斯兰朝觐的经济行为和疫病威胁成为朝觐史上影响较为突出的两大关键领域。麦加早年的统治者和古代的医生很早便关注到朝觐经济的作用和朝觐中的传染性疾病和卫生安全问题。随着伊斯兰教的全球传播和朝觐进入航空时代，朝觐者的来源范围遍及世界大部分国家和地区，其数量出现大幅增长，前往麦加的速度得到极大提高，其结果是：一方面，朝觐经济日益成为沙特石油产业以外最为重要的经济领域，其所提供的就业岗位数远多于石油产业所能提供的岗位数。沙特着眼于将朝觐经济打造为后石油时代经济发展的关键领域。另一方面，年度性的朝觐活动与传染病的全球传播之间相互影响，21世纪以来的SARS和MERS疫情对朝觐卫生安全造成了巨大的挑战。新冠疫情的暴发和全球传播对伊斯兰朝觐的顺利开展造成严重影响，沙特政府在进行科学细致的疫情评估之后，不得不做出停止境外穆斯林参加2020年和2021年麦加朝觐的艰难决定。沙特政府的决定得到世界卫生组织和绝大多数国家的理解和支持，有助于维护国际卫生安全，但对于沙特的朝觐经济也造成巨大冲击。沙特在其国内疫情得到一定

---

[*] 本章是上海外国语大学青年教师科研创新团队"百年未有大变局之下的中东政治变迁研究"的成果。

控制之后，已适度恢复境外穆斯林的副朝觐，这在一定程度上能够减少朝觐经济的总体损失。

第一节 沙特的朝觐经济

作为全球最大的年度性跨国人口流动，伊斯兰朝觐对于沙特的影响极其深远。朝觐经济①作为沙特立国之初最为主要的财政收入来源，对于该国的成功立足与壮大发挥了举足轻重的作用；朝觐经济也曾因受西方经济"大萧条"的重创而为沙特石油经济的最初发展提供了契机。然而，与有限的油气资源相比，作为伊斯兰教"五功"之一的朝觐具有宗教上的恒定性。随着经济全球化、伊斯兰教的全球传播、穆斯林向非伊斯兰世界的流动、全球穆斯林人口的急速增长以及全球交通互联互通的飞速发展，全球前往麦加朝觐的人数激增，朝觐经济愈发成为沙特经济转型的重要组成部分，这在沙特迈向后石油经济时代的进程中更具战略意义。

一 沙特朝觐经济的缘起与形成

从沙特的历史进程来看，朝觐经济的发展经历了几个阶段。从1924年伊本·沙特攻占麦加到1929—1933年"大萧条"波及沙特，朝觐经济是沙特立国之初最为主要的财政收入来源，使沙特成功立足与发展壮大，进而催生了沙特的石油经济。从20世纪30年代开始至1945年，朝觐经济曾两度遭受重创，同时伴生的是石油经济的迅速勃兴；从第二次世界大战结束至20世纪70年代，朝觐经济逐步让位于石油经济。从20世纪70年代至今，尤其是2016年沙特"2030愿景"的发布，为沙特迈向后石油经济时代的朝觐经济发展提供了新的动力。在沙特朝觐经济形成的过程中，除宗教的驱动作用外，从殖民时期开始施加影响的外部力量和沙特内部的政府导向也对朝觐经济的缘起与形成发挥了重要作用。

---

① 朝觐经济指与全球朝觐者有关的银行业（换汇）、基础设施建设（公路、铁路、酒店、通信业等）、国际交通（机票、船票、车票等）、旅游业（朝觐部认证的旅行社）、餐饮业、畜牧业（献祭品等）、手工业（纪念品）、医疗、安保等方面所产生的系列经济行为，也包括各国朝觐者在圣地的传统商业活动。从广义上看，副朝觐经济也可被视为朝觐经济的组成部分。除此之外，朝觐税是与朝觐活动最为直接的经济行为（1952年废除）。

首先，宗教动因：伊斯兰教的"五功"之一。伊斯兰朝觐不仅是全球最大的跨国宗教运动，也是在世界性宗教中唯一被最基本的宗教经典明确列为宗教功修的活动。自第三沙特王国成立至今，作为伊斯兰教圣地的麦加一直处于沙特王室与政府的有效治理之下。

其次，国内动因：沙特的政府导向。自1924年10月攻下麦加以后，瓦哈比派便开始改变朝觐政策。沙特在1927年的朝觐中收敛了瓦哈比派的激进政策，伊本·沙特公开承诺："允许来自不同地方及信仰的穆斯林按照他们自己的特殊仪式来完成朝觐。"[①] 此后，一直到"大萧条"到来之前，沙特的朝觐经济发展顺利。自1930年起，因接连遭遇"大萧条"与第二次世界大战的重创，朝觐经济一蹶不振，加之失去了英国的大量资助，沙特陷入了经济困境。战争的结束为沙特石油经济的蓬勃发展提供了契机。正因为战后沙特石油经济的蓬勃发展，沙特政府在1952年得以全部废除朝觐税，标志着沙特的朝觐经济形式出现巨大变化，朝觐经济逐步让位于石油经济。

最后，外部因素：殖民国家的推动。20世纪初，伊斯兰世界大部分地区处于西方大国的殖民统治之下，朝觐经济事实上与西方紧密相关。[②] 费萨尔王子出访荷兰以扩展朝觐为主要内容的外交活动，正是源于荷兰与英法殖民大国的不同，其朝觐政策较为宽松。[③] 荷兰的朝觐政策此后也影响了其他西方殖民大国。沙特与英国在经济上联系紧密，沙特货币与英镑挂钩。因此，当"大萧条"开始蔓延至英帝国的时候，与英镑捆绑在一起的沙特也难以独善其身，高度依赖英帝国朝觐者的沙特朝觐经济也成为世界资本主义经济圈中的组成部分。

二 沙特朝觐经济的发展与影响

（一）沙特政府的朝觐管理机制

1932年沙特阿拉伯王国建立后，首任国王阿卜杜拉·阿齐兹·伊

[①] John Slight, *The British Empire and the Hajj: 1865 – 1956*, Cambridge, MA: Harvard University Press, 2015, p. 245.

[②] 钮松:《沙特阿拉伯王国的大国外交战略》,《江南社会学院学报》2009年第4期。

[③] [美] 罗伯特·比安奇:《朝圣与权力》,路璐译,徐以骅主编:《宗教与美国社会》（第12辑）,时事出版社2015年版,第108页。

本·沙特国王对朝觐途中劫匪进行了专门的压制，发布各种文告，在全国所有地区都建立了强有力的国家机器。① 第二次世界大战结束后，伊斯兰世界内部的战争与冲突不断，使朝觐管理陷入了一种更为分散的状态。

沙特政府对朝觐的管理主要体现在制度建设和基础设施建设两个方面。在制度建设方面，一是在组织机构上建立和完善了一套具有本国特色的朝觐管理组织机构，其中沙特政府管理朝觐活动的专门机构是朝觐部，负责朝觐活动的全面管理；政府其他部门也参与朝觐活动相关的某一方面事务，在朝觐期间比平时配备更充足的专业人员，以满足朝觐活动的需要。② 二是在规章制度上确保朝觐活动"纯宗教化"，不允许朝觐者在朝觐期间进行任何政治活动。明令禁止朝觐者携带任何形式的政治性图片、书籍或出版物以及其他禁止入境的物品，禁止他们参加任何政治性集会、游行或呼喊口号，违者将受到沙特现行制度的处罚，其中包括驱逐出境。③ 在长期管理朝觐活动的过程中，沙特政府和麦加市政府对朝觐活动的管理措施在实践中得以逐步完善。

（二）朝觐者的来源分析

1921—1924 年，前往沙特的朝觐人数呈不断递增趋势。以海路朝觐估算（主要是吉达港），1921 年抵达人数为 57255 人，1924 年达 75221 人。此后，纳季德与希贾兹之间战事加剧，1925 年朝觐时麦加虽已被沙特控制，但吉达仍在希贾兹国王的控制之下，当年大约只有 2352 名朝觐者抵吉达。1926 年朝觐是沙特完全合并希贾兹以后的首次朝觐，当年有 55725 名朝觐者抵吉达。自 1927 年开始，沙特采取了温和的朝觐政策，抵吉达人数飙升至 132109 人，此后 1928 年受"伊赫万"叛乱的影响而下降为 100767 人，1929 年为 88538 人，1930 年为 84821 人。④

---

① 史丽清：《朝觐在沙特阿拉伯王国》，《北京第二外国语学院学报》1996 年第 2 期。
② Moulvie Rafiuddin Ahmad, "The Mecca Pilgrims," *The British Medical Journal*, No. 5, 2009. 转引自苏聪、王新中《朝觐安全与麦加城市危机管理》，《吉林师范大学学报》（人文社会科学版）2012 年第 6 期。
③ 马劲：《多视角看伊斯兰教朝觐事务管理》，《中国宗教》2007 年第 11 期。
④ John Slight, *The British Empire and the Hajj: 1865 – 1956*, Cambridge, MA: Harvard University Press, 2015, p. 252.

表 Ⅱ-7-1　　　　1924—1930 年英帝国朝觐人数　　　　　　　（人）

年份	从印度港口出发者	马来人	非洲人（1927 年以前含苏丹人）	苏丹人	埃及人	合计
1924	18432	21263	3926		11231	54852
1925	—	—	—	—	—	—
1926	18937	3073	1377		16094	39481
1927	26514	12184	957	589	15547	55791
1928	14022	4418	2014	2051	14099	36604
1929	15146	1455	2338	1371	18522	38832
1930	11061	2590	3525	1065	17127	35368

资料来源：John Slight, *The British Empire and the Hajj: 1865 - 1956*, Cambridge, MA: Harvard University Press, 2015, p. 252.

1931—1933 年，海路朝觐者与 1930 年人数（84821 人）相比呈断崖式下跌，1931 年为 39346 人，1932 年为 29065 人，1933 年为 20705 人。英帝国朝觐人数与之前相比也呈锐减态势，已从 1930 年的近 3.6 万人跌至 1933 年的不足万人。[①]

表 Ⅱ-7-2　　　　1931—1933 年英帝国朝觐人数　　　　　　　（人）

年份	从印度港口出发者	马来人	非洲人（1927 年以前含苏丹人）	苏丹人	埃及人	合计
1931	7276	506	1558	588	4967	14895
1932	9634	80	780	527	2312	13333
1933	7093	101	509	420	1698	9821

资料来源：John Slight, *The British Empire and the Hajj: 1865 - 1956*, p. 252.

1934—1943 年，海路朝觐者抵达人数分别是 25291 人、33898 人、32423 人、49957 人、63788 人、57602 人、32152 人、9664 人、23863 人

[①] John Slight, *The British Empire and the Hajj: 1865 - 1956*, Cambridge, MA: Harvard University Press, 2015, p. 252.

和 20909 人。①

表Ⅱ-7-3　　　　　1934—1943 年英帝国朝觐人数　　　　　（人）

年份	从印度港口出发者	马来人	非洲人（1927 年以前含苏丹人）	苏丹人	埃及人	合计
1934	7399	173	891	534	4302	13299
1935	11113	617	1164	866	5361	19121
1936	8439	906	1196	2559	5724	18824
1937	10588	2524	4787	1658	10226	29783
1938	15238	4725	6046	2054	10096	38159
1939	17669	2059	4217	1238	8314	33497
1940	6179	61	3734	851	6879	17704
1941	4891	0	1818	156	2096	8961
1942	10444	0	7048	1396	3613	22501
1943	67	0	5129	2512	13135	20843

资料来源：John Slight, *The British Empire and the Hajj*: 1865 – 1956, p. 252.

随着第二次世界大战结束和民族独立运动的兴起，前殖民地国家的穆斯林逐渐成为外来朝觐人员的主要组成部分。以尼日利亚为例可以看出 20 世纪 60 年代朝觐者的开销以及费用构成情况。1961 年，尼日利亚陆路朝觐费用是 18 英镑 17 先令 6 便士，空路朝觐费用则相对较高：迈杜古里—吉达—迈杜古里朝觐线路需要 130 英镑，卡诺—吉达—卡诺朝觐线路需要 130 英镑，拉各斯—吉达—拉各斯朝觐线路需要 149 英镑 16 先令 4 便士，这些费用包括沙特人头税（head tax）、所得税（income tax）和朝觐向导费（mutawwifs' fee）。1967 年，卡诺朝觐航线收费为 132 英镑 12 先令，这些费用的构成参见表Ⅱ-7-4。②

---

① John Slight, *The British Empire and the Hajj*: 1865 – 1956, Cambridge, MA: Harvard University Press, 2015, pp. 243 – 244.
② O. E. Tangban, "The Hajj and the Nigerian Economy: 1960 – 1981," *Journal of Religion in Africa*, No. 3, 1991, p. 245.

表Ⅱ-7-4　　　　　1967年卡诺朝觐航线费用构成

项目	费用
包机费	98英镑10先令
沙特阿拉伯入境费	9英镑6先令
朝觐向导费	7英镑6先令
代理人手续费（9%）	8英镑10先令
尼日利亚航空公司手续费	3英镑10先令
沙特阿拉伯航空公司特许权使用费	3英镑10先令
两圣地费用（al-Haramayni Dues）	2英镑
合计	132英镑12先令

资料来源：O. E. Tangban, "The Hajj and the Nigerian Economy: 1960-1981," *Journal of Religion in Africa*, No. 3, 1991, p. 245.

1967年尼日利亚有7000名朝觐者，每人付给沙特的特许权使用费（royal ties）和朝觐向导费分别是3英镑10先令和7英镑10先令。因此，当年尼日利亚付给沙特的特许权使用费为2.45万英镑，朝觐向导费为4.9万英镑，合计为7.35万英镑。[①]

（三）朝觐经济的作用与影响

朝觐经济在沙特经济尤其是麦加地方经济中扮演着独特而关键的角色。1952年以前，朝觐税是最为直接的朝觐经济来源，而这与朝觐人数息息相关。自沙特王室1924年攻占麦加到1952年废除朝觐税，朝觐者主要来自英帝国，英帝国朝觐人数的多寡直接影响沙特朝觐税的收入。在1930年至1939年上半年沙特出口石油的油轮首次出港之间的数年间，尽管有美国在石油经济上给沙特的预付款，但朝觐经济依然是沙特最为主要的自主性经济来源，沙特甚至在"大萧条"期间提高朝觐税以求渡过难关。之后，第二次世界大战的爆发使朝觐经济与新兴的石油经济都陷入巨大的困境，石油出口较为困难，朝觐者也主要来自沙特周边地区以及印度次大陆，太平洋战争以后，由于东南亚地区被日军占领，马来亚、荷属东

[①] O. E. Tangban, "The Hajj and the Nigerian Economy: 1960-1981," *Journal of Religion in Africa*, No. 3, 1991, p. 249.

印度等地的朝觐者数量锐减甚至朝觐活动停止。第二次世界大战结束之前，石油经济虽无法取代朝觐经济成为沙特的主要经济来源，但其潜能已经开始显现。

第二次世界大战结束前，沙特经济凋敝，各项产业均十分落后，朝觐经济因"大萧条"与第二次世界大战而受到极大影响，朝觐业并未能促进沙特相关产业的发展。在航空时代到来前，传统朝觐的主体是农民与部落牧民①，其朝觐费用很难纳入沙特朝觐经济之中进行统计。在很长一段时间内，朝觐业整体上仍然表现出浓烈的基于信仰的跨国宗教运动的特质，并未出现消费主义的倾向。第二次世界大战后美国所主导的欧洲重建刺激了沙特石油工业的发展与石油产能的提升，巨额的石油美元收入使沙特不再需要将朝觐经济视为一个重要的经济来源，1952年废除朝觐税便水到渠成了，这也说明石油经济已经取代朝觐经济成为沙特经济的支柱并一直延续至今。

第二次世界大战结束以后，中东地区陷入整体性动荡与冲突中，朝觐业也受到一定程度的波及，但这已无关沙特经济发展的大局。随着民族解放运动思潮向经济领域的扩散，经济民族主义也席卷沙特，从20世纪70年代开始，沙特逐步收回了石油主权，但仍然与美国保持着政治与经济上的特殊关系。沙特政府在将石油作为推动和平进程的武器的同时，也开始考虑经济多元化战略，为后石油时代的到来做好准备。

曾作为前石油时代沙特经济支柱的朝觐经济在新的历史背景下再次受到重视，朝觐经济进入了"2.0时代"。与朝觐业相关的国营与私营部门如雨后春笋般发展起来，吉达与麦地那机场不断扩建，朝觐轻轨落地，朝觐高铁也即将竣工，各种豪华酒店不断出现，各种下游产业如手工业、餐饮业、农牧业、服务业蓬勃发展，政府也在不断扩建麦加大清真寺、增加医院和引进先进医疗设备、提升通信质量、扩充安保队伍等。朝觐经济过去的平民经济特质出现了明显的富人化倾向，并且朝觐经济分散于各行各业之中，因朝觐税早已取消，所以难以统计得出准确的数据。但石油经济仍然是沙特经济的支柱，石油美元为包括朝觐经济在内的非石油产业的发

---

① ［美］罗伯特·比安奇：《朝觐意味着什么？》，俞海杰译，徐以骅主编《宗教与美国社会》（第13辑），时事出版社2016年版，第205页。

展贡献了巨大的力量。近年来，与朝觐有关的商业已成为沙特经济中增长最快的部门，其从业人员数量为石油业的 4 倍，2002 年，旅游业成为沙特阿拉伯国家资产负债表上的一项净正（net positive）产业。① 2007 年前往麦加的宗教旅游者数量已达到 900 万人，当年旅游业（net tourism）为沙特创造了 600 亿美元的收益。沙特旅游业已创造了 73.8 万个工作岗位，占沙特全国就业岗位数的 8.6%。②

伊斯兰教朝觐活动皆以麦加为目标，在穆斯林的世界观里，麦加乃世界的中心。在当代，沙特围绕朝觐圣地积极构建以其为核心的伊斯兰国际体系。朝觐对于沙特构建伊斯兰国际体系具有重大意义。20 世纪 70 年代，埃以媾和意味着纳赛尔阿拉伯民族主义的彻底失败，极度西方化的伊朗在 1979 年伊斯兰革命后建立神权共和国意味着伊斯兰原则对于威斯特伐利亚原则的修正。伊朗以霍梅尼主义为核心思想向全世界"输出革命"，意图建立伊斯兰激进主义共同体，黎巴嫩真主党、巴勒斯坦哈马斯等组织便是受其影响；沙特则基于反纳赛尔主义和反霍梅尼主义的原则，以伊斯兰会议组织为主要框架试图打造国际伊斯兰阵营；而冷战结束后以"基地"组织为代表的伊斯兰极端势力在全世界构建了极端主义和恐怖主义的网络。以上三者共同构成了伊斯兰国际体系，这种体系在很大程度上超越了威斯特伐利亚体系的主权和不干涉原则，主权属于真主——这来自神圣的《古兰经》。③ 沙特希望凭借坐拥两大圣地的优势在伊斯兰国际体系中占据领导地位，因为"千余年来，朝觐圣地的制度对于团结全世界的穆斯林起了重大的作用，对于联系各种不同的教派发挥了最有效的纽带作用"④。

三　沙特朝觐经济的发展前景

随着石油经济局限性的逐渐凸显，朝觐经济对沙特政府的重要性再次呈上升趋势。尽管具有极高战略价值的石油在纷繁复杂的中东国际关系中

---

① Peter North, Harvey Tripp, *Culture Shock! A Survival Guide to Customs and Etiquette Saudi Arabia*, Tarrytown, NY: Marshall Cavendish Corporation, 2009, p. 170.
② Peter North, Harvey Tripp, *Culture Shock! A Survival Guide to Customs and Etiquette Saudi Arabia*, Tarrytown, NY: Marshall Cavendish Corporation, 2009, p. 170.
③ 钮松：《三种国际体系在中东并行交错》，《中国社会科学报》2011 年 6 月 9 日第 15 版。
④ ［美］希提：《阿拉伯通史》（上册），商务印书馆 1995 年版，第 159 页。

扮演着重要角色，但石油经济的"一枝独大"使沙特经济结构畸形生长。同时，石油经济的"资源诅咒"特征极为明显，沙特的国家经济能力甚至不如一些资源相对贫乏的国家。"资源禀赋较好的区域发展之所以会远远落后于资源禀赋较差的区域，就是因为在发展的初期，其过度依赖于一种生产要素即自然资源，这无异于饮鸩止渴。"[1] 最后，国际油价受到大国操控，甚至出现产量越高收益越低的局面；而新能源技术与页岩革命的兴起也对沙特的石油经济构成了新的挑战。

20 世纪 70 年代以来，沙特在获取巨额石油美元的同时，也在为后石油时代的经济发展做准备，其中包括大力发展朝觐业。与作为不可再生能源的石油资源相比，朝觐经济因为全球穆斯林人数的不断增长而欣欣向荣，沙特通过多种手段提升其朝觐接待能力，既不断提升可接待的朝觐者人数，同时对准那些更具消费能力的朝觐者，以谋求朝觐经济利润的最大化。英国《卫报》2010 年的一篇文章指出，当年约有 250 万人参加了朝觐，而朝觐者与前往麦加和麦地那的游客人数的总和将从目前的 1200 万人上升至 2025 年的 1700 万人。[2] 与沙特朝觐管理有着极大关联且不断增长的官僚主义进一步增加了朝觐的开销，主要包括代理人与中间人的收费。英国伊斯兰教协会的阿杰马勒·马索尔（Ajmal Masroor）由此感慨道："四年前我参加了朝觐，我只支付了 1400 英镑，那是负担得起的，或勉勉强强的。如今你们谈论着 4000 英镑或 5000 英镑，这对中产阶级和中等收入家庭而言，几乎是不可能的。"总而言之，"贫困穆斯林指出，假如不断上涨的朝觐价格将他们排除在圣地之外的话，平等的精神会被削弱"[3]。

此外，有各种批评指向麦加的城市建设，认为沙特正在不断摧毁旧的宗教遗迹且不断改变该城的地貌。英国伊斯兰遗产研究基金会的艾尔凡·艾阿拉维（Irfan Al-Alawi）指出："麦加正在变成麦哈顿（Mecca-hattan）"[4]，"一

---

[1] 王必达、王春晖：《"资源诅咒"：制度视域的解析》，《复旦学报》（社会科学版）2009 年第 5 期。

[2] "Mecca Makeover: How the Hajj Has Become Big Business for Saudi Arabia," *Guardian*, November 14, 2010, https://www.theguardian.com/world/2010/nov/14/mecca-hajj-saudi-arabia.

[3] Robert Pigott, "Are British Muslims being Priced out of Pilgrimages?," *BBC*, November 15, 2010, http://www.bbc.co.uk/news/uk-11749511? print = true.

[4] "Mecca-hattan" 一词根据 "Manhattan"（曼哈顿）而来，旨在讽刺麦加已变成如同纽约曼哈顿那样的消费城市。

切都被清除以为奢华酒店的不断推进让路,这正在摧毁麦加的神圣性且将普通朝觐者拒之门外"①。他认为,瓦哈比派将麦加的历史遗迹视为鼓励有罪的偶像崇拜而大肆摧毁,如圣妻赫蒂彻的住所被推倒并在原址上建成公共厕所,在第一任正统哈里发艾布·伯克尔的住所原址上如今盖起了希尔顿酒店,在艾布·伯克尔孙子的住所原址上是国王的宫殿。在他看来,最为严重的是麦加大清真寺正在历经耗资 400 亿美元的扩建,其朝觐者容纳量将从当前的 300 万人增至 2040 年的近 700 万人,这会导致大部分在该寺礼拜的朝觐者根本看不见克尔白(天房),"它看起来像一个机场航站楼,人们发现他们在向错误的方向礼拜,因为他们全然不知哪条路是通向清真寺的。这已制造了一场闹剧"②。在 2015 年朝觐开始前,麦加大清真寺施工现场吊臂车倒塌事件造成大量人员伤亡,引发了伊斯兰世界对于麦加城市安全的诸多质疑。

此外,沙特还加强了麦加、麦地那、吉达的交通设施建设。包括耗资 24 亿美元提升麦地那机场的年客流量,从 300 万人提升至 1200 万人;吉达阿卜杜勒阿齐兹国王国际机场年客流量从 3000 万人提升至 2012 年的 8000 万人。③ 连接麦加诸多朝觐地点的朝觐轻轨也已完工并投入使用,连接麦加与麦地那的朝觐高铁即将完工,这将极大地提升圣城的朝觐者运载能力。与麦加城内的大兴土木相比,"大众运输与基础设施的兴起,以及它们所提供的廉价服务,确实在更大范围内运送朝觐者方面发挥了作用,并且它们确实带来这一过程中不断增长的民主化"④。此外,为提升完成具体朝觐仪式的便利性,如朝觐者要顶着炎热的天气在萨法与麦尔卧两山之间奔走七次的赛尔伊仪式(sa'i),其单程便有 3.5 千米,沙特政府建设了空调通道,这减少了朝觐者的危险并提升了他们完成朝觐的效率。

---

① Oliver Wainwright, "City in the Sky: World's Biggest Hotel to Open in Mecca," *Guardian*, May 22, 2015, https://www.theguardian.com/artanddesign/architecture-design-blog/2015/may/22/worlds-biggest-hotel-to-open-in-mecca? CMP = fb_ gu.

② Oliver Wainwright, "City in the Sky: World's Biggest Hotel to Open in Mecca," *Guardian*, May 22, 2015, https:// www.theguardian.com/artanddesign/architecture-design-blog/2015/may/22/worlds-biggest-hotel-to-open-in-mecca? CMP = fb_ gu.

③ "Mecca Makeover: How the Hajj Has Become Big Business for Saudi Arabia," *Guardian*, November 14, 2010, https://www.theguardian.com/world/2010/nov/14/mecca-hajj-saudi-arabia.

④ Ian Reader, *Pilgrimage in the Marketplace*, New York: Routledge, 2016, p. 185.

1970年8月16日，沙特发布了第一个五年发展计划，其中对过去10年沙特的石油经济以及朝觐经济进行了总结。该计划提出，"过去10年沙特的经济纪录是令人羡慕的……对石油的依赖是源于石油充裕之优势的对立面。"① 数据显示，20世纪60年代石油经济已占沙特GDP的一半以上。②

表Ⅱ-7-5　　　　　　　　GDP 相对份额　　　　　　　（当前价格的%）

年度	1963—1964	1964—1965	1965—1966	1966—1967	1967—1968	1969—1970	1970—1971
原油生产	47.1	44.2	44.0	46.3	46.3	46.8	46.6
石油加工	6.1	6.4	6.4	5.9	5.6	6.0	6.1
合计	53.2	50.6	50.4	52.2	51.9	52.8	52.7

资料来源："Chapter Two: The Projected Growth of the National Economy," in *Development Plan 1390 A. H.*, p. 32.

五年发展计划专门提及朝觐，指出1969年外国朝觐者有40万人，估算沙特本国朝觐者有60万—90万人。朝觐业既包括私营部门提供的服务，也包括许多政府部门的工作。大量人口在极短时间内流入沙特西部地区，这对沙特政府部门提出了很高的要求，涉及朝觐部、内务部、卫生部、交通部、外交部、国防与航空部以及其他机构。与朝觐相关的计划包括"更加高效地运送、留宿和供食给朝觐者，并且提供任何类型的更好服务，如医疗保健"③。

沙特"2030愿景"开宗明义地指出："本国愿景的第一大支柱是作为阿拉伯与伊斯兰世界核心国家的重要地位。我们意识到，真主赐予我们的这片土地是一份比石油还珍贵的礼物。沙特阿拉伯王国是两大圣寺的所在地，两大圣寺是世上最为神圣的地方，也是克尔白天房（朝向）的所在

---

① "Chapter One: Introduction," in *Development Plan 1390 A. H.*, p. 21, http://www.mep.gov.sa/en/wp-content/plug ins/pdf-viewer-for-wordpress/web/viewer.php? file =/en/wp-content/uploads/2015/10/plan1ch1en.pdf.

② "Chapter Two: The Projected Growth of the National Economy," in *Development Plan 1390 A. H.*, p. 32, http:// www.mep.gov.sa/en/wp-content/plugins/pdf-viewer-for-wordpress/web/viewer.php? file =/en/wpcontent/uploads/20 15/10/plan1ch2en.pdf.

③ "Chapter One: Introduction," in *Development Plan 1390 A. H.*, p. 30.

之地，是亿万穆斯林祈祷礼拜的地方。"① 就朝觐业而言，"2030 愿景"指出：

> 对于所有穆斯林而言，沙特阿拉伯扮演着一个重要的角色，且早已成为热情好客的代名词。也正因为如此，沙特阿拉伯在朝觐者与各地信徒心中占据着重要的地位。我们有幸为两大圣寺、朝觐者以及所有前来圣地的游客服务。在过去十年间，前来本国朝觐的外国游客人数是原来的三倍，达到 800 万人。这是一项神圣的职责，要求我们不遗余力地满足朝觐者的需求，好好招待穆斯林兄弟姐妹，以完成我们的使命。②

2015 年，外来朝觐者达 800 万人，2030 年的目标是将朝觐者的年接待量从 800 万人增至 3000 万人。在此背景下，沙特还将优化签证申请流程，进一步将电子化服务融入朝觐者的旅程，国营与私营部门将合力为朝觐者改善膳宿并开发新型服务。③ 当然，沙特在不断扩大朝觐者接待能力的同时也期望将更多的机会留给首次朝觐的穆斯林。沙特宣布从 2016 年 10 月 2 日起向非首次朝觐者征收 2000 里亚尔的税，该税种早在 1946 年便曾酝酿征收。而印度的逊尼派巴勒维派神职人员在 1946 年便发布法特瓦表示反对，如今更是无法接受。孟买拉扎学院主席毛腊拉·赛义德·努里（Maulana Syed Noori）指出："逊尼派巴勒维派神职人员将会强调周五的清真寺聚会，以告知人们此事以及该税从沙里亚的角度来说是错误的。我们将前往世界各地的沙特使馆抗议这项即将对朝觐者征收的税，并将颁布更多的法特瓦。"④

全球前往麦加朝觐的人数从沙特王室统治麦加之初的每年数万人一跃为近年来最高约为 300 万人⑤，再加上不限制日期的全年性的副朝觐人

---

① Vision 2030, http://vision2030.gov.sa/SVpdf_ch.pdf.
② Vision 2030, http://vision2030.gov.sa/SVpdf_ch.pdf.
③ Vision 2030, http://vision2030.gov.sa/SVpdf_ch.pdf.
④ "Saudi Tax on Pilgrims on Second Haj Anti-Shariat, Ssay Barelvi Clerics," *Times of India*, September 24, 2016, http://timesofindia.indiatimes.com/city/bareilly/Saudi-tax-on-pilgrims-on-second-Haj-anti-Shariat-ssay-Barelvi-clerics/articleshow/54487790.cms.
⑤ 2012 年全球朝觐者突破 300 万人。

数，欣欣向荣的朝觐经济越发成为沙特经济转型中不可取代的重要领域，为沙特迈向后石油经济时代赋予了更大的战略意义。如果说石油经济是"夕阳产业"的话，那么朝觐经济则是"朝阳产业"。朝觐经济和石油经济先后在沙特经济中扮演过"一枝独大"的角色，在未来的沙特经济发展中，石油经济与朝觐经济的此消彼长趋势将更加明显。

第二节 国际朝觐卫生安全

伊斯兰朝觐作为全球穆斯林在规定的时间（都尔黑哲月8—12日）与规定的地点（麦加）的年度性盛会，除了对传统国际关系产生巨大影响之外，还对国际卫生安全构成了重大挑战。数以百万计的世界各大洲穆斯林同时聚集在热带干旱气候的圣城麦加完成朝觐功课，这本身就容易造成细菌与病毒的传播，尤其是全球在面临"非典"以及"中东呼吸综合征"等全球性疾病的挑战之时，作为世界上最大规模的跨国人口集会的伊斯兰朝觐更是对沙特以及朝觐穆斯林的母国的卫生安全构成巨大威胁。由于伊斯兰朝觐不同于一般的国际性政治、经济乃至文化活动，它是《古兰经》明确规定的宗教义务，因此世界各国不可能因国际卫生安全问题而取消朝觐，唯一的选择只能是加强国际卫生治理合作，最大限度地减少朝觐对国际卫生安全的影响，在此基础上积累经验并造福人类。

一 当代国际社会在伊斯兰朝觐与卫生安全上的治理合作

随着病毒性传染病的增多，穆斯林广泛分布于世界各大洲140多个国家和地区，以及飞机成为朝觐交通的主要工具，传染性疾病的传播源更广、传播速度更快，建立在海陆交通基础上的传统的朝觐检疫制度很难发挥效用。因为"航空旅行的速度意味着在出发之时便感染疾病的朝觐者直至其抵达另一国家时也不会显示出症状，从而有利于疾病甚至是全面暴发的流行病的传播"[1]。当前国际社会在伊斯兰朝觐与国际卫生安全方面的治理由相关国际组织与具体国家和地区政府宗教或卫生机构进行多层次合

---

[1] Shuja Shafi, Robert Booy, etc., "Hajj: Health Lessons for Mass Gatherings," *Journal of Infection and Public Health*, No.1, 2008, p.28.

作。首先，在国际组织方面，主要是政府间的世界卫生组织（WHO）及其地区组织、半官方的国际非政府组织"国际红十字与红新月运动"；其次，在具体国别相关机构方面，包括沙特朝觐部、卫生部以及各朝觐有关国家的卫生部门。这些部门之间直接或间接的合作为在朝觐活动中维护国际卫生安全发挥了积极作用。

（一）世界卫生组织发挥了全球官方性防治疾病政策制定与指导作用

随着第二次世界大战以后联合国的成立及其对民族解放运动的推进，越来越多的亚非拉殖民地获得了独立并建立主权国家。联合国作为新的政府间国际组织，具有最广泛的代表性，在维护国际和平以及具体领域安全中发挥了积极作用，包括成立于1948年、作为联合国下属组织的世界卫生组织，它在国际卫生安全领域发挥了积极作用。这与1851—1938年以西方主权国家为主体召开的14次世界卫生会议所具有的功能截然不同。尽管世界卫生组织仍然存在着各种缺陷，如制度性困境、民主赤字困境、财政困境[1]，但其参与国具有很强的代表性，其议题并非只关注西方国家的利益。许多新兴工业国家在世界卫生组织的框架下进行适合自身的合作尝试，以最大限度地打破西方大国在国际卫生领域的主导地位。如金砖国家便积极展开国际卫生治理合作，但"金砖国家所处的发展阶段以及对国际卫生问题的看法与应对经验，决定了这些国家之间进一步加深协调乃至成为全球卫生治理的新'领导集团'依然充满挑战"[2]。金砖国家中的中国、俄罗斯、印度便有着大量穆斯林，与朝觐有着密切的关联。世界卫生组织现行之《国际卫生条例（2005）》条款总体上适合包括朝觐卫生管理在内的国际卫生治理，其中某些条文具有相当的针对性，如其"第三章：对旅行者的特别条款"中包括"第三十条 接受卫生观察的旅行者""第三十一条 与旅行者入境有关的卫生措施""第三十二条 旅行者的待遇，第三十二条尤为提到"考虑旅行者的性别、社会文化、种族或宗教等方面的关注"；其附件二中"有可能引发国际传播的情况实例：在有当地传播证据的地方，存在指示病例（或其他有联系的病例）并且在上

---

[1] 晋继勇：《世界卫生组织改革评析》，《外交评论》2013年第1期。
[2] 汤蓓：《金砖国家致力成为全球卫生治理新力量》，《中国社会科学报》2013年4月12日第A06版。

个月内有下述历史",其中一条就是"参加国际集会(朝圣、体育竞赛、会议等)"[①]。

世界卫生组织继承了 1926 年《国际卫生公约》确立的全球分区管理原则,即在"一个全球协定的支持下将世界分为一系列正式的区域网络"[②],主要分为六个区域性办事处:非洲区域、欧洲区域、东南亚区域、东地中海区域、西太平洋区域、美洲区域。由于伊斯兰教已实现全球扩张,因此这六大区域都涉及本地区朝觐穆斯林的卫生安全,尤其是东地中海区域办事处(EMRO)涵盖了西亚、南亚、北非和东非的伊斯兰国家而成为朝觐卫生安全治理方面的主力。不仅如此,东地中海区域分支机构还配合世界卫生组织总部实施堪称当代"翻译运动"的"世界卫生组织全球阿拉伯语计划",该计划"凭借印刷和电子媒体提供准确、优质、及时的与健康相关之阿拉伯语信息,以积极地为维护和提升该地区人民之健康作出贡献。该计划提供翻译、出版和教育等方面的服务,并且促进健康相关的信息以其他民族语言传播"[③]。不仅如此,世界卫生组织还在其成员沙特利雅得建立了代表处。世界卫生组织主要通过总部、东地中海区域办事处和沙特代表处来重点关注与处理伊斯兰朝觐中的卫生安全问题,其他五个区域办事处和驻各国代表处予以协调处理。

(二)"国际红十字与红新月运动"发挥着全球半官方性的灾难救助作用

人类历史上最早与宗教朝圣有关的组织是"耶路撒冷、罗得岛及马耳他圣约翰主权军事医院骑士团"。该组织初名为"医院骑士团",并于 1050 年在耶路撒冷成立医院以帮助基督教朝圣者。1099 年第一次十字军东征占领耶路撒冷之后成为"天主教军事修士会",在丧失圣地之后不断迁徙直至 1798 年丧失所有据点,但迄今仍以宗教慈善医疗组织的形式活跃在世界各地并拥有主权地位,它迄今与 104 个国家建立了正式外交关系,1994 年成为联合国观察员。当代的"国际红十字与红新月运动"与

[①] 世界卫生组织:《国际卫生条例(2005)》,日内瓦:世界卫生组织,2008 年,第 25—26、48 页。

[②] Anne Sealey, "Globalizing the 1926 International Sanitary Convention," *Journal of Global History*, No. 3, 2011, p. 431.

[③] EMRO, "WHO Global Arabic Programme," http://www.emro.who.int/entity/global-arabic-programme/index.html.

"马耳他骑士团"则有所不同。1863年,针对欧洲战争中的伤兵救助问题,亨利·杜南发起了"伤兵救助国际委员会",1876年更名为"红十字国际委员会"。随着20世纪初许多美洲、亚洲、非洲国家红十字会的建立,尤其是美国红十字会开始将救援目标扩大至非武装冲突所导致的人道主义灾难,这引发了许多国家红十字会与"红十字会国际委员会"之间的冲突,并催生了"红十字会联盟"于1919年成立。随着20世纪下半叶亚非拉主权国家尤其是伊斯兰国家的纷纷独立,"红十字会联盟"于1983年更名为"红十字会与红新月会联盟",1991年最终定名"红十字会与红新月会国际联合会"(IFRC)。"红十字国际委员会"此后也与"红十字会与红新月会国际联合会"达成和解,两者与各主权国家的红十字会或红新月会共同组成了"国际红十字与红新月运动"。虽然在名称和标志上伊斯兰国家出于宗教偏好不愿意使用"红十字",但"国际红十字与红新月运动"本身并没有宗教偏好,这也成为参与该运动的绝大多数非基督教国家采用"红十字"名号的重要原因。"红十字会与红新月会国际联合会"设有五个地区办公室,其中中东与北非办公室设在约旦首都安曼。沙特红新月会积极配合各国红十字会和红新月会的工作并在朝觐卫生安全问题上发挥积极作用。除了对朝觐者的疾病救治以外,沙特红新月会还积极配合相关国家红十字会对因踩踏事故而导致的受伤朝觐者进行救助,在朝觐过程出现的踩踏事故中,语言问题就是一个重大挑战,尽管沙特红新月会向朝觐者发放一些提供具体建议的小册子,但"许多到麦加的人无法阅读阿拉伯语,因此我们也有必要关注不同的语言",印度红十字会与印尼红新月会尤其受到沙特红新月会的提醒。[①]

(三)伊斯兰世界联盟下属之"国际伊斯兰救援组织"发挥了宗教性国际救援职能

为了对抗以埃及为首的世俗主义阿拉伯民族主义,以沙特为首的政教联盟为基础的阿拉伯君主国高举伊斯兰主义的大旗与之对抗。沙特利用1962年朝觐之机,联合其他20多个伊斯兰国家成立了总部设立在麦加的

---

① IFRC, "Saudi Red Crescent Cares for Pilgrims at Mecca," http://www.ifrc.org/ar/news-and-media/news-stories/middle-east-and-north-africa/saudi-arabia/saudi-red-crescent-cares-for-pilgrims-at-mecca/.

"伊斯兰世界联盟"（MWL），该组织对自己的定位是"非政府伊斯兰国际组织"，其主要活动包括"传播伊斯兰教，阐明其原理与原则，驳斥对伊斯兰教的怀疑性和不实指控""劝说人们遵守真主的命令，远离被禁止的行为"，其实施原则是遵循伊斯兰教法，采取非暴力的途径，其具体方式包括"利用朝觐时节将穆斯林精英集合在一起，并鼓励他们之间进行意见的交流"[①]。就与伊斯兰朝觐卫生安全相关的职能而言，伊斯兰世界联盟创建委员会于 1978 年第 20 次通过、并于 1979 年获得王室许可之后，"国际伊斯兰救援组织"（IIROSA）作为伊斯兰世界联盟的机构之一得以正式成立。该组织的救援目标包括伊斯兰国家在内的世界各国，其重点活动区域在伊斯兰国家。该组织是联合国经社理事会（ECOSOC）观察员，并积极支持联合国难民署（UNHCR）、联合国近东巴勒斯坦难民救济和工程处（UNRWA）以及世界卫生组织的诸多救助计划。由于"国际伊斯兰救援组织"的主要目标不在卫生防疫，因此其主要是辅助性地展开一些有关朝觐的工作。以 2011—2012 年年度报告为例，其"社区发展与季节性计划项目"就包括"朝觐者的免费餐：4 万份脱水餐已在伊历 1432 年（2011）朝觐时节分发给 4 万名朝觐者"；"代理朝觐：88 名朝觐者代表他人在伊历 1432 年（2011）朝觐时节完成了朝觐功课"；"支持慈善计划"，由麦加地区囚犯与释囚福利委员会具体实施资助获释的囚犯开展副朝（Umrah）活动；向一些组织和机构提供朝觐戒衣（Ihraam）等物品。[②]该组织提供的健康、卫生的衣食有助于减少朝觐疫情的发生，资助麦加地区释囚副朝有助于缓解沙特在朝觐人数方面的压力，代理他人朝觐也有助于为那些身体不适却充满朝觐意愿的穆斯林提供某种借鉴。

（四）沙特主要对口部门具体实施朝觐相关的卫生安全治理工作

与朝觐相关的卫生治理是一个庞大的系统工程，沙特相关部门在朝觐卫生治理上与对口国际组织之间形成了"国际—国内"的紧密互动。沙特管理的特点是朝觐部统筹兼顾，卫生部与沙特红新月会在政策与实践上各司其职，国际伊斯兰救援组织在实践上发挥辅助性作用，呈"一体两翼

[①] MWL, "Introduction Page," http：//www.themwl.org/Profile/default.aspx？l=EN.

[②] IIROSA, "Report on the Overall Performance of the International Islamic Relief (IIROSA's) Programs and Projects 2011 – 2012," http：//www.egatha.org/pdf/annualreport/iirosa_annualreport_3233_en.pdf.

一辅"的格局。

沙特朝觐部成立于1960年，作为统筹包括卫生安全事务在内朝觐事务的主要负责部门。当时名为"朝觐与宗教基金部"，1993年该部宗教基金部门独立出去，成立"伊斯兰事务、宗教基金、宣教及指导部"，两圣寺管理事务以及天房幕帘（Kiswa）工厂也从该部独立出去，成立"两圣寺与先知寺事务管理总处"，随后该部更名为"朝觐部"。卫生部负责联系世界卫生组织，同时处理朝觐卫生管理与服务人员配备、开发朝觐卫生服务电子系统等事务；沙特红新月会负责联系"国际红十字与红新月运动"的地区和国家组织，同时负责朝觐期间圣地的卫生防疫与医疗急救工作，尤其是设立医院和配备形式多样的医疗硬件设施；卫生部与沙特红新月会之间相互配合，由于沙特红新月会会长是沙特王储，因此其实际效能非常显著。

作为世界卫生组织的成员国，沙特卫生部是代表沙特参与世界卫生组织活动的主导部门，《国际卫生条例》的规范通过沙特卫生部而在沙特境内实施。早在1925年，沙特在刚刚攻占希贾兹后于麦加建立了公共卫生署（PHD），其下属的公共卫生与急救部门（PHA）大力建设医院与卫生中心，"王国境内那一阶段必需之医疗的服务范围的不断扩大，包括对朝觐与副朝的服务，导致了成立公共卫生委员会（PHC）的需要"[1]。随着沙特国家政治现代化的不断提升，国家政体迈向统一，"希贾兹位于沙特王国的西部，采取的是奥斯曼帝国留下的行政体系。纳季德地处内陆，多是游牧部落，政治上处于一种传统的模式""两地政府多年维持原状"，直到第二次世界大战结束后，沙特才开始建立全王国的机构[2]，在此背景下，沙特卫生部（MoH）于1951年正式成立。沙特卫生部特别设立了朝觐与副朝卫生服务总司，其目标是与卫生部其他部门合作，实现朝觐无疫情的目标，其具体工作包括：就朝觐活动开展与卫生部相关委员会和部门的组织和协调工作；就即将到来的朝觐召开定期会议；与朝觐筹备委员会主席通力合作，在议程框架内组织、安排与记录会议事项并将其分发给各

---

[1] Saudi Ministry of Health, "About the Ministry," http://www.moh.gov.sa/en/Ministry/About/Pages/default.aspx.
[2] 钮松:《沙特阿拉伯王国的政治现代化》,《武汉大学学报》（人文科学版）2007年第6期。

委员会，满足各委员会和部门的要求，克服所有困难；与麦加和麦地那的卫生事务官员合作，在人力、设备与项目方面得到满足；准备英文和阿文的朝觐卫生计划并递呈内政部；与组织和方法总司合作，参与更新与发展卫生中心、医院和所有朝觐相关委员会的工作；与信息技术总司合作推出一项计划，突出杰出雇员的名字并授予其奖章；通过提供雇员各种福利以提升朝觐公共服务委员会的效能，包括在朝觐期间提供合适住房、现代交通方式和其他所有需求；与朝觐有关的其他公共部门合作。[1] 沙特卫生部还开发了 e 电子技术，该系统以互联网技术为核心，其中朝觐卫生服务包括：（1）"易贾德"（Ejad）[2] 系统，以连接朝觐者及其指导机构、圣地医院，提供英阿双语服务，通过手机和电子邮件等发布信息，用于寻觅受伤与失散人员，确保在医院注册的朝觐人员与指导机构之间的联系而无须排查医院，提供医院地址等详细信息；（2）"临时访问之朝觐人力资源"系统，在拉嘉伯月、舍尔邦月和拉马丹月接受沙特国内外的医生网上申请，详细了解其经验、学历和相关材料之后由卫生部与候选人进一步沟通；（3）为卫生部雇员提供"朝觐时节候选人咨询服务"和"朝觐参与要求"系统。[3]

1932 年沙特—也门战争结束之后，在当时公共卫生署署长的建议下，1934 年沙特王国颁布敕令成立类似其他国家红十字会、红新月会等组织的"国家医疗救助协会"，由国王任荣誉主席。该协会旨在救助病人以及伤员，毫无疑问，此后该机构有必要继续在战地以外地区开展更广泛的工作。1940 年，该协会与在麦加的慈善救助协会联合，扩展为沙特红新月会（SRCS）。1963 年，沙特红新月会（SRCA）根据国王法令成立，其总部位于利雅得，效力覆盖全国，该体系建立在《日内瓦公约》以及由国际红十字会委员会所制定的基本原则之上。其章程指出：沙特红新月会被视为在国际上代表沙特阿拉伯红新月会的唯一实体，与其他专门机构合作

---

[1] Saudi Ministry of Health, "Health Services for Hajj and Umrah General Department: Tasks and Responsibilities," http://www.moh.gov.sa/endepts/Hajj/Pages/task.aspx.

[2] 阿拉伯语原意为发现、寻找。

[3] Saudi Ministry of Health, "Hajj Health Services List," http://www.moh.gov.sa/en/eServices/Hajj/Pages/defaul t.aspx.

为朝觐者提供卫生服务。① 沙特红新月会在圣地麦加与麦地那共设有 118 个中心，在陆地内湾设有 28 个中心，此外还有 176 个永久中心；有 1820 名成员参与急救服务，配备 331 台可同时容纳 2 名患者的大型救护车。② 沙特红新月会是沙特境内唯一具备实施医疗急救（EMS）功能的机构，其配备多架救援直升机之举更是走在世界前列。

二 21 世纪以来伊斯兰朝觐与卫生安全治理案例

随着病毒性传染病成为国际传染病的主要形式，且随着全球人口流动的数量与频率的剧增，伊斯兰朝觐不可避免地受到这些传染病的影响且难以置身事外。对于圣地麦加而言，国际传染病的来源分为两种：一种是沙特和中东地区以外的地区流传的病毒性疾病，如严重的急性呼吸系统综合征（SARS）；另一种是起源于沙特本地的病毒性疾病，如中东呼吸综合征（MERS）；SARS 病毒和 MERS 病毒均属于冠状病毒。庞大的朝觐人群是沙特和其他国家之间病毒性传染病的潜在传播中介。如何防止国际性传染疾病因朝觐而入侵沙特，如何防止沙特本土性传染疾病因朝觐而在全球扩散，是国际社会面临的重大考验。

（一）严重急性呼吸系统综合征与伊斯兰朝觐

事实上，被广泛称为"非典型肺炎"的"严重急性呼吸系统综合征"（SARS）只是非典型肺炎的一种，但它在国际社会最广为人知且酿成全球恐慌。研究认为，SARS 病毒来源于中华菊头蝠③，而果子狸为其中间宿主，病毒传播途径是"蝙蝠—果子狸—人"。在感染人体时，这种病毒能特异性地与肺内的 ACE2 受体结合，从而进入人体细胞内。由于此受体几乎不存在于呼吸道表层，因此需要吸入大量的病毒才能有足够的病毒到达易感区从而引起感染，这一特点决定了 SARS 病毒主要感染在拥挤环境下密切接触的人群，如医护人员、家人等。世界卫生组织确认 SARS 发端于中国广东，最早发现时间是 2002 年 11 月初，其后在 2003 年 2—3 月随着人口流动而开始大幅向外传播，尤其是中国香港特区和台湾地区、越南、

---

① Saudi Red Crescent Authority, "History," https：//www.srca.org.sa/en/About/History.
② Ministry of Hajj, "Saudi Red Crescent," http：//www.hajinformation.com/main/u9.htm.
③ Xingyi Ge, "Isolation and Characterization of a Bat SARS-like Coronavirus that Uses the ACE2 Receptor," *Nature*, No. 503, 2013, pp. 535–538.

新加坡和加拿大成为 SARS 主要疫区。就伊斯兰朝觐而言，国际社会力图将 SARS 阻挡于沙特之外。由于作为纯粹阴历的伊斯兰历与公历有着较大误差，因此每年的朝觐月"都尔黑哲月"与公历月份误差较大。2003 年朝觐于当年 1 月开始，此时 SARS 还未在全球广泛扩散，主要疫区并非伊斯兰国家，中国西北穆斯林聚居区亦非主要流行省份，因此未对朝觐造成卫生安全方面的威胁。随着疫情的加剧以及世界卫生组织的全力介入，国际社会开始意识到 2003 年的副朝以及 2004 年初的朝觐可能引发 SARS 全球扩散问题。

2003 年初的朝觐全世界有 200 多万名穆斯林参加，朝觐过程的拥挤是不言而喻的，正因如此，时常会有踩踏事故发生，这也预示着 SARS 等传染性疾病所需的人对人传播概率在朝觐过程中会被放大。2003 年 4 月 10 日，沙特卫生部禁止近期去过疫区的人士入境。沙特驻中国内地、新加坡、中国香港特区和菲律宾的外交机构被要求停止签发副朝签证。沙特在全国各地区主要医院设置隔离站，各入境口岸按照世界卫生组织的要求加强卫生检疫，如入境人士体温超过 38°C 就会被询问世界卫生组织所确定的问题：(1) 他们是否具有 SRAS 的其他症状，如咳嗽、呼吸困难、气短；(2) 他们或其家人是否与 SARS 确诊者有过亲密接触；(3) 他们在过去的 10 天里是否到过任何 SARS 感染地区。2003 年 4 月 28 日，沙特卫生部成立了以利雅得为总部的特别委员会来处理 SARS 相关事务。由于国际社会的密切配合，SARS 疫情逐步得到控制，在世界卫生组织连续 20 日无新案例报告之后，沙特于 2003 年 7 月 8 日对来自 SARS 疫区人士的入境禁令解除，与此同时仍加强入境卫生监控。2003 年 9 月 27 日至 11 月 10 日，300 万名穆斯林参加了副朝，其中有沙特本国穆斯林 180 万人，外国穆斯林 120 万人。沙特对来自疫区的朝觐者在其离开自己国家的 10 日内禁止入境。① 正因沙特政府、卫生部密切配合世界卫生组织的部署，采取严格措施，最终成功地将 SARS 阻挡于国门之外，沙特无感染 SARS 病例的报道，事实上，整个中东地区也未有感染 SARS 的案例。在 2003 年下

---

① Ziad A. Memish, Annelies Wilder-Smith, "Global Impact of Severe Acute Respiratory Syndrome: Measures to Prevent Importation into Saudi Arabia," *Journal of Travel Medicine*, No. 2, March 2006, pp. 127 – 129.

半年副朝的成功经验上，2004年初的朝觐顺利进行，当年共有201.2074万名穆斯林参加朝觐，其中非沙特籍穆斯林为141.9706万人，分别低于2003年初的朝觐穆斯林总数204.1129万人和非沙特籍穆斯林人数143.1012万人。①

（二）中东呼吸综合征与伊斯兰朝觐

如果说2003年初的朝觐刚好在SARS全球肆虐之前，且中东并非其发源地亦非疫区，沙特对SARS是防御战，那么中东呼吸综合征则兴起于沙特且持续在沙特兴风作浪，沙特力图确保该传染病不因朝觐人群而向更广泛的地方扩散。2012年初，一名感染MERS病毒的沙特人去世。MERS病毒首次被一名身处沙特吉达的埃及病毒学家阿里·穆罕默德·扎基从一名60岁感染男子身上分离出来，被称作新型的冠状病毒，2012年9月20日，在国际传染病协会（ISID）的ProMED-mail上予以公开。②直到2013年5月，MERS病毒被称为"类SARS病毒"，甚至被西方国家媒体称为"沙特SARS"。目前MERS病毒的中间宿主尚不明确，有报道称，中东呼吸综合征患者发病前曾接触骆驼、羊。目前已发现MERS病毒能在灵长类、蝙蝠、猪等动物细胞内复制繁殖，这说明该病毒可能具有更广泛的感染宿主。③在潜伏期上，这两种病毒有所不同，SARS感染后患者潜伏期为2—14天，而MERS病毒感染后潜伏期约为10天。在目前航空业高度发达的情况下，患者感染病毒后直至出现明显症状前，有足够的时间将MERS病毒携带至其他国家和地区。

一名沙特人和一名到访过沙特的卡塔尔人在染病之后一个月死亡，2012年朝觐将于当年10月开始，世界卫生组织与沙特高度关注MERS与朝觐的相互影响。由于朝觐的年度性和大规模性，无论是世界卫生组织还是沙特政府从未对其掉以轻心，正如美国国家传染病基金会会长威廉·斯卡夫纳（William Schaffner）所指出的："我认为政府对其医疗设施感到自

---

① Ministry of Hajj, "Hajj and Umrah Statistics," http：//www.hajinformation.com/main/l.htm.
② ISID, "Novel Coronavirus-Saudi Arabia: Human Isolate," September 20, 2012, http：//www.promedmail.org/direct.php? id = 20120920.1302733.
③ Marcel A. Müller, "Human Coronavirus EMC Does not Require the SARS-coronavirus Receptor and Maintains Broad Replicative Capability in Mammalian Cell Lines," *mBio*, No.6, November/December 2012.

信，对其能力感到自信，而且从第一天起，我就告诉他们，我们只能提出指导方针与建议，我们将不能阻挡人们前来朝觐。"① 世界卫生组织按照《国际卫生条例》的要求及时向其成员通报了 MERS 的具体情况，"世界卫生组织正与沙特紧密合作——正如之前的那些年一样——以支持沙特针对下个月前往麦加朝觐的访客的卫生措施"②。2012 年朝觐期间，沙特红新月会派遣了 1750 名急救员和 600 名志愿者到关键事件地区的 26 个站和 47 个点；移动指挥中心巴士分布于该地区以协调行动，在朝觐者密集区还派遣摩托车救援人员以方便第一时间进行诊断，甚至还出动 8 架医疗直升机以方便转运；整个团队处理了 6660 袋生理盐水、3710 袋 5% 葡萄糖溶液（D5W）和 10150 袋乳酸林格氏液；朝觐期间消耗了 418 个 M 形和 682 个 D 形氧气瓶③的氧气供应和存储，以及 18200 个成年的、7950 个儿童的以及 7000 个高效空气微粒过滤（HEPA）口罩；所有在朝觐期间的急救费用都由沙特国王予以支付。④ 2012 年有 316.1573 万名穆斯林完成朝觐功课，首次突破 300 万人大关，其中沙特本国朝觐者为 140.8641 万人，外国朝觐者为 175.2932 万人。⑤ 据麦加地区埃米尔兼中央朝觐委员会主席哈立德亲王所透露的数据，2012 年朝觐总数在 316 万—365 万人。⑥ 超出官方数据的朝觐者都是未注册的沙特本国居民。由于措施得当，2012 年朝觐并无朝觐者感染 MERS。

随着 MERS 在 2013 年的继续肆虐，沙特等国又出现了多个感染和死亡病例，当年的朝觐卫生安全形势不容乐观。2013 年 7 月 14 日，沙特卫生部针对朝觐与副朝发表声明，建议老年人，患有心、肾、呼吸系统疾病

---

① Katie Moisse, "Saudi Health Officials Brace for Hajj Pilgrimage to Mecca," *ABC News*, September 27, 2012.

② WHO, "Novel Coronavirus Infection-Update," September 25, 2012, http://www.who.int/csr/don/2012_09_25/en/index.html.

③ D 形氧气瓶容量为 350 升，M 形氧气瓶容量为 3000 升。

④ Kenneth D'Alessandro, William Leggio, "Hisham Al Mubaireek, Muslim Mass Pilgrimage Poses Logistical & Planning Challenges: EMS Needs during the Hajj Are Coordinated by Several Saudi Government Agencies," *Journal of Emergency Medical Services*, No. 9, September 2013.

⑤ Royal Embassy of Saudi Arabia in US, "3161573 Pilgrims Perform Hajj This Year," October 27, 2012, http://www.saudiembassy.net/latest_news/news10271201.aspx.

⑥ "Saudi Arabia Declares Hajj 2012 One of the Most Successful," *Al Arabiya News*, October 29, 2012.

和糖尿病等慢性病的病人，患先天性或后天性免疫缺陷的病人、肿瘤患者、孕妇和儿童当年不要朝觐，前往沙特朝觐时需要出示前往沙特前至少10天的预防脑膜炎的疫苗接种证书。① 7月25日，世界卫生组织发布针对当年伊斯兰朝觐的旅行建议，"本文件对那些在未来数月有朝圣者前往进行穆斯林朝觐小朝和大朝的国家当局带来指导，预防、发现并且管理中东呼吸综合征冠状病毒输入病例。在现阶段，朝圣者个人感染中东呼吸综合征冠状病毒的危险被视为很低"，其主要内容包括：对危险信息进行有效沟通（即穆斯林朝觐大朝或小朝前、期间及之后所采取的行动）、在边境及针对运输工具采取的措施。② 不仅如此，沙特政府2013年减少了外国朝觐名额的20%、本国名额的50%。当年外国朝觐者人数为137.9531万人，来自188个国家，其中129.2098万人乘飞机抵达，7.2535万人从陆路抵达，1.4898万人从海陆抵达，沙特给本国的朝觐数额分配是11.7万人。③ 但事实上，2013年沙特本国朝觐者人数为60.0718万人，超出配额部分为未经注册的朝觐者。④ 2013年总朝觐人数为198.0249万人，比2012年减少了118.1324万人，其中外国朝觐者比2012年减少了37.3401万人。正是得益于朝觐总人数的剧减以及沙特红新月会良好的运作，2013年10月朝觐期间，其急救需求下降了28%，提供急救服务时畅通无阻，其中空中急救涉及近32个病例。⑤ 2013年朝觐也没有出现朝觐者感染MERS的病例。

尽管2012年和2013年的朝觐由于国际社会的积极应对和沙特各相关部门的协同治理而没有朝觐者感染MERS，但MERS疫情并未在沙特得到遏制。据沙特卫生部2014年2月16日的通报，一名罹患癌症的22岁男子因感染MERS而去世，这是第60位因此病丧生者，而全世界因此病丧

---

① Saudi Ministry of Health, "MOH Issues Health Regulations for Those Flocking to Saudi Arabia to Perform Umrah and Hajj-1434H," July 14, 2013, http://www.moh.gov.sa/en/CoronaNew/News/Pages/news-2013-7-14-001.aspx.

② 《世界卫生组织对前往沙特阿拉伯王国进行穆斯林朝觐时有关中东呼吸综合征冠状病毒暂行旅行建议》，2013年7月25日，http://www.who.int/ith/updates/20130725/zh/index.html。

③ Royal Embassy of Saudi Arabia in US, "1379531 Pilgrims from 188 Countries Arrived for Hajj," October 13, 2013, http://www.saudiembassy.net/latest_news/news10131302.aspx.

④ Fouzia Khan, "Locals Seek Cap on Haj Cost," *Arab News*, October 21, 2013.

⑤ Dhu Mina, "SRCA President: Requests for Emergency Service Decreased by 28 Percent during Hajj Season," *Saudi Press Agency*, October 16, 2013.

生者为 79 人，全世界 182 个患病病例中有 145 例在沙特。① 在这种形势下，沙特国内未经注册的朝觐者是潜在的 MERS 传播源，2012 年有近 50 万人，2013 年有 48.3718 万人。沙特本国人的"朝觐难"也是一个不容忽视的问题，其引发的私自朝觐对 MERS 阴影下的沙特卫生治理成效构成巨大挑战，对于世界各国朝觐者的健康与生命安全也是重大的威胁，而如何解决沙特的"朝觐难"问题是一个复杂的系统工程。

第三节　新冠疫情背景下国际朝觐卫生安全及其对朝觐经济的影响

2020 年初新冠疫情暴发以来，沙特与圣城麦加疫情蔓延迅速，防控形势严峻。沙特政府基于本国及全球防疫现实考虑，最终出台 2020 年朝觐新政，首度停止境外穆斯林朝觐，仅从沙特境内各国穆斯林中筛选人数极为有限的人员展开朝觐，2021 年的朝觐政策基本上延续了 2020 年的做法。新冠疫情背景下沙特的朝觐政策主要从朝觐者的选拔方式、朝觐的具体组织方式和疫情之下的朝觐特别要求三方面进行了详细安排，尤其注重个人健康状况和公共卫生安全。沙特朝觐新政事实上平衡了抗击新冠疫情与全球穆斯林朝觐之间的三大结构性矛盾：维护全球卫生健康安全与确保朝觐功课连贯开展之间的矛盾；外防疫情输入与确保全球外籍穆斯林朝觐权利之间的矛盾；内防疫情扩散与确保境内各国穆斯林朝觐权利之间的矛盾，保障了朝觐活动的顺利进行。但难以回避的问题是，沙特 2020 年和 2021 年规模不一的象征性朝觐对于沙特朝觐经济是不言而喻的重创。

一　新冠疫情下沙特朝觐新政出台的背景

2020 年 6 月 22 日，沙特朝觐部发表声明，当年（伊历 1441 年）的朝觐将继续进行，但只限少数位于沙特境内的不同国籍人士。沙特朝觐事务大臣穆罕默德·本廷（Mohammed Banten）6 月 23 日透露，当年麦加朝

---

① "MERS Toll in Kingdom Hits 60," *Arab News*, February 17, 2014.

觐人数将控制在 1000 人左右①,而 2019 年全球参加朝觐的大约有 249 万人,其中 185 万人为来自沙特境外穆斯林。② 这是沙特阿拉伯王国自建国以来首次停止境外穆斯林朝觐。沙特朝觐事务部及两圣寺就 2020 年的特殊朝觐进行了协商与工作部署。③ 沙特政府做出的这一历史性决定与新冠疫情在全球、沙特以及圣城麦加的扩散态势有着直接关联。

2020 年新年伊始,新冠病毒在全球迅速传播。截至 8 月 2 日,全球新冠病毒感染确诊病例累计超过 1766 万例。④ 中东地区是全球新冠疫情重灾区之一,该地区第一个疫情大规模暴发的国家是伊朗。从 2 月下旬开始,受到伊朗疫情暴发的影响,沙特等多个阿拉伯国家陆续出现确诊病例。自3 月 2 日确诊沙特境内首例新冠病例以来,沙特疫情呈现出快速蔓延趋势,成为中东地区除伊朗以外确诊感染人数最多的国家,防控形势极其严峻。从 4 月 1 日起,沙特新冠感染确诊人数一直位列阿拉伯国家累计确诊病例的前三。据沙特卫生部 8 月 2 日公布的数据,沙特新冠感染累计确诊病例为 278835 例,治愈总数为 240081 例,共计死亡 2917 例,在过去 24小时内新增病例 1357 例。⑤ 圣城麦加作为伊斯兰教的第一圣地,各国穆斯林前来展开全年性的副朝觐和年度性朝觐。2020 年 2—3 月,陆续有多个国家的副朝觐人员大规模感染病毒,麦加独特的宗教地位加上严峻的疫情形势更是加剧了沙特境内的疫情传播。针对圣城的特殊情况,沙特政府此前已有针对性地实施了关闭圣寺和暂停副朝的措施,封锁圣城麦加和麦地那,直至实行宵禁的政策,以应对严峻的防疫形势。

朝觐是伊斯兰教规定的"五功"之一,沙特王国作为两圣地的守护者和"伊斯兰盟主",组织并确保年度性朝觐活动的安全开展是头等大

---

① 涂一帆:《沙特遭遇"双重打击"要过紧日子》,2020 年 7 月 16 日,http://ihl.cankaoxiaoxi.com/2020/0716/ 2415730. shtml。沙特宣布,由于新冠病毒蔓延,2020 年只允许约 1000 人参加朝觐,然而,当地也有媒体在 7 月报道称 2020 年朝觐人数可能会增至 1 万人。

② إحصاءات الحج: إحصاءات المعتمرين حسب جنسية القادم من خارج المملكة العربية السعودية, 2019, https://www.stats.gov.sa/ar/28.

③ سلطان بن سلمان, https://www.my.gov.sa/wps/portal/snp/pages/news/newsDetails/CONT-news-230620201.

④ World Health Organization, "WHO Coronavirus Disease (COVID-19) Dashboard," August 3, 2020, https://www.who.int/emergencies/diseases/novel-coronavirus-2019/situation-reports.

⑤ وزارة الصحة: تسجيل (5488) حالة تعافي جديدة وإجراء (59010) فحوصات خلال الـ 24 ساعة الماضية, ذو القعدة 1441, https://www.moh.gov.sa/Ministry/MediaCenter/News/Pages/News-2020-07-15-005.aspx.

事。正是考虑到沙特境内外新冠疫情大流行的持续风险，沙特及时推出 2020 年的特殊朝觐政策便顺理成章了。沙特外交部新媒体中心（CMC）2020 年发布的朝觐宣传海报顶部上写有"穆斯林的健康与安全是我们的首要目标"的标语。① 组织年度性伊斯兰朝觐活动是沙特的头等大事，也是各种内外安全挑战的焦点所在。尽管沙特在全球朝觐卫生治理上取得了诸多卓有成效的经验，但面对新冠疫情仍采取了谨慎态度，并做了充分准备来迎接 2020 年的朝觐活动。

二 新冠疫情下沙特维护国际朝觐卫生安全的举措及其成效

沙特 2020 年的朝觐政策主要包含三个方面，即朝觐者的选拔方式、朝觐的具体组织方式和疫情之下朝觐的特别要求。

（一）朝觐者的选拔方式

沙特规定，2020 年的朝觐名额将按照不同比例分给沙特公民和常驻沙特的外籍居民，其中 30% 将分给沙特公民。沙特公民的朝觐名额将侧重向医疗卫生抗疫人员倾斜，即只有从新冠病毒感染中康复的医务人员和安全人员才能参加朝觐，政府将从康复人员的数据库中挑选符合健康标准的人员参加朝觐。

对于沙特境内的外籍穆斯林，沙特政府公布了不同的选拔政策。首先，政府对于申请朝觐的外籍人士有着严格的筛查标准。沙特朝觐部制定了详细标准：申请人必须持有沙特居住证；年龄在 20—50 岁；此前未参加过朝觐；没有糖尿病、高血压和心脏病等慢性疾病或其他呼吸系统疾病，没有感染新冠病毒或出现类似症状；持有聚合酶链反应（PCR）医学测试证明；疫情期间需接受核酸检测，持有效的核酸检测及身体健康证明并且同意在朝觐前后强制居家隔离 14 天。此外，申请者需依照卫生部的方案，通过移动应用程序每天与卫生部保持接触。② 不难发现，身体健康状况将是外籍穆斯林 2020 年能否参加朝觐的主要因素。其次，外籍穆斯林需要登录沙特朝觐部网站进行网上自主报名，网站开放时间为 7 月 6—

---

① نظرم كرمز التصال والإعلام الخارجية لوزارة الخارجية السعودية, https://www.mofa.gov.sa.
② قرارات الحج والعمرة "معايير صحية دقيقة لاختيار حجاج موسم حج 1441هجرية، 7 شوال 1441"، https://www.haj.gov.sa/ar/News/Details/12489.

10 日,初次申请成功名单于 7 月 12 日宣布。届时沙特政府将为申请成功者进行朝觐资格登记,并发放朝觐许可证,最终结果将以短信的形式发送至申请人的手机上。沙特卫生部表示,如果在申请过程中出现不符合卫生或法规要求的情况,该申请将被视为自动取消。如果所提供的信息有出入,有权随时取消审批。①

(二)朝觐的具体组织方式

在疫情防控的背景下,沙特政府各部门之间相互配合,通力合作,加紧对确保 2020 年朝觐者的安全特别是卫生安全进行了细致的安排。具体而言,首先,沙特政府在朝觐者前往圣城麦加的各个入境点设置了朝觐者聚集区和检查站,这些检查站还配备了兽医小组,负责确保运送到圣城的牲畜的安全和健康;在麦加建立了一个面积为 6000 平方米的朝觐者集聚中心,并根据朝觐者的分组来进行各自区域的划分;对两圣地道路及帐篷进行维护、维修,确保帐篷中的朝觐者每 50 平方米不超过 10 名。从 7 月 19 日起,持有朝觐许可证的朝觐者被分为每组不超过 20 人的若干小组,各组配备专用的公共汽车及朝觐者的固定座位,他们统一接受医学检查后才能进入圣城和各朝觐地点。其次,沙特内政部发布政策,禁止无朝觐许可证的人士在朝觐期间进入圣地(米纳、穆兹达里法和阿拉法特),违反者将受到惩罚。沙特内政部 7 月 13 日的声明呼吁所有沙特公民和外籍居民须遵守 2020 年的朝觐指示,强调安全人员会在朝觐期间履行其职责,以防止无朝觐许可证者在朝觐期内进入圣地,并对所有违法者实施制裁。沙特政府将对任何未获朝觐许可而进入圣地(米纳、穆兹达里法和阿拉法特)的非法朝觐者处以 10000 里亚尔的罚款,该处罚将随着违法行为的重复而加倍,这是对违反预防措施的系列惩罚中的一部分,以防止新冠病毒在即将到来的朝觐期间大流行和蔓延。② 最后,沙特国家疾病预防控制中心配合卫生部,针对当前朝觐季发布特殊的卫生规章制度,对朝觐期间朝觐者的卫生与健康做出了详细规定:(1)自朝觐开始至结束,所有朝觐者都必须始终佩戴口罩,并在指定地点以适当方式处置口罩;(2)为

---

① وزارة الحج والعمرة: "معايير صحية دقيقة لاختيار ضيوف موسم حج 1441"، 7 شوال 1441، https://www.haj.gov.sa/ar/News/Details/12489.

② وزارة الداخلية السعودية: "تعلن عن إجراءات احترازية وتدابير وقائية صحية إضافية"، 11 ذو القعدة، https://www.my.gov.sa/wps/portal/snp/pages/news/newsDetails/CONT-news-020720202.

朝觐者指定单独的住所,并制定适合其情况的交通路线和时间表,朝觐者要在设有醒目标志的集合地点等待,在存取行李、餐厅用餐时,应确保两人之间保持1.5米的距离;(3)朝觐期间若有朝觐者出现流感症状,如体温高、咳嗽、流鼻涕、喉咙痛或嗅觉和味觉突然消失等症状,应暂停朝觐,直至其症状消失并取得专业医生的允许之后,方可继续朝觐。①

(三)疫情之下对朝觐的特别要求

在特殊的疫情期间,沙特政府对于朝觐也有特别要求。首先,朝觐者必须随身携带沙特政府发放的智能卡和卫生袋。智能卡里包含朝觐者详细个人信息以及朝觐旅行相关的注意事项和管理规定,卫生袋则备有礼拜毯、消毒剂、口罩等必要的宗教和疾病防控物品。其次,沙特政府将为朝觐者提供渗渗泉水和普通饮用水,麦加大清真寺和其他朝觐地点的所有水箱将被拆除,朝觐者在朝觐时需使用政府发放的专人专用的水杯(包括一次性水杯)。朝觐者在进行射石仪式时,所掷石头必须预先消毒并装在包装袋中;在进行绕行仪式时,朝觐者之间的距离至少应为1.5米;参加加马拉桥投石驱鬼仪式时,每次不能超过50个朝觐者,每两个朝觐者之间的距离应保持在1.5—2米。此外,朝觐者不得触摸或亲吻禁寺神圣的克尔白天房和黑石。安保人员应严格监督社交距离和其他卫生规程的遵守情况。②

(四)沙特朝觐新政确保了国际朝觐卫生安全

2020年沙特朝觐政策的核心考量便是停止境外穆斯林前往沙特开展朝觐活动,将过去长期执行的沙特境内外穆斯林朝觐并举的模式,简化为仅限于从沙特境内各国穆斯林中筛选人数极为有限的人员展开朝觐。这一沙特王国自建国以来史无前例的朝觐政策在新冠疫情全球肆虐的大背景下获得了世界卫生组织和多数国家的理解。2021年6月12日,沙特朝觐事务部表示,鉴于新冠疫情仍在全球蔓延,该年度朝觐仍限于沙特国民及在

---

① المركز الوطني للوقاية من الأمراض المعدية: "وقاية": تعلن عن المستجدات الخاصة بالوقاية من الإصابة بفيروس كوفيد (كوفيد 19) للموسم, حج 1441هـ وذ تعدك, https://www.my.gov.sa/wps/portal/snp/pages/news/newsDetails/CONT-news-06072020 2.

② المركز الوطني للوقاية من الأمراض المعدية: "وقاية": تعلن عن المستجدات الخاصة بالوقاية من الإصابة بفيروس كوفيد (كوفيد 19) للموسم, حج 1441, https://www.my.gov.sa/wps/portal/snp/pages/news/newsDetails/CONT-news-060720202.

沙特境内常住的外籍人士，人数限制在6万人以内。[①]

朝觐管理是一个庞大的系统工程，尤其是在全球疫情持续的状态下，2020年和2021年的朝觐活动均面临着严峻的安全风险和诸多亟待解决的棘手问题。从新冠疫情背景下沙特政府紧急采取的朝觐新政的具体内容和实践来看，沙特总体上保障了朝觐活动的平稳进行。沙特政府根据实际情况对长期施行的朝觐政策进行了适当的改进，实际上有助于平衡抗击新冠疫情与全球穆斯林朝觐之间的三大结构性矛盾：第一，平衡了维护全球卫生健康安全与确保朝觐功课连贯开展之间的矛盾；第二，平衡了外防疫情输入与确保全球外籍穆斯林朝觐权利之间的矛盾；第三，平衡了内防疫情扩散与确保境内各国穆斯林朝觐权利之间的矛盾，这体现了沙特朝觐治理能力和面对突发危机时应对能力的提升。

三 疫情下的沙特朝觐政策对朝觐经济的影响

在疫情背景下沙特于2020年和2021年实施的特殊朝觐政策最大限度地维护了国际朝觐卫生安全，而这也是全球卫生安全的重要组成部分，但对全球朝觐经济特别是沙特朝觐经济造成了重大的冲击。一方面，2020年和2021年沙特两度停止境外穆斯林前往麦加朝觐的行为，对包括沙特在内的全球朝觐经济产业链造成了根本性的打击，而朝觐业是沙特迈向后石油经济时代重点打造的朝阳产业；另一方面，沙特为了确保面向境内各国穆斯林的缩略版的朝觐活动的顺利开展，在麦加疫情防控、朝觐者的卫生检疫和组织管理等方面给予了较多的资金投入。尽管2021年度的朝觐者数量增至6万人，但与近年来两三百万名朝觐者的峰值相比，仍有巨大的数量落差。

在新冠疫情暴发后，在沙特正式宣布停止境外穆斯林参加2020年度朝觐之前，便有沙特学者关注到疫情对沙特朝觐经济的负面影响："资本主义制度建立在商品、服务和人员的快速与永久流转的基础之上。当航空业停止时，旅游业也停止了。当旅游业停止时，外汇流也停止了。"他还

[①] 李超：《沙特公布2021年麦加朝觐事宜 朝觐人数将限制在6万人以内》，2021年6月12日，http://news.cri.cn/erduozixun-xinwenhezuo/20210612/d7e6f7e4-635b-b14b-9cfa-e270c23494d8.html。

指出沙特的旅游业受到负面影响，如"副朝觐旅行被停止，对宗教旅游部门的收入产生了不利影响；在麦加和麦地那经营酒店业的公司和酒店受到禁令的影响更为严重；国际和国内的旅行禁令暂停了朝觐，这将影响沙特地面服务公司和沙特航空餐饮公司的收入和现金流"①。

英国利兹大学学者西恩·麦克洛克林（Seán McLoughlin）指出，在过去十年中，沙特王国每年接待190万—320万名朝觐者，为沙特经济创造了80多亿美元的年收入。

> 鉴于新冠病毒引发的经济危机，当前对石油的需求大幅下降，该病毒的长期影响可能会对沙特阿拉伯试图通过扩大朝觐旅游来实现经济多样化的野心造成打击。它还突显了对沙特境外朝觐业进行治理与监管的关注。考虑到2020年数百万份朝觐套餐史无前例地被取消，围绕跨国朝觐链的供应商与客户之间的业务关系无疑将持续数月乃至数年的紧张状态。即使在欧洲，旅行者根据欧盟法律应获得退款，但现金流问题意味着一些朝觐旅行社正在寻求推迟退款至2021年。②

也有学者进一步补充分析了疫情对沙特经济的重大影响，此前"朝觐与宗教旅游的年收入高达200亿美元，约占沙特石油部门以外收入的20%。甚至有计划将朝觐变成沙特阿拉伯的新石油，并进一步开发收入的可能性，如麦加的豪华酒店为富有的朝觐者提供一套能俯瞰克尔白的套房，每晚价格超过5000美元"③。事实上，2019年参与沙特朝觐配套服务各部门的工作者共有35.1万人，其中公共服务部门工作者数量达25.8万人，占比为73.5%；2020年的朝觐季"本是全世界穆斯林前往麦加和麦

---

① Torky Althaqafi, "The Impact of Coronavirus (COVID 19) on the Economy in the Kingdom of Saudi Arabia: A Review," *International Journal of Business and Management Review*, Vol. 8, No. 3, 2020, pp. 35–36.

② Seán McLoughlin, "Hajj 2020: Coronavirus Pandemic Frustrates Saudi Vision for Expanded Religious Tourism," June 26, 2020, https://theconversation.com/hajj-2020-coronavirus-pandemic-frustrates-saudi-vision-for-expanded-religious-tourism-141142.

③ Karim El-Gawhary, "Impact of COVID-19 on Saudi Arabia: Shaking the House of Saud to the Core," 2020, https://en.qantara.de/content/impact-of-covid-19-on-saudi-arabia-shaking-the-house-of-saud-to-the-core.

地那履行正朝义务和沙特朝觐旅游旺季,但疫情导致沙特国内实施封禁措施、国际航班停运以及世界其他地区疫情正处于暴发阶段,与此配套的各类服务、餐厅、酒店和旅游景点陷入停工状态"①。

  疫情使得沙特关键的石油经济和朝觐经济均遭受重创,使沙特的朝觐经济布局面临着更多的不确定因素。沙特也在积极运作以便化危为机,促进疫情下的经济发展转型,如加速推进数字经济。对于沙特乃至全球朝觐经济产业链的组成国家而言,只有新冠疫情得到根本性缓解,国际卫生安全得到切实实现,其朝觐经济利益才能从根本上得到保障。

---

① 潘潇寒:《新冠疫情下沙特经济社会转型的挑战及其应对》,《阿拉伯世界研究》2021年第3期。

第八章　中东变局与沙特的国家形象构建

国家形象是沙特国家实力和影响力的重要体现，在很大程度上伴随着大国与沙特关系的调整、沙特角色定位的转变以及中东地区局势的演变而发生变化。近年来，沙特构建国家形象的一系列行为从本质上讲是应对国内、地区和国际危机进行的危机管理，其中既有沙特的被动应对，也有主动塑造。

第一节　国际社会对沙特国家形象的认知

国际社会对沙特形象的认知总体上呈现出负面认知高于正面认知的特点，尤其是"9·11"事件和中东变局以来的地区乱局固化了国际社会对沙特形象的负面认知。

一　国际社会对沙特国家形象的认知及特点

石油经济的繁荣使得沙特的国际影响力迅速上升，开启了沙特的现代化进程，国际社会基于沙特经济、宗教、政治、社会和文化影响力，逐渐形成了对沙特国家形象的总体认知。

（一）经济形象

石油经济为沙特带来了巨额财富，但这些财富却集中在处于沙特社会上层的王室成员手中。根据2015年6月发布的《福布斯》富豪榜，沙特首富瓦利德·本·塔拉勒（Al-Waleed bin Talal）亲王以280亿美元的净资产位列全球富豪榜第 34 位。① 2016 年，沙特国王萨勒曼的净资产估计为 170 亿美元。② 整个沙特王室的资产净值超过 1.4 万亿美元。③ 坐拥巨额财富的沙特王室成员在国际社会一向以"财大气粗"和"挥霍无度"的形象示人。沙特积极开展金援外交，国际社会对沙特逐渐形成了"对外援助大国"的形象认识。国际货币基金组织前总裁罗德里戈·德拉托（Rodrigo de Rato）曾赞赏沙特在为区域国家和发展中国家提供经济和金融支持方面发挥了积极作用。④ 沙特的大部分双边项目和发展援助的资金都是由沙特发展基金会（Saudi Fund for Development）⑤ 提供的，该基金会以直接提供项目援助的方式开展活动。自 1975 年成立至 2015 年底，沙特发展基金会共提供了 604 笔贷款，总额超过了 47098.68 百万瑞士法郎；这些款项资助 578 个发展计划和项目，为全球 82 个发展中国家提供资金。⑥ 除沙特政府提供对外援助项目外，沙特国内的众多慈善组织和非政府组织向世界各国和地区提供人道主义和慈善服务。费萨尔国王基金会（King Faisal Foundation）是沙特具有全球影响力的国际慈善组织，其宗旨是维护和延续沙特费萨尔国王的遗产。自 1976 年成立以来，该基金会已投资数亿沙特里亚尔用于建造学校、清真寺、医疗中心和研究机构，它在世界各地开展的慈善项目数量达数百个。至 2015 年，费萨尔国王基金会已支出超过 19 亿沙特里亚尔支持其支柱计划、慈善项目和教育奖学金。⑦

---

① "Prince Alwaleed Bin Talal Alsaud," *Forbes*, https：//www.forbes.com/profile/prince-alwaleed-bin-talal-alsaud/. 登录时间：2018 年 3 月 20 日。
② "Saudi King, UAE President at the Center of the Panama Papers," *TeleSUR*, April 4, 2016, https：//www.telesurtv.net/english/news/Saudi-King-UAE-President-at-the-Center-of-the-Panama-Papers-20160404-0024.html. 登录时间：2018 年 3 月 20 日。
③ "Wealth & Finance," *House of Saud*, http：//houseofsaud.com/wealth/. 登录时间：2018 年 3 月 20 日。
④ "De Rato Trip Highlights Reforms and Regional Issues," *IMF Survey*, Vol. 34, No. 20, 2005, p. 319.
⑤ 沙特发展基金是根据 1974 年 9 月 1 日沙特王室颁布的第 M/48 号法令成立的，该基金自 1975 年 3 月 1 日起正式运行，主要宗旨是为发展中国家的发展项目提供必要的贷款和融资所需的技术援助，并保证国家非原油出口。
⑥ 参见沙特发展基金会官方网站（*Saudi Fund For Development*，https：//tinyurl.com/y8zf9wzv），登录时间：2018 年 3 月 15 日。
⑦ 参见费萨尔国王基金会官方网站（*King Faisal Foundation*，http：//www.kff.com）。

（二）宗教形象

阿拉伯半岛是伊斯兰教的发源地，沙特坐拥麦加和麦地那两大伊斯兰教圣城，全世界各地穆斯林每年都要赴麦加参加朝觐活动，履行宗教功修。宗教圣地和朝觐活动不仅赋予了沙特神圣的宗教形象和宗教使命，而且为沙特拓展在伊斯兰世界的软实力提供了重要基础。沙特政府历来注重利用朝觐季围绕各国政府、组织和个人关心的重要议题开展非正式多方磋商，巩固沙特对伊斯兰世界事务的领导地位。"9·11"事件后，缘起于美国国内的反沙特浪潮逐渐扩散至全球层面。袭击事件中的 19 名劫机者中有 15 人来自沙特，美国国内舆论认为是作为沙特官方意识形态的瓦哈比主义豢养了"基地"组织头目本·拉登等恐怖分子，进而将沙特在全球范围内传播瓦哈比教义视为对国际安全和美国本土安全的重大威胁。有美国学者指出："多年来，沙特的个人捐款和慈善组织一直是'基地'组织最主要的资金来源。"[①] 沙特被越来越多的西方国家贴上"支持恐怖主义"的负面标签，国家形象一落千丈。

（三）政治形象

长期以来，沙特作为海湾地区大国一直秉持低调稳健的外交风格，外交和经济是其维护国家形象的重要手段，避免使用军事手段，更倾向于在"幕后"发挥作用，并不寻求主导地区事务。[②] 2011 年 1 月，埃及穆巴拉克政权倒台后，沙特一改以往低调的外交风格，开始高调介入地区冲突和热点问题，试图取代埃及成为争夺地区事务的主导者。沙特先后介入叙利亚危机和也门战乱，造成了严重的人道主义危机。在也门问题上，为阻止伊朗向也门境内的胡塞武装运送导弹等军火物资，沙特关闭了也门通往外部的陆地、海上和空中通道。联合国方面曾多次呼吁以沙特为首的联军重新开放人道主义救援通道，以确保食品和药物被运送至也门境内，缓解也门国内的人道主义危机。联合国驻也门人道主义协调员杰米·麦高德瑞克（Jamie McGoldrick）表示，这些伤亡事件表明包括沙特领导的联军在内的

---

① Maurice R. Greenberg, William F. Wechsler and Lee S. Wolosky, "Terrorist Financing: Report of an Independent Task Force," *Council on Foreign Relations*, 2002, p. 8, https://www.cfr.org/content/publications/attachments/Terrorist_ Financing_ TF. pdf. 登录时间：2018 年 11 月 8 日。

② Yoel Guzansky, *The Arab Gulf States and Reform in the Middle East: Between Iran and the "Arab Spring"*, London: Palgrave Macmillan, 2015, p. 219.

各方力量"在这场荒谬的战争中继续漠视生命"①。沙特高调介入地区冲突和热点问题,不仅加剧了地区问题的复杂性,还使自身国家形象蒙受损失,国家威信遭受质疑。2018 年 3 月 7 日,沙特王储小萨勒曼访问英国,引发英国各界的抗议。伦敦街头出现抗议沙特王储访英的广告牌,英国在野党"影子内阁"国际开发事务大臣凯特·欧萨默尔指出,由于沙特等国的军事封锁,超过 2200 万名也门人急需人道主义援助。

(四)社会形象

沙特文化具有阿拉伯文化和伊斯兰教文化的双重背景,具有强烈的宗教色彩。被视为"沙特文化主要标志"的瓦哈比主义②推行保守的伊斯兰教教义,其对沙特民众尤其是穆斯林女性的日常行为和着装制定了严格的教规戒律,深刻影响着沙特国内的社会形象和文化氛围。沙特是世界上少数几个设立"宗教警察"③职位的伊斯兰国家之一。与此同时,沙特政府长期以来对言论的压制,使得任何批评政府和王室以及质疑伊斯兰教教义的声音通常都不被政府容忍,新闻审查在沙特无处不在。④ 严格的性别隔离制度,男性监护人制度等都成为阻碍沙特社会现代化和妇女权利的重要因素。直到 2015 年 12 月,沙特妇女才首次获得地方选举的投票权。2017年 9 月,沙特官方宣布从次年 6 月起允许女性持有本国驾照,至此结束了沙特作为全球唯一禁止女性驾车的国家的历史。根据 2017 年世界经济论坛发布的《全球性别差距报告》,沙特阿拉伯的性别平等状况在全球 144个国家中列第 138 位⑤,较 2016 年的第 141 位⑥仅上升了 3 位。沙特妇女

---

① 王莉兰:《联合国官员:沙特联军空袭也门 一日内致 68 平民亡》,环球网,2017 年 12 月 29 日,http://world.huanqiu.com/exclusive/2017-12/11485471.html. 登录时间:2018 年 3 月 20 日。

② Harvey Tripp and Peter North, *Culture Shock! Saudi Arabia: A Guide to Customs and Etiquette*, Singapore: Times Media Private Limited, 2003, p. 14.

③ 宗教警察(*muṭawwi*)是指部分保守的伊斯兰国家基于严格的伊斯兰教法"规范"民众日常行为的警察。该群体通常会在街头巡逻,严格规定穆斯林的着装和实行性别隔离制度,敦促穆斯林按时礼拜。尽管宗教警察自诩为"扬善惩恶"的群体,但其激进的行为方式仍饱受批评。

④ "Saudi Arabia Profile-Media," *BBC*, January 23, 2015, http://www.bbc.com/news/world-middle-east-14703480. 登录时间:2018 年 3 月 20 日。

⑤ *Global Gender Gap Report* 2017, World Economic Forum, 2017, p. 11, http://www3.weforum.org/docs/WEF_GGGR_2017.pdf. 登录时间:2018 年 3 月 15 日。

⑥ *Global Gender Gap Report* 2016, World Economic Forum, 2016, p. 15, http://www3.weforum.org/docs/GGGR16/WEF_Global_Gender_Gap_Report_2016.pdf. 登录时间:2018 年 3 月 15 日。

社会地位和政治参与度的低下,使得"保守""落后""封建""男女不平等"等负面表述已成为西方国家看待沙特社会的固化"标签",制约着沙特构建正面国家形象。

国际社会对沙特国家形象既有负面认知,也有正面认知。在经济方面,沙特王室成员虽挥霍无度,但沙特政府在世界范围内开展的援助外交也为沙特塑造了良好的对外援助大国的形象。在宗教方面,沙特利用朝觐不断确立和巩固"伊斯兰世界盟主"的形象,但其对外输出的瓦哈比意识形态成为伊斯兰极端主义重要的思想来源,导致"9·11"事件后国际社会将沙特与"恐怖主义"联系在一起。在政治方面,"阿拉伯之春"以来沙特改变一向低调稳健的外交风格,高调介入叙利亚战事、也门危机等地区冲突和热点问题。然而,这些以对抗伊朗的地区扩张为主要目标的军事行动,非但没能有效解决问题,反而进一步加剧了地区冲突的烈度和复杂性,叙利亚和也门等地区国家人道主义状况不断恶化,沙特的国家威信受到质疑。在社会方面,沙特的公民自由和妇女权利问题一直饱受国际社会诟病,沙特也因此被贴上了"保守""落后""不自由""男女不平等"等负面标签。国际社会对沙特国家形象的认知主要具有以下几大特点:

第一,地区国家对沙特形象的负面认知高于正面认知。

根据 2013 年皮尤研究中心 2007 年至 2013 年的四次调查结果,沙特阿拉伯在地区国家民众眼中的形象呈现大幅下滑趋势,尤其是黎巴嫩、埃及、巴勒斯坦和土耳其对沙特形象的负面认知呈现加剧态势,四国民众对沙特形象呈正面态度的比例分别下降了 31 个、14 个、13 个和 13 个百分点(见表Ⅱ-8-1)。[①]

第二,国际社会对沙特形象的认知高度分化。

2013 年皮尤研究中心对 39 个国家的 37653 名受访者进行的一项调查显示,沙特在中东地区的形象呈现高度分化的态势。其中,约旦、埃及对沙特形象总体持正面态度,但其他国家对沙特的认知不一,土耳其对沙特的负面认知尤为明显。巴基斯坦、印度尼西亚等穆斯林人口占多

---

① "Saudi Arabia's Image Falters among Middle East Neighbors," *Pew Research Center*, October 17, 2013, http://www.pewglobal.org/2013/10/17/saudi-arabias-image-falters-among-middle-east-neighbors/. 登录时间:2018 年 3 月 15 日。

表Ⅱ-8-1　　　　部分国家对沙特形象持积极态度的情况　　　　　（%）

年份\国家	2007	2008	2012	2013	变化幅度
黎巴嫩	82	69	50	51	-31
土耳其	40	36	23	26	-14
埃及	91	84	81	78	-13
巴勒斯坦	65	/	/	52	-13
约旦	90	91	90	88	-2
突尼斯	/	/	40	40	/
印度尼西亚	86	81	/	82	-4
马来西亚	63	/	/	63	0
巴基斯坦	87	97	95	95	8
尼日利亚	/	/	/	51	/
塞内加尔	/	/	/	72	/

资料来源："Saudi Arabia's Image Falters among Middle East Neighbors," *Pew Research Center*, October 17, 2013, http://www.pewglobal.org/2013/10/17/saudi-arabias-image-falters-among-middle-east-neighbors/. 登录时间：2018年3月15日。

数的非中东伊斯兰国家对沙特形象的认知趋于正面。[①] 受"伊斯兰恐惧症"的影响，西方国家的舆论对沙特形象的认知整体上趋于负面。

第三，"9·11"事件和中东变局以来的地区乱局固化了国际社会对沙特形象的负面认知。

"9·11"事件后，"反恐"成为美国等西方国家与中东国家关系的重要议题，沙特对瓦哈比意识形态的输出加重了沙特"支持恐怖主义"的负面形象。中东变局以来，沙特对叙利亚反对派武装的支持，使得地区安全局势进一步恶化，为"伊斯兰国"等恐怖组织的壮大提供了契机；地区乱局造成的难民问题给欧洲地区的经济和社会造成了巨大压力；与沙特

---

① "Saudi Arabia's Image Falters among Middle East Neighbors," *Pew Research Center*, October 17, 2013, http://www.pewglobal.org/2013/10/17/saudi-arabias-image-falters-among-middle-east-neighbors/. 登录时间：2018年3月15日。

争夺地区领导权的伊朗则从舆论层面加大了对沙特的攻击,这导致"落后""愚昧""恐怖主义""好斗的伊斯兰"等标签进一步固化了国际社会对沙特形象的负面认知。

二 沙特国家形象构建的现实挑战

沙特身处局势复杂的中东地区,是阿拉伯地区和伊斯兰世界的大国。沙特在构建国家形象的过程中不仅面临着国内政治经济宗教等方面的挑战,复杂的国际局势和地区乱局也对其国家形象构建形成严峻挑战。

第一,从地缘政治的角度来看,"9·11"事件后中东地区格局的演变导致地区力量对比发生变化,沙特周边的地缘环境发生了重要转变。

"9·11"事件后,美国小布什政府将打击国际恐怖主义、确保美国本土安全作为美国外交政策的首要任务,提出对中东地区的"整合政策",加紧对地区国家的控制,先后发动阿富汗战争和伊拉克战争。伊拉克战争后,伊拉克国内和地区什叶派政治力量崛起,伊朗图谋建立"什叶派新月地带",这使沙特及其主导的海合会国家感到自身日益面临着来自伊朗势力的威胁。与此同时,逊尼派占主体的传统君主国家内部的什叶派,也开始在国内谋求获得更多权力。① 美国为推行"大中东民主计划",不断干涉中东国家内部事务,其霸权行径和对中东的"民主改造",使地区反美情绪逐渐高涨,宗教极端组织乘机利用地区国家民众的反美情绪,加大了对美国以及以色列和沙特等美国地区盟友的攻击。萨勒曼国王上台后,沙特高调介入叙利亚战事和也门乱局,外交政策的激进转向不仅使沙特国防开支猛增②,还使沙特陷入了进退两难的境地。2015年3月,沙特领导十余个伊斯兰国家对也门境内武装组织发动军事行动,使也门陷入了

---

① 刘中民:《中东政治专题研究》,时事出版社2013年版,第486页。
② 美国布鲁金斯学会(Brookings Institution)学者研究指出,也门战争每月耗费德黑兰数百万美元,而利雅得每月耗费60亿美元。Bruce Riedel, "Who Are the Houthis, and Why Are We at War with Them," The Brookings Institution, December 18, 2017, https://www.brookings.edu/blog/markaz/2017/12/18/who-are-the-houthis-and-why-are-we-at-war-with-them/. 登录时间:2018年4月15日。

深重的人道主义危机，沙特等国受到国际社会的强烈谴责，沙特因此再次陷入国家形象危机中，沙特王储兼国防大臣穆罕默德也因其也门政策而备受国际社会的批评。

第二，从沙特与西方国家关系的角度来看，西方世界与伊斯兰世界关系的变化以及全球反伊斯兰思潮的兴起，对作为伊斯兰世界盟主的沙特构成了严峻挑战。

一直以来，沙特与美国保持着密切的盟友关系，美国不仅是沙特重要的战略合作伙伴和武器供应国，也是沙特的第一大贸易伙伴。"9·11"事件令美沙关系受到冲击，而奥巴马时期美国改善与伊朗关系并推动各方达成伊核全面协议，导致美沙关系进一步恶化。直至特朗普上台后，美国政府调整中东政策，重新确立了美国对伊朗的敌对态度，注重通过调动地区盟友体系来遏制伊朗的地区生存空间，使美沙关系逐步回暖。尽管特朗普政府与沙特之间仍存在分歧，但由于遏制伊朗这一共同目标的驱使，两国不断巩固同盟关系，沙特依然是美国在中东地区重要的战略合作伙伴之一。此外，自1979年伊朗伊斯兰革命以来，西方对于伊斯兰教产生了超乎寻常的兴趣，不断渲染西方正在面临伊斯兰主义力量的严重威胁。在西方甚嚣尘上的"伊斯兰威胁论"将整个伊斯兰世界与激进的伊斯兰势力混为一谈，导致全球反伊斯兰思潮逐渐兴起，沙特作为伊斯兰教两圣城的守护者和伊斯兰世界的盟主，其国家形象也连带受到了影响。

第三，从能源角度来看，国际能源结构的调整使得国际能源市场上石油供大于求，严重冲击了沙特的能源产业。

近年来，随着技术的不断进步，对太阳能、风能、核能等新能源和可再生资源的开发和利用成为新的趋势，国际能源消费结构日益多元化，传统油气生产国陷入了供过于求的困境，这对以石油作为国家支柱产业的沙特而言无疑具有巨大的冲击力。不仅如此，过去的美国是沙特最大的石油进口国，但随着美国国内页岩气资源开发力度的加大，美国对沙特能源的依赖大幅降低。2013年，美国超过沙特和俄罗斯成为全球第一大石油生产国。[①] 与此同时，俄罗斯在国际能源市场上的份额也日益增加，2016年

[①] 林海虹：《沙特经济转型：愿景与挑战》，《国际问题研究》2018年第3期。

12月，俄罗斯石油产量达到1049万桶/天，首次超过沙特1046万桶/天的产量。① 国际能源结构的转变和市场供需关系的变化，使得沙特正在丧失石油市场的垄断地位。

第四，从伊朗的角度来看，近年来，沙特与伊朗之间的关系持续恶化，双边关系一直以宗教意识形态的对立和持续争夺地区霸权为特征。②

沙伊关系在很大程度上受到美国中东政策的影响，奥巴马时期美国与伊朗关系的改善，加剧了美沙关系的紧张。"阿拉伯之春"后，地区国家民众对推翻专制政权的呼声持续高涨，沙特和伊朗一方面要避免自身卷入乱局并维护国内政权的稳定，另一方面还要利用民众抗议来打击教派地缘政治对手的势力。③ 为此，伊朗积极支持巴林国内占人口多数的什叶派民众争取"民主权利"的斗争，沙特则利用军事手段、经济手段防止"阿拉伯之春"在海湾君主制国家尤其是在巴林和阿曼等海湾国家扩散。沙特还基于教派矛盾，动员地区国家的逊尼派民众抗衡什叶派阵营的国家，沙特试图推翻叙利亚巴沙尔的阿拉维派政权就是其中的典型，这在很大程度上导致沙特与伊朗的地缘博弈不断升级。

除地区和国际因素外，国内因素也对沙特构建积极的国家形象形成了挑战，其主要体现在以下几个方面。

第一，在经济层面，经济结构性矛盾阻碍着沙特现代化转型。

沙特是阿拉伯世界最大的经济体，一直被视为"能源超级大国"，石油经济为沙特积累了巨额财富。据统计，2017年沙特外汇储备达4889亿美元，居世界第四位。④ 但高度依赖石油的沙特经济极易受到国际油价波动的负面影响。随着国际能源结构的转变，尤其是非传统能源和替代能源产量的增加，同时受全球经济增长乏力整体趋势的影响，沙特经济面临着巨大压力。自2017年以来，国际油价的大幅下跌导致沙特石油收入锐减，被迫实施原油减产政策，使得国内生产总值（GDP）增长大幅

---

① 林海虹:《沙特经济转型：愿景与挑战》，《国际问题研究》2018年第3期。

② Yoel Guzansky, *The Arab Gulf States and Reform in the Middle East: Between Iran and the "Arab Spring"*, London: Palgrave Macmillan, 2015, p. 42.

③ 汪波、李立:《中东地区当前的宗派地缘政治格局与冲突》，《国际观察》2014年第3期。

④ "List of Countries by Foreign-Exchange Reserves," *Ceicdata*, https://www.ceicdata.com/en/indicator/saudi-arabia/foreign-exchange-reserves. 登录时间：2018年3月19日。

放缓。沙特经济的结构性矛盾阻碍了沙特经济多元化和现代化转型。

第二，在政治层面，国内抗议浪潮冲击着政权稳定。

尽管沙特有效应对了"阿拉伯之春"对其政权的冲击，但近年来沙特国内的反对派人士对政府的批评和民众抗议活动从未停止过，沙特国内对于人权、民主的诉求正呈现出上升趋势。萨勒曼国王登基后，一改"兄终弟及"的王位继承制度，通过先后两次废黜王储，将其子小萨勒曼指定为王位接班人，打破了王室内部的权力结构。2017 年 11 月，穆罕默德王储以"反腐"之名逮捕大量王室成员和政府要员，不断打压政治异己势力。沙特国内政治依然存在不确定性，"2030 愿景"（*Vision* 2030）等宏大经济改革计划的推出，并没有消除外界对沙特改革真实目的的疑虑。

第三，在安全层面，沙特的反恐政策面临国际和国内恐怖主义袭击威胁持续上升的双重压力。

近年来，恐怖主义和宗教极端主义对沙特国内安全的威胁呈现出上升趋势，"基地"组织、"伊斯兰国"等恐怖组织在传播反西方思潮的同时，也不断质疑沙特的宗教合法性，呼吁推翻沙特王室的统治和建立所谓的"伊斯兰国家"。根据全球恐怖主义数据库（Global Terrorism Database）统计资料，自 2010 年以来沙特境内发生的恐袭事件快速攀升，仅 2016 年沙特境内就发生了约 130 起不同规模的恐袭事件。[1] 恐怖组织不断通过社交网络招募成员，导致沙特公民加入恐怖组织的人数也不断增多。有学者通过定位恐怖组织"伊斯兰国"在线的推特（Twitter）支持者所在的位置发现，除"伊斯兰国"主要控制地区所在的叙利亚和伊拉克外，最常见的用户位置是沙特阿拉伯，占比为 27%，除叙利亚、伊拉克和沙特外，其他国家的用户数量占比都不超过 6%。2015 年，在推特上支持"伊斯兰国"的用户所在国中，沙特以 866 个用户账号位居第一，而叙利亚和伊拉克两国用户总数为 960 个。[2]

---

[1] "GTD Search Results," *Global Terrorism Database*, http://www.start.umd.edu/gtd/search/Results.aspx?page=1&search=saudi&charttype=line&chart=overtime&ob=GTDID&od=desc&expanded=yes#results-table. 登录时间：2018 年 3 月 24 日。

[2] J. M. Berger and Jonathon Morgan, "The ISIS Twitter Census Defining and Describing the Population of ISIS Supporters on Twitter," *Analysis Paper*, No. 20, The Brookings Institution, March 2015, pp. 11 – 12, https://www.brookings.edu/wp-content/uploads/2016/06/isis_twitter_census_berger_morgan.pdf. 登录时间：2017 年 10 月 10 日。

第四，在宗教层面，保守的宗教环境制约着沙特开放形象的塑造。

沙特视《古兰经》和"圣训"为国家宪法，国内的宗教自由受到严重限制。沙特政府禁止除伊斯兰教外的其他宗教公开进行宗教活动；根据沙特阿拉伯法律，穆斯林改信其他宗教被视为叛教，可判处死刑。① 2014年3月，沙特内政部发布王室令，将所有无神论者标榜为"恐怖分子"②。此外，沙特国内什叶派穆斯林长期受到政府的压制，根据2009年"人权观察"报告，沙特国内的什叶派公民"在宗教、教育、正义和就业等方面正面临系统性的歧视"③，这导致沙特什叶派的不满情绪持续积累，且易受域外什叶派力量的煽动，威胁着沙特王室的统治。

第五，在社会生活层面，腐败现象和裙带关系在沙特国内十分猖獗。

沙特政府和王室多年来一直被指腐败。④ 沙特王室在沙特国家政治生活和权力分配中占据统治地位，王室成员控制着政治、外交、经济、军事等关键部门的要职，充分利用石油收入积累的雄厚资金来维持和巩固其统治合法性。由于王室权力的过度集中和官僚机构缺乏问责机制，王室内部的腐败现象十分严重，部分掌管政府部门的王室成员，在政府采购与各类合同签订过程中以权谋私的现象十分突出。

第二节　沙特构建国家形象的总体目标与危机管理

沙特构建国家形象的一系列行为，在本质上是为应对国内、地区和国际危机而进行的危机管理，其中既有沙特的被动应对，也有主动塑造。"2030愿景"提出了沙特实现美好愿景的三大支柱，即确立起作为阿拉伯

---

① Abdullah Saeed and Hassan Saeed, *Freedom of Religion, Apostasy, and Islam*, Burlington: Ashgate, 2004, p. 227.

② Adam Withnall, "Saudi Arabia Declares All Atheists Are Terrorists in New Law to Crack down on Political Dissidents," *The Independent*, April 1, 2014, https://www.independent.co.uk/news/world/middle-east/saudi-arabia-declares-all-atheists-are-terrorists-in-new-law-to-crack-down-on-political-dissidents-9228389.html. 登录时间：2018年3月25日。

③ "Saudi Arabia: Treat Shia Equally," *Human Rights Watch*, September 3, 2009, https://www.hrw.org/news/2009/09/03/saudi-arabia-treat-shia-equally. 登录时间：2018年3月25日。

④ Jennifer Bond Reed, *The Saudi Royal Family*, New York: Chelsea House, 2007, p. 14.

与伊斯兰世界核心国家的重要地位；下定决心发展成为全球投资强国；利用得天独厚的战略地理位置成为连接亚欧非三大洲的世界枢纽。① 这三大支柱从政治、经济和宗教角度确立了沙特的国家定位：在政治上利用地理优势建立主导地区秩序的政治大国；在经济上利用其雄厚的资本和投资实力打造具有经济活力和吸引国际投资的经济强国；在宗教上利用自身在伊斯兰世界的影响力强化伊斯兰世界的盟主地位。

一 沙特构建国家形象的总体目标

首先，在政治上利用地理优势建立主导地区秩序的政治大国。长期以来，沙特作为海湾地区大国，一直将外交和经济援助作为展现和维护正面国家形象的重要手段。相较于使用军事手段，在外交上秉持低调稳健风格的沙特更倾向于躲在"幕后"发挥作用，并不寻求主导地区事务。② 然而，"阿拉伯之春"爆发并蔓延至海湾地区后，在巴林和沙特等国内部掀起了大规模抗议浪潮，沙特周边和国内安全环境出现了恶化局面。为摆脱安全困境，沙特在外交上强化了"进攻性现实主义"③ 的理念，主动介入地区冲突，展开了一轮地区外交新攻势。"沙特的主动出击，四处树敌，表达了其强烈的重塑地区格局并担当领导角色的急迫与渴望。"④ 沙特外交转向进攻性现实主义路径，体现了沙特利用"阿拉伯之春"塑造政治大国形象的逻辑。

其次，在经济上利用其雄厚的资本和投资实力打造具有经济活力和吸引国际投资的经济强国。石油经济为沙特带来了巨额财富，但长期以来沙特对石油经济的高度依赖导致其经济结构单一，难以实现经济多元化发展，尤其是2008年全球金融危机后国际石油价格曾长期在低位徘徊，使得沙特经济的结构性矛盾日益凸显并影响其经济的良性运转。单一的经济模式使沙特仍有爆发经济危机之虞，这令沙特领导人逐渐意识到发展多元

---

① "Kingdom of Saudi Arabia: Vision 2030," *Saudi Vision 2030*, 2016, p. 6, http://vision2030.gov.sa/download/file/fid/417. 登录时间：2018年12月1日。
② Yoel Guzansky, *The Arab Gulf States and Reform in the Middle East: Between Iran and the "Arab Spring"*, London: Palgrave Macmillan, 2015, p. 219.
③ 马晓霖：《"萨勒曼新政"与沙特内政外交走向》，《西亚非洲》2018年第2期。
④ 马晓霖：《"萨勒曼新政"与沙特内政外交走向》，《西亚非洲》2018年第2期。

经济的必要性。沙特"2030 愿景"明确指出,沙特拥有丰富的自然资源,但石油并不是其唯一能依靠的能源资源。沙特的土地下还蕴藏着金、磷酸盐与铀等珍贵的矿产资源。同时,沙特具有雄厚的投资实力,沙特将充分利用各种优势,实现国家收入的多元化。[①] 为应对可能出现的经济危机,沙特政府不得不积极推动经济多元化来改善经济前景,将自身打造成吸引国际投资的经济强国,沙特政府在"2030 愿景"中提出了经济转型的主要目标。

最后,在宗教上利用自身在伊斯兰世界的影响力强化伊斯兰世界的盟主地位。阿拉伯半岛是伊斯兰教的发源地,沙特坐拥麦加和麦地那两大伊斯兰教圣城,全球数以百万计的穆斯林每年都要赴麦加参加一年一度的朝觐活动。宗教圣地和朝觐活动赋予了沙特在伊斯兰世界的地位和影响力。在沙特王国成立前,沙特家族利用瓦哈比教,通过"圣战"进行领土扩张和阿拉伯半岛的统一。1932 年正式独立后,沙特在对外交往中使用泛伊斯兰主义意识形态,强调"保障圣地安全和穆斯林朝觐安全的重要性,主张穆斯林只有在国际事务中统一立场并协调行动,才能完成对真主的义务"[②]。伊斯兰教成为沙特立国的基础后,沙特王室更加注重维护沙特在伊斯兰世界宗教大国的地位。

二 危机管理与沙特构建国家形象的关系

一个国家完整的形象构建需要"我形象"与"他形象"的共同作用,"我形象"与"他形象"是一个国家形象的两个层次,两者相互包容、相互依存,体现了一种共生关系。"我形象"立足国内,"他形象"侧重对外展示,沙特对内借助宗教解释君主统治的合法性,树立政教合一的君主制国家形象,近年来更加注重打造穆罕默德王储年轻一代"改革者"的正面形象;对外则利用瓦哈比主义和两圣地守护者的身份维护伊斯兰世界宗教大国的形象。"错位形象"是介于两者之间的一种表现形态,即某国的国际形象因受到强有力的第三方的认可或颠覆而产生的短期形象,在国

---

① "Kingdom of Saudi Arabia: Vision 2030," *Saudi Vision 2030*, 2016, p. 7, http://vision2030. gov. sa/download/file/fid/417. 登录时间:2018 年 12 月 1 日。

② 刘中民:《沙特的国家叙事:宗教、外交和大国地位》,《世界知识》2012 年第 12 期。

家形象上表现为"9·11"事件后沙特逐渐被西方国家贴上了"支持恐怖主义"的负面标签。

按照危机层次,沙特国家形象危机可划分为全球危机、区域危机、次区域危机、国家危机和个人危机。其中,全球危机主要表现为受2008年以来全球金融危机的影响,以石油为支柱的沙特经济未能幸免全球经济市场疲软对其经济造成的打击。自中东变局以来,极端组织"伊斯兰国"乘乱坐大,在全球招募极端分子和传播宗教极端意识形态,作为瓦哈比主义主要输出国的沙特被西方媒体指控向恐怖组织提供资金①,这进一步固化了国际社会自"9·11"事件以来对沙特国家形象的负面认知。区域危机和次区域危机主要表现为"阿拉伯之春"蔓延至沙特后,沙特国内也爆发了大规模的民众示威抗议。沙特政府一方面通过向民众发放大量补贴以稳定社会,另一方面通过积极介入叙利亚乱局、加深同伊朗的对抗来转移国内矛盾,但却导致沙特深陷也门危机难以抽身,与卡塔尔断交导致海合会内部分裂。国家危机主要表现为沙特国内政治、经济和社会方面的危机,如国际社会对沙特国内"反腐风暴"的真实目的始终存在疑虑,对沙特"2030愿景"也呈现出褒贬不一的态度。个人危机表现为沙特饱受诟病的"老人政治",新近还表现为穆罕默德·本·萨勒曼被确立为王储后,在军事介入也门危机、鼓动黎巴嫩总理哈里里辞职以及卡舒吉被害等事件上所遭受的广泛质疑。

面对不同层次的国家形象危机,沙特政府以不同方式进行危机管理。在国内层面,沙特重构王室权力结构、稳定社会,主要依靠非制度化方式,通过集权来打压政治异己,同时辅以改革的推行,为穆罕默德王储继承王位进行舆论准备;在地区层面,沙特利用危机制造契机,组建地区反伊朗阵营,缓解周边地区安全压力。在国际层面,沙特通过修复与西方国家尤其是盟友美国的关系,为沙特转型积累国际资本。危机管理的目标是控制事态、降低损失、稳定社会秩序、维持政府和国家的信誉与形象。②当前,沙特主要采用的是基于危机应对的危机管理,而非基于危机预防的

---

① Declan Walsh, "WikiLeaks Cables Portray Saudi Arabia as a Cash Machine for Terrorists," *The Guardian*, December 5, 2010, https://www.theguardian.com/world/2010/dec/05/wikileaks-cables-saudi-terrorist-funding. 登录时间:2018年3月7日。

② 李正国:《国家形象构建》,中国传媒大学出版社2005年版,第188页。

危机管理，因此沙特构建国家形象本质上是应对形象危机的一种危机管理过程，这其中既有主动塑造，也有被动应对。

沙特处理形象危机时主要采取三种危机管理的应对模式，即制度化操作模式、对抗性操作模式和协调性操作模式。制度化操作模式主要用于国内层面，如改革王位继承制度、推出"2030愿景"等改革计划，提升妇女地位等；对抗性操作模式主要用于地区层面，如公开或私下同以色列接触，共同遏制伊朗的地区扩张，与伊朗争夺地区事务主导权，通过与卡塔尔断交来巩固反伊朗阵营等；协调性操作模式用于国际层面，如积极参与国际反恐，与美国和欧洲盟友就中东事务开展大国协调等。

第三节 沙特构建国家形象的现实路径

为构建和提升国家形象，努力摆脱"9·11"事件后尤其是"阿拉伯之春"以来国家面临的形象危机，沙特政府近年来运用各种手段对国家形象进行传播、优化、修复和重塑。构建和提升国家形象也是沙特王室服务自身统治的需要。

一 沙特国家形象的传播

形象传播是国家形象构建的基本手段之一，从传播方式上看主要包括公共外交、政治传播和文化传播。沙特政府借助公共外交等方式传播沙特现代化形象，其目标主要体现在以下几个方面：

首先，沙特政府极力塑造萨勒曼父子"魅力型领袖"的国家领导人形象。

沙特国王萨勒曼登基后，在短短两年间，先后采取了两次易储的行为，彻底改变了沙特自建国以来"兄终弟及"的王位继承模式，进入了"父权子承"的新时代，王权开始向第三代亲王转移。年轻气盛的王储小萨勒曼开始在老国王的庇护下大刀阔斧地进行全方位改革，引起了国际社会的高度关注。2016年小萨勒曼在担任副王储兼国防大臣期间，英国《独立报》(*The Independent*)的报道就称其为"政治赌徒"(political gambler)①，批评他领导对也门发动的代理人战争破坏了阿拉伯世界的稳定，是"世界上最危险的人"(the most dangerous man in the world)。② 2018年3月7日小萨勒曼访问英国期间，英国民众在唐宁街外抗议王储的到访和英国向沙特出售军火，认为穆罕默德王储应该为也门严重的人道主义危机负责。

为应对外界质疑和化解王储的形象危机，沙特政府借助公共外交和政治传播手段塑造小萨勒曼作为沙特新一代领导人的"魅力型领袖"形象。这种形象传播手段不仅是为了提升王储的个人形象，也是借此进一步巩固萨勒曼父子的政权。小萨勒曼被立为王储前，曾积极投身慈善事业，成立"穆罕默德·本·萨勒曼王子基金会"(Prince Mohammad bin Salman Foundation)并担任基金会主席。该基金会又称 MiSK 基金会，其目标是根据沙特"2030愿景"制订的国家发展计划开展年轻一代的赋权活动，培育和激励沙特青年的社会参与度，充分发挥他们的潜力。③ 小萨勒曼借助 MiSK 基金会吸引大批沙特青年的关注和支持，旨在为塑造自己"魅力型领袖"的个人形象和此后推行经济社会改革政策奠定民意基础。2013年小萨勒曼以 MiSK 基金会主席的身份被"福布斯中东"(Forbes Middle East)授予"年度人物奖"，以表彰他对沙特青年发展的贡献。④ 小萨勒曼被立为副王储后，在多个场合批评过去数十年间沙特社会的僵化、教条和腐败，试图通过赢取国内人口三分之二的青年群体的支持，来巩固自己的政治合法性

---

① Patrick Cockburn, "Prince Mohammed bin Salman: Naive, Arrogant Saudi Prince is Playing with Fire," *The Independent*, January 9, 2016, https://www.independent.co.uk/news/world/middle-east/prince-mohammed-bin-salman-naive-arrogant-saudi-prince-is-playing-with-fire-a6804481.html. 登录时间：2018年7月20日。

② Bill Law, "The Most Dangerous Man in the World?," *The Independent*, January 8, 2016, https://www.independent.co.uk/news/world/middle-east/saudi-arabia-king-salman-the-man-behind-the-most-dangerous-man-in-the-world-a6827716.html. 登录时间：2018年7月20日。

③ "MiSK Foundation Showcases Saudi Arabia's Focus on Building the Capabilities and Knowledge of Future Generations through Multi-platform Sponsorship of Inside the Middle East on CNN," *CNN*, November 24, 2016, http://cnnpressroom.blogs.cnn.com/2016/11/24/misk-foundation-showcases-saudi-arabias-focus-on-building-the-capabilities-and-knowledge-of-future-generations-through-multi-platform-sponsorship-of-inside-the-middle-east-on-cnn/. 登录时间：2017年7月25日。

④ "Profile: Crown Prince Mohammed bin Salman," *Al Jazeera*, December 14, 2017, https://www.aljazeera.com/indepth/features/2017/06/profile-saudi-crown-prince-mohammed-bin-salman-170621130040539.html. 登录时间：2017年7月20日。

和民意基础，为之后更大规模的政治经济改革铺路。2017年10月，小萨勒曼在首都利雅得举行的"未来投资倡议"论坛的致辞中提出，沙特将回归到1979年以前"温和的伊斯兰"道路。① 近两年来，小萨勒曼倡导社会改革，赋予女性平等权利，在接受《彭博商业周刊》(Bloomberg Businessweek) 专访时，小萨勒曼表示他只有一位妻子并且没有计划再娶其他妻子，他谈到与过去相比，现代繁忙的社会生活让人们没有更多的业余时间和精力去经营多个家庭。② 这番言论在一定程度上表明其对于改变沙特王室内部"一夫多妻"的传统婚姻制度的决心，这对于在女性权利长期得不到保证的沙特社会无疑是振聋发聩的。沙特政府的公关活动在话语上充分迎合了沙特社会对国内改革的诉求，政府注重通过强调社会改革和妇女驾驶权利等问题，来提高沙特的国际声誉，但沙特政府却没有真正承诺任何涉及政治代表性（political representation）或人权问题的改革。③

其次，沙特持续加大对西方政府和智库的游说，为国内外改革获取国际支持。

沙特在美国的游说团体主要包括沙特政府直接雇用的律师、公关公司和专业说客，这些代表沙特政府利益的游说团体的主要任务是游说美国公众和政府决策者，在关键时刻提高美国和联合国对沙特政策的支持。近年来，沙特政府花费巨额资金在美国开展政治游说和公关活动，据统计，2016年沙特在美国游说活动所支出的资金居中东国家首位（见表Ⅱ-8-2）。根据观察网（Al-Monitor）分析，2016年沙特的游说成果主要体现在三个方面：一是特朗普选择沙特作为上任后首个正式访问的国家；二是美国批准了对沙特的1100亿美元军售；三是特朗普支持沙特在与卡塔尔断交事件

---

① Bethan McKernan, "Saudi Arabia's Youth Embrace Crown Prince's Desire for Liberalisation," *The Independent*, October 25, 2017, https://www.independent.co.uk/news/world/middle-east/saudi-arabia-change-youth-crown-prince-modernise-wahhabism-mohammed-bin-salman-a8019876.html. 登录时间：2018年4月14日。

② "Fresh Prince Meet the 31-year-old Trying Move Saudi Arabia Beyond Oil," *Bloomberg Businessweek*, April 25, May 1, 2016, p.59.

③ "Profile: Crown Prince Mohammed bin Salman," *Al Jazeera*, December 14, 2017, https://www.aljazeera.com/indepth/features/2017/06/profile-saudi-crown-prince-mohammed-bin-salman-170621130040539.html. 登录时间：2017年7月20日。

中的立场。① 这三大成果使得沙特政府与美国特朗普政府的关系有了良好的开端，特朗普还公开支持沙特王储穆罕默德，认为他的执政基础牢固并推动了沙特的经济和社会改革；特朗普在沙特反腐风暴导致数十名王室成员和官员被拘留调查后公开发表推文表示支持。② 然而，特朗普的表态与美国政界和学界的观点并不一致，沙特介入也门战事导致沙特出现严重的人道主义危机，令美国国内出现大量批评反对沙特地区政策的声音。有学者指出，为什么美国会支持经常与其价值观和利益背道而驰的瓦哈比主义独裁者？答案就是金钱，沙特和其他石油资源丰富的阿拉伯国家已经通过金钱购买了支持和影响力。③

表Ⅱ-8-2　2016 年在美国游说与公关花费居前十位的中东国家

国家或政治派别	游说资金（万美元）
沙特阿拉伯	1400
阿联酋	1070
摩洛哥	384
突尼斯	310
土耳其	297
叙利亚反对派	220
埃及	175
伊拉克	72
黎巴嫩	60

资料来源："Middle East Lobbying: The Influence Game," *Al-Monitor*, https://www.al-monitor.com/pulse/lobbying. 登录时间：2018 年 7 月 25 日。

---

① Jack Detsch, "Saudi Arabia Seeks Win over Qatar after 9/11 Fiasco," Al-Monitor, December 12, 2017, https://www.al-monitor.com/pulse/lobbying-2017/saudi-arabia. 登录时间：2018 年 7 月 25 日。

② Nadine Dahan, "Social Media Users Outraged by Trump Tweets in Support of Saudi Purge," *Middle East Eye*, November 7, 2017, https://www.middleeasteye.net/news/social-media-users-outraged-trump-tweets-support-saudi-purge. 登录时间：2018 年 7 月 25 日。

③ Max Fisher, "How Saudi Arabia Captured Washington," *Vox*, March 21, 2016, https://www.vox.com/2016/3/21/11275354/saudi-arabia-gulf-washington. 登录时间：2018 年 7 月 26 日。

最后，沙特政府对内极力塑造反革命的政治话语，以对冲"阿拉伯之春"和周边动荡局势对沙特政权形成的压力。

"阿拉伯之春"在中东地区掀起了一场民众抗议浪潮，多个阿拉伯国家陷入动荡，发生政权更迭或政权过渡。这场民众抗议浪潮也不同程度地冲击着海湾君主制国家，其中尤以国内爆发大规模抗议运动的巴林最为典型。尽管沙特国内抗议活动规模相对较小，但仍反映出沙特民众对政府改善民生和进行改革的普遍诉求。2011 年 11 月，沙特国内先后发生两场民众请愿活动，要求政府给予民众参与政治决策的权利。[①] 为对冲国内和地区民主浪潮对沙特政权造成的压力，沙特王室极力塑造反革命的政治话语，严厉压制国内的革命言论。进入萨勒曼时代后，沙特当局的政治压制变本加厉。根据海湾人权中心（Gulf Centre for Human Rights）报告，尽管沙特王室承诺进行改革，但在王储穆罕默德的领导下，沙特当局对于革命人士的逮捕和迫害事件显著上升。[②] 受到压制的沙特人权活动人士包括学者和小说家穆斯塔夫·哈桑（Mustafa al-Hassan）、阿卜杜拉·马尔基（Abdullah al-Malki）和伊萨姆·扎米尔（Essam al-Zamel），这三人于 2017 年 9 月 12 日被捕；沙特公民与政治权利协会（Saudi Civil and Political Rights Association，SCPRA）的创始成员阿卜杜拉·苏拜利（Abdulaziz al-Shubaily）和伊萨·哈米德（Issa al-Hamid）于同年 9 月 16 日被捕，其中一人被指控"与国际组织沟通，损害国家形象"，在上诉期间被判处 11 年监禁，并在服刑后被判 9 年旅行禁令。[③] 沙特官方通过塑造反革命话语，来打压对政权稳定构成冲击或威胁的持异见人士和反政府力量，以此巩固王室的权威。

二 沙特国家形象的优化

在国家形象的构建过程中，形象优化是在形象传播基础上对国家形象

[①] F. Gregory Gause III, *Saudi Arabia in the New Middle East*, New York: Council on Foreign Relations, Center for Preventive Action, 2011. p. 5.

[②] Saudi Arabi, "Wave of Arrests Continue as Authorities Crack down on Human Rights Defenders and Freedom of Expression," *Gulf Centre for Human Rights*, October 11, 2017, https://www.gc4hr.org/news/view/1729. 登录时间：2018 年 7 月 29 日。

[③] Saudi Arabia, "Wave of Arrests Continue as Authorities Crack down on Human Rights Defenders and Freedom of Expression," *Gulf Centre for Human Rights*, October 11, 2017, https://www.gc4hr.org/news/view/1729. 登录时间：2018 年 7 月 29 日。

进一步改善和升华的手段。在具体方式上，国家可以通过经济援助、提升政治影响力和发展军事力量等各种手段来优化国家在其他领域的负面形象和提升正面形象。国际社会长期批评沙特政府保守的宗教、社会和文化政策，这导致沙特被贴上了"宗教保守""社会落后""女性地位低下""支持恐怖主义"等负面标签。为摆脱这种不利局面，沙特政府采取了一系列应对措施，以改善和优化沙特在国际社会的形象。

首先，推动妇女平权，打造现代沙特妇女形象。

女性社会地位低下历来是沙特饱受国际社会批评的问题，沙特被公认为是世界上最缺乏女性权利保障的国家。尽管萨勒曼之前的几任国王都不同程度地推进过相关改革，包括赋予沙特女性在地方议会的选举权和被选举权[1]，但性别隔离制度和男性监护人制度仍是沙特女性权利与自由受到严重限制的根源性问题。从经济发展的角度来看，压制女性自由既严重抑制消费经济，也闲置了国内大量劳动力和智力资源，导致沙特不得不引入海外劳动力，这导致国家浪费大量资金，摊薄国家福利。[2] 出于改善沙特妇女形象和解决国内劳动力的现实考量，将沙特从女性权利受到压制、女性社会地位低下的国家转变为女性地位显著提高、逐步赋予女性权利的国家，成为萨勒曼国王上台以来优化国家形象的主要内容之一。为此，沙特王室加快了女权改革，试图打造现代沙特妇女形象，解放被禁锢的女性消费力和生产力。2016 年 12 月 6 日，黎巴嫩女歌手西巴·塔瓦吉（Hiba Tawaji）在沙特首都利雅得举办个人演唱会，成为首位在沙特公开举办演唱会的女歌手。[3] 2018 年 1 月，吉达和利雅得体育场首次允许沙特妇女进入体育场观看足球比赛。[4] 同年 6 月 24 日，沙特结束了作为全球唯一禁止女性驾车国家的历史。但是，沙特政府大刀阔斧进行的社会改革遭到了女

---

[1] 2011 年 9 月，时任沙特国王阿卜杜拉宣布，从下一届协商会议（2015 年）开始，沙特妇女有权被任命为协商会议议员和参加地方市政委员会选举。

[2] 马晓霖：《"萨勒曼新政"与沙特内政外交走向》，《西亚非洲》2018 年第 2 期。

[3] Cristina Maza, "Saudi Arabia Allows First Public Concert by a Female Performer, and Saudi Women Go Crazy," *Newsweek*, December 8, 2017, https://www.newsweek.com/saudi-arabia-first-public-concert-female-742244. 登录时间：2018 年 7 月 30 日。

[4] "Saudi Arabia to Allow Women to Enter Stadiums to Watch Soccer," *New York Post*, January 12, 2018, https://nypost.com/2018/01/12/saudi-arabia-to-allow-women-to-enter-stadiums-to-watch-soccer/. 登录时间：2018 年 7 月 27 日。

权主义者的质疑,沙特政府在解禁女性驾车的一个月前拘留了两名女权活动家,并对其他几位女性活动家实施了旅行禁令。从这个意义上看,在沙特社会正在发生的显然不是旨在加强妇女权利的真正的改革运动。① 这些质疑声表明,尽管沙特政府努力改善本国妇女形象,但要真正实现男女平权仍然任重道远。

其次,提倡多元文化,推动国内娱乐产业与城市生活。

沙特是一个政教合一的君主制国家,以《古兰经》和"圣训"作为国家法源,宗教在信仰、社会和法律三个层面同时规范和约束着沙特民众的日常生活和行为,使得国际社会对沙特留下了刻板、保守、落后的固化印象。为扭转这种固化的负面国家形象,将沙特从文化保守、社会落后的国家转变成为文化开放、具有活力的国家,打造尊重多元文化的宽松环境,同时回应沙特青年对发展国内娱乐产业的诉求,2016年5月,沙特国王颁布国王令,宣布新设娱乐总局和文化总局,允许电影院、剧场和音乐厅营业并对公众开放。2017年,时任沙特副王储的小萨勒曼宣布,沙特政府将在利雅得西南部的齐迪亚(Al Qidiya)地区建造一个世界上最大的集文化、体育和娱乐于一体的城市,并表示这座城市将成为沙特重要的文化地标以及满足下一代娱乐、文化和社会需求的重要中心。② 2018年4月,公共电影院在被禁止营业35年后在沙特重新开业,沙特政府计划在2030年之前建造350家电影院,使全国范围内的电影屏幕数量超过2500个。③ 积极拓展娱乐产业已成为沙特政府打造活力、开放、包容的社会的重要手段之一。

再次,加强对外援助,提升在伊斯兰世界的影响力。

沙特是中东地区的对外援助大国,其对外援助占其GDP的1.9%,官

---

① Hana Al-Khamri, "Why Did Saudi Arabia Lift the Driving Ban on Women Only Now?," *Al Jazeera*, June 24, 2018, https://www.aljazeera.com/indepth/opinion/saudi-arabia-lift-driving-ban-wom en-180621203632446.html. 登录时间:2018年7月29日。

② "Prince Mohammed bin Salman Announces Saudi Plans for Largest Entertainment City," *Al Arabiya*, April 8, 2017, https://english.alarabiya.net/en/life-style/travel-and-tourism/2017/04/08/Saudi-Arabia-plans-on-building-its-largest-cultural-sports-and-recreation-city.html. 登录时间:2018年7月29日。

③ Holly Ellyatt, "Saudi Arabia Reopens Movie Theaters with Black Panther," *CNBC*, April 19, 2018, https://www.cnbc.com/2018/04/18/saudi-arabia-reopens-movie-theaters-with-black-panther.html. 登录时间:2018年7月30日。

方发展援助的 GDP 占比居世界首位，沙特在世界主要捐助国中排名第四。① "阿拉伯之春" 发生后，伊朗领导的地区什叶派力量的崛起以及西方民主思想的输入，严重冲击着沙特在伊斯兰世界的大国地位。为巩固和发展沙特伊斯兰世界大国的形象，逐步将沙特塑造成为人道主义援助大国，沙特政府选择通过加强对外援助力度来提升其在伊斯兰世界的影响力。自 2015 年 5 月成立至 2017 年 12 月中旬，萨勒曼国王中心（King Salman Center）对外提供了约 9 亿美元的援助，实施了多达 257 项人道主义项目，包括建立避难所、保健中心、提供人道主义援助和保障粮食安全等，惠及 37 个受灾国家，获益人数超过 1 亿人。② 据沙特央行的官方统计数据，从 2011 年至 2015 年，沙特通过多边或双边渠道提供的对外援助额高达 1338 亿美元，自 2010 年 "阿拉伯之春" 以来，沙特的对外援助总额呈逐年上升的趋势。③

最后，推出 "2030 愿景" 等大规模改革计划，打造经济多元化，提升国家经济活力。

长期以来，沙特的财政收入绝大部分来自石油收入，石油经济受到国际油价波动的影响，直接影响着沙特的财政收入。单一的石油经济严重制约了沙特经济的多元化发展。因此，近年来沙特政府积极调整经济和产业结构，打造多元化经济。2015 年时任沙特副王储的小萨勒曼及其智囊团制订了未来 15 年沙特的国家转型计划 "2030 愿景"。"2030 愿景" 确立 "朝气蓬勃的社会" "蓬勃发展的经济" 和 "雄心勃勃的国家" 三大目标，并对经济目标进行量化。"2030 愿景" 提出的沙特多元化经济目标主要包括：中小型企业对国内生产总值的贡献率从 20% 提升至 35%；石油和天然气产业本土化程度从 40% 提高到 75%；公共投资基金资产从 6000 亿里亚尔增加至 7 万亿里亚尔；外国直接投资 GDP 占比从 3.8% 提升到 5.7%

---

① Muslim Al-Ramali, " Saudi Aid and Its Global Image," *Saudi Gazette*, March 15, 2018, http://saudigazette.com.sa/article/525665/Opinion/Local-Viewpoint/Saudi-aid-and-its-global-image. 登录时间：2018 年 7 月 30 日。

② Muslim Al-Ramali, " Saudi Aid and Its Global Image," *Saudi Gazette*, March 15, 2018, http://saudigazette.com.sa/article/525665/Opinion/Local-Viewpoint/Saudi-aid-and-its-global-image. 登录时间：2018 年 7 月 30 日。

③ "How Much Does Saudi Arabia Spend on Foreign Aid?," *Argaam*, November 16, 2016, https://www.argaam.com/en/article/articledetail/id/454762. 登录时间：2018 年 7 月 27 日。

的国际水平；私营部门对 GDP 的贡献率从 40% 提高至 65%；物流绩效指数排名从第 49 位上升至第 25 位，并确保沙特在本地区的领先地位；非石油收入的 GDP 占比从 16% 提高至 50%。① 总的来说，沙特"2030 愿景"通过提出改善劳动力结构、发展私营经济、支持中小型企业、利用优势发展物流业、吸引国外投资、提高非石油产业比重等一系列措施来实现经济多元化和经济"去石油化"的目标。

三 沙特国家形象的修复

"形象修复"是指一国对本国严重受损的国家形象进行修复的危机应对措施。沙特在伊斯兰世界的宗教地位使得沙特多年来一直致力于塑造自身伊斯兰世界盟主和中东地区大国的形象。地区危机以及沙特地区政策的失当，严重冲击着沙特的伊斯兰世界盟主和中东地区大国的形象，沙特为此采取了一系列措施来修复受损的国家形象，主要体现在以下几个方面。

第一，强化对阿拉伯地区和伊斯兰世界事务的主导和话语权。

近年来，"伊斯兰国"等地区恐怖主义势力的坐大，使得沙特饱受"支持恐怖主义"的指责和批评。尽管沙特官方多次否认支持恐怖主义，但国家形象确实因此遭到了严重损害，伊斯兰世界盟主地位亦因此受到动摇。为修复受损的国家形象和恢复伊斯兰世界的盟主地位，沙特寻求通过联合伊斯兰世界内部力量进行反恐，以扩大自身在地区反恐事务中的话语权和影响力，2015 年 12 月，沙特主导建立的"伊斯兰国家反恐军事联盟"就是典型。随着 2016 年 12 月阿曼的加入，该联盟的成员国数量已达 41 个。然而，迄今为止，沙特主导成立的该联盟成员国均为逊尼派主政的国家，伊朗、伊拉克和叙利亚等什叶派当政的伊斯兰国家被排除在联盟外②，实际上延续了中东变局以来沙特基于教派政治制定对外政策的逻辑。目前，该联盟中的大多数国家都参与了针对"伊斯兰国"组织的反恐军事行动，沙特及其海湾盟国对叙利亚的其他恐怖组织也进行了空袭打

---

① "Kingdom of Saudi Arabia: Vision 2030," *Saudi Vision 2030*, 2016, pp. 38–61, http://vision2030.gov.sa/download/file/fid/417. 登录时间：2018 年 12 月 1 日。

② "Saudi Arabia Forms Muslim 'Anti-Terrorism' Coalition," *Al Jazeera*, December 16, 2015, https://www.aljazeera.com/news/2015/12/saudi-arabia-forms-muslim-anti-terrorism-coalition-151215035914865.html. 登录时间：2018 年 8 月 19 日。

击，并参与了针对受伊朗支持的也门胡塞武装的军事行动。① 这表明沙特联合伊斯兰世界内部反恐力量和排除伊朗等什叶派力量的做法，旨在修复其伊斯兰世界盟主的地位，重新巩固对伊斯兰世界事务的话语权。

第二，修复与美国的盟友关系。

自第二次世界大战以来，沙特一直是美国在中东地区的重要盟友，但"9·11"事件以来沙美关系因反恐出现龃龉，伊拉克战争后伊朗等什叶派力量在地区的坐大进一步导致沙特对美国中东政策的不满，特别是奥巴马时期美国政府支持达成伊核问题全面协议、缓和与伊朗关系的政策，导致沙美联盟关系跌至谷底。作为中东地区大国的沙特，因综合实力明显不足，需要获得来自世界强国的支持与帮助以巩固其地区大国的地位。沙特与美国关系的恶化使得奥巴马时期沙特的地区政策开始趋于强硬，寻求跳脱出美国中东政策的框架，但两国关系也因此陷入了一场外交危机。美国特朗普总统上台后，沙特利用特朗普政府的反伊朗立场，积极修复同盟友美国的关系。2017年4月沙特国王萨勒曼任命其子哈利德·本·萨勒曼出任驻美大使，欲通过与特朗普家人和美国政府建立密切关系，将沙美关系重新引入正常化的轨道。② 为实现这一目标，沙特斥巨资在美国开展政治游说，最终促成了特朗普于2017年5月将沙特作为其上任后首次正式访问的国家。在特朗普访沙期间，沙特与美国签署了总额高达1100亿美元的军售协议；③ 特朗普还出席了美沙双边会议、美国与海合会成员国领导人会议以及同56个伊斯兰国家领导人的会晤在内的三次重要会议。④ 特朗普此访不仅标志着美沙同盟关系的回暖，也重申了沙特在美国中东外交

---

① "Saudi Arabia Forms Muslim 'Anti-Terrorism' Coalition," *Al Jazeera*, December 16, 2015, https://www.aljazeera.com/news/2015/12/saudi-arabia-forms-muslim-anti-terrorism-coalition-151215035914865.html. 登录时间：2018年8月19日。

② "Prince Khalid bin Salman Officially Begins Assignment as Saudi Ambassador to the U.S," *The Embassy of the Kingdom of Saudi Arabia*, July 21, 2017, https://www.saudiembassy.net/news/prince-khalid-bin-salman-officially-begins-assignment-saudi-ambassador-us. 登录时间：2018年8月28日。

③ "The Truth about President Trump's $110 Billion Saudi Arms Deal," *ABC News*, June 6, 2017, https://abcnews.go.com/International/truth-president-trumps-110-billion-saudi-arms-deal/story?id=47874726. 登录时间：2018年8月20日。

④ "Riyadh Summit Discusses Ways of Rooting out Terrorism," *Al Jazeera*, May 22, 2017, https://www.aljazeera.com/news/2017/05/riyadh-summit-discusses-ways-rooting-terrorism-170521132843998.html. 登录时间：2018年9月20日。

中特殊的重要地位，修复了奥巴马时期沙特因与美国关系恶化而受损的国家形象。

第三，转变外交风格，推行强势外交。

在阿卜杜拉国王时期，沙特总体上奉行温和低调的外交政策。"阿拉伯之春"引发的阿拉伯地区整体动荡，使得沙特国内安全同时受到国内反对派、伊朗等地区什叶派力量以及恐怖组织和宗教极端势力的威胁。美国在中东地区实行战略收缩以及伊核问题全面协议的达成，使得伊朗地区政策中的扩张主义显著上升。在美沙关系龃龉不断的背景下，沙特逐渐转变外交风格，以进攻性外交主动介入地区热点问题，试图通过重塑地区格局来应对形象危机。首先，频繁使用军事手段介入地区冲突和阿拉伯国家内政。地缘政治环境的变动导致沙特在"阿拉伯之春"爆发后，试图利用埃及国内动荡形势取代其在阿拉伯地区领导者的角色，对巴林危机、叙利亚战乱、也门乱局进行了不同程度的军事干预。2011年初，巴林国内爆发大规模民众抗议浪潮，沙特为防止其支持的巴林王室逊尼派力量被推翻，集结海合会"半岛之盾"联合部队进驻巴林以平息动乱，挽救巴林王室政权，成为中东变局以来地区国家以军事手段干预他国局势的首例。其次，加强与伊朗的地区对抗，构建反伊朗阵营。在沙特与伊朗的地区博弈中，沙特一直致力于打破伊朗主导的从海湾地区延伸至地中海的"什叶派走廊"，瓦解伊朗对沙特构成的南北夹击的战线。沙特与伊朗在叙利亚开展代理人战争、处决什叶派教士尼姆尔（Nimr al-Nimr）等人引发沙伊断交，联合阿联酋、埃及、约旦与卡塔尔断绝外交关系等事件，都是沙特积极构建反伊朗阵营、打压阿拉伯地区内部亲伊朗力量和立场摇摆的政权，以阵营化的对抗态势削弱伊朗势力范围的表现。

不可否认，沙特的进攻性外交及其与伊朗的地区对抗并没有从根本上修复其受损的国家形象，反而因政策失当而导致过去低调稳健的外交风格逐渐被高调冒进的外交所取代，这反过来引发了沙特新一轮国家形象危机。

四 沙特国家形象的重塑

"形象重塑"是一国在国家形象受到严重损害乃至形象崩塌后对国家形象进行重塑的危机应对手段，即回到"形象传播"和"形象优化"两个阶段重新塑造积极正面的国家形象。针对长期以来国际社会对其形成的固化的负面形象，近年来沙特积极采取各种措施改善负面形象，重新塑造积极正面的国家形象。

第一，以积极反恐的姿态回应外界对沙特"支持恐怖主义"的指控。

"9·11"事件使得缘起于美国国内的反沙浪潮扩散至全球层面进而演变成全球反伊斯兰思潮的兴起和蔓延，西方政界和学界人士指责沙特官方对外输出保守的伊斯兰教教义，认为沙特是全球逊尼派恐怖组织和极端组织主要的资金来源，沙特由此被冠以"支持恐怖主义"的名号。"阿拉伯之春"以来，地区恐怖主义和宗教极端势力的兴起，进一步固化了沙特作为"支恐国家"的负面形象。为打破固化的负面形象和重塑积极正面的国家形象，沙特通过主导组建反恐联盟、举行反恐军事演习、军事打击恐怖组织来扭转负面形象。2015年沙特组建由34个伊斯兰国家组成的"伊斯兰国家反恐军事联盟"；2016年2月，沙特集结20个亚洲和非洲国家在沙特北部地区展开军事演习，以此震慑叙利亚境内的"伊斯兰国"等恐怖主义势力。[①] 沙特官方还通过媒体澄清自身的反恐立场，划清与恐怖组织的界限，回应外界对沙特官方"支持恐怖主义"的质疑。沙特王储穆罕默德在接受美国哥伦比亚广播公司（CBS）专访时强调，本·拉登制造"9·11"事件的目的是在沙特与美国、中东与西方之间制造分裂，为自己招募更多的激进分子创造有利环境。[②] 沙特官方的行动和言论使其站在了恐怖组织和极端势力的对立面，高调反恐由此成为沙特重塑国家形象的重要手段。

第二，倡导"温和伊斯兰"理念，积极推进去极端化工作。

瓦哈比主义是沙特的官方意识形态，沙特王室与瓦哈比派的政治联盟是沙特的立国之本和固国之基，沙特因此长期被外界视为保守、封闭的大本营。恐怖主义和宗教极端势力将沙特王室作为"近敌"，号召极端分子推翻沙特君主制。宗教保守势力历来是西方国家指责沙特社会保守落后、

---

① 杨元勇：《沙特"史上最大"军演演给谁看？》，新华网，2016年2月23日，http://www.xinhuanet.com/mil/2016-02/23/c_128742194.htm. 登录时间：2018年8月26日。

② Norah O'Donnell, "Saudi Arabia's Heir to the Throne Talks to 60 Minutes," *CBS News*, March 19, 2018, https://www.cbsnews.com/news/saudi-crown-prince-talks-to-60-minutes/. 登录时间：2018年7月28日。

制约现代化改革的主要批评对象,其散播的激进教义和极端主义反过来也对沙特王室政权构成威胁。为摆脱自身封建保守的负面形象、为国内现代化改革铺路、确保国家安全以及打击恐怖主义和极端主义,沙特王室近年来积极推进去极端化工作,倡导"温和伊斯兰"理念。2017年沙特王储穆罕默德在利雅得召开的"未来投资倡议"论坛上表示要摧毁极端主义,恢复"温和""开放"的伊斯兰教,推动王国走上"对所有宗教持开放态度的温和伊斯兰国家"的道路。[1] 沙特还采取了一系列去极端化举措,如2016年4月沙特颁布政府法令,限制宗教警察的部分权力,禁止宗教警察进行询问、逮捕、拘留等属于警方的行为。[2] 颁布限制宗教警察权力的法令,表明沙特官方已充分意识到国内保守宗教人士对沙特国际形象的负面作用,倡导伊斯兰教温和化由此成为沙特重塑国家形象的另一重要手段。

第四节　沙特构建国家形象的成效评估

自中东变局发生以来,沙特为应对国内、地区和国际危机而进行的国家形象传播、优化、修复和重塑取得了初步成效,新的国家形象已逐步成形。

一　沙特构建国家形象的主要特点

沙特对于国家形象危机的处理方式是应对型而非管理性,即主要采用基于危机应对的危机管理,而非基于危机预防的危机管理,这在本质上决定了沙特构建国家形象是应对形象危机的一种危机管理过程,这其中既有主动塑造,也有被动应对,具有鲜明的特点。

第一,沙特通过推行自上而下的改革来塑造国家形象和新一代领导人的改革者形象。

---

[1] "Kingdom a Country of Moderate Islam," *Saudi Gazette*, October 24, 2017, http://saudigazette.com.sa/article/520191/SAUDI-ARABIA/Kingdom-a-country-of-moderate-Islam. 登录时间:2018年8月20日。

[2] "Haia Can't Chase, Arrest Suspects," *Arab News*, April 14, 2016, http://www.arabnews.com/featured/news/910016. 登录时间:2018年8月29日。

受2010年"阿拉伯之春"的影响,沙特国内也出现了小规模的以改善民生、增加就业为主要诉求的抗议活动。为维护王室的统治权威,避免国内因抗议升级而出现大规模动荡,沙特需要塑造政权稳定的君主制国家形象,沙特王室遂采取自上而下的全面改革来重塑国家形象。

第二,沙特王室多采取大规模、激进式的改革手段。

沙特在构建国家形象的过程中,推行覆盖政治、经济、社会、宗教等各领域的全方位改革,改革规模大、覆盖面广。在构建国家形象时,沙特多采用相对激进手段,突出体现在调整王权体制和王室结构方面。

第三,沙特注重将青年群体作为实践改革的目标和构建国家形象的主体。

在席卷中东地区的"阿拉伯之春"中,青年群体逐渐成为阿拉伯"街头革命"的先锋,这其中既有偶发事件的刺激,也存在青年群体发展空间受到挤压、诉求未得到官方重视等因素。[①] 根据国际劳工组织的统计,自2011年以来,沙特15—24岁青年失业率一直保持在30%左右的高位,而沙特青年的劳动参与率仅在17%上下浮动。[②] 高失业率为社会安全和经济发展注入了不稳定因素,尤其是在互联网通信技术高速发展的当前,青年群体信息获取渠道日益多元,易受到恐怖组织的煽动和利用。因此,为避免在沙特国内发生推翻政权的"街头革命",同时获得人口占比18.57%的青年群体的支持和拥护[③],充分发掘青年群体的潜力,增强社会活力,沙特王室开始日益重视青年群体对国家整体形象构建的重要性。

第四,沙特的改革主要集中在经济和社会领域,但制度改革和法制化建设相对滞后。

沙特"2030愿景"是集中推进经济社会领域转型的中长期规划,其中并没有涉及优化国家制度、推进法制化建设的相关举措。与现代民主国家不同,沙特是政教合一的君主制国家,伊斯兰教在约束民众道德行为的同时,也保

[①] 胡献忠:《互联网与青年:影响政局的工具变量——由突尼斯、埃及"街头革命"引发的思考》,《中国青年研究》2011年第6期。

[②] "Country Profiles," *International Labour Organization*, https://ilostat.ilo.org/data/country-profiles/. 登录时间:2018年9月25日。

[③] "The World Factbook—Saudi Arabia," *Central Intelligence Agency*, July 2017, https://www.cia.gov/library/publications/the-world-factbook/geos/sa.html. 登录时间:2018年9月28日。

证了王室统治的合法性。沙特自上而下的形象工程，本质上是萨勒曼父子为应对国内、地区和国际危机作出的反应，同时也包括打压王室内部和国内异己势力的政治整肃和集权运动。不同于西方自下而上的民主改革，沙特近年来推行的改革并不涉及统治者利益的制度和法律等基本方面。

第五，沙特充分利用地区秩序转型和国际体系变革的契机塑造大国形象。

首先，"阿拉伯之春"发生后，沙特试图取代因政权更迭而无法顾及地区事务的埃及的传统地区大国地位。与埃及相比，沙特在阿拉伯地区并不是传统意义上的政治大国，但埃及囿于国内政权更迭和局势动荡，难以在阿拉伯和伊斯兰世界事务上发挥作用。沙特抓住时机通过金援外交填补地区权力真空，并借助海合会等次区域组织和平台扩大在阿拉伯世界的话语权。其次，沙特利用美国特朗普政府和以色列在打击伊朗地区扩张上的共同诉求，主导建立地区反伊朗阵营。特朗普在竞选时曾公开表示反对伊核协议，称其是"有史以来最糟糕的协议"[1]。沙特抓住这一时机，在特朗普上台后积极修复与美国的盟友关系，以获得美国的帮助和支持来巩固沙特在地区的大国地位，在地区事务上与以色列协调，共同削弱和遏制伊朗的地区扩张势力。最后，沙特利用美国整体实力的相对下降，积极加强同俄罗斯与中国的合作。沙特利用美国在全球战略收缩的契机和美国整体实力相对下降的现实，积极与中俄开展合作，即在夯实与美国安全合作的同时，发展与世界其他大国在其他领域的合作，这成为沙特巩固其地区经济大国地位的战略选择。例如，2017年10月4日，沙特国王萨勒曼首次正式访问俄罗斯，被媒体誉为"历史性和解"[2]。用对俄关系拉动对美关系显然是沙特国王访问莫斯科的重要策略。[3] 此外，近年来沙特对外政策

---

[1] Louis Jacobson, "Trump Announces U. S. Exit from Iran Nuclear Deal," *PolitiFact*, May 8, 2018, https://www.politifact.com/truth-o-meter/promises/trumpometer/promise/1368/renegotiate-iran-deal/. 登录时间：2018年9月29日。

[2] "Riyadh Envoy Sheds Light on First 'Historic' Visit of Saudi King to Russia," *Sputnik International*, June 27, 2017, https://sputniknews.com/politics/201707261055888873-saudi-king-russia-first-visit/. 登录时间：2018年9月27日。

[3] 吴大辉、阿扎马特：《非敌非友：俄罗斯与沙特的"非常伙伴"关系》，《世界知识》2017年第22期。

"向东看"趋势日益显著,开始重视同中国、日本、韩国等东亚国家的合作。①

二 沙特构建国家形象的制约因素

近年来,沙特在构建国家形象方面取得了一定的成效,新的国家形象正在逐步成形,但受制于政治制度、权力结构、宗教等因素,沙特在构建国家形象方面仍面临不少困难和制约因素。

第一,沙特的制度惰性使得国内存在抗拒改革的力量。

政治制度惰性是指一种低劣的或次优的制度安排虽然被人们认识到了缺陷,但难以真正被改变。② 沙特奉行君主制政体,国王既是国家元首,又是政府首脑。高度集权的政治制度在沙特长期存在,政治制度本身的缺陷和利益集团的固化导致沙特的政治体制在短期内难以实现根本性变革,国内既得利益集团长期占据着国家的大量资源。沙特王室对沙特国家政治生活和权力分配的主导,不仅表现为王室成员占据政治、外交、经济、军事等关键部门的要职,还表现为沙特王室充分利用石油收入积累的雄厚资金来维持和巩固其统治合法性。由于王室权力的过度集中和官僚机构缺乏问责机制,王室内部的腐败现象十分严重。萨勒曼国王上台后通过两次换储,确立其子小萨勒曼为王储,后者通过大规模反腐运动,削弱王室内部其他家族势力的影响力,为集权和推行自己的改革方案扫清障碍。但是,所谓的政治改革并未真正触及沙特最核心的封建王权制度,其实质是萨勒曼父子使用改革话语服务于集权统治,作为沙特制度改革主要推动者的萨勒曼国王并没有真正认识到沙特国内对制度改革的实际诉求。制度改革必定涉及利益结构的改变,占沙特人口少数的既得利益集团长期占据着大量国有资源,他们为避免制度改革可能损害其自身利益,一直抗拒变革,这导致沙特体制变革和制度改革的过程缓慢且艰难,凸显了沙特制度惰性长期存在的现实。

第二,穆罕默德王储大规模政治整肃运动和经济私有化计划,打破了沙特长期以来形成的"王室—宗教—石油"权力结构,导致王室内部、

---

① 马晓霖:《"萨勒曼新政"与沙特内政外交走向》,《西亚非洲》2018年第2期。
② 涂晓春:《制度惰性与我国的体制改革》,《改革与开放》2007年第4期。

石油利益集团、宗教精英对萨勒曼父子的批评意见受到严重压制。

沙特阿拉伯王国是沙特家族与谢赫家族代表的瓦哈比教派之间通过政治结盟而建立的政教合一的君主制国家,王室统治与瓦哈比派是共生关系,王室通过支持瓦哈比派维护自身统治的合法性,作为国家发展命脉的石油则是王室统治的经济基础。长期以来,沙特国内形成了"王室—宗教—石油"权力结构的平衡,并由此分化出沙特三大社会阶层①:王室、宗教精英集团和石油利益集团。

首先,沙特王室作为沙特的统治阶层,不仅成员数量众多,而且内部派系复杂,各派系为争夺权力而明争暗斗。萨勒曼国王登基后不久通过两次易储,将权力逐渐集中到"苏德里系"②的手中,标志着"苏德里时代"的开启。而与此同时,通过易储任命其子小萨勒曼为王储,彻底更改了沙特王位继承制度,沙特由此正式进入"萨勒曼时代"。萨勒曼国王的两次易储,在推动沙特政治"年轻化"的同时,也加剧了王室内部的斗争,为萨勒曼父子与苏德里系其他成员之间、与其他家族派系之间的矛盾埋下了祸根。同年11月,王储穆罕默德以"反腐"之名逮捕大量王室成员和政府要员,压制王室内部反对萨勒曼父子的声音和持政治异见人士,这在加剧王室内部斗争的同时,也暗示了萨勒曼父子的执政基础仍不稳固。据中东观察网(Middle East Monitor)报道,流亡德国的沙特王室支系成员哈利德·本·法尔汉(Khalid Bin Farhan)在媒体上公开呼吁老一辈亲王艾哈迈德·本·阿卜杜勒阿齐兹(Ahmed Bin Abdulaziz)和穆克林·本·阿卜杜勒阿齐兹(Muqrin Bin Abdulaziz)出面主持大局和支持罢黜现任国王萨勒曼,表示"萨勒曼的愚蠢政策已导致众叛亲离"。法尔汉援引马姆杜赫·本·阿卜杜勒阿齐兹亲王(Mamduh bin Abdulaziz)的公开信称,许多王室成员均对当前沙特的世俗化改革举措严重不满,要求坚

---

① 沙特主要社会阶层包括沙特王室成员,以谢赫家族为代表的宗教学者集团,以商人家族为代表的大资产阶级,以及沙特工人和外来务工者。参见李国强《宗教视野下的社会福利——沙特阿拉伯社会福利制度评析》,硕士学位论文,曲阜师范大学,2014年。

② 在沙特开国国王伊本·沙特的众多儿子中,包括已故的法赫德国王(1982—2005年在位)、苏尔坦王储、纳伊夫王储和现任国王萨勒曼在内的七个儿子的母亲来自内志望族苏德里家族,这七人以"苏德里七雄"著称,被认为是沙特王室内部最强大的派系。参见丁隆《接连换储后,沙特迎来"萨勒曼王朝"》,《世界知识》2017年第14期。

决捍卫瓦哈比主义的价值观。①

其次,沙特宗教精英集团是沙特瓦哈比教义的解释者和执行者。瓦哈比派作为沙特王室的政治盟友,长期向沙特年轻一代灌输作为沙特主流意识形态的瓦哈比主义,以此巩固沙特王室权威和自身的政治地位,在涉及伊斯兰教传统的问题上拥有巨大的影响力和话语权。但是,随着沙特民间伊斯兰主义和宗教反对派的兴起与壮大,沙特的宗教精英集团逐渐走向分化,这些宗教反对派指责沙特家族腐败及其同西方国家的亲密关系,抗议沙特王室在宗教上的松弛。② 小萨勒曼被立为王储后,积极塑造自己的"魅力型领袖"形象,倡导社会改革,一系列世俗化改革措施背离了瓦哈比派的传统价值观,在一定程度上冲击了传统的瓦哈比派和沙特王室的政治联盟,使得沙特王室的统治面临着潜在风险。

最后,沙特的"去石油化"经济改革,进一步动摇了王室的执政基础。为减少沙特经济对石油的依赖,近年来沙特提出私有化改革和"去石油化"经济改革政策。沙特私有化最重要的举措是将市场预估值超过2万亿美元的沙特阿美石油公司上市,通过首次公开募股(IPO)的形式出让5%的股权。自第四次中东战争后,沙特阿美石油公司被沙特收归国有,沙特王室主导国有石油公司的运行管理和经营。大量沙特王室成员成为本国石油利益集团的重要成员,对石油产业握有绝对控制权,占据大量财富。近年来,沙特的私有化改革在一定程度上削弱了石油利益集团对石油产业的绝对控制。私有化改革也给非王室成员的商业大亨和新兴阶级带来了发展机遇。"去石油化"的经济改革无疑会动摇沙特长期以来形成的"王室—宗教—石油"的权力结构,冲击国内稳定,进而影响沙特的国家形象。

第三,小萨勒曼缺乏执政经验、个性鲁莽,奉行冷战对抗思维,政策制定缺乏远见。

年轻气盛的小萨勒曼试图在其父萨勒曼国王的庇护下,对沙特进行大

---

① "Exiled Prince Calls for Coup in Saudi Arabia," *Middle East Monitor*, May 23, 2018, https://www.middleeastmonitor.com/20180523-exiled-prince-calls-for-coup-in-saudi-arabia/. 登录时间:2018年10月29日。

② 王然:《当代沙特政治稳定研究——以沙特的制度和政策调整为视角》,博士学位论文,上海外国语大学,2018年。

刀阔斧的全方位改革，但年轻气盛的王储缺乏执政经验，在一众第三代王子中资历尚浅，难以服众。这种压力使得小萨勒曼迫切想要通过在内政和外交上取得政绩来证明自己的能力，但许多急功近利的做法凸显出其在政策制定上缺乏深思熟虑。近年来，沙特的地区政策趋于强硬和激进，冷战对抗思维严重，试图通过在外交上的强硬表现和对抗手段来解决地区问题。为对抗伊朗，沙特贸然发动对也门胡塞武装的军事打击，结果不仅未实现将胡塞武装赶出也门的目的，反而因军费开支猛增而导致财政紧张，沙特在也门的军事行动还使也门陷入前所未有的人道主义危机。① 兼任国防大臣的小萨勒曼自身的领导人形象也因此受损，被西方媒体形容为"世界上最危险的人"和破坏阿拉伯世界的稳定。② 沙特处决什叶派教士尼姆尔也加剧了地区的教派对抗以及沙特同伊朗的紧张关系，最终导致沙伊断交。2017年6月沙特对卡塔尔实行封锁，迫使卡塔尔彻底转向其对立阵营，并于同年8月宣布恢复同伊朗的全面外交关系。③ 小萨勒曼还粗暴地干涉他国内政，2017年11月，黎巴嫩总理萨阿德·哈里里在访问沙特期间突然宣布辞职。分析人士认为，哈里里的辞职明显受到了沙特方面的胁迫，该事件是小萨勒曼巩固权力的一部分，其真正的目的是通过对哈里里政府施压，迫使亲伊朗的真主党离开黎巴嫩议会。④ 在处理国内事务方面，小萨勒曼采取威权主义的手段。在他的领导下，沙特对内严厉压制国内言论自由，逮捕大量人权活动人士、社会活动家、律师和持异见人士。具有讽刺意味的是，沙特在取消女性驾驶禁令前还逮捕了两名女权活动

---

① Emily Thornberry, "Britain's Red Carpet for the Saudi Ruler is Shameless," *The Guardian*, March 7, 2018, https://www.theguardian.com/commentisfree/2018/mar/07/saudi-arabia-arms-sales-yemen. 登录时间：2018年10月25日。

② Samuel Osborne, "King Salman: The Man in Charge of the 'Most Dangerous Man in the World'," *The Independent*, January 22, 2016, https://www.independent.co.uk/news/world/middle-east/saudi-arabia-king-salman-the-man-behind-the-most-dangerous-man-in-the-world-a6827716.html. 登录时间：2018年7月20日。

③ "Qatar to Reinstate Ambassador to Iran amid Gulf Crisis," *NDTV*, August 24, 2017, https://www.ndtv.com/world-news/qatar-to-reinstate-ambassador-to-iran-amid-gulf-crisis-1741557. 登录时间：2018年10月22日。

④ Robert Fisk, "Saad Hariri's Resignation as Prime Minister of Lebanon is Not All it Seems," *The Independent*, November 9, 2017, https://www.independent.co.uk/voices/lebanon-prime-minister-saad-hariri-resignation-not-all-seems-quits-resigns-surprise-saudi-arabia-a8045636.html. 登录时间：2018年10月27日。

家，并对其他几位女性活动家实行旅行禁令，这反映出小萨勒曼倡导的"女性平权"改革的真正目的并不是恢复女性权利。2018年10月卡舒吉事件①导致小萨勒曼的形象进一步受损，他被媒体指控为该事件的幕后主导者，媒体称涉嫌杀害卡舒吉的15名男子中有7人是小萨勒曼的私人保镖。②尽管小萨勒曼和沙特官方极力否认参与谋杀，但连西方盟友美国总统特朗普都表示"他至少知道这个计划"③。小萨勒曼对国内人权活动家和持异见人士的压制和恐吓，在加剧其个人形象危机的同时，也对沙特的国家形象造成了严重冲击。

第四，在地缘政治层面，沙特外交风格的强硬转向对沙特国家形象构成挑战。

首先，自1979年伊斯兰革命后，伊朗始终被沙特视为其在海湾地区安全的主要威胁之一。2011年"阿拉伯之春"的发生进一步加深了沙特对伊朗在地区崛起的担忧，沙特认为"阿拉伯之春"会给予伊朗干预阿拉伯国家内政的机会。④介入叙利亚战争和也门危机以及同卡塔尔断交等一系列进攻性外交行动，在很大程度上是沙特为对抗伊朗及什叶派力量地区势力崛起而作出的被动反应。无论是处决什叶派教士而导致的沙伊断交，还是鼓动黎巴嫩总理哈里里辞职，抑或是造成海合会内部分裂加剧的卡塔尔断交风波，都表明沙特外交行为在对地区秩序造成负面影响的同时，反过来又影响着沙特自身的国家形象构建。

其次，海合会是海湾六国加强相互信任与合作的重要平台，"应对来

---

① 2018年10月6日，土耳其官方发布声明表示沙特记者贾迈勒·本·艾哈迈德·卡舒吉（Jamal bin Ahmad Khashoggi）在沙特驻伊斯坦布尔总领馆遭杀害，该记者曾因发表对萨勒曼父子的批评言论且拒绝沙特政府提出的"禁言"要求而逃离沙特。沙特政府被指控在卡舒吉遇害前一天派出15人的暗杀小组赶赴伊斯坦布尔，土耳其称握有卡舒吉在领馆内遭杀害的音频和视频证据。

② "Exclusive: Seven of Bin Salman's Bodyguards among Khashoggi Suspects," *Middle East Eye*, October 17, 2018, https://www.middleeasteye.net/news/khashoggi-mohammed-bin-salman-saudi-arabia-suspects-969185217. 登录时间：2018年10月29日。

③ Tom Barnes, "Jamal Khashoggi: Trump Says If Anyone Knew about Plot to Kill Journalist 'It Would Be Mohammed bin Salman'," *The Independent*, October 26, 2018, https://www.independent.co.uk/news/world/middle-east/khashoggi-trump-saudi-arabia-bin-salman-mbs-crown-prince-murder-turkey-istanbul-consulate-a8598866.html. 登录时间：2018年10月31日。

④ Banafsheh Keynoush, *Saudi Arabia and Iran: Friends or Foes*, New York: Palgrave Macmillan, 2016, p. 227.

自伊朗的威胁"是海合会成立的初衷。经历冷战、海湾战争、"阿拉伯之春"及恐怖主义等威胁后，海合会内部转型加速，成员国之间的分歧逐渐加深。主导海合会的沙特为加强自身对抗伊朗的优势，要求海合会其他成员采取一致（反伊朗）的外交政策。但部分成员国并不愿按照沙特的意愿处理与伊朗的关系。2016年沙特同伊朗断交，只有巴林紧随其后同伊朗断交，其他国家只是宣布降低外交级别，凸显了海合会内部的分歧。2017年因卡塔尔不愿减少同伊朗的外交往来，沙特连同阿联酋、巴林等国宣布同卡塔尔断绝外交关系，随后卡塔尔宣布与伊朗恢复全面外交关系，海合会至此进一步分裂。海合会作为沙特地区外交的核心，是其塑造地区政治大国形象的重要舞台，但近年来海合会内部的分裂使得沙特的地区大国形象受到重创。

三 沙特构建国家形象的潜在风险

由于面临来自国内、地区和国际层面的危机，沙特运用传播、优化、修复和重塑等手段构建国家形象在很大程度上是一种被动应对的危机管理过程。与此同时，沙特在构建国家形象的过程中也面临着潜在风险，其主要体现在以下几个方面。

第一，沙特对自身主导地区事务能力的高估导致其深陷地区危机。

近年来，沙特试图通过强化对阿拉伯地区和伊斯兰世界事务的主导权和话语权来修复受损的国家形象和恢复在伊斯兰世界的盟主地位。沙特通过积极介入地区冲突以及与伊朗开展地缘博弈来显示其主导地区秩序的决心，突出表现在其对叙利亚危机和也门乱局的军事介入上。但这种极具进攻姿态的对外政策非但没能解决地区冲突，反而加剧了地区危机的烈度，反过来使沙特深陷地区危机而难以抽身。武力干涉也门、代号为"决断风暴"的军事行动对胡塞武装久攻不下，不仅使沙特军事开支猛增进而出现巨额财政赤字，也使自身遭受"也门人道主义危机的主要责任国"的指控，令沙特在伊斯兰世界和国际社会的形象持续恶化。沙特介入叙利亚战争，为叙利亚反政府武装和极端组织提供资金支持，与伊朗在地区开展代理人战争，反而促使俄罗斯与伊朗在支持巴沙尔政权和地区反恐上开展合作。其后果是，俄罗斯强势介入叙利亚战争，导致沙特在叙利亚问题上的作用逐渐被边缘化。沙特带头与卡塔尔断交，迫使卡塔尔不断接近伊朗阵营,加剧了海合会内部的分裂,使沙特的另一个地区对手土耳其不断加深对海湾安全事务的介入程度,突出表现为断交事件发生后土耳其向卡塔尔派驻军队进行军演和提供物资援助上。① 卡土关系的走近,在一定程度上使得沙特陷入了被动的外交局面,尤其是卡舒吉事件发生后,土卡两国对沙特发动舆论战,导致沙特政府和王储穆罕默德的公信力遭受质疑。可以说,沙特强势介入地区事务的进攻性外交不仅没有提升和巩固其对阿拉伯地区和伊斯兰世界的领导权,反而使自身进一步深陷地区危机,落入四面树敌的境地。沙特与伊朗在地区层面的阵营化对抗,还导致前者主导的海合会陷入内部分裂的境地。这种局面的出现在很大程度上是沙特对地区局势产生战略误判和高估自身主导地区事务能力的结果。

第二,沙特对以色列的功利性外交,或引发阿拉伯伊斯兰世界的不满,并可能使其陷入更加被动的局面。

自费萨尔时期以来,沙特对阿以问题的立场始终是服从国家利益,避免直接介入阿以冲突,选择在道义上支持巴勒斯坦和阿拉伯国家的反以斗争。② 近年来,为遏制伊朗在地区层面的扩张和争夺地区领导权,沙特与以色列公开接触,与以色列建立反伊朗战线和共同对抗伊朗的战线,可能导致阿拉伯伊斯兰世界对其的不满与质疑。20世纪70年代,时任埃及总统萨达特为推动阿以和平进程,与以色列展开对话并建立外交关系,曾在阿拉伯世界引发了强烈抗议与批评,萨达特被认为背叛了阿拉伯人和穆斯林,埃及因此受到其他阿拉伯国家的联合抵制。"阿拉伯之春"以来,在阿拉伯伊斯兰世界树立领导地位是沙特国家形象构建的主要目标,与以色列的进一步接触,或使沙特失去在广大阿拉伯国家中的信誉,使自身陷入以色列分化阿拉伯国家团结的陷阱中,以色列也可能借机过度渲染双方间的合作,向外界释放亦真亦假的信息,从而使沙特在阿拉伯世界陷入孤立,令沙特处于更加被动的局面。

第三,沙特借大规模反腐运动对持异见人士进行政治整肃的真实动机,受到国际社会的广泛质疑。

---

① 王涛:《从高调介入卡塔尔"断交危机"看土耳其的中东战略》,《现代军事》2017年第8期。

② 刘中民:《中东政治专题研究》,时事出版社2013年版,第466页。

2017年11月，沙特王储小萨勒曼领导成立反腐委员会逮捕了数名王室成员、政界和商界人士。这场大规模的反腐运动看似是沙特政府对长期以来的腐败现象的大力整顿，为推动沙特社会改革奠定基础，但实际上其真实动机受到外界的普遍质疑。海湾问题专家格雷格·高斯（Greg Gause）指出："如果沙特的真正目标是反腐，就需要做出实际行动。但它不仅没有逮捕实际位高权重的腐败人士，还强调法律并不是指导其反腐行动的准则，这显然是利用反腐来掩盖其他计划。"[1] 西方社会普遍认为，沙特反腐运动是一场打着反腐旗号的集权和政治整肃运动，这使得反腐运动的合法性备受争议。小萨勒曼被立为王储后，对内塑造威权主义的领导人形象，采取强硬手段压制国内言论自由，大规模打压人权活动家和持不同政见者，不论是在取消女性驾驶禁令前对女权活动家的逮捕，还是发生在土耳其的卡舒吉事件，都缺乏相应的合法性，引发了国际社会的广泛质疑和批评，这对沙特正在塑造的开放、自由、现代化的国家形象构成了潜在风险。

第四，宗教温和化改革与在意识形态层面同伊朗的对抗存在矛盾。

穆罕默德王储倡导"温和伊斯兰"理念的目的是使沙特摆脱封建、保守的负面形象，为推进去极端化工作、打击恐怖主义和极端主义提供舆论准备，塑造"对所有宗教持开放态度的温和伊斯兰国家"的形象和提升王储的个人形象。然而，穆罕默德王储在积极倡导伊斯兰教温和化的同时，对外却又使用基于教派主义的政治话语同伊朗进行地缘政治博弈。在与伊朗的地区博弈中，沙特一直致力于打破伊朗主导的从海湾到地中海的"什叶派走廊"，体现在平息巴林什叶派动乱上；在叙利亚战争爆发后，沙特支持叙利亚政府反对派和当地的极端组织对抗巴沙尔的什叶派政权与伊朗伊斯兰革命卫队；军事打击也门胡塞武装；公开同以色列接触，并在共同对抗伊朗方面达成共识，企图在中东构建反对伊朗的阵营。沙特同伊朗的对抗，本质上是两国围绕争夺地区事务主导权进行的地缘政治博弈，但沙特利用逊尼派、什叶派在教派问题上的矛盾分歧，不断煽动教派仇

---

[1] "Saudi Crown Prince Mohammed bin Salman Widens Purge," *Al Jazeera*, November 6, 2017, https://www.aljazeera.com/news/2017/11/saudi-crown-prince-mohammed-bin-salman-widens-purge-171106104312835.html. 登录时间：2018年11月21日。

恨，拉拢中东逊尼派国家共同对抗伊朗等什叶派政权，甚至在阿拉伯世界内部要求相关国家选边站，试图以阵营化的对抗态势削弱伊朗的势力范围。这种基于教派政治同伊朗进行地缘博弈的政策取向，与穆罕默德王储所倡导的塑造"对所有宗教持开放态度的温和伊斯兰国家"相矛盾。对沙特而言，对内塑造伊斯兰教温和话语与对外展开激进的外交行为之间的矛盾，尤其是以教派画线拉拢逊尼派国家加入反伊朗阵营，不利于其在国际上构建开放、和平的温和伊斯兰大国形象，最终势必陷入孤立和国家形象受损的境地。

第九章　沙特阿拉伯的反恐战略

2001年"9·11"事件后,在西方学界围绕恐怖主义的学术研究和政策界围绕美国反恐战略的政策辩论中,沙特长期被视为恐怖主义和宗教极端主义的支持者。此类观点认为,沙特一直扮演着恐怖主义意识形态和本土伊斯兰极端主义"孵化器"以及激进狂热分子"输出国"的角色,指责沙特为全球恐怖主义和伊斯兰极端主义的蔓延提供政治和经济支持。[①] 参与"9·11"事件的19名劫机者中有15名是沙特籍公民,尽管沙特官方否认其与恐怖袭击事件存在联系,但针对沙特"支恐"的指控长期盛行于西方社会。西方国家选择性地忽视沙特自身面临的恐怖主义威胁及其在反恐领域的努力与国际合作,刻意回避策划"9·11"事件的"基地"组织正是美国在阿富汗战争期间为对抗苏联而扶植的代理人势力的历史事实。2011年"阿拉伯之春"爆发后,中东恐怖主义回潮并外溢至其他地区,反伊斯兰、反沙特的宣传话语和叙事再次盛行于西方主流学界、媒体界和政策界。

沙特积极参与反恐国际合作,批准或加入反恐国际公约,在推动建立和资助联合国反恐中心方面做出了重要贡献,在金融反恐、去极端化领域积累了丰富经验,建立了符合本国国情和地区实际的反恐模式。

第一节　当代沙特恐怖主义的发展

在当代沙特历史上,激进世俗主义和左翼运动、以穆兄会为代表的政

[①] Sumanto Al Qurtuby and Shafi Aldamer, "Terrorism and Counterterrorism in Saudi Arabia," *Contemporary Review of the Middle East*, Vol. 8, No. 1, 2021, p. 2.

治伊斯兰团体、与沙特境内保守宗教势力勾连的宗教极端势力、反美和反西方的激进政治势力、反什叶派的逊尼派极端势力等力量,都在不同时期在沙特境内策划和组织过恐怖主义袭击。① 1967 年第三次中东战争后兴起的、以宗教极端主义为思想基础的宗教性恐怖主义,在与中东政治和全球性问题的互动过程中衍生出不同的极端派别和组织,其对中东乃至全球政治与安全的影响持续至今。这种影响既表现为沙特本土恐怖主义和极端主义的溢出效应,也表现为国际恐怖主义与沙特境内宗教极端势力和恐怖主义势力的跨境互动及其影响。

20 世纪 50 年代,以沙特为代表的泛伊斯兰主义阵营同以埃及为代表的阿拉伯民族主义阵营之间在意识形态层面呈现出对抗态势。基于反对纳赛尔政权的共同需求,当时沙特与穆兄会相互利用和协调行动。沙特当局选择接纳被埃及政府镇压的穆兄会骨干和成员,为其提供政治庇护,以期利用抗争经验丰富的穆兄会对抗纳赛尔主导的阿拉伯民族主义阵营,同时借助穆兄会遍布中东与伊斯兰世界的社会网络弥补沙特瓦哈比派势力在与阿拉伯民族主义势力抗衡中影响力不足的短板。② 随着埃及与沙特对抗加剧,进入 60 年代后,纳赛尔政权支持沙特国内激进世俗运动和左翼势力,策划并组织旨在推翻沙特王室统治的暴力恐怖袭击活动。阿拉伯国家在 1967 年第三次中东战争中的惨败导致阿拉伯民族主义严重受挫,伊斯兰复兴运动逐渐兴起。1979 年 2 月伊朗伊斯兰革命后,受伊朗对外"输出革命"的影响,宗教政治反对派在沙特境内兴起,并对沙特王室的统治发起挑战。沙特政权持续受到宗教激进势力和极端势力的袭扰,"政教关系出现了张力和明显的裂痕"③。同年 11 月,由沙特原国民警卫队队员、极端分子朱海曼·欧泰比领导的武装分子攻占麦加大清真寺并劫持人质,造成至少 255 人死亡、560 人受伤,其中安全部队人员死伤人数分别为 127 人和 451 人。④ 进入 20 世纪 80 年代后,沙特境内恐怖袭击事件时有发生。

---

① 关于沙特境内恐怖主义的来源,参见 Sumanto Al Qurtuby and Shafi Aldamer, "Terrorism and Counterterrorism in Saudi Arabia," *Contemporary Review of the Middle East*, Vol. 8, No. 1, 2021, p. 4.
② 陈丽蓉:《穆斯林兄弟会与沙特关系的演变及影响》,《阿拉伯世界研究》2021 年第 1 期。
③ 曲洪:《当代中东政治伊斯兰:观察与思考》,中国社会科学出版社 2001 年版,第 174—175 页。
④ Robin Wright, *Sacred Rage, The Wrath of Militant Islam*, revised edition, New York: Simon & Schuster, 1986, p. 148.

80年代中期真主党沙特分支"希贾兹真主党"制造的恐怖袭击、1995年美军在利雅得的军事设施遭汽车炸弹袭击以及整个90年代沙特境内针对外国公民的暴力袭击等事件都表明,沙特在"9·11"事件发生前已长期面临着恐怖主义的威胁。

从沙特恐怖主义发展的特点来看,"9·11"事件前,除1979年麦加禁寺事件外,沙特境内的恐怖主义威胁主要以小规模的零星恐袭活动为主。但"9·11"事件后尤其是2003年以来,以"基地"组织和"伊斯兰国"为代表的国际恐怖主义势力在沙特境内策划实施的成规模的恐怖袭击日益增多,造成重大人员伤亡。1979年至2017年,沙特国内共发生841起暴力恐怖袭击事件,造成3000多人死亡,其中包括333名安全部队人员。其间,共有695名恐怖分子被打死,346名恐怖分子受伤,另有数百名恐怖分子被监禁。① 据统计,沙特安全部队成功挫败了223起旨在攻击沙特境内外目标的恐怖袭击事件,先后缴获47吨爆炸物、240多件自杀式炸弹背心、450枚手榴弹、374枚火箭弹和3枚萨姆-7(SAM-7)防空导弹。②

制造"9·11"恐怖袭击事件的19名劫机者中有15名是沙特籍公民,沙特的国家形象因此遭受重创。美国小布什政府为发动全球反恐战争,刻意塑造和散布"伊斯兰恐惧症"、强调西方基督教世界与伊斯兰世界"文明冲突"的反恐话语,极大地冲击了西方基督教世界与伊斯兰世界的关系,更使得包括沙特在内的伊斯兰国家成为此类宣传的主要目标。美国等西方国家的反伊斯兰政治宣传激起了整个中东伊斯兰世界的反美浪潮,沙特境内先后发生了多起针对外国侨民、本国官员和安全部队的小规模暴恐袭击。2003年以来沙特国内安全形势急剧恶化,"阿拉伯半岛基地组织"(AQAP)策划实施了一系列针对沙特境内目标的暴恐袭击事件,共造成百余人死亡、数百人受伤。2004年延布、胡拜尔和吉达等地发生多起针对当地政府大楼、外国领事馆和企业的恐怖袭击事件。沙特政府开展国内反恐行动和国际反恐合作也招致了恐怖组织的报复。2009年8月"基地"

---

① Sumanto Al Qurtuby and Shafi Aldamer, "Terrorism and Counterterrorism in Saudi Arabia," *Contemporary Review of the Middle East*, Vol. 8, No. 1, 2021, p. 5.

② "More than 840 Terrorist Attacks Targeted Saudi Arabia between 1979 and 2017," *Center for International Communication*, February 13, 2018, https://cic.org.sa/2018/02/more-than-840-terrorist-attacks-targeted-saudi-arabia-between-1979-and-2017/. 登录时间:2020年12月10日。

组织针对负责国内反恐事务的沙特时任内政副大臣穆罕默德·本·纳伊夫（Muhammad bin Nayef）的未遂暗杀活动，成为该组织在沙特境内首次针对王室成员的恐怖袭击事件。

2010年底爆发的"阿拉伯之春"导致中东地区陷入长达数年的动荡中，再次刺激了恐怖主义和宗教极端势力的兴起。尤其是2015年以来，沙特本土恐怖主义、境外沙特籍恐怖分子"回流"、胡塞武装越境袭击对沙特境内目标构成的安全威胁持续上升。

一 本土恐怖主义威胁

"阿拉伯之春"以来，受地区冲突、教派政治等一系列因素的影响，沙特国内遭受暴力恐怖袭击的频率和受袭遇难人数呈现上升趋势，沙特国内安全形势日益严峻。尤其是2015年至2016年，"伊斯兰国"组织在沙特境内制造了多起针对什叶派清真寺的自杀式炸弹袭击，造成数百人伤亡。[①] 2015年和2016年沙特国内安全形势急剧恶化，2016年恐袭导致的死亡人数达到近十年来的峰值，此后恐袭致死人数逐年下降（见表Ⅱ-9-1）。[②] 根据经济与和平研究所发布的年度恐怖主义指数，沙特恐怖主义指数在2017年达到峰值，即5.81（见表Ⅱ-9-2），在全球受恐怖主义影响十分严重国家的评级中受恐袭影响程度为中等偏上。[③] 在地区层面，2017年沙特恐怖主义指数居伊拉克（10）、叙利亚（8.621）、也门（7.877）、土耳其（7.519）、利比亚（7.256）、埃及（7.17）、苏丹（6.453）之后，在中东国家中位列第八；在全球层面，沙特在受调查的136个国家中列第26位，较2016年上升了6位。[④] 与此同时，受沙特境

[①] 2016年开斋节前夕，"伊斯兰国"组织还在吉达、卡提夫、麦地那三座城市发动了连环自杀式袭击。

[②] Institute for Economics and Peace, *Global Terrorism Index 2017*, November 2017, p. 39.

[③] Institute for Economics and Peace, *Global Terrorism Index 2017*, November 2017, p. 10, http://visionofhumanity.org/app/uploads/2017/11/Global-Terrorism-Index-2017.pdf; Institute for Economics and Peace, *Global Terrorism Index* 2016, November 2016, p. 10, http://visionofhumanity.org/app/uploads/2017/02/Global-Terrorism-Index-2016.pdf.

[④] Institute for Economics and Peace, *Global Terrorism Index 2017*, November 2017, p. 10, http://visionofhumanity.org/app/uploads/2017/11/Global-Terrorism-Index-2017.pdf; Institute for Economics and Peace, *Global Terrorism Index* 2016, November 2016, p. 10, http://visionofhumanity.org/app/uploads/2017/02/Global-Terrorism-Index-2016.pdf.

内个人和慈善机构资助的恐怖主义也对沙特社会安全构成了重要威胁。在袭击方式上，简易爆炸装置、枪击和越境炮击是沙特国内恐怖主义袭击的主要类型；2015年3月沙特军事介入也门乱局后，胡塞武装越境炮击的频率也呈上升趋势。在地区分布上，沙特东部省盖提夫是简易爆炸装置、枪击的高发地区，南部吉赞省是胡塞武装越境炮击的主要攻击地区。

表Ⅱ-9-1　　　2010—2019年沙特国内恐袭事件死亡人数　　　　（人）

年份	2010	2011	2012	2013	2014	2015	2016	2017	2018	2019
死亡人数	0	3	3	1	18	107	108	24	17	9

说明：因对恐怖袭击定义不同，经济与和平研究所统计范围不包括胡塞武装针对沙特的越境炮弹袭击，但沙特官方将胡塞武装的袭击界定为恐怖袭击。

资料来源："Global Terrorism Index," *Vision of Humanity*, https://www.visionofhumanity.org/maps/global-terrorism-index/#/. 登录时间：2021年3月9日。

表Ⅱ-9-2　　　　　　2010—2020年沙特恐怖主义指数

年份	2010	2011	2012	2013	2014	2015	2016	2017	2018	2019	2020
恐怖主义指数	2.71	2.06	2.17	2.72	2.71	4.01	5.40	5.81	5.48	5.24	5.00
全球排名	45	55	48	54	55	43	32	26	29	30	32

说明：恐怖主义指数越高、全球排名越低，代表恐怖主义威胁越严重。

资料来源："Global Terrorism Index: Saudi Arabia," *Knoema*, https://knoema.com/ECOAPGTT2017/global-terrorism-index. 登录时间：2021年6月30日。

二　境外恐怖分子"回流"

"伊斯兰国"组织兴起数年后，恐怖组织借助分支力量的壮大和扩张，"去中心化"趋势凸显，突出表现为在过去数年间"伊斯兰国"组织在利比亚、埃及西奈半岛、沙特、也门、阿尔及利亚、阿富汗、巴基斯坦、尼日利亚、北高加索等国家和地区建立了37个以"省"（*wilayat*）①为单位的分支组织机构。同时，恐怖分子在不同恐怖组织和地区间的流动

---

① Robin Wright et al., *The Jihadi Threat: ISIS, Al Qaeda and Beyond*, Washington: United States Institute of Peace, Washington: Wilson Center, p. 16.

更趋频繁，突出表现为在"伊斯兰国"实体遭剿灭后，盘踞在叙利亚和伊拉克的恐怖分子加速"回流"至母国或加入当地其他恐怖组织。据统计，2015年至2017年7月，全球50个国家的2.8万余名武装分子加入了"伊斯兰国"组织，突尼斯、沙特、俄罗斯、土耳其、约旦五国加入该组织的人员数量占其外籍武装人员总数的60%以上。① 其中，有3244名沙特籍武装人员加入了"伊斯兰国"组织，截至2016年11月已有760人返回沙特。② 2017年11月和12月，伊朗、伊拉克和俄罗斯先后宣布"伊斯兰国"组织被彻底剿灭，该组织残余力量大规模集体"回流"的风险加剧，沙特社会安全面临"回流"恐怖分子破坏的风险加剧。③

三 胡塞武装越境袭击

自2015年3月沙特领导的多国联军军事介入也门危机以来，胡塞武装频繁向沙特境内发射炮弹予以回击。2017年11月4日，胡塞武装首次向沙特首都利雅得国际机场方向发射弹道导弹，被沙特防空部队拦截并摧毁。11月7日，胡塞武装威胁将向沙特和阿拉伯联合酋长国的机场、港口及其他"重要区域"发起更多的导弹袭击。沙特政府担忧叙利亚境内"伊斯兰国"实体力量被击溃后，经过叙利亚战场"洗礼"的黎巴嫩真主党武装人员可能回到国内，部分或已南下进入也门境内同胡塞武装联合作战。早在2016年2月，沙特军队发言人便敦促黎巴嫩政府阻止真主党向也门和叙利亚派遣"雇佣军"，但真主党领导人哈桑·纳斯鲁拉对此多次予以否认。④

---

① Institute for Economics and Peace, *Global Terrorism Index 2017*, p. 64.

② Richard Barrett, *Beyond the Caliphate: Foreign Fighters and the Threat of Returnees*, October 2017, The Soufan Center, p. 13, http://thesoufancenter.org/wp-content/uploads/2017/11/Beyond-the-Caliphate-Foreign-Fighters-and-the-Threat-of-Returnees-TSC-Report-October-2017-v3.pdf. 登录时间：2018年2月9日。

③ 2011年叙利亚危机爆发后，大批沙特人赴叙利亚加入反对派武装或当地的恐怖组织。其中一些极端分子回到沙特后，暗中策划采取推翻沙特政权的行动。为应对恐怖分子"回流"后对沙特政权安全的威胁，沙特内阁会议于2013年12月通过协商会议和内政部联名提交了新反恐法案，新反恐法于2014年2月正式实施。

④ "Lebanon Must Act on Hezbollah in Yemen, Says Saudi," *Al Arabiya*, February 24, 2016, http://english.alarabiya.net/en/News/middle-east/2016/02/24/Yemeni-govt-says-have-evidence-Hezbollah-is-involved-in-backing-the-Houthis.html; Ellen Francis and Laila Bassam, "Lebanon's Hezbollah Denies Sending Weapons to Yemen," *Reuters*, November 20, 2017, https://www.reuters.com/article/us-mideast-crisis-syria-nasrallah/lebanons-hezbollah-denies-sending-weapons-to-yemen-idUSKBN1DK22D. 登录时间：2017年10月19日。

在也门危机久拖不决的背景下，近年来频繁对沙特进行越境炮击的胡塞武装，对沙特境内重要基础设施、安全部队和平民构成的安全威胁仍将持续高企。

第二节　沙特反恐战略的理念及特点

"9·11"事件引发了国际社会对沙特支持恐怖主义的质疑。[①] 2002年8月，600多名"9·11"恐怖袭击事件的受害者家属向沙特政府、王室成员[②]、金融机构和个人提起索赔约1万亿美元的诉讼，沙特媒体则将这起诉讼形容为"企图勒索沙特在美国的存款"[③]。"9·11"事件后，美国先后发动阿富汗战争和伊拉克战争，美国与伊斯兰世界的关系持续紧张，中东地区掀起了一轮反美高潮，反过来刺激了地区极端恐怖势力的抬头，恐怖主义逐渐从冲突国家向沙特境内渗透、扩散、蔓延。2003年5月12日，沙特首都利雅得发生3起连环爆炸案，共造成39人死亡、160多人受伤；11月8日，利雅得遭遇自杀式汽车炸弹袭击，共造成17人死亡、122人受伤。沙特官方事后确认，袭击事件均系"基地"组织成员所为。首都利雅得遭遇的一系列恐怖袭击，扭转了沙特国内对"基地"组织的同情态度，为政府以强硬手腕打击恐怖主义势力创造了条件。

1995年法赫德国王中风后，时任王储阿卜杜拉成为沙特的实际统治者，主导了"9·11"事件后沙特国家反恐政策的制定。随着国内恐怖主义威胁持续上升，沙特当局将反恐提升至国家战略高度，不断加大反恐力度，其中的现实考量主要有以下几个方面：一是应对地区和国内恐

[①] 类似的质疑还针对沙特对哈马斯的资金支持。2002年4月，沙特政府通过电视募捐活动募集到的1亿多美元资金的去向遭到外界质疑，沙特方面声称这些资金用于帮助巴勒斯坦人，外界则认为其中相当一部分被用于实施自杀式炸弹袭击。沙特方面则辩称哈马斯是巴勒斯坦地区合法的抵抗运动，理应获得政治上的支持。参见 Gawdat Bahgat, "Saudi Arabia and the Long War on Terrorism," *Arab Studies Quarterly*, Vol. 26, No. 1, Winter 2004, p. 58.

[②] 起诉名单中包括两名沙特王室成员，即沙特时任第二副首相兼国防与航空大臣、军队总监苏尔坦，以及前情报局局长、时任沙特驻英国大使图尔基（Turki bin Faisal）。

[③] Christopher M. Blanchard and Alfred B. Prados, "Saudi Arabia: Terrorist Financing Issues," *CRS Report for Congress*, RL32499, September 14, 2007, p. 5, https：//sgp. fas. org/crs/terror/RL32499. pdf. 登录时间：2021年7月10日。

怖主义和宗教极端主义势力抬头对沙特政权安全的挑战，从源头上打击恐怖主义；二是对外宣示沙特官方的反恐立场，为沙特开展国内反恐寻求外部政治和道义支持；三是通过开展反恐国际合作，加强本国反恐能力建设；四是缓解因美国在全球发动反恐战争而加剧的伊斯兰世界与西方的对立，改善因美国等西方国家丑化伊斯兰世界而急剧恶化的沙特国家形象，修复沙特与西方国家尤其是其盟友美国的紧张关系；五是遏制宗教极端主义的蔓延，根除滋生宗教极端主义的土壤，营造国内安全的社会环境和温和的宗教环境。

一 沙特的反恐理念

"9·11"事件发生前，沙特政府在不同的国际场合阐述过谴责一切形式的恐怖主义以及愿与国际社会一道共同打击恐怖主义的反恐立场。"9·11"事件发生当日，沙特官方即发表声明，"强烈谴责这一违反一切宗教价值观和人类文明概念的行为"，强调沙特谴责一切形式的恐怖主义的坚定立场。此后，沙特内政大臣纳伊夫（Nayef bin Abdulaziz），第二副首相兼国防与航空大臣、军队总监苏尔坦（Sultan bin Abdulaziz），沙特驻美国大使班达尔（Bandar bin Sultan bin Abdulaziz）和驻联合国代表等政府官员均发表声明谴责袭击事件；沙特最高司法委员会主席萨利赫·鲁海丹（Salih al-Luheidan）和最高宗教机构"高级宗教学者委员会"主席阿卜杜勒阿齐兹·阿勒谢赫（Abdulaziz Al al-Sheikh）在谴责袭击事件的同时，还强调袭击行为违背伊斯兰教教义。[1]

2003年沙特国内发生的数起恐怖袭击事件进一步提升了沙特开展反恐国际合作的意愿。为寻求破解外交困局和开展反恐国际合作，沙特开始主动在国际场合阐述官方的反恐理念和提出反恐国际合作倡议。2005年2月5—8日，由沙特召集的首届国际反恐会议在利雅得召开。16个阿拉伯国家和中国、美国、英国、法国、俄罗斯、伊朗、土耳其等国，

---

[1] 关于"9·11"事件后沙特官方对恐怖主义的立场声明，详见 Anthony H. Cordesman, "Saudi Official Statements on Terrorism after the September 11th Attacks," *Center for Strategic and International Studies*, November 2001, https://csis-website-prod.s3.amazonaws.com/s3fs-public/legacy_files/files/media/csis/pubs/saudi_terror.pdf. 登录时间：2021年11月5日。

以及联合国、欧盟、阿盟、非盟、海合会、伊斯兰会议组织①、穆斯林世界联盟、国际刑警组织等国际和区域组织代表、反恐问题专家出席会议。

在会议开幕式致辞中,沙特时任王储阿卜杜拉阐述了沙特政府的反恐理念。首先,在恐怖主义的定性上,阿卜杜拉强调恐怖主义不属于任何文化、宗教或政治制度,而是"由充满对人类仇恨、盲目杀戮和毁灭欲望的邪恶思想的人在全球范围内犯下的罪行",揭示了恐怖主义反文明、反人类的本质。其次,在应对极端意识形态方面,阿卜杜拉强调打击恐怖主义必须坚持"以正义同邪恶做斗争""以智慧和高尚理念对抗邪念""以温和宽容的态度挑战极端主义",在反恐的同时凸显伊斯兰教的和平与宽容理念。最后,关于反恐的具体领域,阿卜杜拉强调必须认识到与恐怖主义在全球扩散密切相关的军火走私、贩毒和洗钱行为,遏制恐怖主义融资,据此确立综合反恐的理念和路径。② 这些理念此后成为沙特国内反恐行动和开展反恐国际合作的重要依据。

此次会议通过的《利雅得宣言》从话语、行动、机制等层面阐述了国际社会在反恐理念、目标和路径上达成的共识,为各国在恐怖主义溯源和协调反恐行动等方面开展合作奠定了基础。首先,《利雅得宣言》强调不应将恐怖主义同任何宗教、种族或地区相挂钩,呼吁新闻媒体、民间机构和教育机构共同应对恐怖组织的宣传,敦促媒体不要发布含有暴力和极端主义内容的报道,同时强调传播人类美德和宽容共处精神的重要性。其次,《利雅得宣言》强调与会国家和国际组织代表一致同意阿卜杜拉王储提出的关于建立国际反恐中心的建议,呼吁各国应在联合国框架内加强反恐国际合作,指出联合国是加强反恐国际合作的主要平台,联合国反恐决议是全球反恐合作的基础。再次,《利雅得宣言》呼吁反恐行动应与打击洗钱、贩毒、走私军火相结合,要求联合国制定和规范慈善及人道机构、团体募捐活动的统一国际标准,严禁将募捐款用于非法活动。最后,《利雅得宣言》呼吁与会国家和组织通过立法等措施,共同防范恐

---

① 2011年6月,伊斯兰会议组织更名为"伊斯兰合作组织"。
② "Counter-Terrorism International Conference, Riyadh, Saudi Arabia, February 5 – 8, 2005," *The Embassy of the Kingdom of Saudi Arabia in Washington, DC*, https://www.saudiembassy.net/sites/default/files/terrorism-CTIC-overview-Feb05-Q.pdf. 登录时间:2021年3月2日。

怖分子利用庇护和移民法在相关国家境内进行招募或培训，或策划、煽动或实施针对其他国家的恐怖主义行为。①

二　沙特反恐的主要领域和特点

从具体领域来看，沙特政府主要在以下十个领域实施国家反恐战略和开展反恐国际合作。第一，在各种场合为伊斯兰教正名，强化"恐怖主义是伊斯兰教和全人类的敌人"的话语塑造，强调沙特同其他国家一样都是恐怖主义的受害者，坚持恐怖主义不应与特定宗教和民族相挂钩的立场，从话语层面应对"9·11"事件后国际舆论针对伊斯兰教和沙特的污名化操作。第二，将泛伊斯兰主义作为联合伊斯兰国家开展反恐国际合作的动员工具，积极倡导伊斯兰世界内部团结，借助伊斯兰会议组织（伊斯兰合作组织）、海合会等国际和区域组织宣示伊斯兰国家的反恐立场。第三，基于伊斯兰教的人道主义理念和宽容原则颁布"有限赦免"政策②，为自首的恐怖分子提供从轻量刑和重返社会的机会，借此瓦解恐怖分子的心理防线，塑造沙特领导人的宽厚形象，为反恐行动获取国内支持，在反恐行动与维护伊斯兰传统价值观之间取得平衡。第四，倡导在联合国框架内凝聚各国反恐共识并协调反恐行动，积极参与反恐国际合作，寻求国际社会支持沙特的反恐立场。第五，同西方盟友深化反恐合作，分享反恐情报，加大联合反恐行动的范围和力度，通过国际反恐合作提升本国反恐能力建设。第六，注重区分恐怖主义暴行和巴勒斯坦人民为争取合法权利进行的

---

① "Counter-Terrorism International Conference, Riyadh, Saudi Arabia, February 5 – 8, 2005," *The Embassy of the Kingdom of Saudi Arabia in Washington, DC*, https://www.saudiembassy.net/sites/default/files/terrorism-CTIC-overview-Feb05-Q.pdf. 登录时间：2021年3月2日。

② 2004年6月23日，沙特时任王储阿卜杜拉发布特赦令，"有限赦免"在一个月内自首的恐怖分子，宣称为"误入歧途"的个人重返伊斯兰阵营提供自我反省的机会。"基地"组织一直谴责沙特政权是"叛教政权"，沙特的特赦政策旨在反驳"基地"组织的指责。其间，政府官员、"基地"组织成员的亲属、宗教领袖通过不同方式传递政府对自首者将依据伊斯兰教法加以保护和对待、使其有机会重返社会的立场。7月23日特赦令到期之日，被沙特官方通缉的26名恐怖分子中有12人在逃，12人被杀害，2人投降；另有30名未被列入通缉名单的个人在沙特境内自首，27人在其他国家自首。当时，有宗教学者要求政府延长特赦时间，但沙特政府拒绝了这一请求。参见 Bouchaib Silm, "Saudi Amnesty: A New Approach to Counter-Terrorism？," *IDSS Commentaries*, No. 39, 2004, https://www.rsis.edu.sg/wp-content/uploads/2014/07/CO04039.pdf. 登录时间：2020年12月4日。

正义斗争,强调恐怖主义依赖于征服和暴力,而非权利和正义,通过推动中东和平进程维护自身道义形象。① 第七,注重从社会层面帮扶弱势群体、消除贫困和推进改革,实施纠正宗教狂热、极端主义等错误思想的去极端化计划,为受极端思想影响的群体重返社会提供非暴力替代选择。第八,健全国内反恐法律法规,依法打击恐怖主义和洗钱等犯罪行为,完善反恐的刑事司法制度。第九,参与起草和加入《海湾阿拉伯国家合作委员会打击恐怖主义公约》(2004)和《阿拉伯打击洗钱和资助恐怖主义公约》(2010)等地区反恐公约,签署、批准或加入联合国反恐公约,在遵循国际法原则的基础上开展反恐国际合作。第十,提升沙特安全部队的反恐能力和现代化水平,掌握国内反恐主动权,加强有效预防和打击恐怖主义的能力,震慑国内恐怖主义势力。

沙特政府在实施国家反恐战略的过程中,采取战术性反恐与战略性反恐相结合的反恐模式,将提升反恐能力建设作为反恐工作的关键,将反洗钱和打击恐怖主义融资作为反恐战略的核心,注重为伊斯兰教正名和宣扬温和的伊斯兰教教义。

第一,采取战术性反恐与战略性反恐并行的反恐模式。

战术性反恐侧重使用军事和安全手段,追捕、逮捕和击毙恐怖分子,发现、摧毁和击败恐怖组织;战略性反恐侧重使用教育、经济、文化、法

---

① 2000年10月22日,沙特时任王储在阿盟峰会上提议设立10亿美元的"圣城基金"(Al-Quds Fund)和2亿美元的"阿克萨大起义基金"(Al-Aqsa Intifada Fund),分别用于支持巴勒斯坦事业和援助在同年9月爆发的阿克萨大起义中的死难者家属。参见 Edgar S. Marshall, *Israel: Current Issues and Historical Background*, New York: Nova Science, 2002, p. 11. 在阿盟峰会召开前的2000年10月16日,沙特成立"沙特支持圣城大起义委员会"(Saudi Committee for the Support of the Intifada al-Quds),该委员会与阿拉伯银行协调开展对巴勒斯坦人的援助,向在巴勒斯坦大起义中被以色列军队杀害或在暴力冲突中身亡的巴勒斯坦人的家属提供2万里亚尔(约合5300美元)的资金资助。沙特的援助行动受到以色列和美国方面对沙特"将数百万美元的资金转移给从事恐怖活动的巴勒斯坦人家属"的指责。美国国会报告指出,2000年至2004年,"沙特支持圣城大起义委员会"通过阿拉伯银行向"烈士""囚犯""伤员"转移了3200万美元的现金,其中一些资金被转移至哈马斯联合创始人阿卜杜·法塔赫·杜汉(Abd al-Fatah Dukhan)、卡桑旅副指挥官易卜拉欣·穆卡达玛(Ibrahim Al-Muqadama)等哈马斯高层,以及从事自杀式袭击的哈马斯成员家属。受到国际舆论压力的沙特遂在2004年将该委员会更名为"沙特救济巴勒斯坦人民委员会"(Saudi Committee for the Relief of the Palestinian People)。参见 "Saudi Committee for the Support of the Intifada al Quds," *Osen LLC*, https://www.osenlaw.com/content/saudi-committee-support-intifada-al-quds. 登录时间:2021年3月7日。

律等非军事手段,根除助长极端意识形态和恐怖主义的条件。① 战术性反恐追求通过军事手段对恐怖主义进行"硬治理",通过军事行动对恐怖分子形成震慑,是一种旨在消除恐怖主义在物理空间短期威胁的反恐模式,如沙特安全部队通常采取先发制人的战术,抓捕、跟踪或消灭恐怖分子。战略性反恐追求通过非军事手段对恐怖主义进行"软治理",是一种旨在消除恐怖主义在社会层面长期威胁的反恐模式,如沙特政府建立"全国对话论坛",为普通民众进行政治表达提供渠道,倡导宽容和平的社会环境。

第二,将提升国内反恐能力建设作为反恐工作的关键。

由沙特内政部主导的反恐行动旨在挫败恐怖组织针对境内目标的袭击,抓捕恐怖分子,削弱恐怖组织在沙特境内策划和组织恐怖袭击的能力,直至最终消灭恐怖主义实体。提升国内反恐部门和相关机构的反恐能力建设,是政府取得反恐主动权和反恐行动取得成效的关键。在这方面,沙特内政部重视对安全部门、军队等反恐实战部门开展定期培训和反恐演习,借助讲习班、研讨会等形式,开展反恐教育、提供技术支持、分享社区反恐经验。在政府的支持下,沙特安全人员和专业人士定期参加国际反恐联合计划,同包括美国、英国在内的反恐专业人士开展经验交流,分享反恐情报和前沿技术。在反恐一线的警察积极参与社区反恐活动,与不同背景的社区成员开展合作,及时获取可疑活动的线索和情报。

第三,将反洗钱和打击恐怖主义融资作为国家反恐战略的核心。

沙特被指在"9·11"事件前长期纵容恐怖主义。1979年苏联入侵阿富汗后,大批沙特极端分子赴阿富汗参加抗苏战争,沙特当局选择放任这些沙特年轻人参加"圣战",未采取任何行动阻止私人和公共资金流向极端组织。② "9·11"事件以来,随着恐怖主义渗透至沙特境内,尤其是2003年利雅得"5·12连环爆炸案"发生后,沙特政府加大了反恐力度。切断涉恐资金源头、防范恐怖分子滥用金融系统,是沙特政府制约恐怖组织行动能力的关键,金融反恐遂成为沙特国家反恐战略的核心,反洗钱和打击恐怖主义融资成为沙特金融反恐的主要形式。2003年5月27日,沙

---

① David Cortright and George A. Lopez, eds., *Uniting against Terror: Cooperative Nonmilitary Responses to the Global Terrorist Threat*, Cambridge and London: The MIT Press, 2007, p. 2.

② Gawdat Bahgat, "Saudi Arabia and the Long War on Terrorism," *Arab Studies Quarterly*, Vol. 26, No. 1, Winter 2004, p. 53.

特阿拉伯货币局（SAMA）[①] 发布针对沙特银行系统的反洗钱和打击恐怖主义融资指南。[②] 同年 8 月 23 日，沙特政府通过《反洗钱法》，首次对洗钱和恐怖主义融资的刑事处罚措施做出规定[③]，为国内反恐行动提供了制度保障与合法性基础。根据该法，沙特政府成立专门处理洗钱和恐怖融资案件的"金融情报小组"（Financial Intelligence Unit）[④]，并要求银行设立自己的反洗钱部门，配备专员同沙特阿拉伯货币局和执法部门在反洗钱和打击恐怖主义融资领域开展合作。从成效来看，2004 年沙特国内各银行以违反《反洗钱法》为由，冻结了 25 万个账户，对作为恐怖主义融资重要工具的替代性汇款系统哈瓦拉（Hawala）进行了有效打击。沙特阿拉伯货币局与纳伊夫阿拉伯安全科学大学（Naif Arab University for Security Sciences）开展合作，对国内银行家、检察官、法官、海关官员和政府部门和机构相关官员进行培训，提高他们对恐怖主义融资问题的认识，从技术层面提高其对洗钱、犯罪分子信息交换的识别能力。

其中，加大对慈善机构资金来源的审查成为沙特政府开展金融反恐行

[①] 沙特阿拉伯货币局即沙特中央银行。

[②] 根据打击恐怖主义融资指南，沙特阿拉伯货币局对银行做出了具体要求：设立针对沙特阿拉伯货币局列出的各类"特别指定国民"（Specially Designated Nationals）的监控机制；银行的资金转移系统能够检测出"特别指定国民"；严格遵守沙特阿拉伯货币局关于开户和处理慈善募捐的通知；银行能够为所有汇出转账提供汇款人的识别信息；银行使用软件对客户进行分析，检测异常交易模式；建立 10 万里亚尔的监控阈值；制定内部控制系统和合规系统。参见 Bureau for International Narcotics and Law Enforcement Affairs, *United States Department of State*, *International Narcotics Control Strategy Report*, Vol. Ⅱ: *Money Laundering and Financial Crimes*, March 2005, pp. 390 - 391, Homeland Security Digital Library, https://www.hsdl.org/?view&did=460893. 登录时间：2021 年 1 月 8 日。

[③] 沙特《反洗钱法》规定，禁止金融机构以假名或匿名从事金融或商业交易；金融交易记录至少保存十年；金融机构应制定反洗钱的预防措施和内部监测机制；银行和金融机构应报告可疑交易；授权政府检察官调查洗钱和恐怖主义融资；允许与沙特签订正式协议的国家交换信息和打击洗钱活动的司法行动。参见 Bureau for International Narcotics and Law Enforcement Affairs, *United States Department of State*, *International Narcotics Control Strategy Report*, Vol. Ⅱ: *Money Laundering and Financial Crimes*, March 2005, p. 390, Homeland Security Digital Library, https://www.hsdl.org/?view&did=460893；沙特《反洗钱法》全文参见 *Combating Money Laundering*, Royal Decree No. M/39, 25 Jumada Ⅱ 1424［23 August 2003］, The Embassy of The Kingdom of Saudi Arabia, https://www.saudiembassy.net/combating-money-laundering. 登录时间：2021 年 1 月 8 日。

[④] 沙特"金融情报小组"隶属于"埃格蒙特集团"（Egmont Group），后者是由各国金融情报小组组成的联合体。沙特《反洗钱法》规定，除"金融情报小组"外，沙特反洗钱的监管机构和监督机构还包括沙特阿拉伯货币局、内政部、外交部、司法部、商务部、财政部、海关、调查和起诉委员会以及资本市场管理局。

动的重点。沙特慈善机构接受的捐款形式主要是被视为伊斯兰教五大功修之一的天课。2002年法国反恐专家让—查尔斯·布里萨（Jean-Charles Brisard）的一份研究报告指出，此前十年间"基地"组织滥用"天课"制度，利用官方的监管漏洞①将合法的宗教义务变成非法洗钱手段，以慈善活动为幌子，筹集了3亿—5亿美金的非法资金，其中大部分来自沙特慈善机构和个人捐助者。② 美国"9·11"事件调查委员会发布的最终报告虽然"没有发现任何证据表明沙特政府作为一个机构或沙特高官单独资助了'基地'组织"，但指出沙特是"'基地'组织直接从个人和通过慈善机构筹集资金的来源"，受沙特政府资助的慈善机构可能将大量资金转移至"基地"组织，批评沙特政府对恐怖主义融资的监管存在漏洞。③ 面对国际社会指控沙特慈善机构为恐怖组织提供资金支持的压力，沙特政府于2004年6月批准成立"海外救济与慈善工作国家委员会"（National Commission for Relief and Charity Work Abroad），该委员会负责指导和监督沙特对外援助工作和慈善机构的活动。④ 为防止恐怖组织以慈善名义进行涉恐融资，沙特政府制定了一系列规范慈善机构运行的规定，如禁止本国私人慈善机构向境外转移资金⑤；禁止清真寺和公共场所收取现金作为天课；每个慈善机构只能在银行开设一个主要综合账户；取消慈善机构的现金支付方式，改由以银行支票方式向第一受益人支付捐赠款；禁止将自动取款机（ATM）和信用卡用于慈善目的，等等。

---

① 沙特于1976年制定的《慈善目的筹款条例》并未对制止滥用"天课"制度的行为作出明确规定。

② Jean-Charles Brisard, *Terrorism Financing: Roots and Trends of Saudi Terrorism Financing*, JCB Consulting, December 19, 2002, p. 3, https://rightsidenews.com/wp-content/uploads/2016/04/Terrorism-Financing.pdf. 登录时间：2021年10月7日。

③ Christopher M. Blanchard and Alfred B. Prados, "Saudi Arabia: Terrorist Financing Issues," *CRS Report for Congress*, RL32499, September 14, 2007, pp. 2 - 3, https://sgp.fas.org/crs/terror/RL32499.pdf. 登录时间：2021年7月10日。

④ 根据沙特此前的法律规定，慈善机构由沙特社会事务部进行登记、审核与监督。但直至2008年6月，"海外救济与慈善工作国家委员会"仍因种种原因而未能进入实际运作阶段。

⑤ 沙特的慈善机构不得在国外开展业务，除非通过萨勒曼国王人道主义援助和救济中心（King Salman Humanitarian Aid and Relief Center）或半官方的沙特红新月会（Saudi Red Crescent）。参见"Saudi Arabia and Counterterrorism: Fact Sheet: Fighting and Defeating DAESH," *Official Website of Saudi Arabia Embassy*, May 2017, https://www.saudiembassy.net/sites/default/files/Fact%20sheet%20-%20Fighting%20and%20Defeating%20Daesh.pdf. 登录时间：2021年7月1日。

第四，在开展去极端化工作的同时，重视为伊斯兰教正名和宣扬温和的伊斯兰教教义。

"9·11"事件后，沙特既面临着打击以宗教极端主义为思想基础的恐怖主义的迫切任务，也面临着西方基督教世界与伊斯兰世界对立加剧和国家形象恶化的现实挑战。沙特从思想层面治理恐怖主义和宣扬正确伊斯兰价值观的措施主要包括以下几个方面：一是通过电视、广播、广告牌、社交媒体、校园、清真寺和体育赛事等各种渠道投放广告，提高社会对极端意识形态和恐怖主义的认知，宣扬伊斯兰教温和、宽容、开放的价值理念，弱化极端意识形态和恐怖主义对普通民众尤其是青年群体的吸引力。二是由沙特内政部主导的去极端化战略旨在借助宗教学者和心理学家提供的专业支持，使服刑的恐怖分子放弃（支持）极端意识形态、改变个人行为取向，为其最终回归社会提供非暴力的替代选择，并为恐怖分子及其家人克服经济困难提供社会和经济支持。[1] 2004年沙特内政部成立"咨询委员会"（Munasaha），邀请宗教学者、心理学家、社会学家等不同专业群体同极端分子开展对话，评估其受极端思想影响的程度。三是政府实施公共和宗教教育计划，通过修订课程和教科书[2]、改进教学方法等手段，使学校教育呈现出"中道"的伊斯兰形象，同时沙特伊斯兰事务部指导并监督清真寺的宗教活动和宗教学校的教育活动。2003年5月，利雅得连环爆炸案发生后，沙特伊斯兰事务部随即宣布解除353名教职人员的职务，并勒令1357名教职人员接受进一步培训。[3] 四是沙特政府倡导开展全球宗教间对话，促进不同宗教之间的谅解和交流，在国内层面推动逊尼派和什叶派之间对话，在国际层面推动沙特穆斯林同犹太人、基督徒、佛教徒、印度教徒、锡克教徒和神道教徒等国外非穆斯林群体间进行对话。五是沙特政府致力于畅通社会内部的沟通和对话渠道，如2003年沙特成立

---

[1] 防止恐怖分子家庭成员的激进化也是沙特反恐战略关注的一个重点，沙特政府经常向恐怖分子家庭提供住房贷款等经济上的支持。参见 Naef Bin Ahmed Al-Saud, "Saudi Arabia's Strategy to Combat Terrorism: An Insider's Perspective," *The RUSI Journal*, Vol. 154, No. 6, 2009, p. 77。

[2] 关于沙特国内阿拉伯语教科书中的反恐概念，参见 Feras Mohammed Al-Madani, "Students' Internalization of Counter-terrorism in Arabic Language Textbooks in Saudi Arabia," *International Journal of Educational Sciences*, Vol. 15, No. 3, 2016。

[3] F. Gregory Gause III, "Saudi Arabia and the War on Terrorism," in Adam Garfinkle, ed., *A Practical Guide to Winning the War on Terrorism*, Stanford: Hoover Institution Press, 2004, p. 98.

的阿卜杜勒阿齐兹国王全国对话中心旨在加强不同背景的沙特公民之间的沟通与对话，建立不同群体、知识分子和非政府组织共同参与的对话机制，为沙特人讨论包括宗教问题在内的与生活息息相关的问题提供对话平台和沟通渠道。2003年12月，该对话中心以"极端主义与温和思想：一种综合方法"为题举行全国性辩论，沙特精英围绕应对宗教极端主义的方法进行了广泛讨论，这场讨论也对日后沙特政府确立本国反恐模式产生了重要影响。

第三节　沙特反恐战略的实践及其限度

沙特政府基于本国国情、地区安全环境和国际反恐形势制定了反恐战略，采取战术性反恐与战略性反恐相结合的反恐模式，借助反恐国际合作，提升了本国反恐能力建设，有效遏制了恐怖组织在沙特境内实施恐怖袭击的能力，切断了涉恐资金源头，对冲了宗教极端主义风险。与此同时，沙特反恐战略也存在反恐对象与主体错位、反恐工具化色彩浓厚、去极端化范畴过于狭隘等局限性。

一　沙特反恐战略的实践

沙特政府通过反恐国际合作、签署或加入反恐国际条约、维护官方宗教权威和对冲宗教极端主义风险、实施去极端化战略等方式，开展了一系列反恐实践。

第一，积极开展反恐国际和区域合作。

恐怖主义威胁的跨国性、全球性特征，凸显了开展反恐国际合作的必要性。沙特政府与他国政府、反恐安全部队、国际社会和多边机构建立伙伴关系，通过反恐国际合作推进本国反恐战略目标的实现。其一，推动建立联合国框架下的反恐国际合作机制。2005年2月，沙特主办的首届国际反恐会议在首都利雅得举行，沙特时任王储阿卜杜拉在会上呼吁国际社会建立一个打击恐怖主义的国际中心，协调各国开展反恐合作和共享反恐情报。2006年9月，联合国大会通过具有里程碑意义的《联合国全球反恐战略》，将"创建一个国际反恐中心"① 作为加强国际反恐努力的一部分。2008 年，沙特向联合国捐赠 1000 万美元用以推动该中心的建立。2011 年 9 月，联合国反恐中心②正式成立。2012 年 6 月 3 日，联合国反恐中心咨询委员会第二次会议在沙特吉达召开。2014 年 8 月，沙特向联合国反恐中心捐款 1 亿美元，以提高各国的反恐能力和深化反恐国际合作。2017 年 6 月，联合国大会通过决议，将反恐执行工作队办公室和联合国反恐怖主义中心合并，成立联合国反恐怖主义办公室。其二，推动建立民间层面的反恐多边平台。2011 年启动的全球反恐论坛（Global Counterterrorism Forum）③ 是一个非正式的、非政治性的多边反恐平台，旨在联合成员国和非成员国、联合国及其附属机构、区域和国际组织、学术机构和智库等力量，通过举办会议、研讨和相关活动等形式，加强各国反恐官员、民间反恐力量和反恐研究人员之间的对话。沙特同其他创始成员国一道，致力于在论坛框架下推动使用战略性、长期性的方法来预防和打击恐怖主义和暴力极端主义，完善联合国全球反恐战略各项机制的实施，补充现有多边反恐机制。其三，主导区域层面的反恐事务和进行反恐政策协调。除借助联合国反恐中心、联合国反恐基金等联合国相关机构和平台外，沙特也依托海合会、阿拉伯国家联盟、伊斯兰合作组织等区域组织，在反恐领

---

① 关于联合国反恐中心成立的背景，参见李金祥、孙晓光《联合国反恐中心成立的背景及影响》，《国际信息资料》2012 年第 6 期。

② 在 2014 年 11 月 7 日举行的联合国反恐中心咨询委员会第九次会议上，联合国秘书长古特雷斯阐述了联合国反恐中心的六大愿景：一是在建设过程中应在反恐领域弥补联合国其他机构的专业知识短板；二是推动联合国会员国和区域组织的反恐能力建设，推动《联合国全球反恐战略》的实施，在工作上侧重于恐袭高发国家和地区；三是在战略方式上利用各类反恐资源，以产生短期、中期和长期影响；四是支持联合国国家工作队、联合国政治特派团和联合国维持和平行动，确保将反恐纳入防止致命性冲突、促进社会和经济发展以及人权先行倡议等优先事项中；五是通过共同资助能力建设项目，建立反恐激励机制；六是继续确保有效的方案和项目管理。参见 "Secretary-General's Opening Remarks at Ninth Meeting of the UN Counter-Terrorism Centre Advisory Board," United Nations, November 7, 2014, https：//www. un. org/sg/en/content/sg/statement/2014-11-07/secretary-generals-opening-remarks-ninth-meeting-theun-counter. 登录时间：2021 年 10 月 7 日。

③ "国际反恐论坛"的创始成员国（地区）共 30 个，包括阿尔及利亚、澳大利亚、加拿大、中国、哥伦比亚、丹麦、埃及、法国、德国、印度、印尼、意大利、日本、约旦、摩洛哥、荷兰、新西兰、尼日利亚、巴基斯坦、卡塔尔、俄罗斯、沙特、南非、西班牙、瑞士、土耳其、阿联酋、英国、美国和欧盟。该论坛下设"打击暴力极端主义""外国恐怖主义武装人员""刑事司法和法治"三个专题工作组，以及"东非地区能力建设"和"西非地区能力建设"两个区域工作组。参见 Global Counterterrorism Forum, https：//www. thegctf. org/. 登录时间：2021 年 3 月 1 日。

域进行政策协调、能力建设和反恐地区合作。2019年5月，美国与伊朗紧张关系升级，沙特国王萨勒曼先后于5月30日和31日召开海合会峰会、阿盟特别峰会和伊斯兰合作组织首脑会议。沙特借助这三场外交活动，阐述其对伊朗地区威胁的立场，其目的是将遏制伊朗地区扩张纳入反恐框架下，以此主导地区反恐事务，但沙特此举也被外界认为是将"反恐"作为实现其地区政策目标的工具。

第二，签署、批准或加入反恐国际与区域公约。

沙特先后签署、批准或加入了《关于在航空器内的犯罪和犯有某些其他行为的公约》(1963)、《关于制止非法劫持航空器的公约》(1970)、《关于制止危害民用航空安全的非法行为的公约》(1971)、《反对劫持人质国际公约》(1979)、《制止危及海上航行安全非法行为公约》(1988)、《制止危及大陆架固定平台安全非法行为议定书》(1988)、《关于在可塑炸药中添加识别剂以便侦测的公约》(1991)、《制止恐怖主义爆炸事件的国际公约》(1997)、《制止向恐怖主义提供资助的国际公约》(1999)、《制止核恐怖主义行为国际公约》(2005)、《联合国打击跨国有组织犯罪公约》(2005)等反恐国际公约①，以及《阿拉伯制止恐怖主义公约》(1998)、《伊斯兰会议组织打击国际恐怖主义公约》(1999)、《海湾阿拉伯国家合作委员会打击恐怖主义公约》(2004)、《阿拉伯打击洗钱和资助恐怖主义公约》(2010)等区域反恐公约。② 同时，沙特积极履行联合国安理会第1267号、第1989号、第1988号、第1373号和第2170号有关打击恐怖主义的决议，支持通过国际合作与协调加强自身反恐能力，推动沙特与其他国家反恐部门间开展对话与合作。

第三，从不同层面提升金融反恐的机制化水平。

以切断涉恐资金来源、防范恐怖组织滥用金融系统融资为主要目标的

---

① 至2019年3月，沙特已签署16个有关打击恐怖主义及恐怖融资的联合国公约，积极执行联合国安理会第1267号、第1989号、第1988号、第1373号和第2170号等相关反恐决议。参见"Saudi Arabia Counterterrorism," *The Embassy of the Kingdom of Saudi Arabia*, April 2019, p. 2, https://www.saudiembassy.net/sites/default/files/White%20Paper_Counterterrorism_April2017_1.pdf. 登录时间：2021年1月8日。

② 参见《消除国际恐怖主义的措施：秘书长的报告》，联合国，A/62/150，2007年7月27日，第17—19、25页，https://undocs.org/pdf?symbol=zh/A/62/160。登录时间：2021年1月8日。

金融反恐，是沙特反恐实践的重要组成部分。沙特政府注重在不同层面提升金融反恐的机制化水平：在国内层面，沙特政府于2003年5月出台银行监管新规，禁止私人慈善机构和救援组织①将资金转移至海外。在区域层面，沙特以海合会成员国的身份参与反洗钱"金融行动特别工作组"（FATF）的行动。2004年11月，在沙特的支持下，"中东和北非金融行动特别工作组"（MENAFATF）在当时的中东金融中心巴林成立，加快了国际反洗钱和反恐融资标准在海湾地区的实施。2017年5月，沙特与其他五个海合会成员国联合美国发起成立"打击恐怖主义融资中心"（Terrorist Financing Targeting Center，TFTC）②，通过共享情报、协调行动和整合资源，监测、跟踪和评估海合会国家的资金流情况和交易信息，共同打击资助恐怖主义的金融网络、应对地区恐怖主义威胁，实现次区域层面金融反恐的机制化。在国际层面，沙特政府与美国、英国等西方国家政府开展合作，限制为恐怖主义活动提供资金的沙特慈善机构在境内外的活动。在2003年5月利雅得连环爆炸案后，沙特与美国成立情报特别工作组，共同调查恐怖组织融资问题，并就资金线索、银行记录和账户信息等方面建立情报交换机制。美国联邦调查局和美国国税局刑事调查处还专门为沙特组织打击恐怖主义融资方面的培训。沙特和美国向联合国安理会提出联合申请，要求将哈拉曼伊斯兰基金会在肯尼亚、巴基斯坦、坦桑尼亚和印度尼西亚的分支机构列入恐怖主义支持者名单。在美方施压下，沙特当局于2004年6月宣布解散哈拉曼伊斯兰基金会。金融反恐机制化水平的提高，使得沙特在反洗钱和打击恐怖主义融资领域的工作日益受到国际社会的认可。继2015年1月成为反洗钱"金融行动特别工作组"观察员国后，沙特于2019年6月成为"金融行动特别工作组"正式成员国，是首个获此资格的阿拉伯国家。

---

① 这项规定未对伊斯兰世界联盟、国际伊斯兰救济组织、世界穆斯林青年大会等总部设在沙特的多边组织的资金转移做出限制。

② 自2017年5月成立至2020年7月，"打击恐怖主义融资中心"针对全球60多个恐怖主义实体和个人，先后五次发布联合制裁名单。名单上的制裁对象除"伊斯兰国""基地"组织等恐怖组织外，也包括具有争议的伊斯兰革命卫队、巴斯基民兵相关企业等伊朗目标，以及黎巴嫩真主党等受伊朗支持的目标。参见"Terrorist Financing Targeting Center Sanctions Network of ISIS-Linked Financial Facilitators and Money Services Businesses," U. S. Department of the Treasury, July 15, 2020, https://home.treasury.gov/news/press-releases/sm1057. 登录时间：2021年9月27日。

第四，维护官方宗教权威，对冲宗教极端主义风险。

沙特不仅将恐怖主义视为一系列暴力行为，而且视其为旨在以伊斯兰教的名义使暴力合法化的激进信念。[①] 打击恐怖主义和其他形式暴力极端主义的斗争，不仅是沙特官方与恐怖分子、暴力极端分子之间在物理空间里的战斗，也是双方围绕伊斯兰教合法性与权威性的"思想战"。沙特保守的宗教环境为宗教极端主义、宗教激进主义的滋生提供了土壤。宗教极端势力利用沙特国内权力斗争、发展失调、治理赤字的现实以及保守宗教势力宣传的反西方思潮，逐渐发展出一套强调暴力抗争的政治话语，试图通过对穆斯林进行所谓的"正统性"改造来"净化伊斯兰教"。20世纪90年代末，沙特国内兴起了被称为"圣战萨拉菲谢赫"（Shuyukh al-Salafiyyah al-Jihadiyya）的群体。该群体通过颁布"法特瓦"（宗教法令）、发布声明、著书立说等方式，为全球"圣战"组织提供宗教正当性，"现代史上首次出现了沙特宗教学者发现自己能为'圣战'分子提供全球性意识形态的情况"[②]。沙特官方宗教机构两大代表人物——沙特大穆夫提阿卜杜·阿齐兹·本·巴兹（Abd al-Aziz ibn Baz）和教法学家穆罕默德·本·乌赛敏（Mohammed bin Uthaymin）在1999年和2001年相继离世后，沙特官方宗教权威日渐式微。为应对这一局面，沙特当局开始将"觉醒"运动领导层纳入体制内，以此对冲宗教极端主义对沙特官方宗教话语权的稀释。"觉醒"运动不仅从意识形态层面对圣战萨拉菲分子进行回应，还依靠广泛的基层网络进行反"基地"组织的社会动员，谴责恐怖组织在沙特境内制造的自杀式袭击。在沙特政府的支持下，萨勒曼·奥达等"觉醒"运动代表人物公开支持当局的反恐举措，呼吁政治反对派与政府对话，对缓和反对派与政权之间的紧张关系发挥了重要作用。"基地"组织部分成员甚至被"觉醒"运动成员劝服，主动向沙特当局自首，进而导致"觉醒"运动被"基地"组织贴上"叛徒""变节者"等标签。"觉醒"运动支持政

---

① Naef Bin Ahmed Al-Saud, "Saudi Arabia's Strategy to Combat Terrorism: An Insider's Perspective," *The RUSI Journal*, Vol. 154, No. 6, 2009, p. 74.

② Saud Al-Sarhan, "The Struggle for Authority: The Shaykhs of Jihadi-Salafism in Saudi Arabia, 1997 – 2003," in Bernard Haykel, Thomas Hegghammer and Stéphane Lacroix, eds., *Saudi Arabia in Transition: Insights on Social, Political, Economic and Religious Change*, Cambridge: Cambridge University Press, 2014, p. 181.

府的立场使得官方宗教学者重拾权威,后者将圣战萨拉菲分子形容为偏离伊斯兰教教义、"行为出格的一群人"[①]。2003 年,沙特当局逮捕大批圣战萨拉菲分子。为维护沙特官方宗教机构的权威,王室颁布多项国王令禁止批评沙特大穆夫提和最高宗教机构"高级学者委员会"。2007 年 10 月,沙特教令机构创建官方法特瓦网站,将其作为沙特发布合法宗教教令的唯一官方网站,维护官方宗教权威。2010 年,阿卜杜拉国王签发国王令,规定只有经正式批准的宗教学者即"高级学者委员会"的 21 名成员才有资格发布宗教法令。该委员会还设立了一个"学术研究和教令常委会",以监督法特瓦的发布程序,防止未经授权的学者发布教令。

第五,实施去极端化战略。

沙特将去极端化作为反恐战略的重要内容,通过建立公共和私人机构,提高社会对极端主义意识形态的认知水平和辨别能力,倡导不同宗教、政治和意识形态团体之间开展对话。沙特的去极端化战略具体包括三方面内容:一是制定以"预防、康复和善后关爱"(Prevention, Rehabilitation and After-Care, PRAC)为主旨的去极端化计划[②],成立"穆罕默德·本·纳伊夫咨询和辅导中心"(Mohammed bin Nayef Counselling and Care Centre),对极端分子实施思想改造。二是建立对话平台弘扬伊斯兰教宽容与和平的教义理念。2012 年成立"阿卜杜拉·本·阿卜杜勒阿齐兹国王国际跨宗教与跨文化对话中心"(King Abdullah Bin Abdulaziz International Centre for Interreligious and Intercultural Dialogue)。沙特反对将恐怖主义与伊斯兰教相挂钩的做法,强调反恐需要打击针对穆斯林和伊斯兰教的暴力极端言论。"散布暴力言论者的危险性不亚于犯下恐怖主义行为的人。如果不与其斗争,可能会让我们陷入进一步的暴力、杀戮和恐怖主义

[①] Saud Al-Sarhan, "The Struggle for Authority: The Shaykhs of Jihadi-Salafism in Saudi Arabia, 1997 – 2003," in Bernard Haykel, Thomas Hegghammer and Stéphane Lacroix, eds., *Saudi Arabia in Transition: Insights on Social, Political, Economic and Religious Change*, Cambridge: Cambridge University Press, 2014, pp. 205 – 206.

[②] 关于沙特去极端化战略的研究,参见 Andreas Casptack, "Deradicalization Programs in Saudi Arabia: A Case Study," Middle East Institute, June 10, 2015, https://www.mei.edu/publications/deradicalization-programs-saudi-arabia-case-study. 登录时间:2020 年 10 月 18 日。胡雨:《国际反恐斗争中的去极端化研究——以沙特 PRAC 战略为个案分析》,《国际论坛》2012 年 9 月;王杏芝:《全球恐怖主义治理:恐怖分子"去极端化"改造的视角》,博士学位论文,外交学院,2018 年。

恶性循环中。"① 2017 年 5 月，沙特发起成立"打击极端主义意识形态全球中心"（Global Center for Combatting Extremist Ideology, Etidal）。三是以学术研究推动重建伊斯兰学术话语体系，通过重新阐释遭极端组织滥用的宗教概念和扭曲的教义，对抗宣扬宗教极端主义的话语体系。沙特国王大学于 2009 年启动倡导温和伊斯兰教义的中间主义的研究项目，并于 2015 年出版六卷本《中间主义百科全书》②，被视为沙特"软反恐"（soft counterterrorism）战略的重要措施之一。四是加大对网络空间极端主义的治理。随着网络空间恐怖主义的兴起，恐怖组织利用社交媒体招募成员和传播极端意识形态日益成为世界各国的挑战。布鲁金斯学会 2015 年发布的一项研究指出，在推特上公开支持"伊斯兰国"组织的账号保守估计约有 4.6 万个，最多可能达 9 万个。③ 实际上，早在 2006 年 10 月，沙特伊斯兰事务部便发起了旨在打击网络极端主义的"平静运动"（Sakinah Campaign）。该运动通过伊斯兰学者与寻求宗教知识的个人之间的在线互动，劝服个人远离极端主义，遏制极端主义在互联网空间的传播。2008 年沙特内阁通过新的信息安全法，规定对任何创建恐怖组织网站、与恐怖组织头目交流、为恐怖组织筹集资金、利用互联网散布极端主义或恐怖袭击战术信息的个人，处于最高 10 年监禁或 500 万里亚尔（约合 130 万美元）罚款的处罚措施。④

第六，加大边境执法力度，维护边境安全。

为防止恐怖分子非法入境，沙特政府建立了覆盖边境地区的安全网

---

① 参见 Christopher Boucek, "The Sakinah Campaign and Internet Counter-Radicalization in Saudi Arabia," *CTC Sentinel*, Vol. 1, Issue 9, August 2008, https://carnegieendowment.org/files/CTCSentinel_Vol1Iss9.pdf, 登录时间：2022 年 1 月 2 日。

② 《中间主义百科全书》共六卷，各卷标题分别为《中间主义》《推理和原则》《讲道与虔信平衡中的中间主义》《国际关系中的中间主义》《文明视域中的中间主义》《教育和家庭中的中间主义》。相关研究参见 Satoru Nakamura, "The Tenets of *Jihād* and *Takfīr* in the Emerging Concept of *Wasaṭīya* (Moderation) as Counterterrorism in Saudi Arabia," *Asian Journal of Middle Eastern and Islamic Studies*, Vol. 13, No. 3, 2019.

③ J. M. Berger and Jonathon Morga, "The ISIS Twitter Census: Defining and Describing the Population of ISIS Supporters on Twitter," *The Brookings Institution*, March 2015, p. 9, http://www.brookings.edu/~/media/research/files/papers/2015/03/isis-twitter-census-berger-morgan/brookings-analysis-paper_jm-berger_final_web.pdf, 登录时间：2020 年 3 月 6 日。

④ Christopher Boucek, "The Sakinah Campaign and Internet Counter-Radicalization in Saudi Arabia," *CTC Sentinel*, Vol. 1, Issue 9, August 2008, p. 4.

络。沙特内政部在入境口岸使用旅行证件安全技术、国际航班载运人员信息预报（API）和生物识别筛查等先进技术，密切监控入境和出境航班的乘客名单，严防恐怖分子尤其是"回流"的恐怖组织成员入境沙特。防范海上恐怖主义也成为沙特政府反恐工作的重要内容。近年来，海湾地区局势持续紧张，针对油轮和海湾沿岸基础设施的海上恐怖主义呈现高发态势。由沙特边境警卫队负责，负责沙特领海内海岸安全的边境警卫总局扩大搜索行动范围，在陆地和海上边界进行定期巡逻，及时发现和制止边境地区的恐怖主义活动。

二　沙特反恐战略的限度

沙特官方的反恐模式体现了基于战术反恐的硬治理和基于战略反恐的软治理相结合的理念。但沙特的反恐战略本身也存在一定的局限性，主要体现在以下几个方面。

首先，反恐对象和反恐主体错位。

仅以极端组织和恐怖组织成员大多为青年，以及青年相较于其他年龄段群体更易受到极端思想、暴力观念和恐怖主义蛊惑的事实作为政策制定依据，进而将青年作为反恐的主要对象而非反恐主体的政策思路，忽视了青年在反恐和去极端化领域的特殊作用。在阿卜杜拉国王时期，沙特反恐战略存在反恐对象和反恐主体错位现象。在萨勒曼国王上台后，尤其是其子穆罕默德·本·萨勒曼被立为王储后，沙特逐步调整了过去在反恐战略实施过程中相对忽视青年群体的不足。穆罕默德王储日益重视青年在国家现代化、经济转型、打击极端主义和促进宽容理念传播等方面所扮演的角色，强调青年在国家实施"2030 愿景"、实践文明对话和文化交流、推动伊斯兰教温和化改革等方面的主体作用。

其次，反恐工具化和功利化色彩浓厚。

"阿拉伯之春"以来，沙特和伊朗围绕地区事务主导权开展了激烈争夺，导致中东地区格局阵营化对峙加剧，地区格局持续失衡。沙特将伊朗的地区扩张视作"支持恐怖主义"的行为，遂以"反恐"名义联合地区伙伴打压伊朗及其支持的地区力量。无论是 2015 年 3 月以来对也门胡塞武装的军事打击，2015 年 12 月发起成立排除伊朗的"伊斯兰反恐军事联盟",还是2016年1月以"犯有恐怖主义罪行"为由处决什叶派教士尼姆尔,均凸显了沙特将反恐工具化以服务于伊朗地缘政治对抗的政策思路。特朗普上台后调整美国中东政策,将反恐、遏制伊朗和修复美国与地区盟友关系作为美国中东政策的主要目标。美国与沙特和以色列关系的改善、美国对伊朗态度转向敌对,以及美国与沙特签订1100亿美元军售协议,增加了沙特对抗伊朗的底气,导致两国地区对抗持续升级。2017年6月,沙特等国宣布与卡塔尔断交,表面上是沙特对禁止支持穆兄会等"恐怖主义"势力这一政策底线的宣示与强调,但本质上仍是沙特与伊朗对抗升级的表现,反映了沙特对伊朗阵营扩张的担忧,沙特因此联合逊尼派国家对卡塔尔施压,迫使后者重新"选边站队",要求其在地区重大事务上保持与沙特立场的一致性,以此巩固沙特领导的反伊朗阵营,沙特地区反恐的工具化、功利化特征进一步凸显。

最后,去极端化战略本身存在局限性。

以预防、康复和善后关爱为主要内容的去极端化战略是沙特国家反恐战略的重要组成部分。这项以预防恐怖主义犯罪为导向的反恐战略虽然实现了八九成的极端思想矫正成功率[1],但在三个维度上存在局限性:一是过高的成本增加了政府的财政负担;二是侧重心理干预的去极端化路径忽视了极端主义存在的社会根源;三是将恐怖组织外围成员而非核心成员作为矫正对象而使得去极端化范畴过于狭隘。[2]

第四节 沙特反恐的新挑战

受美国反恐战略调整、地区安全风险高企、新冠疫情大流行等因素的影响,沙特反恐正面临着外部支持减少、反恐资源匮乏、恐怖组织调整策略等一系列新挑战,恐怖主义仍有卷土重来的可能。

---

[1] Christopher Boucek, "Extremist Re-education and Rehabilitation in Saudi Arabia," in Tore Bjørgo and John Horgan, eds., *Leaving Terrorism Behind: Individual and Collective Disengagement*, London and New York: Routledge, 2009, p. 222.

[2] 关于沙特恐怖主义犯罪预防制度的局限性,参见兰迪《沙特阿拉伯恐怖主义犯罪预防制度研究》,《北京警察学院学报》2019年第3期。

第一,美国反恐战略调整,对中东反恐投入的战略资源持续减少。

从美国的反恐战略来看,美国的全球反恐战略逐渐收缩并转向境内反恐。美国从叙利亚和阿富汗撤军后,对中东反恐的战略投入持续减少,同时要求美国的地区盟友在反恐问题上承担更多的责任和增加投入。从地区反恐角度来看,美国的撤军决定将导致域内外国家行为体和非国家行为体的活动空间进一步扩大,尤其是叙利亚、伊拉克和阿富汗国内的暴恐活动可能出现新一轮反弹。与此同时,域内外大国都将反恐作为开展地缘政治博弈的重要工具,不同阵营之间、阵营内部在反恐目标上都存在深刻分歧,凸显了反恐目标与反恐主体之间的错位状态,如美国在打击"伊斯兰国"时倚重的库尔德武装同时又是其地区盟友土耳其的打击目标,沙特和阿联酋在也门军事行动的首要目标分别是胡塞武装和也门穆兄会势力"改革党"。大国对中东反恐战略投入的持续减少和反恐让位于大国博弈的现实,无疑将加重各国在地区开展反恐行动和协调的难度,进而影响未来地区反恐的成效。

第二,中东地区反恐取得阶段性胜利,但沙特周边国家安全风险指标仍居高不下。

"伊斯兰国"实体被击溃标志着近年来中东地区反恐行动取得阶段性胜利。自2017年11月至2018年10月,全球暴力袭击事件总数同比下降35.9%,恐袭致死人数同比下降31.3%,这两个数字与2014年峰值相比均出现大幅回落。[①]但从政府稳定性、政策稳定性、国家治理能力、政治风险、恐怖主义风险、国内治安状况、经济发展状况等关键性指标来看,西亚仍是全球高风险地区和恐怖主义重灾区,地区恐怖主义的根源性问题尚未得到解决,恐怖主义滋生的土壤远没有根除。根据2020年全球恐怖主义指数(见表Ⅱ-9-3),全球恐袭风险较高的10个国家中有两个(伊拉克、也门)是沙特邻国,沙特周边仍面临较高的安全压力和恐怖主义威胁。在伊拉克等沙特周边冲突国家中,恐怖组织的活动并未因疫情而停止,反而出现强劲反弹。2020年"伊斯兰国"在伊拉克制造的恐袭事

[①] Matthew Henman, "Intel Briefing: Global Terrorism and Insurgency Trends 2018," *Jane's 360*, March 27, 2019, https://www.janes.com/article/87610/intel-briefing-global-terrorism-and-insurgency-trends-2018. 登录时间:2019年4月1日。

件较上一年度大幅增加，2020年第一季度该组织共制造了566起袭击事件，同比上升94%；① 斋月期间"伊斯兰国"制造的袭击事件明显激增，整个第二季度共制造405起袭击事件。② 一方面，中东国家政府实行旅行限制、边境管控等措施应对疫情扩散，在很大程度上制约了恐怖分子的自由跨境流动。另一方面，因担忧回国后遭原籍国政府起诉或被安全部门监控，相当数量的恐怖分子选择滞留在冲突地区，隐匿于当地社区伺机发动袭击，或转移至其他冲突地区。据估计，疫情期间仍有1万名"伊斯兰

表 Ⅱ-9-3　　　　2019—2020年全球恐怖主义指数

排名	2019			2020		
	国家	恐怖主义指数	风险等级	国家	恐怖主义指数	风险等级
1	阿富汗	9.603	极高	阿富汗	9.592	极高
2	伊拉克	9.241	极高	伊拉克	8.682	极高
3	尼日利亚	8.597	极高	尼日利亚	8.312	极高
4	叙利亚	8.006	极高	叙利亚	7.778	高
5	巴基斯坦	7.889	高	索马里	7.645	高
6	索马里	7.800	高	也门	7.581	高
7	印度	7.518	高	巴基斯坦	7.541	高
8	也门	7.529	高	印度	7.353	高
9	菲律宾	7.137	高	刚果（金）	7.178	高
10	刚果（金）	7.039	高	菲律宾	7.099	高

资料来源：Institute for Economics and Peace, *Global Terrorism Index 2019*, Institute for Economics and Peace, November 2019, p. 8; Institute for Economics and Peace, *Global Terrorism Index 2020*, Institute for Economics and Peace, November 2020, p. 8.

---

① Michael Knights and Alex Almeida, "Remaining and Expanding: The Recovery of Islamic State Operations in Iraq in 2019–2020," *CTC Sentinel*, Vol. 13, Issue 5, May 2020, p. 14, https://ctc.usma.edu/wp-content/uploads/2020/05/CTC-SENTINEL-052020.pdf. 登录时间：2022年1月23日。

② Richard Sisk, "ISIS Took Advantage of COVID-19 Restrictions to Ramp up Attack in Iraq, Report Finds," *Military.com*, August 5, 2020, https://www.military.com/daily-news/2020/08/05/isis-took-advantage-of-covid-19-restrictions-ramp-attack-iraq-report-finds.html. 登录时间：2020年9月1日。

国"武装分子活跃在伊拉克和叙利亚,并在两国间小规模地自由行动。①美国国务院 2020 年 1 月估计,伊拉克境内约有 1.4 万名"伊斯兰国"武装分子②,这表明沙特周边仍面临较高的恐怖主义风险。

第三,新冠疫情加剧中东反恐形势的复杂性。

受新冠疫情影响,包括中东国家在内的世界主要国家不同程度地减少了反恐投入,但恐怖组织同时也在调整策略、借疫作乱,社会不满情绪的增加在一定程度上也为暴力和极端主义的滋生提供了条件。

首先,中东国家减少反恐投入。

在经济受到疫情重创的背景下,包括沙特在内的中东各国将主要资源用于抗击疫情和经济复苏等方面,减少反恐投入成为疫情背景下中东国家尤其是伊拉克、叙利亚、也门等冲突国家的现实选择。受油价下跌、政府更迭、民众抗议浪潮、教派冲突、美国从伊拉克撤军等因素的影响,2020年伊拉克反恐行动受限。伊拉克政府将原有的反恐资源转移至应对疫情和维护社会稳定上,大量军队、安全部队人员转而投入抗击疫情的行动中。伊朗受国内疫情蔓延、美国追加制裁的影响,也被迫缩减海外军事力量,地区反恐行动被搁置导致恐怖组织乘乱复苏。

其次,恐怖组织调整策略适应新形势,采取收缩行动与借疫作乱并行的策略。

新冠疫情限制了西亚地区恐怖组织发动大规模恐袭的能力和条件。恐怖组织适时调整策略,暗中重建组织网络,加大社交媒体宣传。中东国家政府为控制疫情实行封城和紧急状态法等措施,限制了恐怖分子在公共场所的行动,但反过来也为恐怖分子转向网络空间、加大极端主义宣传提供了现实条件。③"新冠疫情大流行引发的动荡、不确定性和全球性焦虑,

---

① 《联合国反恐副秘书长:2019 年新冠病毒危机凸显消除恐怖主义威胁方面面临的挑战》,联合国,2020 年 8 月 24 日,https://news.un.org/zh/story/2020/08/1065232. 登录时间:2020 年 9 月 1 日。

② Michael Knights and Alex Almeida, "Remaining and Expanding: The Recovery of Islamic State Operations in Iraq in 2019 – 2020," *CTC Sentinel*, Vol. 13, Issue 5, May 2020, p. 23, https://ctc.usma.edu/wp-content/uploads/2020/05/CTC-SENTINEL-052020.pdf. 登录时间:2022 年 1 月 23 日。

③ Joseph Hincks, "With the World Busy Fighting COVID-19, Could ISIS Mount a Resurgence?," *Time*, April 29, 2020, https://time.com/5828630/isis-coronavirus/. 登录时间:2020 年 11 月 19 日。

被恐怖组织视为将自身信息与疾病信息联系起来，通过加强宣传来招募成员和煽动暴力的绝佳机会。"① "伊斯兰国"还使用加密手段在网上传播极端主义内容。英国战略对话研究所（Institute of Strategic Dialogue）的一项研究表明，"伊斯兰国"组织建立了一个包含9万个文件的"哈里发国缓存"（Caliphate Cache）数字图书馆，每月约有1万名访问者，大多是阿拉伯地区18—24岁的男青年，其中40%的访问量来自社交媒体。② "哈里发国缓存"的数据并非存储在单个计算机服务器上，而是分布在不同的加密平台和系统中，增加了安全部门对恐怖组织极端主义宣传内容进行监测的难度。

最后，疫情加剧社会不满情绪，滋生暴力和极端主义。

疫情期间失业等经济社会危机引发的挫败感、焦虑感和孤独感，疫情蔓延、反复和隔离措施造成的安全感和归属感缺失，因政府抗疫不力、经济衰弱和政府腐败而激增的民众不满情绪，为恐怖组织招募成员提供了心理基础，成为未来沙特反恐面临的重要挑战。疫情导致引发"阿拉伯之春"运动的各类社会积弊和民生问题再次叠加爆发，社会不满情绪以示威抗议活动和街头暴力形式加以宣泄，经济低迷、治理失败、腐败猖獗等现实问题仍是引发社会动荡和滋生暴力与极端主义的风险因素。

---

① Arie W. Kruglanski et al., "Terrorism in Time of the Pandemic: Exploiting Mayhem," *Global Security: Health, Science and Policy*, Vol. 5, No. 1, 2020, p. 122.

② "Click Reveals ISD Discovery of Huge Pro-ISIS Online Cache," *Institute for Strategic Dialogue*, September 8, 2020, https://www.isdglobal.org/isd-in-the-news/click-reveals-isd-discovery-of-huge-pro-isis-cache/. 登录时间：2020年11月8日。

第三篇
中沙关系研究

第一章 中沙关系的历史与前瞻

沙特阿拉伯是位居海湾地区的能源大国，是"一带一路"沿线重要的节点国家。沙特提出的"2030愿景"和"国家转型计划2020"与中国"一带一路"倡议高度契合，能源安全、产能合作、基础设施和金融是双方经济合作颇有潜力的合作领域。从中国的角度来看，中东地区是"一带一路"油路的革新点，对于"一带一路"油路的建设至关重要。沙特阿拉伯是中国在中东地区石油进口的第一大来源国，对中国能源稳定供给有着重要作用。作为世界产油大国，沙特阿拉伯有意在海外建设石油仓储中心，特别是在亚太地区，以增加其贸易灵活性。这一战略与中国的亚太能源战略高度契合，双方探索在中国东南沿海联合建立原油商业储备中心，不仅有助于提升中国能源供应安全水平，还可以共同调节亚太石油市场，稳定亚太石油价格。

第一节 建交之前的中沙关系

新中国成立之前，中国广阔的西北地区与沙特保持着密切的民间交往，这为双方正式建立外交关系奠定了基础。

一 新中国成立之前的中沙关系

在石油发现之前，中国与沙特的关系主要是民间自发的宗教往来，附带小规模的经济文化交往。1432年（明宣德六年），郑和第七次下西洋时，曾到达天方等国，即今沙特阿拉伯麦加。

自明代海禁之后，中国与阿拉伯半岛的官方往来基本上处于停顿状态。进入20世纪后，直至60年代，中国与沙特的交往基本上仍限于宗教领域。1939年，应埃及中国留学生的请求，民国政府于沙特吉达设立副领事馆，主要处理中国穆斯林赴麦加朝觐事宜。此后中国赴麦加朝觐的穆斯林逐年增多，并得到沙特政府的关心与照顾。但由于两国相距遥远，朝觐人数的增加并未推动两国关系的进一步发展，双方关系仍以宗教往来为主。

"卢沟桥事变"之后，日本帝国主义全面侵略中国，国民政府采取各种外交手段抗日救亡，1939年11月14日，沙特阿拉伯新任驻英公使拜会中国驻英公使顾维钧，明确表示沙特支持中国人民的抗日斗争，共同反对日本的侵略。但在第二次世界大战期间，沙特奉行中立政策，双方的关系并无多少实质性内容。反而，由于战争的原因，民国政府中断了组织穆斯林前往沙特朝觐事宜，两国交往最主要的内容也被抽空。第二次世界大战结束后，两国恢复来往，中华民国政府与沙特于1946年11月15日签订《中国沙乌地阿拉伯友好条约》，建立领事级外交关系。

二 新中国成立之初的中沙关系

1949年10月1日新中国成立后，得到广大第三世界国家的欢迎和祝贺，纷纷承认并与新中国建立正式外交关系。但这些国家多为苏联领导下的社会主义国家，中东的大多数国家虽同为受压迫的殖民地半殖民地国家，但此时仍受英美两国主导和控制，在英美的压力下它们没有在第一时间承认新中国。沙特追随美国，坚持不承认新中国，并与台湾当局加强了联系。

在1955年亚非会议期间，周恩来总理和穆斯林代表会晤了沙特外交大臣费萨尔，表示希望沙特允许中国穆斯林到沙特朝觐，沙特政府最终同意中国每年安排20名穆斯林前往麦加朝觐。会议期间，中国代表团还宴请了沙特代表，双方的第一次接触为两国建交迈出了成功的一步。亚非会议后，沙特代表团团员、沙特驻印尼公使萨伊德·哈桑·法齐约见中国驻印尼大使黄镇，感谢周总理在亚非会议上对沙特及阿拉伯国家的支持，并表示，如受邀请，费萨尔将乐意访华。同年7月，毛泽东主席致函沙特国王邀请沙特外交大臣费萨尔访华，表示沙特阿拉伯外交大臣如来华做友好访问，将促进两国之间的了解和友谊。10月，沙特国王复函毛泽东主席，表示感谢和接受邀请，但因外交大臣工作繁忙，访问时间留待后议。1955

年9月至10月，英国军队入侵盛产石油的布赖米地区，同沙特发生冲突，12月，阿盟照会中国外交部，送来阿盟委员会关于谴责英国侵略、支持沙特的决议。1956年1月，中国外交部复照，表示中国一向支持亚非各国人民反对殖民主义的斗争，对于阿拉伯各国人民近年来争取民族独立运动甚为关切。中国政府和人民密切关注布赖米地区局势的发展，深切同情沙特和阿曼两国人民为维护民族主义、自由独立、反对外来侵略所做的努力。

在亚非会议上得到沙特许可后，1955—1964年，中国伊斯兰教协会每年都派朝觐团赴沙特麦加朝觐，经常受到沙特国王或首相的接见，沙特由此开始与中国政府进行相互了解和交流。1956年，中国伊斯兰教协会主席包尔汉率朝觐团在麦加朝觐期间与沙特国王、外交大臣和财政大臣进行了友好会晤。但由于此时的沙特对中国戒备心理较重，严格限制中国朝觐人员的活动；加之台湾方面对中国朝觐团的挑衅、干扰，尤其是1963年和1964年两年间，台湾方面的破坏活动更为嚣张，而沙特政府也未能提供应有的保护。1965年之后，中国伊斯兰教协会暂停派团朝觐。

首次接触虽然取得不错的效果，但随后两国的政治环境都发生了变化，影响了中沙关系改善的进程。20世纪50年代，中国在外交上向苏联"一边倒"，同社会主义国家的外交接触占了很大日程；朝鲜战争爆发后，台湾海峡局势一直紧张，中国压力巨大，难以专注发展同沙特的外交关系；1966年，中国外交工作陷入混乱，之前确立的外交指导方针被否定，在中东地区支持各种反对王室统治和伊斯兰传统的革命运动，被沙特政府视为严重威胁。此时，美苏在中东地区的争斗加剧，沙特紧随美国抵制苏联；中东地区的局势也发生变化，埃及受到重创，反以斗争受挫；伴随着美苏的争霸，中东地区的大国竞争加剧，使沙特不得不加强注意周边局势；同时国内的改革也进入重要的阶段，无力关注与中国的关系。因而，20世纪70年代，沙特与中国的往来主要是经济方面。1976年初，沙特阿拉伯允许商人同中国进行直接贸易，当年，中国出口沙特商品总额为675万美元。[①] 1977年，中国向沙特出口额达1479万美元。但直到1978年，

[①] 刘磊：《中沙经贸合作现状及前景分析》，《阿拉伯世界研究》2011年第4期。

中国均未从沙特阿拉伯进口货物。①

沙特对红色新中国政权在国际舞台上一直采取敌视态度，反对中国恢复在联合国的合法席位。1971年10月，在联合国通过关于恢复中国合法席位的提案时，15个中东国家中只有沙特一国投了反对票。这是沙特对新中国的认识、台湾当局与沙特的传统关系、美沙关系、中东地区局势的变动、冷战等因素共同作用的结果，这一时期的沙特阿拉伯采取了紧跟美国走，反对社会主义新中国的外交道路。

中国与沙特意识形态对立，又缺乏实际往来，这种互不了解的状态使得双方很难进行有效的沟通和认识。加之两国各处不同的力量阵营，两国的首要任务都是维持本地区的稳定，都处于国内建设的重要时期，对远在万里之外的国家没有发展关系的要求，这些都使得中沙建交之路充满曲折和变数。

第二节　改革开放以来中沙关系的发展

改革开放以来，中国经济发展和对外开放深化，给包括沙特在内的世界各国提供了更多的市场、经济增长、投资、合作机遇。随着20世纪90年代初中沙两国正式建立外交关系，两国关系发展迎来了新的机遇。

一　从走向缓和到最终建交

（一）20世纪70—80年代双方关系的缓和

1978年，中国召开了党的十一届三中全会，全国的工作重心转移到经济建设上，对国际局势也有了新的认识，确定了"和平与发展"的时代主题。在外交上，放弃针对苏联的"一条线"战略，实行真正的独立自主和不结盟外交。在维护世界和平，反对霸权主义，加强与第三世界的团结与合作的外交总方针的指导下，中国加快了与中东国家发展友好关系的步伐。中国一方首先公开表示了与沙特建交的愿望，但在整个80年代，沙特仍然反对和中国建交。中国政府此时表现出极大的诚意，采取耐心等

---

① 中华人民共和国驻沙特阿拉伯王国大使馆经济商务参赞处，http://sa.mofcom.gov.cn/index.shtml。

待的策略，同时通过宗教和贸易途径，加深沙特对中国的了解。

在中国转变外交政策，重新寻找与沙特修好途径时，中国伊斯兰教徒再次成为开路先锋。1979年，中国恢复了派团赴麦加的朝觐活动。1981年5—6月，中国接待了一个由沙特支持的世界穆斯林代表团，代表团访问了中国伊斯兰教协会，向中国穆斯林协会捐赠了50万美元。尽管中国法律禁止各类组织接受外国的捐款，但这次却例外准许了。1984年9月，中国伊斯兰教协会副会长沈遐熙率中国穆斯林朝觐团出席了沙特国王举行的国宴。虽然没有资料显示这次会晤谈及了政治话题，但这显然是两国关系改善的信号。中国穆斯林的朝觐以及与沙特宗教团体的互访，成功地展示了中国和平友好的国家形象，使沙特重新认识了中国，在相互了解上迈出了重大的一步，是中国外交政策的巨大成功。到20世纪90年代，中国每年前往麦加朝觐的穆斯林已达到2000人以上。除宗教往来外，中国还利用体育交流推动两国往来。1981年11月15日，中国国家体委副主任徐寅生在马来西亚会晤沙特社会事务大臣兼沙特足球联合会副主席时，双方都表达了改善彼此关系的愿望。

有了人文交流的第一步，中沙间的贸易往来随之展开。1984年9月，沙特银行代表团访华，受到荣毅仁副委员长的接见。1985年4—5月，宁夏回族自治区政府主席黑白理访问沙特。稍后，沙特贸易代表团在11月回访银川，探索与宁夏回族自治区开展经济技术合作的道路。1985年12月至1986年1月，沙特商人和银行代表团访问宁夏，表示愿意在宁夏建立一个金融学院。1985年，中沙开辟达曼至上海新线，这条航线开通的政治意义远大于经济意义。1986年11月，沙特中央银行前总裁阿卜杜·阿齐兹·库拉希率领一个企业代表团访华，受到中国总理赵紫阳的接见。1987年11月，中国国际贸易促进委员会会长贾石应库拉希的邀请，率中国企业家代表团回访沙特，受到沙特第二副首相兼国防和航空大臣苏丹·本·阿卜杜勒阿齐兹等的接见。这是访问沙特的第一个中国企业代表团，双方就进一步发展两国经济贸易关系进行友好交谈。据报道，这次访问后，沙特阿拉伯基础工业公司（SABIC）向中国出售了价值6000万美元的34万吨的塑料、化肥和其他化工产品。[①] 1987年12月，沙特向中国出

---

① 冯普凌：《沙特阿拉伯基础工业公司的发展之路》，《中国石化》2009年8月。

口总量为 30 万吨的小麦，是年，两国的贸易额达 3.5457 亿美元。① 中国主要从沙特进口化肥、化工产品和食品，出口轻工、纺织、粮油等产品。鉴于两国的经贸往来日渐频繁，1988 年 11 月，中国和沙特决定在对方首都互设商业代表处，以便在"经济和商业领域里进一步发展两国的友好关系"。这项决定由中国驻美大使韩叙与沙特驻美大使班达尔·本·苏尔坦王子在华盛顿签署，这也是班达尔王子 1988 年 10 月中旬访问中国时的成果。贸易代表处的设立标志着两国关系进入实质性阶段。

宗教和贸易交往的成功展开，有力地推动了中国与沙特的政治交往，三者互相促进，产生了良好的互动效果。1982 年 12 月，沙特外交大臣沙特·本·费萨尔亲王在作为阿拉伯国家联盟代表团成员访华时，表示两国关系的发展将会"水到渠成"。1981 年 11 月 17 日，中国总理赵紫阳在北南首脑会议上与沙特王储法赫德握了手，这也是双方领导人自 1955 年后的首次会晤。1985 年，中国副总理姚依林访问阿联酋，在机场发表讲话时表示，"我们也希望发展与沙特阿拉伯王国的关系"。中国的一系列表态得到了沙特的友好回应，1985 年，沙特驻美国大使班达尔亲王三次作为特使来华进行工作访问。

1990 年 7 月 20—23 日，中国外交部长钱其琛应沙特外交大臣沙特·本·费萨尔亲王的邀请对沙特阿拉伯进行正式友好访问，就中、沙建交问题举行会谈。7 月 21 日，钱其琛和费萨尔亲王在利雅得签署《中华人民共和国和沙特阿拉伯王国建交公报》，宣布"中华人民共和国政府和沙特阿拉伯王国政府决定，自 1990 年 7 月 21 日，伊历 1410 年 2 月 29 日，正式建立大使级外交关系。中华人民共和国政府支持沙特阿拉伯王国政府所奉行的捍卫国家安全、稳定和民族利益的政策。沙特阿拉伯王国政府承认中华人民共和国政府是代表全中国人民的唯一合法政府。两国政府同意在互相尊重国家主权和领土完整、互不侵犯、互不干涉内政、平等互利、和平共处的原则基础上发展两国之间的友好关系"。②

---

① 中华人民共和国驻沙特阿拉伯王国大使馆经济商务参赞处，http://sa.mofcom.gov.cn/index.shtml。

② 《中华人民共和国和沙特阿拉伯王国建交公报》，2000 年 11 月 7 日，外交部网站（https://www.fmprc.gov.cn/web/gjhdq_676201/gj_676203/yz_676205/1206_676860/1207_676872/t4930.shtml）。

（二）中沙建交考量

1990年7月21日，中国和沙特阿拉伯建交，与此同时，沙特政府断绝同台湾当局的官方往来。在中国与沙特建交之前，沙特一直与中国台湾保持着密切关系，最主要的原因就是双方都持"反共"的立场。当时，沙特支持的北也门正与苏联支持的南也门激斗，中国台湾甚至派出了飞行员和地勤人员参加了对南也门的战斗，而作为回报，沙特则给中国台湾提供了数额可观的无息贷款。

1985年，两伊战争进行得如火如荼，双方不停地使用导弹攻击对方的城市和军事基地，这让拥有石油财富但军力欠缺的沙特感到了危机，而以色列导弹的威胁也让沙特王室如坐针毡。更让沙特王室担心的是，苏联入驻南也门和索马里让"反共"的沙特王室感到了真正的威胁，当时，南也门已发现了苏联的"飞毛腿"导弹。

沙特王室决心要弄到可以威慑对手的战略性武器。他们首先想到的是美国，然而他们的请求却遭到美国拒绝，美国不会把鱼叉导弹卖给沙特，因为那会打破中东军力格局，也会对美国的盟友以色列造成威胁。当时拥有弹道导弹的国家主要是美国、苏联和中国，美国已经不可能，而苏联人在南也门虎视眈眈，沙特王室只能把希望寄托在当时尚未与之建交的中国身上了。

沙特时任驻美大使班达尔亲王决定通过中国驻美大使传达这个讯息。在班达尔秘密赴中国沟通之后，双方就开始了实质性的接触，购买导弹的具体事宜则由哈立德亲王负责。当时中沙各率一个庞大的"石化代表团"在巴基斯坦展开谈判，但最终没能达成协议。沙特王室并没有放弃，再次向中方发出了谈判的请求。为此哈立德亲王四次前往中国，最终经过艰苦的谈判，双方达成了协议。此后导弹的装运、安装、人员培训都是秘密进行的，直到1988年3月，经过美国《华盛顿邮报》的报道，这件事情才被曝光。

导弹的谈判最终打开了中沙建交的大门，在导弹完成安装之后，哈立德亲王奉国王法赫德之命，起草了一份中沙关系正常化的时间表。根据这一时间表，1989年中国在利雅得设立商务办事处，随后1990年中沙正式建立外交关系，实现中沙关系正常化。当时沙特之所以购买中国导弹，有如下考虑因素：第一是以色列因素。从1960年代开始，以色列和阿拉伯国家进行了多次中东战争，由于美国支持以色列，加上阿拉伯国家的不团结，每次以色列都成为战胜者。作为中东大国之一的沙特，自然希望通过军备储备制衡以色列。第二是伊朗因素。1980年，伊朗和伊拉克开始了长达8年的两伊战争。其间，伊朗发动"油轮战"，攻击沙特油轮。不仅如此，伊朗还宣称要轰炸沙特的港口、石油管道和设施。沙特需要有牵制伊朗的武器装备。第三是美国因素。由于美国全力支持以色列，阿拉伯国家联合对美国实行石油禁运，造成美国油价暴涨，反过来又加剧了美国和阿拉伯国家之间的矛盾。1985年，沙特向美国提出购买48架F15战斗机，被美国拒绝。沙特又提出购买120千米射程的"长矛"弹道导弹，还是被美国拒绝。无奈之下，沙特开始寻求其他渠道。第四是"抗苏"因素。20世纪80年代，苏联入侵阿富汗。在此期间，沙特购买了大量中国武器，支持阿富汗反苏抵抗组织。正是沙特对这些地区安全因素的考量，以及中沙前期人文合作的铺垫，沙特在考虑导弹买家时最终选择了中国。

中方重视发展同沙特的关系也存在以下考虑：首先从政治角度来看，中沙分别是亚洲东西部的重要国家。中国是联合国安理会常任理事国，国际地位和影响日益增强。沙特是阿拉伯和伊斯兰大国，在中东海湾地区及伊斯兰世界的地位举足轻重。中沙都奉行独立自主的和平外交政策，在许多重大的国际和地区问题上有一致或相近的看法，并在国际事务中保持协调与配合。中沙虽然社会制度不同，但两国既没有历史遗留问题，也没有根本的利害冲突。其次从经济角度来看，中国是世界经济的重要一极，沙特是全球居前20位的经济体，且两国都是发展中国家，经济互补性强。随着经济不断发展，中国对能源的需求相应上升。在能源供应问题上，中国实行立足于国内、坚持开发与节约并举的方针，同时也将适度利用国外能源作为必要补充。沙特是名副其实的"石油王国"，其石油储量和产量均居全球之冠。中国的一些产品和技术也是沙特方面所需要的。最后从文化角度来看，中沙两国都有自己的璀璨文明。中国是东方的文明古国，沙特是伊斯兰教的发源地。阿拉伯伊斯兰文化与中国传统文化同属东方文化，在社会价值观和伦理道德等方面有着许多相同相似之处。中国和沙特都强调尊重文明的多样性，主张不同文明之间进行平等对话和交流，反对文明冲突和对抗。这是两国进一步加强人文交流、扩大文化合作的坚实基础。

二 建交后至 20 世纪末的双边关系

1991年7月9—11日，中国国务院总理李鹏对沙特阿拉伯进行正式友好访问。这是中沙两国 1990 年建交后中国领导人第一次访问沙特，旨在"推进两国友好合作关系的进一步发展"。在访问期间，李鹏总理同沙特国王兼首相法赫德举行了正式会谈，双方在海湾危机、巴勒斯坦问题以及共同关心的其他国际问题上达成了广泛共识。[1] 此次访问是李鹏总理应邀访问埃及、约旦、伊朗、沙特、叙利亚和科威特六国中的一站。在访问中，李鹏总理全面阐述了关于建立以互相尊重主权和领土完整、互不侵犯、互不干涉内政、平等互利、和平共处原则为基础的国际新秩序的主张。并强调中国在中东无任何私利，只是关心该地区的和平及同各国的友谊与合作，重视发展同六国在各个领域的合作关系。

1998年10月14—21日，沙特阿拉伯王储兼第一副首相阿卜杜拉亲王对中国进行正式访问。江泽民主席会见了阿卜杜拉王储，双方就发展中沙关系和共同关心的国际与地区问题交换了意见，并取得共识。中沙签署了关于在两国经贸混委会内成立 4 个工作小组的谅解备忘录。双方同意鼓励两国企业家建立联合理事会，以促进两国的贸易与投资。[2] 在巴以问题上，双方重申了中东和平进程赖以建立的原则与基础，特别是以土地换和平的原则和安理会有关决议，双方强调耶路撒冷问题的重要性，以及避免采取任何影响有关最终地位谈判结果的单方面措施的必要性，双方呼吁叙利亚、以色列恢复谈判，呼吁实施安理会有关黎巴嫩的第 425 号决议。在伊拉克问题上，双方对伊拉克武器核查工作陷入僵局深表忧虑，呼吁根据安理会第 1194 号决议恢复联合国特委会与伊拉克之间的合作，双方强调尊重伊拉克的独立、主权和领土完整的重要性。在反恐问题上，双方强烈谴责来自任何方面的、各种形式的恐怖主义活动，强调愿加强在反对恐怖暴力活动方面的合作。在台湾问题上，沙方强调沙特与中华人民共和国签

---

[1] 《中沙两国领导人互访大事记》，2009 年 2 月 5 日，搜狐网（http://news.sohu.com/20090205/n262071361.shtml）。

[2] 《中沙两国领导人互访大事记》，2009 年 2 月 5 日，搜狐网（http://news.sohu.com/20090205/n262071361.shtml）。

署的建交谅解备忘录和联合公报的原则,中华人民共和国政府是代表全中国人民的唯一合法政府,台湾是中国领土不可分割的一部分。在经贸问题上,双方一致认为,要继续努力促进贸易往来,鼓励相互出口,同时双方强调石油市场的稳定对世界经济的重要性。沙特作为世界石油市场供应的一个安全可靠的来源,为确保世界石油市场的稳定发挥了突出作用,中方对此给予积极评价。双方愿意加强石油领域的贸易与投资合作关系。

1999年10月31日至11月3日,中国时任国家主席江泽民对沙特阿拉伯进行国事访问。这是两国建交以来中国国家主席首次访问沙特。在访问期间,江泽民主席与法赫德国王和阿卜杜拉王储进行了会谈和会见。双方对两国建交以来的友好合作关系的长足发展表示满意,重申愿将两国在政治和经济领域的友好合作关系提高到战略性合作水平。中方高度评价沙特奉行独立自主的和平外交政策,赞赏沙特在维护海湾地区的和平与稳定、恢复阿拉伯国家团结,推动中东和平进程等方面所发挥的积极作用。中沙建交近十年来,在双方的共同努力下,两国在政治、经济、文化、新闻、体育等各领域的友好合作关系取得了长足发展。江泽民主席强调,中、沙虽社会制度不同,但两国既没有历史遗留问题,也没有根本利害冲突,两国都主张在相互尊重、平等互利、互不干涉内政原则的基础上发展彼此关系。中国重视与沙特的关系,愿与沙方一道,致力于建立两国政治、经济领域的战略合作关系。关于两国经贸关系,江泽民说,中沙建交以来,两国经贸关系快速发展,沙特已成为中国在中东地区最大的贸易伙伴。沙特的一些负责经贸工作的部长和企业家开始对中国市场感兴趣,寻找新的合作途径和项目。中沙还签署了《中华人民共和国国家广播电影电视总局与沙特阿拉伯王国新闻部广播电视合作协议》《新华通讯社与沙特通讯社新闻交换和合作协议》《中华人民共和国政府与沙特阿拉伯王国政府教育合作协定》及《中华人民共和国政府与沙特阿拉伯王国政府石油领域合作谅解备忘录》。[①]

2000年10月11—17日,沙特阿拉伯王国第二副首相兼国防和航空大臣苏丹·本·阿卜杜勒阿齐兹亲王访华,中沙双方发表了新闻公报。公报

[①] 《中沙两国领导人互访大事记》,2009年2月5日,搜狐网(http://news.sohu.com/20090205/n262071361.shtml)。

强调，双方对建交十年来两国的友好合作关系所取得的巨大发展表示满意，并表达了在经贸、工业、科技和安全等各个领域继续加强这一关系的强烈愿望。公报强调，双方决心加强贸易往来、促进相互出口，增加联合投资，扩大合作领域，鼓励建立工业、石化和技术合作项目，以及在电力方面进行合作。双方还就互相关心的中东问题和国际问题展开讨论。

三　21世纪初双边关系的发展

2006年1月22—24日，沙特时任国王阿卜杜拉对中国进行国事访问。在访问期间，胡锦涛主席同阿卜杜拉国王举行了会谈。两国元首共同出席了两国政府关于石油、天然气和矿产领域开展合作的议定书，第三届中沙经济、贸易、投资和技术合作混委会会议纪要，以及中沙职业培训合作协议等合作文件的签字仪式。这是中沙两国建交以来，沙特国王首次对中国进行国事访问，也是阿卜杜拉国王继位后首次正式出访。[①] 中沙签署了《关于石油、天然气和矿产领域开展合作的议定书》等5个合作文件，及经贸、教育和基础设施建设等合作项目。双方一致同意从四个方面进一步加强两国关系和各领域务实合作：（1）增进互信，深化政治关系。保持两国高层往来，密切各层次的对话与磋商，相互支持对方为维护国家主权和领土完整所作出的努力，继续加强双方在国际和地区事务中的相互支持与合作。（2）互利互惠，加强能源合作。不断完善两国能源对话机制与合作方式，全面提高两国能源合作水平。（3）优势互补，扩大经贸合作。加强在基础设施建设、信息通信、金融、投资等领域的合作，鼓励两国政府有关部门、民间团体、商业协会和企业等进行多层面的经贸往来，共同开创两国经贸合作的新局面。（4）发展友谊，加强人文交流。加强文化、教育、科技、新闻等领域的交流与合作，促进世界不同文明的对话与交流，为构建和谐世界作出新的贡献。

2006年4月，中国时任国家主席胡锦涛对沙特进行国事访问。建交16年来，中沙关系取得了很大进展。2006年初就两国建立战略性友好合作关系达成共识，标志着中沙关系进入了一个新的发展阶段。胡主席在访

[①] 《中沙两国领导人互访大事记》，2009年2月5日，搜狐网（http://news.sohu.com/20090205/n262071361.shtml）。

问期间强调中沙双方的合作重点有：第一，扩大企业间的投资和合作，中方愿在工农业技术、职业教育、环境治理、信息技术等领域为沙方培训人员，为沙特民族工业发展作出贡献。第二，深化能源合作，扩大原油贸易，探索在储油设施、炼油、石化和销售方面的合作。第三，扩大双边贸易规模，丰富进出口商品的种类，同沙特一道努力加快中国同海湾合作委员会关于自由贸易区谈判的进程。第四，促进文化、教育等人文领域的交流，增进两国人民的相互了解和友谊。第五，完善合作机制建设，充分发挥双方各种合作机制的作用。胡主席在访问期间还在沙特协商会议上发表重要讲话，会见了中沙企业家代表，会见了海合会秘书长，并代表中方同沙方签订了一系列重要合作协议。

2008年6月21日，中国时任国家副主席习近平对沙特进行正式访问。双方签署了《中国和沙特关于加强合作与战略性友好关系的联合声明》，以进一步加强两国在政治、经贸、财政、人文等领域和国际事务中的交流合作。习近平对沙特援助中国四川汶川大地震表示衷心感谢，认为这一举动充分体现了沙特国王和沙特人民对中国人民的深厚友谊。

2009年2月新年伊始，中国时任国家主席胡锦涛对沙特进行国事访问。双方表示将全面深化中沙战略性友好关系，共同应对国际金融危机，加强在国际和地区事务中的沟通和协调，将双方关系提高到新水平。沙特阿拉伯是胡锦涛主席出访的第一个国家，是胡主席亚非5国之行的第一站和唯一的阿拉伯国家，也是胡主席2006年4月访沙后第二次对沙特阿拉伯进行国事访问。这也充分体现了中国领导人对中沙战略友好合作关系的高度重视。[1] 沙特各大报纸、电视台、网站等主要媒体高度关注胡锦涛的此次访问，纷纷对此进行了充分报道和积极评价。沙特发行量最大的阿文报纸《利雅得报》11日在头版头条详细报道了胡锦涛的访问活动，并配以大幅彩色图片。该报还在头版发表题为"中国·朋友·伙伴"的社论，指出沙特和中国的友谊源远流长，近年来两国战略性友好关系开端良好，相信今后的合作道路将越走越宽广。两国有关部门签署了能源、检疫、卫

---

[1] 申旭：《驻沙特大使：胡锦涛即将对沙特的访问影响深远》，2009年2月4日，环球网（https://china.huanqiu.com/article/9CaKrnJlwiy）。

生、教育、交通等领域5项合作文件。

2014年3月,沙特时任王储兼副首相、国防大臣萨勒曼对中国进行了正式访问。这是继2006年1月阿卜杜拉国王访华后沙方最高级别领导人访华,也是萨勒曼王储时隔15年后再次访华,是一次历史性的访问。中方对此高度重视,给予高规格接待,习近平主席、李克强总理分别予以会见,双方就双边关系和共同关心的国际和地区问题达成广泛共识,签署一系列双边合作文件,并发表了《联合公报》。双方一致认为,在当前形势下,中沙有必要进一步提升战略性友好关系水平,不断开创两国关系新局面。双方要继续在涉及彼此核心和重大关切问题上相互理解和支持,在密切能源、经贸等传统领域合作基础上,积极拓展在高铁、和平利用核能、航空航天等高科技领域的合作,密切人文交流,加快建设中国—海合会自贸区,积极推进"丝绸之路经济带"和"21世纪海上丝绸之路"建设,为双边友好注入新的活力。

除了官方高层互访外,两国民间交往也日益增多。2008年5月,四川汶川特大地震灾害发生后,沙方第一时间向灾区捐款5000万美元现金并提供1000万美元物资援助,是中国收到的最大一笔海外单项援助。7月,沙方追加捐赠了1460套活动板房。8月,沙方又向联合国为四川地震灾区重建开展的救援计划紧急项目认捐150万美元。2010年,沙特投入1.5亿美元修建世博会沙特馆,该馆被评为上海世博会"最受欢迎展馆",沙方已将该馆赠送中方。2013年4月,中国文化部长蔡武率团出席了沙特"杰纳第利亚文化遗产节"开幕式暨中国主宾国活动;8月,沙特高教大臣安卡利出席了第二十届北京国际图书博览会开幕式。

第三节　新时代中沙关系的发展

习近平主席2016年对沙特的国事访问,成功开启了两国关系的新篇章,为两国关系注入了新的活力和强大动力,双方的经贸合作在习近平主席访问之后得到了大幅提升,合作的深度、宽度和广度得到了挖掘和拓展,中沙关系也由此步入了全新发展阶段。

一 中沙全面战略伙伴关系的建立和发展

(一) 习近平主席对沙特的国事访问

2016年1月19—23日,中国国家主席习近平对沙特阿拉伯、埃及和伊朗展开国事访问。其中,沙特阿拉伯是习主席这次中东之行的第一站,此次访问精彩不断,亮点闪烁。第一,沙特战机升空护航,当习近平主席乘坐的专机进入沙特领空时,沙特4架战机升空护航。第二,当习近平主席步出舱门,受到沙特时任王储继承人穆罕默德、国务大臣艾班等的热情迎接,接待规格很高。第三,中沙建立全面战略伙伴关系,在访问期间,两国元首共同宣布建立中沙全面战略伙伴关系,推动双边关系深入发展。两国元首还达成多项重要共识,致力于推动两国关系在更高水平、更宽领域、更深层次的不断发展。第四,获沙特最高级别勋章,在访问期间,习近平主席在利雅得同沙特阿拉伯国王萨勒曼举行会谈,会谈后,萨勒曼国王向习近平主席授予阿卜杜勒阿齐兹勋章,这是沙特最高级别的勋章。习近平主席在对沙特进行国事访问之际,在沙特《利雅得报》发表题为"做共同发展的好伙伴"的署名文章。

习近平指出,高度契合的发展理念为双方关系发展开辟了广阔空间,相近的发展诉求、相同的发展使命、相融的发展利益为中沙关系向纵深发展提供了持久动力。① 共同宣布建立中沙全面战略伙伴关系,将深化双方战略互信,引领两国互利合作取得更大成果,有利于维护和拓展双方在国际和地区事务中的共同利益。② 萨勒曼表示,沙中建交25年来,两国友好关系稳定发展。沙中两国拥有广泛的共同利益,都致力于维护世界和平稳定。沙中建立全面战略伙伴关系,将有利于造福两国人民。沙方支持中国"一带一路"倡议,愿深化同中方在贸易、投资、能源、教育、科技、信息安全等领域合作。相信习近平主席这次访问必将推动两国友好合作迈上

---

① 习近平:《做共同发展的好伙伴》,2016年1月18日,新华网 (http://www.xinhuanet.com/world/2016-01/18/c_1117812832.htm)。

② 陈赞、霍小光、王丰年:《习近平同沙特阿拉伯国王萨勒曼举行会谈 两国元首共同宣布建立中沙全面战略伙伴关系》,2016年1月19日,新华网 (http://www.xinhuanet.com//world/2016-01/20/c_1117828230.htm)。

新台阶。① 双方同意加强战略沟通，密切战略合作，巩固战略互信，相互理解和照顾对方重大关切，支持对方维护核心利益。双方同意加强发展战略对接，在共同推进丝绸之路经济带和 21 世纪海上丝绸之路建设的框架下深入合作，加强在铁路、港口、电站、通信、工业园区、住房、投资、金融、航天、和平利用核能、可再生能源等领域合作。双方同意将亚洲基础设施投资银行打造成互利共赢的融资平台，促进区域互联互通。双方高度评价并欢迎重启中国—海合会自由贸易区谈判，并对谈判取得实质性进展感到高兴，同意尽早建成中国—海合会自由贸易区。双方同意加强能源政策协调，提高能源合作水平，构建长期稳定的中沙能源战略合作关系。双方同意推动文明对话，加强不同宗教和不同文化包容互鉴，扩大两国文化、教育、卫生、新闻、智库、青年等领域交流，密切安全合作，加强在联合国和二十国集团等重要多边机制中的沟通和协调。② 两国元首共同见证了《中华人民共和国政府与沙特阿拉伯王国政府关于共同推进丝绸之路经济带和 21 世纪海上丝绸之路以及开展产能合作的谅解备忘录》以及能源、通信、环境、文化、航天、科技等领域双边合作文件的签署。双方发表了《中华人民共和国和沙特阿拉伯王国关于建立全面战略伙伴关系的联合声明》。

（二）萨勒曼国王对中国的国事访问

2017 年 3 月，沙特国王萨勒曼率团对中国进行国事访问，在访问期间与习近平主席举行会谈，两国元首一致同意保持双边关系发展势头，促进各领域务实合作，推动中沙全面战略伙伴关系不断取得新成果。在双边关系上，中方支持沙特实现"2030 愿景"，欢迎沙特成为共建"一带一路"的全球合作伙伴。双方愿意继续加强在文化、教育、卫生、科技、旅游、新闻和安全等领域的合作。③ 在地区事务上，中方主张坚持尊重国家

---

① 陈赞、霍小光、王丰丰：《习近平同沙特阿拉伯国王萨勒曼举行会谈 两国元首共同宣布建立中沙全面战略伙伴关系》，2016 年 1 月 19 日，新华网（http://www.xinhuanet.com//world/2016-01/20/c_1117828230.htm）。

② 陈赞、霍小光、王丰丰：《习近平同沙特阿拉伯国王萨勒曼举行会谈 两国元首共同宣布建立中沙全面战略伙伴关系》，2016 年 1 月 19 日，新华网（http://www.xinhuanet.com//world/2016-01/20/c_1117828230.htm）。

③ 李忠发、郝亚琳：《习近平同沙特国王萨勒曼举行会谈 一致同意推动中沙全面战略伙伴关系不断取得新成果》，2017 年 3 月 16 日，新华网（http://www.xinhuanet.com/politics/2017-03/16/c_1120641501.htm?winzoom=1）。

主权和不干涉内政原则，通过政治对话化解分歧，缓解热点问题及紧张局势，坚持发挥联合国主渠道作用，更多地倾听地区组织和国家声音，充分考虑地区历史、民族、教派的特殊性。沙方再次重申坚定奉行一个中国政策，通过沙中高级别联合委员会这一平台，进一步深化两国在经贸、投资、金融、能源领域合作，提升两国全面战略伙伴关系。会谈后，两国元首见证了经贸、能源、产能、文化、教育、科技等领域双边合作文件的签署，并共同出席了在国家博物馆举行的"阿拉伯之路—沙特出土文物展"闭幕式。

2019年2月，沙特王储穆罕默德亲王访问中国，这是穆罕默德王储继2016年访问中国并出席二十国集团领导人杭州峰会之后，再次到访中国。此次访华双方在政治、海运、产能、能源、金融等领域签署了一系列合作文件。根据沙通社报道中公布的数据，双方此次签署的双边经济合作协议总额超过了280亿美元，其中包括一个价值100亿美元的在中国东北地区与中国公司合资打造炼油石化，进一步升级炼油技术的能源项目。在中沙双方公布的访问成果中，多次提及了沙特"2030愿景"同"一带一路"倡议对接。访问期间举办了中沙高委会第三次会议，举行了沙特—中国投资论坛，吸引了上千名中国投资者和企业界代表参加。其间，沙特投资总局为中国各领域公司颁发了4份投资许可证，具有划时代的重要意义。①

（三）全面战略伙伴关系的内涵

1. 合作的广度和深度进一步拓展

中沙建交之初，双方贸易额有限，政治互信仍处于建构阶段，因为沙特特殊的资源禀赋和中国发展对石油能源的巨大需求，能源合作成为两国合作的主要方向。1999年中国时任国家主席江泽民访问沙特，成为访问沙特的第一位中国国家元首，双方宣布建立"战略石油伙伴关系"。2006年中沙两国元首实现年内互访，进一步提升了两国能源合作的水平。

随着两国成为战略性友好伙伴，双方合作开始具有经贸—政治二重

---

① 李忠发、郝亚琳：《习近平同沙特国王萨勒曼举行会谈 一致同意推动中沙全面战略伙伴关系不断取得新成果》，2017年3月16日，新华网（http://www.xinhuanet.com/politics/2017-03/16/c_1120641501.htm? winzoom =1）。

性。2008年6月，中沙发表《关于加强合作与战略性友好关系的联合声明》，预示着双边关系从能源伙伴升级为能源+政治伙伴，两国合作再上新台阶。① 一方面，能源合作仍是中沙双方合作的重点议题。中国不仅从沙特进口大量石油，还开始参与投资和开发沙特上游石油市场，沙特则参与投资中国石油的下游产业②，如在中国投资建设炼油厂。2015年两国签订《石油技术合作协议》。另一方面，双方在反对外来干涉、维护自身政治安全、反对美国输出价值观方面有着高度共识，政治合作日益密切。

2016年初两国建立全面战略伙伴关系，标志着中沙整体合作框架业已形成。《中沙关于建立全面战略伙伴关系的联合声明》规定了双方在政治、能源、经贸、安全、人文、地区和国际事务六大领域的合作。中沙高级别联合委员会下设了七个分委会，包括政治外交分委会，"一带一路"、重大投资合作项目和能源分委会，贸易和投资分委会，文化、科技和旅游分委会，财金分委会，安全合作分委会和军事合作分委会，建立了中沙在七大领域的合作机制，全面开展政治对话、务实合作、双向投资、人文交流与防务合作，双方合作具有了全方位性。③

2. 政治基础牢固

中沙两国都是发展中国家，都主张根据各自国情探索适合自身发展的道路，推动渐进式改革；中沙均是非西方大国，强调世界是丰富多彩的，政治发展不可能只有一种固定模式；中沙一致认为应坚持不干涉内政原则，中沙互不干涉对方内政，也反对他国干涉对方内政；中沙共同倡导求同存异的国际关系准则④，及时就双边关系和共同关心的地区和国际问题加强战略沟通，密切战略合作，巩固战略互信。中沙关系能够不断向前发展，很重要的原因是双方都倡导符合各自国情的发展模式，对西方在阿拉

---

① 孙德刚、王亚庆：《整体对接：论中国与沙特全面战略伙伴关系》，《阿拉伯世界研究》2020年第4期。
② 孙德刚、王亚庆：《整体对接：论中国与沙特全面战略伙伴关系》，《阿拉伯世界研究》2020年第4期。
③ 孙德刚、王亚庆：《整体对接：论中国与沙特全面战略伙伴关系》，《阿拉伯世界研究》2020年第4期。
④ 孙德刚、王亚庆：《整体对接：论中国与沙特全面战略伙伴关系》，《阿拉伯世界研究》2020年第4期。

伯地区推动所谓"民主改造"保持警惕。① 正如双方发表的《中沙关于建立全面战略伙伴关系的联合声明》所指出的：

> 双方重申相互支持彼此核心利益。沙方强调继续坚定奉行"一个中国"政策。中方强调支持沙方为维护本国安全稳定、发展经济和改善民生所作的努力，支持沙方在地区和国际事务中发挥更大作用。双方一致认为，中沙在许多重大地区和国际问题上拥有广泛共同利益，将密切在联合国、二十国集团等国际组织和多边场合的协调与合作。②

3. 发展动力多元

从时代动力上看，第四次工业革命的加速发展推动了中沙双方合作从传统能源合作到政治合作再到全方位合作。以物联网、5G 技术、大数据、人工智能为代表的新技术革命，给中沙实现产业升级、增强国际竞争力提供了重要历史机遇。双方在航天、卫星发射、和平利用核能、新能源、5G 等高科技领域的合作促进了中沙全面战略伙伴关系的发展。

从安全动力上看，中东地区地缘政治变动导致地区安全格局发生剧烈变化，各种力量分化组合，充满了不确定性，在叙利亚、伊朗、也门等地区热点问题上，沙特或多或少牵涉其中，成为矛盾的参与方或当事方，使其国内安全形势不容乐观，迫使其与域外大国包括中国建立更加密切的全方位合作尤其是反恐方面的合作。在《中沙关于建立全面战略伙伴关系的联合声明》中，"双方强调坚决反对威胁世界和平稳定的一切形式的恐怖主义，愿在该领域加强安全合作，反对将恐怖主义与任何宗教或教派挂钩。中方赞赏沙特支持建立联合国反恐中心，支持沙特等国在打击恐怖主义方面所作努力。"③ 中沙合作通过将经济联系与政治交往和安全合作联

---

① Iain MacGillivray, "Maturing Sino-Saudi Strategic Relations and Changing Dynamics in the Gulf," *Global Change, Peace & Security*, Vol. 31, No. 1, 2019, p. 74.
② 《中华人民共和国和沙特阿拉伯王国关于建立全面战略伙伴关系的联合声明》，新华网（http://www.xinhuanet.com/world/2017-03/18/c_1120651415.htm），2017 年 3 月 18 日。
③ 《中华人民共和国和沙特阿拉伯王国关于建立全面战略伙伴关系的联合声明》，新华网（http://www.xinhuanet.com/world/2017-03/18/c_1120651415.htm），2017 年 3 月 18 日。

系起来，形成议题联系，促进了中沙关系的全面合作，做到"以经济促政治"和"以政治促安全"的全方位合作。①

从经济动力上看，中沙双方的产业互补性促进了双方关系的发展。沙特有雄厚的主权财富基金，中国有齐全的工业门类和先进的制造业技术，双方在经济、能源、政治领域形成了强互补性与弱竞争性，为实现经济、政治和安全领域的合作创造了天然条件。②从中沙双边贸易结合度指数来看，沙特对华贸易依存度较高；中国对沙特的贸易依存度也不低；从产业内贸易度量指数来看，中沙只有个别产品类别在某些年份出现了产业内贸易现象，大多数产品类别在大多数年份都显示出较弱的产业内贸易特征，而显示出较高的产业间贸易特征③，这充分体现了双边贸易的互补性。

（四）新形势下的中沙关系

2020 年是中国和沙特建立外交关系 30 周年，当年 7 月，习近平主席同沙特国王萨勒曼互致贺电，庆祝两国建交 30 周年。习近平在贺电中指出，建交 30 年来，中沙关系稳步发展，各领域合作成果丰硕。特别是近年来，中沙建立全面战略伙伴关系，两国关系发展步入快车道。当前，中沙合力抗击新冠疫情，维护两国人民健康福祉以及全球和地区公共卫生安全，谱写了守望相助、同舟共济的佳话。中国高度重视中沙关系发展，愿同萨勒曼国王一道努力，以两国建交 30 周年为契机，推进共建"一带一路"倡议和沙特"2030 愿景"对接，充实双边关系战略内涵，共同引领新时代中沙关系不断取得新成就，造福两国和两国人民。④

萨勒曼在贺电中表示，建交 30 年来，沙中各领域关系取得巨大发展，这体现了两国的深厚友谊和战略关系的高水平。沙特愿推动这一特殊关系不断发展，服务于两国和两国人民的共同利益。沙方同中方在如何应对新

---

① 孙德刚、王亚庆：《整体对接：论中国与沙特全面战略伙伴关系》，《阿拉伯世界研究》2020 年第 4 期。

② 孙德刚、王亚庆：《整体对接：论中国与沙特全面战略伙伴关系》，《阿拉伯世界研究》2020 年第 4 期。

③ 李晓莉：《"一带一路"背景下中国与沙特贸易互补性和竞争性研究》，《学术探索》2018 年第 4 期。

④ 《习近平同沙特国王萨勒曼就中沙建交 30 周年互致贺电》，2020 年 7 月 22 日，新华社客户端（https：//baijiahao.baidu.com/s? id = 1672902286740896470&wfr = spider&for = pc）。

冠疫情方面有着相同或相近的看法，愿同中方共同努力抗击疫情。沙方期待同中方开展更多合作，推动实现地区和世界的安全与稳定。①

自 2020 年发生新冠疫情以来，习近平主席和萨勒曼国王已进行三次通话，双方及时就两国抗疫合作、20 国集团加强合作、中东地区热点问题及其他共同关心的国际和地区问题加强沟通，交换意见。在 2020 年 9 月的通话中，习近平强调，中沙建交 30 年来，两国关系得到长足发展，各领域务实合作稳步推进。当前，中沙关系已经步入快速发展的成熟期，并面临新的发展机遇。中方愿同沙方以两国建交 30 周年为契机，增进政治互信，继续在涉及彼此核心利益和重大关切问题上相互支持，加强共建"一带一路"倡议同沙特"2030 愿景"对接，推动各领域合作走深走实，促进中沙全面战略伙伴关系得到更大发展。中方愿同沙方一道努力，将中阿战略伙伴关系提升到更高水平。习近平指出，面对突如其来的新冠疫情，沙方对中方抗疫给予了支持和声援，中方也克服困难积极向沙方提供物资援助。新冠病毒是全人类共同的敌人，各国只有团结协作，才能战而胜之。中方将继续全力支持沙方抗疫努力，开展疫苗研发合作，助力沙方推进复工复产。习近平强调，中方赞赏沙方担任主席国以来为促进二十国集团合作付出的巨大努力，愿同沙方密切沟通协调，促进二十国集团加强合作，推动疫苗成为全球公共产品，争取让所有国家、所有人群都能买得起、用得上。中方愿同包括沙特在内的二十国集团成员加大对发展中国家的帮助，建设开放型世界经济，维护全球产业链供应链稳定，便利人员有序流动，引领数字经济合作，打造开放、公平、公正、非歧视的数字经济环境。②

萨勒曼表示，沙中两国关系发展良好，两国人民友谊不断深化。沙方高度重视发展同中国的全面战略伙伴关系，希望同中方加强抗疫合作，特别是疫苗研发合作，推进"2030 愿景"同"一带一路"倡议对接，深化各领域务实合作。沙方赞赏中方为沙特担任二十国集团主席国开展工作提供的支持和帮助，希望同中方保持密切沟通协调，推动二十国集团加强团

---

① 《习近平同沙特国王萨勒曼就中沙建交 30 周年互致贺电》，2020 年 7 月 22 日，新华社客户端（https：//baijiahao. baidu. com/s? id =1672902286740896470&wfr = spider&for = pc）。

② 《习近平同沙特国王萨勒曼通电话》，2020 年 9 月 9 日，中国政府网（http：//www. gov. cn/xinwen/2020-09/09/content_ 5542113. htm）。

结合作,为世界各国克服疫情、恢复经济增长和稳定做出应有贡献。①

二 中国与沙特阿拉伯的合作

(一) 双边贸易合作

两国经贸和能源合作发展迅速。2019年中沙双边贸易额达780.38亿美元,其中,中国进口额为541.82亿美元,出口额为238.56亿美元,分别同比增长23.21%、18.07%和37.76%。② 中国从沙特进口主要商品为原油、石化产品等,出口主要商品为机电产品、钢材、服装等。③ 2019年中国从沙特进口原油8332.16万吨,同比增长46.87%。④ 目前,已有140多家中资企业进驻沙特,两国初步形成了以能源合作为主轴,以基础设施建设、贸易和投资便利化为两翼,以核能、航天卫星、新能源三大高新领域为突破口的"1+2+3"合作格局。

1. 双边贸易发展历程

(1) 中沙建交之前的贸易往来

中国同沙特在新中国成立前就有直接贸易往来。新中国成立后,由于沙特政府追随美国的"封锁"和"禁运"政策,于1951年与中国中断直接贸易关系;后于1954年宣布解禁,恢复与中国的直接贸易关系。1957年11月,沙特与中国台湾建立了所谓的"外交关系",但仍与中国保持直接贸易往来。1967年,由于沙特政府发现中国某些对沙特出口商品上印有毛主席头像和语录,决定再次中断与中国的直接贸易。

1980年以后,中国有些贸易小组试图通过关系去沙特访问,但却很难获得签证。20世纪80年代中期,中沙两国开始了半官方往来。1988年11月,中、沙两国政府签订了互设商务代表处的备忘录,并于1989年2月各自在对方首都设立了商务代表处。自此,中国每年在沙特举办一次中

---

① 《习近平同沙特国王萨勒曼通电话》,2020年9月9日,中国政府网(http://www.gov.cn/xinwen/2020-09/09/content_ 5542113. htm)。

② 《双边关系》,2020年9月,中阿合作论坛——沙特,http://www.chinaarabcf.org/chn/albsj_ 1/st/t541137. htm。

③ 《双边关系》,2020年9月,中阿合作论坛——沙特,http://www.chinaarabcf.org/chn/albsj_ 1/st/t541137. htm。

④ 《双边关系》,2020年9月,中阿合作论坛——沙特,http://www.chinaarabcf.org/chn/albsj_ 1/st/t541137. htm。

国出口商品展览会，中国贸促会负责人每次都率团访问沙特。

在20世纪70年代以前，中沙贸易情况基本上是中国只出不进，且出口金额较小，在几百万美元内徘徊。进入80年代后，中国开始从沙特进口商品，对沙特出口也有较大的发展。据海关统计，1980年两国贸易额约为1.5亿美元；到1991年，两国贸易额达5.26亿美元。[①] 中国对沙特主要出口产品有纺织品、轻工产品和粮油食品等，中国主要从沙特进口原油、化肥和化工原料等。

这一时期，由于两国没有建立正式的外交关系，经贸关系受到了很大的束缚。而沙特方面对中国人员入境、居住签证的限制也给两国经贸关系的发展带来了阻碍。

（2）中沙建交之后的贸易情况

中沙建交后，由于两国在经贸和技术方面有较大的互补性，贸易交往和经济合作迅速增长。20世纪90年代初期，中国先后在利雅得、吉达港和沙特东部城市达兰市举办了三次中国出口商品展览会。参展的中国公司第一届只有60多家，第二届就增长至120家。在1991年5月举行的第二次展览会上，麦加省省长马吉德·本·阿卜杜勒阿齐兹亲王说：这次展览会是吉达国际会展中心开业以来所承接的最漂亮的展览会，是发展两国贸易关系的一个良好举措。

1994年3月21日，两国在北京举行了一次中沙经贸研讨会，双方都派政府官员出席了会议。1996年2月，首次中沙贸易与经济混合委员会会议在北京举行。在两国政府的大力支持下，中沙贸易额从1989年的7100万美元跃升至1996年的15.88亿美元。[②] 1999年，沙特政府开始同意将石油和天然气能源市场向中国开放，中国也开始将石油产品市场向沙特开放，逐步同意沙特对中国的石油制品和成品油零售市场进行投资，1999年双边贸易额达到约18亿美元。[③]

---

① 中华人民共和国驻沙特阿拉伯王国大使馆经济商务参赞处，http：//sa. mofcom. gov. cn/index. shtml.

② 中华人民共和国驻沙特阿拉伯王国大使馆经济商务参赞处，http：//sa. mofcom. gov. cn/index. shtml.

③ 中华人民共和国驻沙特阿拉伯王国大使馆经济商务参赞处：《中、沙进出口贸易实现快速发展——祝贺中国—沙特建交20周年专稿》（二），http：//images. mofcom. gov. cn/sa/accessory/201007/1279102782622. pdf.

自 2000 年开始，中沙贸易进入迅猛发展阶段。这一时期，中国为应对 1997 年金融危机带来的不利影响，积极推进国家的经济现代化水平，加大了对各项基础建设和投资的扶持力度；同时有意识地在国际上开拓市场，推行鼓励中国企业"走出去"的发展战略。这些都刺激了中国从沙特进口原油以及相关产品，中国向沙特的出口贸易也得到提高。

2000 年，中沙贸易总额为 27 亿美元，占中国对 20 多个阿拉伯国家贸易总额的近 20%。① 2000 年中国从沙特进口石油 573 万吨、液化石油气 84 万吨，总值达 11.7 亿美元。此后中沙贸易增长速度加快，2001 年为 36 亿美元，2002 年为 46 亿美元。2003 年，这一数字则跃升至 66 亿美元。② 2005 年中国与沙特阿拉伯双边贸易总额为 152 亿美元，同比增长 65.2%。2006 年中国向沙特出口货物额为 60 亿美元，已成为沙特第二大进口贸易伙伴。2006 年双边贸易额为 192 亿美元，2007 年这一数字则增长为 247 亿美元。③

2008 年 6 月 22 日，在沙特进行正式访问的中国时任国家副主席习近平出席在吉达举行的中沙经贸研讨会开幕式并发表了题为"发展中沙友好，推动互利合作"的讲话。此次访问大力推动了两国经贸关系的发展，据中国驻沙特使馆经商处公布的数据，2008 年中沙贸易首次突破 400 亿美元，比 2007 年增长 64.7%。④ 在原油贸易方面，随着 2008—2009 年中、沙能源合作协议及其补充议定书的签署，2008 年中国从沙特进口原油 3636 万吨。2009 年增加到 4200 万吨，占中国当年海外进口原油总量的 20% 强，沙特已经成为中国在海外最主要和最稳定的原油供应国。⑤

---

① 中华人民共和国驻沙特阿拉伯王国大使馆经济商务参赞处：《中、沙进出口贸易实现快速发展——祝贺中国—沙特建交 20 周年专稿》（二），http://images.mofcom.gov.cn/sa/accessory/201007/1279102782622.pdf。

② 中华人民共和国驻沙特阿拉伯王国大使馆经济商务参赞处：《中、沙进出口贸易实现快速发展——祝贺中国—沙特建交 20 周年专稿》（二），http://images.mofcom.gov.cn/sa/accessory/201007/1279102782622.pdf。

③ 中华人民共和国驻沙特阿拉伯王国大使馆经济商务参赞处：中、沙进出口贸易实现快速发展——祝贺中国—沙特建交 20 周年专稿》（二），http://images.mofcom.gov.cn/sa/accessory/201007/1279102782622.pdf。

④ 中华人民共和国驻沙特阿拉伯王国大使馆经济商务参赞处：《蓬勃发展的中、沙经贸合作——祝贺中国—沙特建交 20 周年专稿》，http://sa.mofcom.gov.cn/index.shtml。

⑤ 中华人民共和国驻沙特阿拉伯王国大使馆经济商务参赞处：《蓬勃发展的中、沙经贸合作——祝贺中国—沙特建交 20 周年专稿》，http://images.mofcom.gov.cn/sa/accessory/201007/1277989999629.pdf。

自 2011 年起，中国首次超过美国成为沙特最大贸易伙伴，而沙特则是中国石油进口最重要的出口国。2011 年中沙双边贸易总额达到 643 亿美元，同比增长 48.8%。沙特成为中国在西亚非洲地区最大的贸易伙伴，全球第 14 大贸易伙伴，其中，中国对沙特出口总额达 148 亿美元，同比增长 42.3%；中国从沙特进口总额达 495 亿美元，同比增长 50.9%。2012 年中国与沙特双边贸易总额达到 734 亿美元，同比增长 14.2%，创历史新高。2013 年双边进出口额为 722 亿美元。2015—2016 年，双边贸易额有所下滑，2016 年双边进出口额为 422.8 亿美元。

2. 双边贸易商品结构

中沙贸易的持续增长主要得益于两国经济的强大互补性。沙特的轻工业不足，中国则是世界轻工产品出口大国，对沙特主要出口纺织品、服装、机电和钢铁等商品。中国经济的迅猛发展，汽车、化工市场的发展使中国对原油及其制品的需求不断上升；沙特则是世界上最大的原油出口国，矿产品、化工、塑料橡胶等商品占中国从沙特进口总额的 99% 以上。在 2009 年金融危机爆发期间，这种互补作用体现得尤为突出。据海关统计，2009 年前三季度，中国与欧盟、美国的双边贸易额增速急速下降，出现了十年来最低的情况；与此相反，沙特从中国进口商品额增速明显，总额为 18.67 亿美元，中国一跃成为沙特第二大进口国，仅次于美国。同期，沙特对中国出口非石油产品价值达 4.27 亿美元，中国也成为沙特非石油产品第二大出口国，仅次于阿联酋。

据中国海关统计，近年来，中国对沙特阿拉伯出口商品主要类别包括机械器具及零件，电机、电气、音像设备及其零附件，针织或钩编的服装及衣着附件，钢铁制品，橡胶及其制品，陶瓷产品，非针织或非钩编的服装及衣着附件，皮革制品，旅行箱包，动物肠线制品，化学纤维长丝，家具，寝具，灯具等。[①]

中国从沙特阿拉伯进口商品的主要类别包括原油及其产品，沥青等，有机化学品，铜及其制品，塑料及其制品，盐、硫黄、土及石料，石灰及水泥等，鞣料，着色料，涂料，油灰，墨水等，钢铁，生皮（毛皮除外）

---

① 新华丝路事业部：《沙特基本国情和电子商务发展概况》，新华社中国经济信息社，2016 年 3 月。

及皮革，无机化学品，贵金属等的化合物，絮胎、毡呢及无纺织物，线绳制品等。①

（二）双边能源合作

在中沙建交之前，沙特就开始对华供油，是海湾六国中对华供油最早的国家。早在20世纪80年代，沙特就开始审慎地与中国进行石油合作，沙特的基础工业公司（沙比克公司，SABIC）曾通过香港地区向中国内地出口石油和石化产品。

中沙建交以后，为了促进能源领域的合作，两国在跨国合资经营方面取得了长足的发展。一方面，中国扩大从沙特进口石油，另一方面，沙特石油公司也开始积极地进入中国的市场。但是，由于沙特的石油含硫量高，中国原有的设备在脱硫技术上还达不到要求，所以中国与沙特这个世界上最大的产油国的石油合作在起初阶段并没有得到快速的发展。

由于中国经济的快速增长，也由于国内大庆等传统油田的日渐枯竭，中国国内的石油产量增加越来越缓慢，中国的原油蕴藏量已经远远满足不了经济发展的需要。随着能源需求的不断上涨，中国对国际市场的依赖日趋加大。在这样的背景下，以中石油、中石化、中海油为代表的中国石油大企业以及一些背景深厚的企业，甚至包括某些财力较雄厚的民营企业也纷纷实施"走出去"战略，拓展海外的新油源。中国在能源领域实施的"走出去"战略，对中沙两国的能源合作产生了深远的影响。自中国实施"走出去"战略以来，两国的能源合作变得更加紧密。

1. 产能合作协议

1999年，两国建立起战略中沙石油合作伙伴关系，并签署了《中华人民共和国政府与沙特阿拉伯王国政府石油领域合作谅解备忘录》。2006年1月，中沙签署了《关于石油、天然气和矿产领域开展合作的议定书》。2006年4月，胡锦涛主席对沙特进行回访，双方签署了一系列合作协议，其中包括中石化与沙特国家石油公司签订的能源框架合作协议，双方承诺将加强合作共同开采天然气，并计划合作开采石油。

2016年1月，习近平主席访沙期间，与沙特签署《中华人民共和国

---

① 新华丝路事业部：《沙特基本国情和电子商务发展概况》，新华社中国经济信息社，2016年3月。

商务部与沙特阿拉伯王国商工部关于产能合作的谅解备忘录》。根据该文件，双方将提升在石化、汽车、家电、物流、石油装备、清真食品等领域的合作。2017年8月24日，中沙产能与投资合作论坛在沙特阿拉伯吉达顺利举行。本次论坛由中国国家发展与改革委员会和沙特阿拉伯能工矿部联合主办，中国工商银行承办，中沙相关政府部门以及能源、基建、科技、金融等领域重点企业近300位代表参加了论坛。中国国家发改委和沙特能工矿部在中沙高委会框架下成立了中沙"一带一路"、重大投资合作项目和能源合作分委会，着力推动两国重大领域务实合作。目前，双方共同确定了第一批产能与投资合作30个重点项目，总金额约550亿美元，其中已有8个项目开工建设，22个项目正在开展前期工作。

2. 产能合作项目

在油气投资方面，一系列重大能源合作项目取得实质性进展。2004年，中石化集团与沙特阿美公司组建了中沙天然气公司，中标沙特B区块天然气勘探开发项目，双方对该项目的累计投资已经超过5亿美元。[①]

沙特阿美公司、福建石化有限公司与埃克森美孚公司在中国福建合资建设了福建炼油一体化项目。中国石化集团和沙特基础工业公司合资兴建的天津炼油化工一体化项目已于2009年建成投产。2014年8月，中石化集团正式决定参股沙特阿美石油公司在沙特延布年产2000万吨的红海炼厂项目。该项目厂址位于沙特西部延布市工业区，毗邻沙特阿美现有炼厂及天然气厂，占地面积为487万平方米。项目设计原油加工能力为40万桶/天（约2000万吨/年），以沙特重油作为原料，于2016年1月投产。[②]

（三）其他领域合作

1. 宗教往来

1991年12月，中国国家宗教事务局副局长宛耀宾带领一个中国穆斯林代表团访问沙特阿拉伯，这是两国建交后首个穆斯林访问团。此后，中

[①] 中国商务部国际贸易经济合作研究院、中国驻沙特阿拉伯王国大使馆经济商务处、中国商务部对外投资和经济合作司：《对外投资合作国别（地区）指南——沙特阿拉伯（2019）》，第30页。

[②] 中国商务部国际贸易经济合作研究院、中国驻沙特阿拉伯王国大使馆经济商务处、中国商务部对外投资和经济合作司：《对外投资合作国别（地区）指南——沙特阿拉伯（2019）》，第30页。

国穆斯林经各种途径前赴麦加朝觐的人数不断增长，1990 年为 1480 余人，1991 年为 1517 人，1993 年朝觐人数达 6000 余人。1995 年以来，政府有关部门进一步规范朝觐工作，由中国伊协统一负责中国穆斯林朝觐的组织工作，政府不鼓励穆斯林零散进行朝觐。此后几年朝觐人数一直保持在 3000 人左右。2000 年为 2000 人，2004 年中国朝觐人数为 3700 人。随后的每一年都以 2000 人左右的速度增加，2005 年为 5100 多人，2006 年为 6944 人。同年 5 月 11 日，在北京闭幕的中国伊斯兰教第八次全国代表会议修改其章程，章程同意增设朝觐工作办公室，以服务中国穆斯林赴沙特朝觐。中国伊协新当选的副会长杨志波表示，朝觐办的主要职能是负责中国穆斯林朝觐的国内组织、国外服务。朝觐办负责为朝觐做好各项准备工作；指定地方进行行前培训，加强在国外的组织管理、服务工作，使有组织的朝觐活动逐步进入规范化、有序化的轨道。自 1985 年中国穆斯林开始自费赴麦加朝觐以来，中国已有十多万名穆斯林到沙特朝觐。

2. 文化教育合作

2002 年 12 月 23—26 日，应中国文化部邀请，沙特高教大臣哈立德·本·穆罕默德·安卡里率政府文化教育代表团对中国进行友好访问。中国时任国务院副总理李岚清会见了沙特代表团一行。李岚清首先祝贺两国正式签署文化教育合作协定。他强调指出，文化交流在两国关系中起着不可替代的作用，不同民族、不同信仰，通过文化领域的交流能够得到互相理解和尊重。中国高度重视与沙特和其他阿拉伯国家发展友好关系，中沙文化协定的签署将在原有基础之上，进一步推动两国关系在政治、经济、科技、文化和教育等领域的全面发展。安卡里强调，中国与沙特和整个阿拉伯世界有着悠久的文化交流历史，对世界历史的发展起着积极的作用，希望将来能够加强两国的文化合作与交流，为世界文明间的对话打下基础。2006 年，沙特文化代表团参加了在中国举行的"阿拉伯艺术节"。2007 年，中国—阿拉伯国家合作论坛第二届中阿关系暨中阿文明对话研讨会成功举行。两国互派留学生规模也逐年扩大，沙特启动阿卜杜拉国王奖学金项目，已有约 350 名沙特留学生赴华深造。在卫生领域，两国卫生部签署了《卫生合作谅解备忘录》。2008 年，在中国"5·12"汶川特大地震发生之后，沙特捐助中国两亿多美元，用于灾区学校和医院的重建工程。

2008 年 11 月 10—12 日，由西北大学中东研究所和沙特阿拉伯沙特国王大学联合主办、西安外国语大学阿拉伯语系协办的"中国—沙特阿拉伯王国学者论坛"在西北大学举行。来自沙特国王大学、盖西姆大学的 4 位沙特学者和 30 多名国内学者与会,会议谈论了中沙文化交流的各方面内容。沙特阿拉伯的穆罕默德·阿里·谢赫("Mohammad Ali Sheikh",为沙特著名的宗教世家谢赫家族成员)博士在开幕式上致辞,他表示中沙文化交流将取得更大的成就。

2008 年 8 月 29 日,沙特阿拉伯国王阿卜杜拉和王储兼副首相、国防和航空大臣、军队总监苏尔坦分别致电胡锦涛主席,祝贺北京奥运会取得圆满成功。2009 年 4 月 12—13 日,中国国家体育总局局长、中国奥委会主席刘鹏率体育代表团访问沙特。访问期间,刘鹏局长一行还应邀观看了沙特足球职业联赛比赛,参观了阿卜杜勒阿齐兹国王历史中心、费萨尔亲王运动医学医院。

2009 年 6 月 9 日,中国、沙特代表在京签署两国大学间 13 项教育合作交流协议,两国高等教育领域合作迈上新台阶。中国教育部长周济、沙特高等教育大臣安卡里共同出席了签字仪式。在签字仪式前,周济部长与安卡里大臣就加强两国间高等教育、科学研究合作交流举行了会谈。双方就加大两国互派留学生的力度,建立年度高等教育界会晤、协商机制,探讨在能源、社会等领域的科学研究合作等交换了意见。2010 年,沙特投入 1.5 亿美元修建世博会沙特馆,该馆被评为上海世博会"最受欢迎展馆"。沙方已将该馆赠送中方。

2013 年,沙特举办"杰纳第利亚民族文化遗产节",中国作为主宾国参展,中方 30 余项传统技艺、600 余件精美艺术品的展演令沙特民众震撼。是年 4 月,中国文化部长蔡武率团出席了沙特"杰纳第利亚民族文化遗产节"开幕式暨中国主宾国活动,这是两国建交以来中国在沙特举办的最大规模的文化交流活动,也是近年来中国在阿拉伯地区举办的较大规模的文化活动之一。2016 年 12 月,"阿拉伯之路——沙特出土文物展"成功在中国国家博物馆举行,466 件(组)沙特珍贵文物吸引了大批民众参观,其中几件在沙特发现的中国瓷器更是双方通过古丝绸之路交往的明证。这是沙特在东亚地区举办的最大规模文物展,习近平主席与萨勒曼国王共同参观并出席了闭幕式。2017 年 2 月,由中沙两国联合制作的首部动画片《孔小西与哈基姆》在沙特举行首映式,这是中沙双方在影视领域的首次合作。2017 年 3 月，阿卜杜勒阿齐兹国王图书馆北京大学分馆举行落成典礼，萨勒曼国王出席，并接受北京大学授予的名誉博士学位。2018 年 9—11 月，中国首次在沙特举办中东地区规模最大的"华夏瑰宝展"。10 月，沙特文化大臣巴德尔访华并出席中阿文化部长论坛和第四届"阿拉伯艺术节"闭幕式。

两国在科技领域的合作也是潜力巨大。到目前为止，中沙签署的椰枣基因组研究计划，是中沙科技合作框架协议签署后开展的第一个科研合作项目，这也是沙特政府资助的规模最大的生命科学领域研究项目。

第四节 中沙关系的现状与前景展望

当前进一步发展中沙双边关系需要克服来自政治和经济领域的各种风险，以期两国在政治互信、经贸关系和人文交流领域深化合作。

一 发展存在的风险和问题

（一）政治安全风险

1. 美国及其盟友的政策

美国等西方国家的沙特政策是中国在沙特经济行为面临的最大政治风险。不管是美国前国务卿蓬佩奥还是现任国务卿布林肯都向以色列等中东美国盟友发出警告，如果它们再继续支持企业与中国在敏感的高科技领域和关键基础设施方面进行合作，美国将采取反制措施。这说明美国两党尽管在其他国内外问题上有所分歧，但在对抗所谓的"中国影响力"上还是保持着高度一致的。因为美国认为中国在这些领域的投资或管理是对美国利益的威胁，尤其是军民两用基础设施。[1] 美国对中国扩大在沙特投资反应强烈，要求中国提高投资透明度。面对来自美国的压力，作为美国在中东地区最重要盟友的沙特，将很难保证选择维护与中国的共同利益。如果中国在沙特的投资涉及美国关注的敏感领域，将面临来自美国的政治风险。

---

[1] Jonathan Fulton, "China's Making Inroads in the Middle East, The Trump Administration isn't Happy," *Washington Post*, July 3, 2020.

英国、德国等沙特的欧洲传统友好国家在沙特的投资和对民主事业的援助也由来已久。借助沙特在能源领域的影响力，欧洲以民主议题和输出发展模式等为借口，对中国在沙特投资及与之合作加强防范。欧洲认为，中国向沙特等中东国家提供了非民主的发展模式，其影响力会超过美国和欧洲，中国投资于中东基础设施和能源开发项目可能加强当地独裁政权和社会不公平，损害欧洲在中东的利益和安全架构。欧洲应当加强与中国在中东的接触，重新发挥欧洲在中东的作用。[1]

2. 恐怖主义

当前，沙特国内面对的最大安全威胁是突发性恐怖袭击事件，特别是在东部石油重镇，同时这些地区也是什叶派穆斯林聚集区域。尽管近年来沙特采取了严厉的打击和处决措施，沙特境内的恐怖主义活动和极端分子所引发的宗教冲突仍然对国家安全构成重大威胁。他们的主要袭击方式是针对外国人、驻沙特外国机构的自杀式爆炸，也有无明确目标的枪击事件。21世纪以来，沙特境内每年都有恐怖袭击事件发生。2003—2005年是沙特境内恐怖袭击频发的时期，之后数量有所下降，2015年到2017年再次上升。根据最新数据，中东北非是受恐怖主义影响最大的地区，沙特仍然属于受恐怖主义影响的高危国家，列第30名。[2] 盘踞在沙特周边的境外恐怖势力也时刻威胁着沙特的安全。恐怖主义风险将推动原油"安全溢价"的上升，一旦发生重大恐怖袭击事件，将威胁石油设施安全和人身安全，并将迅速推高油价，造成油价大幅波动。

3. 沙特国内政局

由于沙特深度介入叙利亚、也门等地区冲突，沙特周边安全环境恶化。例如，也门胡塞武装多次向沙特境内发射弹道导弹，有些甚至以利雅得的机场、公路等重要交通枢纽为目标。尽管多数导弹袭击被沙特拦截摧毁，但仍有残留弹片造成人员伤亡。2017年开始，王储萨勒曼开始展开反腐运动，抓捕大批有权势的王室成员和重要的私人投资者，引起国内不满。特别是2018年10月记者卡舒吉在沙特驻土耳其领事馆被暗杀事件，

---

[1] Camille Lons, Jonathan Fulton, Degang Sun, Naser Al-Tamimi, "China's Great Game in the Middle East," *European Council on Foreign Relations*, 1st October, 2019.

[2] *Global Terrorism Index 2019*: Measuring the Impact of Terrorism, *Institute for Economics & Peace*, November, 2019.

沙特境内持不同政见者对王室统治的不满上升。加上国内实施的经济和社会改革触动了相当一批既得利益者的利益，有可能引发更多民众不满和政局不稳。沙特在中东海湾地区采取的激进的外交政策，如与卡塔尔断交，与伊朗的对立，也造成沙特处于面对更多敌对力量的不利境地。

4. 公共卫生安全

2019—2020年的新冠疫情对经济的影响引起了关注，一旦再次发生重大公共卫生事件将造成投资的不确定性。疫情不仅威胁在外中国人的生命安全，社会隔离和经济封锁可能造成一国经济瘫痪，许多投资项目的进展和收益也将受到负面影响。21世纪以来，波及沙特的疫情主要有2012年的中东呼吸综合征、2013年的埃博拉和最近的新冠病毒。中东呼吸综合征暴发之后，由于其传播力不强，没有引起足够的关注和担忧。直到疫情在韩国蔓延，造成韩国游客数量锐减，经济增长率被拉低。韩国成为中东地区之外，受中东呼吸综合征影响最大的国家。新冠疫情在沙特蔓延很快，截至2021年底，沙特境内新冠病毒感染累计确诊病例已超过55万人。尽管卫生防疫成为中阿合作的新领域，但是疫情的扩散和持续给中沙合作所带来的阻力也不容忽视。

（二）经济风险

1. 国际油价波动的影响

作为石油进口国和消费国的中国与作为石油出口国和供应国的沙特存在石油贸易的共同利益。但是，在最近几年里国际油价的大幅波动对双方的投资合作造成负面影响。在油价处于高位时期，沙方可以获得更多石油收益。但是如果油价过高，中国经济发展必须付出更多原油进口和消费成本。如果中国经济不能承受过高油价的负担，增速势必放缓，不利于下一阶段石油需求的恢复。油价处于低位总体上有利于中国经济发展，但是如果油价长期低迷，沙特石油收益不足以平衡国家预算，将对沙特下一阶段增加产能和供应不利，最终也将损害中国能源安全。因此，稳定油价应当是两国的共同利益。疫情期间石油价格一路下跌，预期石油价格不可能恢复到历史最高点，石油消费增长缓慢将进一步恶化沙特经济。中国在经济复苏的同时，必须与沙特合作稳定油价。如在当前低油价时期增加从沙特的石油进口，增加石油储备，为经济复苏后的油价上升做准备。

2. 沙特改革风险

自实施"2030愿景"改革以来，沙特积极从石油、天然气出口向制造业转型。国内大力支持发展制造业，推动化学品、塑料制品、金属制品和电器机械设备的出口。如果沙特石油产量仅满足国内生产和消费需求，就没有石油用于出口，中沙石油进出口贸易关系将瓦解。同时，沙特制造业的发展和出口也将与中国构成竞争关系。在短期内，中国的许多建筑承包项目仍然有发展潜力，但从长期来看，随着沙特石油收入的减少，财政收入压力增大，其基础设施建设可能会收缩，将会导致中国在沙特的工程承包项目减少。[1] 加上沙特为提高本国就业率，长期推行劳动力"沙特化"以解决本国人民的就业问题，劳动力"沙特化"的政策可能会对中沙合作中的人员聘用有一定的影响。[2] 改革也为中国投资带来了不确定因素，中国企业的盈利空间缩小。例如，沙特大幅提高增值税、消费税，取消水电补贴，提高水电价格等。2020年5月19日，沙特拟将消费税的征税范围从烟草制品、功能饮料和碳酸饮料扩大到电子烟和所有加糖饮料上，以提高非石油收入。同年7月1日，沙特将增值税从5%提高到15%。这些税费最终势必转化为企业成本，企业成本上升，盈利空间被压缩。

3. 融资障碍和投资回报风险

沙特政府投资大型项目资金来源主要是主权财富基金。中国投资项目落实到当地，需要国家主权做担保，而沙特不肯对所有的银行进行主权担保或财政部担保。而没有主权担保中国的开发银行是不会对大项目放贷的。换句话说，中国"一带一路"的资金无法进入沙特，导致中国企业面临融资难、投资收益没有保障的问题。特别是央企和国企之外的中小企业，只能做一些工程承包的项目。发包方一般是像沙特阿美这样的当地大型国有企业，承包项目的中国企业按照发包方要求承建。但是很多项目进行到一半往往由于要求变更、工期延长而成本上升，但是却得不到追加投资，只能无限期搁置，前期投资无法收回。

---

[1] 陈沫：《"一带一路"倡议下的中国与沙特阿拉伯经济合作》，《中东发展报告（No.18·2015—2016）："一带一路"建设与中东》，社会科学文献出版社2016年版，第110—114页。

[2] 陈沫：《"一带一路"倡议下的中国与沙特阿拉伯经济合作》，《中东发展报告（No.18·2015—2016）："一带一路"建设与中东》，社会科学文献出版社2016年版，第110—114页。

二 未来发展展望

(一) 双边关系的最新进展

2018 年中沙贸易额首次突破 600 亿美元大关，中国连续 8 年成为沙特最大贸易伙伴，沙特连续 14 年的成为中国在西亚北非地区最大的贸易伙伴。中国还是沙特对外直接投资最大目的地。在油气领域，自 2002 年以来，沙特在大多数年份是中国排名第一的进口石油来源地，中国也是沙特原油的最大买家。

沙特是中国重要的工程承包市场。2015 年前 11 个月新签承包工程合同额为 54 亿美元，完成营业额为 60 亿美元，同比增长 13%；截至 2015 年 9 月，在沙中资企业约有 160 家，有各类劳务人员 3.6 万人，业务覆盖铁路、房建、港口、电站、通信等领域。

双边投资增长迅速。截至 2014 年底，中国对沙特直接投资累计达 24.8 亿美元，2015 年前 11 个月对沙特投资 7000 万美元。截至 2014 年底，沙特在华实际投资为 12.4 亿美元，2015 年前 11 个月对华实际投资为 2.7 亿美元，同比增长 8 倍多。此外，双方在核能和可再生能源、航空航天、高科技、金融等新兴领域的合作也不断拓展，日益形成全方位、多领域的互惠合作格局。

在北京举行的中沙高级别联合委员会第三次会议上，签署了双方海运、产能、能源、金融等领域合作文件。如在财金领域，双方将在"一带一路"框架下开展融资合作，为能源、基础设施等重点领域合作项目提供资金支持，推动"一带一路"倡议与沙特"2030 愿景"对接，促进两国包容性增长和可持续发展。2019 年 2 月举行的中沙投资合作论坛，有 1300 余名两国企业代表参会，就推进"一带一路"倡议与沙特"2030 愿景"对接开展高端对话和产业合作。双方签约热情高涨，共签署了 35 份合作协议和谅解备忘录，签约总金额约为 300 亿美元，涉及石油化工、制造业、新能源、通信等各行业。其中，石油化工行业投资金额约占六成。中国与沙特推进务实合作恰逢其时。

(二) 双边关系的前景展望

中沙建交 30 多年来，两国关系快速健康发展，高层互访频繁，政治互信不断深化。特别是近年来，习近平主席同萨勒曼国王成功互访，两国建立全面战略伙伴关系，并成立中沙高级别联合委员会，为新时代中沙关系发展注入新的强劲动力。两国在"一带一路"框架下能源、经贸、投资、高科技等领域合作成果丰硕，人文交流日益密切。面对新冠疫情，中沙守望相助，共克时艰，在提供援助、疫情防控、科研攻关等方面密切合作，谱写了团结抗疫的新篇章。30 多年的发展历程表明，中沙关系已成为国与国之间相互尊重、互利共赢的典范。展望未来，随着中沙全面战略伙伴关系的深入发展，双边关系呈现出政治上相互信任、经济上互利合作、文化上相互借鉴、多边场合相互支持的鲜明特点，而两国高层频繁互访必将进一步推动两国友好关系更加紧密、合作空间更加广阔。

1. 政治互信不断增强

沙特阿拉伯具有多重身份特征：既是伊斯兰教圣地的守护者，又是伊斯兰世界的大国、伊斯兰合作组织总部和海合会总部所在地；既是世界上屈指可数的能源大国，又是阿拉伯世界唯一的 G20 成员国。因此，沙特在中东地区以及伊斯兰世界事务中有着举足轻重的影响。中沙传统友好，加上双方在地区、国际事务的合作上达成普遍共识，为政治互信打下了坚实的基础。2016 年新年伊始，中国国家主席习近平对沙特进行了历史性访问，沙特阿拉伯是习近平主席此次中东之行的第一站，也是他担任国家主席后访问的第一个阿拉伯国家，访问期间两国共同宣布建立中沙全面战略伙伴关系。习近平主席此行是"十三五"开局之年，也是中国外交的开局之作，战略意蕴深厚，进一步提升和强化了中国与沙特之间的政治互信。

多年来，中方一贯支持沙特维护自身主权、安全、实现更大发展的努力，反对外部势力打着人权、民主旗号对沙特指手画脚，反对干涉沙特的内部事务；支持沙特实现"2030 愿景"，欢迎沙特成为共建"一带一路"的全球合作伙伴，也愿做沙特经济多元化的合作伙伴；支持沙特在地区和国际事务中发挥更大作用。同时，沙特也多次表示坚定支持中方维护自身主权、安全和发展利益的努力，支持中方在涉疆、涉港等问题上的正当立场，反对以任何借口干涉中国内政，反对个别势力挑拨中国同伊斯兰世界的关系，愿做中方永远的朋友。由此可见，中沙在涉及彼此利益和重大关切问题上相互支持，共同维护双方和广大发展中国家的共同利益，相互尊重国家主权，不干涉双方国家的内部事务，中国也在经济、技术、人道主义救援等方面给予了中东地区大量的支持,并在涉及沙特的地区和国际事务中秉持客观和公正的立场,得到了沙特方面的充分信任,这为两国未来关系的发展奠定了坚实的政治基础。

2. 经贸关系持续发展

经贸合作是中沙两国关系的最大亮点,两国经贸合作日益广泛密切,沙特连续多年是中国在全球第一大原油供应国和在西亚非洲地区第一大贸易伙伴。2013 年中国首次成为沙特第一大贸易伙伴。首个由中国企业承建的电站项目在沙特第二大城市吉达投入运营。① 2019 年中沙双边贸易额达到 780 亿美元,占中国和阿拉伯国家贸易总额近三成。②

双方经济领域合作潜力巨大,发展战略契合度高,互补性强。2016 年沙特政府公布了"2030 愿景"改革计划,旨在推动国内经济转型和多元化发展。③ 2016 年 1 月,在习近平主席对沙特进行国事访问期间,中沙双方签署了涉及能源、金融、通信等众多领域的共建"一带一路"合作政府间文件,并决定成立两国高级别联合委员会。2017 年 3 月,沙特国王萨勒曼访华期间的一大重要议题,就是与中方对接发展战略,以此为基础推进两国在能源、金融、产能、基础设施建设等各领域的合作。④ 近年来,随着沙中两国积极推动"一带一路"倡议与沙特"2030 愿景"深入对接,一批重大基础设施和能源项目在沙特陆续落地,丰富了沙中两国合作内涵,实现了互利共赢。沙特"2030 愿景"及"新未来"等规划中的许多产业和项目,中国都有技术优势,这为双方开展和扩大在多个领域的务实合作提供了新机遇。2021 年 7 月,中国国务委员兼外长王毅在塔什干会见沙特外交大臣时指出,中方将继续支持沙方"2030 愿景"和"绿色沙特""绿色中东"倡议,助力沙特经济的多元化发展。

此外,中沙还积极在"一带一路"框架下开展第三方合作。2019 年 1

---

① 王玥:《以"一带一路"为引领提升中沙全面战略伙伴关系》,《环球市场信息导报》2017 年第 37 期。

② 《"沙中关系已成为国与国关系的典范"——专访沙特驻华大使图尔基》,中国政府网 (http://www.gov.cn/xinwen/2020-07/23/content_5529439.htm)。

③ 《"沙中关系已成为国与国关系的典范"——专访沙特驻华大使图尔基》,中国政府网 (http://www.gov.cn/xinwen/2020-07/23/content_5529439.htm)。

④ 《"沙中关系已成为国与国关系的典范"——专访沙特驻华大使图尔基》,中国政府网 (http://www.gov.cn/xinwen/2020-07/23/content_5529439.htm)。

月，沙特驻巴基斯坦大使曾表示，沙特计划投资"中巴经济走廊"，在瓜达尔投资建设大型炼油厂，并将积极参与瓜达尔港各类产业投资项目，与中国一起努力，将瓜达尔港打造成印度洋上的一颗明珠。① 2 月，穆罕默德王储在访华前到巴基斯坦，已确认将向巴基斯坦投资 200 亿美元，包括向瓜达尔港投资 100 亿美元，用于建设炼油和石油化工综合设施。② 如今，中国每进口 6 桶原油就有 1 桶来自沙特，沙特出口每收入 7 里亚尔就有 1 里亚尔来自中国。③

目前，中沙已初步形成了以能源合作为主轴，以基础设施建设、贸易和投资便利化为两翼，以核能、航天卫星、新能源三大高新领域为突破口的"1+2+3"的合作格局，未来随着中国经济的持续稳定增长及对外开放力度的逐渐加大，中沙经贸合作必将迎来更快的发展。

3. 人文交流日益深入

"国之交在于民相亲，民相亲在于心相交。"中沙人文交流的热度同样不逊色于经贸合作，而且处于持续升温过程中。2008 年中国四川汶川特大地震发生后，沙特第一时间向中国提供 6000 多万美元的现金和物资援助，这是中国政府收到的最大一笔海外单项援助。④ 2010 年上海世博会，沙特精心打造的"丝路宝船"是最具人气的场馆，给参观的游人留下了深刻的印象。2013 年，中国作为主宾国参加沙特杰纳第利亚遗产文化节，此次活动以"璀璨中华"为主题，提出"文明，与世界分享"的活动主旨，通过中国馆展示、"中国风"户外演出等内容，向沙特民众近距离地展示既有传统文化传承又具现代发展创新的活力中国，众多沙特及阿拉伯世界主流媒体都对中国主宾国活动给予了极大关注。⑤ 沙特赴华申请签证人数年年刷新纪录，中沙互派留学生逐年增加，中国赴沙特朝觐的

---

① 《国际锐评："一带一路"推动中沙 1+2+3 合作新格局》，国际在线（http://news.cri.cn/20190224/e820f719-2b1d-f704-d6f1-50d46406df61.html）。

② 《国际锐评："一带一路"推动中沙 1+2+3 合作新格局》，国际在线（http://news.cri.cn/20190224/e820f719-2b1d-f704-d6f1-50d46406df61.html）。

③ 《南方日报——以全面战略伙伴关系引领中沙合作》，人民网（http://opinion.people.com.cn/n1/2016/0121/c1003-28073086.html）。

④ 《南方日报——以全面战略伙伴关系引领中沙合作》，人民网（http://opinion.people.com.cn/n1/2016/0121/c1003-28073086.html）。

⑤ 《沙特杰纳第利亚遗产文化节中国主宾国活动开幕》，光明网（https://epaper.gmw.cn/gmrb/html/2013-04/04/nw.D110000gmrb_20130404_4-03.htm?div=-1#）。

穆斯林人数不断增加,2015年更是达到1.45万人。① 2016年沙特首次在华举办文物展;两国签署首个旅游合作协议;两国考古学家进行联合挖掘,为昔日的海上丝绸之路寻找历史文物的印证。② 中沙教育交流也迈上新台阶,截至2020年7月,中国已有约50所大学开设了阿拉伯语专业;2019年,沙特将中文教学纳入教学大纲,在阿拉伯国家的中文教育方面走在前列。③ 沙特国王图书馆北京大学分馆落成以及中国山东师范大学与沙特吉达大学合作建立孔子学院……"海内存知己,天涯若比邻。"日益密切的友好合作,让中沙两国人民的心更紧地贴在一起。近年来,中沙在语言文化、文明互鉴、遗产保护等方面开展了卓有成效的合作。

总之,中沙同为崛起的发展中国家,相似的国情和遭遇使两国人民在思维方式、看问题的视角、实现两国的发展目标上具有很强的相近性,在看待和处理许多国际问题上也有着共同或较为接近的观点和立场,从而决定了中国和沙特互视对方为最具潜力的战略合作伙伴。正如习近平主席所言:"中沙关系具有实现更大发展的潜力和条件,双方应把握两国关系发展大方向,共创中沙关系更加美好的未来。"

---

① 《南方日报——以全面战略伙伴关系引领中沙合作》,人民网(http://opinion.people.com.cn/n1/2016/0121/c1003-28073086.html)。

② 王玥:《以"一带一路"为引领提升中沙全面战略伙伴关系》,《环球市场信息导报》2017年第37期。

③ 《特稿 携手共谱丝路新乐章——建交30周年中国沙特关系发展驶上"快车道"》,新华网(http://www.xinhuanet.com/2020-07/21/c_1126267757.htm)。

第二章　中沙经贸合作概况

中国与沙特虽相距遥远,但两国经济的互补性强,经贸合作的基础牢固。在1990年建立外交关系以来的30多年间,两国经贸合作的空间不断扩展,尤其是中国国家主席习近平2016年对沙特的历史性访问,掀开了两国友好关系的新篇章,为双边经贸事业发展注入了强劲动力。沙特是"一带一路"沿线的重要国家,中沙双方在油气开发、货物贸易、基础设施和金融服务等领域都有广泛的合作,目前两国经贸关系的发展持续向好。

第一节　双边贸易

中、沙两国于1990年建立外交关系,当时双方进出口贸易通道尚未正式开启。1992年中沙两国签订了经济、贸易、投资和技术合作协定。1995年,中沙两国在北京召开了首届经贸混委会,双方就两国经贸合作中的一系列重要问题达成一致意见,到2010年双边贸易总额达到431.8亿美元[1],创历史新高。

中沙双边贸易的基础较为扎实。沙特的人口总数约为3422万人[2](2019年底),据世界银行权威发布,2020年沙特阿拉伯GDP为0.79万亿美元,同比下降11.71%,在世界各国中列第20位。[3] 虽然沙特经济体量有限,但境内油气资源丰富。中国是世界上第二大经济体,经济发展对石油进口高度依赖;中国又是制造业大国、基建强国,这样中国与沙特就

---

[1] 刘磊:《中沙经贸合作现状及前景分析》,《阿拉伯世界研究》2011年第4期。
[2] 中国驻沙特阿拉伯王国大使馆经济商务处等:《对外投资合作国别(地区)指南——沙特阿拉伯(2020)》,第5页。
[3] 陈伟庆:《写在中沙关系而立之时》,沙特《祖国报》2021年7月21日。

成为天然的贸易伙伴。此外,沙特政府与社会各界对中沙交往持积极态度,萨勒曼国王当年曾表示支持中国"一带一路"倡议,愿深化同中方在贸易、投资、能源、教育、科技、信息安全等领域的合作。

中沙两国同为世贸组织成员,在世贸组织交易规则的框架下,双方开展经济交流与合作,实现了规范运作、有序发展和互利共赢。作为世界最大的石油出口国以及中东地区最大的经济体,沙特是世界贸易体系中不可忽视的力量。2005年12月11日,沙特经过12年的谈判正式成为世贸组织第149个成员。成为世贸组织的一员,沙特在许多方面作出承诺:降低关税;对外国竞争者开放经济服务领域;无过渡期地执行世贸组织各种规则。这意味着从沙特成为世贸组织成员的那一刻起,就立即形成了适合外国投资的环境,实现了贸易的透明度,提供了对贸易伙伴的法律帮助,消除了贸易中的技术壁垒。这一切都符合了世贸组织的规定。在降低关税和贸易壁垒的同时,沙特也降低了一些工业部门的准入标准,如电信业、信息技术业、医药业、民用航空业和化工业等。

2016年1月19日,中国国家主席习近平在利雅得同沙特阿拉伯国王萨勒曼举行会谈。两国元首积极评价中沙关系发展,就双边关系和共同关心的国际和地区问题深入交换意见,达成广泛共识,共同宣布建立中沙全面战略伙伴关系,这也成为两国贸易关系行稳致远的压舱石。

一 中沙贸易发展历程与特征

中沙建交虽然只有三十几年,但在高层引领下,两国关系不断实现跨越发展,2013年,中国首次成为沙特阿拉伯的最大贸易伙伴。目前,中国每进口六桶原油就有一桶来自沙特阿拉伯。

在1990年中沙建交时,两国年双边贸易额约为5亿美元,2019年这一数字达到780.4亿美元,增长155倍多。[①]

(一)中沙贸易发展的特征

一是双边贸易呈现井喷式增长态势,尤其是自2015年后,总体上呈现上升趋势。中沙双边贸易额在2020年出现大幅下降,客观上是受突如其来的新冠疫情的冲击(见图Ⅲ-2-1)。

---

① 陈伟庆:《写在中沙关系而立之时》,沙特《祖国报》2021年7月21日。

544　第三篇　中沙关系研究

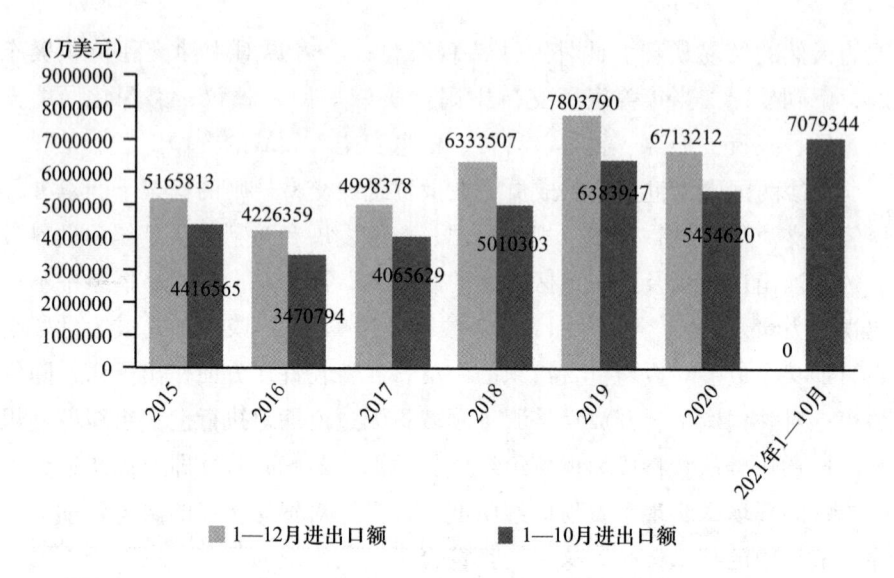

图Ⅲ-2-1　2015年至2021年10月中国与沙特阿拉伯双边货物进出口额

（万美元）

年份	1—12月进出口额	1—10月进出口额
2015	5165813	4416565
2016	4226359	3470794
2017	4998378	4065629
2018	6333507	5010303
2019	7803790	6383947
2020	6713212	5454620
2021年1—10月	0	7079344

二是在双边贸易中中方处于逆差状态。2015—2020年，每年中国自沙特阿拉伯进口商品总值全都大于出口商品的总值。自2020年3月以来，中国自沙特进口商品总值大幅下跌，主要原因是原油等大宗商品的价格下跌（见图Ⅲ-2-2、Ⅲ-2-3）。

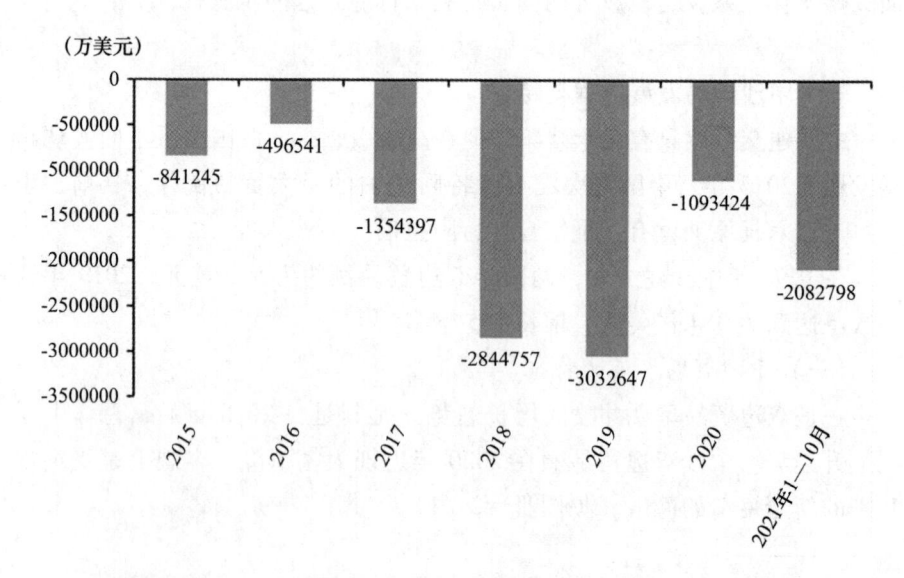

（万美元）

年份	贸易差额
2015	-841245
2016	-496541
2017	-1354397
2018	-2844757
2019	-3032647
2020	-1093424
2021年1—10月	-2082798

图Ⅲ-2-2　2015年至2021年10月中国与沙特阿拉伯贸易差额

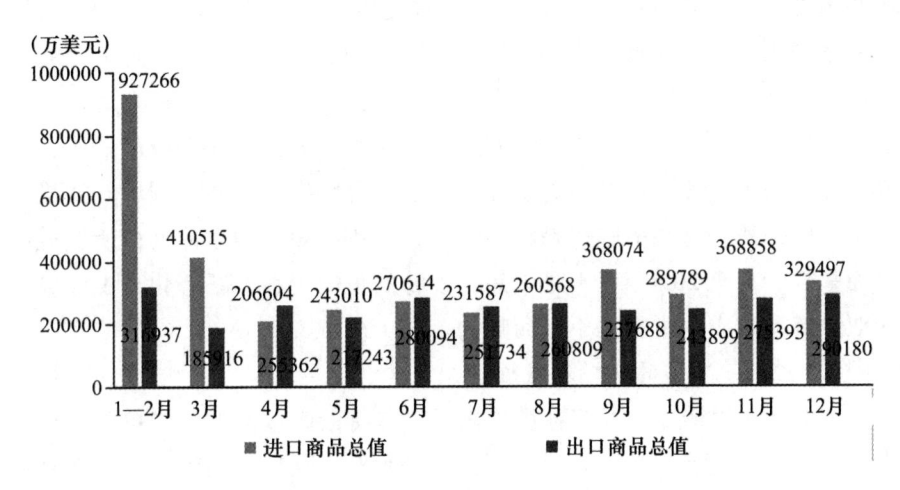

图Ⅲ-2-3　2020年中国自沙特阿拉伯进、出口商品总值对比

三是高层引领至关重要。2016—2017年，中沙两国实现高层互访，建立了"全面战略伙伴关系"，两国元首共同见证了经贸、能源、产能、文化、教育、科技等领域双边合作文件的签署。中国外交部副部长张明表示，这些协议包含35个项目的合作，价值650亿美元（约合人民币4486亿元）①，涉及经贸、能源、产能、文化、教育、科技等多个领域。这一数字甚至超过了2016年的中沙贸易424亿美元总额。

四是偶发因素对双边贸易的发展造成冲击。2020年席卷全球的新冠疫情，对原油价格和全球供应链造成冲击，两国贸易额大幅下降。2020年中国与沙特阿拉伯双边货物进出口额为6713211.7万美元，相比2019年减少了1090578万美元，同比下降14%。②

沙特在2020年第一季度产生了90亿美元的预算赤字③，其中央银行的外汇储备在3月以至少20年来最快的速度下降，跌至2011年以来的最低水平，沙特在未来12个月里面临着极具挑战性的发展前景。预计沙特

---

① 李忠发、郝亚琳：《习近平同沙特国王萨勒曼举行会谈，两国签650亿美元大单》，新华社北京电，2017年3月16日。
② 张鑫：《2015—2020年中国与沙特阿拉伯双边贸易额与贸易差额统计》，2021年3月22日，华经产业研究院，https：//www.sohu.com/a/456512249。
③ 中国驻沙特大使馆经商处：《汇丰预计沙特GDP今年缩水》，http：//sa.mofcom.gov.cn/article/202005/20200502968976.shtml。

2020年的GDP将下降5.9%，可能是有史以来最严重的收缩。沙特采取了一系列措施，应对疫情影响。2020年5月10日宣布，从6月1日起将增值税从5%提高至15%，这是削减1000亿里亚尔（266亿美元）支出的一部分。[1] 沙特投资部主管投资服务的副部长Ibrahim al-Suwail表示，自疫情开始以来，沙特已经签署了几项交易，并将继续在各个领域开发投资机会。但是沙特这些措施都是辅助性的，很难在短期内对冲疫情所造成的负面影响。截至2020年11月中旬，沙特的疫情仍在不断恶化，由此给中沙双边贸易造成的影响是不言而喻的。

（二）中沙贸易的基础和风险

从中沙两国产业链的互补优势来看，沙特的产业类型比较单一，近年来沙特政府一直追求产业多元化，试图摆脱对石油出口的依赖，分散经济波动的风险。根据2018年沙特政府对外发布的数据，其主要行业占GDP的比重是：能矿业39.7%，制造业12.2%，金融、房地产和商业服务业9.8%，零售、批发、餐饮及酒店业8.8%，交通、仓储及通信业5.9%。[2] 可见，沙特的实体经济仍然以能矿业为主。沙特产业的弱项恰恰是中国的强项，中国经济的体量大，对能源的需求已经上升到了国家安全的战略高度，而沙特石油储量丰富，供应稳定，可以最大限度地满足中国的需求。

产业结构的互补性成为中沙发展紧密经贸关系的基础和前提。对于中国来说，当前最迫切的任务是立足产业优势，拓展"一带一路"框架下的合作项目。沙特阿拉伯在其第十个五年发展计划（2015—2019）里写道，沙特计划通过开发与石油行业相关的生产和服务活动，投资多元化能源相关项目，发展金融、旅游和信息类服务业以提高经济多样化。中国有关方面要认真分析、研究沙特的产业政策，不失时机地参与到沙特的产业升级规划之中。

例如，沙特正在开放电信业，给中国的电信企业提供了参与竞争的良机。沙特《阿拉伯新闻》2020年1月15日报道，沙特通信和信息技术委员会（CITC）披露，沙特计划向外国移动虚拟网络运营商颁发许可证，

---

[1] 中国驻沙特大使馆经商处：《汇丰预计沙特GDP今年缩水》，http：//sa.mofcom.gov.cn/article/202005/20200502968976.shtml。

[2] 《沙特基本经济数据》，中国驻沙特大使馆网站（http：//www.chinaembassy.org.sa/chn/stgk/t1655191.htm）。

以开放其电信业,推动业内竞争。这是一项更广泛计划的一部分,旨在推动沙特的信息通信行业增长50%,并将其对GDP的贡献增加133亿美元。此举将为沙特现有的电信公司——沙特电信公司(STC)、Mobily和Zain带来更大的竞争。沙特政府已向Virgin、Etihad Jawraa和Lebara提供了移动虚拟运营商(MVNO)许可证。CITC负责人Mohammed Al-Tamimi说:"获得新许可证将改善该领域的投资前景,这也充分体现了沙特对欢迎创新公司实现沙特商业机会的承诺。"他说:"沙特信息通信行业的独特之处在于,我们提供了新的机遇,尖端公司可以让它们的创造力在迅速扩展的市场上蓬勃发展。"沙特有4380万移动网络用户,移动网络普及率占总人口的129%。[1] 沙特也是全球社交媒体渗透率较高的国家之一。中国电信行业的企业可以根据沙方需求,调整经营策略,发挥优势,抢占先机。沙特在其他行业的改革也在加速推进,中方要多了解沙方政策导向、市场需求等信息,做到知己知彼,不断拓展合作的空间。

　　商场如战场,风险无处不在,中沙贸易合作也同样存在着风险因素。据预测,整个中东地区经济将陷入数十年来最严重的衰退,沙特也很难幸免。据《阿拉伯新闻》2020年4月15日报道,根据国际货币基金组织(IMF)的报告,受疫情和低油价的双重打击,中东和北非地区经济将萎缩3.3%,是四十年来最大的下滑,比2008—2009年的全球金融危机更为严重。根据世界银行的数据,该地区(包括所有阿拉伯国家和伊朗)将有着1978年以来最糟糕的经济表现,当时该地区经济因局势动荡而萎缩了4.7%。国际货币基金组织表示,除埃及外,所有区域内国家2020年的GDP都会下降。沙特是该地区的最大经济体,刚刚从与俄罗斯的石油价格战中摆脱出来就遭遇原油价格暴跌的局面,经济增长正朝萎缩2.3%的方向发展。国际货币基金组织表示,随着疫情的蔓延,全球经济前景迅速恶化,欧佩克+协议的破裂给商品价格带来了沉重负担。从2020年1月中旬到3月底,国际原油价格下跌了65%,天然气价格下跌了38%。预计到2023年油价将保持在每桶45美元以下,比2019年的平均价格低约25%。[2] 外界判断,受疫情影响,沙特有成为第二个委内瑞拉

---

[1]《沙特开放电信业以推动业内竞争》,沙特《阿拉伯新闻》2020年1月15日。
[2]《中东地区经济将陷入数十年来最严重衰退》,沙特《阿拉伯新闻》2020年4月15日。

的风险，中国需要在与沙特进行经济贸易合作时进行预判与提防，以规避经济风险。

沙特财政大臣贾丹声称，全球主要能源输出国正在遭遇近十年来最严重的危机，为应对新冠疫情和油价暴跌的冲击，政府需要在必要时对预算作出重大调整，大幅削减开支规模。值得注意的是，贾丹曾对外释放乐观信号，称政府有经验有能力应对油价下跌的局面，以稳定外界对沙特经济前景的预期。相比之下，其最新发言充满悲观论调，市场情绪大受影响。阿布扎比 Al Dhabi Capital Ltd. 首席战略官 Mohammed Ali Yasin 称，作为财政大臣和经济政策决策的主要参与者，贾丹的言论代表政府的判断。Yasin 预计，外界应该准备好沙特再削减 20%—30% 预算的可能。穆迪将沙特的主权评级维持在 A1，但将前景展望由稳定下调至负面，理由是沙特财政风险显著增加。在疫情和油价的冲击下，沙特外汇储备也面临继续减少的压力，沙特政府或增加负债率来应对赤字扩大。据《中东观察》2020 年 5 月 4 日报道，沙特财政部透露，在疫情和低油价的冲击下，沙特或被迫提高杠杆率，增加负债 600 亿美元，以弥补超出预期的财政赤字。沙特投资咨询公司"Saudi Jadwa Investment"的宏观分析认为，2020 年沙特财政赤字可能达到 1120 亿美元。[①]

此外，中东地缘政治风险、沙特政局动荡也是中沙贸易需要考虑的风险因素，作为沙特最大的贸易伙伴国，中国需提前应对。

二 原油贸易

中国一直采取油气进口多元化战略，确保油气供应有稳定的保障，不会因为一个产油国意外断供而闹油荒，不会因受制于人而被"掐脖子"，沙特就是中国打造的一条油气进口的主渠道。

（一）中沙原油贸易简况

2019 年中国是沙特石油出口的第一大目的地，但沙特非石油产品对华出口上升较快。据沙特《经济报》2020 年 4 月 15 日报道，2019 年，沙特非石油出口额达 2160 亿里亚尔（576 亿美元），同比下降 5.8%，其中，中国为最大的出口目的地，出口额为 356.3 亿里亚尔（95 亿美元），

---

① 《沙特政府或增加负债率应对赤字扩大》，沙特《中东观察》2020 年 5 月 4 日。

占比为16.5%；其次是印度，为143.6亿里亚尔（38.3亿美元），占比为6.7%。在过去五年中，沙特对中国和印度的非石油出口增长了近50%。2019年沙特对中国的非石油出口金额略有下降，降幅为2.1%，但占沙特出口的整体比例小幅上涨。① 2019年，沙特非石油产品出口前五大国家为中国、印度、阿联酋、新加坡和欧盟，对华出口增速最快。根据中国海关总署和彭博社的数据，2019年中国原油进口来自欧佩克的份额为55%。尽管欧佩克主要产油国沙特对华出口保持增加，但欧佩克出口中国的市场份额已跌至2005年以来的最低水平。数据显示，2019年沙特是中国最大的石油供应国，占中国进口总量的16%，其次是俄罗斯，占15%。② 俄罗斯是非欧佩克中国最大原油供应国，其次是巴西，其取代阿曼成为第二大非欧佩克中国原油供应国。由于中美贸易争端，中国从美国的原油进口自2019年以来有所下降。

2020年以来情况有所变化。新冠疫情打乱了全球贸易结构，新兴国家产能放缓导致原料需求下降，亚洲炼厂运营计划和国内消费需求都背离了预期走势。国际能源署表示，疫情对经济和交通的负面影响还没有完全消除，经济社会生活尚未完全恢复，预计2020年第二季度原油进口量会有所恢复，其中中国有望最快恢复到正常水平。中国的石油进口，直接受到国际油价和产量的影响。当前的有利因素是原油供应充足，油价在低位徘徊；不利因素是以沙特为代表的产油国不断对油价施加影响，采取限产保价的措施。

（二）原油贸易发展前景

疫情期间沙特的油企处于困境，主要面临资金链紧张问题，难以给油价长期企稳提供支撑。对于中国来说，这段时间仍然是原油贸易的黄金期，是加大购买并增加储备的最佳时间窗口。

未来中国需要关注沙特阿美石油公司的融资举措。沙特阿美上市之后一直是全球资本市场的关注焦点，其股价也随着地区局势的变化而连续数日震荡。2019年12月，沙特以每股32里亚尔（8.53美元）的价格发售30亿股股票，募集了256亿美元资金，创造了有史以来最大规模的IPO

---

① 《2019年中国是沙特非石油出口第一大目的地》，沙特《经济报》2020年4月15日。
② 《中国2019年原油进口量创历史最高水平》，沙特《世界石油杂志》2020年3月23日。

纪录。2020年1月，沙特阿美发布公告称，公司已启动"绿鞋期权"机制，额外出售4.5亿股股票。这意味着公司累计发行股票达34.5亿股，IPO总规模约合294亿美元。如果增发股票按照发行价32里亚尔（8.53美元）计算，沙特又筹集了可以用于实施国内改革计划的38.4亿美元资金。[1] "绿鞋期权"由美国波士顿绿鞋制造公司于1963年首次公开募股时率先使用而得名，随后被多次使用。在该机制下，承销商在新股上市后的一定期限内，有权再发行一部分新股票，即超额配售选择权，以减少首日交易中的风险。

从原油价格来看，中国需通过对沙特石油外交，对油价波动进行预测。以不变美元油价数据来看，在1983年至今的37年里，国际油价有明显的五次下跌调整周期，分别是80年代后期价格暴跌（1986—1989）、亚洲金融危机（1997—1999）、次贷危机（2008—2009）、页岩革命（2014—2016）以及本次疫情下的原油价格战（2020）。其中，在亚洲金融危机（1997—1999）周期里，西得克萨斯原油价格跌穿20美元大关，1998年12月、1999年1月和1999年2月月均价格分别为17.67美元、19.45美元和18.69美元。[2] 2020年油价下跌幅度超过此前所有水平，甚至一度跌至负值。从目前情况来看，在疫情好转之前，油价仍然承受着大幅波动的较大压力。

在37年的周期中，石油价格也曾经历三次显著的上涨周期，包括海湾战争（1990—1999）、美国页岩技术引入期（2002—2008），2008年全球需求激增的繁荣时期（2010—2014），因此不排除疫情后新一轮油价大幅度上涨的可能性。作为世界上最大的原油进口国，中国需掌握沙特等欧佩克石油政策主要决策方的动向，及时做出预判和应对。

从沙特方面来看，原油价格战对沙特经济产生了较大的负面冲击。据《世界原油杂志》2020年3月23日报道，持续的原油价格战将给沙特财政带来麻烦，对经济造成负面冲击，沙特政府已经提出应对预案。沙特宣布，削减预算支出1330亿美元（5000亿里亚尔），占2020年预算支出的

---

[1] 《阿美公司启动绿鞋机制增发4.5亿股》，沙特《CNBC新闻》2020年1月15日。
[2] 《本轮油价下跌在历史上处于何种水平》，沙特《世界石油杂志》2020年3月21日。

5%①，实施方案将尽可能减少对经济的负面冲击。沙特财政部长表示，近些年来政府财政管理能力显著提高，鉴于疫情蔓延扩散，适时灵活调整财政计划十分必要。同时也表示，如果油价继续下跌，政府将采取新一轮的应对措施。根据惠誉的计算，沙特维持财政平衡所需油价为每桶 91 美元，略高于国际货币基金组织的预测值（85 美元）。沙特已经从其主权基金公共投资基金（PIF）中抽资以应对财政难关。

（三）两国人民币互换协议

虽然人民币现在还无法撼动美元的霸主地位，但是人民币的国际化进程正在加速，并已有部分国家将人民币作为储备货币。根据环球银行间金融通信协会（SWIFT）的数据，2014 年 12 月，全球有 2.17% 的支付以人民币结算，其比例首次超过加元和澳元成为第五大支付货币。到 2015 年 5 月 31 日，所有成员国拥有的特别提款权（SDR）总额为 2141 亿，其中美国拥有 421 亿 SDR，德国拥有 266 亿 SDR，英国拥有 207 亿 SDR，日本拥有 156 亿 SDR，中国拥有 95 亿 SDR，按照国际货币基金组织对特别提款权货币篮子 5 年一调整的规则，2020 年中国拥有的份额将会大幅增加，人民币将逐步成为国际支付结算的"硬通货"。

中国外汇交易中心在网站上发布的公告称，从 2015 年 9 月 26 日起银行间外汇市场开展人民币对阿联酋迪拉姆和沙特里亚尔直接交易。银行间外汇市场人民币对沙特里亚尔和阿联酋迪拉姆交易实行直接交易做市商制度。

中国开始与阿联酋和沙特进行货币直接交易，可以看作中国在中东博弈中取得重大突破的里程碑。2015 年 4 月，中国在中东地区设立首个人民币清算中心，12 月，中国在阿联酋设立第二个清算中心。据 SWIFT 公布的最新《人民币追踪报告》数据，两年来阿联酋的人民币支付比例暴涨两倍多，阿联酋对中国和香港地区支付中的 80% 都使用人民币进行。一旦阿联酋和沙特与中国进行直接货币交易的数额足够大，未来中国与沙特和阿联酋的石油交易就会使用人民币结算。自从 30 年前沙特石油贸易中全部采用美元结算以后，结算货币一直未变。沙特和阿联酋是海湾产油国的首脑，在它们的带领下，未来会有更多中东产油国使用人民币结算石

---

① 《原油价格战对沙特经济产生负面冲击》，沙特《世界原油杂志》2020 年 3 月 23 日。

油贸易额。目前世界上主要石油生产国，包括沙特为首的海合会、俄罗斯和伊朗都表示愿意接受人民币结算。

但是，沙特在实施人民币作为原油结算货币时仍然顾虑重重，这主要是因为和美元以外的任何货币进行石油交易，都将打破1974年沙特与美国达成的石油美元协议。根据这个协议，沙特同意只以美元出售石油，以换取石油美元体系对其经济的保护。沙特能否接受人民币，最终还要看美国的政策以及美沙关系走向。如果沙特对人民币的稳定性存疑，那么在进行石油交易时，可接受人民币并就地换成黄金。问题的关键是，在美国辖制下，沙特绕开美元结算是需要胆量和智慧的。

三 非油贸易

（一）非油贸易结构及比重

沙特正在实施"2030愿景"改革，以期优化投资和营商环境，改善国内的基础设施建设，发展私营经济，摆脱对石油的依赖，创造新的经济增长点。

2014年，中国成为沙特非石油行业最大的进口来源国和出口对象国。2020年中沙双边货物进出口额为671.32亿美元，中国对沙特的出口总值达到了280.99亿美元[1]，比2019年增加了4.24亿美元，总额与增幅都远远高于其他国家。沙特希望增加对华出口中非石油比重。据沙特阿拉伯新闻网2019年11月11日报道，在中国的进博会上，沙特出口发展局连续两年参与设立沙特馆，目的是鼓励沙特企业拓展和打入国际市场，加强沙特与中国的经贸关系，以增加两国间的非石油贸易量。报道称，沙特投资总局也参与了沙特馆的展览，以吸引中国对沙特的投资，参展的还有沙特旅游与国家遗产委员会。沙特中国的非油产品出口还是以石油化工产品为主，除此之外还有矿物燃料、矿物油及其制品等。

沙特也在拓展与周边国家的非石油贸易。2018年，阿联酋和沙特双边非石油贸易额达850亿迪拉姆，据《宣言报》（Al bayan）2020年1月31日报道，阿联酋经济部外贸事务助理次长Juma Al Kait表示，2018年阿

---

[1] 《中国同沙特阿拉伯的关系》，中华人民共和国外交部网站，首页 < 国家和组织 < 国家（地区）< 亚洲 < 沙特阿拉伯 < 双边关系，2021年2月。

联酋和沙特之间的非石油贸易额达 850 亿迪拉姆（约合 232 亿美元），比 2017 年增加了 60 亿迪拉姆（约合 16 亿美元）。可见，沙特的非油出口潜力是十分巨大的，是未来中沙贸易的主要发展方向，特别是在石油市场逐步萎缩的趋势下。

（二）发展前景及潜力

沙特正在实施的"2030 愿景"改革包括三大核心目标：将沙特打造成阿拉伯世界和伊斯兰世界的中心、全球投资的动力源，亚欧非三大洲的国际贸易和交通枢纽。具体目标和做法包括将非石油收入提高 6 倍（2030 年提高到 1 万亿里亚尔），非石油出口占非石油 GDP 的比重由 16% 提高到 50%。[①] 沙特的"2030 愿景"改革目标与中国的"一带一路"倡议有很多契合点，两者最重要的共同点就是通过更广泛和更深入的国际合作和共同发展，优化本国经济，实现可持续发展。

两国在非油贸易领域还有很大的合作空间，除了在能源领域、石化工业、汽车工业、信息技术领域等的合作之外，两国在环境保护、国民教育尤其是职业技术教育方面的合作也大有可为。例如，近两年来，中国开始进行大规模的环境治理，环境保护领域的技术开发和咨询服务呈现出大发展趋势。中国实力雄厚、技术水平高的环境技术企业，可以与沙特环境保护部门共同研究如何应对在大规模的经济重构和发展过程中，可能产生的环境污染等问题。

中国的基础教育比较有实力，师资力量雄厚。随着中国经济的高速发展，职业技术教育水平大幅提高，为中国经济可持续发展提供了源源不断的新动能。沙特的经济发展和本土化政策，需要强有力的基础教育和职业技术教育的支撑，沙特可以引进中国的优秀教育资源和教育服务，助力沙特实现"2030 愿景"目标。

在数字移动通信领域，中国已经处于全球领先地位，华为、中兴等企业在 5G 领域独具优势。据《阿拉伯新闻》2020 年 5 月 10 日报道，沙特在 5G 技术应用领域全球排名第四，网络速度排名第十。[②] 在麦加商会发

---

① 高尚涛：《沙特 2030 远景规划与中国一带一路倡议》，第四届中沙合作论坛，2018 年 3 月 28 日。

② 《沙特在 5G 应用领域全球排名第四》，沙特《阿拉伯新闻》，https://www.arabnews.com/arabia。

起组织的"数字明灯"网络研讨会开幕式上,沙特通信和信息技术部技术副部长 Theneyan 认为,沙特王国的数字转型计划进展顺利,在全民数字意识、行业数字化渗透率,以及国内专业人员培训等诸多领域取得成果。"数字明灯"研讨会是沙特国内以数字技术与信息通信为主题的交流平台,疫情期间采用了线上模式,汇集了众多业内人士,热烈研讨行业现状和发展机遇,厂商也在宣介最新的产品和应用。Theneyan 表示,通信和数字领域所取得的进步令人欣喜,越来越多的沙特家庭开始使用光纤网络,光纤总数已超过 300 万个。在 5G 应用方面,沙特已拥有 7000 多个 5G 通信塔,5G 技术在医疗和工业领域也在加速布局。与此同时,通信部也启动了系列人员培训计划,旨在孵育更多的就业机会,目前通信部管理的产业本地化率为 52%。沙特将向外国运营商开放移动通信网络经营权。《阿拉伯新闻》2020 年 1 月 16 日报道,沙特通信和信息技术委员会透露,其已计划扩大通信领域对外开放力度,向外国移动虚拟网络运营商颁发许可证,旨在增加市场竞争力度,提高市场效率和服务质量。向外国扩大开放信息市场是宏大的国家信息通信发展计划的重要举措,国家计划的目标是实现通信和信息产业对 GDP 的年贡献增加 133 亿美元。相关部门负责人称,开放通信领域体现了沙特改善营商环境,扩大对外开放力度的承诺。数据显示,沙特共有 4380 万个移动通信用户,[①] 是全球社交媒体渗透率较高的国家之一。沙特目前没有参与美国主导的、排除中企的所谓"净网"行动,为中沙在通信和信息领域的合作提供了机遇。

第二节 双边投资

中沙两国经济互补性强,以"一带一路"和"2030 愿景"对接为引领,两国政府部门、金融机构、行业协会和企业投资的积极性较高,双边投资实现较快增长。目前,中国在沙特备案的中资企业已达 154 家,中国石化、中国石油、中国港湾、中国铁建、华为等企业体量较大并有一定的社会影响力。沙特对中国投资以沙特阿美为代表,主要集中在石化领域。

---

① 《沙特将向外国运营商开放移动通信网络经营权》,沙特《阿拉伯新闻》2020 年 1 月 16 日。

一 中沙投资合作

沙特实施招商引资策略,吸引外国投资者纷至沓来,外商投资者数量自 2016 年起,三年内翻了两番。沙特投资大臣法利赫在谈到 2020 年一季度的投资数据时表示:"投资部迅速采取行动,减轻了新冠疫情对投资者的影响。投资部已与七千多家本地和国际投资者联系,以解决它们的需求,并以最佳方式确保其业务的连续性。"沙特的外国直接投资增长率高居海湾国家和阿拉伯国家之首。据《美国新闻》报道,沙特在 2019 年全球较佳投资目的地中排名第二。中国也是国际资本青睐之地,国际资本为坐享经济增长的红利,将大量资金投到中国,因此两国相互投资就成为各自的需求。

(一)中沙投资合作基础

沙特的经济实力是双方投资合作的基础与前提。在《福布斯》全球 2000 强名单中,沙特为入选企业众多的阿拉伯国家。沙特 Mubasher 网 2020 年 5 月 26 日报道,2020 年的《福布斯》全球 2000 强排行榜根据资产、利润、收入和市场价值筛选出了全球 2000 家极强企业并进行排名,40 家阿拉伯公司入选,沙特有 14 家公司上榜,成为名单上极具代表性的中东国家。其中,石油巨头沙特阿美(Saudi Aramco)作为全球颇具价值的公司(市值为 6.5 万亿美元)在名单中排名第五。沙特阿美还被列为全球利润最高的公司,利润为 882 亿美元。中东和北非地区市值第二高的公司是沙特基础工业公司(SABIC),该公司在该地区排名第三,全球排名第 212,市值为 598 亿美元,利润为 15 亿美元。沙特电信公司(STC)在该地区排名第五,全球排名第 335,市值为 483 亿美元。沙特国家商业银行(NCB)在全球排名第 396,总资产为 1352 亿美元,市值为 296 亿美元。[1] Al Rajhi 银行、Riyad 银行、沙特英国银行(SABB)、沙特银行(BSF)、阿拉伯国家银行(ANB)和 Alinma 银行等也入选。沙特电力公司(SEC)、沙特矿业公司(Maaden)和 Almarai 公司紧随其后,全球排名分别为第 590、第 1508 和第 1618。对于中国投资方来说,最有吸引力

---

[1] 《福布斯全球 2000 强公布,沙特为入选企业最多的阿拉伯国家》,沙特 Mubasher 网,2020 年 5 月 26 日。

的还是沙特蕴藏的丰富石油资源。沙特已连续 14 年成为中国在西亚北非地区最大的贸易伙伴，中国也是沙特对外直接投资最大的目的地国。双方投资合作起步较早，自 1990 年起规模不断扩大。尤其具有标杆意义的是 2009 年中资公司竞标成功的沙特高铁项目，连接麦加与麦地那两座圣城，沙特出资 600 亿美元，耗时十年，终于建成了世界上首条沙漠高铁，享誉世界。

近些年来，中国与沙特不断采取多种方式，寻求合作机遇，引导投资与项目的对接。在 2019 年 2 月 22 日举行的"中国—沙特投资合作论坛"上，来自中沙两国政府部门、企业、金融机构等 1300 余名代表围绕深入推进"一带一路"倡议与沙特"2030 愿景"进行了产业对接。中沙两国工商界代表围绕石油化工、电子信息、数字经济、智慧城市、文化旅游、教育医疗等 10 个重点领域进行政策宣介和项目对接。沙特投资总局的相关代表介绍了未来城市建设等多项发展规划，并表示希望沙特"2030 愿景"能与中国"一带一路"倡议进行有效对接。当天，中沙两国有关企业、机构共签署了 35 份合作协议。

（二）中沙产业园合作现状

共建产业园是中国与沙特经贸合作的另一种方式，它使双方利益更加交融、产销关联度更高，近几年来快速打造出多个成规模的利益共同体。中沙在中国境内共建产业园，享受自贸区的优惠措施，税收等都给予减免，加之双方政府提供的各种便利，因此发展的起点很高。2018 年 12 月 8 日，由中国红高粱食品产业运营管理机构与沙特皇家委员会签约建设全球第一家清真食品产业园，其中智慧农业田园综合体及食品特色小镇、智慧种养业基地、中沙健康食品 4.0 研究院、世界清真食品大数据中心、智慧食品供应链及冷链物流、国际食品跨境电商及全球交易销售平台等都具有前瞻性和战略意义。

在两国政府推动下，沙特境内也在兴建中国产业园。2016 年 1 月 20 日，中国商务部长高虎城与沙特阿拉伯商工大臣拉比阿在沙特首都利雅得签署《中华人民共和国商务部与沙特阿拉伯王国商工部关于产业合作的谅解备忘录》。双方将提升在石化、汽车、家电、建材、物流、石油装备、清真食品等领域的产业合作，加强在工业园区建设和管理方面的合作和经验交流，鼓励企业参与工业、科技园区投资。通过加强信息数据和人员交流、鼓励创新领域合作、举办展会论坛等方式，为产业合作项目提供便利和鼓励措施，支持产业整合及出口行业发展。该备忘录的签署将进一步提高中沙两国在产业领域投资的合作水平，对各自产业发展和工业园区建设起到积极的促进作用。

（三）吉赞工业园最新进展及障碍

吉赞皇家委员会是沙特最大的皇室机构，其所管辖的吉赞工业城于1976年设立，是沙特王国皇室直接管理运营的中东地区最大的国际化工业集聚区，全球最大的石化企业美亚石油就设在此工业城。吉赞经济城规划面积为103平方千米，接纳人口达15.6万人，拥有14个具体发展产业，33个远期发展产业[1]，由南向北依次规划了重工业区、制造业、轻工业、物流区、预留用地和生活区。目前，重工业项目所需的水、电、路等基础设施基本具备，道路、炼厂及油电联合系统项目、港口码头、供水渠等项目正在施工建设当中。2016年，中国、沙特吉赞经济城产能合作项目应运而生，并被纳入广东省和宁夏回族自治区着力打造的重点境外合作项目之列。沙特的"2030愿景"与中国的"一带一路"倡议高度契合，产能合作现已成为推进中沙合作的重要抓手，而中沙吉赞经济城项目的落实，正是进一步推进中沙产能合作的重要举措。目前，该项目已被纳入中国"一带一路"建设的重点项目清单，并被列为2016年中国重点推动建设的20个产能合作项目之一。

广州开发区、银川开发区和沙特阿拉伯石油公司签署了战略合作谅解备忘录，商定三方合作建设中国、沙特吉赞经济城产能合作项目，合资公司将致力于支持吉赞经济城发展，并管理运营相关基础设施，提供投资招商及管理服务、商业咨询服务、工业规划及实施服务。通过中沙产能合作，吉赞经济城将重点引进炼化、汽车、家电等领域的中国企业。

截至目前，广州泛亚聚酯有限公司计划在吉赞经济城投资非纤维用聚酯切片及其下游产业项目，并配套建设商用码头、污水处理厂、热电联产、石化重型装备制造等项目，该项目预计总投资约为40亿美元。在2017年沙特国王访华期间，泛亚公司与沙特吉赞经济城皇家委员会签订了《有条件选址协议》。此外，中林国际集团、协鑫智慧能源广东分公司

---

[1] 《吉赞项目：沙特愿景与中国倡议契合下的中沙合作项目》，中国网，2017年5月3日。

也提出了在吉赞经济城投资天然气热电联产、垃圾处理等项目的意向。中国广东省有较完整的产业体系和成熟的园区开发经验，宁夏回族自治区则与阿拉伯国家文化相通，有着良好的合作基础，两省区在国家"一带一路"建设中具有重要的引擎作用。中沙产能合作项目有利于推动广东省与沙特在产业园区方面展开合作，同时也为省内石化、汽车、家电、建材、建工等优势产业"走出去"提供了新机遇。沙特是中东最大的经济体和消费市场，当前，沙特急需炼化下游深加工、家电、廉价汽车等行业的中方企业投资，特别是低成本、低价格汽车制造及组装公司，产品在沙特有相当规模的市场需求，而这些行业恰恰是广东省的优势产业。

吉赞工业园的发展还面临着一些障碍。虽然投资沙特具有一定的潜力，沙特的投资政策亦有一定的吸引力，但是工期风险、劳务成本、投资环境、不可抗力因素等均对项目的实施构成不小的挑战，沙特吉赞经济城投资环境仍需进一步改善。

二　石化领域投资

沙特拥有全球最高原油产能，是世界上最大的原油出口国，原油探明储量达2685亿桶（362亿吨）[①]，约占全球的18.1%。沙特炼化产能较高，2016年炼化产品产量为：液化石油气1561万桶、高品质汽油20235万桶、石脑油7577万桶、航空柴油8950万桶、柴油38462万桶、燃料油16831万桶、沥青1825万桶。沙特是名副其实的石油石化工业大国。

（一）沙特在中国投资的石化项目

沙特投资中国的石化项目都是由阿美公司承担的。2019年2月22日，舟山市人民政府与沙特阿美在京签署合作框架协议，同意启动沙特阿美收购舟山海投持有的浙石化9%股权的谈判，并进一步探讨在舟山市开展炼油和化工品生产、油品仓储及贸易、成品油零售、批发和分销等油品全产业链领域深入合作的可能性。合作框架协议的签署，有利于建立浙石化长期原油供应渠道，推进自贸区建设，同时助力"一带一路"国际能源合作。沙特阿美公司与中国石化和埃克森美孚合资修建福建炼油化工厂，计

[①]《沙特公布油气储备权威统计，沙特阿美上市又见曙光》，《第一财经》石化观察，2019年1月10日。

划与中国兵器工业集团合资建设1500万吨/年的炼油厂，阿美还与中石油谈判，计划在云南投资修建炼油厂。

但是，中国需要清醒地认识到，沙特在中国投资的石化项目大多处于意向阶段，投资能否成功还存在很大变数。例如，沙特阿美于2020年8月宣布退出100亿美元中国盘锦华锦阿美炼化一体化项目。该公司表示，将暂停在中国建立一个炼油和石化综合设施的协议，以履行其最近削减资本支出的承诺。沙特阿美的这一决定表明，考虑到产品价格的前景，这家投入成本在全球石油生产商中最低的公司并不认为这个综合体会带来足够高的利润。2019年2月22日，北方工业集团公司与沙特阿拉伯石油公司、辽宁盘锦鑫诚集团公司在北京签署合资公司协议，合资三方共同出资成立一家新公司——华锦阿美石油化工有限公司。该合资公司已经在辽宁省盘锦市完成工商注册，但由于沙特方面的反悔，合作暂停，给双方的合作前景蒙上了阴影。

（二）中国在沙特投资的石化项目

2012年初，沙特阿美与中国石化签署了战略合作框架协议，双方合作投资中沙延布炼厂，中国石化、沙特阿美分别持股37.5%、62.5%。该项目于2016年初启动投产，是中国在沙特的最大投资项目，由中国石化与沙特阿美合资兴建，总投资近100亿美元。[①] 目前，中石化是沙特阿美最大的原油贸易合作伙伴，也是其最大的陆上钻井服务提供商。

三 金融合作

中国与沙特的金融合作源于双方日趋紧密的经济联系。随着贸易的发展、投资的增长、人员往来的频繁，金融合作必须与之同步发展。目前中资银行在沙特设立了分支机构，方便结算与货币兑换，促进了贸易、投资的便利化。同时银行的授权、授信以及贷款，有力地支持了双方合作企业的发展。

中沙政府也在不断探讨加强双边金融合作的措施。2020年2月21日，中国、沙特阿拉伯财金分委会在北京举行，中沙双方围绕宏观经济形势与政策、全球经济治理、双边财税金融务实合作等议题进行了深入讨论并达

[①] 誉博：《沙特延布炼厂：中沙合作共赢范例》，《中国化工报》2018年12月13日。

成多项互利共赢合作共识。双方同意推动"一带一路"框架下融资合作，为能源、基础设施、产业园区等提供融资支持，推进本币结算，跨境发行债券，改善税收征管等营商环境，支持金融机构到对方市场扩展业务。

（一）沙特的金融现状

随着国际原油市场价格的持续下行，沙特的财政、金融形势不容乐观。沙特央行（SAMA）最新数据显示，截至2020年3月，沙特国际储备为1.775万亿里亚尔（约合4733亿美元），同比下降5.2%，环比下降4.8%。①沙特央行将向银行体系再注入500亿里亚尔（约合133.3亿美元）以提高流动性②，使银行能够继续向客户提供信贷便利。在此支持措施实施之前，沙特央行曾于3月为银行提供500亿里亚尔，为中小企业解决债务问题，并为逾期未还贷款提供分期付款。沙特央行行长艾哈迈德·阿尔克霍利菲（Ahmed Alkholifey）博士表示，这笔资金将以向所有银行注入为期一年的无息存款的形式提供，同时央行将在4月激活所有银行的公开市场操作，以使其能够获得所需的流动性水平。自沙特央行于2020年3月宣布为中小企业提供支持计划以来，中小企业与银行之间已签署了6.5万份合同。沙特银行媒体和银行业委员会秘书长塔拉特·哈菲兹（Talat Hafiz）表示，沙特银行业显示出非常健康的财务指标，2020年第一季度资本充足率达到18.6%，远高于《巴塞尔协议》的要求，总资产同比增长14%，扩展到私营部门的贷款和信贷额度增长了12%。

沙特通胀率长期为正值，但2019年度通胀率曾一度为负。自疫情发生以来，沙特通胀率持续上升，2020年4月的通货膨胀率略有上涨，较去年同期增长1.3%。沙特《2020年预算声明》表示，未来三年沙特通货膨胀率将持续上涨。2020年和2021年通胀率约为2%，2022年为1.8%。③沙特通胀率增长主要由于生活资料价格上涨，食品和饮料价格上升了6%，其中食品价格上涨6.5%，饮料价格上涨1.4%。沙特从2019年底开始对甜味饮料征收50%的选择性税，这是饮料价格上涨的原因之一。甜味饮料是指添加了糖分或其他甜味剂的任何产品，无论是准备

---

① 《今年3月沙特国际储备为4733亿美元》，沙特《经济报》2020年4月28日。
② 《沙特央行向银行注入500亿流动性》，沙特《阿拉伯新闻网》2020年6月2日。
③ 《沙特通胀率继续增加》，沙特《经济日报》2020年4月1日。

饮用的饮料、浓缩液体、粉末、凝胶提取物或任何可以转化为饮料的物质，都可以作为饮料饮用。

此外，沙特烟草价格上涨了 1%，教育消费提高了 1.2%，杂项商品和个人服务提高了 1.7%，家具和家居装饰品提高了 1.3%。房地产、水电气和"其他燃料"消费部分减少了 0.5%，这是由于所支付的租金减少了 0.6%，"房屋维护和修理"消费部分减少了 0.6%，邮通费减少了 0.6%。"住房、水电气和其他燃料"消费在衡量通货膨胀率方面有较大的作用，对通胀影响最大，权重占比约为 25.3，其次是"食品和饮料"，占 18.8%，运输占 9.9%，"家具和保养"以及"通信"的权重为 8.5%，紧随其后的是"餐馆和酒店"，其权重为 6.5%，"衣服和鞋子"占 6.2%，"高级商品和服务"占 5.7%，"教育"占 4.2%，以及"娱乐和文化"占 3.4%，"健康"占 2.3%，烟草占 0.7%。[①] 总之，沙特的财政收入减少，外汇储备下降，通货膨胀趋势难以控制

（二）沙特金融开放简况

沙特的金融市场相对封闭，外资银行设立营业机构需要严格的审查。沙特《中东报》2020 年 1 月 8 日报道，沙特内阁于 7 日宣布正式批准中国银行在沙特开设分行，并授权财政大臣对该行进驻的后续手续进行审批。中国银行沙特分行落地后，沙特境内外资银行达 15 家。2012 年，沙特批准中国最大的商业银行——工商银行进驻，截至目前，该行在沙特仅有利雅得分行。此次批准中国银行进入，表明沙特积极与包括亚洲在内的世界各国拓展经济合作关系，特别是以中国为代表的亚洲国家正在引领工商业和消费增长。据悉，已有的 14 家外资银行分别是海湾银行、迪拜国家银行、科威特国家银行、马斯卡特银行、巴林银行、卡塔尔国家银行、阿布扎比第一银行、摩根大通银行、巴基斯坦国家银行、土耳其银行、中国工商银行、日本三菱银行、巴黎银行和德意志银行。这些银行的经营项目十分受限，以防对沙特本国金融市场造成冲击。

沙特的外汇市场管制也较为严格。《阿拉伯新闻》2020 年 5 月 4 日报道，沙特中央银行重申将保持沙特里亚尔与美元挂钩的汇率政策，这是经济可持续增长的主要支撑。钉住汇率是一种战略选择，在过去 30 多年中

---

① 《沙特通胀率继续增加》，沙特《经济日报》2020 年 4 月 1 日。

为沙特的经济增长做出了贡献，沙特央行仍致力于将官方汇率维持1美元兑3.75里亚尔的官方汇率，以稳定货币和金融。目前，沙特外汇储备仍然足以满足国民经济发展的所有需求，足以应付43个月的进口量和88%的广义货币。

对外资银行的政策方面，沙特金融监管环境严格：一是数据不能出境，银行实质业务不能外包；二是关键岗位任职必须聘用沙特本国人；三是贷款投放有严格要求，对于涉及投放境外的贷款业务需逐笔报沙特央行审批等。

（三）中资银行在沙特经营状况

中资银行在沙特有两家分行，分别是2015年6月3日成立的中国工商银行利雅得分行和2020年1月7日获批的中国银行利雅得分行。中国工商银行利雅得分行目前仅开办公司业务，可以提供公司客户的存款、贷款、汇款以及保函、信用证等结算业务，主要客户群体为沙特政府机构、本地大型公司以及在沙特经营的中资公司。

第三节　承包工程、劳务合作

中东地区地理位置得天独厚，不仅是东西方文明交汇的地方，而且是古代丝绸之路所经之地和贸易枢纽。近代以来，随着地下石油资源的采掘，许多中东国家财富持续增长，开始大规模投资基础设施建设，卡塔尔、阿联酋、科威特、沙特等都进行了一轮又一轮的造城运动，这就为"一带一路"倡议下的中国工程承包与劳务合作提供了机遇。

一　中沙承包工程合作

中国与沙特的承包工程合作，几乎全是中方在沙特承揽项目，工程地点多在沙特境内，由中方负责建造、交付，沙方验收、使用。

（一）沙特承包工程市场简况

沙特是当前海湾地区最大的承包工程市场，传统的民生和工业项目始终是沙特基础设施建设的重点，特别是自"2030愿景"出台以来，政府各部门及各大国企为落实该战略纷纷加大了基建节奏，NEOM新城（5000亿美元）、QIDDIYA娱乐城（40亿美元）、红海旅游（100亿美元）等巨型项目纷纷上马。2016年以前，沙特政府项目建设资金来源为财政拨款，基本以现汇项目为主。近年来，伴随着沙特财政状况及管理思路的转变，PPP（政府和社会资本合作）、BOT（基础设施投资、建设和经营）、EPC+F（施工工程总承包+项目融资）等方式已被提上日程并加速推进。沙特央行最新统计显示，2019年全年，沙特吸引外资1.78万亿里亚尔（约合4747亿美元），同比增长14.1%，实现连续12年正增长。

沙特外商投资主要分为非金融类投资、金融类投资（含权益性投资和债务性投资）、其他投资（含存款、贷款及其他应付款）三大类，其中，非金融类投资为8856.2亿里亚尔（约合2362亿美元），同比增长2%，占比为49.8%；金融类投资为4773.4亿里亚尔（约合1273亿美元），同比增长34.5%，占比为26.8%；其他投资为4168亿里亚尔（约合1111亿美元），同比增长24%，占比为23.4%。[①]

沙特承包工程市场发展稳定且大项目频出。2019年，沙特承包工程市场发包量是海湾六国中唯一实现正增长的国家，同时也是当年海湾六国中工程发包量最大的国家。沙特交通部、皇家委员会、沙特阿美石油公司、沙特矿业公司、沙特海水淡化公司是其前五大业主，Binladin、ABV Rock、Saipem、Tecnias Reunidas、El Seif Engineering Contracting、Nesma & Partners、McDermott、Al Rashid Trading & Contracting、Larsen & Toubro、SEPCO是其前十大承包商。

沙特规划中的中长期承包工程市场容量可观。《中东经济文摘》（MEED）统计显示，当前沙特承包工程市场存量投资约为12524.76亿美元。从行业领域来看，建筑（6840.86亿美元）、交通（3090.71亿美元）、电力（1250.67亿美元）位列前三；从实施阶段来看，72%的项目处于设计阶段，11%的项目处于可行性研究阶段，9%的项目处于前端工程设计阶段；从分布地域来看，51%的项目在利雅得省，25%的项目在东部省，15%的项目在麦地那省。此外，中长期项目前十大业主单位分别是阿卜杜拉国王原子能和可再生能源城、吉达地铁公司、沙特阿美石油公司、沙特电力公司、沙特可再生能源项目办公室、沙特公共交通局、利雅

---

① 《2019年沙特吸引外资4747亿美元 实现连续12年正增长》，沙特《经济报》2020年4月11日。

得发展局、沙特公共投资基金、沙特基础工业公司、麦加发展局。

为刺激本国经济增长、推动经济加速转型、改善民生福祉，沙特将通过基础设施建设拉动经济增长作为中短期的经济发展策略之一，持续加大对各类传统和新兴基建项目投资，国家在财政层面给予明显支持。近年来，沙特财政预算编制基础及支出更加理性，在保证基建重点领域和项目的基础上对相关科目支出有所压缩。2020年财政预算显示，基础设施、经济资源、市政建设三大传统基建板块科目支出分别为149亿美元、261亿美元、144亿美元，较2019年财政预算同比分别减少9.7%、1%、8.5%，但通信、住房、道路、航空依旧是基建领域重点。此外，医疗健康、教育发展、军事安全三大科目在2020年优先保障重点工程，内含大量基建项目。然而，受当前低油价和疫情影响，沙特政府决定压缩年度预算支出133亿美元，削减幅度近5%，拟在保证医疗健康科目支出的基础上对其他科目进行动态调整。① 2020年5月，沙特宣布实施三大紧缩财政政策，其中一项便是调整或取消"2030愿景"下重大项目，减少资本性项目支出，NEOM新城、红海旅游、QIDDIYA娱乐城等巨型基建项目在疫情下将放缓。

（二）中资企业的优势及不足

中资企业在沙特的最大优势是政府和企业的相互支持。例如，作为首个走向中东电力市场的中国企业，SEPCOIII（山东电力建设第三工程有限公司）不仅打破了欧美日韩在约旦、沙特、阿曼、科威特等市场的垄断，而且成为中东市场上唯一能够与欧美日韩电站总承包商进行充分市场竞争的中国企业。在谈到中企面对的海外市场竞争时，SEPCOIII中东区域副总裁、沙特延布三期项目经理陈云鹏认为："中国政府的鼎力支持是中企'走出去'的强大后盾和保障，但前提是保证自身实力，中国企业无论是项目管理还是行业技术都不再处于劣势，发力海外市场要有信心和恒心，同时坚决履行契约精神。"SEPCOIII党委书记、董事长王鲁军认为："国际总承包工程领域竞争激烈，必须持续加强设计、采购、施工、调运全产业链建设和管理，充分发挥全产业链'动车组'效应，聚焦发展质量，

---

① 中国驻沙特使馆经商处：《2019年沙特工程市场概述及前景展望》，《国际工程与劳务杂志》2020年10月。

严控发展风险，巩固领跑地位。""我们提出6个字的要求，就是主动、担当、执着。中东地区国家政府和业主注重契约精神，项目履约是市场最好的敲门砖，按照业主要求按时甚至提前完成履约，是最好的共赢。"陈云鹏与王鲁军总结的恰恰是中企在沙特乃至中东地区竞争的优势所在。

在沙特承包项目的中资企业也存在诸多不足。以沙特麦加轻轨项目为例，中国铁建股份有限公司董事会2010年10月25日公告称，该公司承建的沙特麦加萨法至穆戈达莎轻轨项目在实施过程中，因实际工程数量比签约时预计工程量大幅增加等原因，预计将产生大额亏损，按2010年9月30日的汇率折算，总的亏损额预计约为人民币41.53亿元。[①] 可见中资企业的最大不足是对项目的预测有误，有时为了竞标，人为压低标额，导致项目的利润下降甚至亏损。

（三）主要承包工程项目简况

中国在沙特承包工程项目遍布沙特的全国各地，目前主要集中在2003年规划建设的、有着红海迪拜之称的吉赞经济城。吉赞经济城规划面积为103平方千米，海岸线长11千米，由中国中交集团承建，这是一座集炼油、电厂、航运、行政区、生活区于一体的经济城。该项目是综合项目，中方施工团队整建制地开进，项目建设正在有序推进中。

二 在沙中资企业情况

工程承包始终是中沙两国经贸务实合作的重点。2019年中沙工程承包合作创历史新高，交通、电力、能源大项目合作捷报频传。随着两国务实合作向纵深发展，沙特对中资企业认可度持续提升并积极寻求企业参与其大型基建项目。中资企业积极探索业务合作新模式，但疫情显著影响了中资工程企业的发展生态。随着沙特财政管理思路的转变，现汇项目控制存量压缩增量，项目合作模式正经历明显变化，中资企业正努力适应并积极探索新合作模式。例如，中国土木正以EPC+F（施工工程总承包+项目融资）的思路加速推进沙特大陆桥铁路网项目，中国铁建深度参与麦加轻轨朝觐运营维保项目，山东电建三公司高质量运营扎瓦尔项目等均得到了业主的高度评价。

---

① 《中国铁建股份有限公司沙特麦加轻轨项目情况公告》，《公司公告》2010年10月25日。

(一) 在沙中资企业数量及分布

2019年全年，中国在沙工程承包新签合同额为112.9亿美元，增长67.8%，完成营业额62.1亿美元，增长19%，创历史新高。[①] 截至2019年底，共有158家中资企业在驻沙特使馆经商处登记备案，其中工程企业占比超过八成，中国石化、中国石油、中国电建、中国铁建、中国交建是在沙工程企业的骨干力量，国家电网、中国海油、中国能建等企业近年来亦加大市场开拓力度并拿下诸多重量级项目。油气、交通、电力、海水淡化是中资企业在沙特工程市场上的优势领域。2019年，在沙中资企业在上述领域取得了良好成绩，中国石化、中国电建、国家电网签约承揽多个大型项目，有力地拉动了两国工程承包合作。

(二) 中资企业商会的作用

当前，在沙中资企业主营业务涵盖工程承包、贸易物流、通信服务、工业投资等行业，并开始向金融服务等高端领域延伸。中资企业商会的作用是：加强国别经贸调研，为企业拓展沙特阿拉伯市场提供参考；组织更多的贸易投资促进活动，帮助企业发掘更多的合作机会；加强商事法律咨询服务，妥善处理潜在分歧和纠纷；推动加强政策协调，共同为企业合作营造更加稳定、可预见的营商环境。

三 劳务合作

(一) 沙特劳务市场简况

沙特外籍劳工有近700万人，是中东地区最大的劳务市场。外籍人员主要来自印度、巴基斯坦和其他阿拉伯国家，高级技术和管理人员以西方国家人员为主。但近年来沙特逐步加快了劳务沙特化的步伐，从2001年9月起，政府强制要求各公司沙特籍人员必须达到30%，规定各公司的人事、接待、处罚、保卫、财务和管理方面的工作不得由外国人担任。这一措施将为沙特青年提供更多的就业岗位，使各企业的就业人员逐步实现沙特化。但是这项政策对外国劳务人员的进入设置了更多的障碍。

沙特《公报》2020年4月13日报道，根据沙特新闻社（SPA）发布

[①] 中国驻沙特使馆经商处：《沙特工程市场概述及前景展望》，《国际工程与劳务杂志》2020年10月。

的统计总局（GASTAT）官方数据，2019年第四季度，沙特籍国民失业率和第三季度相比保持不变，为12%。根据调查数据，失业率从2018年第二季度的12.9%降至2019年第三季度的12%，并在第四季度维持不变。其中，沙特籍男性失业率为4.9%，与上一季度相比下降了0.8%，女性失业率则保持30.8%不变。数据还显示，沙特总人口（15岁及以上，包括沙特籍和非沙特籍）失业率为5.7%，比2018年第四季度下降0.4%。劳动力参与率为58.8%，比2018年第四季度增长2.9%，其中沙特女性劳动力参与率比第三季度增加2.8%，达到26%。[1]

预计疫情之后海湾地区外国劳务人数将显著下降。《达卡论坛报》2020年5月26日报道称，疫情对海湾经济体的冲击仍在持续，防控措施对经济的影响几乎波及所有行业。外籍劳工从业人员较多的餐饮酒店等服务行业受到的打击首当其冲。服务业工作岗位大量减少后，很多人将被迫撤离海湾地区。据市场研究机构估计，海合会六国就业机会将减少约13%，沙特、阿联酋或分别减少170万个、90万个就业岗位。从目前的情况来看，经济不会迅速恢复，岗位减少带来的失业难题将由减少外籍劳工来解决。

随着国际航班逐步恢复运营，相关国家政府可以采取签证限制措施迫使外籍劳工离境，达到压减外籍人员的目的。一方面，未来沙特常住人口或将减少4%，阿联酋和卡塔尔或将减少10%。外籍人口减少在短期内可以为本国社会稳定提供缓冲保护作用，但酒店餐饮、房地产等行业可能会出现劳动力短缺的情况，影响复苏进程。另一方面，这也可以倒逼本国居民下沉到服务行业就业，提升本地化率。

（二）中国工人在沙特增长情况

随着在沙特中资企业数量的增加，中国工人的数量也不断增加。沙特《阿拉伯新闻》2019年7月29日报道称，2019年上半年进入沙特市场的中国企业同比增长了100%。

2020年因为受到新冠疫情的影响，中沙两国都加强了边境管控，人员往来受到限制，尤其是往来两国的民航航班基本处于停飞状态。进入2020年下半年，中国国内疫情得到有效控制，但沙特的疫情处于暴发状

---

[1] 《2019年四季度沙特籍失业率保持在12%》，沙特《公报》2020年4月13日。

态，沙特不断实行封城等措施，限制人员流动，使得沙特的工程项目基本处于停滞、半停滞状态，从中国国内来沙特的工人数量锐减，原来在沙特工作的中国人想要回国也变得十分困难。总体来说，2020年中国工人在沙特的数量较上年出现了大幅减少的现象。

第三章　中国与沙特的人文交流

进入 21 世纪以来，中国综合实力和国际地位显著上升，但世界文化格局和国际舆论格局中"西强我弱"的态势尚未发生根本性转变。在对外交往中，中国真实实力与外部世界对中国主观印象之间的"反差"[①]，凸显了中国硬实力与软实力不相称的现实。受中国推动对外战略实施、增进外部世界了解中国、提升国家软实力等现实需求的驱动，人文交流在中国对外战略中的重要性日益增强。《关于加强和改进中外人文交流工作的若干意见》指出，中外人文交流是党和国家对外工作的重要组成部分，是夯实中外关系社会民意基础、提高中国对外开放水平的重要途径。[②]

自 1993 年中国成为石油净进口国以来，能源合作一直是中国与沙特等海湾阿拉伯国家的首要合作领域。随着中国同除巴林外的其他海湾阿拉伯国家建立不同层次的战略伙伴关系，海湾地区成为阿拉伯国家内部与中国建立战略伙伴关系最密集的次区域，以沙特为首的海湾阿拉伯国家在中国对阿拉伯地区整体合作中的战略价值不断上升。

第一节　中国与沙特人文交流的战略内涵

自 2004 年中阿合作论坛成立以来，中国与阿拉伯国家间的整体关系经历了从新型伙伴关系到战略合作关系、再到战略伙伴关系的递进式发展，符合中国与发展中国家关系的总体趋势，中阿战略伙伴关系成为中国

[①] 柴如瑾：《中外人文交流的新方向》，《光明日报》2018 年 2 月 8 日第 6 版。
[②] 《中办国办印发意见 加强和改进中外人文交流工作》，《新华每日电讯》2017 年 12 月 22 日第 1 版。

全球伙伴关系网络的重要组成部分。2016年1月，中国与沙特建立全面战略伙伴关系。战略伙伴关系的确立为中国与沙特超越传统的能源合作，向更广泛领域拓展合作空间提供了新机遇。战略伙伴关系中的"战略"一般"意味着合作层次更高或者着眼点更高，双方从整体上、全局上、核心利益和未来发展趋势上都具有一致性"[1]。在战略伙伴关系的框架下，人文交流在推进两国战略合作、增进战略共识和以"包容互鉴的精神共同维护文明多样性"[2]等方面的作用逐渐凸显。

一 人文交流塑造基于价值认同的政治互信，构成中沙建立长期稳定合作关系的前提和基础

人文交流是仅次于政治安全合作、经济贸易合作，推动国家间关系发展的重要动力。通过人员、思想和文化等不同层面及形式的互动与沟通，人文交流旨在实现增进各国民众间的相互认知与了解、塑造区域文化认同和价值认同、达成区域政治合法性的支持三大递进式目标。[3] 人文交流虽不会必然导致政治互信的建立，但因其内容丰富、形式灵活，对拉近不同对象距离、增进相互理解具有难以替代的作用。[4] 作为"人与人沟通情感和心灵的桥梁""国与国加深理解和信任的纽带"，人文交流相较于政治与经贸等传统合作手段，在增进各国共识、推动区域发展方面更具"基础性、先导性、广泛性和持久性""比政治交流更久远""比经贸交流更深刻"[5]，相比其他领域的合作独具优势。与西方大国的亲疏关系，使得海湾阿拉伯国家在与中国开展合作时持不同程度的疑虑与谨慎态度，而对中国制度与文化认知度、亲近度和欣赏水准的差异，也使得它们在与中国开展同一领域合作时的利益诉求不尽相同，即使是在同一个国家内部，不同部落、教派和政治势力对与中国开展合作也可能持不同立场。相较于单向

---

[1] 孙敬鑫、林剑贞:《伙伴关系助力中国特色大国外交》,《当代世界》2015年第10期。
[2] 《中华人民共和国和沙特阿拉伯王国关于建立全面战略伙伴关系的联合声明)》(2016年1月19日,利雅得),《人民日报》2016年1月20日第2版。
[3] 许利平:《中国与周边国家的人文交流：路径与机制》,《新视野》2014年第5期。
[4] 邢丽菊:《何以人文：中外人文交流的意义》,《世界知识》2017年第23期。
[5] 刘延东:《深化高等教育合作 开创亚洲人文交流新局面》,《世界教育信息》2010年第12期。该讲话是时任中共中央政治局委员、国务委员刘延东在2010年11月13日召开的亚洲大学校长论坛开幕式上的致词。

的文化输出,人文交流更强调作为交流主体的"人"在互动过程中的价值观沟通。人文交流塑造的价值认同,既有对共同、共通价值观念的认同,也包括对异质文明具有个性和特殊内涵的价值取向的理解。人文交流可以促使一国民众理解和基本认同另一国的政治体制、发展道路、价值观念及政策取向[1],这种基于理解和认同的信任关系即政治互信,构成中国与沙特之间建立长期、稳定、牢固的合作关系的前提和基础。

二 中国与沙特主导的伊斯兰核心文化圈的人文交流,有利于带动中国与伊斯兰世界和阿拉伯国家的整体合作

发端于阿拉伯半岛的伊斯兰教经过1400多年的发展,形成了覆盖西亚、北非、中亚、南亚和东南亚等地区既相互联系又各具特色的伊斯兰文化圈。历史上中国与位于伊斯兰文化圈核心地带的阿拉伯半岛国家之间的人文交流,为推动各自进步与繁荣留下了文明交往与文明互鉴的佳话。在新中国成立后,以朝觐为主要形式的宗教交流在推动中国与沙特在政治领域的合作方面发挥了积极作用。凭借其坐拥伊斯兰教两大圣城,以及作为伊斯兰合作组织、伊斯兰世界联盟和世界穆斯林大会三大国际伊斯兰组织总部或秘书处所在国的优势,沙特长期主导着伊斯兰世界事务的话语权。通过人文交流奠定中国与沙特各领域合作的社会和民意基础,在海湾阿拉伯国家和伊斯兰核心文化圈形成区域辐射效应,对拓展中国与国际伊斯兰组织的政治合作、深化中国与其他伊斯兰国家的关系、实现中华文化圈同伊斯兰文化圈的良性互动,具有重要的现实意义。"2030愿景"将"沙特作为阿拉伯和伊斯兰世界核心国家的重要地位"列为首要支柱,中国与处于伊斯兰核心文化圈的沙特开展人文交流,可以同时对西亚地区、阿拉伯地区和伊斯兰世界形成不同层次的辐射效应,带动中国与伊斯兰国家在次区域、区域和跨区域层面的整体合作,形成"大多边带动小多边,小多边促进双边,双边推动大小多边"的合作格局。

伊斯兰国家是未来世界格局变动的重要变量。美国皮尤研究中心报告显示,全球穆斯林人口将从2010年的16亿人增长至2050年的27.6亿

---

[1] 刘延东:《深化高等教育合作 开创亚洲人文交流新局面》,《世界教育信息》2010年第12期。

人，占全球人口的近三成（29.7%）；至 2070 年，全球穆斯林人口将超过基督徒人口，而且全球超过六成（61.6%）的穆斯林将集中分布在 9 个国家，即印度（3.1 亿人）、巴基斯坦（2.7 亿人）、印尼（2.6 亿人）、尼日利亚（2.3 亿人）、孟加拉（1.8 亿人）、埃及（1.2 亿人）、土耳其（8932 万人）、伊朗（8619 万人）和阿富汗（7219 万人）。伊斯兰国家无疑将成为未来世界格局中一股不可忽视的重要政治力量。"一带一路"沿线的伊斯兰国家[1]集中分布在中亚、西亚、南亚、东南亚和北非地区。其中，作为伊斯兰世界核心的西亚阿拉伯国家，位于"一带"与"一路"的交汇地带，沙特所在的阿拉伯半岛则位于这一交汇地带的核心。以人文交流推动中沙政治合作，对推进未来世界格局重塑和国际体系转型具有重要的战略意义。

三 人文交流的弱意识形态特征优势，有利于中国与沙特在治国理政领域更加灵活地进行经验交流与互鉴

自"阿拉伯之春"爆发以来，加快国家转型、实现经济增长、推进社会改革已成为多数阿拉伯国家解决发展困境和提升国家治理能力的主要任务。尽管包括沙特在内的多数阿拉伯国家都推出了国家转型计划或远景规划，但这些国家在政治、经济和社会等领域的深层次问题远没有得到根本性解决，腐败蔓延、裙带关系丛生、法治观念缺失、经济结构单一、工业基础薄弱、青年失业率高企、政府补贴加重国家财政负担、价值体系混乱等问题依然严重。海湾地区整体生存环境的恶劣与治理体系的低效，也使海湾阿拉伯国家极易受到政权不安全感的冲击而陷入动荡[2]，而地区秩序变动进一步放大了地区国家的政权不安全感，并成为贯穿沙特等海湾国家对外政策制定过程中的主要影响因素。在安全与稳定、转型与改革的多

---

[1] "一带一路"沿线的伊斯兰国家包括阿富汗、阿尔巴尼亚、阿尔及利亚、阿塞拜疆、巴林、孟加拉国、文莱、埃及、印度尼西亚、伊朗、伊拉克、约旦、哈萨克斯坦、科威特、吉尔吉斯斯坦、黎巴嫩、利比亚、马来西亚、马尔代夫、摩洛哥、阿曼、巴基斯坦、巴勒斯坦、卡塔尔、沙特阿拉伯、叙利亚、塔吉克斯坦、突尼斯、土耳其、土库曼斯坦、阿联酋、乌兹别克斯坦和也门。

[2] [英] 蒂姆·尼布洛克：《政权不安全感与海湾地区冲突的根源析论》，舒梦译，《阿拉伯世界研究》2019 年第 1 期。

重压力下,沙特等海湾国家亟须寻找替代性发展模式。[1] 从政治制度、经济模式、价值观念的角度来看,中国在崛起过程中形成的发展模式不同于西方的新自由主义模式。《阿拉伯人》杂志主编苏莱曼·阿斯卡里认为,阿拉伯国家发展同中国等亚洲国家关系的重要性,在很大程度上建立在对亚洲国家发展经验的客观比较和辩证研究并使阿拉伯社会从中受益的基础之上。[2] 借助具有弱意识形态特征优势的人文交流,中国和沙特不必受制于两国在意识形态领域的差异,可以在治国理政领域更加灵活地开展经验交流与互鉴。

四 新冠疫情下中沙在卫生领域的人文交流,旨在弱化疫情的政治敏锐性和提升合作的道义高度

新冠疫情的暴发和扩散限制了国与国之间人员的自由流动,公共卫生危机下的社交隔离措施进一步阻碍了人文交流的正常开展。疫情在全球各地的持续蔓延凸显出国际防疫合作的迫切性和必要性,卫生领域的人文交流因此展现出强劲动能。在以疾病通过跨国传播对他国公共卫生构成的风险为主要特征的突发公共卫生事件中,医疗卫生领域的人文交流构成了医疗外交的特殊形式。疫情背景下医疗卫生领域的人文交流包括分享防控和救治经验、提供医疗物资和技术援助、联合开展疫苗研发和临床试验、声援他国抗疫等,其意义主要体现在几个方面:首先,疫情引发了部分国家将疫情政治化以转移国内防疫不力的"甩锅"和"推责"行为,以低度政治的卫生人文交流对冲和弱化疫情的政治敏锐性,是一种有效化解合作中政治风险的手段。其次,医疗物资和技术援助展现了援助国对受援助国民众的关爱和人道主义精神,有助于改善援助国国家形象和提升援助国的软实力,是一种具有道义高度、不求直接经济利益回报的利他性行为。再次,大国迥异的防疫理念、政策和成效,成为其他国家选择合作对象的重要考量,进而成为推动大国关系调整和国际格局变动的重要因素。疫情背景下的人文交流旨在夯实和巩固国与国之间的现有合作,维系和稳定后疫

---

[1] 田文林:《地区格局变动中的中国特色中东外交》,《西亚非洲》2017年第4期。
[2] [科威特]苏莱曼·阿斯卡里:《阿拉伯人向东看?》(阿拉伯文),*Sulaiman Al-Askari*, 2011年1月1日, http://www.sulaimanalaskari.com/ar/。登录时间:2019年2月16日。

情时期的合作，谋划未来合作的方向与重点，防止供应链的断裂和"脱钩"，对遏制技术民族主义和逆全球化思潮的抬头具有积极意义。最后，在疫情导致传统人文交流受限的情况下，线上防疫合作对人文交流数字化的先行先试，可为疫情后的人文交流的形式创新提供经验。沙特所处的海湾地区是中东最早暴发疫情的次区域，中沙抗疫合作展现出国际人道主义精神，成为特殊时期两国战略合作伙伴关系的最佳注解。

第二节　中国与沙特人文交流的机制与政策保障

2008年6月，中国和沙特建立了战略性友好关系。2012年1月，中沙两国决定在战略框架内进一步提升双边关系水平。2016年1月，两国决定将双边关系提升为全面战略伙伴关系。① 当前，中国和沙特依托中阿合作论坛框架下的多边合作机制、中国文化和旅游部下设的"一带一路"文化交流合作机制以及中沙高级别联合委员会框架下的分委会相关机制，开展人文领域的合作与交流。

一　中阿合作论坛框架下的一系列合作机制为中国同包括沙特在内的阿拉伯国家加强对话与合作确立了方向

这些机制主要包括部长级会议、高官委员会会议、中阿企业家大会暨投资研讨会、中阿关系暨中阿文明对话研讨会、中阿友好大会、中阿能源合作大会、中阿新闻合作论坛、中阿互办艺术节、中阿卫生高官会议、中阿北斗合作论坛等。其中，迄今已举办八届的中阿关系暨中阿文明对话研讨会，是中沙在中阿合作论坛多边框架下开展对话与交流的主要平台。《中阿合作论坛第八届中阿关系暨中阿文明对话研讨会最终报告》强调了与会中阿官员和专家学者对中阿文明伙伴关系对弘扬和平文化作用的肯

---

① 参见《中华人民共和国和沙特阿拉伯王国关于加强合作与战略性友好关系的联合声明》（2008年6月21日），北大法宝，http：//www.pkulaw.cn/fulltext_form.aspx? Gid = 100670621；《中华人民共和国和沙特阿拉伯王国联合声明》（2012年1月16日），中国外交部网站（https://www.fmprc.gov.cn/web/ziliao_674904/1179_674909/201201/t20120116_7947349.shtml）；《中华人民共和国和沙特阿拉伯王国关于建立全面战略伙伴关系的联合声明》（2016年1月19日），中国外交部网站（https：//www.fmprc.gov.cn/web/ziliao_674904/1179_674909/201601/t20160120_7947641.shtml）。登录时间：2022年1月2日。

定，提出"鼓励双方互设文化中心""研究建立促进中阿文明与文化多元化专门机构的可能性""建立数字博物馆""落实中阿学生互访项目""鼓励开发中阿文化旅游"等具体建议。①

从文明体系的角度来看，以中华文化为核心的东亚文明体系和以阿拉伯伊斯兰文化为核心的伊斯兰文明体系，在以基督教为核心的西方文明主导的世界文明体系中处于弱势地位和从属地位，从而造成了文明有高低优劣之分的错觉和成见。② 中阿合作论坛成立后，"中阿关系暨中阿文明对话研讨会"成为中阿合作论坛的常设机制之一。中华文明和阿拉伯伊斯兰文明都是推动世界文明体系向平等和包容方向发展的重要动力，"中华文明与阿拉伯文明各成体系、各具特色，但都包含有人类发展进步所积淀的共同理念和共同追求，都重视中道平和、忠恕宽容、自我约束等价值观念"。③ 中阿双方"都不赞同文明优越论和文明冲突论"，而是主张文化多样发展和文明交流互鉴。④ 2016年中国政府发布的《中国对阿拉伯国家政策文件》将文明和宗教交流作为中阿人文交流的首要内容，不仅提出"搭建双多边宗教交流平台，倡导宗教和谐和宽容"，还开创性地提出要"探索去极端化领域合作，共同遏制极端主义滋生蔓延"⑤，体现了中方对阿拉伯地区宗教与文明特性和当前阿拉伯伊斯兰世界深受"伊斯兰恐惧症""文明冲突论"和极端主义困扰等现实的深刻认识。在中阿文明对话的框架下开展人文交流，更有利于中国同沙特等阿拉伯国家凝聚价值观共识，寻找价值共通之处，为推动双方在其他领域的合作奠定互信基础。

---

① 参见《中阿合作论坛第八届中阿关系暨中阿文明对话研讨会最终报告》（拉巴特，2019年12月17—18日），中阿合作论坛网站（http：//www.chinaarabcf.org/lthyjwx/wmdhyth/201912/t20191227_6836413.htm）。登录时间：2020年12月18日。

② 朱威烈：《"一带一路"建设应重视构建世界文明价值共同体》，朱威烈：《学思刍议 朱威烈文选》，世界知识出版社2017年版，第327—328页。

③ 习近平：《共同开创中阿关系的美好未来——在阿拉伯国家联盟总部的演讲》（2016年1月21日，开罗），《人民日报》2016年1月22日第3版。

④ 王毅：习近平主席提出中阿共建"一带一路"是引领中阿关系发展的历史性机遇》，中国外交部网站（http：//www.fmprc.gov.cn/web/ziliao_674904/zt_674979/dnzt_674981/qtzt/ydyl_675049/zyxw_675051/t1162627.shtml），2017-06-10。

⑤ 《中国对阿拉伯国家政策文件》（2016年1月），新华网（http：//www.xinhuanet.com/world/2016-01/13/c_1117766388.htm），2016年1月13日。登录时间：2020年8月19日。

二　中国文化和旅游部下设的文化交流合作机制为中国和沙特在"一带一路"框架下深化人文交流与合作提供重要平台

2016年12月，中国《文化部"一带一路"文化发展行动计划（2016—2020年）》发布，提出健全"一带一路"文化交流合作机制、完善"一带一路"文化交流合作平台、打造"一带一路"文化交流品牌、推动"一带一路"文化产业繁荣发展和促进"一带一路"文化贸易合作五大重点任务。① 2016年12月20日至2017年3月19日，"阿拉伯之路——沙特出土文物展"在中国国家博物馆展出，这是沙特首次在中国举办文物展。此次展览展出的466件（套）考古与文化遗物的时代跨度很长，自100万年前的石器时代开始，经史前时期、前伊斯兰时期、伊斯兰时期，直至近现代沙特王国建立，其中包括大量出土于历代香料之路、朝圣之路沿线的文物。② 以文物展为代表的人文交流为阐释"丝路精神"提供了中沙历史交往的印证，正成为与经贸、能源、基础设施等领域合作并行发展的重要领域。2018年中国文化部和国家旅游局合并为文化和旅游部后，旅游合作被进一步纳入"一带一路"文化交流合作机制中。

三　中国—海合会战略对话机制为中国同沙特等海合会成员国之间增强战略互信、深化经贸合作、密切人文交流确立了次区域合作机制，为加快中海自由贸易区谈判奠定了战略基础③

2010年6月、2011年5月和2014年1月，中国同海合会成员国先后举行了三轮战略对话。次区域合作与对话机制的确立，为统筹中国与海湾阿拉伯国家的人文交流提供了机制保障。2014年1月17日，中国国家主席习近平在会见出席中国—海合会第三轮战略对话的海合会代表团时强

---

① 《文化部"一带一路"文化发展行动计划（2016—2020年）》（2016年12月28日），文外发〔2016〕40号，中华人民共和国文化和旅游部，http：//zwgk.mct.gov.cn/zfxxgkml/ghjh/202012/t20201204_906371.html。登录时间：2022年1月9日。
② 叶飞：《文化：中国沙特交流的新亮点》，《中国文化报》2017年3月22日第4版。
③ 2014年1月17日，中国国家主席会见了出席中国—海合会第三轮战略对话的海合会代表团，强调双方是"政治互信高、经贸合作实、人文交流密的好兄弟、好朋友、好伙伴"。参见郝亚琳《习近平会见海湾阿拉伯国家合作委员会代表团》，新华网（http：//www.xinhuanet.com/politics/2014-01/17/c_119021511.htm），2014年1月17日。登录时间：2017年10月18日。

调，中国与包括沙特在内的海合会国家是"政治互信高、经贸合作实、人文交流密的好兄弟、好朋友、好伙伴"①。

四 中沙高级别联合委员会分委会为加强"一带一路"与沙特"2030愿景"发展战略对接、统筹和促进双方人文领域合作提供了制度保障

2016年8月，两国成立中沙高级别联合委员会（以下简称"中沙高委会"）。中沙高委会下设七个分委会，即政治外交分委会，"一带一路"重大投资合作项目和能源分委会，贸易和投资分委会，文化、科技和旅游分委会，安全合作分委会，军事合作分委会和财金分委会，覆盖政治、外交、经贸、能源、文化、安全、军事、金融等多个领域。自中沙高委会成立以来，两国已联合召开了多次高委会和分委会会议②推动人文交流与合作。2016年8月29日，中沙高委会文化、科技和旅游分委会第一次会议在北京举行，中国文化部副部长丁伟出席。此次会议研究并通过了中沙高级别联合委员会首次会议纪要，涉及文化、教育、科技、旅游、文物等多

---

① 郝亚琳：《习近平会见海湾阿拉伯国家合作委员会代表团》，新华网（http：//www.xinhuanet.com/politics/2014-01/17/c_119021511.htm），2014年1月17日。登录时间：2017年10月18日。

② 自中沙高委会成立以来，双方举行的双边会议包括：中沙高委会政治外交分委会首次会议（中国北京，2016年8月29日），中沙高委会"一带一路"、重大投资合作项目和能源分委会第一次会议（中国北京，2016年8月29日），中沙高级别联合委员会文化、科技和旅游分委会第一次会议（中国北京，2016年8月29日），中沙高级别联合委员会贸易和投资分委会首次会议（中国北京，2016年8月29日），财金分委会第一次会议（2019年2月21日），中沙高委会首次会议（中国北京，2016年8月30日），中沙高级别联合委员会安全合作分委会首次会议（中国北京，2016年8月31日）和中沙高委会第二次会议（2017年8月24日，沙特吉达）。具体参见《外交部副部长刘振民和沙特外交部双边事务次大臣詹达尼共同主持中沙高委会政治外交分委会首次会议》，中国外交部，2016年8月30日，https：//www.fmprc.gov.cn/chn/pds/wjb/zygy/t1393013.htm；《中沙两国不断拓展合作内容》，《中国经济导报》2016年8月31日第A01版；《中沙高级别联合委员会文化、科技和旅游分委会第一次会议在京举行》，中国文化和旅游部网站（https：//www.mct.gov.cn/whzx/ldhd/201608/t20160830_697721.htm），2016年8月30日；《8月29日，钱克明副部长与来访的沙特商业投资部次大臣哈格巴尼共同主持召开中沙高级别联合委员会贸易和投资分委会首次会议》，中国商务部网站（http：//qiankeming.mofcom.gov.cn/article/collection/201609/20160901385019.shtml），2016年9月1日；侯丽军：《张高丽和沙特王储继承人兼第二副首相、国防大臣穆罕默德主持中沙高级别联合委员会首次会议》，新华网（http：//www.xinhuanet.com/politics/2016-08/30/c_1119480612.htm），2016年8月30日，《中沙高级别联合委员会安全合作分委会首次会议在京举行》，中国中央政府门户网站（http：//www.gov.cn/xinwen/2016-08/30/content_5103708.htm），2016年8月30日；《中沙高委会成果丰硕，拟建立200亿美元投资基金》，中国驻吉达总领事馆经济商务室（http：//jedda.mofcom.gov.cn/article/jmxw/201708/20170802634119.shtml），2017年8月28日。登录时间：2017年11月5日。

个领域的合作。①

从政策的角度来看，中国政府对人文交流的政策支持力度持续加大。当前，中方指导和支持中阿开展人文交流的政策文件主要包括《中阿文化部长论坛北京宣言》（2014年9月）、《推动共建丝绸之路经济带和21世纪海上丝绸之路的愿景与行动》（2015年3月）、《中国对阿拉伯国家政策文件》（2016年1月）、《推进共建"一带一路"教育行动》（2016年7月）、《文化部"一带一路"文化发展行动计划（2016—2020年）》（2016年12月）、《关于加强和改进中外人文交流工作的若干意见》（2017年12月）、《中国—阿拉伯国家合作论坛2018年至2020年行动执行计划》（2018年7月）等。这些政策文件从平台、机制、领域、内容和形式等方面，对中国同包括沙特在内的各国之间开展人文交流与合作、提升中国国家软实力和增强人文交流综合传播能力进行了整体规划。如《中国对阿拉伯国家政策文件》将文化、广播影视、新闻出版、智库等领域合作定为中阿人文交流的重要内容，旨在通过双方在上述领域的合作，增进中阿民众的相互了解和对各自国家形象和文化的认可，为双方在其他领域的合作提供民意基础。从阿方来看，在文化教育领域，包括沙特在内的各阿拉伯国家都同中国签订了文化合作协定及执行计划。截至2017年底，11个阿拉伯国家与中国签署了双边文化合作协定新的年度执行计划②，双方53个部级政府文化代表团、196个文艺展演团组4604人次实现了互访，105家阿拉伯文化机构与中方对应机构开展了合作。③在旅游领域，沙特等7个阿拉伯国家与中国开通了直航航班。④

---

① 叶飞:《文化：中国沙特交流的新亮点》，《中国文化报》2017年3月22日第4版。
② 贾平凡、严瑜:《中阿集体合作扮靓"一带一路"》，《人民日报海外版》2018年7月3日第10版。
③ 上海外国语大学中东研究所、中国—阿拉伯国家合作论坛研究中心:《共建"一带一路"，推动中阿集体合作站上新起点："中国—阿拉伯国家合作论坛"成就与展望》，2018年，第13页。
④ 目前已有13个阿拉伯国家成为中国公民组团出境旅游目的地国家，其中9国组团业务已正式实施；沙特、阿联酋、阿尔及利亚、伊拉克、阿曼、卡塔尔和埃及7个国家与中国开通了直航航班；卡塔尔、阿联酋、摩洛哥给予中国公民免签证入境待遇，约旦、黎巴嫩、巴林对中国公民入境实行落地签证或电子签证。参见上海外国语大学中东研究所、中国—阿拉伯国家合作论坛研究中心《共建"一带一路"，推动中阿集体合作站上新起点："中国—阿拉伯国家合作论坛"成就与展望》，2018年，第22页。

上述机制和政策保障为中国与沙特等阿拉伯国家扩宽人文交流领域奠定了基础。2016年1月习近平主席在阿盟总部演讲时强调，中阿双方"应该开展文明对话，倡导包容互鉴，一起挖掘民族文化传统中积极处世之道同当今时代的共鸣点"，并提出实施中阿人文交流的"百千万"工程。① 当前，中阿人文交流与合作已涵盖文化、宗教、艺术、教育、科研、智库、广播影视、新闻出版、青年、妇女、旅游、卫生、体育、会展、公共外交等多个领域，并建立起多样化的人文交流工作机制。例如，2017年4月成立的中阿改革发展研究中心迄今已成功举办了六期阿拉伯国家官员研修班，使中阿双方形成了机制化的治国理政经验交流和发展战略对接探讨。② 双方还依托举办艺术节、文化论坛、研讨会、青年友好对话等文化交流活动，以及实施艺术家互访、留学生互派、典籍互译、文化机构对口合作、人才培训等合作机制，密切各层级人文交流与合作。自2014年以来，中阿双方累计组织5689名中阿艺术家互访交流，推动118家中阿文化机构开展对口合作，邀请401名阿拉伯文化艺术人才来华研修。③ 2018年3月，"中国—沙特塞林港遗址考古项目"正式启动，中方5名考古队员和沙方6名考古队员对位于红海之滨的塞林港遗址开展了为期20天的考古调查与发掘工作。联合考古项目正是双方推动文化遗产国际合作发掘中阿历史交往印记、复现古代丝绸之路文明交往和拓宽中阿人文交流领域的重要举措。

人文交流为中沙关系的深化和促进两国各领域合作提供了社会民意基础，人文交流蓬勃开展的动力不仅来自官方层面的制度保障和政策支持，也有民间层面深化合作和相互认知的现实需求，顺应了中沙全面战略伙伴关系的发展趋势。官方平台和机制的确立为中沙人文交流进行了顶层设计，而民间外交作为官方人文交流重要的补充和辅助力量，则承担着配合

---

① 中阿"百千万"人文交流工程包括落实"丝路书香"设想，开展100部中阿典籍互译；加强智库对接，邀请100名专家学者互访；提供1000个阿拉伯青年领袖培训名额，邀请1500名阿拉伯政党领导人来华考察，培育中阿友好的青年使者和政治领军人物；提供1万个奖学金名额和1万个培训名额，落实1万名中阿艺术家互访。

② 参见中阿改革发展研究中心网站（http://carc.shisu.edu.cn）。登录时间：2019年4月1日。

③ 杨迪、卜多门：《我国与阿拉伯国家加强人文交流合作》，新华网（http://www.xinhuanet.com/world/2018-10/25/c_1123614192.htm），2018年10月25日。登录时间：2019年3月9日。

官方总体外交、争取对象国民意、增进民间传统友谊、推动国际合作、促进共同发展等现实任务。民间外交具有稳定性、包容性和灵活性的特点①，在活动原则上，只要有利于增进中阿人民互相了解，服务或配合总体外交工作，就可以纳入中阿民间外交的工作范围。② 从外交主体来看，友好组织、友好人士、社会精英等民间力量是实践中阿（沙）民间外交的主要力量。在多边层面，中方于 2001 年成立了中国阿拉伯友好协会，总部设在北京；阿方于 2006 年成立了阿拉伯—中国友好协会联合会，总部设在苏丹喀土穆。在双边层面，1997 年成立的中国沙特友好协会和沙特中国友好协会负责本国对对方国家的人文交流规划与推进。从工作机制来看，中阿合作论坛框架下的"中国阿拉伯友好大会"和"中阿城市论坛"，以及中国阿拉伯友好协会设立的"中阿青年友好大使"和"中阿翻译与人文交流研讨会"，是当前中沙开展民间交流主要依托的多边机制；双边工作机制则包括双方友好组织之间的团组互访和举办的各类庆祝纪念活动。

第三节　中国与沙特人文交流的趋势及特点

中国与沙特的人文交流在巩固传统领域合作的同时，也在不断开发新的合作领域和增长点。青年交流的兴起、"汉语热"的升温、联合考古的探索以及数字化转型，正成为双方人文交流的新趋势。

一　青年交流在人文交流中的比重显著上升

从政策规划角度来看，青年交流已被列入中国与阿拉伯国家开展人文交流的重点领域之一，也是中沙全面战略伙伴关系期望拓展合作的领域之一。2016 年 1 月发布的《中国对阿拉伯国家政策文件》强调，中国面向阿拉伯国家实施"杰出青年科学家来华计划"，鼓励双方青年科技人才交流；积极推动中阿青年交流，加强双方青年事务部门交往，增进双方各界青年杰出人才的接触与交流。③ 同月发布的《中华人民共和国和沙特阿拉

---

① 陈昊苏：《民间外交论》，中国人民对外友好协会网站。登录时间：2018 年 8 月 1 日。
② 张荣：《中阿民间交流的现状及挑战》，上海外国语大学中东研究所"智库建设系列讲座"，2017 年 6 月 12 日。
③ 《中国对阿拉伯国家政策文件》（2016 年 1 月），新华网（http：//www.xinhuanet.com/world/2016-01/13/c_1117766388.htm），2016 年 1 月 13 日。登录时间：2020 年 8 月 19 日。

伯王国关于建立全面战略伙伴关系的联合声明》强调，要"加强两国青年、体育和职业技术领域合作，增进友好的两国和两国人民间的沟通和友谊"①。《中国—阿拉伯国家合作论坛2018年至2020年行动执行计划》强调，要加强中方与阿盟在青年领域的交流与合作，计划于2018年至2020年，每年邀请阿盟国家青年代表和青年媒体人来华参加亚非青年联欢节，打造新的交流平台，促进青年领域合作。②青年人口膨胀是包括沙特在内的海湾阿拉伯国家面临的共同挑战，沙特25岁以下青年群体人口占沙特总人口的比例高达46%。对处于经济转型关键期的沙特而言，当前的人口结构既是"人口红利"，也是造成社会经济问题和安全问题的潜在风险因素。③青年交流对于中国与沙特整体合作的意义体现在四个方面：一是通过青年视角理解沙特社会结构中的代际变迁、青年群体特点以及社会问题，可以为双方在社会领域的合作夯实认知基础。二是青年群体成见相对较少，双方青年在共同关注的问题上交流观点，更易培育"共同认知"和消除当前中国与沙特之间的认知赤字。《2018年阿拉伯青年调查》指出，在过去十年间，"阿拉伯之春"和极端组织"伊斯兰国"的兴起对阿拉伯地区的发展造成了严重的负面影响，很多阿拉伯青年认为，阿拉伯世界"正在向错误的方向行进"，海湾、北非和沙姆地区持此观点的青年比例分别达34%、49%和85%；受访者还认为，未来十年阿拉伯世界亟须铲除恐怖组织（64%）、创造收入可观的就业机会（30%）、实现教育系统现代化（29%）和打击政府腐败（28%）。④这表明国家稳定、发展、安全与"获得感"是当前阿拉伯青年的主要诉求，而相似的挑战使得中国青年与阿拉伯青年在发展议题上具有对话和交流基础。三是基于社会现

---

① 《中华人民共和国和沙特阿拉伯王国关于建立全面战略伙伴关系的联合声明》，《人民日报》2016年1月20日第2版。
② 参见《中国—阿拉伯国家合作论坛2018年至2020年行动执行计划》（北京，2018年7月10日），中阿合作论坛网站（http：//www.chinaarabcf.org/lthyjwx/bzjhywj/dbjbzjhy/201807/t20180713_ 6836929.htm）。登录时间：2022年1月9日。
③ "Dubai Seeking to Meet Needs of GCC Youth Population," *Oxford Business Group*, https：//oxfordbusinessgroup.com/analysis/young-heart-meeting-needs-region% e2% 80% 99s-growing-youth-population. 登录时间：2020年4月8日。
④ ASDA' A Burson-Marsteller, "Arab Youth Survey 2018: A Decade of Hopes & Fears," *Arab Youth Survey*, 2018, pp. 13, 17, 43, 49, 51, http：//www.arabyouthsurvey.com/pdf/whitepaper/en/2018-AYS-White-Paper.pdf. 登录时间：2018年6月30日。

实问题的青年交流有助于提升青年群体的社会责任意识和领导力，为中沙双方的外交工作提供人才储备。四是通过青年交流积累友好人脉和营造友好合作氛围，可为两国未来合作注入更大动力。

二 "汉语热"在沙特国内持续升温

继 2018 年 7 月阿联酋宣布于次年起在该国 100 所学校开设中文教育后，沙特于 2019 年 2 月宣布将中文纳入其所有教育阶段的课程中。沙特将中文教学纳入本国的国民教育体系中，旨在促进沙特的文化多样性，建立符合市场需求的教育体系，提升本国未来的人才竞争力，折射出沙特推行语言多元化教育的政策思路转变，同时反映出在国际格局深刻变动背景下沙特为拓展与中国的合作空间储备中文人才的战略考量。从教学主体的角度来看，在沙特等海湾阿拉伯国家从事中文教育的，既有当地公立和私立高校的相关院系，又有中国国家汉办与当地高校合办的孔子学院，但当地的中文教育在课程体系设置、标准化方面仍有较大提升空间。[1]

三 联合考古成为双方复现古代丝绸之路文明印记、促进文明交流与互鉴的新尝试

以考古探源古代丝绸之路上的文明交往，是中国打破西方长期占据世界文明研究制高点、垄断文明研究话语权[2]的一种路径。以考古复现古代丝绸之路的历史印记，则是这种路径在阿拉伯地区的具体实践。推动与红海和阿拉伯海沿岸国家文化遗产国际合作，是近年来中国与海湾阿拉伯国家拓宽人文交流领域、以"丝路精神"引领各领域合作的新尝试。2019 年 1 月，中国与沙特联合考古队对沙特塞林港遗址的考古发掘活动取得重要成果，发现大型建筑遗址，出土了包括中国瓷器在内的诸多文物，为复原古代中阿民族交往的历史图景提供了重要的物质文化资料。

---

[1] 参见廖静《阿拉伯海湾地区的汉语教育政策变迁与汉语教育的发展》，《云南师范大学学报》（对外汉语教学与研究版）2019 年第 5 期。

[2] 郑海鸥：《中国考古，走出国门探源世界文明》，《人民日报》2016 年 11 月 24 日第 19 版。

四 人文交流的数字化转型，为未来两国拓宽交流领域、创新交流模式提供了新机遇

移动互联网和智能手机的普及、数字技术的进步正在改变传统人文交流的理念和形态，也改变着作为交流主体的"人"的行为偏好。中国与沙特等海湾阿拉伯国家的人文交流从现实走向"云端"的转变在新冠疫情前就已初露端倪，疫情进一步加速了数字经济的转型步伐，使得人文交流得以突破物理空间限制，向更广泛的云端探索新的模式。云课堂、云展览、云展演、云旅游、云集市等线上活动，正在为疫情后线下人文交流的恢复蓄积势能。数字化转型正在为未来中国与沙特等海湾阿拉伯国家实现投资、科技和文化等领域的融通与合作，创新人文交流的形态与模式提供新的机遇。2020年7月，沙特民众网上购物消费总额自2月疫情暴发以来增长了约4倍，消费者网购消费品比率从6%飙升至55%。这一数字的背后是浙江执御信息技术有限公司的电商服务平台，该平台在沙特配送服务网络覆盖的城市从疫情前的60个增至近百个。[①] 中国与沙特在数字科技领域开展合作，在提高移动支付在沙特的渗透、激活商业活力和发展潜力、完善沙特数字生态系统等方面，发挥了独特且重要的作用。

第四节　中国与沙特人文交流的挑战

中国和沙特全面战略伙伴关系的确立以及两国促和平、谋发展的共同诉求，为双方深化包括人文交流在内的各领域合作提供了现实动力。但当前中沙人文交流仍面临着中东地区局势动荡、国情差异、话语干扰、软硬件建设滞后、文化产品供给有限和文化传播精准度不高等一系列挑战。

一　地区局势动荡限制人文交流的正常开展。

中东变局以来，席卷整个阿拉伯地区的政治社会动荡余波犹在。叙利亚、伊拉克、也门、利比亚等国仍处于动荡之中，恐怖主义活动依然猖

[①] 景玥、黄培昭：《患难见真情 共同抗疫情：中阿加强数字化合作》，《人民日报》2020年7月9日第3版。

獗；海湾国家因沙特和伊朗关系恶化以及卡塔尔断交事件而陷入地区危机；黎巴嫩、约旦、摩洛哥等国抗议活动时有发生；美国在中东的干涉政策和奉行"双重标准"的反恐政策加剧了地区动荡。地区局势的周期性动荡对中国在沙特开展人文交流构成了现实挑战，具体体现在三个方面：一是人文交流和其他领域的合作或因受制于安全因素而无法正常开展。叙利亚危机、也门战乱久拖不决所引发的地区恐怖主义回潮，令沙特国内和周边安全环境有所恶化。在恐袭方式上，简易爆炸装置、枪击和越境炮击是近年来沙特国内恐袭的主要类型，其中胡塞武装越境炮击的频率呈现上升趋势。在地区分布上，沙特东部省盖提夫市是简易爆炸装置、枪击的高发地区，南部吉赞省是胡塞武装越境炮击的主要攻击地区。二是动荡局势影响人文交流主体的稳定性和持续性，进而削弱交流的实际效果。从事人文交流的人员、机构都可能因安全形势恶化而中止交流与合作，人文交流的场所也会因安全因素而关闭，局势动荡会冲击人文交流主体的稳定性与持续开展人文交流的意愿。三是利用地区动荡局势兴起的伊斯兰极端势力对异质文明的排斥，可能对中国在阿拉伯地区开展人文交流造成掣肘。宗教极端主义泛滥是当前沙特面临的突出的宗教风险之一，其不仅威胁沙特国内社会安全，而且对沙特与他国关系造成压力。沙特常年保守的宗教环境为宗教恐怖主义、宗教激进主义和宗教极端主义的滋生提供了土壤。宗教极端势力利用沙特国内权力斗争、发展失调、治理赤字的现实以及保守宗教势力宣传的反西方思潮，逐渐发展出一套强调暴力抗争的政治话语，试图通过对穆斯林进行所谓的"正统性"改造来"净化伊斯兰教"。近年来，沙特政府加强了在教育系统和宗教机构进行去极端化运动的力度。2017年10月，沙特王储穆罕默德·本·萨勒曼誓言摧毁极端主义意识形态，提出回归"温和伊斯兰"的主张。11月，穆罕默德在"伊斯兰军事反恐联盟"（IMCTC）首次防长会议上强调将加强军事、政治、金融和安全合作，共同打击极端主义和恐怖主义。沙特还成立了旨在"消除任何与伊斯兰教教义相抵触、犯罪、谋杀和恐怖主义行为提供正当理由的假冒和极端主义文本"的"萨勒曼国王圣训学会"[1]，以应对"后伊斯兰国"时

---

[1] "Saudi Arabia to Vet Use of Prophet's Sayings to Counter Extremism," *Reuters*, October 18, 2017, https://www.reuters.com/article/us-saudi-islam/saudi-arabia-to-vet-use-of-prophets-sayings-to-counter-extremism-idUSKBN1CN1SZ. 登录时间：2018年1月18日。

代宗教极端主义煽动的暴力运动对沙特社会构成的安全威胁。

二 国际和地区舆论的话语干扰制约中沙相互认知

中国和沙特之间没有悬而未决的历史遗留问题，但话语干扰是中沙人文交流难以回避的现实挑战。首先，西方媒体对全球传播格局的主导态势，使得长期以来中沙双方主要通过西方媒体的报道了解对方，面对面的直接交流少，西方国家炮制的"中国威胁论""中国霸权论""中国崩溃论""新殖民主义论"等负面舆论，始终干扰着中沙的相互认知和交流。其次，卡塔尔半岛电视台等地区国家媒体对中国民族宗教问题和社会现实的不实报道，进一步加深了沙特民众对中国民族宗教政策和对外（中东）政策的误解，固化了沙特对中国的负面认知。在阿拉伯地区具有广泛覆盖率和影响力的传统媒体和社交媒体，在推出涉华不实报道后，中方难以在短时间内及时、有效地对冲因不实报道而产生的负面影响。最后，西方媒体对沙特的报道充斥着对伊斯兰教的偏见、抹黑和诋毁，中国普通民众在面对这类报道时难以对信息真实性进行辨别，由信息不对称所造成的认知差异和舆论话语干扰，制约了中沙之间的相互认知。

三 国情差异加大了中沙人文交流的难度

沙特在国情、政治制度、经济结构、社风民情、意识形态等方面与中国存在较大差异，这些差异加大了中国与沙特人文交流的难度。在文化属性上，沙特属于阿拉伯半岛文化圈，沙特的游牧文化与中国的农耕文化在形态和思想上具有明显差异。在政体上，沙特实行君主制，国内不设宪法，禁止政党存在。在宗教上，即使在沙特内部，不同地区的宗教化程度和世俗化程度不一，但伊斯兰教在沙特占据绝对优势。在与大国的关系上，尽管近年来沙特外交"向东看"势头明显，但仍将欧美作为本国的盟友，国内亲西方和反西方立场并存，且政府与民众对待西方国家的态度有时存在差异。在经济发展程度上，沙特沿海城市与内陆城市现代化程度和经济水平发展不同步。这些因素导致沙特国内不同群体对中国文化的认知度、亲近度和欣赏水准存在差异，不同部落、教派和政治势力对中国的立场不一，进一步增加了双方开展人文交流的难度。

四 软硬件建设滞后凸显中沙人文交流的现实困境

在硬件建设方面，中国境内设立的沙特文化传播机构和沙特国内设立的中国文化传播机构数量寥寥。截至 2020 年底，中国在海外建立的 541 所孔子学院中，阿拉伯国家仅有 17 所，占全球孔子学院总数的 3.14%，这些孔子学院主要分布在黎巴嫩（1 所）、约旦（2 所）、阿联酋（2 所）、巴林（1 所）、巴勒斯坦（1 所）、沙特阿拉伯（1 所）、埃及（3 所）、摩洛哥（3 所）、突尼斯（1 所）、苏丹（1 所）、科摩罗（1 所）11 个阿拉伯国家[①]，中国在海外建立的 1170 个孔子课堂中，阿拉伯国家仅有 4 个（埃及 3 个、突尼斯 1 个），仅占全球孔子课堂总数的 0.34%。沙特虽已宣布将中文纳入沙特所有教育阶段的课程大纲里，但受制于意识形态因素和国内文化环境，沙特国内至今未开设孔子学院。目前，中国驻阿拉伯国家使馆中有 10 个设有文化处，其中两个同时设有教育处。[②] 沙特国内仅阿卜杜勒阿齐兹国王大学开设了中国文化中心，中国国内的沙特文化机构仅阿卜杜勒阿齐兹国王公共图书馆北大分馆一家，两国互设的文化机构数量与中沙全面战略伙伴关系的层次极不相称。在软件建设方面，中方和沙方都缺乏能够从事人文交流的高端人才，语言障碍和人才"青黄不接"的现象比较突出，双方尤其缺乏具有较强跨文化交际力、沟通力、领导力和国际视野的青年精英，参加中国"青年汉学家研究计划"的沙特籍青年数量远低于欧美国家的青年数量。沟通障碍、互相认知不足和人才匮乏等问题是制约中沙双方开展有效人文交流的主要因素。

五 文化产品供给有限、销售渠道不畅导致人文交流面临"高投入、低收益"的现状

无论在媒体、出版领域，还是在青年交流、教育和智库合作领域，与中国和欧美国家、欧美国家和阿拉伯国家的人文交流相比，中沙双方文化

---

① 《关于孔子学院/课堂》，孔子学院总部/国家汉办网站（http://www.hanban.org/confuciousinstitutes/node_10961.htm）。登录时间：2020 年 12 月 20 日。

② 笔者根据中国驻阿拉伯国家使馆网站信息统计。

产品的供给显得严重不足。一方面，沙特国内总体上缺少介绍当代中国政治、经济、社会和文化的书籍和节目，近几年来，即使中国和阿拉伯国家的出版社出版了相关议题的书籍，但发行、销售渠道不畅的现实使得很多书籍无法覆盖到更多的书店，沙特普通民众获得这些书籍的渠道相对有限。另一方面，中国的有关文化机构尚缺乏市场调研意识，也未与沙特国内及阿拉伯地区有影响力的文化产品营销机构建立起可靠的合作关系，致使中国在文化产品走向沙特市场时投入不少，效果却不彰。

六　文化传播精准性不高削弱了本国文化的传播效果

当前，中沙人文交流尚缺乏文化精准传播的意识和手段。在打造文化品牌、传播文化遗产、孵化文化产业和培养文化人才等方面，中国和沙特的交流与合作仍有较大提升空间。以非物质文化遗产为例，挖掘双方非物质文化遗产的文化内核，不仅有利于增强双方的民族凝聚力，而且是双方开展文明对话、文化交流和价值沟通的基础，并为古代丝绸之路上中阿（沙）民族的历史交往提供印证。中国与沙特政治制度、经济形态、文化传统、宗教特性的多样性，决定了中沙双方不仅需要各自探索构建民族精神、核心价值、文化形象、文化品牌四位一体的国家形象，而且需要提升对外文化传播的精准性和有效性。

第五节　深化中国与沙特人文交流的对策建议

进入 21 世纪以来，中国同沙特在政治、经济等各领域的交流合作实现了全面提升，两国民众互相了解的愿望日益强烈。民心相通、人文先行，有效的人文交流是深化中沙传统友谊和提升中沙战略合作层次的基础和动力。中沙双方可通过完善战略布局、强化资源配置、创新交流形式和推进文旅融合等手段，深化两国人文交流与合作。

一　完善中国对海湾阿拉伯国家人文交流的战略布局

中国与沙特日益增长的人文交流需求，对中国在海湾地区的战略布局提出了新的要求。对沙特、阿联酋等与中国建立全面战略伙伴关系的海湾地区支点国家进行布点，在条件成熟时增设中国驻海湾阿拉伯国家使馆文化处（组）、教育处（组）的数量，可实现人文交流在双边层面和小多边层面的相互促进，即以双边人文交流辐射小多边人文交流，以片区化的小多边人文交流带动双边人文交流。沙特"2030 愿景"将发掘古代文明和历史文化遗产作为强化国家认同的重要手段，中国加强与红海、阿拉伯海等古代丝绸之路沿岸国家在考古领域的合作，对推动中沙文明对话、促进陆海文明融合，具有重要的现实意义。

二 以城市人文交流提升中沙人文交流的文化资源配置能力

地方人文交流是国家层面人文交流在地方层面的实践。地方人文交流的特殊性主要表现为行为主体下沉、内涵更加中性、与经济交往关系密切等。[①] 对外拓展经济合作是地方政府在对外交往过程中的主要关切，因此地方人文交流整体上服务于地方政府对外经济合作的需求。地方政府基于自身条件和优势，在对外开展人文交流时形式更加灵活、内容更加丰富、主体更加多元。人文交流的效果在很大程度上取决于双方文化产业的资源配置能力，人文交流可以推动文化资源配置能力的提升，城市在这方面具有独特的资源优势。相较于国家层面的人文交流，城市间的人文交流具有更大的灵活性。中国与沙特可以探索城市层面的人文交流：一是推进友城合作。建议由沿海城市人民政府外事办公室牵头、前方使馆协调联络，推动具备人文资源和经济实力的沿海城市同具有文化底蕴和人文环境的沙特城市结成友好城市。二是互设语言课堂。沙特已在全学段开设中文教学，对中文教师需求量大，中沙在省级层面的具体合作也需要大量懂阿拉伯语的专业人才。建议由设立阿拉伯语专业的公办高校所在城市牵头，与互联网基础设施相对完备的沙特省市互设网络语言课堂，推进中文教学在沙特主要城市落地。三是提升人文交流品牌塑造能力。《关于加强和改进中外人文交流工作的若干意见》强调，要"形成一批具有中国特色、国际影响的人文交流品牌"[②]。中沙双方可着力打造符合对方国家民众社会习俗

[①] 潘亚玲：《战略竞争背景下如何稳定中美关系：地方人文交流视角》，《国际展望》2018年第6期。

[②] 《中办国办印发意见 加强和改进中外人文交流工作》，《新华每日电讯》2017年12月22日第1版。

和接受度的文化产品，如挖掘中沙城市内部具有本土特色的"文化街"的文化内核，实现工匠和手工艺人互访和交流等。

三 以"数字人文交流"创新人文交流形式

疫情的蔓延、扩散在限制人际交往物理空间的同时，极大地拓展了人际交往的虚拟空间。数字化转型已成为中沙人文交流的新趋势，"数字人文交流"既可以成为未来中沙创新人文交流形式的突破口，也是推动沙特等海湾国家经济和文化多元化战略实施的重要抓手。中国与沙特在数字科技领域开展合作，在提高移动支付在海湾地区的渗透率、激活商业活力和发展潜力、完善海湾国家数字生态系统等方面，可以发挥独特且重要的作用。在这方面，可推动中沙数字文化产业的战略对接。已形成了相对成熟的文化产业带的中国省市，可探索与尼尤姆新城等沙特新兴城市在数字产业等领域的战略对接，上海、杭州、苏州等城市可利用"长三角一体化"重大机遇，同长三角城市共同开发中国东部城市文明与历史的数字博物馆资源，同沙特国家博物馆或文化机构共同举办"中阿文明云展览"等线上活动，以"云旅游""云展览""云集市"等形式创新中阿人文交流的模式与内容，为后疫情时期双方的线下人文交流与合作奠定基础。

四 以文旅融合实现中沙人文交流主体和内容的多元化

沙特等海湾阿拉伯国家经济转型的一个重要方向，是以旅游业带动服务业，提升本地就业率，促进经济的多元化发展。旅游是人文交流的重要组成部分，其亲善本质促进了游客与旅游目的国民众之间的文化互动。2019年9月，沙特首次向外国游客开放旅游签证，宣布对包括中国在内的49个国家的公民开放旅游签证申请，以实现至2030年国际和国内游客达到每年1亿人次、创造100万个就业机会的目标。[1] 沙特对中国民众开放旅游签证申请，为中沙探索文旅融合的人文交流新模式提供了机遇。实

---

[1] 涂一帆：《沙特首次向外国游客开放旅游签证》，新华网（http://www.xinhuanet.com/2019-09/28/c_1125052441.htm），2019年9月28日，登录时间：2020年11月19日。

际上，近年来沙特邻国阿联酋为吸引更多的中国游客，已经成功打造出"拥抱中国"（Hala China）这一人文交流品牌。[①] 对两国普通民众而言，文学、电影等作品所提供的关于对方国家的艺术化想象，为中沙开展旅游合作注入了浪漫主义的动力。文旅融合的人文交流模式，有助于孵化一批有影响力的文化旅游企业，实现中沙人文交流主体多元化、文化标识体系化、文化传播机制化。在这方面，中沙可以探索设立中沙文化亲善大使机制，邀请双方的青年领袖或对方国家留学生担任亲善大使，充分挖掘非遗传承人等文化资源，借助短视频平台、文化沙龙、讲座等手段宣介两国的旅游和文化资源。

[①] 该计划由阿联酋副总统兼总理、迪拜酋长穆罕默德倡议成立，为中国游客量身定制了住宿、购物、餐饮、游玩、探索、健康和礼宾服务7种不同的文旅套餐，并开通了中文服务热线。为庆祝中国与阿联酋建交35周年，2019年"拥抱中国"计划推出了为期一整年的文化活动，包括美食节、时装秀、体育赛事、音乐节和文艺表演等活动，充分展现了迪拜多元、包容、开放、安全的现代化国际城市形象。2019年，旅游业为阿联酋贡献了11.5%的GDP。迪拜接待了创纪录的1673万名游客，增幅达5.1%；赴迪拜旅游的中国游客数量达98.9万人次，同比增长15.5%。参见"Dubai Announces Record Tourism Arrivals in 2019," *The Arab Weekly*, https://thearabweekly.com/dubai-announces-record-tourism-arrivals-2019. 登录时间：2020年6月19日。

第四章　沙特旅游业态与中沙旅游业合作

以沙特为代表的海合会国家①是当今全球旅游业十分活跃和发展极为迅速的地区之一。在去石油化经济转型过程中，大多数海合会国家将旅游业作为推动经济改革的重要引擎。2016 年，沙特推出的"2030 愿景"中将旅游业定位为朝阳产业和经济发展的新支柱。② 未来，旅游业将在增加政府财政收入、吸引对外投资、提升私有化经济比重和吸纳就业等多个方面对沙特经济多元化转型发挥重要作用。沙特旅游业本身也将从原来的单一朝觐游为主，转向依靠休闲游、商务游和医疗游等多种旅游业态。研究和把握沙特旅游业的未来发展方向，寻找"一带一路"背景下中沙合作新机遇，对于拓展中沙双边合作领域具有积极意义。

第一节　沙特旅游业发展历程与现状

沙特旅游业发端于朝觐经济，作为全球最大的年度性跨国人口流动现象，朝觐穆斯林成为沙特入境游主要客源群体。直到现在，朝觐游仍是沙特入境旅游最主要的形式。进入 21 世纪后，随着石油给国民经济和人民生活带来的变化，沙特出境游和国内游市场得到了一定的发展。

---

① 海合会国家全称为"海湾阿拉伯国家合作委员会"，成立于 1981 年，成员国包括阿联酋、阿曼、巴林、卡塔尔、科威特、沙特阿拉伯六个国家。
② 《沙特阿拉伯 2030 愿景》，沙特政府官网（http://vision2030.gov.sa）。登录时间：2017 年 11 月 27 日。

一 沙特旅游业发展历程

沙特旅游业发展有两个重要的时间节点：一是 20 世纪 70 年代石油的发现与开采；二是 2001 年"9·11"事件后中东地区旅游业的逆势崛起，特别是以迪拜为代表的海合会国家旅游业的集体发展。[①]

（一）沙特旅游业的前石油时代（20 世纪 70 年代之前）

朝觐是伊斯兰教的五功之一，根据伊斯兰教的规定，每个穆斯林有生之年在条件允许的情况下必须去沙特麦加朝觐一次，因此，麦加的朝觐活动古已有之。沙特建国之初，在石油尚未发现之前，朝觐收入是沙特财政收入最主要的来源。20 世纪 30 年代至 40 年代中期，受西方经济危机和第二次世界大战的影响，朝觐收入因失去了西方资金支持而下滑严重。第二次世界大战后，伴随着地区石油的发现，沙特将目光转向石油工业，特别是政府于 1952 年全面废除朝觐税后，朝觐经济在国民经济中的重要性逐步让位于石油经济。[②] 可以说，前石油时代的沙特朝觐业更多的是一种基于宗教信仰的跨国宗教活动，而非现代意义上以消费和度假为目的的旅游活动。

（二）沙特旅游业的后石油时代（20 世纪 70 年代后）

20 世纪末，受海湾战争和国际石油价格下跌的影响，海湾国家集体遭遇了经济衰退的阵痛，它们意识到必须实施经济多元化战略，摆脱对石油的依赖，才能实现国民经济健康、持续发展。这一时期，除继续大力扶持朝觐业外，沙特政府还开始积极倡导发展国内其他旅游业态。

2002 年，沙特成立最高旅游委员会。2008 年，因进一步发展需要，该委员会被更名为沙特旅游与古迹委员会，成为沙特旅游管理最高机构，同时设下属机构沙特旅游数据统计中心（MAS）。同年，沙特推出未来 20 年国家旅游发展规划。沙特旅游与古迹委员会主要在以下两个方面发挥了作用：

一是致力于沙特文化遗产和古迹保护，提升国民旅游意识和沙特文化

[①] 阿拉伯地区旅游业发展情况参见本章作者的《"一带一路"视角下中阿旅游合作研究》，《阿拉伯世界研究》2016 年第 2 期。

[②] 钮松：《沙特阿拉伯历史进程中的朝觐经济》，《阿拉伯世界研究》2017 年第 4 期。

的地区影响力。在旅游与古迹委员会努力下，2008—2014 年，沙特境内有十处历史古迹成功申遗，被纳入世界文化遗产名录。旅游与古迹委员会还通过启动遗产保护计划，建造伊斯兰博物馆，将各类文化古迹打造成传统文化科教中心。此外，旅游与古迹委员会还积极推进"沙特历代文物精品展"，通过在世界各国巡回展出沙特的精品文物，提升沙特文化的全球知名度。

二是通过成立各类投资公司和旅游基金，促进国内旅游业的发展。旅游与古迹委员会先后成立了沙特古迹酒店公司、沙特旅游发展与投资公司、地产发展公司等，其中地产发展公司被认为是旅游投资计划的核心内容。

在过去十年间，沙特的入境游、出境游和国内游均取得了较快发展：入境游从 2006 年的 862 万人次增长到了 2015 年的 1930 万人次，增长了一倍多；出境游从 2006 年的 677 万人增长至 2015 年的 9620 万人，增长了 13 倍多；国内旅游从 2006 年的 2708 万人次增长到了 5070 万人，增长了近一倍。2015 年，沙特 52.4% 的非石油收入来自于旅游业，旅游业对沙特 GDP 的总贡献率达到了 10.2%。[①] 此外，旅游业还成为继石油产业外吸纳劳动力就业的第二大部门。可以说，这一时期现代意义上的旅游业在沙特得到了阶段性发展，旅游观念开始深入人心。

二 沙特旅游业发展现状

尽管沙特旅游业 20 世纪取得了阶段性发展，旅游需求增长迅速——主要体现在沙特公民出境游人数的快速增长上，但受传统宗教观念的影响，在发展除朝觐游之外的入境游方面沙特一直持较为保守的态度，旅游业结构性弊端明显。

（一）入境旅游增长主要依靠朝觐游拉动，后劲乏力

受瓦哈比保守宗教观念的影响，沙特对发展除朝觐游之外的入境旅游业态长期持保守态度，目前沙特当局仍只向赴沙特朝觐、探亲和从事商务

[①] Travel & Tourism Economic Impact 2017, London, Saudi Arabic World Travel & Tourism Council, p. 3, https：//www.wttc.org/-/media/files/reports/economic-impact-research/countries-2017/saudi-arabia2017.pdf. 登录时间：2017 年 11 月 27 日。

活动人士发放签证，因此这三类游客构成了沙特入境游主体。从 2015 年统计数据来看，朝觐游客占到了入境游客总人数的 41%，其次为探亲游（20.5%）和商务游（14.2%），以度假旅游为目的的游客比例很低（0.9%），入境游增长基本依靠朝觐拉动。①

为保持入境游的稳定增长，沙特政府近年来不断扩建麦加和麦地那附近的宗教设施和景点，兴建各类酒店和住宿区，这使得朝觐业的宗教气息越来越弱，商业气息越来越浓。

1. 消费主义倾向不断升级。麦加、麦地那等宗教圣地附近的豪华酒店不断涌现。

2. 私有和外来资本不断进入。如麦加 80% 的豪华酒店都是由国际连锁酒店投资兴建的。

3. 下游产业链不断延伸。近年来沙特政府试图通过对周边宗教文化景点的开发，将朝觐游与观光游、休闲游等结合起来，不断增强朝觐游的辐射效应。

然而，朝觐游的核心旅游资源——麦加及其附近宗教遗迹，具有空间限制性和不可再生性，随着朝觐人群源源不断地涌入，景点的游客承载力不断突破极限，朝觐活动的宗教神圣性持续削弱。近年来，关于麦加城扩建带来的负面影响、朝觐期间发生的安全事故不绝于耳；在朝觐成本不断增加的同时朝觐体验却不断降低。这一切对朝觐游的可持续发展提出了挑战，如果依然延续这一增长模式，沙特入境游要维持进一步增长恐后劲不足。

（二）国内旅游的稳定增长机制尚未形成

当前，国内旅游设施和服务水平不能满足国民日益增长的需求是沙特旅游业发展的主要矛盾。由于朝觐业态一枝独秀，致使沙特境内的基础设施建设基本集中在麦加附近区域，朝觐区域之外的基础公路、铁路、住宿等旅游基础设施建设仍然十分落后，娱乐设施和景点开发不足、服务意识差、行业生态环境不佳，旅游业仍被投资者认为是高风险产业，政策的扶持力度甚至不如农业。因此，尽管沙特政府大力倡导国民在境内旅游，但

---

① 《2015 沙特旅游年度报告》，沙特旅游数据统计中心网站（http://www.mas.gov.sa/ar/publications/Pages/FreeDetails.aspx? Product = 3426）。登录时间：2017 年 11 月 27 日。

国内游人数增长始终不温不火，2010—2013 年甚至连续四年出现了下滑态势（见图Ⅲ-4-1）。

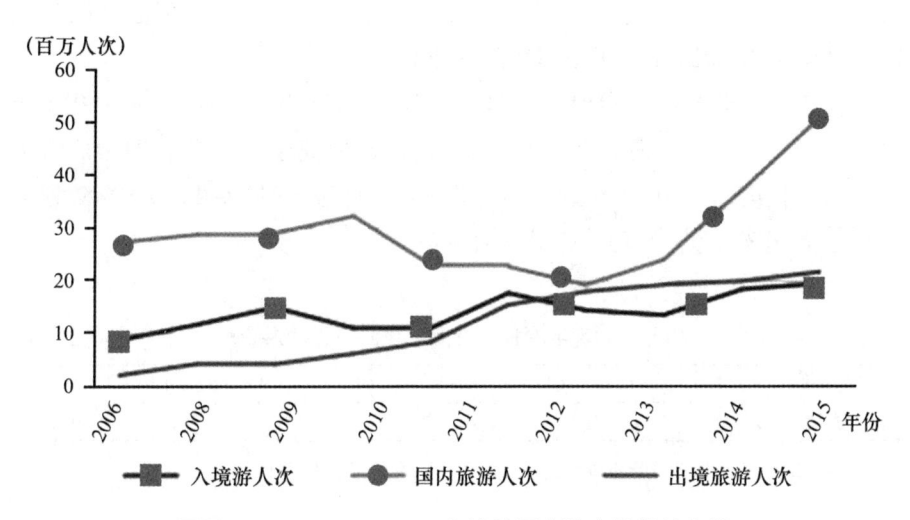

图Ⅲ-4-1 2006—2015 年沙特国内游人数增长曲线

资料来源：作者根据沙特旅游数据统计中心（MAS）网站数据自行整理。

为此，沙特 "2030 愿景" 进一步促进国内旅游业和娱乐业的发展列为社会改革和提高民众生活幸福指数的重要手段。根据目标，到 2020 年沙特将新建 241 家博物馆和 155 个古迹旅游景点，举办各类文化和娱乐节的数量将从 300 次提升至 500 次，沙特家庭的国内旅游消费比例将从 2.9% 提升至 6%。

（三）入境游和出境游发展不平衡导致旅游逆差严重

由于国内旅游业发展不充分，同等服务的国内旅游和国外旅游价格倒挂，致使沙特公民更愿意前往国外旅游。沙特境外移民和境外常住人口数量的不断增多也导致海外探亲游人数节节攀升。有关数据显示，沙特境外常住人口数量达到了 100 万人，约占国内总人口的 5%[1]，主要分布在埃及、阿联酋、约旦、黎巴嫩等阿拉伯国家，以及欧洲的英、法等国，而这些地方也正是沙特出境游的主要目的国。

---

[1] 《沙特移民人数，移民原因和主要目的国探析》，瞭望网站新闻（https://al-marsd.com/90956.html），2016 年 12 月 19 日。

石油经济下的高福利政策也助长了沙特人海外旅游的热情。以医疗旅游为例，沙特是世界上医疗旅游主要的客源输出国之一。在过去十年间，有2万多名沙特公民前往英国、德国、瑞士等西方发达国家进行医疗旅游，其中75%的医疗费用由国家财政支付。

沙特还是全球境外旅游人均消费较高的国家之一。在2006—2015年十年间，沙特年出境游人数增长了14倍，远远高于入境游和国内旅游人数的增长幅度。从2011年起，沙特旅游业一直处于逆差中，2016年逆差额更是高达87.7亿美元（详见表Ⅲ-4-1）。

表Ⅲ-4-1　　2011—2018年沙特旅游业入境游与出境游逆差　　（亿美元）

年份	2011	2012	2013	2014	2015	2016	2017	2018
旅游赤字	31.7	21.6	74.4	44.0	42.4	87.7	40.5	9.5

资料来源：作者根据沙特旅游数据统计中心（MAS）网站数据自行整理。

第二节　"2030愿景"下沙特旅游业定位和未来发展方向

2016年4月26日，沙特通过阿拉比亚电视台英文网站正式对外公布"2030愿景"，这一愿景被认为是沙特第三代领导人对国家经济转型的总构想。根据这一愿景，未来沙特经济将逐渐摆脱对石油收入的依赖，转而依靠投资、民用、军事工业、房地产以及旅游等产业。在此背景下，沙特旅游业将迎来新的历史发展机遇。

一　"2030愿景"下的沙特旅游业定位

"2030愿景"将旅游业定位为未来沙特经济发展中的朝阳产业，并将其作为推动经济多元化转型的主要引擎。[1] 根据《2020国家转型计划》分项目标[2]，旅游业将在增加财政收入、吸引对外投资、提升私有化经济比

---

[1] 《旅游业将在未来沙特经济转型中发挥主要作用》，2015年9月30日，沙特旅游数据统计中心网站（https://www.scta.gov.sa/MediaCenter/News/GeneralNews/Pages/a-g-1-29-9-15.aspx）。

[2] 简称"NTP"，该计划是沙特"2030愿景"的一部分，它将"2030愿景"中的各项目标细化为2020年前实现的具体指标，并分解到政府各相关部门，逐一设定关键绩效指标（KPI）。

重和吸纳就业四个方面对沙特经济转型发挥重要作用。

首先，旅游业将成为未来沙特经济收入的主要来源之一。到2020年，沙特旅游业对GDP贡献的比重将从2015年的5.4%上升至2020年的18%，旅游收入将从2015年的228.8亿美元增至2020年的316.8亿美元，成为仅次于石油的第二大收入来源。

其次，旅游业将成为吸引外资和私人投资的主要部门。沙特旅游业投资将从2015年的386.6亿美元提升至2020年的457.3亿美元，其中将有64%来自于私人资本投资。[①]

最后，旅游业将对沙特的劳动力国民化计划发挥重要作用。旅游业作为劳动密集型产业，是沙特吸纳劳动力就业的第二大部门。2015年旅游业直接就业人数为83万人，到2020年计划达到120万人，就业人群中的沙特人比例将从25.8%提升至29.6%。这意味着在未来五年里旅游业将为沙特人提供超过14万个就业岗位。

二 沙特旅游业未来发展方向

21世纪以来，沙特入境旅游人次和旅游收入均获得了显著提升，但旅游业主要依靠朝觐游这一根本结构并未发生改变。随着"2030愿景"的提出，沙特旅游业将逐渐步入多元化发展时代，单纯依靠朝觐游来吸引入境游客的局面将得到改变。根据《2020国家转型计划》目标，非朝觐入境游将从20万人提升至2020年的150万人，未来沙特旅游业的发展方向将包括如下几个方面。

（一）朝觐周边游

长期以来，朝觐游一直是沙特旅游业最主要的业态，发展较为成熟。得益于全球穆斯林人数的快速增长，未来朝觐业仍有发展空间。但麦加的空间局限性和过度开发可能导致宗教资源的不可逆破坏，因此，未来沙特政府应更多地开拓麦加、麦地那附近新宗教文化旅游景点，拓展朝觐周边游产业。

（二）休闲游（主要为海滨游）

海湾阿拉伯国家游客偏好海滨游，加之沙特地处红海边缘，拥有长达

[①] 《到2020年底旅游业私人投资将达1600万沙特里亚尔》，2017年7月16日，阿拉伯国家经济杂志网站（http://www.aleqt.com/2017/07/15/article_1219821.html）。

2000多千米的海岸线和丰富的海景开发资源，未来，海滨度假游将成为沙特旅游业发展的重点方向。在沙特旅游与古迹委员会推出的六项2020年重点旅游投资项目中，有两项为海滨游开发项目，总投资额达4亿美元。① 2017年8月，沙特政府推出了超级观光度假开发项目"红海计划"，被喻为沙特向世界打开的红海之门。这一项目涵盖了红海沿岸位于沃季和乌姆莱季两地之间的50座岛屿和休眠火山，旨在吸引全球高端游客群体，项目建成后预计每年将为沙特新增40亿美元的旅游收入。

（三）商务游

相对度假游和医疗游等，商务游在政策上受到的限制较少，是未来沙特着力发展的旅游业态之一。沙特旅游与古迹委员会副主席阿卜杜·拉赫曼·沙妮尔指出："未来沙特旅游业发展的四大核心任务之一，就是大力发展商务旅游，使沙特成为世界最大的商务旅游和会议目的地之一。"②

（四）医疗游

沙特国内拥有先进的医疗资源，在发展医疗旅游领域具有较强的潜力。截至2012年，沙特境内共有42家医院获得了国际联合委员会认证，国家医疗旅游指数（TMI）排全球第37位。③ 沙特公立医院设备先进，医生大多在西方接受过专业教育，在儿童疾病与护理、肥胖症治疗、器官移植等领域具有技术优势。此外，沙特还拥有伊斯兰教发源地的宗教背景和影响力，除了能为患者提供技术治疗外，还能为穆斯林提供心灵上的慰藉，对穆斯林患者具有天然的吸引力。

由于高福利政策，过去十年来沙特一直是全球较大的医疗旅游输出国之一。2014年以来，随着石油收入的减少和财政赤字的不断扩大，沙特政府不得不削减医疗福利开支。

在经济转型新政之下政府还出台了新规，规定除非本国无法医治的疾

---

① 这六个项目分别为发展两圣地计划、费拉桑群岛计划、塔伊夫欧卡兹城计划、白头海岸计划、欧拉城计划和阿基拉城建设计划，其中费拉桑群岛计划和白头海岸计划为海滨度假建设项目。
② 《沙特预计将旅游收入提高至228亿美元》，2015年5月6日，实时消息网站（https://www.akhbaralaan.net/business/2015/5/6/saudi-arabia-seeking-raise-tourism-revenues-228-billion）。
③ 《沙特国家转型计划负责人穆罕默德·本·萨尔曼明确指出：国外治疗方案将被本地医疗取代》，2016年11月4日，海湾新闻网站（http://gulfnews.com/business/sectors/tourism/saudi-arabia-looks-to-build-on-medical-tourism-as-austerity-bites-1.1923963）。

病才能出国治疗，否则将不再支付公民海外医疗费用。到 2020 年，沙特卫生部预计将公民的医保报销比例从之前的 75% 削减至 65%。在此背景下，沙特人将不得不转变治疗习惯，将医疗旅游消费从国外转向国内。在过去三年里，沙特公民赴海外医疗人数已经下降了 20%—30%。[①]

第三节　沙特旅游业进一步发展面临的挑战

尽管沙特政府对未来国内旅游业发展给予厚望，但现阶段旅游产业发展仍面临着严峻的挑战。

一　保守宗教氛围带来的政策上的壁垒

沙特是伊斯兰教的发源地，又深受瓦哈比教派的影响，宗教背景特殊，社会风气保守，酒吧、电影院等在其他国家常见的娱乐设施在沙特都不允许出现。此外，女性在公共场合必须遵守严格的着装规范，不得单独外出。对在公共场合违反伊斯兰行为准则的嫌疑人可未经审讯和公开法律程序就予以拘捕。这些风俗和规定让外来旅游者，特别是来自非伊斯兰国家的游客望而却步。因此，长期以来沙特被认为是不适宜发展旅游业的国家之一。[②] 未来沙特非朝觐旅游业的发展在很大程度上取决于社会风气的开放程度，以及能否改变一直以来沙特"刻板、保守"的国家形象。

在发展医疗旅游业上，沙特政府面临着同样的社会问题和政策壁垒。对此，吉达公共事务部官员塞米·巴达维表示希望能效仿迪拜经验，与沙特旅游与古迹委员会合作，设立独立式医疗城。[③]

严格的签证制度也是沙特大力发展入境旅游的主要障碍之一。直到 2019 年 9 月 27 日沙特才正式宣布向全球 49 个国家首次开放旅游签证，但不久后全球便暴发新冠疫情，沙特于 2020 年 3 月再度终止了旅游签证的发放。

---

① 《沙特医疗旅游推广项目》，2012 年 8 月 8 日，国际医疗旅游杂志网站（https：//www.imtj.com/news/promotion-medical-tourism-saudi-arabia/）。

② Muhammad Asad Sadi, Joan C. Henderson, "Tourism in Saudi Arabia and its Future Development," *Journal of Business and Economics*, 2005, p. 95, http：//qspace.qu.edu.qa/handle/10576/8105.

③ 《沙特医疗旅游推广项目》，2012 年 8 月 8 日，国际医疗旅游杂志网站（https：//www.imtj.com/news/promotion-medical-tourism-saudi-arabia/）。

二 国内投资环境不利于吸引外来资本和私人资本

对于外国投资者来说，沙特的营商环境并不是很理想。根据2019年世界银行发布的报告，沙特的营商环境仅排在了第62位，创业难度指数排在第141位。沙特政府的行政办事效率低下，外国公司往往需要耗费漫长的申请周期，才能办妥开展业务所需的营业执照、电力供应、办公场地、保险等手续。此外，相比投资旅游业，外国投资者更愿意将资本投向房地产业和高新科技领域。沙特旅游与古迹委员会主席苏尔坦亲王指出："当前沙特旅游业发展最大的问题在于缺少吸引国内和国外投资者的投资项目。"[1]

沙特国内中小旅游企业面临着资金短缺和投资风险问题。目前，沙特旅游业中80%以上的企业都属于私有中小微企业，资金不足和抗风险能力弱是行业通病。沙特旅游业人士指出："相比其他部门，旅游业在沙特仍属于不受扶植的产业和高风险产业。"[2] 如工、农类企业可免费向政府申请厂房建设和农业用地，并享受水电费的减免，其投资资金的70%可向政府贷款，但旅游类企业享受不到这些优惠措施。在经济转型新形势下，为扶植旅游行业内的中小微企业，沙特旅游与古迹委员会与财政部联合推出了"代理商计划"，但由于门槛设置和附加条件等限制，该计划的效果大打折扣。不少旅游企业反映："基金规定贷款的80%必须用于固定资产投资，只有20%能用于人员培训经费，而事实上这一比例应该反一反，这说明财政部对旅游业的行业属性并不了解。"[3]

三 经济转型期阶段性政策带来的消极影响

自2014年国际油价下跌以来，由于石油收入大幅减少，沙特财政入不敷出，为应对不断扩大的财政赤字，政府推出了一系列开源节流举措，

---

[1] 《沙特旅游业沙化率达27%》，2014年5月5日，阿拉伯市场网站（http://www.alarabiya.net/ar/aswaq/special-interviews/2014/05/05/أطلس-بن-سلطان.html）。

[2] 《旅游业的调整：城市服务税》，2016年11月1日，利雅得报网站（http://www.alriyadh.com/1544682）。

[3] 《旅游业的调整：城市服务税》，2016年11月1日，利雅得报网站（http://www.alriyadh.com/1544682）。

包括增加税种、减少能源价格补贴、压缩政府投资等，对旅游业产生了短期的消极影响。

2016年底，沙特政府宣布为提高城市服务水平，将向提供市政服务的企业、商店、酒店等征收城市服务税。根据税收规定，旅游关联行业（如酒店、住宿公寓、度假村和游乐场等）都需缴纳一定比例的执照费用和服务税，通过增收这一税种，沙特政府预计每年可从旅游业获得320万美元的税收收入。但对于绝大多数依靠房租为生的中小微旅游企业来说，这一税收大大压缩了它们的利润空间，加之沙特政府又取消了长期以来对国内水电和能源的价格补贴，导致旅游企业的经营成本大幅提高，进一步抑制了私人资本对旅游业的投资兴趣。沙特旅游专家指出："这一税收将导致旅游经营成本上升，包括住宿费、门票费、服务费等，并最终转嫁到消费者身上，致使国内旅游业更为萧条。"[1] 服务税开征以来沙特酒店业的收入已下降了30%，许多五星级酒店降级为三星级，预计2017—2018年将会有大批投资者和中小私营企业退出这一领域。沙特旅游与古迹委员会副主席阿卜杜·拉赫曼·沙妮尔甚至说："如果这一税收继续实施，那么沙特将和旅游业说拜拜。"[2]

四 国内旅游相关基础设施建设落后

旅游基础设施主要包括与出行息息相关的交通和住宿设施建设。目前，沙特国内的航空和铁路运力基本都集中于麦加和麦地那所在的希贾兹地区，服务于每年海量的朝觐游客。对于国内旅游者来说，航空和铁路出行成本较高，因此，75%以上的沙特居民采用私家车方式出行。但即使是在较为先进的东部地区，城市间高速公路的配套设施建设也严重不足，缺少加油站、休息站、餐饮店、汽车修理店、清真寺等场所，卫生设施堪忧，厕所脏乱差，缺少供水。[3] 在阿西尔地区和沙特北部地区，高速公路

---

[1] 《旅游业的调整：城市服务税》，2016年11月1日，利雅得报网站（http://www.alriyadh.com/1544682）。

[2] 《旅游业发展面临的挑战：城市服务税》，2016年11月1日，利雅得报网站（http://www.alriyadh.com/1544682）。

[3] 《国内旅游业发展：交通情况堪忧》，2009年5月1日，阿拉伯国家经济杂志网站（http://www.aleqt.com/2009/05/01/article_77979.html）。

和相关配套设施的建设几乎为零。

沙特国内住宿业的供需矛盾也较为突出。沙特近75%的酒店和酒店式公寓集中在麦加、麦地那和利雅得三个城市,在距离麦加仅88千米的塔伊夫城,仅有一家五星级酒店。阿卜杜·拉赫曼·沙妮尔指出:"塔伊夫是国内重要的避暑旅游胜地,越来越多的游客前往塔伊夫旅游,但住宿容量却没有增加,服务水平也没有提升。"①

根据2015年统计数据,沙特境内仍有44%的酒店未纳入评级体系②,五星级酒店比例只占到了已统计酒店的7.6%,其中麦加、麦地那和利雅得三个城市的五星级酒店数量占到了全国的88.3%(见表Ⅲ-4-2)。大量未评级酒店的存在,增加了沙特当局对酒店业的管理难度,致使国内旅游住宿价高质差现象普遍存在。

表Ⅲ-4-2　　　　2016年沙特境内酒店分布及评级情况

	全国	麦加	麦地那	利雅得
五星	111	55	23	20
四星	111		82	
三星	346		252	
二星	237	153	无	无
未评级	641			
总计	1446			

资料来源:作者根据沙特旅游数据统计中心(MAS)网站数据自行整理。

五　国内劳动力结构性缺陷构成旅游业发展障碍

沙特是海湾最大的劳务输入市场,沙特劳工部2015年底统计数据显示,沙特劳务市场上约有972万名外籍劳工,占国内劳动力市场的70%以上。③ 这些外籍劳工主要来自巴勒斯坦、也门、埃及、印度、孟加拉国

---

① 《沙特国内旅游业:价格高、服务差》,2012年6月2日,MBC网站(http://www.mbc.net/ar/programs/althamena/articles/الخامة-الصحية-في-الصحراء-محترم---خوفية---وطواهو-تقلدي-تقفانل-.html)。

② 《沙特44%酒店为无评级酒店,仅有8%为五星级酒店》,2017年1月25日,阿拉伯国家经济杂志网站(http://www.aleqt.com/2016/07/27/article_1073346.html)。

③ 《2015年沙特外籍劳务市场活跃增长》,2016年2月2日,中华人民共和国商务部网站(http://www.mofcom.gov.cn/article/i/jshz/rlzykf/201602/20160201249732.shtml)。

等，从事以蓝领为主的体力劳动和服务性工作，多集中在私营部门。大量外来劳动力挤压了本国公民的就业机会，导致沙特国内失业率居高不下，其中男性失业率为 11.7%，女性失业率高达 32.8%。为此，沙特政府在新经济转型计划中提出了劳动力国民化目标，强制提高沙特员工的就业比例。2015 年，沙特劳工部针对 19 个工种停止发放永久性、临时性或季节性工作签证；2017 年夏季开始，沙特对雇用外籍劳工的企业征收每人 25 欧元的税，到 2020 年，税额提高至每人 100 欧元，这使得主要依靠外来劳动力的旅游企业人力资源成本大大增加。①

不少旅游企业的雇主们抱怨相对于外籍员工，沙特本国劳动力工作效率低下，不愿从事艰苦的体力劳动以及清洁、餐饮、酒店等服务性工作。沙特高等教育又主要以理论教育和宗教教育为主，几乎没有应用类院校和职业技术学院，沙特员工不具备旅游业从业技能和素养，好不容易花费大量精力和成本进行培训，一旦有好的机会员工便会另攀高枝。② 沙特劳动力市场的结构性缺陷造成了当前沙特国内旅游业人才的极度短缺。

第四节 中沙旅游合作着力点分析

近年来，得益于沙特"向东看"政策以及"2030 愿景"改革与中国"一带一路"倡议的高度契合，中沙双边合作日益紧密，除传统产能、贸易领域外，新合作领域不断拓展。在发展旅游业问题上，沙特和中国有着共同的认知和目标："十三五"期间，中国正在努力将旅游业打造成国民经济的战略性支柱产业和人民群众满意的现代服务业。③ 而沙特的"2030 愿景"也将旅游业定位为朝阳产业和未来国民经济发展新支柱，是推动经济多元化转型的主要引擎。2015 年，中国国家旅游局提出"美丽中国——丝绸之路旅游年"发展规划。沙特地处"一带一路"核心区域，

---

① 《沙特经济难以摆脱对外籍劳动力的依赖》，2017 年 3 月 26 日，DW. com 网站（http://www.dw.com/ar/الاقتصاد-السعودي-يعجز-عن-الاستغناء-عن-العمال-الأجانب/a-38123217）。

② 《近十年来沙特酒店企业数量从 2000 家上升至 5000 家》，2016 年 6 月 13 日，沙特旅游与统计中心网站（https://scth.gov.sa/MediaCenter/News/GeneralNews/Pages/a-g-1-21-1-16.aspx）新闻。

③ 《李克强总理在首次世界旅游大会上的讲话》，2016 年 5 月 20 日，搜狐网（http://www.sohu.com/a/76401966_ 185388）。

是中国旅游业打造"丝绸旅游之路"的重要一站。基于共同的目标和愿景，以及双方旅游业的发展现状，当前中沙旅游可围绕三个方面展开合作。

一　互为旅游客源市场

中国参与沙特旅游发展的最大优势就是客源市场。目前，中国已是全球最大的出境旅游客源国和消费国，2016年中国出境游游客人数达1.22亿人次，境外旅游消费超过1098亿美元，人均境外消费为900美元。① 整个"十三五"期间，中国向"一带一路"沿线国家输送了1.5亿人次游客和2000亿美元的旅游消费。② 随着旅游消费的升级，中国人的目光逐渐从周边的韩日、东南亚等邻国转向中长距离旅游目的地，特别是"一带一路"倡议提出后，丝绸之路沿线国家旅游升温迅速。路透传播公司（Reuter Communications）执行合伙人尼克卡克·布莱德说："西亚北非地区正在成为中国高端旅游消费新热门地区，许多人已经去过了亚洲、欧洲和美国，他们正在寻找人民更热情、文化更独特的旅游目的地。"以阿联酋为例，自2015年11月对中国大陆护照开放免费落地签证后，中国游客人数从2015年的45万人次增长至2016年的54万人次，中国已成为迪拜第四大旅游客源国。③ 摩洛哥于2016年7月放宽对华签证，在此后短短一年内携程网上的游客预定量增长超过了3500%。④ 这说明，中东阿拉伯国家的伊斯兰文化和独特旅游资源对中国游客，特别是高端游客具有很强的吸引力。

同样，对中国来说，以沙特为代表的海合会国家是全球伊斯兰旅游的主要客源输出国。2016年，沙特境外旅游消费总额达210亿美元，人均境外消费额为1223美元。⑤ 仅沙特、阿联酋、卡塔尔和科威特四个海合会

---

① 《2016中国出境游旅游大数据：1.22亿人次花了1098亿美元》，2017年1月24日，人民网（http：//travel.people.com.cn/n1/2017/0124/c41570-29045977.html）。
② 《"一带一路"的旅游愿景如何实现》，2015年4月7日，中国国家旅游局官网（http：//www.cnta.gov.cn/xxfb/jdxwnew2/201506/t20150625_462882.shtml）。
③ 《2016年迪拜接待54万中国游客，中国市场增长强劲》，2017年2月20日，搜狐网（http：//www.sohu.com/a/126752339_320137）。
④ 《中东在中国客人中的旅游知名度不断提升》，2017年6月23日，旅游零售在线网（http：//www.ttgmena.com/middle-east-rising-popularity-among-chinese-travellers/）。
⑤ 《2016沙特旅游年度报告》，沙特旅游数据统计中心网站（http：//www.mas.gov.sa/ar/publications/Pages/AllRatedProducts.aspx）。登录时间：2017年11月27日。

国家的境外旅游消费额就占到了全球穆斯林境外旅游消费总额的36%。①目前中国对这一优质旅游客源市场的认识仍十分不足,实践更是落后。未来,中沙若能就开发双边旅游客源市场达成共识、展开合作,定能形成双赢局面。

已有报告指出,为争取中国旅游客源市场,海合会国家正在考虑抱团合作,效仿欧洲推出申根签证,或向中国游客开放更多的落地签证来增加自由行的便利度。②除创新签证政策外,未来双方还可通过互推旅游线路、联合开发旅游产品和线路、开展旅游推广活动、联手搭建区域性旅游宣传平台和信息平台、创新货币兑换等方式,推动双方互为旅游客源国和目的国。

二 开展互联网旅游产业合作

当前,全球旅游正在迈入崭新的"旅游+互联网"时代。2014年,国家旅游局提出"智慧旅游"概念,希望通过建设中国旅游海外推广网站来促进中国旅游目的地的数字化营销系统建设,加速旅游在线服务、网上预订、品牌推广等业务发展。③

以沙特为代表的海合会国家是中东互联网渗透率最高的地区,沙特是全球智能手机使用率较高的国家之一。2016年,沙特全球网络就绪指数排第33位,在阿拉伯国家中次于巴林、卡塔尔和阿联酋。④智能手机普及率达180%,位列世界第一。⑤当前,沙特互联网旅游市场正在从初期市场培育阶段向快速发展阶段转变。一方面缺乏强竞争力的本土旅游互联网企业,另一方面国际旅游互联网公司纷纷抢滩沙特市场。2012年,国际

---

① 《2016—2017全球伊斯兰经济发展报告》(State of the Global Islamic Economy Report 2016 - 2017),由迪拜伊斯兰经济中心与第纳尔标准公司联合发布,https://ceif.iba.edu.pk/pdf/ThomsonReuters-stateoftheGlobalIslamicEconomyReport201617.pdf。登录时间:2017年11月27日。

② 《没有旅游签证的土豪沙特要实行中东"申根签证"了》,2017年5月2日,搜狐网(http://www.sohu.com/a/137740420_395803)。

③ 《旅游局将2014年确定为"智慧旅游年"》,2014年1月22日,中华人民共和国中央人民政府官网(http://www.gov.cn/gzdt/2014-01/22/content_2572445.htm)。

④ 《2016世界网络就绪指数》,世界经济论坛网站(https://widgets.weforum.org/gitr2016/)。登录时间:2017年11月27日。

⑤ 《沙特是世界上使用智能手机率排名第一的国家》,2017年5月26日,手机门户网(https://mobilesgate.com/ قمياق-لودلا-رثكألا-امادختسا-افتاوهلل/30749.php)。

旅游搜索网站 Wego 率先进入沙特市场，经过五年发展已成为沙特境内最大的综合旅游在线预定平台。2014—2015 年，Flyin、Travelstart、HolidayMe 等线上旅游平台也陆续进入这一市场，遗憾的是目前沙特和中东互联网旅游领域尚未看到中国企业的身影。

移动互联网产业和智能手机应用领域是当前中国企业"走出去"的优势领域，在一定程度上比西方更快。由于互联网与用户习惯、行业渗透率、地区文化等紧密相关，一旦在初期阶段错失良机，后续进入的难度将很大，因此中国互联网旅游相关企业应尽早抓住这一有利时机，以沙特为基地拓展中东地区旅游业务，这对于新时代中国旅游产业"走出去"也具有重要的现实意义。

未来，中沙双方可通过政政合作、政企合作等形式，与沙特政府或其本土互联网旅游企业合作，联合开发智慧旅游平台，打造一批重点"智慧旅游"城市，创新旅游应用，实现旅游资源的整合、旅游资讯的网络化和旅游手续办理的便捷化，并利用相关平台实现双方旅游大数据的共享和利用，为开拓双边旅游客源市场提供数据支持。

三 旅游及相关房地产、基建领域投资

"2030 愿景"下沙特旅游业的发展需要大量资金支持。根据国家转型计划，到 2020 年，沙特酒店业的投资额将达 383.7 亿美元，酒店业已成为沙特最具价值的投资领域。① 此外，与旅游发展息息相关的基础设施建设和房地产领域也需要大量资本。根据二十国集团基础设施世界中心报道，到 2040 年，沙特在基础设施领域至少还需投入 6130 亿美元的建设资金，其中的资金缺口高达 1000 亿美元。② 在国际油价持续低迷，石油收入不断下降的情况下，沙特政府势必会依靠吸纳大量国外资本来筹措发展资金。

---

① 《酒店业是今天沙特最重要的投资领域》，2015 年 6 月 23 日，22 楼网站（https://raseef22.com/economy/2015/06/23/hotel-industry-is-the-most-important-area-for-investment-in-saudi-arabia-today/）。

② 《沙特需要 6130 亿美元基础建设资金》，2017 年 7 月 31 日，阿拉伯市场网站（http://www.alarabiya.net/ar/aswaq/realestate/2017/07/31/صحيفة-وعود-صاحب-التاج-السعودي-ميلاد-الدولار-البين-التحتية.html）。

为此沙特于 2014 年修改了《旅游法》，新《旅游法》降低了外国企业在沙特进行旅游投资的政策壁垒。为吸引国外资本，沙特旅游与古迹委员会推出了数项旅游投资计划，包括利雅得的阿卜杜拉国王金融中心项目、麦加的欧麦尔山项目以及最近的红海海滨建设项目等。

当前中国旅游对外投资主要集中在发达国家和地区[①]，而这些地区的旅游业发展水平较高，国际大型旅游企业集团根基深厚，中国旅游企业后续进入竞争压力较大。而以沙特为首的海合会国家正处于地区旅游业发展的历史机遇期，未来市场潜力巨大，中国国内旅游企业应尽快抓住历史机遇，及早布局，以便抢占市场先机。

对于中国正在推进的"一带一路"建设来说，沙特作为支点国家，既是中国同欧亚腹地开展互联互通的重要环节，又是连接非洲广阔市场的重要门户，应努力拓宽双边合作领域和视角。2016 年 12 月，中国旅游局和沙特旅游与古迹委员会签署双边旅游领域合作执行计划，双方将围绕旅游基础设施建设与投资、文化旅游资源的传承与保护、旅游人才的培养和旅游大数据平台的搭建等展开合作，未来旅游业必将成为中沙合作的又一亮点领域。

[①] 李向农、严军平、陈瑛：《近年来我国旅游业对外投资特征与对策，资源开发与市场》2014 年第 2 期。

第五章　中国与沙特投资与产能合作

沙特自20世纪30年代末发现石油以来,巨大的石油储量和不断扩大的原油产能支撑了近现代沙特经济的快速转型和发展。作为中国最大的能源供应国,双方自古代丝绸之路以来就有着良好的双边合作。但沙特较为单一的经济结构给国家带来的政治、经济等风险愈加突出,为此沙特近些年来积极寻求经济结构转型,以摆脱对单一石油经济的过度依赖。尤其是新王储上位后,发布了雄心勃勃的"2030愿景"规划,这恰与中国"一带一路"倡议高度契合,给双方多领域合作带来了前所未有的新契机。但同时我们也应看到,沙特寻求经济结构的快速转型仍面临着诸多不足和挑战,这也给中沙产能合作带来了一定的风险。

第一节　沙特工业化发展与能源结构

沙特阿拉伯是世界前20大经济体之一(2018年世界排名第十八),也是中东阿拉伯世界和中东地区最大的经济体,沙特阿拉伯是G20重要成员国之一。2020年11月21—22日,沙特阿拉伯作为主席国,在首都利雅得举办了第15届G20领导人峰会,充分展现了沙特在该地区和世界舞台上的关键作用和影响力。作为世界上最大的石油输出国和第二大石油储备国,沙特的工业化历程和能源结构与石油工业发展密不可分。

一　沙特工业化发展历程与现状
(一)沙特工业化发展历程

在未发现石油前,沙特是以农牧业、渔业等为主的贫穷国家。在沙特1932年宣布独立之前,一位名为霍尔姆斯(Major Frank Holmes)的新西兰工程师，就开始在波斯湾地区寻找石油，并成立了 Eastern and General Syndicate Ltd 公司，致力于石油勘探工作。1923 年，沙特与霍尔姆斯签署协议，同意其在沙特东部寻找石油。1932 年 5 月 31 日，巴林发现石油，这极大地推动和鼓舞了沙特寻找石油的决心。1933 年 5 月 23 日，美国 SOCAL 公司（Standard Oil of California）获得了在沙特胡富夫 93 万平方千米土地上 60 年的石油开采权，之后美国地质学家立即到达沙特开展相关的寻找石油之旅。

为了便于公司经营，SOCAL 公司成立了名为 CASOC（California Arabian Standard Oil Company）的子公司行使开采权。当时 CASOC 公司在达曼市寻找到一个有希望的钻探场地，并命名其为达曼 7 号。但在接下来的 3 年钻探中，一直未取得成功。尽管面临塌陷、钻头卡涩等诸多钻探难题，但当时负责勘探的地质学家 Max Steineke 并不放弃，终于在 1938 年 3 月 3 日采出石油，至此世界第二大石油储区终于被发现。

1939 年，沙特给予 CASOC 公司更多的区域开采权，并将开采权延期到 1949 年。作为回报，阿美公司①同意提供给沙特政府更多的免费汽油和煤油，并提高了合同中规定的石油价格。为了争夺对石油的控制权，沙特政府与美国公司进行了坚决的斗争。1950 年，通过征收赋税，沙特政府将石油产品的收益比例提升至 50%，并与阿美公司签订石油收益分成协议。此协议一直持续到 20 世纪 80 年代，一度极大地增加了沙特政府的财政收入。后续沙特通过成立完全国有的石油矿业公司和合资公司，努力从阿美公司的四家美国合资者手中争夺石油控制权。1972 年，阿美公司终于同意沙特政府的参股要求，1973 年沙特政府获得阿美公司 25% 的股份，1974 年提高到 60%，1980 年达到 100%。1982 年，阿美公司的石油开采区由最初的 93 万平方千米降至 22 万平方千米，1988 年根据王室法令，沙特阿拉伯国家石油公司（简称"沙特阿美"，Saudi Aramco）正式成立，接管了原先阿美公司的全部资产和经营权，成为沙特境内唯一的一家从事石油勘探和开发业务的公司。

随着 1973 年到 1974 年第一次石油危机的油价飞涨（原油价格从每桶 3.01 美元提高到 10.65 美元），沙特政府的财政收入迅速增加，这也确保

---

① 1943 年，CASOC 公司改名为阿美公司（Arabian American Oil Company—ARAMCO）。

了石油产量猛增和经济的快速发展。在此期间，沙特引入了大量低技能水平劳动力和高技能水平管理人员，使得沙特一度成为人均收入和 GDP 最高的非西方国家。同时，沙特也制定了雄心勃勃的"五年规划"。在前两个五年规划期间（1970—1980），沙特建立了基础的交通和通信设施，同时制定了一系列促进经济多元化的措施，主要包含增加国内食品生产、改善教育及职业培训、改善医疗设施等。但随着1978年第二次石油危机的爆发，全球石油产量受到严重影响，从每天580万桶降至100万桶，沙特财政收入锐减，使得沙特的五年规划因受到较大程度的影响而不得不放缓。

1981年，沙特国有公司 Petromin 建立了从朱拜勒到延布的石油运输管线，极大地缩短了运送石油到欧洲的距离，也成功避开了伊朗控制的霍尔木兹海峡，极具战略意义。由于石油等基础产业的快速发展，沙特对于能源和电力的消耗日趋增加，成为中东地区电力消耗增长最快的国家。直至2005年，沙特成为世界上15大能源消费国之一。2018年，沙特国内石油消耗量约为299万桶/天，约占其日产能的28.7%。[1]

1961年，沙特成立电力事务部门，主要集中管理发电公司，包括颁发相关许可和证书，同时鼓励国内电力投资。1974年，政府设定了低于当时市场电价的标准，实现了电价的全国统一。1975年，沙特政府采取了雄心勃勃的工业和电力投资经济发展计划，成立了工业和电力部（Ministry of Industry and Electricity），并在1976年成立了电力公司，以协调电力与经济的协同发展。1976年到1981年，沙特将所有发电企业整合为 SCECOs 公司，并分为中部、东部、南部和西部四个地区，使政府有能力将电力输送至全国的城镇、乡村和定居点。1998年，沙特政府宣布成立沙特电力公司 SEC 并上市，实现全国电力的统一集中管理和市场化运作。

沙特的电力用户在1970年仅有21.6万户，到1996年上涨到30.35万户，2006年达到了49.6万户。1990年到2010年，由于经济的快速增长，电力需求急剧增加。2001年，最高用电负荷达到24吉瓦（GW），是1975年的25倍之多。目前，沙特的发电量每年在55GW左右。预计至

---

[1] 根据 WorldData. info 提供的最新统计数据，2018年沙特日均产油量为1043万桶，国内日均耗油为309万桶。

2023年沙特总用电需求约为60GW，2032年达到120GW。沙特电力生产的40%来自石油，52%来自天然气，石油和天然气占据能源的主导地位。

除传统的石油工业外，沙特另一项重要工业领域为矿产的开采及加工。沙特的矿业发展起步较晚，在第八个五年规划期间（2005—2009），矿产资源的开发才得到很大发展。"八五"期间，政府发布的采矿许可证从2004年的1179个，增加到2008年的1408个，年均增长4.5%；年开采量从2004年的2.37亿吨，增长到2008年的3.25亿吨，年均增长8.2%；采矿面积也从2004年的1.1万平方千米，增加到2008年的5.3万平方千米。其中，磷酸盐、铝土矿的开发是"八五"期间的重点项目。为此，沙特一方面重点修建了包含交通运输在内的各类配套设施，以保证矿产材料的供应；另一方面建设了相关的提炼等深加工厂。例如在东部新兴城市扎瓦尔建设的Maaden铝厂，就是由沙特矿业公司（Maaden）与美国铝业公司（Alcoa）合资建立的，年产氧化铝约65万吨。

沙特基础工业公司（沙比克，SABIC）的成立在沙特工业和制造业发展过程中具有里程碑意义。为促进多元化经济发展，沙特政府在1976年牵头成立SABIC公司，其最初目的是扩大石油相关的产品制造。自SABIC成立以来，在国家扶持下，钢材、管道、石油化工、肥料、铜线及电缆、塑料、铝制品、水泥等行业也得到了快速发展。

（二）沙特工业化发展现状

目前沙特工业化布局主要集中于重工业领域，例如石油开采及加工、矿产冶炼、能源发电、海水淡化等。轻工业、制造业、高科技等行业工业化发展薄弱，仍处于较初级的起步阶段。

沙特是世界上第二大价值较高的自然资源拥有者，已探明原油储量约为2660亿桶（截至2017年1月数据），约占世界储油量的16%，其中最大的油田为加瓦尔（Ghawar），剩余储量约为750亿桶。沙特也是世界第一大石油输出国，2019年沙特出口了约26亿桶石油，平均日出口量为704万桶。沙特石油出口量最高的一年是1980年，为平均每天925万桶，其次是1981年，平均每天902万桶。沙特石油经济贡献了全国约90%的出口额和接近75%的政府年度财政收入。在产品制造业中，石油产品占比在国内也达到了45%。目前沙特经济仍严重依赖于传统的石油行业，沙特GDP和财政收入严重依赖于国际油价及其出口产能。

沙特已探明天然气储量超过 7 万亿立方米，为世界上第四大产气国。其中约 1/3 天然气来自加瓦尔（Ghawar）油田。沙特的天然气主要用于国内发电市场和能源消费，不作为出口的主要能源。2020 年 2 月，沙特阿美公司开始了一项总投资为 1100 亿美元的天然气开采规划（在 Al-Jafurah 区，期望产出 5.7 亿立方米天然气），计划从 2024 年逐步开始生产直到 2036 年全部投产，每天产出约 13 万桶乙烷及 50 万桶液态天然气等。

同时沙特也在开发核电、太阳能、垃圾发电等新能源，以减少碳排放，逐步摆脱对石油产业链的过度依赖。在 2012 年卡塔尔举行的全球气候变化大会上，沙特宣布截至 2030 年底，将太阳能发电量提升到 41GW，并宣布在未来 20 年内，新建设 17 个核反应堆。沙特计划将投资约 1000 亿美元，建设至少 12 座核电厂，到 2032 年实现 110GW 发电量目标。目前沙特正在与法国、中国、日本、俄罗斯、阿根廷谈判进行核能开发合作。

表Ⅲ-5-1　　　　　　　　沙特能源平衡与欧洲对比情况

能源平衡		总计	沙特人均	欧洲人均
电力	国内消费	296.20 十亿千瓦·时	8643.50 千瓦·时	5511.05 千瓦·时
	产能	324.10 十亿千瓦·时	9457.66 千瓦·时	5925.27 千瓦·时
原油	产能	10.43 十亿千瓦·时	0.304 桶	0.005 桶
	出品	7.34 十亿千瓦·时	0.214 桶	0.004 桶
原油	国内消费	109.30 十亿立方米	3189.52 立方米	903.40 立方米
	产能	109.30 十亿立方米	3189.52 立方米	456.61 立方米

资料来源：WorldData.info。

由于长久干旱少雨，沙特是世界上海水淡化产量最多的国家。目前沙特有海水淡化厂超过 30 座，日产淡水 300 万立方米以上，约占全国饮用水的 46%。同时建立了 180 多个大型储水和地下水处理设施，以解决淡水短缺的问题。沙特对淡水量的需求仍以每年 5.5% 的速度不断增长。

除石油产业外，沙特非石油经济还包含各类矿产资源的开发。截至 2016 年底，沙特探明的矿产共有 5478 处，其中 54% 为非金属矿，包含砂石、盐、硫矿等，其余 46% 为金属矿。在非金属矿中，石灰石含量最为丰富，约占18%。在金属矿中，金矿储量约占33%，尤为丰富。目前，沙特政府颁发的矿产开发执照超过1800个，该领域总开采量为4.2亿吨，营业额达180亿里亚尔，净利润超过80亿里亚尔。根据沙特能工矿部规划，沙特将大力开发吉赞（Jizan）及其周边地区矿业，该地区富集盐矿、钾肥、硅砂、石灰石、石膏、白云石、大理石等矿产资源。

除工业外，服务业贡献约GDP的50.4%，雇用全国约73%的人口。服务业主要包含旅游业、银行业、保险业等，其余如畜牧业、渔业等行业，占GDP的2.2%。随着沙特"2030愿景"规划的实施，非石油经济占GDP的比例预计会逐年增加。

（三）石油工业在工业化发展过程中的影响

2019年，沙特工业增加值占GDP总收入的47.4%[1]，石油和天然气占70%和50%的国内生产总值[2]，石油行业在沙特工业中仍占有绝对领导地位。从某种意义上讲，沙特的工业化发展过程，其实就是其石油工业的发展历程，其他工业化的发展一方面依附于石油行业，为传统石油行业的衍生产业；另一方面，传统石油行业提供的源源不断的财政收入，给其他工业例如近些年来快速增长的矿业等发展提供了充足的资金保障。

沙特从20世纪30年代基本维持生计的落后贫穷国家，到一跃成为目前总GDP全球排第19位的大国（2019），石油行业功不可没。但正是因为石油及相关行业的绝对主导地位，石油暴利在带来国富民足的同时，也造成了沙特发展其他工业产业的动力不足、发展缓慢、工业化结构单一等问题。

随着全球对新能源需求的快速发展及对碳排放的逐步限制，再加上石油为不可再生资源，传统石油行业带来的红利逐步减少。如果再不积极寻求结构化转型，几十年后，沙特可持续发展将面临极大困局和挑战。

二 沙特能源经济结构

（一）沙特能源结构的构成

截至2018年，沙特每天消耗原油大约300万桶，其中约有50万桶用

---

[1] 快易数据（www.kylc.com）。
[2] 石油输出组织官网（www.opec.org）。

于海水淡化，以满足居民用水需要。随着沙特人口的不断增长（据统计2012年至2017年沙特人口增长率为3.2%）和经济增速加快，预计沙特到2050年的能源需求将达到每天800万桶。

沙特主要能源来源是石油和天然气，能源消费结构非常单一。据世界数据网数据，沙特每年电力总消耗量为2962亿千瓦时（kW·h），人均年消耗量为8643kW·h。而沙特每年的电力产出为3241亿kW·h，约占总需求的109%，剩余部分电力输出到临近的中东其他国家。沙特每年国内消耗的天然气约为1093亿立方米，每年生产的天然气基本自用，用于发电、其他工业和居民日常生活需求。虽然沙特的发电成本较其他国家偏低，但沙特国内对石油及天然气的内部消耗已严重制约其出口能力，持续增长的国内能源需求也使政府压力不断增大。

据国际能源署最新数据，2020年第一季度，全球太阳能光伏和风能发电量占比增大到9%，高于2019年第一季度的8%。但是沙特的新能源仍处于规划和起步阶段。目前沙特能源组成与欧洲对比（见表Ⅲ-5-2所示）。

表Ⅲ-5-2　　　　　　　　沙特能源消耗分布情况

能源类型	合计 (bn kW·h)	沙特 占比（%）	欧洲 占比（%）	沙特 人均（kW·h）	欧洲 人均（kW·h）
石油	726.55	100	49.2	21201.80	8115.37
核能	0	0	7.0	0	1154.29
水能	0	0	24.1	0	3977.20
可再生能源	0	0.0	19.7	0	3274.42
能源总量	726.55	100	100	21201.80	16489.87

资料来源：World Data.info.

从表Ⅲ-5-2可以看出，沙特传统能源石油类占比高达100%，人均能源占有量是欧洲的2.5倍之多；而同期的欧洲传统能源石油类仅占到49.2%，远低于世界平均水平。

（二）沙特能源经济的结构性困境

根据有关数据，沙特目前开采1桶石油的综合成本约为9美元，而将一桶石油从地下提取到地面的成本仅为3.5美元,是世界生产一桶石油成本最低的国家。正是石油资源储备丰富,开采成本极低,导致沙特经济长期依赖石油收益,经济结构陷入单一的困境。

1. 能源结构较为单一,多元化经济发展缓慢,投资及营商环境缺乏吸引力,社会不稳定因素增加。

鉴于沙特长期以来对成本低、收入高、见效快的石油产业的过度依赖,能源和经济结构形式较为单一。虽然1970年沙特开始实施一系列的"五年规划"以致力于发展非石油经济,但未能取得良好的预期成果。据有关统计,截至2018年底,能矿业占GDP的比例为39.7%,制造业占12.2%,金融、房地产和商业服务占9.8%,零售、批发、餐饮及酒店占8.8%,交通、仓储及通信占5.9%。[①] 而在能矿业中,石油和天然气占据绝对主导地位。

近些年来,由于国际能源改革不断推进,新采油技术的应用和页岩油开采成本不断降低,产量大增,加之各国GDP增速放缓,对能源需求减弱,沙特以出口石油为主要财政收入的形势正面临着严峻挑战。2014年下半年国际油价大幅下跌,原油市场价格从当年6月的110美元/桶,跌至年底的55—60美元/桶,跌幅超过45%。从2015年开始,沙特持续出现较大额度的财政赤字,2015年财政赤字甚至超过1000亿美元。[②]

表Ⅲ-6-3　　　　　2009—2018年沙特财政情况　　　　　（亿里亚尔）

年份	财政收入	财政支出	财政盈余
2009	5100	5960	-870
2010	7410	6540	870
2011	11180	8270	2910
2012	12470	9170	3290
2013	11530	9950	1580
2014	10400	11410	-1000

---

① 中华人民共和国驻沙特阿拉伯王国大使馆经济商务处网站（http://sa.mofcom.gov.cn/article/ddgk/201906/20190602869088.shtml）。

② 沙特财政部报告。

续表

年份	财政收入	财政支出	财政盈余
2015	6130	10010	-3890
2016	5190	8310	-3110
2017	6920	9300	-2380
2018	9060	10790	-1740

资料来源：沙特财政部报告。

为了应对连年出现的财政赤字，沙特一方面通过"2030愿景"及五年规划，大力推进社会和能源体制改革，以摆脱对石油经济的过度依赖；另一方面通过征收和提高消费税、居住费（2020年达到800里亚尔/人/月），提高进口关税税率，提高在沙特经营企业当地化雇员比例，提高沙特籍雇员的最低工资水平，提高国内成品油价格和电价等方式，在一定程度上缓解了财政赤字带来的巨大影响。但这些措施同时提高了居民的生活水平和企业的各类经营成本，进一步导致通货膨胀加速、投资吸引力变差，不少日韩企业近些年来已主动退出当地很多大型项目投资及建设。根据有关统计数据，由于增值税大幅增加，沙特2020年6月通货膨胀率仅为0.5%，但到同年7月迅速增加至6.1%。[①] 这些都成为影响社会稳定的潜在不利因素，经济多元化已成为沙特提高抗风险能力亟待解决的问题之一。

2. 长期社会高福利带来的工作积极性和效率较低，官僚作风较为严重。

由于石油经济带来的长期稳定高收益和政府补助，沙特本地居民基本不愿从事繁重的体力劳动，沙特国民基本位居政府、国营或私营企业较高的技术或管理岗位，且工作积极性不高。截止到2017年底，沙特国内总人口约为3255万人（沙特统计局数据），其中沙特人占总人口的62.69%，外国人占到37.31%，且在持有沙特临时居住证（IQAMA）的人口中，从印度、巴基斯坦、菲律宾等过来的劳务占绝大部分，他们主要从事沙特人不情愿从事的繁重体力劳动和基础服务类工作。有学者指出，

---

① 新华社客户端报道。

高比例的外籍人员对国家的社会、经济、文化等诸多方面产生了影响，并呼吁在"2030愿景"下制订计划以维持人口结构平衡。

沙特政府部门和企业办事效率较低，官僚作风较为严重。一位国际商业记者曾抱怨说，如果你想在沙特开展商业相关的业务，需要在不同的政府部门或授权机构完成众多复杂的申请流程，甚至有时必须通过人际关系或是代理的帮助才能顺利完成，这也给腐败的滋生提供了温床。产生这些问题的主要原因归根结底还是政府部门和居民享受到石油带来的各项红利而潜移默化、长期形成的不良风气和氛围，想要彻底改变的难度和挑战极大。

穆罕默德·本·萨勒曼担任新王储后，迅速推行了一系列改革，于2017年成立了"最高反腐委员会"，并掀起了一场轰轰烈烈的反腐运动，迅速得到了民众的支持，有助于净化沙特的营商环境并助力沙特的各项雄伟改革计划的落地实施。

3. 失业率长期处于较高水平。

由于沙特人口增长较快且年轻人居多，失业率居高不下，失业问题成为影响社会稳定的潜在不利因素之一。沙特35岁以下人口占全国总人口的80%以上，每年有上百万名大学毕业生需要找工作。同时，由于沙特石油经济带来的长期高福利，绝大部分沙特人不愿从事建筑、工业和服务行业等工作，尤其是繁重的体力劳动工作，他们更希望到收入高且工作轻松的政府部门就职。这类结构性失业在一定程度上加剧了沙特的就业难和失业率高的问题。

随着新王储的上台，高失业率状况逐步得到改善。新王储上台后，逐步颁布了各项促进就业的措施，包括逐步开放女性社会活动参与度、增加沙特本地人就业岗位（通过限制国外人员参与部分岗位）、提高对不同行业沙特化比例的最低限制、增加国外人员的人头税等方式，旨在扩大本土化就业率并取得了一定成效。据沙特《公报》2020年4月13日报道，根据沙特新闻社（SPA）发布的统计总局（GASTAT）官方数据，2019年第四季度沙特籍国民失业率和第三季度持平，为12%。根据调查数据，失业率从2018年第二季度的12.9%降至2019年第三季度的12%，并在第四季度维持不变。其中，沙特籍男性失业率为4.9%，与上一季度相比下降了0.8%，女性失业率则保持30.8%不变。GASTAT数据还显示，沙特总人口（15岁及以上，包括沙特籍和非沙特籍）的失业率为5.7%，比2018年第四季度下降0.4%。劳动力参与率为58.8%，比2018年第四季度增长2.9%，其中沙特女性劳动力参与率比第三季度增加2.8%，达到26%。[①] 沙特虽然采取了提高当地化雇员比例等措施，失业率有所改善，但仍维持在10%以上，并未从根本上解决失业率过高的问题。

4. 创新能力较差，发展动力不足。

受制于长期石油收入所带来的红利，沙特在自我创新上动力尤为不足。据有关统计数据，从1997年到2010年，沙特在美国注册的专利总计有382项，平均每年不足12项。相比之下，同期的韩国有84840项专利，同样位于中东的以色列也有20620项专利。从2011年到2017年，沙特在美国专利商标局（United States Patent and Trademark Office—USPTO）注册的专利增至664项，超过同期其他阿拉伯国家的专利总和。

为加快科技创新和研发，沙特在2009年成立了阿卜杜拉国王科技大学，致力于通过跨学科的研究、教育和创新推进全球科学与技术进步，进而促进沙特多元化经济发展和助力"2030愿景"各项宏伟目标的实现。期待未来会给沙特科技创新带来更大改变。

5. 传统能源带来的碳排放问题。

由于沙特不断增长的能源需求和新型能源例如太阳能、风能、核能等仍处于开发阶段，传统石油类能源的巨大消耗带来的碳排放量过高问题不断凸显，给本国和全球气候带来了挑战。从1979年到2016年，沙特的传统能源碳排放量人均约为34.73吨，同期欧洲人均仅为12.93吨。根据"全球碳地图集"的数据，2017年沙特碳排放总量为635百万吨，约占全球2017年碳排放总量的1.8%，而同期沙特人口仅占全球总人口的0.4%左右，是全球人均碳排放量的4.5倍。

随着"2030愿景"规划和新型能源的占比逐步提高，传统能源带来的碳排放问题会逐步缓解。但鉴于国内快速增长的能源需求，沙特要达到欧美及世界人均碳排放水平，还有很长的路要走。

---

① GDPBOX统计显示，沙特女性劳动力参与率2012年至2016年一直维持在20%左右，在全球属于较低水平，在世界排第179位。

表Ⅲ-5-4　　　　　　　　2016年沙特传统能源碳排放量

	CO_2排放量（百万吨）	沙特人均（吨）	欧洲人均（吨）
合计	563.45	17.37	6.47
柴油和汽油排放	322.49	9.94	2.74
天然气排放	212.98	6.56	1.58
其他排放	27.98	0.86	2.14

（三）沙特能源转型带来的机遇与挑战

沙特可再生能源项目开发办公室于2019年发布了《沙特2030年可再生能源规划》，以满足不断增长的电力需求和改善单一的能源结构。按照规划，到2023年，沙特新能源装机目标将从9.5GW提升至27.3GW；到2030年，沙特可再生能源装机目标为58.7GW，包括光伏40GW、风电16GW、光热发电2.7GW。沙特能源结构的转型升级和发展规划，将为完善上下游产业链、解决就业、减少国内对石油经济的过度依赖、促进经济多元化发展等带来巨大机遇。

此前沙特300兆瓦（MW）太阳能项目报价创纪录新底，达到每千瓦时1.79美分。沙特再生能源计划处（REPDO）负责人Shehri指出，以每千瓦时2—3美分的电价来说，太阳能的成本比传统化石燃料还要低。沙特每年约有300万桶石油用于国内能源消费，根据联合国统计数据，沙特发电厂平均每天消耗约68万桶石油（2017年6月数据），假如这些石油用于对外出口，则每年可以帮政府增加129亿美元收入（基于52美元/桶），这可以在一定程度上缓解沙特财政赤字带来的各项压力。

沙特同时还致力于发展新能源上下游产业链，以提升制造水平，增加就业，减少居高不下的失业率。沙特与中国隆基光伏和韩国OCI已达成了20亿美元的协议，使其在太阳能电池板定价上更具竞争力，从而进一步推动太阳能技术的开发。该协议将使沙特阿拉伯拥有完全一体化的太阳能设备制造能力。

但沙特雄心勃勃的能源改革也遇到了很大挑战。主要原因是财政压力下实施的各类新政，比如近些年来提高的各类税费、增加的当地雇员比例及最低工资，本土化比例严格限制等，使企业的经营成本大幅上升，营商环境不断恶化。此外，国家缺乏有力的后续支持性政策和立法来吸引外资，导致其向可再生能源转型的宏伟蓝图受到更大挑战。

三 沙特经济多元化发展的新规划

沙特经济多元化从 1970 年第一个五年规划开始至今，取得了一定的成绩，但距离摆脱对石油经济的依赖，完成较为繁复的多样化目标的差距较大。在第九个五年规划中，沙特政府已经意识到发展多样化经济对于沙特稳定和持久发展的重要性，近些年来经济多元化发展及其在 GDP 中的比例稳固提高。

（一）沙特经济多元化发展的探索与成果

从 1970 年第一个五年规划开始，沙特就有计划地逐步推进经济多样化。从 1970 年到 1980 年，沙特重点发展基础设施，在此期间沙特国内高速公路里程增加了三倍，电力更是增加了 28 倍之多。第三个五年规划期间（1981—1985），沙特将发展重心转移到教育、医疗和社会服务上，在此期间建成的工业城市朱拜勒和延布主要生产石油炼化产品、钢材、肥料等。在第四个五年规划期间（1986—1990），国家基础设施已初具规模，私营企业、外国企业与当地企业联合经营模式受到鼓励。到 1987 年，私营部门贡献了非石油收入 GDP 的 70%。同时，政府制订了财政刺激计划，致力于将联合企业的私营投资比例提高到 70%—90%。在工业、农业、银行、建筑等领域，私营投资得到快速发展。在第五个五年规划期间（1991—1995），重点发展国家防务、提高政府工作效率、均衡地区发展、提高当地居民在私营企业的就业机会等。在第六个五年规划期间（1996—2000），沙特致力于发展当地教育、降低政府开支，并呼吁发展多元化经济，尤其是在工业和农业领域，以摆脱对石油经济的过度依赖。在第七个五年规划期间（2001—2005），沙特致力于继续大力发展多元化经济和私营企业在经济发展中的地位。在规划中，沙特致力于在此期间的 GDP 平均增长率达到 3.16%，而非石油经济增长和私营经济平均增速则分别要达到 5.04% 和 4.01%，并创造 81.73 万个本地居民的工作岗位。在后续的三个五年规划（2006—2020）中，多元化经济持续得到较为稳定的发展，非石油经济在 GDP 中的贡献比例得到稳固提高。①

2005 年沙特加入世界贸易组织并完善了相关的贸易政策和立法，此后得益于稳定的经济基础、广阔的市场前景、高消费和高市场需求、较为完善的基础设施等，沙特的贸易和外商投资得到了快速发展。2004 年到 2006 年，沙特的非石油 GDP 增长率从 4% 快速升至 6%②，给沙特严重依赖石油的 GDP 增长提供了强力支撑。随着 2014 年油价危机开始，沙特财政连年赤字，不得不迫使政府制定各项政策，以加快多元化经济发展。根据沙特统计总局数据，2019 年沙特 GDP 增长率仅为 0.3%，其中非石油部门的实际 GDP 增长了 3.3%，是 2014 年来最强劲的增长；石油部门萎缩 3.6%，是沙特经济 2017 年收缩以来的最差表现。沙特统计总局称，非石油部门的扩张主要是由私营部门的增长所推动的，该增长达到了 3.8%。阿布扎比商业银行首席经济学家 Monica Malik 说："沙特非石油活动在高投资的支持下继续加强。" 2019 年，金融、保险和商业服务以及零售贸易、餐饮和酒店是沙特增长较快的部分经济活动，这反映了政府对旅游和娱乐等领域的投资成果。沙特非石油产品的出口在总出口额中的占比不断提高。从 2003 年到 2013 年的十年间，沙特非石油产品出口以大约每年 20% 的速度增长，2004 年非石油产品的出口额仅占总出口额的 3%，到 2013 年此数据已达到 13.6%。但原油及其制品仍占到出口总额的 86% 左右。

沙特制造业在经济多元化进程中也得到了快速发展。1974 年到 2015 年，沙特制造业从不到 200 家迅速发展到超过 7000 家，总产值也从最初的 85 亿美元增长到约 790 亿美元，年增长率达到 5.6%。制造业在 GDP 中的占比从 1974 年的 3.5%，到 2015 年已提高至 12%，成为沙特国内经济稳定增长的重要产业之一。

（二）经济多元化发展的挑战

虽然沙特从 1970 年开始致力于大力发展非石油产业和逐步摆脱对石油经济的过度依赖，取得了一定的成效，但和期望相比其差距仍然较大，沙特经济多元化仍需经历较为长久和艰难的过程。当前依旧存在着如下

---

① 沙特统计总局。
② 国际货币基金组织报告："IMF Survey: Non-Oil Sector Supports Saudi Growth"，

挑战。

1. 发展动力不足

"荷兰病"问题仍是制约沙特大力发展多元经济的挑战之一。相比之下，本土居民更愿意在享受高薪水和福利的政府部门和国营企业工作，企业也更倾向于满足国内稳定的传统消费需求而不愿拓展风险更大的新兴产业和海外市场。

要摆脱这种根深蒂固的发展动力不足问题，需要政府进行全方面改革。通过解决薪酬及福利待遇不均衡、完善就业竞争机制、加强教育引导及培训、改善产业投融资环境、强化政府政策支持等方式，彻底解决发展动力不足问题，助力多元化经济的快速发展。

2. 财政困境

沙特一直依赖的石油经济受到了越来越大的挑战。近些年来，随着国际油价的整体走低，加之2020年新冠疫情对石油行业和旅游业造成的巨大冲击，沙特财政压力持续增大。2020年3月，沙特油价从2019年的约60美元一桶，迅速降至25美元以下，随后虽有所反弹，但一直维持在40美元左右，几乎和近十年间油价最低的2016年相当。从整体趋势来看，沙特的石油收入在近十年里呈整体下降趋势。

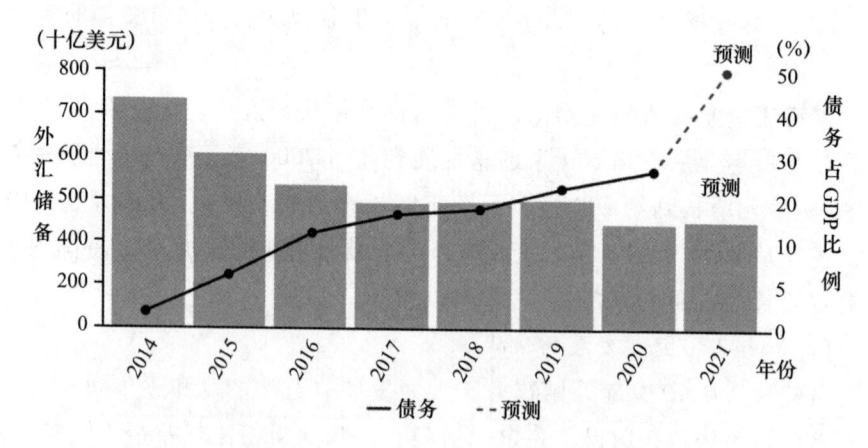

图Ⅲ-5-1 沙特外汇储备及债务情况

沙特的收入持续降低，但随着人口的快速增长和经济多元化的刺激，计划支出缺口巨大。从2014年油价危机开始，沙特的外汇储备逐年降低，近些年来从外部借支约 266 亿美元。有报道称，沙特计划将债务限额从 30%，提高到 2022 年的 50%，以应对不断扩大的财政支出需要，债务风险也随之不断加大。

在"2030 愿景"规划下，政府财政支出需求不断扩大和财政收入不匹配之间的矛盾日益突出。虽然沙特政府采取了饮鸩止渴式的激进方式，但同样恶化了营商环境，在一定程度上阻碍了经济多元化和"2030 愿景"规划的快速推进。

3. 教育引导和传统思想意识亟待改变

因长期享受石油红利带来的高福利政策，沙特居民普遍不愿意从事餐饮、建筑、零售服务等行业，目前有将近三分之一、接近 1000 万名外籍劳务人员从事社会服务和建筑等各项基础工作。在不少领域存在较大的有能力、能胜任的沙特本地人员缺口，这和当地教育引导及长期高福利下居民形成的思想意识有直接关系。随着近些年来多元化经济的发展，沙特不缺工作岗位，但很多外资企业在满足最低沙特化比例的前提下，宁愿雇用更吃苦耐劳的印度、巴基斯坦、菲律宾和来自其他中东国家例如埃及、约旦的人员以满足业务发展需要。当地教育引导和居民的传统思想意识与快速发展的需求之间的不匹配矛盾逐渐凸显，成为制约沙特多元化经济快速发展的重要因素之一。转变教育引导和传统理念，培养有技能、懂管理的人才以满足政府大力发展多元化经济目标势在必行。

第二节　中国与沙特投资与产能合作发展概况

从古代丝绸之路开始，中国与沙特阿拉伯就有了双边贸易往来与合作。尤其是自 1990 年双方建交以来，随着沙特大力发展多元化经济，中沙双边关系得到快速发展，政治互信日益增强，经贸及其他领域的合作不断深化。中国作为全球最大的贸易出口国，需要大量的能源进口以满足国内快速发展的需求；而沙特作为重要的贸易进口国，需要出口大量石油以满足其国内高额的财政开支需求。双方在快速发展和扩大贸易合作上，经济互补性强，有着良好和广泛的合作基础。

随着沙特从 2000 年开始加快国内经济转型和基础设施建设的步伐，大量中国企业走进沙特。在 20 多年的时间里，双方的投资和产能合作得到了快速发展。

一 中国与沙特投资与产能合作发展历程

自 1988 年双方协议设立贸易代表办事处和 1990 年双方正式建交以来，中国和沙特在双边贸易、投资、医疗、教育、能源、科技等方面签署了一系列合作协议，极大地促进了双方在投资和产能合作方面的快速发展。1997 年 10 月 15 日，中沙友好协会成立并多次组织中沙两国企业家互访，举办经贸研讨会，为推动中沙企业界的交流与合作做出了积极贡献，促进了双方在经济、社会、文化、科技、教育、能源等方面的交流与合作，为中沙企业界的交流与合作发挥了重要的推动作用。

2005 年，沙特首次超过安哥拉，成为中国进口石油的第一大来源国。自此后，沙特国王阿卜杜拉采取了一系列倾向亚洲的贸易策略，允许超过其出口额 50% 以上的石油产品出口到亚洲各国。仅沙特基础工业公司一家，一年出口到中国的石化产品就达 20 亿美元。双边贸易额在 2008 年已超过 400 亿美元，中国对沙特的出口额从 2000 年的 12 亿美元到 2008 年的 107 亿美元，快速增长了接近 9 倍。

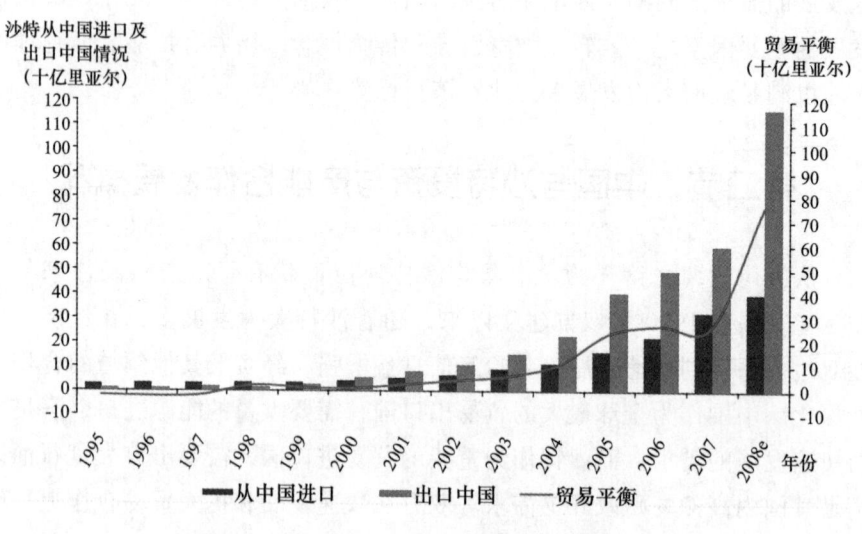

图Ⅲ-5-2 中沙 1995—2008 年双边贸易情况

随着双边贸易额的不断增大，沙特也积极寻求在中国扩大能源领域的投资。沙特在中国国内投资能源领域尤其是石化项目的另一考虑是确保长期稳定的中国原油最大供应商的地位。例如，2004 年阿美石油公司在福建投资约 30 亿美元建设炼化工厂。2006 年，双方同意在海南岛建设石油储存设施和允许沙特与中国公司合作参与基础设施建设。2012 年 4 月，沙特基础工业公司开始其在中国的第二轮价值约 110 亿美元的投资计划，包括在天津和重庆设立石油炼化厂。除石油行业外，沙特还开始在中国进行其他领域的投资。2012 年，沙特基础工业公司宣布在上海康桥投资约 10 亿美元，建设新的技术中心。此外，沙特投资总局和沙特航空公司都在中国设立了办公室。

一方面，中国政府和企业从 2000 年后不断加大在沙特的各项投资，尤其是能源类领域。2006 年，中国最大的铝业公司中国铝业和沙特当地公司共同投资建设价值约 30 亿美元的铝矿炼化厂。2012 年，中国石化集团与阿美石油公司签署延布炼厂项目合作协议，项目总投资约为 86 亿美元，其中中国石化出资约 37.5%，开辟了双方企业合作模式的新篇章。

另一方面，近些年来中国企业参与了大量的沙特基础设施和能源设施建设，进一步扩大了双方在传统能源领域的合作。例如，中国电建旗下的山东电建三公司以 EPC 方式成功履约的拉比格 2×660MW 电厂项目、扎瓦尔 3400MW 电厂项目、延布 5×600MW 电厂项目、利雅得 P13 及 PP14 电厂项目等，都成为双方在能源领域合作的典范。其中 2009 年开工的拉比格电厂项目，更是中国电站工程总承包商打破欧美日韩垄断，成功进入沙特市场，实现中国电动机电设备首次出口，并带动中国银行首次成功进入沙特市场，为中国企业"走出去"和中沙的深度合作，探索了新模式，树立了新典范。

二 沙特工业化与"石油经济"对沙特投资与产能合作带来的影响

作为占比最高的出口资源和财政收入的主要来源，源源不断的石油收入给沙特致力于加大国内基础设施建设，大力发展工业化提供了充足的资金支持。据有关统计数据，从 1973 年到 2016 年，沙特的出口收入总和超过 4.9 万亿美元，而同期人口超过沙特三倍的埃及出口总收入仅有 4000 亿美元，沙特出口总收入是埃及的 12 倍。近现代充足且持续的石油经济高收入使沙特迅速完成了大额的资本原始积累，从资金层面确保了沙特国内很多大中型项目和各项政府规划的落地实施，极大地推动了沙特近现代工业化的快速发展。

沙特工业化的发展一方面高度依存于石油及其上下游产业链提供的源源不断的资金支持，另一方面正是石油行业低投入、高收益这一显著特征，使得沙特大力发展经济多元化的动力远远不足。虽然沙特从1970年陆续实施了五年规划，尤其是在其第四个五年规划中，首次表达了对替代能源和可再生能源发展的巨大担忧，更强调对经济多元化的重视，并且第一次将制造业排在了第一位，明确要以工业制造业的发展作为经济多元化的主要路径方针，实际上也取得了一定的成果。但和其宏伟目标相比，其最终落地实施较为缓慢，实际成果未及预期。

沙特深知完善的基础设施建设对国家发展工业化及现代化的重要性，从第一个五年规划开始到1990年，政府对公共基础设施建设的投资占比高达30%—50%。近些年来，沙特也制订了一系列新项目和一些大型基础设施扩建计划，包括从麦加到麦地那的高速铁路、首都利雅得地铁项目、遍布全国各地的路桥项目等，都在沙特致力于发展基础设施的规划下得以落地实施。

为加强其赖以生存的石油及化工行业在国民经济中的支柱产业地位，在五年规划期间，沙特投资兴建和扩建了包含延布、吉赞、朱拜勒等重要的重工业城市，新兴的扎瓦尔工业城仍在开发建设中。其中在延布市大力发展的石油炼化区，打通了沙特石油出口的西部红海渠道，缩短了石油运输到欧洲的距离；同时摆脱了石油出口对波斯湾的过度依赖，减少了伊朗对霍尔木兹海峡控制的威胁，有其高度的政治和经济考量。

正是沙特近现代工业化和产能结构的典型特征，造成与中国及其他国家的产能合作更多地集中在沙特赖以生存的石油、天然气、化工及基础建设行业，合作项目主要以大中型的EPC或C项目为依托而落地实施[1]，投资行业也更倾向于传统能源领域。中石化与阿美投资建设的延布红海炼油厂、首次将中国银行投资成功引入沙特的山东电建三公司建设的拉比格发电厂等，都是双方在沙特产能合作的具体成果。

---

[1] EPC为设计采购施工总承包模式，即Engineering（设计），Procurement（采购），Construction（施工）。C项目是指合同范围仅为施工的项目工程。

三 中沙投资与产能合作情况

近年来，随着中沙关系不断改善，中沙双边贸易取得了长足发展。中国已成为沙特最大的贸易伙伴国，沙特业已成为中国最重要的海外原油供应国和最具潜力的承包工程市场。当前，在沙注册的中资企业超过150家，主营业务涵盖工程承包、贸易物流、通信服务、工业投资等行业，并开始向金融服务等高端领域延伸。

2016年到2017年双方元首的互访，极大地推动了两国全面战略合作伙伴关系及在能源领域的双边合作。2016年习近平主席访问沙特，取得的一项重要成果就是促进了双方在能源领域的双边合作。习近平主席访问期间，与沙特萨勒曼国王共同出席并见证了延布炼厂项目的投产启动，同时表示中国愿成为海合会国家长期、稳定、可靠的能源供应市场，同海方构建上下游全方位能源合作格局，能源合作被摆在了核心位置。2017年沙特国王萨勒曼访问中国期间，在两国领导人的见证下，签署了油气、核能和航天等领域35个项目共计650亿美元的合作大单，极大地推动了双方在能源等领域的进一步深入合作。

2016年，中沙贸易额已达到424亿美元，合作项目涉及石化、铁路、港口、电站、通信、金融等行业，其中基础设施、电力设施、海水淡化、石油化工等项目仍然是中国企业在沙特的主要合作领域。

在基础设施建设方面，沙特规划了大量的城市地铁和铁路网项目。中国铁路建设企业已经以多种形式参与部分项目的建设，如麦加轻轨项目、南北铁路项目等，并正在积极参与麦加轻轨项目二期和部分城市地铁项目、铁路项目的投标工作。中国电建也在2018年以EPC方式成功签约萨拉曼国王国际综合港务设施项目，合同金额高达30亿美元。

在电力设施方面，目前在建的山东电建三公司利雅得PP13 1900MW燃气联合循环工程、利雅得PP14 1900MW联合循环工程、延布5×660MW燃油电厂工程等，都是双方正在执行的电力领域合作典范。

在海水淡化方面，执行中的沙特拉比格60万立方米海水淡化厂项目、朱拜勒二期40万立方米海水淡化厂项目、朱拜勒3A 60万立方米海水淡化厂项目，均由中国电建旗下的山东电建三公司以EPC方式执行，总合同额高达15亿美元。

在石油化工领域，中国石化、中国石油等企业在沙业务开展顺利，其中中国石化和阿美共同投资的延布炼化厂，成为中沙能源布局的重要成果。2019年1月29日启动的中沙投资约24亿美元的泛亚科学石油化工化纤一体化项目，推动落地实施了双方在化工领域的产能合作，致力打造为中沙产能合作的标杆。据有关统计数据，目前在沙中资企业在建合同额高达268亿美元，占据沙特建筑市场份额的16%，物探和钻井行业市场占有率则分别达到了60%和30%。

近些年来，双方政府在产能合作相关领域签署了一系列框架合作协议，部分项目已落地实施。随着沙特经济的快速转型和双方不断深化的产能合作，后续的合作前景值得期待。

第三节　中资企业在沙投资与产能合作新挑战

随着沙特经济多元化发展提速和双方多边合作的不断深化，越来越多的中资企业走进沙特，尤其是近些年来增速较大，部分中大型中资企业在沙执行项目较多、合同额较高。但是在合同执行和履约过程中，标准规范不统一、市场不熟悉、履约意识较差、营商环境变化、美国遏制等多方面因素，给中资企业在沙投资和产能合作各领域带来了极大挑战。

一　中资企业"走出去"困境

（一）合同履约意识亟待提高

总承包企业签订合同只是"走出去"的开始，对合同的执行效果才是真正决定企业能否"走进去""走下去"的关键，尊重合同、研究合同、分析合同尤其重要。中资企业在合同履约过程中，由于缺乏对当地市场的深入调研，缺少对合同条款的深入解读，缺乏对合同风险的系统分析和制定行之有效的应对措施，自身管理存在问题等因素，造成项目执行过程中履约困难，甚至个别项目面临较大亏损或业主的高额索赔。不同于国内市场，在沙特实施项目要按照双方签订的合同条款严格执行，可谈判余地很小。如何做好合同谈判，系统性风险识别并制定应对措施，如何强化履约意识和严格履约，需中资企业深入研究并亟待提高履约能力。

（二）设计、制造业亟待创新和快速成长

在设计方面，中方设计计算能力不足，基于精确计算的设计模式尚未健全；掌握、使用国际标准的能力较弱。针对沙特市场，对当地各领域的设计规范、设计文化和设计理念不熟悉，往往造成设计图纸极难得到业主审批通过，进而影响到采购和施工等后续各链条环节的履约执行。例如沙特发布的建筑物规范（Saudi Building Code-SBC），对当地建筑物的设计提供了指导意见和详细要求。如果不深入研究，则极难设计出符合当地标准的建筑物。从目前来看，中国设计院在当地缺乏成熟的设计经验和能力，能独立完成设计的项目极少。要与国际及沙特当地设计规范及标准接轨，设计出符合沙特当地要求的图纸，国内设计单位仍有很长的路要走。

在设备方面，需要加强研发、创新，进一步提升设备性能，售后服务也亟待提升。目前部分中资企业在沙特执行项目的同时，也将中国的部分机电设备带到海外，在一定程度上拓展了中国设备的海外市场，扩大了设备出口额度。但中国设备尤其是机电设备在沙特当地占有率小，业主认可度较低。沙特当地部分大中型国有或私营企业例如沙特电力公司、沙特海水淡化公司（SWCC）、沙特阿美等都有自己的资质审查（PQ）部门和审批通过的设备供应商名单（例如沙特电力公司为AVL-Approved Vendor List），目前获得业主认可的中国供应商数量仍非常少。一方面，这些国企和私企在合同中会明确规定所有设备必须在合格的供方库名单中选择，这就将绝大部分中国设备排除在外。另一方面，中国机电设备质保及后续服务不配套，服务链不完善，也是沙特当地极难接受的原因之一。欧美大型机电类企业都会在沙特设立公司、办事处或代理商，以保障其设备的售后服务和及时解决业主的后顾之忧。在沙特经营良好的中国高科技企业如华为、中兴等，都有强大的市场营销和售后服务团队，且通过自身努力，使业主认可度较高，市场份额不断扩大。中国机电设备要走出去，在强化自身产品质量、加强市场推广的同时，也应完善当地售后及配套服务链条，两者缺一不可。

（三）中国标准输出与国际对接

"中国标准"的整体形象还没有在国际上树立起来，因此中国标准仍需要不断进行自我调整，否则难以得到国外业主认同。

沙特当地各类标准仍以成熟的欧美标准尤其是美标为主，加之当地少量特殊规范要求，形成了一整套完善的适用于当地的标准体系。一方面，对于通用标准，要识别出"中国标准"与"沙特标准"的具体差异，做好自我调整，在设计输出、设备制造、施工验收、调试运行等各环节严格执行；另一方面，对于行业标准，除做好与当地标准的对接外，应不断提高企业自身实力以获得在全球同行业的领导力，逐步成为行业标准制定的参与者和领导者，不断带动中国标准的有效输出。

（四）中资企业需不断提升综合实力

越来越多的走出国门的中资企业发现，它们面对的是愈加残酷的海外市场竞争，中资企业需要从"练内功、抓管理、提素质"入手，而不是一味地靠低报价进行恶性竞争。

迫于国内不断增长的行业竞争压力，部分中资企业为快速进入当地市场，采取了低于成本报价等方式以获得项目。而在后续项目执行过程中，由于缺乏对当地市场的了解、风险分析不够、应对措施不完善、企业自身管理存在问题等原因，造成项目严重亏损或拖期，履约困难，从一定程度上影响了中资企业在当地市场的信誉度。多年的经验告诉我们，"打铁还需自身硬"，只有企业不断加强自身综合实力，通过严格项目履约，满足业主期望，才能赢得市场并获得客户的充分尊重和信任。

二 营商环境变化对中沙投资与产能合作的影响

近些年来，随着中国"一带一路"和沙特"2030愿景"的高度契合，沙特经济转型步伐加快，双边合作不断深入，这给中资企业在沙特投资及产能合作带来良好机遇。但同时也应该清醒地认识到，目前沙特石油行业仍占据工业化的最重要位置，油价低迷造成的沙特国内财政赤字居高不下，政府不得不采取各项措施增加税收，以填补财政赤字的巨大缺口。这使得在沙中资企业的经营成本大幅上升，利润空间被进一步压缩，经营风险逐步增大。

2014年下半年，国际油价从上半年的110美元一桶，迅速跌至低于60美元一桶，且截至目前一直处于低位，造成沙特从2015年开始持续出现较大的财政赤字，当年赤字更是超过1000亿美元。为应对国内持续增长的庞大预算开支和支持多元化发展需要，沙特政府自2018年开始采取了一系列更为激进的应对措施以迅速缓解政府的财政压力：

第五章　中国与沙特投资与产能合作　631

征收和提高增值税（Value Added Tax—VAT）：自 2018 年 1 月 1 日起，沙特开始征收 5% 的增值税，自 2020 年 7 月 1 日开始，增值税由 5% 提高到 15%。

提高国内电价、油价：沙特实行居民、农业、工业、教育等领域不同限额、不同电价的制度。2016 年沙特国内的平均电价为每度 0.18 里亚尔，而 2018 年提高到了平均每度 0.22 里亚尔，增长幅度约为 22%。沙特成品汽油价格从 2014 年最低的每升 0.12 美元，提高到目前每升 0.47 美元，增长接近 4 倍。尤其是 2018 年，国内成品汽油价格从 2017 年每升不到 0.25 美元，迅速提高至每升约 0.55 美元，增长超过一倍。

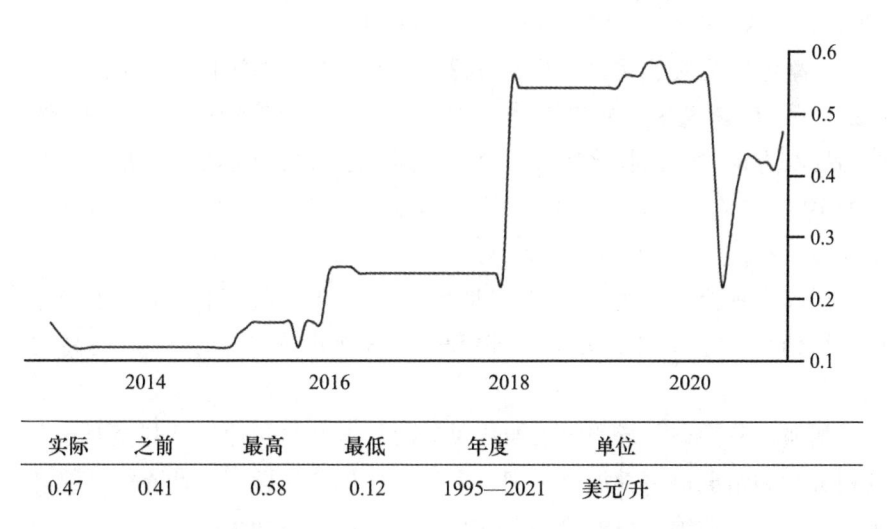

实际	之前	最高	最低	年度	单位
0.47	0.41	0.58	0.12	1995—2021	美元/升

图Ⅲ-6-3　2014—2020 年沙特国内成品汽油价格趋势

资料来源：Trading Economics.com.

征收外籍人员居住费（Expat Feed）：沙特政府自 2017 年 7 月开始征收居住费，当年人均每月为 100 里亚尔。2018 年此费用上升到人均每月 400 里亚尔，2019 年增至 600 里亚尔，2020 年更是高达人均每月 800 里亚尔，极大地增加了外籍人员在沙特的生活成本。

增加当地化比例（Local Content）：2018 年 12 月，沙特成立了本地化和政府采购局（Local Content and Government Procurement Authority—LCG-PA），对在沙特经营的各行业当地化比例（包含采购）进行监管。目前在沙特新中标的项目，在合同中普遍对当地化最低比例进行了严格限制，并对未能满足当地化比例要求的情况，规定了严格的罚款条件。

增加沙特雇员比例（Saudization）和最低工资标准：为增加沙特籍雇员的就业机会，沙特政府自2003年开始，强制要求所有企业必须雇用一定比例的沙特籍雇员，以给本土人员创造更多的就业机会。随着沙特人口失业率居高不下，政府自2017年起，提高了不同行业、不同规模企业相应的沙特籍员工雇佣比例。由于部分沙特籍雇员吃苦耐劳和勤奋努力的工作精神不高，投入与产出比不均衡，实际上加重了在沙部分中资企业尤其是基建类企业的经营负担。沙特人力资源局在2020年12月宣布，从2021年4月开始，将本地员工的最低基本工资标准由每月3000里亚尔提高到4000里亚尔，进一步加重了企业的经营负担。

提高进口关税比例：2017年6月，沙特宣布对香烟及功能性饮料类产品征收100%关税。从2020年6月10日起，沙特政府对超过2000多项商品提高进口关税征收比例，部分种类商品进口关税上涨幅度达到商品原值的10%，部分新关税比例已达到世贸组织许可的最高"约束税率"水平。

征收房地产交易税：对于房地产交易，沙特政府自2020年开始在15%增值税的基础上，增加征收5%的房地产交易税，旨在提高税务收入。

加强税务稽查：近些年来沙特税务稽查力度不断加大，甚至对于久远的税务缴纳情况也一并加以追溯。一旦发现税务问题，企业除需补缴相关税费外，仍需缴纳高昂的滞纳金，税务风险进一步加大。

为寻求经济快速转型，应对财政收支不平衡等问题，沙特政府采取了上述一系列应对措施以减轻全球油价持续低迷所带来的财政压力，而这些措施在某种程度上影响了本土的营商环境，削弱了沙特吸引外资以助力其经济多元化发展的目标。对于中沙合作的产能项目，一方面是项目中标价格持续走低；另一方面，由于近些年来沙特各项增加税收的激进政策造成项目运作成本持续走高，利润空间进一步被压缩，部分中资企业在执行项目时已是亏损经营，合同履约风险进一步加大。

三 新冷战对在沙中资企业投资与产能合作的冲击

随着中国的经济实力和全球影响力不断增强，美国加大了对中国在各领域的经济制裁。2018年初美国发动了轰轰烈烈的"贸易战",后续也对多家中国高科技企业如华为、中兴、大疆、360、小米等公司采取一系列制裁措施,企图对中国经济和科技发展进行全面打压,中美关系进入"新冷战"阶段。

美国陆续出台的各项限制措施对中国企业在海外运营产生了一定的影响。对于制裁清单中的企业,尤其是高科技类行业,美国利用其自身强大的影响力,在全球对中国企业进行围追堵截。沙特作为亲美的中东国家之一,也受到中美之间新冷战的波及。2020年,美国指责华为公司窃取美国专利和帮助伊朗逃避制裁,声称华为对美国和全球网络安全有巨大隐患。美国还持续通过各种手段给沙特政府施压以打压中国高科技企业。

由于美国政府的不断施压,部分中国高科技企业在沙特市场上的业务发展受到了较大影响。虽然沙特政府为努力维持与中国的睦邻友好关系,未在任何官方渠道限制中国高科技企业在沙特的业务经营,但实际上当地不少业主已经将华为等企业排除在外,市场份额被进一步压缩。相反,一些欧美科技公司如诺基亚等企业在沙特的业务则不断扩大,打压效果初见成效。

沙特作为中东亲美国家之一,一方面要依靠美国提供的强大支持和地区影响力,维持其政府的稳定及其在阿拉伯世界的领导地位;另一方面要依靠中国庞大的能源需求和"一带一路"倡议,助力其国内经济快速多元化发展及实现"2030愿景"规划,努力在两个大国博弈之间寻求最佳平衡。随着中美之间新冷战的不断持续或升级,如果在短时间内得不到缓解,可以预料对中国企业在沙投资和经营范围及程度的影响会不断加大,双方框架协议内的项目真正落地实施可能会受到不同程度的牵制。这需要政府和在沙企业高度关注并及时调整应对策略,以避免带来过大的负面影响。

第四节　中国与沙特投资与产能合作前景

一　"2030愿景"与"一带一路"倡议的高度契合

中国自2013年提出"一带一路"倡议以来,积极发展与沿线国家的经济合作伙伴关系,致力于共同打造政治互信、经济融合、文化包容的利益共同体、命运共同体和责任共同体，最终实现合作共赢。沙特作为"一带一路"沿线的重要国家之一和中国最大的能源供应国，其重要地位不言而喻。而沙特为大力发展多元化经济，实现逐步摆脱对石油经济过度依赖的目标，于2016年4月发布了雄心勃勃的"2030愿景"和"国家转型计划"，在政治、经济、能源、科技、教育等多领域进行全面改革以促进结构转型和快速发展。中国"一带一路"倡议与沙特"2030愿景"的高度契合，无论从时间还是空间上都有共同合作的坚实基础。

（一）合作时机的高度契合

从时间上看，中沙双方的发展时机高度契合。虽然从1970年起沙特就开始寻求经济多元化并制定实施了一系列"五年规划"，但由于全球经济尤其是新兴发展中国家的快速发展及对能源的不断需求，沙特大力发展非石油类产业的动力严重不足，多元工业化进程发展较为缓慢。而随着2014年全球石油危机的出现，国际油价急速降低，沙特赖以生存的财政收入受到巨大冲击，从2015年开始连续多年出现巨额财政赤字，迫使沙特不得不考虑采取一系列变革措施加快工业化和能源转型以促进经济多元化发展，并逐步摆脱对石油的过度依赖。在此背景下，沙特"2030愿景"应运而生。

中国2013年提出的"一带一路"倡议，既是中国经济发展的内在需求，也是世界经济外部失衡的环境需求。中国改革开放40多年来，取得了举世瞩目的成就，极大地促进了国内经济的快速发展。但同样也存在着缺乏顶层设计、谋子不谋势和不注重改善国际发展环境等问题，迫切需要加强各方面改革开放措施的系统集成。与此同时，外部世界也发生着复杂而深刻的变化，尤其是国际金融危机的深层次影响不断显现，经济增速放缓、发展分化、国际投资贸易格局和多边投资贸易规则发生深刻调整，各国面临的可持续发展问题依然严峻。中国的"一带一路"倡议，在此国内及国际大环境下应运而生，旨在通过双边的全方位合作，共同促进经济要素有序自由流动、资源高效配置和市场深度融合，推动沿线各国实现经济政策协调，开展更大范围、更高水平、更深层次的区域合作，共同打造开放、包容、均衡、普惠的区域经济合作架构。2015年3月28日，中国国家发展与改革委员会、外交部、商务部联合发布了《推动共建丝绸之路经济带和21世纪海上丝绸之路的愿景与行动》，针对"一带一路"倡议提出了方向性、框架性、意向性的设计，进一步指明了发展方向，符合各国的根本利益和美好追求。

从以上方面可以看出，中国"一带一路"倡议和沙特"2030愿景"是在相同的国际大背景下产生的，都是为满足国内自身发展需要而制定的一系列改革及发展计划，在时间维度上高度契合。

（二）合作领域的高度契合

从空间上看，双方在能源、基础设施和产能合作、投资等领域高度契合，双方在这些领域合作的广度和深度也高度契合。随着近现代工业和经济的快速发展，中国已成为最大的能源消费需求国；而沙特作为第一大原油出口国和全球第二大原油储存国，长期占据着中国在西亚非洲地区最大贸易伙伴的位置，2016年中沙双边贸易额达到423.6亿美元。沙特为发展多元化经济并逐步摆脱对石油的过度依赖，顺利完成能源转型，加之国内财政赤字长期居高位，急需国外投资和有技术、有经验的企业在沙特运作项目，助力其"2030愿景"各项宏伟目标的真正落地。随着中资企业在沙特业务的不断拓展，以及"负责任、敢担当"的企业及国家形象的深入人心，双方在各领域的合作逐步加深，互信进一步增强。

正是由于中国"一带一路"倡议与沙特"2030愿景"的高度契合，两国在各领域的深化合作得以迅速推进，并取得了良好的实际成果，中沙经贸合作大步迈上更高台阶。

二 沙特经济转型带来的新机遇

由于中沙经济都处于经济转型时期，互补性强，这为两国在各方面深化合作提供了有利契机。目前，双方已经形成了以能源合作为主轴，以基础设施建设、贸易和投资便利化为两翼，以核能、航天卫星、新能源三大高新领域为突破口的"1+2+3"合作格局。

根据"2030愿景"规划，沙特将完成从单一的传统石油类能源向太阳能、风能、核能等新能源的过渡。沙特新能源快速转型和巨大市场需求给中国设备制造企业和建设企业带来更加广阔的合作空间。在基础设施方面，随着"2030愿景"规划各项目的落地，给中资企业带来了巨大的机遇。目前，中国企业在沙特建筑市场上的份额约为16%。随着"2030愿景"不断推进，一批新的基建类项目例如红海旅游城、NEOM新城、QID-

DIYA旅游城等基础设施项目陆续上马，这将给中资企业和中沙进一步合作带来新机遇。

在传统的石油化工领域，双方的合作将进一步加强。虽然沙特正致力于摆脱对单一石油能源的过度依赖，但在很长一段时间内，沙特仍会以石油为其主要能源来源。加之很多石油提取和炼化设施已运行多年，效率过低、维护成本过高，因此在传统能源类设施的更新换代上，仍有很大的拓展空间。

在电力建设方面，由于沙特稳步增长的工业多元化需求，中资企业在沙特从事电力建设业务发展良好。其中，中国电建旗下的山东电建三公司已完成各类中大型电厂两个，在建电厂项目三个，总装机容量高达11300MW。山东电建在建的吉赞电厂项目，是全球最大的石油化气电站，装机容量达3850MW。随着电力需求的不断增加，在沙特当地的传统电力市场仍有一定的合作空间。

在海水淡化领域，沙特人口的稳定增长和经济多元化发展，对淡水的需求与日俱增，大批海水淡化项目正在陆续开展。据有关统计，从2008年到目前，沙特饮用水总量每年增长超过5%，在2018年消耗达到33.9亿立方米，其中海水淡化提供的淡水量占63%。仅山东电建三公司在当地执行的大型海水淡化项目就有3个，总产淡水能力达到每天160万立方米，总合同额超过15亿美元。

随着沙特"2030愿景"的不断推进，除传统领域外，沙特希望双方在工业园区、工业制造、物流运输、智慧城市、电子商务等领域开展投资合作。其中，银川、广州开发区正积极跟踪开发吉赞经济城中沙产业和工业园区；广州泛亚聚酯有限公司于2016年11月与沙特能工矿部就投资吉赞经济城项目签署了投资框架合作备忘录，拟投资41亿美元分三期建成12个项目。在2019年2月22日举行的"中国—沙特投资合作论坛"上，来自中沙两国政府部门、企业、金融机构等1300余名代表围绕深入推进"一带一路"倡议与沙特"2030愿景"进行了产业对接。双方在石油化工、电子信息、数字经济、智慧城市、文化旅游、教育医疗等10个重点领域进行政策宣介和项目对接，总共签署了35份总投资金额超过280亿美元的"一带一路"合作项目，有效推进和深化了双方在各领域的合作。

中沙高层的互访，极大地加强了双方的互信和深度合作，也为双方把握合作机遇提供了良好的顶层设计。总之，沙特寻求经济快速转型和"2030愿景"改革与"一带一路"倡议高度契合，实现了优势互补，给中国企业"走出去"带来了前所未有的历史新机遇。双方经济转型的不断深化和各项目的落地实施，必将给双方带来更丰硕的成果。

三　中国与沙特投资与产能合作风险及规避

随着"一带一路"倡议和"2030愿景"下双方合作项目的快速推进，中沙双方实现了优势互补，在多个领域的多边合作也逐渐深入，这给双方带来了巨大机遇。但同时我们也必须清醒地认识到，中沙双方在政治、经济、投资及营商环境等方面仍存在较大风险，在合作的过程中需要系统性做好风险识别并制定积极应对措施，以规避风险可能带来的各种问题。

（一）来自沙特方面的风险

1. 沙特内外部政治局势依旧严峻，社会不稳定性因素增加。

政治和社会稳定是沙特顺利推进"2030愿景"和能源转型的基本保障，而目前沙特政局的稳定依然受到境内外较大挑战。在境内风险方面，沙特自前国王阿卜杜拉2015年去世以来，王储职位两次易主，打破兄终弟及的继承制度。在新王储上台后，他以反腐名义逮捕多名政要，2020年萨勒曼国王的弟弟及前王储等三名王室高级成员以涉嫌叛国罪被逮捕，王室内部斗争依然暗流涌动。2018年沙特记者卡舒吉被暗杀，也震惊了世界。此外，国内逊尼派与什叶派的斗争，恐怖主义势力的抬头等更增添了国内政局的不稳定。在境外风险方面，2015年沙特发动的对也门战争至今仍在持续，沙特国内重要基础设施如机场、石油炼化厂等也多次受到胡塞武装的导弹袭击，连年高昂的军费开支给财政带来更大的压力。此外，叙利亚战争、伊朗外交危机、与卡塔尔断交等，恶化了周边政治环境，也给沙特努力寻求快速经济转型和"2030愿景"目标的实现蒙上了一层阴影。

为应对沙特政治环境带来的依旧严峻的安全和稳定问题，中方应密切跟踪沙特政治局势和动向，系统分析局势变化对中沙投资及产能合作带来的各方面影响。作为在沙中资企业和个人，应坚持不组织、不参与任何当地政治类活动，减少各类外出，在国家、使领馆的引导下，有序、合法、合规地在沙开展各项业务，确保将政局及社会不稳定所带来的各项风险降至最低。

2. 沙特财政压力未得到根本缓解，给项目落地实施及顺利执行带来更多不确定因素。

由于2014年下半年爆发全球石油危机，沙特自2015年至今出现较大规模的财政赤字，政府收入无法应对其庞大的各项开支和经济多元化发展的需要，被迫从2019年开始削减了部分项目的投资，其"2030愿景"和国家能源转型计划并未按照预期全面推进，多元化进程受到很大挑战。除部分项目由于沙特财政问题而被迫暂缓或取消外，也影响了项目工程款项的及时回收，部分企业只能通过总部支持或银行贷款方式加以缓解，在一定程度上影响了项目的正常推进，也增加了项目运作成本。紧缺的财政支持与其多元化经济发展和能源转型对资金的巨大需求之间的矛盾，已成为制约沙特顺利推进并按期实现宏伟愿景的最重要制约因素。

为减少因财政问题给双方合作带来的影响，中方需密切跟踪投资方的资金动向，确保在投资方资金到位后再启动项目；同时一旦出现回笼资金风险，应及时调整相关资源及投入，加强收款工作，及时止损，做好现金流管理，确保项目运营稳定。

3. 营商环境持续恶化，投资吸引力变差。

如前所述，沙特为增加财政收入，快速缓解因石油危机所带来的高额财政赤字，近些年来采取了征收增值税、提高增值税率、征收外籍人员居住费、提高关税、提高沙特籍雇员比例及最低工资标准、提高本土化比例等各项措施，造成物价、用工等成本上涨幅度较大，极大地增加了中资企业在沙特当地经营项目的各项成本。尤其是在基础设施建设和能源合作领域，项目中标额持续走低，沙特本地部分中小型企业已破产，欧美日韩等企业陆续退出，部分中资企业项目也在亏损经营。由于生活成本持续升高，加之新冠疫情影响，2020年已有超过100万名外籍劳务人员陆续离开沙特。

近些年来沙特营商环境的恶化和连年的财政危机，使得很多国外投资者持谨慎的观望态度。日本软银公司在2018年计划在沙特投资2000亿美元建设200吉瓦全球最大的太阳能项目，目前计划投资也大打折扣。阿卜杜勒阿齐兹·本·穆萨伊德王子经济城开发项目大幅缩水，阿卜杜拉国王经济城、吉赞经济城开发缓慢，沙特地标建筑——全球最高的吉达塔建设项目于2013年开工，原计划于2018年底完工，至今只完成了三分之一。这些工程都从不同程度上反映了沙特财政和营商环境变化所带来的各项问题。

对中沙双方投资与产能合作项目而言，营商环境的变化对投资和项目运作成本的影响较大，也影响到项目经营目标的实现。作为在沙投资和项目经营风险主要承担者的中资企业，应结合政策的不断变化，做好各环节的成本测算，并针对当地具体的营商环境，系统性制定应对措施，确保将风险降至最低。

（二）来自第三方和外部的风险

对中沙投资和产能合作的最大风险是政治和外交风险，其中中美"新冷战"势必会对中沙合作造成一定的冲击。

自2018年中美爆发贸易战以来，中美关系进入"新冷战"阶段。美国政府为打压中国崛起，在全世界不遗余力地对中国进行围追堵截，给中沙双方的合作前景带来更多不确定性因素。美国的干预和打压已对部分中国企业在沙业务的正常开展产生影响，尤其是在中沙高科技合作领域，已经出现部分项目被迫退出或无法中标等问题。截至目前，虽然沙特政府未宣布任何限制中国企业参与当地项目的官方文件，但实际上部分沙特投资方已通过多种潜在的形式拒绝在美国制裁清单上的中国企业中标和参与项目建设。可以预见，如果中美"新冷战"持续升级，则波及范围和程度会逐步加大，将对中沙多边合作产生更加深远的影响。

作为双边合作的参与方，中国企业需密切关注两国"新冷战"的发展趋势，在国家大战略的布局和引领下，按照使领馆的各项安排，有序开展各项经营业务。同时，企业应不断加强科技研发和提升各项管理水平，不断提高自身实力，以"缔造精品工程、成就客户愿望、带动社会发展"为己任，取得业主信赖，树立中国形象，宣传正能量，为中沙合作的深化助力。

附录　沙特阿拉伯王室与历任国王生平[*]

沙特王室是沙特阿拉伯王国的统治阶层，由穆罕默德·本·沙特（Muhammad bin Saud）的后裔组成。穆罕默德·本·沙特是被称为第一沙特王国（1744—1818）的迪里耶（Diriyah）酋长国的创立者。迄今为止，沙特王国的统治派系主要由伊本·沙特（Ibn Saud）的后裔组成，沙特国王是仍然王室最有影响力的人物。

沙特家族曾与奥斯曼帝国、麦加谢里夫、哈伊尔的拉希德家族及其在内杰德的附属机构、沙特境内外的众多伊斯兰团体和沙特的什叶派少数民族发生过冲突，该家族在中东有相当大的影响力。

沙特家族经历了三个统治阶段：第一沙特王国，即迪里耶酋长国（Emirate of Diriyah，1744—1818），以瓦哈比主义（Wahhabism）扩张为标志；第二沙特王国（Emirate of Nejd），即内志酋长国（1824—1891）；第三沙特王国，即现代沙特阿拉伯（1902年至今）。

一　第一沙特王国时期（1744—1818）

迪里耶酋长国被称为第一沙特王国，成立于1744年。当时穆罕默德·伊本·阿本·阿卜杜勒·瓦哈卜（Muhammad ibn Abd al-Wahhab）与

---

[*] 编译整理自：https：//en. wikipedia. org/wiki/House_ of_ Saud；https：//en. wikipedia. org/wiki/Emirate_ of_ Diriyah；https：//en. wikipe dia. org/wiki/Emirate_ of_ Nejd；https：//en. wikipedia. org/wiki/Unification_ of_ Saudi_ Arabia；https：//en. wikipedia. org/wiki/Saudi_ conquest_ of_ Hejaz；https：//en. wikipedia. org/wiki/Kingdom_ of_ Hejaz；https：//en. wikipedia. org/wiki/King_ of_ Saudi_ Arabia；https：//en. wikipedia. org/wiki/List_ of_ rulers_ of_ Saudi_ Arabia；https：//en. wikipedia. org/wiki/Crown_ Prince_ of_ Saudi_ Arabia；https：//en. wikipedia. org/wiki/Succession_ to_ the_ Saudi_ Arabian_ throne；https：//en. wikipedia. org/wiki/Sudairi_ Seven。

穆罕默德·本·沙特王子（Muhammad bin Saud）结成同盟，成立了一个社会宗教改革运动，以统一阿拉伯半岛的许多州。1744年，穆罕默德·伊本·阿本·阿卜杜勒·瓦哈卜和穆罕默德·本·沙特宣誓就职，以实现自己的目标。迪里耶酋长国后来在奥斯曼·瓦哈比战争（1811—1818）中被奥斯曼帝国的埃及埃亚雷特（Eylet）推翻。

（一）穆罕默德·本·沙特（Muhammad ibn Saud）执政（1744—1765）

穆罕默德·本·沙特（1765年去世），也被称为伊本·沙特（Ibn Saud），是迪里耶的埃米尔，被认为是第一沙特王朝的创始人，沙特王朝是以他的父亲沙特·本·穆罕默德·本·穆克林（1725年去世）的名字命名的。他一直统治到1765年去世，之后他的儿子阿卜杜勒·拉齐兹成为第一沙特王国的第二位统治者。

（二）阿卜杜勒—阿齐兹·本·穆罕默德·本·沙特（Abdul-Aziz ibn Muhammad ibn Saud）执政（1765—1803）

阿卜杜勒—阿齐兹·本·穆罕默德·本·沙特是第一沙特王国的第二任统治者，从1765年到1803年，阿卜杜勒—阿齐兹统治着第一沙特王国。1803年11月，阿卜杜勒—阿齐兹被杀身亡，他的儿子沙特·本继承了王位。

（三）沙特·本·阿卜杜勒—阿齐兹·本·穆罕默德·沙特（Saud ibn Abdul-Aziz ibn Muhammad Al Saud）执政（1803—1814）

沙特·本·阿卜杜勒·阿齐兹·本·穆罕默德·沙特（1748—1814年）统治第一沙特王国时期为1803年到1814年。沙特·本的继承权是1787年决定和宣布的，在他统治期间，沙特吞并了奥斯曼帝国的麦加和麦地那。他于1814年4月因为发烧病逝于迪里耶，由他的儿子阿卜杜拉·本继位。

（四）阿卜杜拉·本·沙特（Abdullah ibn Saud）执政（1814—1818）

阿卜杜拉·本·沙特自1814年到1818年统治着第一沙特王国。他是第一沙特王国的最后一位统治者，在奥斯曼帝国统治下在君士坦丁堡被杀害。

二　第二沙特王国时期（1824—1891）

1818年迪里耶酋长国被推翻几年后，沙特得以在内志重新树立自己的权威，建立了内志酋长国，俗称第二沙特王国，首都位于利雅得。第二沙特王国一直延续到1891年。

（一）图尔基·本·阿卜杜拉（Turki ibn Abdallah）执政（1824—1834）

图尔基·本·阿卜杜拉是第二沙特王国的缔造者，1824—1834年在奥斯曼帝国执政后统治内志。本·阿卜杜拉既是阿卜杜拉·本·沙特的孙子，也是沙特第一王国最后一位执政的伊玛目。

（二）费萨尔·本·图尔基·阿卜杜拉·沙特（Faisal ibn Turki ibn Abdallah Al Saud）执政（1834—1838、1843—1865）

费萨尔·本·图尔基是第二沙特王国的第二任统治者。在图尔基·本·阿卜杜拉建立第二沙特王国后，费萨尔·本·图尔基被派往东部的哈萨进行军事行动。费萨尔的统治继续遭到奥斯曼帝国军队的反对，费萨尔被迫逃离利雅得，1838年，费萨尔第二次被迫流亡开罗。1843年，费萨尔再次逃离囚禁，返回利雅得。费萨尔依赖与哈伊尔的拉希德家族的紧密联盟，两个家族实施通婚。费萨尔第二次执政非常成功，直到1865年去世。然而，他的四个儿子的内讧最终摧毁了国家。

（三）哈立德·本·沙特·本·阿卜杜勒阿齐兹·本·穆罕默德·本·沙特（Khalid bin Saud ibn Abdul-Aziz ibn Muhammad ibn Saud）执政（1838—1841）

沙特家族的远房表亲（史料不详）。

（四）阿卜杜拉·伊本·图奈耶（Abdullah ibn Thunayyan）执政（1841—1843）

沙特家族的远房表亲（史料不详）。

（五）阿卜杜拉·本·费萨尔·本·图尔基·沙特（Abdullah bin Faisal bin Turki Al Saud）执政（1865—1871、1871—1873、1876—1889）

费萨尔之子（史料不详）。

（六）沙特·伊本·费萨尔·伊本·图尔基（Saud ibn Faisal ibn Turki）执政（1871、1873—1875）

沙特·伊本·费萨尔·伊本·图尔基（1833—1875）也被称为"伊玛目沙特"，分别在1871年和1873—1875年成为第二沙特王国的统治者。他加入了与外国部落的联盟，并反抗同父异母的兄弟阿卜杜拉。1875年1月，他因战伤和天花去世。

（七）阿卜杜勒—拉赫曼·本·费萨尔（Abdul-Rahman bin Faisal）执政（1875—1876、1889—1891）

阿卜杜勒—拉赫曼·本·费萨尔是第二沙特王国内志酋长国的最后一位统治者。他是费萨尔·本·图尔基·沙特最小的儿子，也是创建现代沙特阿拉伯的国王阿卜杜勒—阿齐兹的父亲。阿卜杜勒—拉赫曼因为内斗在穆拉达战役（Battle of Mulayda）中被打败，与家人被迫逃亡科威特。

三 第三沙特王国——现代沙特阿拉伯王国

阿卜杜勒—拉赫曼在穆拉达战败后，随家人流亡。不久之后，他作为科威特埃米尔穆巴拉克·萨巴赫的客人在科威特找到了避难所。1902年，阿卜杜勒—拉赫曼的儿子阿卜杜勒—阿齐兹承担起恢复沙特在利雅得统治的任务。据传，当时只有20岁的阿卜杜勒-阿齐兹立即被宣布为利雅得的统治者。

作为沙特议院的新领导人，尽管伊本·沙特曾一度承认奥斯曼苏丹的主权，但他与英国结盟，反对奥斯曼支持的拉希德。从1915年到1927年，根据1915年的《达林条约》，伊本·沙特的领地是大英帝国的保护国。伊本·沙特在1921年赢得了对拉希德人的最后胜利，使他成为阿拉伯中部大部分地区的统治者。随后，他将注意力转向希贾兹，终于在1926年征服了它。

到1932年，伊本·沙特已经处置了所有主要对手，巩固了他对阿拉伯半岛大部分地区的统治。1937年，美国测量师在达曼附近发现了后来被证实的沙特巨大的石油储量。在发现石油之前，沙特许多家庭一贫如洗。

（一）开国国王伊本·沙特（King Ibn Saud）执政（1902—1953）

伊本·沙特国王的全名为阿卜杜勒—阿齐兹·伊本·阿卜杜勒—拉赫

曼·伊本·费萨尔·伊本·图尔基·伊本·阿卜杜拉·伊本·穆罕默德·沙特（Abdul-Aziz ibn Abdul-Rahman ibn Faisal ibn Turki ibn Abdullah ibn Muhammad Al Saud），他出生于1875年1月15日，于1953年去世。

1890年，沙特长期的地区竞争对手拉希德家族征服了利雅得。1901年春天，伊本·沙特和一些亲戚，包括同父异母的兄弟穆罕默德和几个堂兄弟，开始了一次突袭内志的冒险行动。1902年1月15日晚，他带领40名士兵在倾斜的棕榈树上翻越城墙，占领了这座城市。拉希德家族控制利雅得的城长阿吉兰在自己的堡垒前被杀。沙特夺回这座城市，标志着第三沙特王国的开始。

第一次世界大战期间，伊本·沙特与英国政府建立了外交关系。1915年12月，英国与伊本·沙特签订了《达林条约》（《英国—沙特条约》），该条约将沙特议会家族统治下的内志确定为英国的保护地，并试图界定沙特国家的边界。作为交换，伊本·沙特承诺再次与奥斯曼帝国的盟友拉希德家族开战。

1925年，伊本·沙特的军队从麦加谢里夫侯赛因手中夺取了圣城麦加，结束了哈希姆家族对希贾兹（汉志）700年的统治。1926年1月8日，麦加、麦地那和吉达的六大主要人物宣布伊本·沙特为希贾兹国王，1927年1月29日，伊本·沙特将希贾兹、内志及其归属地区提升为一个王国。1927年5月20日，英国政府与伊本·沙特签署了《吉达条约》，废除了《达林条约》的保护协定，承认希贾兹和内志独立，伊本·沙特是它们的统治者。在接下来的五年里，伊本·沙特将他的双重王国的两个部分作为独立的单位进行管理。

伊本·沙特于1933年授予沙特石油公司（SoCal）特许经营权，1938年沙特石油公司就在沙特阿拉伯发现了石油。伊本·沙特于1944年通过其顾问圣约翰·菲尔比（St John Philby）和阿梅恩·里哈尼（Ameen Rihani）授予美国石油公司沙特油田的实质性权力。新发现的石油财富带来了巨大的权力和影响力，伊本·沙特利用这些权力和影响力逐渐在希贾兹占据优势。他迫使许多游牧部落定居下来，放弃"小战争"和仇杀。

巩固统治后的伊本·沙特开始广泛执行新王国的意识形态。早在1927年伊本·沙特就成立了希贾兹修罗委员会。该委员会后来扩大到20名成员，由国王的儿子费萨尔担任主席。1935年，拉希德亲王支持伊兹·丁·卡萨姆的反抗，导致他和他的追随者反抗约旦的阿卜杜拉一世。1937年，当他们被迫离开约旦时，拉希德·胡扎伊亲王、他的家人和他的一群追随者选择移居沙特阿拉伯。

伊本·沙特在第二次世界大战中将沙特定位为中立国，在战争的最后阶段，伊本·沙特会见了重要的政治人物。1948年，伊本·沙特参加了阿以战争。1933年，他任命其次子沙特王子为沙特王位继承人。穆罕默德希望他的儿子哈立德被指定为继承人。伊本·沙特的长子是图尔基·奥瓦尔，他是内志和汉志王国的王储，但图尔基在18岁时先于他的父亲去世，他的弟弟被任命为王储。伊本·沙特在他生命的最后几年里患上了心脏病，1953年10月，他的病情变得严重。1953年11月9日，他在塔伊夫的费萨尔王子宫殿因心脏病发作在睡梦中去世，享年七十八。

（二）沙特·本·阿卜杜勒—阿齐兹国王（King Saud bin Abdul-Aziz）执政（1953—1964）

沙特（1902年1月12日—1969年2月23日，享年六十七）于1953年11月9日至1964年11月2日任沙特国王。他1902年1月15日出生于科威特城、其祖父阿卜杜勒—拉赫曼的家中，是伊本·沙特的次子。

沙特国王登基时的政治环境与其父伊本·沙特建立王国时截然不同。在与埃及、沙特和叙利亚签署联合防御协议时，1956年4月21日，沙特国王与埃及总统贾迈勒·阿卜杜勒·纳赛尔和叙利亚总统舒克里·库瓦特利会晤之后，签署阿拉伯国家联合防御军队。由于当时沙特和也门签署了《吉达条约》，也门伊玛目艾哈迈德·本·叶海亚也加入了阿拉伯国家统一军队。

1956年7月26日，苏伊士运河公司国有化后，埃及政府继续支持阿拉伯国家。1956年9月20日在达曼举行会议后，沙特国王成功地加强了与伊拉克国王费萨尔二世的关系。之后在同一个月的同一个地点，沙特国王会晤了埃及总统加迈勒·阿卜杜勒·纳赛尔和叙利亚总统舒克里·库瓦特利，确认他完全支持埃及在苏伊士运河危机中的立场。1956年10月29日，英国、法国和以色列因运河国有化而入侵埃及，沙特国王宣布进行总动员，并下令开放征兵办公室。沙特国王向埃及政府提供全面援助，亲自监督行动，并欢迎埃及战机进入沙特。他还中断了与英国和法国的关系。沙特国王第一次使用经济武器，尽管他知道这种方式可能对国民经济产生负面影响。沙特国王还慷慨解囊，包括向埃及红新月会提供 200 万沙特里亚尔，以帮助塞得港的灾民。尽管沙特传统上与美国保持密切关系，但他拒绝加入美国 1955 年发起的《巴格达条约》（后来的中央条约组织——CENTO），该条约旨在反对共产主义在该地区扩大影响力。他支持与以色列交战的国家，并与埃及和叙利亚总统以及约旦国王侯赛因签署了一项为期十年的协议，以减轻约旦因这场冲突而承受的财政负担。1961 年，当伊拉克共和国决定在阿布德·卡里姆·卡西姆统治下吞并科威特时，沙特国王在国际论坛上提出抗议，宣称"对科威特的任何行动都是对沙特阿拉伯的行动"。

沙特国王通过皇家法令废除了总理职位，从而加强了他作为国王和事实上的总理的地位。沙特认为自己既是国王又是首相，而费萨尔则认为作为王储和副首相，应有更多的权力掌握在自己手中。1962 年，沙特国王出国就医，费萨尔王储在国王缺席的情况下组阁，与法赫德王子和苏尔坦王子结盟，费萨尔的新政府排除了沙特的儿子。费萨尔承诺进行十点改革，包括起草基本法、废除奴隶制和设立司法委员会。1965 年 1 月 6 日，沙特和他的叔叔阿卜杜拉—本·阿卜杜勒·拉赫曼前往宫殿，宣布效忠费萨尔国王。在这一事件之后，沙特于 1965 年 1 月离开沙特。1966 年，沙特被纳赛尔邀请到埃及居住，在纳赛尔的庇护下沙特前往埃及，并在 1966—1967 年留在埃及。1967 年 6 月的阿以战争之后，他失去了埃及的支持。1967 年 10 月，他离开埃及，先去了维也纳，然后去了雅典，他一直待在雅典直到 1969 年 2 月 23 日去世。

（三）费萨尔·本·阿卜杜勒阿齐兹国王（King Faisal bin Abdulaziz）执政（1964—1975）

费萨尔·本·阿卜杜勒阿齐兹·沙特出生于 1906 年 4 月 14 日，于 1975 年 3 月 25 日去世，享年六十八。他于 1964 年 11 月 2 日至 1975 年 3 月 25 日任沙特阿拉伯国王。1953 年费萨尔的哥哥沙特国王登基后，费萨尔被任命为王储。1954 年 8 月 16 日，费萨尔被任命为总理，开始拥有更大的行政权力。1964 年，沙特国王让位于费萨尔。

费萨尔实行现代化和改革政策。他的主要外交政策理念包括泛伊斯兰主义、反共主义和亲巴勒斯坦主义。对内费萨尔国王试图限制伊斯兰宗教官员的权力。为了抗议西方在巴以冲突中对以色列的支持，费萨尔国王领导了阿拉伯世界的石油禁运，引发1973年的石油危机。费萨尔成功地稳定了沙特的官僚机构，尽管他的改革面临一些争议，但他的统治在沙特阿拉伯人民中仍有相当大的声望。1975年，他被其侄子费萨尔·本·穆赛义德暗杀。

在他统治的早期，费萨尔国王颁布了一项法令，要求所有沙特王子必须在国内教育他们的孩子，而不是把他们送到国外。这使得上层阶级家庭把他们的儿子带回王国学习成为一种普遍现象。费萨尔国王还设立了沙特目前的行政区制度，并为国家的现代福利制度奠定了基础。1970年，费萨尔国王成立了司法部，并启动了沙特第一个经济发展"五年计划"。

20世纪50—60年代，中东地区发生了多次政变。1969年，穆阿迈尔·卡扎菲（Muammar al-Gaddafi）发动政变，推翻了石油资源丰富的利比亚君主制。由于这两个人口稀少的沙漠国家之间的相似性，这场政变对沙特阿拉伯王室统治的威胁尤其大。因此，费萨尔国王承诺建立一个先进的安全机构，并坚决镇压持异见人士。1969年夏天，费萨尔国王下令逮捕数百名军官，其中包括一些将军，声称他们正在策划旨在推翻沙特君主制的军事政变，并企图在沙特建立纳赛尔主义政权。

1962年费萨尔国王颁布法令废除奴隶制，此后奴隶制在沙特彻底消失。作为国王，费萨尔延续了他父亲开始的与美国的紧密同盟关系，并在很大程度上依赖美国武装和训练军队。费萨尔国王是反对共产主义的，他拒绝与苏联和其他共产主义集团国家建立任何政治联系，声称共产主义和伊斯兰教完全不相容。在1971年窜访台湾期间，费萨尔国王被蒋介石授予了"金碧玉勋章"。

（四）哈立德·本·阿卜杜勒阿齐兹国王（King Khalid bin Abdulaziz）执政（1975—1982）

哈立德·本·阿卜杜勒阿齐兹·沙特于1913年2月13日出生于利雅得，于1982年6月13日去世，享年六十九。哈立德国王于1975年3月25日继位并担任两圣寺护法，直至逝世，是沙特阿拉伯第四任国王。哈立德国王在位期间，由于石油收入的增加和中东的崛起，沙特获得巨大的发展。1932年，哈立德亲王被任命为赫贾兹总督，接替费萨尔亲王的职务，费萨尔亲王被任命为外交部长。哈立德王子担任赫贾兹总督的任期一直持续到1934年。1975年3月25日，费萨尔国王遇刺，哈立德继承王位，哈立德国王也成为沙特阿拉伯事实上的总理。尽管有各种报道称哈立德国王在其统治期间只是一个傀儡首领，但事实上他是其统治沙特时期所有重大政策问题的最终决策者。因为费萨尔国王建立了一个制度——国王是家族问题的最终调解人。

哈立德国王被认为是一位和蔼可亲的人，他的一些个人特征使他成为一位受人尊敬的国王。他与沙特阿拉伯的传统机构保持着良好的关系，因此，得到了沙特其他王子和强大势力的支持。哈立德国王统治时期被称为沙特的"黄金时代"和"良善时代"。这一时期沙特发展迅速，成为全球富有的国家之一。1977年沙特石油收入达到400亿美元，1980年达到900亿美元。哈立德国王主要处理国内事务，朱拜勒和延布的工业城市是在他统治期间创建的。哈立德国王尤其关注农业发展，在他统治期间，学校的数量也大幅增加。1975年，沙特全国有3028所小学、649所中学和182所高中，1980年有5373所小学、1377所中学和456所高中。哈立德国王统治期间，教育领域的另一个重大发展是建立了费萨尔国王大学，此外还有1976年开设的妇女高等教育中心以及医学和药理学学院等专为女学生开设的学院和教育机构。

在行政职能方面，哈立德国王遵循已故费萨尔国王建立的结构，王室成员和非王室成员都占据重要位置。1975年3月30日，哈立德国王改组内阁，巩固了沙特家族的政治权力，哈立德国王任命当时的法赫德王储为副总理，阿卜杜拉副王储为第二副总理。哈立德国王扩大了非王室成员在官僚机构中的作用，但没有削弱王室成员的作用。已故费萨尔国王的严格金融政策，加上1973年石油危机的余波，创造了一笔财政暴利，推动了该国的发展，并导致了沙特的商业和经济繁荣。他在位期间取得的显著成就包括1975年制订的第二个"五年计划"，旨在建设沙特的基础设施和医疗保健，"五年计划"的总预算为1420亿美元。虽然没有实现所有目标，但第二个五年计划比第一个更为成功。哈立德国王也在1980年5月启动了第三个发展计划，预算增加为2500亿美元。

1979年11月，东部省份的什叶派少数民族，特别是卡提夫和附近村庄的什叶派少数民族组织了抗议活动，一些示威者被捕。起义的主要原因是什叶派占多数村庄落后的经济发展水平和生活条件。1979年春，哈立德国王宣布了一项1600亿沙特里亚尔的年度预算，表明该预算将用于改善所有沙特公民的生活条件。然而，该预算并未对公共服务做出任何重大贡献。1980年2月示威者获释后，哈立德国王和法赫德王储访问了东部地区的各个城镇。由于哈立德国王改变对该地区什叶派群体的政策，他们也积极改变了对沙特政府的态度，放弃了他们的反对思想和行动。

1975年4月，哈立德国王就位于阿布扎比、阿曼和沙特边界交汇地区的Al-Buraymi绿洲达成了一项划界协议。这是哈立德国王的第一个外交成就，多年来，这一边界争端加剧了它们之间的紧张关系。另一个重要外交事件是1975年4月28日伊朗国王穆罕默德·雷扎·巴列维成功访问利雅得。哈立德作为沙特国王的第一次正式访问是1975年7月中旬对埃及开罗的访问。这次访问表明沙特支持安瓦尔·萨达特关于阿拉伯和以色列之间的和平倡议。1975年12月，哈立德国王访问了大马士革，并会见了当时的叙利亚总统哈菲兹·阿萨德。1976年3月，沙特与也门人民民主共和国重新建立了外交关系。一个月后，即1976年4月，哈立德国王对所有海湾国家进行了国事访问，希望与半岛邻国建立更密切的关系。哈立德国王还多次召开和参加地区峰会。1981年，哈立德国王为海湾合作委员会举行了开幕式。继伊朗1979年伊斯兰革命后，哈立德国王向霍梅尼发出贺电，宣称伊斯兰团结可能是两国关系更密切的基础。他还认为，在伊朗伊斯兰共和国建立后，两国间合作不存在任何障碍。此外，哈立德国王还请求伊斯兰会议组织秘书长向伊朗新政府表示祝贺。然而，他的倡议没有获得成功，因为沙特阿拉伯在1980年的两伊战争中非正式地支持伊拉克对抗伊朗。

（五）法赫德·本·阿卜杜勒阿齐兹国王（King Fahd bin Abdulaziz）执政（1982—2005）

法赫德·本·阿卜杜勒·阿齐兹·沙特出生于1921年或1923年，2005年8月1日去世，享年八十四。法赫德从1982年6月13日起担任沙特国王和两圣寺护法，直至去世。在他同父异母的兄弟哈立德国王统治期间，法赫德被任命为王储，也被视为事实上的总理。法赫德国王在1992年颁布了《沙特治理基本法》。哈立德国王于1982年6月13日去世时，法赫德继承了王位，成为沙特的第五位国王。然而，他一生中最活跃的时期不是他的统治时期，而是他作为王储的时候。他在1986年采用了"两圣寺守护者"的头衔，取代了"陛下"，沙特国王更倾向于作为伊斯兰的象征而非世俗的权威。法赫德是联合国的支持者，他支持对外援助，并通过各种基金，特别是沙特发展基金和欧佩克国际发展基金，将沙特国民收入的5.5%捐给了发展基金。他还向南斯拉夫战争中的波斯尼亚穆斯林以及尼加拉瓜反政府武装等外国团体提供援助，提供"1984年5月至12月每月100万美元"的援助。法赫德国王也是巴勒斯坦事业的坚定支持者和以色列国的反对者。法赫德是美国的坚定盟友。法赫德国王制定了一项和平计划，以解决阿拉伯国家的分歧，特别是阿尔及利亚和摩洛哥之间的分歧。他在1989年为结束黎巴嫩冲突的塔伊夫协议做出了积极贡献。此外，他还领导阿拉伯世界反对伊拉克入侵科威特。他与哈菲兹·阿萨德总统的叙利亚和胡斯尼·莫巴拉克总统在位时期的埃及建立了特殊关系。

法赫德国王采取措施支持保守的沙特宗教机构，包括在宗教教育上花费数百万美元，加强了性别隔离和宗教警察的权力。1990年，萨达姆·侯赛因领导下的伊拉克军队入侵科威特，将伊拉克军队（当时是中东最大的军队）部署在沙特—科威特边境。法赫德国王同意美国领导的联军驻扎在沙特，这一决定给他带来了沙特公民的批评和反对，他们反对外国军队在沙特的土地上驻扎，这成为本·拉登和基地组织用以反对沙特王室的理由之一。

在改革方面，法赫德国王对改革派几乎毫不容忍。1992年，一批改革派和沙特著名知识分子向法赫德国王请愿，要求进行广泛的改革，包括扩大政治代表，遏制王室的浪费性开支。法赫德国王无视他们的要求，当他们坚持的时候，改革派遭到了严厉的迫害、监禁和解雇。在法赫德国王统治期间，王室对国家财富的挥霍达到了顶峰。此外，20世纪最大、最具争议的军事合同——"阿尔—亚马马军火交易"是在他任内签署的，这些资金最初被用于修建医院、学校、大学和公路。因此，从1986年到1999年新国王阿卜杜拉上台，沙特的基础设施建设一直停滞不前。像所有波斯湾沿岸的国家一样，法赫德国王统治下的沙特把工业发展的重点放在油气设施上。到目前为止，沙特几乎所有的轻型和重型机械都依赖进口。法赫德国王于1994年成立了一个由高级家庭成员和技术官僚领导的伊斯兰事务最高委员会。该委员会计划在教育、经济和外交政策事务方面担任伊斯兰活动监察员。

为了使继承制度化，法赫德国王于1992年3月1日颁布了一项法令。

该法令扩大了继承的标准：资历和家庭共识。这一法令最重要的变化是，国王确实获得了任命或罢免继承人的权力，阿卜杜勒阿齐兹的孙子也有资格继承王位。这显然是基于合适性而不是资历。1995 年法赫德国王中风后，阿卜杜拉王储承担了部分政府职责。

（六）阿卜杜拉·本·阿卜杜勒阿齐兹国王（King Abdullah bin Abdulaziz）执政（2005—2015）

阿卜杜拉·本·阿卜杜勒阿齐兹·沙特出生于 1924 年 8 月 1 日，于 2015 年 1 月 23 日去世，享年九十。他是伊本·沙特国王的第十个儿子，于 2005 年 8 月 1 日成为沙特第六位国王和两圣寺护法，直至去世。

阿卜杜拉在他成年后的大部分时间里都担任重要的政治职务。1961 年，他成为麦加市长，这是他第一次担任公职。第二年，他被任命为沙特国民警卫队司令，成为国王时，他仍然担任这一职务。从 1985 年开始，沙特国民警卫队赞助了 Janadiriyah 节，将传统民间舞蹈、骆驼比赛和部落遗产制度化。国民警卫队司令这一职位使他得以确保自己在沙特的地位。他还曾担任国防部副部长，1982 年他的同父异母兄弟法赫德登基时他被任命为王储。1995 年法赫德国王发生严重中风后，阿卜杜拉成为沙特的实际统治者，直到 10 年后登基。他比他的两位王储活得更久，保守党内政部长纳耶夫·本·阿卜杜勒阿齐兹·沙特因苏尔坦·本·阿卜杜勒阿齐兹 2011 年 10 月去世而被任命为王位继承人，但纳耶夫本人于 2012 年 6 月去世。他们都是苏德里的七个兄弟（包括法赫德国王）。阿卜杜拉随后任命 76 岁的国防部长萨勒曼·本·阿卜杜勒阿齐兹为王储。

在阿卜杜拉国王统治期间，沙特与美国和英国保持着密切的关系，并从两国购买了价值数十亿美元的国防设备。他还赋予妇女选举市政委员会和参加奥运会的权利。此外，在"阿拉伯之春"期间沙特国内出现抗议浪潮时，阿卜杜拉国王成功维持了王室统治现状。2013 年 11 月，英国广播公司（BBC）的一份报告称，由于沙特与巴基斯坦关系密切，沙特可以随意从巴基斯坦获得核武器。

阿卜杜拉政府试图在不同领域进行改革。2005 年，阿卜杜拉国王实施了一项政府奖学金计划，将沙特青年送往国外，在世界各地的不同大学攻读本科和研究生。该项目提供了长达四年的学费和生活费。据估计，超过 70000 名沙特年轻人在超过 25 个国家留学，其中美国、英国和澳大利亚是留学生的三大目的地。2009年2月，他重新洗牌了教育部的领导层，让他支持改革的女婿费萨尔·本·阿卜杜拉出任新部长。他还任命诺拉·法耶兹为教育部副部长，负责一个新的女学生部门。他对沙特法院进行了自上而下的改组，对司法判决进行了审查，并对伊斯兰教法法官进行了更专业的培训。他建立了新的投资促进机构，以彻底改革沙特阿拉伯错综复杂的创业过程，并为资本市场建立了监管机构。他还推动了阿卜杜拉国王科技大学（King Abdullah University for Science and Technology）的建设（阿卜杜拉国王科技大学是沙特新的旗舰大学）。阿卜杜拉国王投资于教育劳动力，使他们能够适应未来的工作。阿卜杜拉国王执政时期的沙特政府还鼓励发展具有相对优势的非碳氢化合物部门，包括采矿、太阳能和宗教旅游业。沙特2010年的预算反映了这些优先事项，其中约25%的预算被用于教育，相当于一个重大的经济刺激方案。

"阿拉伯之春"发生之后，阿卜杜拉国王制定了370亿美元的新支出计划，包括设立新的失业救济金、教育和住房补贴、债务注销和新的体育频道。沙特政府还承诺在2014年底前投入4000亿美元，用于改善教育、医疗和沙特的基础设施。然而，沙特警方逮捕了100名投诉政府歧视的什叶派抗议者。在2011—2012年沙特阿拉伯抗议活动期间，国王在2011年9月宣布妇女将享有2015年市政委员会选举的投票权，这是抗议活动发生以来沙特采取的第一个重大改革步骤。他还说，妇女将有资格参加未经选举产生的舒拉。

2012年7月，沙特宣布将首次允许本国女运动员参加奥运会，沙特奥委会将"监督有资格参赛的女运动员"。这一决定结束了外界对整个沙特队可能因性别歧视而被取消参赛资格的猜测。但是，沙特许多宗教保守派仍然强烈反对妇女参与体育运动，沙特几乎没有妇女参加体育运动的公共传统。沙特官员表示，如果成功通过资格赛，女性选手的着装将"维护自己的尊严"。2013年1月11日，阿卜杜拉国王任命了30名女性进入协商会议或舒拉理事会，并修改了相关法律，规定150名成员中女性比例不得低于20%。

2013年8月，沙特内阁首次通过法律，将家庭暴力定为刑事犯罪。该法律要求最高可判处一年监禁和最高5万里亚尔（13000美元）的罚款。对于累犯，可加倍处罚。法律将心理虐待、性虐待和身体虐待定为犯罪，还包括一项规定，要求雇员向雇主报告工作场所的虐待事件。2007年11月，阿卜杜拉国王访问了教皇本笃十六世，成为第一位这样做的沙特国王。2008年3月，他呼吁"所有宗教信徒之间进行兄弟般真诚的对话"。阿卜杜拉国王于2011年1月呼吁建立阿拉伯共同市场。

阿卜杜拉国王长期以来一直亲美，是美国长期的亲密盟友。自2006年1月阿卜杜拉国王访问北京以来，沙特与中国的关系主要集中在能源和贸易方面。国王访华是两国自1990年建交以来沙特国家元首首次访华。沙特与中国的双边贸易增长了两倍多，中国很快成为沙特最大的进口国。沙特还承诺在中国进行大量投资，其中包括80亿美元的福建炼油厂。根据维基的一份解密电报，国王告诉中国："愿意有效地交换有保障的石油供应，以换取中国对伊朗施加不发展核武器压力。"2011年3月下旬，阿卜杜拉国王派国家安全委员会秘书长班达尔访华，就沙特对"阿拉伯之春"的态度获得中方支持。反过来，沙特秘密向中国提供了有利可图的武器合同。此外，阿卜杜拉国王认为，中国和印度都是沙特未来的能源市场。

2010年11月，由于阿卜杜拉国王健康状况恶化，纳耶夫亲王主持了内阁会议。在同一个月里，阿卜杜拉国王将沙特国民警卫队司令的职责移交给了他的儿子穆塔伊布亲王。阿卜杜拉国王被认为建立了一支有着26万人的现代化沙特军队。2011年12月，阿卜杜拉国王呼吁海湾合作委员会领导人加强联盟，使之成为一个统一的"单一实体"，以应对国家安全面临的威胁。2012年12月，《福布斯》将阿卜杜拉国王评为2012年"世界上有权势人物"排行榜上第七位人物，是前十名中唯一的阿拉伯人。

（七）萨勒曼·本·阿卜杜勒阿齐兹国王（King Salman bin Abdulaziz）执政（2015年至今）

萨勒曼·本·阿卜杜勒阿齐兹·沙特出生于1935年12月31日，是伊本·沙特的第25个儿子。他是当前沙特阿拉伯国王和两圣寺护法。萨勒曼和他的六个兄弟组成了苏德里七雄。萨勒曼曾任利雅得副省长，在1963年至2011年担任利雅得省省长长达48年。2011年11月5日，萨勒曼被任命为副王储兼国防部长，接替他的亲兄弟、已故王储苏尔坦（国防部长）。2012年，他的哥哥纳耶夫·本·阿卜杜勒阿齐兹·沙特去世后，他被任命为沙特王储。萨勒曼在他的同父异母兄弟阿卜杜拉国王去世后于

2015年成为国王，时年七十九。

四 沙特王室重要成员及其治理业绩

沙特家族控制阿拉伯半岛的大部分地区长达两个半世纪。由于在继承权问题上的不和，这个王朝在19世纪出现两次崩溃。当伊本·沙特征服阿拉伯半岛时，他与阿拉伯最大部落的成员结成了一夫多妻制的联盟，加强了他在沙特的权力，扩大了沙特家族统治阿拉伯半岛的合法性。阿卜杜拉国王时期，王室于2006年成立效忠委员会，制定这一制度的目的是促进王室权力的顺利移交。根据这一延续至今的规定，王储由国王任命后，经效忠委员会批准后掌权。沙特王位的继承顺序由沙特王室决定，国王去世后王储才能继任，新王储是根据伊本·沙特儿子们的先后资历任命的。沙特王储是沙特第二重要的职位，仅次于国王。根据效忠委员会的规定，在国王不在的情况下，王储管理国家事务，直到国王回来。

但是沙特"兄终弟及"的继位方式被打破。2015年1月，伊本·沙特的最后一个儿子穆克林成为王储，但3个月后被废黜，他的侄子穆罕默德·本·纳耶夫胜出。穆罕默德·本·纳耶夫是开国国王伊本·沙特第一个成为王储的孙子，标志着沙特"兄终弟及"王位继承方式的终结。但是他很快便于2017年6月被废黜，取而代之的是伊本·沙特的另一个孙子穆罕默德·本·萨尔曼。他是现任国王萨勒曼的儿子，至今仍然是沙特王储。

（一）穆罕默德·本·萨勒曼·本·阿卜杜勒阿齐兹（Mohammed bin Salman bin Abdulaziz）王储

穆罕默德·本·萨勒曼出生于1985年8月31日，俗称MBS，是沙特阿拉伯王储。他目前担任沙特副总理（总理头衔由国王担任），兼任经济和发展事务委员会主席、政治和安全事务委员会主席、国防部长——他被任命时是世界上最年轻的部长。穆罕默德·本·萨勒曼大学毕业后在私营部门工作了几年，后来成为父亲的私人助理。他是专家委员会的顾问，为沙特内阁工作。2015年1月23日，阿卜杜拉国王去世，萨勒曼继承王位，穆罕默德·本·萨勒曼王子被任命为国防部长。同一天，他还被任命为皇家法院秘书长。2015年4月，萨勒曼国王的侄子穆罕默德·本·纳耶夫和穆罕默德·本·萨勒曼王子分别成为王储和副王储。2018年，萨勒曼王子表达了对以色列的支持，这是沙特王室高级成员首次公开表达这种观点。2019年9月，穆罕默德谴责本杰明·内塔尼亚胡吞并约旦河谷的计划。

穆罕默德·本·萨勒曼领导了沙特阿拉伯经济结构调整，他于2016年4月正式宣布了沙特未来15年的战略方向"2030愿景"。"2030愿景"计划改革沙特经济朝着更加多元化和私有化的结构发展。它详细说明了各个领域的目标和措施，从发展非石油收入和经济私有化到电子政务和可持续发展。通过"2030愿景"进行经济结构调整的主要动机之一可以追溯到沙特对石油寻租经济的依赖，因为石油资源的限制使其可持续性成为未来的一大问题。尽管沙特阿拉伯声称拥有2665.8亿桶的探明原油储量，但能源分析师Matthew R. Simmons估计，真实数字要小得多，总会计师事务所（General Accounting Office）1978年发布的一份报告认为只有1100亿桶。"2030愿景"规划的主要目标是实现经济多样化，宣布将沙特非石油出口占非石油GDP的比重从16%提高到50%，并将沙特非石油政府收入从1630亿里亚尔增加到1万亿里亚尔。在2017年10月于利雅得举行的首届未来投资倡议会议上，沙特宣布了创建NOEM新城计划，这是一个价值5000亿美元的经济区，覆盖沙特阿拉伯红海海岸26000平方千米的土地，延伸到约旦和埃及。旨在吸引可再生能源、生物技术、人工智能和先进制造业等领域的投资。该计划将把沙特阿拉伯红海海岸线上的50个岛屿组成的34000平方千米泻湖区域，开发成为一个与国际标准相当的豪华旅游目的地。为了进一步推动旅游业，2017年11月，沙特宣布将从2018年开始为外国人发放旅游签证。沙特曾每年花费1000亿美元维持公共服务和补贴，但在2016年11月不得不承认其失败了。2018年9月的最后一周，穆罕默德·本·萨勒曼为备受期待的67亿美元高速铁路线揭幕，这条铁路线连接了伊斯兰教最神圣的两座城市麦加和麦地那。哈拉梅因快线全长450千米，时速高达300千米，每年可运送约6000万名乘客。铁路商业运营于2018年10月11日开始。2018年10月，穆罕默德·本·萨勒曼宣布，沙特公共投资基金接近4000亿美元，到2020年超过6000亿美元。2018年11月，穆罕默德·本·萨勒曼宣布了一个建造沙特第一座核反应堆的项目，沙特的目标是在未来20年内建造16座核设施。沙特能源部门多样化的努力还包括风能和太阳能。穆罕默德·本·萨勒曼大大限制了宗教警察的权力。他建立沙特娱乐机构，开始举办喜剧节目、职业摔跤活动和怪物卡车集会。2016 年，他与阿拉伯新闻记者图尔基·达基尔分享了他为非沙特外国人发放"绿卡"的想法。2019 年，沙特内阁批准了一项针对外国人的新居住计划。该计划将使外籍人士能够在沙特永久居住、拥有财产和投资。2017 年 2 月，沙特阿拉伯任命了第一位女性主管沙特证券交易所。2018 年 3 月，沙特阿拉伯的母亲被授权在离婚后保留对子女的直接监护权，而无须提起任何诉讼。2017 年 12 月，沙特阿拉伯举行了第一场女歌手公开演唱会，随后又有了进一步的文化发展。2018 年 1 月，吉达的一个体育场成为沙特第一个允许女性入场的体育场。

2016 年 4 月采取的第一批改革措施包括新的税收和削减补贴、多元化计划、创建 2 万亿美元的沙特主权财富基金，以及一系列名为"国家转型计划"的战略性经济改革。萨勒曼王储为主权财富基金筹集资金的计划包括抛售国有石油和天然气公司沙特阿美的股票，将资本重新投资于其他行业，实施多元化计划。穆罕默德·本·萨勒曼大幅削减了国家预算，冻结了政府合同，并减少了公务员的工资，作为严厉紧缩措施的一部分。2017 年 9 月，沙特实施了"女性驾驶运动"，取消对女性驾驶人禁令的要求。沙特政府颁布了一项法律，允许 21 岁以上的女性在无须男性监护人许可的情况下获得护照和出国旅行，该法律于 2019 年 8 月底生效。2020 年 4 月 26 日，沙特最高司法委员会在沙特废除鞭笞刑罚。2020 年 4 月 27 日，沙特人权委员会颁布了一项皇家法令，废除对未成年人犯罪判处死刑的刑罚。

2019 年 2 月，穆罕默德·本·萨勒曼为新疆穆斯林再教育营辩护，萨勒曼说："中国有权为国家安全而开展反恐和非极端化工作。"据报道，2020 年 1 月 22 日，属于穆罕默德·本·萨尔曼的 WhatsApp 账户发送的一条彩信导致亚马逊 CEO 逊杰夫·贝佐斯的手机遭到黑客攻击。国际社会普遍认为，《华盛顿邮报》专栏作家、沙特政府的持异见人士贾马尔·卡舒吉被谋杀是受穆罕默德·本·萨尔曼指示。

（二）苏德里七雄（The Sudairi Seven）

在 20 世纪初，伊本·沙特迅速扩大了他在内志的权力基础，于 1932 年建立了沙特阿拉伯王国，并成为其第一位国王。作为这个扩张过程的一部分，他娶了来自强大的内志和其他阿拉伯家庭的女性为妻，以巩固他对新领域的控制。据信，他一生娶了多达 22 位女性，其中一位是胡萨·宾特·艾哈迈德·苏德里（Hussa bint Ahmed Al-Sudairi），她是伊本·沙特（Ibn Saud）的母亲萨拉·宾特·艾哈迈德·苏德里（Sara bint Ahmed Al-Sudairi）所属的强大的苏德里家族的成员。

伊本·沙特和他所有的妻子所生的孩子总数不详，一个消息来源显示，他有 37 个儿子。伊本·沙特和胡萨·宾特·艾哈迈德·苏德里结婚两次；苏德里七雄（Sudairi Seven）是指伊本·沙特和胡萨·宾特·艾哈迈德·苏德里的七个儿子；他们的第一次婚姻始于 1913 年，可能育有一个儿子萨阿德亲王（1914—1919）。胡萨然后嫁给了伊本·沙特同父异母的兄弟穆罕默德·本·阿卜杜勒—拉赫曼。胡萨与伊本·沙特于 1920 年再次结婚，他们的第二次婚姻孕育了七个儿子和四个女儿。

苏德里七雄是沙特家族中由全部七个兄弟组成的强大联盟的常用名称，是最大的亲兄弟集团，因此能够发挥一定程度的协调影响和权力作用。他们有时也被称为"苏德里氏族"或"苏德里派系"。苏德里七雄中年龄最大的是从 1982 年至 2005 年担任沙特国王的法赫德；曾担任沙特王储的苏尔坦和纳耶夫是老二和老四；老六萨勒曼在 2015 年接替阿卜杜拉成为国王。苏德里七雄之一图尔基亲王于 1978 年与兄弟分手。2017 年阿卜杜勒·拉赫曼亲王去世后，七雄仅剩萨勒曼和艾哈迈德。